Springer-Lehrbuch

Springer

Berlin
Heidelberg
New York
Barcelona
Budapest
Hong Kong
London
Mailand
Paris
Tokyo

Hans-Otto Günther
Horst Tempelmeier

Produktions-
management

Einführung
mit Übungsaufgaben

Zweite, vollständig überarbeitete
und erweiterte Auflage

Mit 129 Abbildungen
und 233 Tabellen

 Springer

Professor Dr. Hans-Otto Günther
Technische Universität Berlin
Fachgebiet Betriebswirtschaftslehre-Produktionsmanagement
Wilmersdorfer Straße 148, Sekr. WIL-B-1-1
D-10585 Berlin

Professor Dr. Horst Tempelmeier
Universität zu Köln
Seminar für Allgemeine Betriebswirtschaftslehre,
Industriebetriebslehre und Produktionswirtschaft
Albertus-Magnus-Platz
D-50932 Köln

Die Deutsche Bibliothek - CIP-Einheitsaufnahme

Günther, Hans-Otto:
Produktionsmanagement : Einführung mit Übungsaufgaben ;
mit 233 Tabellen / Hans-Otto Günther ; Horst Tepelmeier. - 2.,
vollst. überarb. und erw. Aufl. - Berlin ; Heidelberg ; New
York ; Barcelona ; Budapest ; Hong Kong ; London ; Mailand ;
Paris ; Tokyo : Springer, 1995
  (Springer-Lehrbuch)
  ISBN 3-540-60248-8
NE: Tempelmeier, Horst:

ISBN 3-540-60248-8 Springer-Verlag Berlin Heidelberg New York
ISBN 3-540-56424-1 2. Auflage, Springer-Verlag Berlin Heidelberg New York

64/2202-5 4 3 2 1 0 - Gedruckt auf säurefreiem Papier

Vorwort zur zweiten Auflage

Nachdem die erste Auflage dieser *"Einführung mit Übungsaufgaben"* eine positive Resonanz bei Lehrenden und Studierenden gefunden hat und seit einiger Zeit vergriffen ist, haben wir uns zu einer gemeinsamen Neubearbeitung entschlossen. Festgehalten wurde an der bewährten Konzeption des Lehrbuchs, mit Übungsaufgaben, exemplarischen Erläuterungen, Fallstudien sowie Verständnis- und Diskussionsfragen in das Fachgebiet des Produktionsmanagement einzuführen. Auch der inhaltliche Aufbau des Buches wurde im wesentlichen beibehalten. Entstanden ist eine "erheblich gekürzte und beträchtlich erweiterte" zweite Auflage des *"Produktionsmanagement"*.

Kürzungen waren notwendig, um allzu weitreichende Überschneidungen mit dem inzwischen ebenfalls im Springer-Verlag erschienenen Lehrbuch zur *"Produktion und Logistik"* zu vermeiden. Daher wurden fast 50 "leichte" Aufgaben in das zugehörige *"Übungsbuch Produktion und Logistik"* übernommen. Gleichzeitig wurden fast ebenso viele "schwere" Übungsaufgaben sowie einige Fallstudien neu aufgenommen. Entstanden ist ein Übungsbuch zum Produktionsmanagement, das nicht nur im Seitenumfang beträchtlich zugelegt hat. Das vorliegende Buch eignet sich nunmehr vorrangig für ein Vertiefungsstudium in Produktionsmanagement, für das Grundkenntnisse der Produktion und Logistik vorausgesetzt werden. Es richtet sich gleichermaßen an Studierende der Betriebswirtschaftslehre, des Wirtschaftsingenieurwesens sowie der Wirtschaftsinformatik.

Inhaltlich und methodisch soll ein klares Signal gesetzt werden. Wir wollen zeigen, daß sich mit geeigneten Ansätzen und qualifizierten computergestützten Hilfsmitteln erstaunlich viele produktionswirtschaftliche Entscheidungsprobleme sachlich fundiert lösen lassen, für die sonst nur vage und oftmals nicht konkret nachvollziehbare Handlungsempfehlungen ausgesprochen werden.

Die effiziente Lösung einiger Übungsaufgaben ist nur noch mit Hilfe eines PCs und geeigneter Software möglich. Hierbei greifen wir vor allem auf die Softwaresysteme SIMAN und AMPL zurück, die beide als preisgünstige und leistungsfähige Studentenversionen verfügbar sind und sich in der akademischen Ausbildung und industriellen Anwendung vielfach bewährt haben.

Mit Hilfe der Simulationssprache SIMAN lassen sich komplexe stochastische Prozesse unschwer als Simulationsmodell abbilden. Die Verwendung einer Simulationssprache als "Problembeschreibungstool" soll zu einem besseren Verständnis der modellierten Prozesse führen, das mit Hilfe graphischer Simulationswerkzeuge nur schwer zu erreichen ist. Zur Entwicklung und Lösung von linearen (und gemischt-ganzzahligen) Optimierungsmodellen wird auf die Modellierungssoftware AMPL zurückgegriffen. Diese ermöglicht eine Konzentration auf die Modellbildung und enthebt den Anwender der mühevollen Kleinarbeit des Erstellens von LP-Matrizen. Der Leser, der über das im Anhang des Übungsbuches zur Produktion und Logistik beschriebene Windows-Programm *"Produktions-Management-Trainer"* verfügt, wird feststellen, daß mit diesem Programm auch zahlreiche in dem vorliegenden Buch enthaltene Aufgaben lösbar sind.

Zur ersten Auflage des Buches sind von vielen Seiten konstruktive Hinweise und Korrekturanmerkungen eingegangen. Stellvertretend danken wir Herrn Prof. Dr. Hans Ziegler, Universität Passau, und Frau Mag. Michaela-Maria Linzatti, Universität Wien. Ebenfalls danken wir unseren Mitarbeitern in Berlin und Köln, den Herren Dipl.-Wirtsch.-Ing. Ferdinand Blömer, Malte Bürger, Matthias Geselle, Stefan Gstettner, Dr. Heinrich Kuhn und Mario Lochmann, den Herren Dipl.-Ing. Martin Grunow und Axel Schrecker, Herrn Dipl. Wirtsch.-Inf. Christian Haase, Herrn Dipl.-Kfm. Johannes Antweiler sowie Herrn cand. ing. Steffen David für die Durchsicht des Manuskriptes und die Mithilfe bei der Gestaltung einiger Übungsaufgaben.

Berlin und Wolfenbüttel   Hans-Otto Günther
im Juni 1995   Horst Tempelmeier

Vorwort zur ersten Auflage (gekürzt)

Mit exemplarischen Erläuterungen läßt sich bekanntlich der Zugang zu einem Fachgebiet besonders schnell erschließen. Dieser pädagogischen Erfahrung folgend, entstand das vorliegende Übungsbuch während meiner Lehrtätigkeit an der Universität Wien.

Die mit diesem Buch verfolgten Zielsetzungen sind zweierlei: zum einen kann es als vorlesungsbegleitendes exemplarisches Lehrbuch eingesetzt werden, zum anderen dient es im Selbststudium zur Prüfungsvorbereitung und zur vertieften Auseinandersetzung mit dem Gebiet des Produktionsmanagement.

Der in Verständnis- und Diskussionsfragen, in Übungsaufgaben und in Fallstudien behandelte Lehrstoff entstammt sowohl dem Grund- als auch dem Hauptstudium. Daher ist das Buch für beide Studienabschnitte gleichermaßen einsetzbar. Für die Übungsaufgaben werden größtenteils Musterlösungen angeboten, deren "Mustergültigkeit" sich in der weiteren Lehrpraxis allerdings erst noch beweisen muß. Da es bei Diskussionsfragen zwangsläufig zu unterschiedlichen Antworten kommt, wurde hier auf Musterantworten aus guten Gründen verzichtet.

Daß eine Einführung mit Übungsaufgaben die fachsystematische Behandlung des Lehrstoffes nicht ersetzen kann, liegt auf der Hand. Den Anspruch, das Fachgebiet des Produktionsmanagement umfassend abzudecken, erhebt das vorliegende Buch nicht. Bei einigen Übungsaufgaben wurde zudem der Lösungsgang recht knapp beschrieben. Dafür finden sich dort spezielle Literaturhinweise, aus denen das genaue Lösungskonzept ersichtlich ist. Die am Ende eines Kapitels aufgeführten Literaturquellen dienen der Vertiefung und Nacharbeitung des behandelten Stoffes. Sie sind keineswegs vollständig.

Zu dem Entstehen dieses Buches haben nicht wenige beigetragen. Die Student(inn)en in meinen Lehrveranstaltungen haben vielfach mit scharfem Blick manche Unzulänglichkeit der anfänglichen Musterlösungen erkannt. Ihnen sei kollektiv gedankt. Namentlichen Dank schulde ich meinen Mitarbeitern und Mitarbeiterinnen Herrn Dr. Manfred Gronalt, Frau Gabriele Kaiser, Herrn Ing. Franz Piller, Frau Mag. Marion Roth und Frau Dr. Christine Strauß, die in vielfältiger Weise an diesem Übungsbuch mitgewirkt haben.

Wien, im November 1992   H.O. Günther

Inhaltsverzeichnis

Einführung: Grundfragen der industriellen Produktion

Verständnis- und Diskussionsfragen... 1
Übungsaufgaben
0.1   Entscheidungsebenen 2
0.2:   Produktionsfaktoren 3
0.3:   Arbeitssysteme... 4
0.4:   Gliederung der Produktionswirtschaft 4

Teil A: Strategien - Die langfristige Ausrichtung der industriellen Unternehmung

1.   Aufgaben und Inhalt der strategischen Planung........................... 5

Verständnis- und Diskussionsfragen... 5
Übungsaufgaben
A1.1:   Strategische Ziele, Umwelteinflüsse, Planungshorizont 6
A1.2:   Erfolgspotentiale 6
A1.3:   Strategische Geschäftseinheiten... 7
A1.4:   Attraktivität einer Branche 7
A1.5:   Unsicherheit bei der strategischen Planung 7
A1.6:   PIMS-Studie... 8
A1.7:   Szenariotechnik 8
A1.8:   Entwicklung von Szenarien... 8
A1.9:   Standardstrategien 9

2.   Entscheidungshilfen der strategischen Planung.......................... 10

Verständnis- und Diskussionsfragen... 10
Übungsaufgaben
A2.1:   Erfahrungskurvenkonzept.. 10
A2.2:   Erfahrungskurve, Kostensenkung 11
A2.3:   Erfahrungskurve, Kostensenkung 12
A2.4:   Erfahrungskurve, Produktivitätssteigerung 12
A2.5:   Marktanteils/Marktwachstums-Portfolio 13
A2.6:   Marktattraktivität/Wettbewerbsvorteil-Portfolio............................. 14
A2.7:   Lebenszykluskonzept 14

3. Produktionsstrategien 16

Verständnis- und Diskussionsfragen 16
Übungsaufgaben
A3.1:   Produktionsstrategie als Teil der Unternehmensstrategie 17
A3.2:   Strategische Bedeutung neuer Technologien 17
A3.3:   Kostenwirkungen neuer Technologien 17
A3.4:   Argumentenbilanz 18
A3.5:   Durchlaufzeitverkürzung 18
A3.6:   Technologieportfolio 18
A3.7:   Technologieportfolio, Büroautomatisierung 18
A3.8:   Produktionstiefe 18
A3.9:   Produktionstiefe und Ersatzteillogistik 19
A3.10:   Standortstrategien 19
A3.11:   Flexibilität 19
A3.12:   Investitionen in neue Technologien 20
A3.13:   Verbreitung von CIM-Konzepten 20

Teil B: Taktiken - Aufbau der Leistungsstärke und Sicherung der notwendigen Ressourcen

4. Produktpolitik 21

Verständnis- und Diskussionsfragen 22
Übungsaufgaben
B4.1:   Produktprogramm 22
B4.2:   Produktideen 22
B4.3:   Bewertung von Produktideen 22
B4.4:   Unsicherheit der Nachfrageentwicklung 23
B4.5:   Entscheidungsbaum 24
B4.6:   Entscheidungsbaum, Investitionsrechnung 26

5. Produktionsstandorte 31

Verständnis- und Diskussionsfragen 31
Übungsaufgaben
B5.1:   Standortfaktoren 31
B5.2:   Standortbewertung, Promethee-Verfahren 32
B5.3:   Promethee-Verfahren, partielle Ordnung 34
B5.4:   Evaluierung der Distributionskosten 35

6. Kapazitätsdimensionierung 39

Verständnis- und Diskussionsfragen 39
Übungsaufgaben
B6.1:   Kapazitätsstrategie 39
B6.2:   Schwankungen des Kapazitätsbedarfs 40
B6.3:   Kapazitätsdimensionierung, Erfahrungskurve 40
Fallstudie: Computergestützte Entscheidungsanalyse eines Kapazitäts-
             erweiterungsprojektes 44

7. Produkt- und Prozeßgestaltung 47

Verständnis- und Diskussionsfragen 47
Übungsaufgaben
B7.1:   Computerunterstützung der Produktion (CIM) 47
B7.2:   Computerunterstütztes Konstruieren (CAD) 48
B7.3:   Gruppentechnologie 48
B7.4:   Wertanalyse 49
B7.5:   Produktqualität 49
B7.6:   Technische Zuverlässigkeit 49
B7.7:   Technische Zuverlässigkeit 50
B7.8:   Ausfallrate 51
B7.9:   Vorbeugende Instandhaltung 53
B7.10:   Abnahmeprüfung, Bestimmung der Prüfplanparameter 56

8. Produktionssegmentierung und Layoutplanung 60

Verständnis- und Diskussionsfragen 60
Übungsaufgaben
B8.1:   Fabrikplanung 60
B8.2:   Organisationsformen der Produktion 61
B8.3:   Werkstattproduktion 61
B8.4:   Layoutplanung, Zweieraustauschverfahren 61

8.1 Fließproduktion 64

Übungsaufgaben
B81.1:   Fließproduktion 64
B81.2:   Leistungsabstimmung bei Fließproduktion 64
B81.3:   Leistungsabstimmung bei Fließproduktion 70
B81.4:   Leistungsabstimmung bei Fließproduktion 73

B81.5:   Leistungsabstimmung, Zonenbeschränkungen 76
B81.6   Leistungsabstimmung, Kapazitätsbetrachtung 78
B81.7   Lineares Optimierungsmodell zur Leistungsabstimmung 82
B81.8   Leistungsabstimmung, U-förmige Produktionslinie 84
B81.9   Fließproduktion bei stochastischen Bearbeitungszeiten,
           Auspuffkrümmerproduktion 89
B81.10:   Fließproduktion mit begrenztem Werkstückumlauf,
           Leiterplattenbestückung 93
B81.11:   Fließproduktionssysteme, Puffer 96
B81.12:   Fließproduktionssystem mit beschränktem Puffer 97
B81.13:   Fließproduktionssystem mit beschränkten Puffern 100
B81.14:   Arbeitsverteilung, bowl phenomenon 105

8.2   Zentrenproduktion 107

Übungsaufgaben
B82.1:   Flexible Fertigungssysteme 107
B82.2:   Konfigurierung eines flexiblen Fertigungssystems 107
B82.3:   Ressourcen- und Arbeitsplanoptimierung für ein
           flexibles Fertigungssystem 110
B82.4:   Leistungsanalyse einer Produktionsinsel 113
B82.5:   Konfigurierung von Produktionsinseln, binäre Sortierung 118
B82.6:   Konfigurierung von Produktionsinseln, Verfahren von Askin
           und Standridge 120
B82.7:   Konfigurierung von Produktionsinseln, Verfahren von Ballakur
           und Steudel 124

9.   Materialversorgung 129

Verständnis- und Diskussionsfragen 129
Übungsaufgaben
B9.1:   Materialkosten 130
B9.2:   Umlaufvermögen, Return on Investment 131
B9.3:   Beschaffungsorganisation 133
B9.4:   Kostenvergleich: Eigenerstellung - Fremdbezug 134
B9.5:   Investitionsrechnung: Eigenerstellung - Fremdbezug 136
B9.6:   Optimaler Materialeinsatz 137
B9.7:   Bestellmengenpolitik 140
B9.8:   JIT-Beschaffung 143
B9.9:   Auswahl JIT-geeigneter Vorprodukte 143
B9.10:   Bestellmengenplanung bei Mengenrabatt 144
B9.11:   Bestellmengenplanung mit Lagerflächenrestriktion 146

Teil C: Operatives Produktionsmanagement - Programme zur Ausschöpfung der Leistungspotentiale

10. Aufgaben und Inhalt der operativen Planungsebene 151

Verständnis- und Diskussionsfragen 152
Übungsaufgaben
C10.1: Programmplanungsebenen 152
C10.2: Datenbereitstellung 152
C10.3: Kapazitätsangebot und -bedarf 153
C10.4: Rollende Planung 153
C10.5: Prognoseinformationen 153

11. Nachfrageprognose 155

Verständnis- und Diskussionsfragen 155
Übungsaufgaben
C11.1:   Prognoseverfahren 156
C11.2:   Zeitreihenanalyse 156
C11.3:   Prognoserechnung, gleichmäßige Nachfrage 161
C11.4:   Exponentielle Glättung erster Ordnung 163
C11.5:   Prognoserechnung, trendförmige Nachfrage 164
C11.6:   Prognoserechnung, trendförmige Nachfrage 166
C11.7:   Prognoseverfahren von Winters 169
C11.8:   Prognoserechnung, saisonale Nachfrage 170
C11.9:   Prognoserechnung, saisonale Nachfrage 171
C11.10: Kontrollsignal 174
C11.11: Autoadaptive Prognose nach Trigg und Leach 175
C11.12: Autoadaptive Prognose nach Trigg und Leach 177
C11.13: Prognose bei auslaufender Nachfrage 179

12. Beschäftigungsglättung 181

Verständnis- und Diskussionsfragen 181
Übungsaufgaben
C12.1: Reaktives bzw. antizipatives Anpassungsverhalten 182
C12.2: Ermittlung des Kapazitätsbedarfs 182
C12.3: Einstellungen, Entlassungen 182
C12.4: Zulässigkeitsbedingungen 182
C12.5: Lineares Optimierungsmodell zur Beschäftigungsglättung 183
C12.6: Kostenminimaler Produktionsplan, mehrere Kapazitätsquellen ... 185

C12.7:   Kostenminimaler Produktionsplan, Nachlieferungen 187
C12.8:   Kapazitäts- und Produktionsplanung 189
C12.9:   Kostenminimaler Produktionsplan, mehrere Produkte 190
C12.10:   Kostenminimaler Produktionsplan, mehrstufige Produktion 192
C12.11:   Flexibilisierung der Personalkapazität 195
C12.12:   Jahresarbeitszeitkonzept 195
C12.13:   Lineares Optimierungsmodell zum Jahresarbeitszeitkonzept 196

13. Hauptproduktionsprogrammplanung 199

Verständnis- und Diskussionsfragen 199

**13.1 Programmplanung bei Einzelproduktion
(Projektorientierung)** 201

Verständnis- und Diskussionsfragen 201
Übungsaufgaben
C131.1:   Projektorganisation 201
C131.2:   Projektablaufplanung 202
C131.3:   Netzplantechnik 202
C131.4:   Netzplantechnik 204
C131.5:   Terminrechnung 205
C131.6:   Terminrechnung 206
C131.7:   Terminierung eines mehrstufigen Produktionsauftrags 208
C131.8:   Auftragsprogrammplanung 211

**13.2 Programmplanung bei Massenproduktion
(Prozeßorientierung)** 216

Verständnis- und Diskussionsfragen 216
Übungsaufgaben
C132.1:   Produktionsprogramm, Engpaßbetrachtung 217
C132.2:   Produktionsprogramm, Mischungsproblem 218
C132.3:   Produktionsprogramm, mehrstufige Produktion 220
C132.4:   Zuschnittoptimierung 223
C132.5:   Produktions-/Distributionsprogramm 225
C132.6:   Kuppelproduktion 227
C132.7:   Kuppelproduktion, Anlagenfahrweisen 230
C132.8:   Auswirkungen von Prognosefehlern 232
C132.9:   Bedarfs- und Distributionsplanung 238
C132.10: Produktionsprogrammplanung, JIT-Fenster, Lieferfenster 241

Fallstudie: Abstimmung von Produktions- und Distributionsprogramm
             (Waschmittelproduktion) 248
Fallstudie: Abstimmung von Produktions- und Distributionsprogramm
             (Omnibusproduktion) 250
Fallstudie: Mehrstufige Produktionsprogrammplanung
             (Aluminiumproduktion) 252

**13.3 Programmplanung bei Serien- bzw. Wechselproduktion
     (Produktorientierung)** 256

Verständnis- und Diskussionsfragen 256
Übungsaufgaben
C133.1: Lieferzusagen 257
C133.2: Produktionsprogramm, Lieferzusagen 258
C133.3: Kapazitätsbedarfsrechnung mit Hilfe globaler
         Belastungsfaktoren 262
C133.4: Kapazitätsbedarfsrechnung mit Hilfe von
         Kapazitätsbedarfslisten 265
C133.5: Kapazitätsbedarfsrechnung mit Hilfe von
         Kapazitätsbedarfsprofilen 268
C133.6: Detaillierte Kapazitätsbedarfsplanung 272
C133.7: Lineare Optimierungsmodelle zur Hauptproduktions-
         programmplanung 276

**Teil D: Dispositive Ebene - Entscheidungen über den
        Produktionsvollzug**

14. Materialbedarfs- und Losgrößenplanung 287

Verständnis- und Diskussionsfragen 288

**14.1 Programmorientierte Materialbedarfs- und
     Losgrößenplanung** 289

Verständnis- und Diskussionsfragen 289
Übungsaufgaben
D141.1: Abhängiger Bedarf 290
D141.2: Korrektur der Nettobedarfsrechnung 291
D141.3: Ermittlung von Produktionsaufträgen 292
D141.4: Dynamische Losgrößenoptimierung 295
D141.5: Wagner-Whitin-Verfahren, Endhorizonteffekte 295
D141.6: Dynamische Losgrößenverfahren, Informationshorizont 297
D141.7: Lagerkostenbewertung, dynamische Losgrößenverfahren 302

D141.8: Einstufige Losgrößenplanung bei Kapazitätsbeschränkungen 302
D141.9: Losgrößenplanung bei mehrstufiger Produktion 306
D141.10: Losgrößenplanung bei Werkstattproduktion 309
D141.11: Rollende Losgrößenplanung 317
D141.12: Zusammenhang zwischen Losgröße und Durchlaufzeit bei
          Einproduktproduktion 322
D141.13: Zusammenhang zwischen Losgröße und Durchlaufzeit
          bei mehrstufiger Mehrproduktproduktion 328

14.2 Losgrößen- und Lagerhaltungsplanung bei unabhängigem Bedarf 332

Verständnis- und Diskussionsfragen 332
Übungsaufgaben
D142.1: Sicherheitsbestand 332
D142.2: Simulation einer (s,q)-Lagerpolitik, Defizit 333
D142.3: Simulation einer (t,S)-Lagerpolitik 336
D142.4: Bestellpunkt und lagerbedingte Lieferzeit 339

15. Auftragsterminierung und Ressourceneinsatzplanung 345

Verständnis- und Diskussionsfragen 345
Übungsaufgaben
D15.1:   Auftragsterminierung in PPS-Systemen 345
D15.2:   Überlappte Produktion 346
D15.3:   Terminplanung, Montageprozeß 349
D15.4:   Kapazitätsanalyse 351
D15.5:   Maschinenbelegung bei Werkstattproduktion 354
D15.6:   Flow-Shop-Problem 356
D15.7:   Johnson-Verfahren 358
D15.8:   Reihenfolgeplanung bei Fließproduktion, NEH-Heuristik 360
D15.9:   Maschinenbelegung bei linearem Materialfluß 362
D15.10: Maschinenbelegung bei konvergierendem Materialfluß 365
D15.11: Auflegungsreihenfolge bei Mehrproduktfließproduktion,
          Toyota-Goal-Chasing-Methode 367
D15.12: Toyota-Goal-Chasing-Methode, zweistufige Produktion 373
D15.13: Personaleinsatzplanung bei Inselproduktion 377
D15.14: Traveling-Salesman-Problem 381
D15.15: Reihenfolgeabhängige Rüstkosten, Traveling-Salesman-
          Problem 383
D15.16: Bohrkopfführung bei einem Bohrautomaten, Traveling-
          Salesman-Problem 389

D15.17: Auftragsreihenfolge und Werkzeugrüstung.. 396

D15.18: Rüststrategien bei automatisierten Bearbeitungszentren............... 402

D15.19: Serienbildung in einem flexiblen Fertigungssystem........................ 403

D15.20: Systemrüstung in einem flexiblen Fertigungssystem 406

D15.21: Systemrüstung in einem flexiblen Fertigungssystem,
         Belastungsausgleich 409

Fallstudie: Bildung von Auftragsserien bei der Montage
           von Leiterplatten 419

Teil E: Integrierte Systeme der Produktionsplanung und -steuerung

Übungsaufgaben

E16.1:   Beiträge der Produktion zum Unternehmenserfolg........................ 425

E16.2:   PPS-Systeme und Produktionswirtschaft 426

E16.3:   Anwendungsbereich von PPS-Systemen 426

E16.4:   Planungsqualität von PPS-Systemen.. 427

E16.5:   Weiterentwicklung von PPS-Systemen.. 427

E16.6:   Just-in-Time Philosophie 427

E16.7:   Produktionsplanung unter Unsicherheit 428

E16.8:   Änderung des Primärbedarfs... 428

E16.9:   Nervöse Systemreaktionen in der Materialbedarfsplanung........... 430

E16.10: Aggregationsebenen 432

E16.11: Hierarchisch integrierte Produktionsplanung 432

E16.12: Hax/Meal-Ansatz 433

Literaturverzeichnis

Literaturverzeichnis.. 439

Einführung

Grundfragen der industriellen Produktion

Im Mittelpunkt der Produktionswirtschaft steht die industrielle Produktion von Sachgütern. Erkenntnisgegenstand der Produktionswirtschaft sind die Entscheidungen, die im Zusammenhang mit der Vorbereitung, Durchführung und Kontrolle der Produktion gefällt werden müssen. In vieler Hinsicht stellt die Produktionswirtschaft ein integratives Gebiet dar, in das Erkenntnisse der Betriebswirtschaftslehre, der Ingenieurwissenschaften und der Wirtschaftsinformatik einfließen. Produktionswirtschaftliche Betrachtungen schließen sowohl lang-, mittel- und kurzfristige Gesichtspunkte als auch ad hoc zu treffende Maßnahmen ein. Die hierbei zu bewältigenden Managementaufgaben lassen sich in eine strategische, taktische, operative und dispositive Ebene einteilen. Produktionsmanagement ist die wissenschaftliche Disziplin, die produktionswirtschaftliche Zusammenhänge untersucht, Hilfen zur Entscheidungsfindung für die industrielle Produktion bereitstellt und integrative Produktionsplanungs- und -steuerungskonzepte entwickelt.

Verständnis- und Diskussionsfragen

1. Ergründen Sie mit Hilfe eines Wörterbuches die allgemeine Bedeutung und sprachliche Herkunft der Worte "Produktion" und "Industrie".

2. Erklären Sie, warum Ereignisse wie der Bau des Eisenbahnnetzes, die Erfindung des Automobils, die Erfindung des Telefons oder die Entdeckung neuer Energiequellen, Meilensteine für die industrielle Entwicklung bedeuteten.

3. Welche Merkmale zeichnen einen *"modernen"* Industriebetrieb aus? Worin sehen Sie besonders aktuelle Entwicklungen der industriellen Produktion?

4. Nennen Sie Aufgabenbereiche der industriellen Produktionswirtschaft, die Ihrer Ansicht nach einen besonders intensiven EDV-Einsatz aufweisen.

5. Wie erklären Sie sich das Vordringen computergestützter Produktionsplanungs- und -steuerungssysteme sowie die Computerunterstützung technischer Funktionen auch in Klein- und Mittelbetrieben?

6. Welche Auswirkungen hat die zunehmende Vernetzung von Computern auf die industrielle Produktion?

7. Inwiefern können sich die Entscheidungsprozesse in der industriellen Produktion durch intensiven Computereinsatz verändern?

8. Begründen Sie die These, daß sich durch die fortschreitende Automatisierung der Produktion veränderte Anforderungen an die Produktionsplanung und -steuerung ergeben.

Übungsaufgaben

Aufgabe 0.1: Entscheidungsebenen

a) Nennen Sie spontan mindestens 12 Entscheidungen, die mit der Planung, Vorbereitung und Durchführung des Produktionsgeschehens im Industriebetrieb zu tun haben. Welche Managementebene trifft gewöhnlich diese Entscheidungen? Welcher Betrachtungszeitraum wird dabei üblicherweise zugrunde gelegt?

b) Plazieren Sie die genannten Entscheidungen in einem Diagramm, das auf der X-Achse den Betrachtungshorizont und auf der Y-Achse die mit der letztendlichen Entscheidung betraute Managementebene angibt.

Lösung

a) 12 typische Produktionsentscheidungen:

(1) Umstieg auf eine neue automatisierte Produktionstechnologie mit dem Ziel, Wettbewerbsvorteile zu erzielen;

(2) Umstellung der Produktionsorganisation;

(3) Einführung eines neuen computergestützten Produktionsplanungs- und -steuerungssystems (PPS-System);

(4) Aufstockung der Produktionskapazität durch Kauf einer neuen Anlage;

(5) Abschluß eines Liefervertrages mit einem Zulieferer und Vereinbarung eines produktionssynchronen Anlieferungsmodus ("Just-in-time"-Prinzip);

(6) Vereinbarung einer flexiblen Arbeitszeitregelung mit dem Betriebsrat;

(7) Aufstellung des Produktionsprogramms für die nächsten 12 Monate;

(8) Bestellung von Rohmaterial;

(9) Annahme eines zusätzlichen Kundenauftrages;

(10) Festlegung der Produktionslosgröße für ein selbstgefertigtes Produkt;

(11) Belegung einer Maschine mit einem Produktionsauftrag;

(12) Korrektur der Auftragsterminplanung infolge einer unvorhergesehenen Betriebsstörung.

b) Abb. 0.1 soll Ihnen verdeutlichen, daß ein enger Zusammenhang zwischen dem Betrachtungshorizont bei einer Entscheidung und der beteiligten Managementebene besteht. Hieraus kann man auch eine Gliederung des produktionswirtschaftlichen Lehrstoffes ableiten.

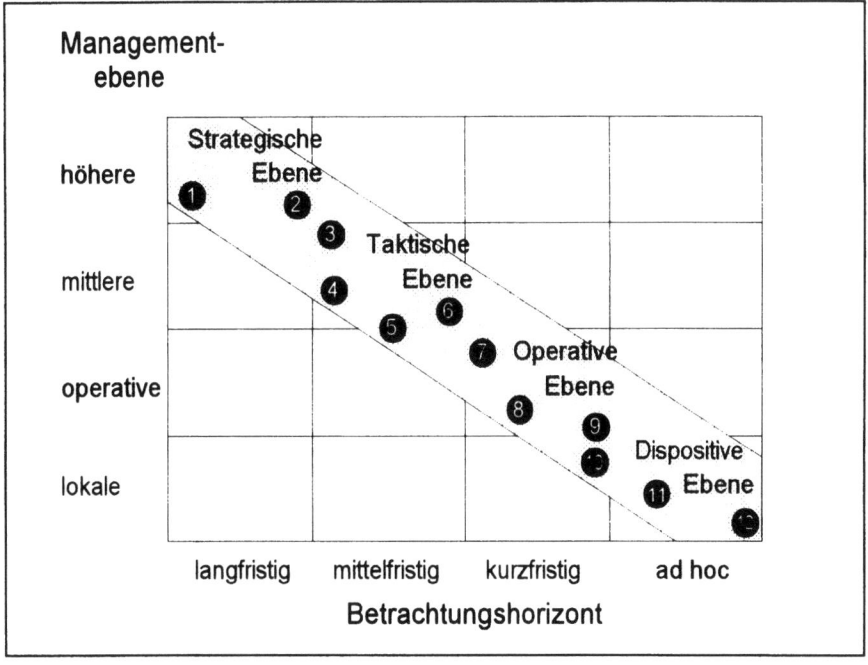

Abb. 0.1: Entscheidungsebenen

Aufgabe 0.2: Produktionsfaktoren

Zur industriellen Herstellung von Sachgütern werden verschiedene Produktionsfaktoren eingesetzt.

a) Die im produktionswirtschaftlichen Schrifttum am weitesten verbreitete Einteilung der Produktionsfaktoren geht auf Gutenberg (1983) zurück. Erläutern Sie die Systematisierung der Produktionsfaktoren von Gutenberg.

b) Unterteilen Sie die Produktionsfaktoren danach, ob sie sich eher kurz-, mittel- oder langfristig bereitstellen lassen.

c) Nach welchen Gesichtspunkten könnte man Produktionsfaktoren sonst noch einteilen?

Aufgabe 0.3: Arbeitssysteme

a) Was versteht man unter einem *Arbeitssystem* (vgl. Günther/Tempelmeier 1995)?

b) Erklären Sie die Eingliederung eines Arbeitssystems in das Gesamtsystem der Produktion.

c) Welche organisatorischen Gestaltungsprobleme ergeben sich hinsichtlich des Zusammenwirkens der verschiedenen Arbeitssysteme?

Aufgabe 0.4: Gliederung der Produktionswirtschaft

a) Nehmen Sie sich verschiedene deutschsprachige Lehrbücher der Produktionswirtschaft zur Hand. Nach welchen unterschiedlichen Gesichtspunkten sind die Lehrbücher gegliedert?

b) Vergleichen Sie die internationalen und die deutschsprachigen Lehrbücher zur Produktionswirtschaft. Worin sehen Sie Unterschiede?

Literaturhinweise (Gesamtdarstellungen und Lehrbücher)

Deutschsprachige Lehrbücher:

Bloech/Bogaschewski/Götze/
  Roland (1993)
Corsten (1995)
Dyckhoff (1994)
Günther/Tempelmeier (1995)
Hahn/Laßmann (1989, 1990 und
  1993)
Hansmann (1994)
Heinen (1991)
Hoitsch (1993)
Kern (1992)
Kistner/Steven (1993)
Küpper/Helber (1995)
Schneeweiß (1993)
Schweitzer (1994)
Vahrenkamp (1994)
Zäpfel (1982, 1989a und 1989b)

Englischsprachige Lehrbücher:

Adam/Ebert (1992)
Chase/Aquilano(1992
Fogarty/Blackstone/Hoffmann
  (1991)
Gaither (1992)
Heizer/Render (1993)
Krajewski/Ritzman (1990)
McClain/Thomas/Mazzola (1992)
Nahmias (1993)
Schonberger/Knod (1994)
Weiss/Gershon (1993)

Teil A

Strategien - Die langfristige Ausrichtung der industriellen Unternehmung

1. Aufgaben und Inhalt der strategischen Planung

Stellen Sie sich vor, Sie hätten bereits morgen eine Unternehmung zu gründen. Dazu bräuchten Sie nicht nur Kapital und einige andere wichtige Ressourcen, sondern vor allem Ideen und Zielvorstellungen. Sie wären gezwungen, sich ein Bild von der langfristigen Entwicklung der Unternehmung zu malen und sich über die Erfolgsvoraussetzungen Klarheit zu verschaffen. Durch strategische Planung versucht man, diese Überlegungen in geordneter Weise zu unterstützen. Die Aufgabe der strategischen Planung besteht darin, die langfristigen Rahmenbedingungen zu schaffen, unter denen sich eine Unternehmung erfolgreich entwickeln kann. Strategien sollen dazu beitragen, den langfristigen Unternehmenserfolg zu sichern, auch wenn sich die äußeren wirtschaftlichen, technologischen, politischen und rechtlichen Rahmenbedingungen turbulent verändern.

Verständnis- und Diskussionsfragen

1. Strategische Planung wird bei Zäpfel (1989a, S. 9) wie folgt definiert: "Inhalt der strategischen Planung eines Unternehmens ist die Analyse seiner kritischen Erfolgsfaktoren, das Absuchen seiner Umwelt auf Chancen und Bedrohungen, das Ermitteln seiner Stärken und Schwächen sowie die Entwicklung, Bewertung und Auswahl der Strategien im Hinblick auf die (gleichzeitig mit der Alternativensuche und der Situationsbeurteilung sich differenzierenden) strategischen Ziele." Erläutern Sie die einzelnen Begriffsinhalte dieser Definition.

2. Strategische Planung könnte man als das "*hochaggregierte Bild der Unternehmung im Zeitablauf*" kennzeichnen. Ergründen Sie die Bedeutung dieser Definition und vergleichen Sie diese Definition mit derjenigen von Zäpfel (1989a, S. 9).

3. Nehmen Sie Stellung zu der Aussage von Albach (1987, S. 646): "Erfolgreiche Unternehmungen melken Cash-Kühe nicht aus."

4. Eine Feststellung von Albach (1987, S. 653) lautet: "Erfolgreiche Unternehmungen investieren in Flexibilität." Wie kann man "Flexibilitätsinvestitionen" im Rahmen der strategischen Planung praktisch umsetzen?

5. Albach (1987, S. 655) stellt fest: "Erfolgreiche Unternehmungen investieren in den Schutz vor Risiken." Wie kann man "Risikoschutzinvestitionen" im Rahmen der strategischen Planung praktisch umsetzen?

6. Welche strategische Bedeutung besitzen "Investitionen in Humankapital"?

Übungsaufgaben

Aufgabe A1.1: Strategische Ziele, Umwelteinflüsse, Planungshorizont

a) Nennen Sie einige typische strategische Ziele, die eine konkrete Unternehmung verfolgen könnte. Nennen Sie zur Abgrenzung auch einige Beispiele für operative Ziele.

b) Stellen Sie sich einen konkreten Industriebetrieb vor, und nennen Sie aktuelle Einflüsse, die aus den verschiedenen Umsystemen auf den Industriebetrieb einwirken.

c) Der bei der strategischen Planung zugrundegelegte Planungshorizont hat sich im Laufe der Zeit deutlich verringert. Welche Gründe können hierfür maßgeblich sein?

Aufgabe A1.2: Erfolgspotentiale

Unter einem *Erfolgspotential* wird die Fähigkeit der Unternehmung verstanden, langfristig wettbewerbsfähig zu bleiben bzw. Wettbewerbsvorteile zu erzielen. *Wettbewerbsvorteile* werden von Simon (1988, S. 464f) wie folgt definiert:

"... eine im Vergleich zum Wettbewerb überlegene Leistung, die drei Kriterien erfüllen muß:

1. Sie muß ein für den Kunden wichtiges Leistungsmerkmal betreffen.

2. Der Vorteil muß vom Kunden tatsächlich wahrgenommen werden.

3. Der Vorteil darf von der Konkurrenz nicht schnell einholbar sein, d.h. er muß eine gewisse Dauerhaftigkeit aufweisen."

a) Greifen Sie als Beispiel eine beliebige, Ihnen bekannte *erfolgreiche* Unternehmung heraus und überlegen Sie, worin die besonderen *Erfolgspotentiale* und *Wettbewerbsvorteile* dieser Unternehmung bestehen.

b) Wählen Sie als Beispiel eine beliebige *weniger erfolgreiche* Unternehmung und ergründen Sie deren "*Mißerfolgspotentiale*" und "*Wettbewerbsnachteile*".

c) Welche Eigenschaften muß beispielsweise ein Produkt aufweisen, damit es zur Erzielung von Wettbewerbsvorteilen beitragen kann?

Aufgabe A1.3: Strategische Geschäftseinheiten

a) Was versteht man unter strategischen Geschäftseinheiten (SGE)? Nach welchen Gesichtspunkten können sie gebildet werden?

b) Halten Sie es für sinnvoll, daß ein Waschmittelproduzent im Rahmen der strategischen Planung seinen Gesamtmarkt in zwei Teilmärkte differenziert, und zwar für umweltfreundliche und für konventionelle Waschmittel? Sollte ein Computerhersteller getrennte strategische Geschäftseinheiten für PCs und Laserdrucker bilden? Würden Sie einem Automobilproduzenten empfehlen, die Märkte für PKW und LKW als getrennte strategische Geschäftsfelder zu betrachten?

Aufgabe A1.4: Attraktivität einer Branche

Nennen Sie einige Faktoren, die man im Rahmen der strategischen Planung heranziehen wird zur Beurteilung der Attraktivität

- einer Branche,

- eines Produktes,

- einer Technologie,

- einer Absatzregion,

- eines Produktionsstandortes

und erörtern Sie, inwieweit die von Ihnen genannten Faktoren in einem multinationalen Konzern bei der Lenkung von Investitionsmitteln eine Rolle spielen.

Aufgabe A1.5: Unsicherheit bei der strategischen Planung

Eine Hauptschwierigkeit der strategischen Planung besteht darin, die beträchtlichen Unsicherheiten der Umweltentwicklungen zu berücksichtigen.

a) Ist die Unsicherheit bei der strategischen Planung heute größer als vor 10 oder 20 Jahren?

b) Welche Bilanzpositionen bzw. welche Bilanzkennziffern könnte man heranziehen, um die Anfälligkeit (das Risiko) einer Unternehmung zu beurteilen?

c) Nennen Sie eine Reihe von Maßnahmen, die man ergreifen könnte, um die Anfälligkeit (das Risiko) einer Unternehmung zu verringern.

Aufgabe A1.6: PIMS-Studie

a) Welche Gründe könnten eine Unternehmung veranlassen, eine Analyse nach dem Muster der PIMS-Studie in Auftrag zu geben? (Zur PIMS-Studie vgl. z.B. Zäpfel 1989a, S. 51ff. Eingehende Darstellungen des PIMS-Konzeptes finden sich bei Buzzell und Gale 1989 sowie Venohr 1988.)

b) Welche Einwände lassen sich gegen die PIMS-Studie vorbringen?

Aufgabe A1.7: Szenariotechnik

Mit Hilfe der Szenariotechnik versucht man, die Ursachen für die langfristige Umweltentwicklung zu erkennen und alternative Prognosen als Gesamtbild aus dem Zusammenwirken verschiedener Einflußfaktoren zu gewinnen. Die Methoden der Statistik treten dabei in den Hintergrund. (Zur Szenariotechnik vgl. z.B. Zäpfel 1989a, S. 16ff. Ausführlich wird die Szenariotechnik bei von Reibnitz 1992 behandelt.)

Bei der Prognose mit Hilfe der Szenariotechnik werden die folgenden Schritte durchlaufen:

(1) Analyse der Ausgangssituation;

(2) Identifizierung der wichtigsten Einflußfaktoren;

(3) Entwicklung eines Modells über das Zusammenwirken der Einflußfaktoren;

(4) Sammlung und Verarbeitung relevanter Informationen;

(5) Entwurf alternativer Zukunftsbilder (Szenarien).

Erläutern Sie die Schritte der Szenarioerstellung an Hand der folgenden Beispiele:

a) Entwicklung des Automobilmarktes;

b) Entwicklung des Marktes für Personalcomputer.

Aufgabe A1.8: Entwicklung von Szenarien

Erstellen Sie Szenarien zu folgenden Zukunftsfragen:

- "Die Entwicklung des Arbeitsmarktes und der Industriestruktur bis zum Jahre 2000."

- "Die Entwicklung der ökologischen Lebensbedingungen in Europa bis zum Jahre 2000."

- "Die zukünftigen Auswirkungen der politischen Veränderungen in Osteuropa auf die wirtschaftlichen Verhältnisse in Österreich, der Schweiz bzw. in der Bundesrepublik Deutschland."

- "Die Entwicklung der Rüstungsausgaben in den nächsten 10 Jahren."

- "Wie verschieben sich die Gewichte der einzelnen Geschäftsbereiche innerhalb eines Großkonzerns wie z.B. Daimler Benz oder Siemens aufgrund der eintretenden wirtschaftlichen und technologischen Entwicklungen?"

- "Welche veränderten Anforderungen stellen sich für die wirtschaftswissenschaftliche Ausbildung in den nächsten 10 Jahren?"

Aufgabe A1.9: Standardstrategien

Mit der Vorgabe von Standardstrategieempfehlungen versucht man, die Strategiefindung zu erleichtern.

a) Charakterisieren Sie die drei Standardwettbewerbsstrategien: *Kostenführerschaft*, *Differenzierung* und *Konzentration auf Schwerpunkte*. Diskutieren Sie die Anwendungsmöglichkeiten und -grenzen dieser Standardstrategien.

b) Welche anderen Strategietypen können Sie nennen?

c) Welche Gefahren birgt die Vorgabe von Standardstrategieempfehlungen?

Literaturhinweise

Hahn/Taylor (1992)
Hax/Majluf (1991)
Hinterhuber (1992)
Kreikebaum (1993)
Porter (1992)
Thompson/Strickland (1993)
Weihrich/Koontz (1993)

2. Entscheidungshilfen der strategischen Planung

Zur Strukturierung und Unterstützung von Entscheidungen des strategischen Managements wurden einige Entscheidungshilfen entwickelt, die zum Teil recht weite Verbreitung in der Unternehmenspraxis gefunden haben. Hier sind vor allem das Erfahrungskurvenkonzept, Portfoliodarstellungen und das Lebenszykluskonzept zu nennen. Diese Entscheidungshilfen sind aber keinesfalls universell einsetzbar. Ihr Erklärungswert und ihr Anwendungsnutzen sollten daher in jedem praktischen Einzelfall kritisch abgewogen werden, da jede strategische Entscheidungssituation ihre eigenen besonderen Ausgangsbedingungen aufweist.

Verständnis- und Diskussionsfragen

1. Nehmen Sie Stellung zu der folgenden Aussage, die einen Zusammenhang zwischen dem Einsatz hochautomatisierter und computergesteuerter Fertigungsanlagen (sog. flexibler Fertigungssysteme) und dem Konzept der Erfahrungskurve herstellt:

"So zeigt z. B. der Einsatz flexibler Fertigungssysteme, daß die Erfahrung als Voraussetzung zur Kostensenkung nicht an die kumulierte Produktionsmenge, sondern an die Dauer und Breite der Anwendung solcher Systeme gebunden ist. ... Neue Erfahrungskurven beginnen deshalb nicht mehr mit der Einführung neuer Produkte, sondern mit der Einführung neuer Produktionstechnologien."

2. Die Produktionszeiten für ein Automobil sind in Japan im Durchschnitt geringer als in Europa oder in den USA. Läßt sich diese Beobachtung durch das Erfahrungskurvenkonzept erklären? Widerlegt diese Beobachtung das Erfahrungskurvenkonzept?

3. Nehmen Sie Stellung zu der Aussage: "Das Marktrisiko ist um so kleiner, je höher der relative Marktanteil ist."

4. Welche Schlußfolgerungen ziehen Sie aus der folgenden Feststellung: "Die Lebensdauer kapitalintensiver, automatisierter Anlagen ist oft länger als die Lebensdauer der Produkte, die darauf gefertigt werden."

Übungsaufgaben

Aufgabe A2.1: Erfahrungskurvenkonzept

Das Erfahrungskurvenkonzept versucht, den Zusammenhang zwischen sinkenden Stückkosten und der eingetretenen Produktionserfahrung zu erklären (vgl. u.a. Kloock/Sabel/Schuhmann 1987).

a) Auf welche Einflußfaktoren lassen sich Kostensenkungen gemäß dem Erfahrungskurvenkonzept zurückführen?

b) Welche praktischen Probleme treten bei der Bestimmung der Erfahrungskurve auf?

c) Welche Aussagefähigkeit haben Industriekostenkurven?

d) Beurteilen Sie den praktischen Nutzen des Erfahrungskurvenkonzeptes für die strategische Planung.

Aufgabe A2.2: Erfahrungskurve, Kostensenkung

Als die Herstellung eines elektronischen Bauteils aufgenommen wurde, betrugen die Stückkosten 10 Geldeinheiten. Man geht davon aus, daß sich die Stückkosten gemäß einer 90%-Erfahrungskurve entwickeln.

a) Stellen Sie die Bestimmungsgleichung auf für die Stückkostenentwicklung $C(n)$ in Abhängigkeit von der Produktionserfahrung n.

b) Mit welchen Stückkosten ist zu rechnen, nachdem der kumulierte Produktionsausstoß auf das 10- bzw. 100- bzw. 1000-fache des ursprünglichen Niveaus angewachsen ist?

Lösung

a) Dem Konzept der Erfahrungskurve liegt die in manchen Branchen getroffene Beobachtung zugrunde, daß sich die Stückkosten eines Produktes jeweils um einen konstanten %-Anteil senken lassen, wenn sich die Produktionserfahrung (= kumulierte produzierte Stückzahl) verdoppelt. Hier sinken die Stückkosten bei Verdoppelung der kumulierten Ausbringung um 10% (90%-Erfahrungskurve). Man erhält in Abhängigkeit von der Produktionserfahrung n die folgenden Stückkosten $C(n)$, wobei $C(1) = 10$ den Ausgangswert darstellt:

$$n = 1: C(1) = 10$$
$$n = 2: C(2) = 10 \cdot 0.9$$
$$n = 4: C(4) = 10 \cdot 0.9^2$$
$$n = 8: C(8) = 10 \cdot 0.9^3$$

Allgemein läßt sich dieser Zusammenhang durch einen exponentiellen Entwicklungsprozeß der folgenden Form darstellen:

$$C(n) = C(1) \cdot n^{-a}$$

Mit $C(2)/C(1) = 1 = 0.9$ erhält man hieraus:

$$a = \frac{-\log(1)}{\log(2)} = 0.152$$

Mit Hilfe der Bestimmungsgleichung

$$C(n) = 10 \cdot n^{-0.152}$$

kann man dann die erwarteten Stückkosten in Abhängigkeit von der Produktionserfahrung prognostizieren.

b) Man setzt nacheinander n = 10 bzw. 100 bzw. 1000 in die obige Formel ein und erhält:

$$C(10) = 10 \cdot 10^{-0.152} = 7.047$$
$$C(100) = 10 \cdot 100^{-0.152} = 4.966$$
$$C(1000) = 10 \cdot 1000^{-0.152} = 3.499$$

Aufgabe A2.3: Erfahrungskurve, Kostensenkung

Eine Industrieunternehmung nimmt die Herstellung eines produktionstechnisch aufwendigen Produktes zu Stückkosten von 10000 Geldeinheiten auf und rechnet mit einer weiteren Entwicklung der Stückkosten gemäß einer 80%-Erfahrungskurve. Für die nächsten fünf Jahre erwartet man ein gesamtes Absatzvolumen von 1000 Einheiten. Zu welchen Stückkosten wird man voraussichtlich die tausendste Einheit produzieren können?

Lösung

Die Lernrate beträgt l = 0.8; der zugehörige Erfahrungskoeffizient lautet:

$$a = \frac{-\log(l)}{\log(2)} = 0.322$$

Einsetzen von n = 1000 in die Kostenfunktion

$$C(n) = 10000 \cdot n^{-0.322}$$

ergibt, daß für die tausendste Einheit Stückkosten von 1081.43 erwartet werden können. (Zum Lösungsweg vgl. auch Aufgabe A2.2.)

Aufgabe A2.4: Erfahrungskurve, Produktivitätssteigerung

In einer Industrieunternehmung hat man die Produktivität (bei konstantem Input quantifiziert als Output pro Zeiteinheit) analysiert und dabei festgestellt, daß mit jeder Verdoppelung der kumulierten Ausbringung ein Anstieg der Produktivität um 10% zu verzeichnen war.

a) Leiten Sie formelmäßig den Zusammenhang zwischen der Ausgangsproduktivität P(1) = 1.0 und der nach einer Produktionserfahrung von n Einheiten erreichten Zielproduktivität P(n) her.

b) Wie hoch ist die Produktivität, nachdem 100 Einheiten produziert wurden?

c) Wie viele Einheiten müssen produziert werden, damit sich die Produktivität verdoppelt?

Lösung

a) In Abhängigkeit von der Produktionserfahrung n entwickelt sich die Produktivität $P(n)$ wie folgt:

$$n = 1: \quad P(1) = 1.0$$
$$n = 2: \quad P(2) = 1.0 \cdot 1.1$$
$$n = 4: \quad P(4) = 1.0 \cdot 1.1^2$$
$$n = 8: \quad P(8) = 1.0 \cdot 1.1^3$$

Der zugrundeliegende exponentielle Entwicklungsprozeß läßt sich allgemein durch die folgende Funktion beschreiben:

$$P(n) = P(1) \cdot n^d$$

Mit $P(2)/P(1) = p = 1.1$ erhält man hieraus:

$$d = \frac{-\log(p)}{\log(2)} = 0.1375$$

Somit lautet die gesuchte Formel für die Produktivitätsentwicklung:

$$P(n) = 1.0 \cdot n^{0.1375}$$

b) Durch Einsetzen von $n = 100$ in die obige Formel erhält man:

$$P(100) = 1.0 \cdot 100^{0.1375} = 1.88$$

c) Durch Auflösung von

$$2.0 = 1.0 \cdot X^{0.1375}$$

erhält man den gesuchten kritischen Wert $X = 155$.

Aufgabe A2.5: Marktanteils-/Marktwachstums-Portfolio

Die bekannteste Portfoliodarstellung ist das Marktanteils-/Marktwachstums-Portfolio. Sie ist anschaulich und einprägsam, aber sie verleitet zu einer oberflächlichen und zu sehr vereinfachten Betrachtung der Zusammenhänge.

a) Erklären Sie den Aufbau und die Einteilung des Marktanteils-/Marktwachstumsportfolios.

b) Wie läßt sich der "Markt" im Marktanteils-/Marktwachstumsportfolio abgrenzen?

c) Wie lassen sich der relative Marktanteil und das Marktwachstum definieren? Welche Probleme treten bei der Messung und empirischen Erfassung dieser Größen auf?

d) Wie läßt sich die Annahme rechtfertigen, daß der relative Marktanteil und das Marktwachstum als die entscheidenden erfolgsbestimmenden Faktoren einer strategischen Geschäftseinheit anzusehen sind? Welche anderen Faktoren können von Bedeutung sein?

e) Welcher Zusammenhang wird von den Verfechtern des Marktanteils-/ Marktwachstumsportfolios zwischen dem relativen Marktanteil und dem Marktwachstum einerseits und dem Bedarf bzw. der Freisetzung von liquiden Mitteln andererseits gesehen?

f) Nehmen Sie zur Ableitung von Standardstrategien aus dem Marktanteils-/ Marktwachstums-Portfolio kritisch Stellung.

g) Beurteilen Sie den praktischen Nutzen des Marktanteils-/Marktwachstums-Portfolios für die strategische Planung.

Aufgabe A2.6: Marktattraktivität/Wettbewerbsvorteil-Portfolio

Eine Weiterentwicklung des Marktanteils-/Marktwachstums-Portfolios ist das Marktattraktivität/Wettbewerbsvorteil-Portfolio.

a) Erklären Sie den Aufbau und die Einteilung des Marktattraktivität/Wettbewerbsvorteil-Portfolios.

b) Nennen Sie fünf wichtige Faktoren, die kennzeichnend für die Attraktivität eines Marktes bzw. die Wettbewerbsposition einer strategischen Geschäftseinheit sind.

c) Wie kann man vorgehen, um "Marktattraktivität" und "Wettbewerbsvorteil" zu messen?

d) Welche Vorteile bietet das Marktattraktivität/Wettbewerbsvorteil-Portfolio gegenüber dem Marktanteils-/Marktwachstums-Portfolio? Welche Einschränkungen bestehen weiterhin?

e) Beurteilen Sie Anwendungsprobleme und Aussagefähigkeit des Marktattraktivität/Wettbewerbsvorteil-Portfolios innerhalb der strategischen Planung.

Aufgabe A2.7: Lebenszykluskonzept

Das Lebenszykluskonzept versucht, die Entwicklung des Absatzes und anderer Kenngrößen während der Lebensdauer eines Produktes zu erklären.

a) In welche Phasen gliedert sich ein Produktlebenszyklus? Wie kann man diese Phasen abgrenzen?

b) Welche empirische Datenbasis wird benötigt, um den Lebenszyklus eines individuellen Produktes, den Lebenszyklus einer Produktgeneration oder den Lebenszyklus einer Branche vorherzusagen?

c) Wie verläuft typischerweise die Entwicklung der produktabhängigen Kosten und der Deckungsbeiträge während des Lebenszyklus eines Produktes?

d) Welche Faktoren tragen dazu bei, daß der idealtypische Verlauf der Produktlebenszykluskurve in der Realität selten anzutreffen ist?

e) Beurteilen Sie den praktischen Nutzen des Lebenszykluskonzeptes für die strategische Planung.

Literaturhinweise

Dyson (1990)
Hax/Majluf (1991, Kap. 6 bis 9)
Homburg (1991, Teil I)
Kreikebaum (1993)
McNamee (1990)
Zäpfel (1989a, S. 60ff)

3. Produktionsstrategien

Die Gesamtstrategie einer Unternehmung wird gewöhnlich in Strategien für einzelne strategische Geschäftseinheiten (SGE) aufgeschlüsselt. Weiterhin kann die Strategie einer Geschäftseinheit durch verschiedene Funktionalstrategien, zu denen auch die Produktionsstrategie gehört, konkretisiert werden. In modernen Industrieunternehmungen mit technologisch anspruchsvollen Produkten kommt der Produktionsstrategie eine herausragende Bedeutung zu. Produktionsstrategien sprechen Gesichtspunkte an wie die Kapazitätsdimensionierung, die Wahl der Produktionsstandorte, der Technologien und der Produktionstiefe, den Aufbau von Personalressourcen, Leitlinien für die Produktionsqualität, die Wahl der Planungs- und Steuerungskonzepte sowie die Produktionsorganisation. Die Konkretisierung dieser Gesichtspunkte erfolgt in der taktischen Planungsebene (siehe Teil B dieses Buches), jedoch wird in der strategischen Ebene die Ausgestaltung dieser Strategieelemente grundlegend vorbestimmt. Eine scharfe Trennlinie zwischen Strategien und Taktiken zu ziehen, ist nicht immer möglich.

Verständnis- und Diskussionsfragen

1. Wie könnte man die *technische Position* einer Unternehmung definieren?

2. Es wird behauptet, durch eine größere Produktionstiefe lasse sich eine Verlängerung der Wertschöpfungskette und damit langfristig ein größerer Unternehmenserfolg erzielen. Nehmen Sie zu dieser Behauptung Stellung!

3. Es wird behauptet, daß klassische Investitionsrechnungsverfahren für die wirtschaftliche Beurteilung von CIM-Konzepten (Computer Integrated Manufacturing) und für die Einführung neuer Technologien ungeeignet sind. Nehmen Sie zu dieser Behauptung Stellung!

4. Begründen Sie die These, daß sich durch die Einführung von CIM-Konzepten strategische Wettbewerbsvorteile erzielen lassen.

5. Welche Gründe sind Ihrer Meinung nach ausschlaggebend für Produktivitätsunterschiede in der industriellen Produktion und zwar zum einen im internationalen Vergleich einzelner Industriezweige und zum anderen im internen Vergleich mehrerer Produzenten innerhalb einer Branche?

Übungsaufgaben

Aufgabe A3.1: Produktionsstrategie als Teil der Unternehmensstrategie

Produktionsstrategien gewinnen innerhalb der gesamten Strategieplanung der Unternehmung zunehmend an Bedeutung.

a) Wie läßt sich eine generelle Unternehmensstrategie in einzelne Strategieelemente aufschlüsseln?

b) Welche Teilbereiche könnte eine Produktionsstrategie umfassen?

c) Welche konkreten Maßnahmen können im Produktions- und Logistikbereich ergriffen werden, um die Standardstrategien *Kostenführerschaft*, *Differenzierung* bzw. *Konzentration auf Schwerpunkte* praktisch umzusetzen?

Aufgabe A3.2: Strategische Bedeutung neuer Technologien

a) Was versteht man unter *Technologie*? Wie grenzt man *Technologie* von *Technik* ab?

b) Grenzen Sie folgende Technologiebegriffe voneinander ab: *Basistechnologien*, *Schlüsseltechnologien*, *Schrittmachertechnologien*.

c) Nennen Sie Beispiele dafür, daß durch den Einsatz neuer Technologien neue oder verbesserte Produkte angeboten werden konnten und sich so das Marktpotential einer Unternehmung vergrößert hat.

d) Belegen Sie an Hand von Beispielen, wie sich durch den Einsatz neuer Technologien die Wettbewerbsposition einer Unternehmung verändert hat.

e) Um die Risiken neuer Technologien belegen zu können, sollten sich auch Beispiele dafür finden lassen, daß der Einsatz neuer Technologien fehlgeschlagen ist.

Aufgabe A3.3: Kostenwirkungen neuer Technologien

a) Welche produktionsspezifischen Kostenarten sind von der Einführung innovativer Technologien berührt? Ergeben sich eher Kostenerhöhungen oder Einsparungen?

b) Wie kann man die Kostensenkungspotentiale, die durch die Einführung innovativer Technologien entstehen, prognostizieren?

Aufgabe A3.4: Argumentenbilanz

Zur Beurteilung der nicht-quantifizierbaren Kriterien von Technologieinvestitionen werden gelegentlich sog. *Argumentenbilanzen* vorgeschlagen. Diskutieren Sie Sinn und Unsinn dieser Beurteilungsform.

Aufgabe A3.5: Durchlaufzeitverkürzung

a) Mit der Einführung neuer Technologien wird häufig auch eine Verkürzung der Durchlaufzeiten angestrebt. Begründen Sie die Behauptung, daß eine Verkürzung der Durchlaufzeiten die Produktivität der Produktion erhöht.

b) Welche organisatorischen Umgestaltungen im Bereich der Produktion und welche Konzepte der Produktionsplanung und -steuerung sind geeignet, um zu einer Verkürzung der Durchlaufzeiten beizutragen?

Aufgabe A3.6: Technologieportfolio

Das gebräuchliche Technologieportfolio enthält die Dimensionen "Ressourcenstärke" und "Technologieattraktivität" (vgl. Pfeiffer/Metze/Schneider/Amler 1989).

Nennen Sie an Hand eines konkreten Unternehmensbeispiels einige wesentliche Faktoren, die im technischen Bereich die Ressourcenstärke ausmachen bzw. die für die Technologieattraktivität ausschlaggebend sind.

Aufgabe A3.7: Technologieportfolio, Büroautomatisierung

Eine Unternehmung steht vor der Entscheidung, ein umfassendes computergestütztes und automatisiertes Büroinformationssystem einzuführen.

a) Entwickeln Sie ein Chancen-/Risikoprofil sowie ein Stärken-/Schwächenprofil für die Einführung der Büroautomatisierung in einer Unternehmung der Versicherungsindustrie oder in einer Bank oder in der Personalabteilung eines Industriebetriebs.

b) Wie läßt sich aus den obigen Vorüberlegungen ein Technologieportfolio zur Beurteilung der Büroautomatisierung ableiten?

Aufgabe A3.8: Produktionstiefe

a) Es ist beispielsweise zu beobachten, daß ein Hersteller von Personalcomputern bei weitem nicht alle Gerätekomponenten selbst herstellt. Welche Gründe können dagegen sprechen, daß eine Unternehmung eine möglichst große Produktionstiefe anstrebt?

b) Nennen Sie weitere konkrete Unternehmensbeispiele dafür, daß der Empfehlung, eine möglichst große Produktionstiefe anzustreben, nicht gefolgt wird. Erörtern Sie die möglichen Beweggründe.

c) Welche Aussage über den Zusammenhang von vertikaler Integration bzw. relativem Marktanteil und Return on Investment macht die PIMS-Studie (vgl. hierzu Zäpfel 1989a, S. 137f, sowie Buzzell/Gale 1989, S. 137ff)?

Aufgabe A3.9: Produktionstiefe und Ersatzteillogistik

Viele Automobilhersteller gehen im Rahmen des sog. *Modular Sourcing* dazu über, von den Lieferanten nicht mehr nur Einzelteile, sondern vormontierte Baugruppen zu beziehen.

a) Diskutieren Sie die Vorteile, die aus der Sicht eines Automobilherstellers mit dieser Strategie verbunden sind.

b) Welche Konsequenzen hat das Modular Sourcing, z.B. eines kompletten Armaturenbrettes, für die Ersatzteillogistik des Automobilherstellers?

Aufgabe A3.10: Standortstrategien

Durch Standortstrategien werden häufig irreversible Entscheidungen begründet. Die Kriterien, die bei der Wahl des Produktionsstandortes berücksichtigt werden müssen, sind außerordentlich vielschichtig.

a) Welche Kriterien können das langfristige Erfolgspotential einer Unternehmung bei ihrer Standortwahl beeinflussen?

b) Eine mittelständische deutsche Unternehmung erwägt, eine Produktionsstätte in einem der ehemaligen Staaten des Ostblocks zu errichten. Nennen Sie die wesentlichen Kriterien, die für die Attraktivität eines solchen Produktionsstandortes sprechen.

Aufgabe A3.11: Flexibilität

a) Konkretisieren und differenzieren Sie den Begriff der *Flexibilität* im Hinblick auf strategische Produktionsentscheidungen.

b) Welche Auswirkungen ergeben sich aus der Forderung nach höherer Flexibilität für die Planung der produktionstechnischen Einrichtungen, für die Personalentwicklung bzw. für die Einführung von CIM-Konzepten?

Aufgabe A3.12: Investitionen in neue Technologien

a) Welche Möglichkeiten gibt es, die nicht-quantifizierbaren Kriterien bei Investitionsentscheidungen über die Einführung neuer Technologien zu berücksichtigen?

b) Wie kann man die Beurteilung der quantifizierbaren und der nicht-quantifizierbaren Kriterien zusammenführen?

c) Wie läßt sich das *Investitionsrisiko* bei derartigen Investitionsentscheidungen berücksichtigen?

Aufgabe A3.13: Verbreitung von CIM-Konzepten

Der Durchdringungsgrad von Unternehmungen mit Computeranwendungen im Produktionsbereich und die Integration dieser Anwendungen sollen empirisch untersucht werden. Entwerfen Sie eine strukturierte Vorgehensweise und ein Untersuchungsschema.

Literaturhinweise

Bullinger (1994)
Hayes/Wheelwright (1984)
Hayes/Wheelwright/Clark (1988)
Hill (1993)
Zäpfel (1989a)

Teil B

Taktiken - Aufbau der Leistungsstärke und Sicherung der notwendigen Ressourcen

Das taktische Produktionsmanagement soll dazu beitragen, die in der strategischen Entscheidungsebene gesetzten Ziele schrittweise zu verwirklichen und die angestrebte Leistungsstärke nachhaltig aufzubauen. Dazu sind die Wege zur Erreichung der strategischen Ziele inhaltlich zu konkretisieren. Dies geschieht durch die Entwicklung und Einführung neuer Produkte, den Aufbau der dazu erforderlichen Produktionskapazitäten gegebenenfalls auch an neuen Standorten sowie durch die computergestützte Gestaltung der Produkte und Produktionsprozesse, die Wahl des zweckmäßigen Produktionslayouts und durch Entscheidungen über den Fremdbezug oder die Eigenerstellung von Produkten und Dienstleistungen. Hierbei handelt es sich durchweg um funktionsübergreifende und langfristig wirksame Maßnahmen, die sicherstellen sollen, daß die Ressourcen, die zur Erfüllung der operativen Aufgaben einer Unternehmung benötigt werden, rechtzeitig bereitstehen.

4. Produktpolitik

Um strategische Wettbewerbsvorteile erschließen zu können, bedarf es neuer und erfolgreicher Produkte. Überdies sind neue Technologien ohne neue Produkte langfristig wirtschaftlich nicht lebensfähig. Die Verwirklichung von Produktideen kann jedoch erst nach einem langwierigen und selektiven Innovationsprozeß erfolgen. Die Bewertung von Produktideen stellt ein vielschichtiges Entscheidungsproblem dar, bei dem vielfältige zum Teil nur schwer quantifizierbare Kriterien anzulegen sind. Darüber hinaus sind Entscheidungen über die Einführung neuer Produkte und die dazu erforderlichen Investitionen in erweiterte Produktionskapazitäten in besonderem Maße durch die Unsicherheit der Nachfrageentwicklung geprägt.

Verständnis- und Diskussionsfragen

1. Begründen Sie die These, daß eigene Forschungs- und Entwicklungstätigkeiten für den langfristigen Erfolg einer technologieorientierten Unternehmung unverzichtbar sind.

2. Nennen Sie Branchen, in denen besonders hohe Ausgaben für Forschung und Entwicklung erforderlich sind.

3. Nennen Sie Branchen mit besonders kurzen bzw. besonders langen Lebens- bzw. Innovationszyklen der hergestellten Produkte.

4. Welche Unternehmensbereiche sollten an der endgültigen Entscheidung über die Einführung eines neuen Produktes beteiligt werden?

5. Systematisieren Sie die Faktoren, die ausschlaggebend für die Unsicherheit bezüglich der Nachfrageentwicklung eines neuen Produktes sind. Auf welche Grenzen stößt die Verwendung von Wahrscheinlichkeiten als Maß für die Unsicherheit der Nachfrage?

6. Durch Produktvariation bzw. -differenzierung versucht man, zusätzlichen Absatz zu erzielen. Welche Kosten bzw. welche Schwierigkeiten entstehen im Produktionsbereich aufgrund der steigenden Produktzahl?

Übungsaufgaben

Aufgabe B4.1: Produktprogramm

a) Wie ist die Alterspyramide eines Produktprogramms aufgebaut?

b) Welche Rückschlüsse lassen sich daraus für die langfristige Produktpolitik ziehen?

c) Was versteht man im Zusammenhang mit der langfristigen Umsatzprognose unter einer *"strategischen Lücke"*?

Aufgabe B4.2: Produktideen

a) Wie verläuft der *"Mortalitätsprozeß"* von Produktideen?

b) Welche Gründe können dazu führen, daß die Weiterverfolgung von Produktideen abgebrochen wird? Systematisieren Sie diese Faktoren.

Aufgabe B4.3: Bewertung von Produktideen

Bei der Bewertung von Produktideen sind vielfältige Kriterien und die Unsicherheit der Marktentwicklung sowie die möglichen Konkurrenzreaktionen zu beachten. Die "Lehrbuchmethoden", die zur Bewertung von Produktideen vorgeschlagen wurden und in der Praxis große Verbreitung gefunden haben, sind teilweise sehr umstritten.

a) Auf welche Grenzen stößt die Anwendung klassischer Verfahren der Investitionsrechnung bei der wirtschaftlichen Bewertung neuer Produktideen?

b) Beschreiben Sie den Ansatz der Nutzwertanalyse am Beispiel der Bewertung von Produktideen (vgl. hierzu z.B. Zäpfel 1989b, S. 36ff).

c) Welche Kritik läßt sich gegen die Nutzwertanalyse vorbringen?

d) Arbeiten Sie sich an Hand des Aufsatzes von Brans und Vincke (1985) in das Promethee-Verfahren ein. Prüfen Sie die Anwendbarkeit des Promethee-Verfahrens im Hinblick auf die Bewertung von Produktideen. Welche Vorteile bietet das Promethee-Verfahren gegenüber der Nutzwertanalyse?

Aufgabe B4.4: Unsicherheit der Nachfrageentwicklung

Bei ihrer Entscheidung, entweder Produkt A oder B auf dem Markt einzuführen, richtet sich die Unternehmung ausschließlich nach dem Erwartungswert der Rückflüsse. Die Unsicherheit des Markterfolges wird durch drei mögliche Nachfrageentwicklungen berücksichtigt, denen jeweils eine bestimmte subjektiv geschätzte Wahrscheinlichkeit zugeordnet wird. Die diskontierten Rückflüsse, die bei den unterschiedlichen Nachfrageentwicklungen erwartet werden, sind in der folgenden Tabelle zusammengefaßt.

| Produkt | Nachfrageentwicklung | | |
	günstig	mittel	schlecht
A	30	10	0
B	20	15	10
Wahrscheinlichkeit	0.30	0.50	0.20

a) Welches Produkt weist den höchsten Erwartungswert der Rückflüsse auf?

b) Die Unternehmung könnte auch eine gezielte Marktanalyse durchführen lassen. Wieviel dürfte die Marktanalyse höchstens kosten, wenn sie die zukünftige Nachfrageentwicklung vollkommen richtig erkennen ließe?

c) Nehmen Sie an, die Marktanalyse sei mit einem gewissen Vorhersagefehler behaftet. Man wäre lediglich in der Lage, die eintretende Nachfrageentwicklung mit einer Wahrscheinlichkeit von 80% richtig vorauszusagen. Mit einer Wahrscheinlichkeit von jeweils 10% wäre mit dem Eintreten der beiden übrigen (nicht vorausgesagten) Nachfrageentwicklungen zu rechnen. Wieviel dürfte die Marktanalyse höchstens kosten?

Lösung

a) Aufgrund des höheren Erwartungswertes der Rückflüsse wird man sich für Produkt B entscheiden.

```
Produkt A: 30·0.3 + 10·0.5 + 0·0.2 = 14
Produkt B: 20·0.3 + 15·0.5 + 10·0.2 = 15.5
```

b) Die Unternehmung würde bei günstiger Nachfrageentwicklung Produkt A, ansonsten Produkt B bevorzugen. Daraus ergibt sich der folgende Erwartungswert der Rückflüsse:

```
30·0.3 + 15·0.5 + 10·0.2 = 18.5
```

Die Unternehmung wäre bereit, einen Preis von höchstens 18.5-15.5=3 Geldeinheiten für die Verfügbarkeit der vollkommenen Information zu zahlen.

c) Sagt die Marktanalyse eine günstige Nachfrageentwicklung vorher, so würde die Unternehmung Produkt A wählen. Da diese Nachfrageentwicklung jedoch nur mit einer Wahrscheinlichkeit von 80% eintritt und mit einer Wahrscheinlichkeit von jeweils 10% mit dem Eintreten der übrigen Nachfrageentwicklungen zu rechnen ist, ergibt sich daraus ein Teilerwartungswert von:

```
30·0.8 + 10·0.1 + 0·0.1 = 25
```

Lautet die Vorhersage "mittlere" bzw. "schlechte Nachfrageentwicklung", so wäre jeweils Produkt B vorteilhafter, und man würde die folgenden Teilerwartungswerte erzielen:

```
15·0.8 + 20·0.1 + 10·0.1 = 15
10·0.8 + 20·0.1 + 15·0.1 = 11.5
```

Berücksichtigt man die individuellen Wahrscheinlichkeiten für das Eintreten der jeweiligen Nachfrageentwicklungen, so erhält man den folgenden Gesamterwartungswert:

```
25·0.3 + 15·0.5 + 11.5·0.2 = 17.3
```

Unter Berücksichtigung der Irrtumswahrscheinlichkeit dürfte die Marktanalyse höchstens 17.3-15.5=1.8 Geldeinheiten kosten.

Aufgabe B4.5: Entscheidungsbaum

Eine Unternehmung hat ein neues Produkt entwickelt. Sie könnte die Rechte an diesem Produkt für 1200 Geldeinheiten verkaufen oder für 600 Geldeinheiten eine Produktionsanlage errichten und das Produkt selbst vertreiben. Bei "schlechter" Absatzlage beläuft sich der Barkapitalwert der Rückflüsse auf 600 Geldeinheiten, bei "guter" Absatzlage auf 6000 Geldeinheiten. Beide Absatzlagen sind gleich wahrscheinlich.

Die Unternehmung könnte jedoch auch eine Marktuntersuchung zu Kosten von 400 Geldeinheiten durchführen, wobei mit jeweils 50% Wahrscheinlichkeit die Prognosen "schlechte" bzw. "gute" Absatzlage zu erwarten sind. Die Entscheidung, die Rechte zu verkaufen oder eine eigene Produktionsanlage zu bauen, wird dann vom Ausgang der Marktuntersuchung abhängig gemacht. Erfahrungsgemäß ist die Prognose in 90% aller Fälle korrekt.

a) Veranschaulichen Sie die Entscheidungssituation durch eine graphische Darstellung.

b) Wie sollte sich die Unternehmung entscheiden, wenn sie den Erwartungswert der Rückflüsse maximiert?

c) Wieviel dürfte die Marktuntersuchung höchstens kosten, wenn sie die eintretende Absatzlage vollkommen richtig erkennen ließe?

Lösung

a) Der Entscheidungsbaum ist in Abb. B4.1 dargestellt.

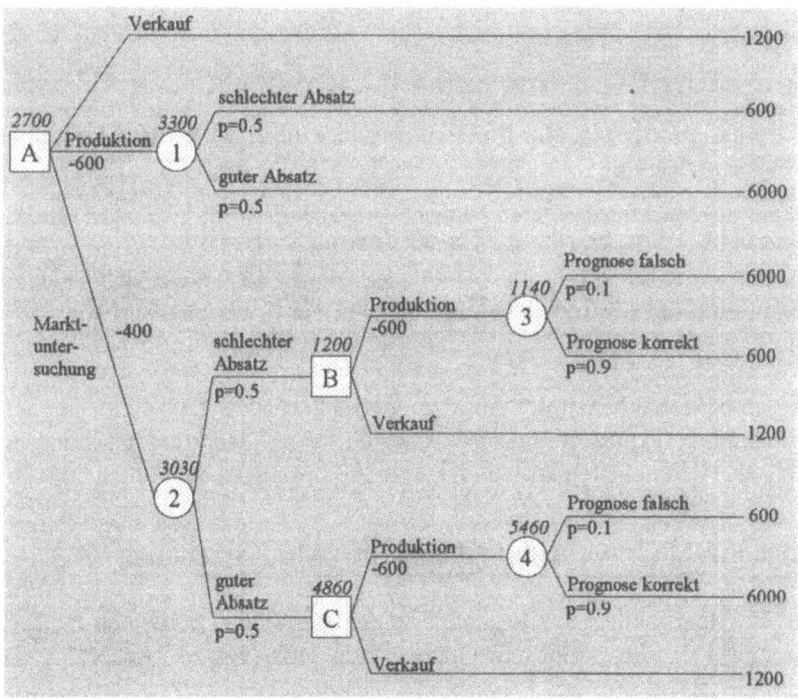

Abb. B4.1: Entscheidungsbaum

b) Man wertet den Entscheidungsbaum wie folgt rekursiv aus:

Entscheidungsknoten B: Die Alternative "Produktion" erbringt einen Teilerwartungswert von:

$$0.1 \cdot 6000 + 0.9 \cdot 600 - 600 = 540$$

Vorteilhafter ist es, die Rechte an dem Produkt für 1200 Geldeinheiten zu verkaufen.

Entscheidungsknoten C: Die Produktion aufzunehmen, ist hier wegen des höheren Teilerwartungswertes vorteilhafter, als die Rechte an dem Produkt für 1200 Geldeinheiten zu verkaufen. Der Teilerwartungswert beträgt:

$$0.1 \cdot 600 + 0.9 \cdot 6000 - 600 = 4860$$

Entscheidungsknoten A: Man hat hier zwischen drei Entscheidungsalternativen zu wählen: (I) die Rechte an dem Produkt zu verkaufen; (II) die Produktion ohne vorherige Marktuntersuchung aufzunehmen; (III) die Marktuntersuchung durchzuführen und die weiteren Entscheidungen vom Ausgang der Marktuntersuchung abhängig zu machen. Die drei Alternativen lassen sich wie folgt bewerten:

```
Alternative I:   1200
Alternative II:  0.5·600 + 0.5·6000 - 600 = 2700
Alternative III: 0.5·1200 + 0.5·4860 - 400 = 2630
```

Es ist am günstigsten, die Produktionsanlage ohne vorherige Marktuntersuchung zu errichten.

c) Sagt die Marktanalyse eine schlechte Absatzlage voraus, so ist es offensichtlich vorteilhaft, die Rechte an dem Produkt für 1200 Geldeinheiten zu verkaufen. Bei prognostizierter guter Absatzlage können 6000−600=5400 Geldeinheiten eingenommen werden. Daraus ergibt sich ein Erwartungswert von

$$0.5 \cdot 1200 + 0.5 \cdot 5400 = 3300$$

Da sich bei fehlerbehafteter Absatzprognose höchstens 2700 Geldeinheiten an erwarteten Rückflüssen erzielen lassen, dürfte die Marktuntersuchung höchstens 600 Geldeinheiten kosten (vgl. auch die Lösung zu der Aufgabe B4.4b).

Aufgabe B4.6: Entscheidungsbaum, Investitionsrechnung

Für die Bearbeitung der folgenden Aufgabenstellung werden grundlegende Kenntnisse der Investitionsrechnung vorausgesetzt (vgl. z.B. Kruschwitz 1995, Kap. 2.3.2.3.3).

Eine Unternehmung überlegt, ein neues Produkt auf den Markt zu bringen. Die dafür zu errichtende Kapazität kann auf ein Produktionsvolumen von 1000 bzw. 2000 Einheiten pro Jahr ausgelegt werden. Die erforderlichen Investitionsmittel belaufen sich auf 500 bzw. 900 Geldeinheiten. Man kann natürlich auch ganz auf die Einführung des Produktes verzichten (Nullalternative).

Hinsichtlich der erwarteten Nachfrage herrscht Unsicherheit. Eine hohe Nachfrage, die mit einer Wahrscheinlichkeit von 20% erwartet wird, würde die Kapazität von 2000 Einheiten voll auslasten und zu jährlichen Rückflüssen von 400 Geldeinheiten führen. Bei niedriger Nachfrage (Wahrscheinlichkeit 80%) wäre die geringe Kapazität von 1000 Einheiten gerade ausgelastet, und es würden Rückflüsse von 180 Geldeinheiten pro Jahr eintreten.

Die Unternehmung hat aber auch die Möglichkeit, zunächst die kleine Kapazität zu errichten und im Falle der hohen Nachfrage die Kapazität zu erweitern, so daß ab dem zweiten Betriebsjahr jeweils 2000 Einheiten produziert und abgesetzt werden können. Hierzu werden zusätzliche Investitionsmittel von 600 Geldeinheiten benötigt.

Es wird damit gerechnet, daß die Produktionskapazitäten 20 Jahre lang genutzt werden können und daß die Rückflüsse über diesen Zeitraum konstant bleiben. Der Kalkulationszinssatz wird mit 10% veranschlagt. Alle Investitionsausgaben werden dem Beginn, alle Rückflüsse dem Ende eines Jahres zugerechnet.

a) Stellen Sie die geschilderte Problemstellung als Entscheidungsbaum graphisch dar.

b) Welche Entscheidung sollte die Unternehmung treffen, wenn sie sich nach dem Erwartungswert des Barkapitalwertes richtet?

c) In welcher Weise müßte die von Ihnen verwendete Entscheidungsmethodik verfeinert werden, damit sie bei praktischen Problemstellungen zur Entscheidungshilfe wirksam eingesetzt werden könnte?

Lösung

a) Der Entscheidungsbaum ist in Abb. B4.2 dargestellt.

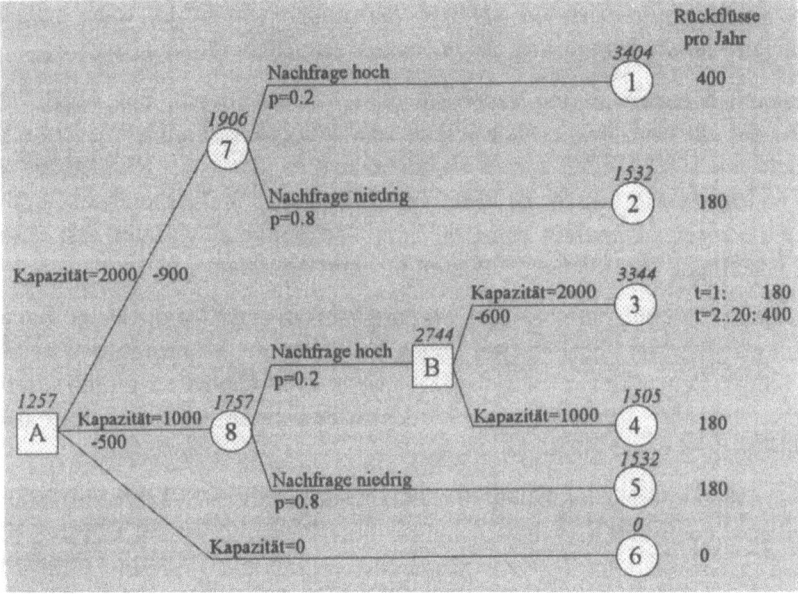

Abb. B4.2: Entscheidungsbaum

b) Die Investitionsrückflüsse sind hier nicht direkt in Form von Barkapitalwerten vorgegeben, sondern durch einzelne über mehrere Jahre gleichmäßig anfallende Zahlungsgrößen. Daher muß die Berechnung der Barkapitalwerte für die einzelnen Investitionsalternativen explizit erfolgen. Die Verwendung der Kapitalwertmethode bedeutet, daß hinsichtlich der Finanzierungswelt des Investors von einigen die Investitionsrechnung stark vereinfachenden Annahmen ausgegangen wird. Insbesondere wird ein vollkommener und unbeschränkter Kapitalmarkt unterstellt (vgl. Kruschwitz 1995, Kap. 2.3.1.3).
Der Barkapitalwert BKW einer Zahlungsreihe $-z_0$, z_1, z_2, ..., z_n berechnet sich bei gegebenem Kalkulationszinssatz i wie folgt:

$$BKW = -z_0 + \sum_{t=1}^{n} z_t \cdot (1+i)^{-t}$$

Den Barkapitalwert einer konstanten über T Perioden anfallenden Zahlung z kann man vereinfacht wie folgt berechnen:

$$BKW = z \cdot RBF(i,T) \quad \text{mit } RBF(i,T) = \frac{(1+i)^T - 1}{i \cdot (1+i)^T}$$

wobei der für einen Kalkulationszinssatz von i und eine Laufzeit von T Jahren gültige Rentenbarwertfaktor RBF(i,T) aus entsprechenden Tabellen abgelesen werden kann.

Im folgenden werden die den einzelnen Knoten des Entscheidungsbaumes zuzuordnenden Barkapitalwerte berechnet.

Knoten 1: Kapazität = 2000; hohe Nachfrage; Laufzeit = 20 Jahre

$$BKW_1 = RBF(10\%,20) \cdot 400 = 8.51 \cdot 400 = 3404$$

Knoten 2: Kapazität = 2000; niedrige Nachfrage; Laufzeit = 20 Jahre

$$BKW_2 = 8.51 \cdot 180 = 1532$$

Knoten 3: Kapazität zu Beginn des zweiten Jahres von 1000 auf 2000 erweitert; hohe Nachfrage; Laufzeit = 19 Jahre

$$BKW_3 = RBF(10\%,19) \cdot 400 = 8.36 \cdot 400 = 3344$$

Knoten 4: Kapazität = 1000; niedrige Nachfrage; Laufzeit = 19 Jahre

$$BKW_4 = 8.36 \cdot 180 = 1505$$

Knoten 5: Kapazität = 1000; niedrige Nachfrage; Laufzeit = 20 Jahre

$$BKW_5 = 8.51 \cdot 180 = 1532$$

Knoten 6: Nullalternative

$$BKW_6 = 0$$

Knoten 7: Erwartungswert bezüglich Knoten 1 und 2

$$BKW_7 = 0.2 \cdot 3404 + 0.8 \cdot 1532 = 1906$$

Entscheidungsknoten B: Für die Erweiterung der Kapazität von 1000 auf 2000 Einheiten zu Beginn des zweiten Jahres fallen Investitionsausgaben von 600 Geldeinheiten an. Da $BKW_3 - 600 > BKW_4$, ist es vorteilhafter, zu Beginn des zweiten Jahres die Kapazität von 1000 auf 2000 zu erweitern. Dem Entscheidungsknoten B ist daher die folgende Bewertung zuzuordnen:

$$BKW_B = BKW_3 - 600 = 2744$$

Knoten 8: Erwartungswert bezüglich Knoten B und 5 und Berücksichtigung der Rückflüsse von 180 für das erste Jahr; da BKW_B sowie die dazugehörigen einmaligen Rückflüsse von 180 auf den Beginn des zweiten Jahres bzw. das Ende des ersten Jahres bezogen sind, ist die Abzinsung um ein weiteres Jahr erforderlich. BKW_5 erfaßt bereits den gesamten Betrachtungszeitraum von 20 Perioden.

$$BKW_8 = 0.2 \cdot (180+2744)/1.1 + 0.8 \cdot 1532 = 1757$$

Entscheidungsknoten A: Es sind die Investitionsausgaben von 900 Geldeinheiten für die große und 500 Geldeinheiten für die kleine Produktionskapazität zu berücksichtigen. Die Barkapitalwerte der drei Entscheidungsalternativen lauten:

$$BKW_6 = 0, \quad BKW_7 - 900 = 1006 \quad \text{und} \quad BKW_8 - 500 = 1257$$

Es ist also am vorteilhaftesten, zunächst die kleine Produktionskapazität zu errichten und dann im Falle hoher Nachfrage die Produktionskapazität zu Beginn des zweiten Jahres von 1000 auf 2000 zu erhöhen.

c) Um die Berechnungen überschaubar zu halten, wurde zuvor von einigen
vereinfachenden Annahmen ausgegangen. Es ist jedoch ohne weiteres möglich,
eine Reihe von zusätzlichen für den praktischen Anwendungsfall wesentlichen
Gesichtspunkten unter Beibehaltung des erläuterten Lösungsprinzips zu berücksichtigen. Hier kann die Verwendung eines Personalcomputers mit entsprechender Software (z.B. Tabellenkalkulation) die Berechnungen wesentlich
erleichtern. An zusätzlichen Gesichtspunkten könnten berücksichtigt werden:

- im Zeitablauf variable Rückflüsse aufgrund schwankender Absatzmengen
  (gegebenenfalls unter Berücksichtigung des Lebenszykluskonzeptes),

- zeitlich gestaffelter Kapazitätsausbau (gegebenenfalls unter Berücksichtigung von Verbundwirkungen im Produktionsbereich),

- eine differenziertere Abstufung der Produktionskapazitäten,

- eine differenziertere Abstufung des Nachfrageniveaus,

- Übergangsprozesse zwischen dem Nachfrageniveau in aufeinanderfolgenden
  Perioden bzw. die Betrachtung von Nachfrageszenarien,

- die Erfassung steuerlicher Gesichtspunkte,

- die genauere Erfassung der Produktionskosten,

- gezielte Sensitivitätsanalyse bezüglich einzelner Unsicherheitsfaktoren bzw.
  computergestützte Risikoanalyse, um die generelle Risikosensitivität zu eva-
  luieren,

- die Betrachtung weiterer für die Entscheidungsfindung wesentlicher Faktoren, die sich nicht unmittelbar durch Zahlungsgrößen quantifizieren lassen.

Literaturhinweise

Brockhoff (1988)
Clark/Wheelwright (1993)
Dolan (1993)
Hansmann (1994, Kap. 4)
Inwood/Hammond (1993)
Jaspersen (1992)
Zäpfel (1989b, Kap. 2)

5. Produktionsstandorte

Die Wahl der Produktionsstandorte trägt langfristig zur Sicherung der Wettbewerbsfähigkeit bei. Lohnkostenunterschiede, infrastrukturelle Bedingungen und die Nähe zu den Zulieferern und Abnehmern sind wichtige Standortfaktoren. Nicht zuletzt müssen auch kulturelle und wirtschaftliche Schranken beim Aufbau des internationalen Managementpotentials überwunden werden. Standortentscheidungen sind nur schwer strukturierbar, da ihr Wirkungsverbund besonders komplex ist und zahlreiche unwägbare Einflüsse die Entscheidungsfindung erschweren. Quantitativ ausgelegte Bewertungsverfahren sind aber dennoch angebracht, um die oftmals schwierig zu durchschauenden Zusammenhänge offenzulegen; keinesfalls aber sollten sie dazu verwendet werden, um eine bestimmte Alternativenwahl aus einfachen Zahlenvergleichen zwingend abzuleiten.

Verständnis- und Diskussionsfragen

1. Nennen Sie einige Industriezweige, in denen man bei der Wahl der Produktionsstandorte verhältnismäßig frei bzw. stark eingeschränkt ist.

2. Diskutieren Sie die unterschiedlichen Kriterien, die eine Dienstleistungsunternehmung bei der Standortwahl zugrundelegen wird im Vergleich zu einem Produktionsbetrieb.

3. Welche Gründe könnten dafür sprechen, daß eine Unternehmung ein und dasselbe Produkt an mehreren Standorten herstellt?

4. Welche Gründe bewegen viele Gemeinden dazu, Industrieansiedlungsprogramme aufzulegen und neue Industrieansiedlungen zu subventionieren?

5. Welche Vorteile bringt es, eine Produktionsstätte "auf der grünen Wiese" zu errichten, anstatt eine bestehende Fabrik zu adaptieren?

6. In Japan hergestellte Autos werden in Europa, in Europa hergestellte Autos in Japan verkauft. Insbesondere europäische Autos enthalten Komponenten aus aller Welt, u.a. auch aus Japan. Wie erklären Sie sich diese Zusammenhänge?

Übungsaufgaben

Aufgabe B5.1: Standortfaktoren

Mit der Wahl der Produktionsstandorte werden wichtige Rahmenbedingungen für eine Vielzahl weiterer Entscheidungen getroffen. Die Beurteilung der Pro-

duktionsstandorte schließt quantitative und zahlreiche qualitative Gesichtspunkte ein.

a) Nennen Sie die wichtigsten Faktoren, die für die Wahl des Produktionsstandortes von ausschlaggebender Bedeutung sind (vgl. z.B. Zäpfel 1989b, Kap.
3.2.5 und Günther/Tempelmeier 1995, Kap. 4.2).

b) Inwieweit lassen sich diese Faktoren quantifizieren und wirtschaftlich bewerten?

Aufgabe B5.2: Standortbewertung, Promethee-Verfahren

Eine Unternehmung plant die Errichtung einer zweiten Produktionsstätte. Es
kommen vier Standorte in Frage, die nach sechs verschiedenen Kriterien mit
jeweils unterschiedlichem Gewicht bewertet werden. Jeder Standort wird bezüglich der einzelnen Kriterien auf einer Skala von 1 (schlecht) bis 9 (sehr gut)
bewertet. In der folgenden Tabelle sind die Ergebnisse der Bewertung zusammengefaßt:

| Kriterium | Gewicht | Bewertung für Standort | | | |
		A	B	C	D
(1) Arbeitsmarkt	0.25	9	5	6	8
(2) Transportwege	0.20	6	6	5	4
(3) Nähe zu Lieferanten	0.20	3	4	4	6
(4) Nähe zum Absatzmarkt	0.15	7	4	6	5
(5) Lebensqualität	0.10	3	4	6	1
(6) Steuerliche Belastung	0.10	3	7	7	5

a) Analysieren Sie die Standortwahl nach dem Promethee-Verfahren. (Zum
Promethee-Verfahren siehe Brans/Vincke 1985.)

b) Stellen Sie die partielle Ordnung der Alternativen nach dem Promethee-
Verfahren graphisch dar.

Lösung

a) Promethee ist ein Verfahren zur Bewertung und Rangordnung von diskre-
ten Alternativen bei mehrfacher Zielsetzung. Vereinfachend geht man dabei
wie folgt vor:

Sämtliche Alternativen werden *paarweise* verglichen. Die relative Überlegenheit einer Alternative gegenüber der jeweiligen Vergleichsalternative wird
durch einen *Präferenzindex* ausgedrückt. Für das Alternativenpaar (A,B) ergibt
sich z.B. eine Höherbewertung der Alternative A von 9-5=4 beim Kriterium 1
(Arbeitsmarkt) und von 7-4=3 beim Kriterium 4 (Nähe zum Absatzmarkt);

ansonsten liegen nur Minderbewertungen von A gegenüber B bzw. Gleichbewertungen vor. Unter Berücksichtigung der vorgegebenen Gewichtungsfaktoren erhält man den Präferenzindex:

$$\pi(A,B) = 0.25 \cdot (9-5) + 0.15 \cdot (7-4) = 1.45$$

Umgekehrt berechnet man für die relative Überlegenheit von B gegenüber A den Präferenzindex:

$$\pi(B,A) = 0.20 \cdot (4-3) + 0.10 \cdot (4-3) + 0.10 \cdot (7-3) = 0.70$$

In gleicher Weise werden die Präferenzindizes für alle anderen Alternativenpaare berechnet. (Anstelle dieser vereinfachten Berechnung des Präferenzindizes bietet das eigentliche Promethee-Verfahren dem Entscheidungsträger mehrere Möglichkeiten an, um die Bewertungsdifferenzen in eine zwischen 0 und 1 normierte Präferenzskala zu transformieren.)

Der nächste Schritt des Promethee-Verfahrens besteht darin, die Präferenzindizes in geeigneter Weise zu aggregieren. Für die Alternative A erhält man z.B. die Präferenzindizes $\pi(A,B) = 1.45$, $\pi(A,C) = 1.10$ und $\pi(A,D) = 1.15$. Die Summe dieser Präferenzindizes wird als *positive Valenz* $\pi^+(A)$ bezeichnet und kann als Maß für die relative Überlegenheit der Alternative A im Vergleich zu allen anderen Alternativen angesehen werden. Entsprechend leitet man aus der Summe der Präferenzindizes $\pi(B,A) = 0.70$, $\pi(C,A) = 0.90$ und $\pi(D,A) = 0.80$ die sog. *negative Valenz* $\pi^-(A)$ ab, aus der die relative Unterlegenheit der Alternative A im Vergleich zu allen anderen Alternativen abgelesen werden kann.

Die Präferenzindizes für alle Vergleichspaare sowie die positiven und negativen Valenzen sind in der folgenden Tabelle zusammengefaßt.

	A	B	C	D	π^+
A	-	1.45	1.10	1.15	3.70
B	0.70	-	0.20	0.90	1.80
C	0.90	0.75	-	1.05	2.70
D	0.80	1.30	0.90	-	3.00
π^-	2.40	3.50	2.20	3.10	

Schließlich lassen sich die sog. *Nettovalenzen* $\pi(i)$ als Differenz zwischen positiver und negativer Valenz einer Alternative i bilden. Aus den Nettovalenzen

$$\pi(A) = 1.30; \ \pi(B) = -1.70; \ \pi(C) = 0.50; \ \pi(D) = -0.10;$$

läßt sich die vollständige Rangordnung (A-C-D-B) der vier Standortalternativen ableiten.

b) Eine partielle Rangordnung ergibt sich aus der Untersuchung von Dominanzbeziehungen zwischen den Alternativen. Von *Dominanz* einer Alternative i gegenüber einer Alternative j wird dann gesprochen, wenn eine der beiden folgenden Beziehungen (a) oder (b) gilt:

(a) $\pi^+(i) > \pi^+(j)$ und $\pi^-(i) \leq \pi^-(j)$

(b) $\pi^+(i) \geq \pi^+(j)$ und $\pi^-(i) < \pi^-(j)$

Die Dominanz von i über j läßt sich graphisch durch einen vom Knoten i zum Knoten j gerichteten Pfeil darstellen. Nachdem sämtliche Dominanzbeziehungen ausgewertet sind, erhält man für die vier betrachteten Standortalternativen den in Abb. B5.1 dargestellten Graphen.

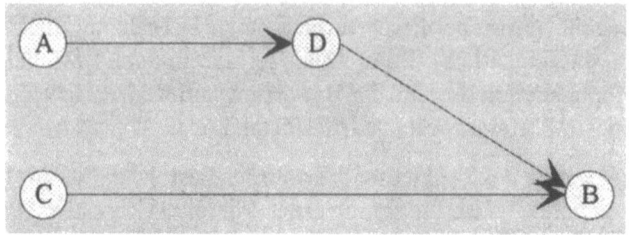

Abb. B5.1: Partielle Ordnung der Standortalternativen

Aufgabe B5.3: Promethee-Verfahren, partielle Ordnung

Welche partielle Ordnung würde man nach dem Promethee-Verfahren erhalten, wenn sich für die Standortalternativen A bis H die folgenden positiven und negativen Valenzen π^+ bzw. π^- ergeben hätten? Stellen Sie die partielle Ordnung als Netzwerk graphisch dar. (Zum Promethee-Verfahren siehe Brans/ Vincke 1985.)

Valenz	A	B	C	Standort D	E	F	G	H
π^+	3	4	8	11	6	9	7	12
π^-	11	12	4	5	7	6	8	7

Lösung

Man ermittelt die folgenden Dominanzbeziehungen (vgl. die Lösungshinweise zu Aufgabe B5.2):

A und B dominieren keine andere Alternative;

C dominiert A, B, E und G;

D dominiert A, B, E, F und G;

E dominiert A und B;

F dominiert A, B, E und G;

G dominiert A und B;

H dominiert A, B, E und G.

Um den Vorranggraph stufenweise aufzubauen, markiert man zunächst diejenigen Alternativen, die von keiner anderen dominiert werden, und anschließend diejenigen, die nur von den zuvor markierten dominiert werden usw. Auf
diese Weise bildet man nacheinander die Alternativenmengen {C, D, H}, {F},
{E, G} und {A, B}, aus denen sich der in Abb. B5.2 dargestellte Vorranggraph
stufenweise unter Beachtung der obigen Dominanzbeziehungen konstruieren
läßt. Man könnte hier die Wahl auf die Alternativen C, D, H und allenfalls F
beschränken, da diese Alternativenmenge die übrigen Alternativen vollständig
dominiert.

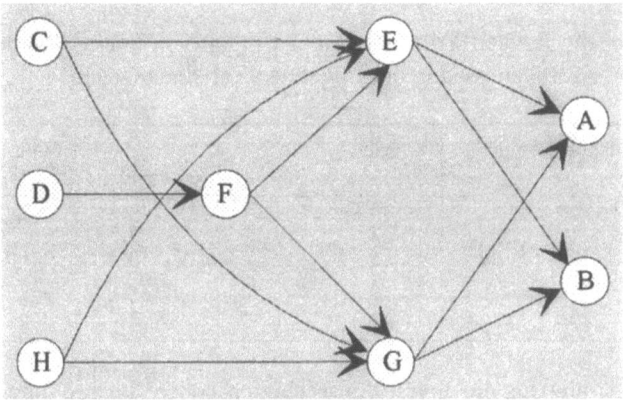

Abb. B5.2: Partielle Ordnung der Standortalternativen

Aufgabe B5.4: Evaluierung der Distributionskosten

Eine Unternehmung unterhält gegenwärtig drei Produktionsstandorte: A, B
und C mit einer Kapazität von jeweils 500 Outputeinheiten. An allen drei
Standorten wird ein einheitliches Grundprodukt hergestellt, das in vier Absatzregionen zum selben Preis vertrieben wird. Für die nächsten Jahre wird in den
verschiedenen Absatzregionen mit dem folgenden gleichbleibenden Absatzni-
veau gerechnet:

	Region 1	Region 2	Region 3	Region 4
Absatz pro Jahr	300	400	550	250

Das Werk am Standort C müßte in Kürze wegen Überalterung geschlossen werden. Um die Nachfragebefriedigung für die Zukunft zu sichern, stellen sich zur Zeit zwei Alternative: (I) das Werk am Standort C neu zu bauen, (II) das Werk am Standort C zu schließen und ein neues Werk am Standort D zu errichten. In beiden Fällen wird eine Produktionskapazität von jeweils 500 Einheiten geschaffen. Es wird mit den folgenden standortabhängigen Produktionskosten pro Stück gerechnet:

	Standort A	Standort B	Standort C	Standort D
Produktionskosten pro Stück	12	13	14	11

Die Kosten, die für den Transport einer Einheit von einem Standort zu einer Absatzregion anfallen, sind in der folgenden Tabelle angegeben.

Transportkosten	nach 1	2	3	4
von A	3	2	3.5	4
B	5	4	3.5	2.5
C	5	4	2	4
D	2	2.5	4.5	5

a) Als Vorstudie für die Investitionsrechnung sollen die pro Jahr erwarteten standortabhängigen Produktions- und Distributionskosten ausgewertet werden. Welche Unterschiede ergeben sich diesbezüglich für die beiden Standortalternativen C und D?

b) Wie müßte man die Auswertung der standortabhängigen Produktions- und Distributionskosten verfeinern, um im praktischen Anwendungsfall eine echte Entscheidungshilfe leisten zu können?

Lösung

a) Durch die Anwendung des klassischen Transportmodells (vgl. Günther/ Tempelmeier 1995, Kap. 11.1) können die mit einer Standortalternative verbundenen minimalen standortabhängigen Produktions- und Distributionskosten ermittelt werden. Dabei sind zwei Einzelrechnungen durchzuführen: zum einen nimmt man probeweise die neu errichtete Fabrik am Standort C in die Modellrechnung auf, und zum anderen wird die Modellrechnung mit den Produktionsstandorten A, B und D durchgeführt. Für die erste Alternative fallen jährliche Produktions- und Distributionskosten von 23400 an, die aus der im nachfolgenden Tableau dargestellten optimalen Lösung des klassischen Transportmodells (bzw. aus einer weiteren gleichwertigen optimalen Lösung) abzulesen sind:

	Absatzregion 1	2	3	4	Kapazität
Standort A	300 \15	200 \14	\15.5	\16	500
Standort B	\18	200 \17	50 \16.5	250 \15.5	500
Standort C	\19	\18	500 \16	\18	500
Bedarf	300	400	550	250	

Die zweite Alternative führt auf jährliche Produktions- und Distributionskosten von 22050 und erweist sich als kostengünstiger. Die optimale Lösung ist dem nachfolgenden Tableau zu entnehmen. (Auch hier existiert eine zweite gleichwertige optimale Lösung.)

	Absatzregion 1	2	3	4	Kapazität
Standort A	\15	200 \14	300 \15.5	\16	500
Standort B	\18	\17	250 \16.5	250 \15.5	500
Standort D	300 \13	200 \13.5	\15.5	\16	500
Bedarf	300	400	550	250	

b) An sinnvollen Ergänzungen der in a) vorgenommenen Auswertung der Produktions- und Distributionskosten sind u.a. zu nennen:

- Einbeziehung der Kostenersparnis von 23400-22150=1250 in eine umfassende Investitionsrechnung;

- Erfassung der zeitlichen Absatzentwicklung für alle hergestellten Erzeugnisse;

- Durchführung von Sensitivitäts- und Risikoanalysen;

- Berücksichtigung qualitativer und weiterer quantitativer Entscheidungskriterien;

- genauere Erfassung der Logistikkosten;

- Prognose der zukünftigen Preis- und Kostenentwicklungen;

- Betrachtung von möglichen Kapazitätserweiterungen, wie z.B. Überstunden und Fremdvergabe von Produktionsaufträgen.

Literaturhinweise

Domschke/Drexl (1995, Kap. 4)
Hansmann (1994, Kap. 5)
Neumann/Morlock (1993, Kap. 2.8)
Zäpfel (1989b)

6. Kapazitätsdimensionierung

Die Errichtung einer neuen Produktionsstätte erfordert in jedem Fall Überlegungen hinsichtlich des quantitativen und qualitativen Aufbaus der Produktionskapazitäten. Erhebliche Investitionen in zusätzliche Produktionskapazitäten müssen vielfach auch dann getätigt werden, wenn neue Produkte eingeführt werden sollen. Da die zukünftige Nachfrageentwicklung im allgemeinen höchst unsicher ist, muß auch das Risiko der Investitionsentscheidungen sorgsam evaluiert werden. Die Wahl der Ausgangskapazität und der weitere stufenweise Ausbau der Produktionskapazität sind wichtige Fragestellungen ebenso wie die Wahl der geeigneten Produktionstechnologie. Entscheidungen über die Kapazitätsausstattung sind umso bedeutender, als sie Kapazitätsgrenzen festlegen, innerhalb derer sich die kurzfristige Produktionsplanung bewegen muß. Auch für den Ausgleich saisonaler Nachfrageschwankungen muß genügend Spielraum gelassen werden.

Verständnis- und Diskussionsfragen

1. In welchem Zusammenhang stehen Produkt- und Kapazitätspolitik?

2. Worin unterscheiden sich Dienstleistungs- und Produktionsbetriebe in ihren Anforderungen an die Kapazitätsplanung?

3. Inwieweit determinieren Transporteinrichtungen, Ladungsträger, Pufferläger, Werkzeuge, Formen und dergleichen die effektiv nutzbare Produktionskapazität?

4. Welche Schwierigkeiten ergeben sich bei der Dimensionierung der Produktionskapazität, wenn neue Technologien eingesetzt bzw. neue Produkte hergestellt werden sollen?

5. Erläutern Sie die praktischen personalwirtschaftlichen Schwierigkeiten, die sich ergeben, wenn die Produktionskapazität vergrößert bzw. verringert werden soll.

6. Diskutieren Sie typische Risikofaktoren, die bei der Dimensionierung der Produktionskapazität berücksichtigt werden sollten.

Übungsaufgaben

Aufgabe B6.1: Kapazitätsstrategie

Durch Kapazitätsstrategien wird die langfristige qualitative und quantitative Entwicklung der Produktionskapazität einer Betriebsstätte festgelegt.

a) Welche Faktoren bestimmen die Kapazitätsstrategie einer Unternehmung?

b) Welche Konsequenzen ergeben sich daraus, daß die Kapazität nur in gewissen Sprüngen verändert werden kann?

c) Nach welchen betriebswirtschaftlichen Gesichtspunkten sind Kapazitätserweiterungen zu beurteilen? Welche methodischen Hilfsmittel stehen bereit?

d) Wie bestimmt sich der Ersatzbedarf an Investitionen im Produktionsbereich? Welcher investitionstheoretischer Methoden bedient man sich zur Entscheidung über Ersatzinvestitionen?

Aufgabe B6.2: Schwankungen des Kapazitätsbedarfs

a) Welchen Einfluß haben kurzfristige Schwankungen der Nachfrage (z.B. jahreszeitliche oder monatliche Saisonverläufe) auf die Entscheidungen über den langfristigen Kapazitätsbedarf?

b) Welche Maßnahmen kommen in Frage, um den kurzfristigen und langfristigen Kapazitätsbedarf aufeinander abzustimmen?

Aufgabe B6.3: Kapazitätsdimensionierung, Erfahrungskurve

Für die Herstellung eines neu ins Produktionsprogramm aufgenommenen Produktes ist soeben ein neues Produktionssegment eingerichtet worden. Aufgrund von Erfahrungen in anderen Produktionssegmenten erwartet man, daß sich die Produktivität (gemessen als Output pro Kapazitätseinheit) gemäß einer 20%-Erfahrungskurve entwickeln wird. Dieser Umstand soll bei der Kapazitätsplanung berücksichtigt werden. Man rechnet in den nächsten fünf Jahren mit einer Nachfrage von 200, 250, 300, 350 und 300 Mengeneinheiten. Danach wird ein rasches Absinken der Nachfrage erwartet.

Gegenwärtig beläuft sich die Produktionskapazität auf 250 Mengeneinheiten. Da einige Anlagen nur noch eine begrenzte Lebensdauer aufweisen, würde die Produktionskapazität (ohne Berücksichtigung der erwarteten Produktivitätssteigerungen) auf 200 Mengeneinheiten ab dem zweiten und 100 Mengeneinheiten ab dem vierten Jahr absinken. Die Kapazität kann lediglich in bestimmten Schritten erweitert werden, die bei dem gegenwärtigen Produktivitätsniveau einem Ausstoß von 50 bzw. 100 Mengeneinheiten entsprechen. Bei einer Kapazitätserweiterung von 100 Einheiten spart man 25% der Investitionsausgaben im Vergleich zu zwei einzelnen Kapazitätserweiterungen von je 50 Einheiten.

Die Kapazität soll in den nächsten fünf Jahren so ausgebaut werden, daß mindestens 110% der Jahresnachfrage hergestellt werden können. Die Weiternutzung der Anlagen nach Ablauf des fünften Jahres erscheint möglich, da neue Produktentwicklungen zu erwarten sind. Die Zielsetzung der Unternehmung besteht darin, die Investitionsausgaben zu minimieren.

a) Bestimmen Sie den optimalen Kapazitätsausbau zunächst ohne Berücksichtigung von Produktivitätssteigerungen.

b) Welcher effektive Kapazitätsbedarf entsteht unter Beachtung der erwarteten Produktivitätssteigerungen?

c) Wie sollte die Kapazität unter Beachtung der erwarteten Produktivitätssteigerungen ausgebaut werden? (Die Ausgangsproduktivität im ersten Produktionsjahr des neuen Produktes soll mit 100% normiert werden.)

Lösung

a) Der während der nächsten fünf Jahre zu befriedigende Kapazitätsbedarf von (220, 275, 330, 385, 330) leitet sich aus dem 1.1-fachen der erwarteten Nachfrage ab. Dem steht die Entwicklung der Istkapazität von (250, 200, 200, 100, 100) gegenüber. Kapazitätserweiterungen können entweder in Sprüngen von 50 oder 100 Mengeneinheiten erfolgen.

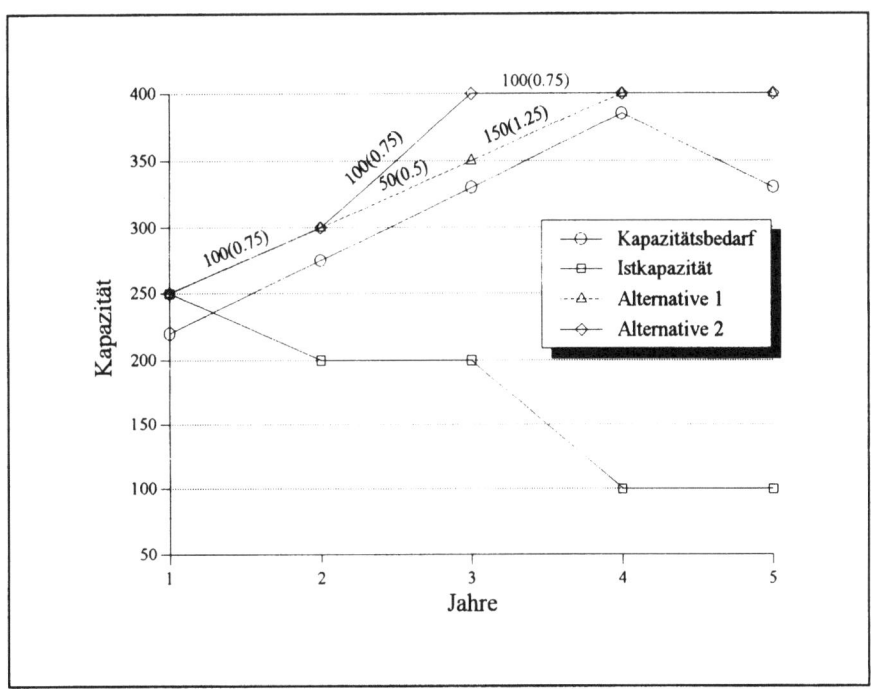

Abb. B6.1: Kapazitätsentwicklung ohne Berücksichtigung von Produktivitätssteigerungen

Aus dem Vergleich von Istkapazität und Kapazitätsbedarf kann man zwei Alternativen zum Aufbau der erforderlichen Produktionskapazität ableiten. In Abb. B6.1 ist die betrachtete Entscheidungssituation graphisch veranschaulicht.

Bei der ersten Alternative wird die Kapazität jeweils um 100 Einheiten zu Beginn der Perioden zwei, drei und vier erhöht. Die zweite Alternative sieht Kapazitätserhöhungen von 100 in der zweiten, von 50 in der dritten und von 150 in der vierten Periode vor. Beide Alternativen enden mit einer Kapazität von 400 Einheiten während der fünften Periode.

Normiert man die Investitionsausgaben für eine Kapazitätserweiterung von zweimal 50 Einheiten mit dem Faktor 1.0, so entspricht eine Kapazitätserweiterung um 100 Einheiten dem Faktor 0.75. Auf diese Weise kann man die Investitionsausgaben für den Aufbau der Produktionskapazität vergleichend bewerten. In Abb. B6.1 sind der Verlauf der Istkapazität und des Kapazitätsbedarfs sowie die beiden Alternativen der Kapazitätsentwicklung dargestellt. Die Zahlenangaben an den Entwicklungspfaden des Kapazitätsverlaufs geben die jeweiligen Kapazitätssprünge bzw. das Niveau der Investitionsausgaben an. Der Vergleich der Investitionsausgaben zeigt, daß bei der ersten Alternative die gesamten Investitionsausgaben mit dem Faktor 2.25 und bei der zweiten Alternative mit dem Faktor 2.5 zu bewerten sind. Die erste Alternative ist daher vorzuziehen.

b) Der Entwicklungsprozeß der Produktivität läßt sich allgemein durch die Funktion

$$P(n) = P(1) \cdot n^d$$

beschreiben (vgl. die Aufgabe A2.4 in Abschnitt A.2), wobei $P(1)$ die Ausgangsproduktivität, $P(n)$ die Produktivität bei einem Ausbringungsniveau von n Einheiten kennzeichnet und sich der Parameter d aus der unterstellten Erfahrungsgesetzmäßigkeit von $P(2)/P(1) = 1.2$ herleiten läßt, nämlich als

$$d = \frac{\log(1.2)}{\log(2)} = 0.2630$$

Aus den vorgegebenen Nachfragedaten leitet sich die voraussichtliche Entwicklung der Produktionserfahrung von (200, 450, 750, 1100, 1400) Einheiten ab. Normiert man die Anfangsproduktion von 200 Einheiten während der ersten Periode mit dem Faktor $n = 1$, so erhält man unter Anwendung der obigen Formeln die folgende Entwicklung der Produktivität:

```
Periode 2: n = 450/200  = 2.25; P(2.25) = 1.24
Periode 3: n = 750/200  = 3.75; P(3.75) = 1.42
Periode 4: n = 1100/200 = 5.5;  P(5.5)  = 1.57
Periode 5: n = 1400/200 = 7.0;  P(7.0)  = 1.67
```

Hierbei gehen wir vereinfachend von der Annahme aus, daß die betrachteten Produktivitätssprünge erst mit der letzten in einer Periode produzierten Mengeneinheit wirksam werden. Somit läßt sich der effektive Kapazitätsbedarf unter Beachtung der erwarteten Produktivitätssteigerungen leicht bestimmen:

Periode 1: 220/1.00 = 220

Periode 2: 275/1.24 = 222

Periode 3: 330/1.42 = 233

Periode 4: 385/1.57 = 246

Periode 5: 330/1.67 = 198

c) Aus dem Vergleich der Istkapazität und des effektiven Kapazitätsbedarfs sind wiederum zwei Alternativen zum Aufbau der erforderlichen Produktionskapazität ersichtlich, nämlich die Bereitstellung von weiteren 100 Kapazitätseinheiten in der zweiten und von 50 in der vierten Periode, bzw. Kapazitätserhöhungen von 50 Einheiten in der zweiten und von 100 in der vierten Periode. In Abb. B6.2 ist diese Entscheidungssituation veranschaulicht. Beide Alternativen verursachen gleich hohe Investitionsausgaben, jedoch empfiehlt es sich aus naheliegenden Gründen, die Kapazitätserweiterungen möglichst weit aufzuschieben. Daher ist die zweite Alternative im allgemeinen vorzuziehen.

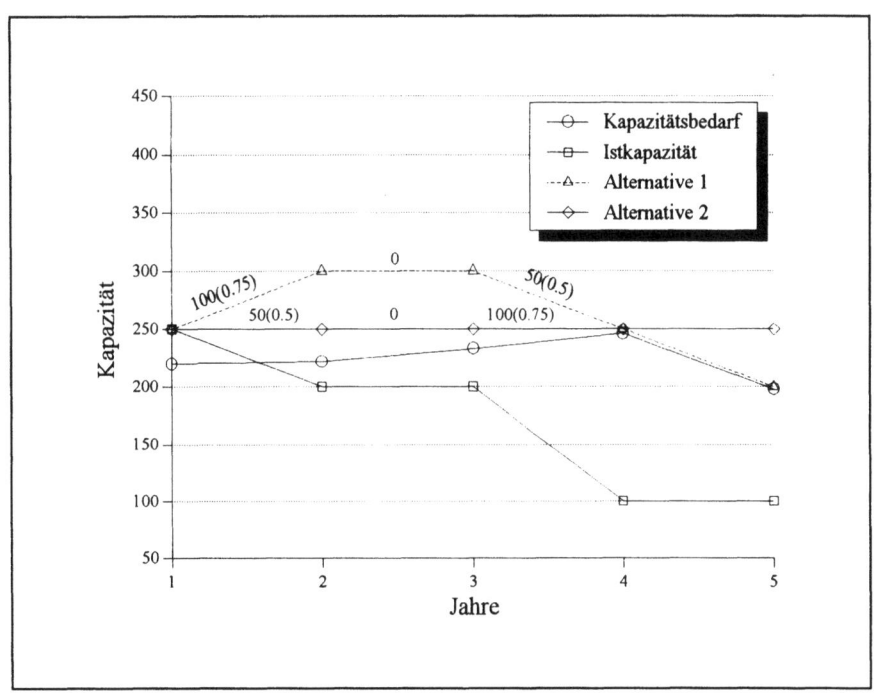

Abb. B6.2: Kapazitätsentwicklung unter Berücksichtigung von Produktivitätssteigerungen

Fallstudie: Computergestützte Entscheidungsanalyse eines Kapazitätserweiterungsprojektes

Die Einführung eines neuen Produktes erfordert vielfach erhebliche Investitionen in neue Produktionskapazitäten. Da der Markterfolg des neuen Produktes im allgemeinen höchst unsicher ist, muß auch das Risiko der Investitionsentscheidung sorgsam evaluiert werden. In vielen Fällen wird die Produktionskapazität zudem stufenweise in Abhängigkeit von der eintretenden Nachfrageentwicklung ausgebaut. Diesen Gesichtspunkten widmet sich die folgende Fallstudie. Die betrachtete Problemstellung der Kapazitätserweiterung ist fiktiv, jedoch enthält sie in komprimierter Form wesentliche Gesichtspunkte typischer, realer Entscheidungssituationen.

Eine Unternehmung hat die Entwicklungsarbeiten für ein neues Produkt abgeschlossen. Die Markteinführung soll in Kürze erfolgen. Die während des Lebenszyklus erwartete Nachfrage kann nicht verläßlich prognostiziert werden, da noch keine Erfahrungswerte vorliegen. Die verschiedenen Annahmen über die für möglich gehaltene Nachfrageentwicklung lassen sich aber auf drei Grundvorstellungen reduzieren: einen als optimistisch, realistisch und pessimistisch angesehenen Markterfolg. Entsprechend hat man die Nachfrageentwicklung während der nächsten fünf Jahre prognostiziert (siehe die nachfolgende Tabelle), wobei jeder der dargestellten Trends als gleich wahrscheinlich gilt. Nach dem fünften Jahr wird kein weiteres Ansteigen der Nachfrage mehr erwartet.

Nachfrageprognose	Jahr 1	Jahr 2	Jahr 3	Jahr 4	Jahr 5
optimistisch	100	200	400	600	600
realistisch	100	130	200	300	450
pessimistisch	100	120	160	200	250

Neben der Nachfrage wird auch der Absatzpreis als unsichere Einflußgröße angesehen. Zwischen beiden Größen bestehen enge Wechselwirkungen. Beim Eintreten der optimistischen Nachfrageentwicklung glaubt man eher an einen hohen, andernfalls eher an einen niedrigen Absatzpreis. Da wegen der Neuartigkeit des Produktes empirische Daten für die Bestimmung einer Preis-Absatz-Funktion fehlen, hat man die Wahrscheinlichkeit, einen bestimmten Absatzpreis in Abhängigkeit vom Markterfolg des Produktes zu erzielen, jeweils subjektiv geschätzt (siehe die nachfolgende Tabelle). So werden z.B. bei optimistischem Nachfrageverlauf ein Preis von 25 mit 80% und ein solcher von 20 mit 20% Wahrscheinlichkeit für möglich gehalten, während der niedrige Absatzpreis von 15 nur bei realistischem und pessimistischem Nachfrageverlauf erwartet wird.

Nachfrage-entwicklung	Wahrscheinlichkeit für einen Absatzpreis von		
	25	20	15
optimistisch	0.8	0.2	-
realistisch	0.4	0.5	0.1
pessimistisch	-	0.7	0.3

Der Markterfolg des Produktes bestimmt unmittelbar den erforderlichen Kapazitätsausbau. Bei neuartigen Produkten muß oftmals davon ausgegangen werden, daß die bereits vorhandenen Anlagen nicht verwendet werden können oder ihre Umstellung zu aufwendig ist. Daher ist eine Entscheidung darüber zu treffen, welche zusätzliche Produktionskapazität bei Aufnahme des neuen Produktes bereitgestellt und wie die Kapazität gegebenenfalls in den weiteren Jahren ausgebaut wird. Häufig stellt sich auch die Wahlmöglichkeit zwischen verschiedenen Technologien, die mit jeweils unterschiedlichem Kapazitätsniveau realisiert werden können und sich sowohl in den erforderlichen Investitionsausgaben als auch in den anfallenden variablen Stückkosten und den jährlichen Fixkosten unterscheiden.

In der hier betrachteten Fallstudie wollen wir die Annahmen bezüglich der möglichen Kapazitätserweiterungen wie folgt konkretisieren: Die Wahlmöglichkeiten verdichten sich auf eine innovative Technologie A mit hohen Investitionsausgaben und Fixkosten, jedoch geringen variablen Produktionskosten, und eine konventionelle Technologie B, die genau die umgekehrten Merkmale aufweist. Die Kapazitäts- und Kostendaten der beiden Technologien sind in der folgenden Tabelle zusammengestellt.

	Investitions-ausgaben	variable Pro-duktionskosten	Fixkosten pro Jahr
Technologie A			
Kapazität 400	9000	3.0	600
Kapazität 600	12000	2.5	700
Technologie B			
Kapazität 200	5000	5.0	200
Kapazität 300	6000	4.5	250
Kapazität 400	8000	4.0	300

Welche Technologie günstiger ist, hängt entscheidend vom Absatzvolumen des neuen Produktes ab. Die Unternehmung ist durchaus auch bereit, die Kapazität in der Weise auszubauen, daß ein Teil der Jahresnachfrage unbefriedigt bleibt, wenn dies unter investitionsrechnerischen Gesichtspunkten günstiger erscheint. Weiterhin sind folgende Gegebenheiten zu beachten:

- Die spätere Aufstockung der Produktionskapazität ist ebenfalls möglich; allerdings sind dann die Investitionsausgaben höher als bei einem vollständigen Kapazitätsausbau zu Beginn. Bei Technologie A entstehen hierbei zusätzliche Investitionsausgaben von 4000 Geldeinheiten für die Kapazitätserhöhung von 400 auf 600 Einheiten. Bei Technologie B verursacht ein Ausbau der Kapazität um je 100 Einheiten zusätzliche Investitionsausgaben von jeweils 3000 Geldeinheiten. Wegen des begrenzten Fabrikraums ist jedoch ein Kapazitätsausbau über 400 Einheiten hinaus nicht möglich. Ein späterer Wechsel von Technologie A auf B oder umgekehrt kann nicht vorgenommen werden.

- Bei ihren Investitionsrechnungen verwendet die Unternehmung einen Kalkulationszinssatz von 10%. Dabei werden die Investitionsausgaben stets dem Periodenbeginn und die laufenden Einnahmen und Ausgaben sowie die jährlichen Fixkosten dem Periodenende zugerechnet.

- Da die Wiederverwendbarkeit der Anlagen gesichert erscheint, wird als Restwert der Anlagen der Buchwert angesetzt, der sich bei linearer Abschreibung über 10 Jahre ergeben hätte.

Welche Kapazitätspolitik sollte die Unternehmung wählen? Es wird sich zeigen, daß eine eindeutige Entscheidungsempfehlung selbst bei dieser stark vereinfachten Problemstellung nicht ohne weiteres möglich ist. Überlegen Sie, welche zusätzlichen Daten bereitgestellt werden sollten, welche vereinfachenden Annahmen zweckmäßigerweise getroffen werden müssen, wie man methodisch vorgehen kann, und welche Aussagefähigkeit die gewonnene Entscheidungsempfehlung voraussichtlich besitzen wird. Die Bearbeitung der Fallstudie sollte am PC erfolgen. Es können z.B. die Studentenversion der Software "Decision Tree" (vgl. McNamee/Celona 1990) sowie ein Standardprogramm zur Tabellenkalkulation eingesetzt werden. (Zur Problemstellung der Kapazitätsdimensionierung bzw. zu Lösungshinweisen vgl. Günther 1994 sowie Günther/Gronalt 1994a).

Literaturhinweise

Chase/Aquilano (1992, Kap. 8)
Heizer/Render (1993, Kap. 11)
Krajewski/Ritzman (1990, Kap. 7)
Weiss/Gershon (1993, Kap. 3)
Zäpfel (1989a, S. 60ff)

7. Produkt- und Prozeßgestaltung

Bedenkt man, daß durch den Entwurf und die konstruktive Gestaltung des Produktes die späteren Herstellungskosten bereits weitgehend vorbestimmt werden, so wird verständlich, daß der Produktgestaltung auch aus betriebswirtschaftlicher Sicht große Bedeutung beizumessen ist. Nach welchen technischen Prozessen die Produktion auszuführen ist, hängt wesentlich vom gewählten Produktdesign ab. Andererseits sind z.B. bestimmte automatisierte Montagetechniken nur dann realisierbar, wenn bereits beim Produktdesign auf die Montageerfordernisse Rücksicht genommen wurde. Eine sorgfältige Abstimmung der Produkt- und Prozeßgestaltung leistet auch entscheidende Beiträge zur Erhöhung der Produktqualität, die sich bei technisch anspruchsvollen Erzeugnissen immer mehr als kaufentscheidender Faktor erweist.

Verständnis- und Diskussionsfragen

1. Erklären Sie, warum eine auf relativ homogene Produkte ausgerichtete prozeßorientierte Produktion eine andere Art der Automatisierung und Computerunterstützung verlangt als eine Wechselproduktion mit kleinen Seriengrößen und häufigem Produktwechsel.

2. Wie läßt sich der Automatisierungsgrad der Produktion stufenweise abgrenzen? Auf welche Elemente des Produktionsprozesses bezieht sich die Automatisierung? Warum weisen einige Organisationsformen der Produktion einen besonders hohen, einige einen eher geringen Automatisierungsgrad auf?

3. Finden Sie Beispiele für den Einsatz von Robotern in der Produktion, der Montage und im Materialhandling.

4. Erklären Sie, warum die Verbreitung von Computer-Aided...-Systemen eine grundlegende Veränderung einiger Berufe ausgelöst hat.

5. Man könnte meinen, bei der Produkt- und Prozeßgestaltung handle es sich um rein technikorientierte, nicht aber um betriebswirtschaftliche Aufgabenfelder. Widerlegen Sie diese Auffassung.

Übungsaufgaben

Aufgabe B7.1: Computerunterstützung der Produktion (CIM)

Unter CIM versteht man die Integration technischer und kaufmännischer Datenverarbeitung. Die Einführung von CIM-Konzepten wird als Teil der Wettbewerbsstrategie einer Unternehmung angesehen.

a) Grenzen Sie die verschiedenen Computer-Aided...-Systeme voneinander ab.

b) Welche Aufgaben werden von den sog. PPS-Systemen wahrgenommen?

c) Welche Datenschnittstellen bestehen zwischen den eher technisch orientierten C-Systemen und den eher kaufmännisch orientierten PPS-Systemen?

d) Welche Vorteile bietet die durch CIM angestrebte Datenintegration?

e) Beschreiben Sie die verschiedenen Grade der Datenintegration innerhalb von CIM-Systemen.

Aufgabe B7.2: Computerunterstütztes Konstruieren (CAD)

Der Entwurf neuer Produkte und die Anpassung bestehender Produkte werden heute überwiegend computerunterstützt durchgeführt. Man spricht hier von Computer-Aided Design.

a) Welche Arbeitserleichterungen bietet die CAD-Technik gegenüber der herkömmlichen Zeichentechnik?

b) Welche Hardwarekomponenten finden sich an einem gut ausgestatteten CAD-Arbeitsplatz?

c) Wie unterstützen CAD-Systeme die Bemaßung eines Werkstücks?

d) Worin liegen die Vorteile eines dreidimensionalen CAD-Systems gegenüber einem zweidimensionalen System?

e) Worin bestehen in dreidimensionalen CAD-Systemen die Unterschiede zwischen einem Kanten-, Flächen- und Volumenmodell? Für welche Einsatzbereiche eignen sich die einzelnen Modellierungsformen?

f) Erläutern Sie Möglichkeiten und Grenzen der automatischen Stücklistenerstellung durch CAD-Systeme.

g) Welche Informationen stellt ein CAD-System der computergestützten Arbeitsplanung (CAP), der computergestützten Fertigung (CAM) und der computergestützten Qualitätssicherung (CAQ) bereit?

Aufgabe B7.3: Gruppentechnologie

Der Variantenreichtum in der Produktion hat nicht zuletzt mit der Einführung von CAD-Systemen stark zugenommen. Produktvarianten lassen sich häufig unter technologischen Gesichtspunkten zu Produktgruppen zusammenfassen. (Zur Gruppentechnologie vgl. z.B. Bedworth/Henderson/Wolfe 1991, Kap. 5 sowie Askin/Standridge 1993, Kap. 6)

a) Was versteht man unter Gruppentechnologie?

b) Nach welchen Gesichtspunkten und nach welchem Schema können technologisch gruppierbare Teilerzeugnisse codiert werden?

c) Welche Kostenvorteile lassen sich durch Gruppentechnologie erzielen?

Aufgabe B7.4: Wertanalyse

Mit Hilfe der Wertanalyse versucht man, die Wechselwirkungen zwischen Herstellkosten und Erlösen eines Produktes bei der Produktgestaltung systematisch zu erfassen. (Zur Wertanalyse vgl. z.B. Hahn/Laßmann 1990, S. 162ff sowie Heizer/Render 1993, S. 264ff.)

a) In welchen Bereichen lassen sich Kostenersparnisse durch eine zweckgerichtete Produktgestaltung erzielen?

b) Finden Sie Beispiele dafür, daß sich die Reduzierung der Teilevielfalt im konstruktiven Aufbau eines Erzeugnisses in geringeren Produktionskosten und damit in wettbewerbsfähigeren Preisen niederschlägt.

c) Was versteht man unter Wertanalyse? Wie geht man dabei vor? Worin liegen die Grenzen dieses Ansatzes?

Aufgabe B7.5: Produktqualität

Bei technischen Geräten aller Art wird die funktionale Zuverlässigkeit von den Kunden als ein besonders wichtiges Merkmal der Produktqualität angesehen.

a) Zählen Sie eine Reihe von Maßnahmen auf, die ergriffen werden könnten, um die funktionale Zuverlässigkeit eines Produktes zu erhöhen.

b) Zu welchen Folgekosten führt schlechte Produktqualität?

c) Welche Kenngrößen sind geeignet, um die Produktqualität statistisch zu erfassen?

Aufgabe B7.6: Technische Zuverlässigkeit

Ein elektronisches Steuerungssystem in einer automatischen Produktionsanlage enthält drei serielle Komponenten mit einer Zuverlässigkeitsrate von $R1 = 98\%$, $R2 = 96\%$ und $R3 = 92\%$.

a) Wie groß ist die Zuverlässigkeitsrate des Gesamtsystems?

b) Wie hoch wäre die Zuverlässigkeitsrate des Gesamtsystems, wenn 2 bzw. 3 parallele Steuerungssysteme vorhanden wären?

c) Jedes zusätzliche parallele Steuerungssystem kostet 100 Geldeinheiten. Die Kosten eines Schadensfalles sind hingegen nur schwer abzuschätzen. Ab welcher Höhe der Schadenskosten würde es sich lohnen, ein zweites bzw. ein drittes paralleles Steuerungssystem zu installieren?

Lösung

a) Die Zuverlässigkeitsrate des Gesamtsystems beträgt 86.55%. Sie läßt sich wie folgt ermitteln:

```
R(1) = 0.98·0.96·0.92 = 0.8655
```

b) Bei zwei bzw. drei parallelen Steuerungssystemen läßt sich die Zuverlässigkeitsrate des Gesamtsystems auf 98.19 bzw. 99.76% erhöhen. Die Berechnungsweise lautet:

```
R(2) = R(1) + [1-R(1)]·R(1) = 0.9819
R(3) = R(2) + [1-R(2)]·R(1) = 0.9976
```

c) Bezeichnet man mit x die Kosten eines Schadensfalles, so läßt sich aus der Kostengleichung

```
100 = [(1-0.8655) - (1-0.9819)]·x
```

ableiten, daß ab einer Schadenshöhe von x=859 die Mehrkosten für ein zweites paralleles Steuerungssystem (verbunden mit einer Verbesserung der Zuverlässigkeitsrate von 86.55 auf 98.19%) kompensiert würden. In ähnlicher Weise kann man aus der Kostengleichung

```
200 = [(1-0.8655) - (1-0.9976)]·x
```

ableiten, daß ab einer Schadenshöhe von x=1515 zwei zusätzliche parallele Steuerungssysteme kostendeckend sein würden.

Aufgabe B7.7: Technische Zuverlässigkeit

Ein Hersteller von elektronischen Geräten hat ein Produkt aus einer Kombination von seriell und parallel geschalteten Komponenten entworfen. Das Gesamtsystem bzw. ein Teilsystem bleibt funktionsfähig, wenn mindestens eine der parallel geschalteten Einheiten intakt bleibt. Versagt lediglich eine der seriell geschalteten Einheiten, so fällt das betreffende Teilsystem bzw. das Gesamtsystem aus. Die Abb. B7.1 deutet den konstruktiven Aufbau des Produktes an. Sie enthält auch die Zuverlässigkeitsraten der einzelnen Komponenten.

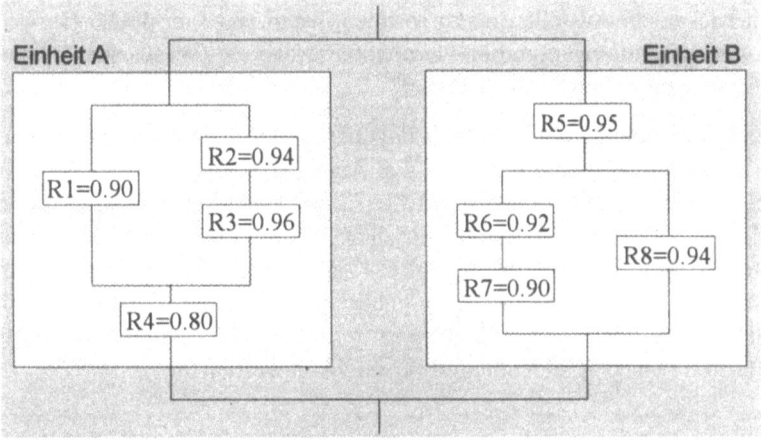

Abb. B7.1: Konstruktiver Aufbau eines Produktes

a) Wie hoch ist die Zuverlässigkeitsrate der Einheit A?

b) Wie hoch ist die Zuverlässigkeitsrate der Einheit B?

c) Wie hoch ist die Zuverlässigkeitsrate des Gesamtsystems?

Lösung

a) Die Zuverlässigkeitsrate der Einheit A beträgt:

$$R(A) = [0.9 + (1-0.9) \cdot 0.94 \cdot 0.96] \cdot 0.8 = 0.7922$$

b) Die Zuverlässigkeitsrate der Einheit B beträgt:

$$R(B) = 0.95 \cdot [0.94 + (1-0.94) \cdot 0.92 \cdot 0.9] = 0.9402$$

c) Die Zuverlässigkeitsrate des Gesamtsystems beträgt:

$$R(A,B) = R(A) + [1-R(A)] \cdot R(B) = 0.9876$$

Aufgabe B7.8: Ausfallrate

Der Hersteller eines elektronischen Gerätes hat seine Produkte einem Quali-
tätstest unterzogen. Dabei fielen in einem Dauertest über 2000 Stunden vier
von 120 getesteten Geräten aus.

a) Berechnen Sie die MTBF (Mean-Time-Between-Failure).

b) Wie groß ist die Ausfallrate (gemessen in Ausfällen pro Stunde)?

c) Mit wie vielen Ausfällen ist zu rechnen, wenn pro Jahr 10000 Geräte verkauft werden und angenommen werden kann, daß die Geräte durchschnittlich 3000 Stunden pro Jahr in Betrieb sind?

d) Die Untersuchung der Geräteausfälle hat ergeben, daß häufig eine von drei in Serie geschalteten Komponenten den Ausfall verursacht hat. Diese Komponenten wurden daher gesondert getestet. Ihre Ausfallraten wurden daraufhin mit 5% bzw. 6% bzw. 2% bezogen auf die gesamte Lebensdauer des Produktes angegeben. Man überlegt, für diese drei Komponenten ein komplettes, parallel geschaltetes Backup-System zu installieren. Wie teuer dürfte ein solches Backup-System höchstens sein, wenn für jeden Geräteausfall durchschnittliche Folgekosten von 300 Geldeinheiten veranschlagt werden?

Lösung

a) Die MTBF (Mean-Time-Between-Failure) wird als Quotient aus der Gesamttestzeit der Geräte und der Anzahl fehlerhafter Geräte berechnet:

$$\text{MTBF} = \frac{120 \cdot 2000}{4} = 60000$$

Aufgrund des Qualitätstests kann davon ausgegangen werden, daß durchschnittlich alle 60.000 Stunden ein Gerät ausfällt.

b) Die Ausfallrate AR (gemessen in Ausfällen pro Stunde) entspricht dem reziproken Wert der MTBF:

$$\text{AR(Stunde)} = \frac{1}{60000} = 0.0000167$$

c) Die Jahresausfallrate ergibt sich als Produkt aus der Zahl der verkauften Geräte, der Betriebszeit pro Jahr und der gemessenen Ausfallrate pro Stunde:

$$\text{AR(Jahr)} = 10.000 \cdot 3000 \cdot 0.0000167 = 500$$

d) Ohne Backup-System beträgt die gesamte Zuverlässigkeit der drei in Serie geschalteten Komponenten:

$$R(1) = 0.95 \cdot 0.94 \cdot 0.98 = 0.8751$$

Durch den Einbau eines Backup-Systems läßt sich die Zuverlässigkeit des Systems wie folgt erhöhen:

$$R(2) = R(1) + [1-R(1)] \cdot R(1) = 0.9844$$

Die entsprechenden Ausfallraten lauten:

$$AR(1) = 1 - R(1) = 0.1249$$
$$AR(2) = 1 - R(2) = 0.0156$$

Bei durchschnittlichen Folgekosten von 300 Geldeinheiten je Schadensfall betragen die erwarteten Folgekosten pro Jahr:

$K(1) = AR(1) \cdot 300 = 37.46$

$K(2) = AR(2) \cdot 300 = 4.68$

Der Einbau eines zusätzlichen Backup-Systems dürfte also höchstens 37.46-4.68 = 32.78 Geldeinheiten kosten.

Aufgabe B7.9: Vorbeugende Instandhaltung

An einer Abfüllanlage für Sonnenblumenöl wurde das Störungsverhalten über einen längeren Zeitraum protokolliert und folgende empirische Wahrscheinlichkeitsverteilung der störungsfreien Zeiten ermittelt:

Störungsfreie Zeit	1	2	3	4	5	6
Wahrscheinlichkeit	0.25	0.35	0.18	0.12	0.07	0.03

Der Produktionsleiter steht vor der Frage, ob die bisher verfolgte Ausfallreparaturstrategie durch eine vorbeugende Instandhaltungsstrategie ersetzt werden soll. Die mit einem Ausfall verbundenen Kosten (Kosten für einen betriebsfremden Wartungstechniker und zusätzliche Lohnkosten für das Aufholen des Produktionsausfalls mit Hilfe von Überstunden) werden auf 400 Geldeinheiten geschätzt. Bei vorbeugender Instandhaltung, die jeweils am Ende eines Arbeitstages durchgeführt wird, entstehen Kosten von 60 Geldeinheiten.

a) Bestimmen Sie die erwarteten Kosten der Ausfallreparaturstrategie pro Periode.

b) Bestimmen Sie für jedes sinnvolle Instandhaltungsintervall die erwarteten Kosten. Ist die optimale vorbeugende Instandhaltung günstiger als die Ausfallreparaturstrategie? (Lösungshinweise zu dieser Aufgabe finden sich in Heizer/Render 1993, Kap. 18.)

Lösung

a) Die erwarteten Kosten der Ausfallreparaturstrategie pro Periode ergeben sich durch Multiplikation der erwarteten Anzahl von Ausfällen pro Periode, $E\{B\}$, mit dem Reparaturkostensatz. Die Größe $E\{B\}$ ist gleich dem Quotienten aus der Anzahl Aggregate N (= 1) und der durchschnittlichen störungsfreien Zeit $E\{T_b\}$. Aus der gegebenen Wahrscheinlichkeitsverteilung der störungsfreien Zeiten ergibt sich:

$$E\{B\} = \frac{N}{E\{T_b\}} = \frac{1}{1 \cdot 0.25 + 2 \cdot 0.35 + 3 \cdot 0.18 + 4 \cdot 0.12 + 5 \cdot 0.07 + 6 \cdot 0.03} = \frac{1}{2.5} = 0.4$$

Damit betragen die durchschnittlichen Kosten der Ausfallreparaturstrategie pro Periode $0.4 \cdot 400 = 160$ Geldeinheiten.

b) Die erwarteten Kosten der vorbeugenden Instandhaltungsstrategie pro Periode hängen von der Länge des Instandhaltungsintervalls t ab, die zunächst zu bestimmen ist. Dabei ist zu berücksichtigen, daß trotz der vorbeugenden Instandhaltung auch noch Ausfälle der Anlage auftreten können. Für jeden sinnvollen Wert des Instandhaltungsintervalls sind somit die Gesamtkosten als Summe aus den Instandhaltungskosten $C_v(t)$ und den erwarteten Reparaturkosten $E\{C_r(t)\}$ zu bestimmen:

$$E\{C(t)\} = C_v(t) + E\{C_r(t)\}$$

Zur Ermittlung des kostenminimalen Instandhaltungsintervalls enumeriert man alle sinnvollen Werte für t, bestimmt jeweils die erwartete Anzahl von Ausfällen, $E\{B_t\}$, und erhält daraus die Kosten der Ausfallreparaturen. Addiert man dazu die Kosten der periodischen Instandhaltung, dann erhält man die gesuchten Gesamtkosten pro Periode, $E\{C(t)\}$.

Die erwartete Anzahl von Ausfällen in der Zeitspanne t kann durch folgende Gleichung ermittelt werden, in der jeweils die Summe aus den zu erwartenden ersten, zweiten, dritten, usw. Ausfällen gebildet wird:

$$E\{B_t\} = N \cdot \sum_{i=1}^{t} p_i + E\{B_{t-1}\} \cdot p_1 + E\{B_{t-2}\} \cdot p_2 + \ldots + E\{B_1\} \cdot p_{t-1}$$

$$= N \cdot \sum_{i=1}^{t} p_i + \sum_{i=1}^{t-1} E\{B_i\} \cdot p_{t-i}$$

Zur Veranschaulichung sind in der folgenden Tabelle für $t = 3$ alle Bestandteile der obigen Gleichung zusammengefaßt.

	Periode 1	Periode 2	Periode 3
1. Ausfall	$(N \cdot p_1)$	$(N \cdot p_2)$	$(N \cdot p_3)$
2. Ausfall			
a)		↰	$(N \cdot p_2) \cdot p_1$
b)	↰		$(N \cdot p_1) \cdot p_2$
c)	↰	$(N \cdot p_1) \cdot p_1$	
3. Ausfall		↰	$[(N \cdot p_1) \cdot p_1] \cdot p_1$

Durch Zusammenfassung aller Komponenten der Tabelle erhält man:

$$E\{B_3\} = N \cdot (p_1 + p_2 + p_3) + (N \cdot p_1) \cdot p_2 + p_1 \cdot \{(N \cdot p_1) + (N \cdot p_2) + [(N \cdot p_1) \cdot p_1]\}$$

$$= N \cdot (p_1 + p_2 + p_3) + E\{B_1\} \cdot p_2 + E\{B_2\} \cdot p_1$$

Es werden nun folgende Berechnungen durchgeführt.

Instandhaltungsintervall $t = 1$:

$$E\{B_1\} = 1 \cdot 0.25 = 0.25$$

$$E\{C(1)\} = 1 \cdot 60/1 + 0.25 \cdot 400/1 = 160.00$$

Instandhaltungsintervall $t = 2$:

$$E\{B_2\} = 1 \cdot (0.25 + 0.35) + 0.25 \cdot 0.25 = 0.6625$$

$$E\{C(2)\} = 1 \cdot 60/2 + 0.6625 \cdot 400/2 = 162.50$$

Instandhaltungsintervall $t = 3$:

$$E\{B_3\} = 1 \cdot (0.25 + 0.35 + 0.18) + 0.25 \cdot 0.35 + 0.6625 \cdot 0.25 = 1.0331$$

$$E\{C(3)\} = 1 \cdot 60/3 + 1.0331 \cdot 400/3 = 157.75$$

Instandhaltungsintervall $t = 4$:

$$E\{B_4\} = 1 \cdot (0.25 + 0.35 + 0.18 + 0.12)$$
$$+ 0.25 \cdot 0.18 + 0.6625 \cdot 0.35 + 1.0331 \cdot 0.25 = 1.4352$$

$$E\{C(4)\} = 1 \cdot 60/4 + 1.4352 \cdot 400/4 = 158.52$$

Instandhaltungsintervall $t = 5$:

$$E\{B_5\} = 1 \cdot (0.25 + 0.35 + 0.18 + 0.12 + 0.07)$$
$$+ 0.25 \cdot 0.12 + 0.6625 \cdot 0.18 + 1.0331 \cdot 0.35 + 1.4352 \cdot 0.25 = 1.8396$$

$$E\{C(5)\} = 1 \cdot 60/5 + 1.8396 \cdot 400/5 = 159.17$$

Instandhaltungsintervall $t = 6$:

$$E\{B_6\} = 1 \cdot (0.25 + 0.35 + 0.18 + 0.12 + 0.07 + 0.03)$$
$$+ 0.25 \cdot 0.07 + 0.6625 \cdot 0.12 + 1.0331 \cdot 0.18 + 1.4352 \cdot 0.35$$
$$+ 1.8396 \cdot 0.25 = 2.2452$$

$$E\{C(6)\} = 1 \cdot 60/6 + 2.2452 \cdot 400/6 = 159.68$$

Das günstigste Instandhaltungsintervall beträgt $t = 3$ Perioden. Die damit verbundenen Kosten sind mit 157.75 Geldeinheiten niedriger als die Kosten der Ausfallreparaturstrategie (160 Geldeinheiten). Daher empfiehlt sich die vorbeugende Instandhaltung. Der Verlauf der Kosten als Funktion des Instandhaltungsintervalls ist in Abb. B7.2 dargestellt.

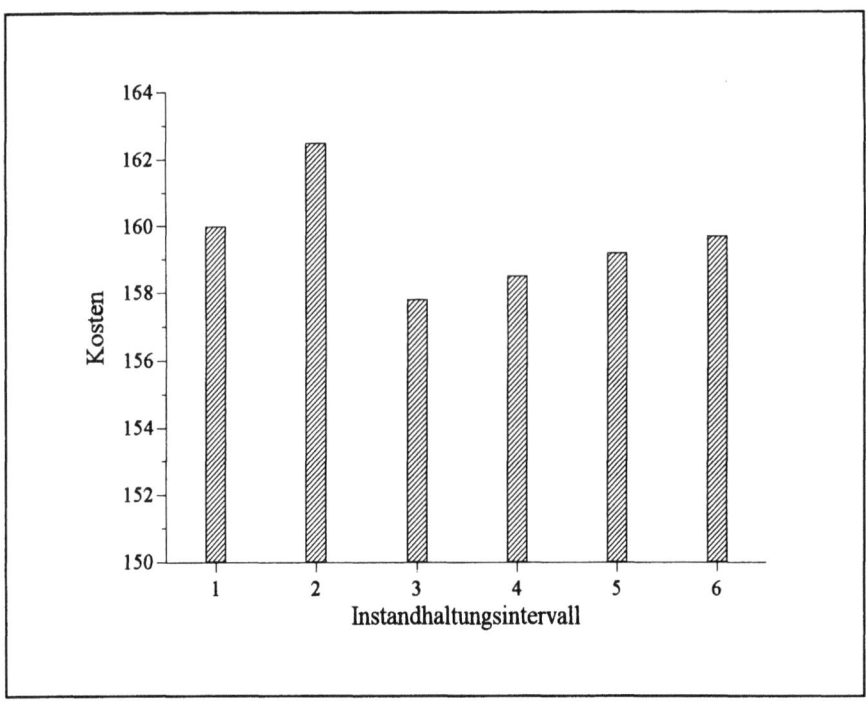

Abb. B7.2: Gesamtkosten als Funktion des Instandhaltungsintervalls

Aufgabe B7.10: Abnahmeprüfung, Bestimmung der Prüfplanparameter

An einer Poliermaschine werden die Bügel von verchromten Ringbuchmechaniken gereinigt und poliert. Die Werkstücke werden in Gitterboxpaletten mit einem Inhalt von jeweils 1000 Stück an der Poliermaschine angeliefert, dort bearbeitet und im Anschluß daran in einer anderen Abteilung mit einem Kunststoffdeckel zu einem Ringbuch verbunden. Im Anschluß an den Poliervorgang erfolgt eine Qualitätskontrolle, bei der eine Stichprobe von n Ringbuchmechaniken aus dem Los entnommen und hinsichtlich ihrer Qualität (Sauberkeit, Glanz) überprüft wird. Falls sich an mehr als c Werkstücken noch unsaubere Stellen auf dem Chrom finden, wird das ganze Los als unakzeptabel abgelehnt und aufgearbeitet. Als Vorgaben für die Qualitätskontrolle sind folgende Werte festgelegt worden: {annehmbare Qualitätslage, acceptable quality level, AQL=1%; Produzentenrisiko $\alpha=5\%$; zurückzuweisende Qualitätslage, rejectable quality level, RQL=6%; Konsumentenrisiko $\beta=10\%$}. Bestimmen Sie die Werte der Annahmegrenze c und des Stichprobenumfangs n, mit denen die angegebenen Kenngrößen des Stichprobenprüfplans erreicht werden. Schauen Sie *nicht* in einer Tabelle nach, sondern bestimmen Sie die Größen numerisch, z.B. mit einem PC (Lösungshinweise finden sich bei Bowman/Fetter 1967, Kap. 6, sowie Rinne/Mittag 1991, Kap. 3.2.3.).

Lösung

Die Fragestellung läuft darauf hinaus, die Annahmekennlinie zu finden, auf der die beiden Punkte (AQL, 1-α) und (RQL, β) liegen. Da die Lose sehr groß sind, kann zur Bestimmung der Annahmekennlinie auf die Poissonverteilung mit dem Parameter $\lambda = p \cdot n$ zurückgegriffen werden, wobei p den Anteil fehlerhafter Werkstücke in dem Los bezeichnet. Gibt man nun einen Wert für c vor, dann kann man durch Variation des Stichprobenumfangs n beliebige Parameter λ definieren und die gesuchte Annahmekennlinie mit Hilfe der Poissonverteilung erzeugen.

Man beginnt mit c=0 und sucht nach dem Wert von $\lambda = p \cdot n$, bei dem an der Stelle p=AQL die Annahmewahrscheinlichkeit so nahe wie möglich bei (1-α) liegt. Wegen der Ganzzahligkeit von c und n wird man das Produzentenrisiko im allgemeinen nicht ganz genau, sondern nur angenähert erreichen. Dann erhöht man c auf 1 und bestimmt erneut den Stichprobenumfang n, usw. Für jede Kombination der Parameter c und n bestimmt man jeweils auch die Annahmewahrscheinlichkeit an der Stelle RQL, d.h. das tatsächliche Konsumentenrisiko β^*. Dabei wird man feststellen, daß das angestrebte Konsumentenrisiko β zunächst erheblich überschritten wird und daß β^* mit weiterer Erhöhung von c und n unter den angestrebten Wert β sinkt. Zur Beantwortung der Frage, wie nahe die gefundene Annahmekennlinie an den vorgegebenen Punkten liegt, kann man die Summe der relativen prozentualen Abweichungen zwischen angestrebtem (α) und erreichtem (α^*) Produzentenrisiko und angestrebtem (β) und erreichtem (β^*) Konsumentenrisiko wie folgt ermitteln:

$$\text{Fehler} = \frac{|\alpha - \alpha^*|}{\alpha} + \frac{|\beta - \beta^*|}{\beta}$$

Die folgende Tabelle zeigt die bisherigen Ergebnisse. Der zunächst beste Prüfplan hat die Parameter c=2 und n=82. Der vollständige Verlauf der bisher betrachteten Annahmekennlinien ist in Abb. B7.3 dargestellt.

c	n	1-α=0.95 1-α^*	β^*	Fehler
0	5	0.9512	0.7408	6.4320
1	36	0.9488	0.3644	2.6680
2	82	0.9497	0.1316	0.3220
3	137	0.9496	0.0365	0.6430

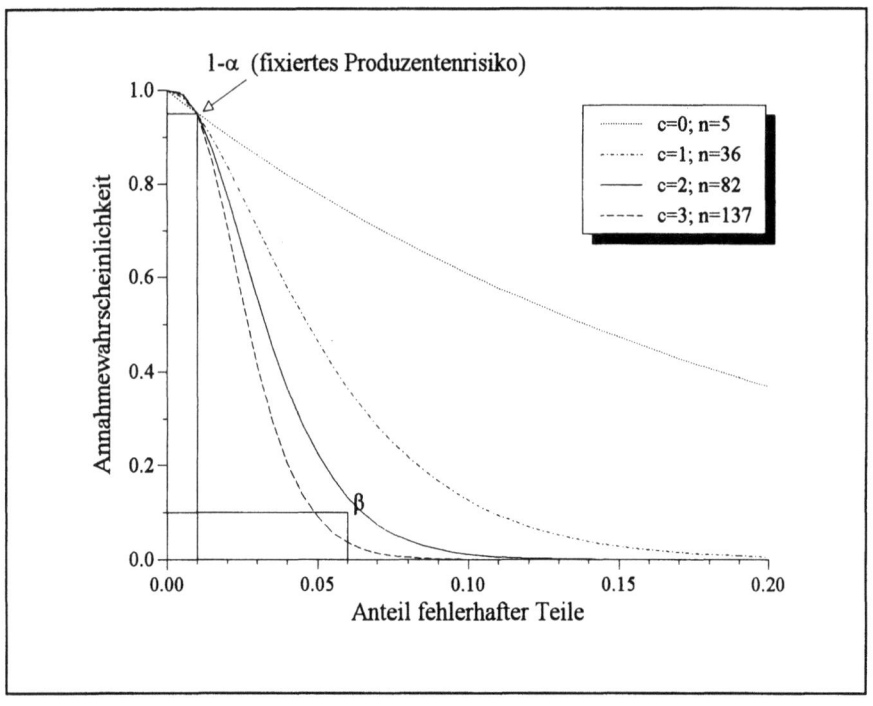

Abb. B7.3: Annahmekennlinien bei fixiertem Produzentenrisiko

Im nächsten Schritt wiederholt man die Berechnungen, sucht jedoch nach dem Wert von $\lambda = p \cdot n$, bei dem an der Stelle $p = RQL$ die Wahrscheinlichkeit so nahe wie möglich bei β liegt. Die Ergebnisse sind in der folgenden Tabelle zusammengefaßt. Abb. B7.4 veranschaulicht den Verlauf der verschiedenen Annahmekennlinien.

c	n	$1-\alpha^*$	$\beta=0.10$ β^*	Fehler
0	38	0.6839	0.1013	5.3350
1	65	0.8614	0.0992	1.7800
2	89	0.9388	0.0988	0.2360
3	111	0.9735	0.1013	0.4830

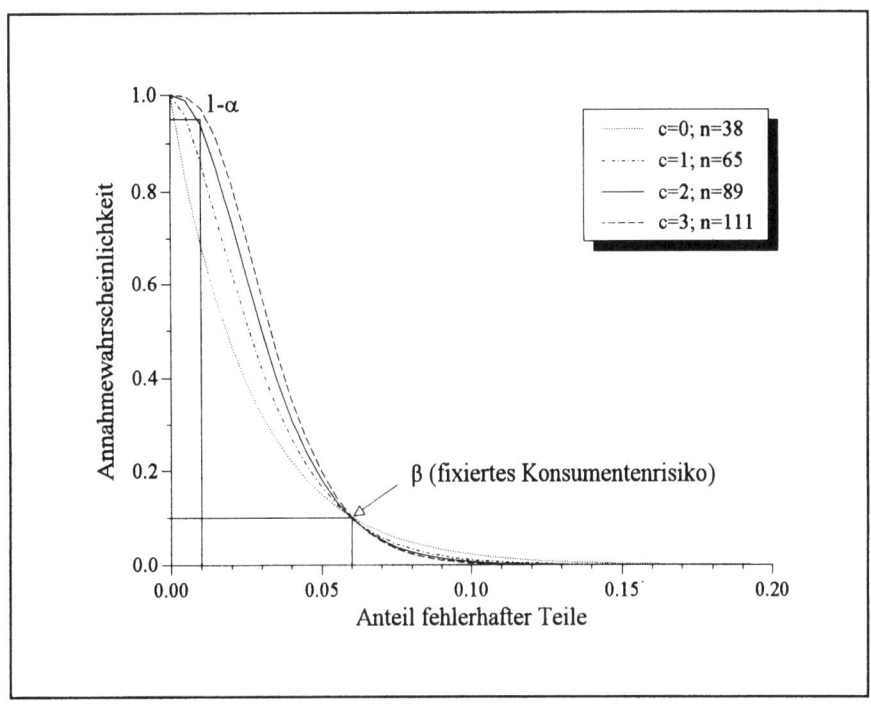

Abb. B7.4: Annahmekennlinien bei fixiertem Konsumentenrisiko

Der Prüfplan mit den Parametern $c = 2$ und $n = 89$ ist mit dem geringsten Anpassungsfehler verbunden und stellt die gesuchte Lösung dar. Ist man mit der Genauigkeit der Anpassung noch nicht zufrieden, dann kann man noch alle Stichprobenumfänge zwischen $n = 82$ und $n = 89$ untersuchen.

Obwohl das angewendete Verfahren mehrfache Auswertungen der Poisson-Wahrscheinlichkeiten verlangt, kann es mit einem PC problemlos realisiert werden.

Literaturhinweise

Bedworth/Henderson/Wolfe (1991)
Bowman/Fetter (1967, Kap. 6)
Hahn/Laßmann (1990)
Heizer/Render (1993, Kap. 6 und 18)
Jaspersen (1992)
Rinne/Mittag (1991)
Scheer (1990)

8. Produktionssegmentierung und Layoutplanung

Produktion kann man sich als das geordnete Zusammenspiel verschiedener Ressourcen, wie menschlicher Arbeit, Maschinen, Transport- und Lagerungseinrichtungen, Werkzeuge, Geräte, Produktionsmaterial usw. vorstellen. Welche Leistung ein Produktionssystem erbringen kann, hängt wesentlich davon ab, wie das gesamte Produktionssystem in einzelne Segmente und Verantwortungsbereiche aufgegliedert wird, wie die verschiedenen Produktionssegmente innerhalb der Produktionsstätte räumlich angeordnet werden (Layoutplanung) und wie die Abstimmung zwischen den einzelnen Produktionssegmenten gestaltet wird. Eine Fülle baulicher, technischer und organisatorischer Randbedingungen schränkt den Handlungsspielraum der Produktionssegmentierung und der Layoutplanung ein. Nicht zuletzt wird die Strukturierung des Produktionssystems durch die qualitative und quantitative Zusammensetzung des langfristigen Produktionsprogramms sowie den zugrundeliegenden Prozeßtyp der Produktion bestimmt.

Verständnis- und Diskussionsfragen

1. Welche Parallelen und welche Unterschiede bestehen zwischen der Layoutplanung für eine Produktionsstätte und für einen typischen Dienstleistungsbetrieb (z.B. ein Krankenhaus)?

2. Inwiefern besteht ein Zusammenhang zwischen der Heterogenität des Produktionsprogramms und der Wahl des Organisationstyps der Produktion?

3. Wie ist es zu erklären, daß die Verbreitung der reinen Werkstattproduktion stark rückläufig ist?

4. In welcher Weise wirkt sich die Anwendung des Just-in-Time-Prinzips auf das Layout der Produktion aus?

5. Welche Gründe können dafür sprechen, eher zwei Produktionslinien mit geringer anstelle einer Linie mit hoher Produktionsgeschwindigkeit einzurichten?

6. Diskutieren Sie, wie die Anforderungen an eine menschengerechte Gestaltung der Arbeitsprozesse innerhalb der Fabrik- und Layoutplanung umzusetzen sind.

Übungsaufgaben

Aufgabe B8.1: Fabrikplanung

a) Über welche Tatbestände ist innerhalb der Fabrikplanung zu entscheiden?

b) Welche Daten werden für die Fabrikplanung benötigt?

c) Welche wirtschaftlichen Ziele sind für die Fabrikplanung relevant?

Aufgabe B8.2: Organisationsformen der Produktion

a) An klassischen Organisationsformen der Produktion unterscheidet man *Baustellenproduktion, Werkstattproduktion, Reihenproduktion, Fließproduktion und Wanderproduktion.* Geben Sie eine kurze Definition dieser Produktionstypen.

b) Was versteht man unter *Transferstraßen, flexiblen Produktionsstraßen, flexiblen Fertigungssystemen* und *Produktionsinseln?*

c) Ordnen Sie die in b) genannten Produktionskonzepte und dasjenige der Werkstattproduktion nach den Kriterien *"Produktionsvolumen je Erzeugnisart"* und *"Breite des Produktprogramms"* ein.

d) Inwieweit eignen sich die genannten Produktionskonzepte, um die Anforderungen an *Produktivität* und *Flexibilität* der Produktion zu befriedigen?

Aufgabe B8.3: Werkstattproduktion

a) Welche Faktoren bestimmen die innerbetrieblichen Standorte bei der Organisation der Produktion nach dem Funktionsprinzip?

b) Worin bestehen die wichtigsten Vor- und Nachteile der Werkstattproduktion im Vergleich zur Fließproduktion?

c) Wie lassen sich innerbetriebliche Transportentfernungen messen und wirtschaftlich bewerten?

d) Skizzieren Sie die grundlegende Vorgehensweise eines Verfahrens zur Layoutplanung bei Werkstattproduktion.

Aufgabe B8.4: Layoutplanung, Zweieraustauschverfahren

Die Geschäftsleitung einer mittelständischen Maschinenbauunternehmung hat den Bau eines automatisierten zentralen Wareneingangslagers auf dem bestehenden Werksgelände beschlossen. Im Zusammenhang mit der Festlegung des innerbetrieblichen Standortes des Lagers hat der Werksplaner den Auftrag erhalten, einen Vorschlag für eine verbesserte Anordnung der in den letzten Jahrzehnten eher zufällig plazierten Produktionsabteilungen zu unterbreiten.

Neben dem einzurichtenden Wareneingangslager gibt es die Produktionssegmente Fertigung A, Fertigung B, Montage, Lackierei sowie einen Warenausgangsbereich (einschließlich Fertigproduktlager). Der Platzbedarf dieser Abteilungen ist annähernd gleich. Die möglichen Standorte mit den Entfernungen zwischen den Flächenschwerpunkten und ein Startlayout können Abb. B8.1 entnommen werden. Die Entfernungen sollen rechtwinklig gemessen werden.

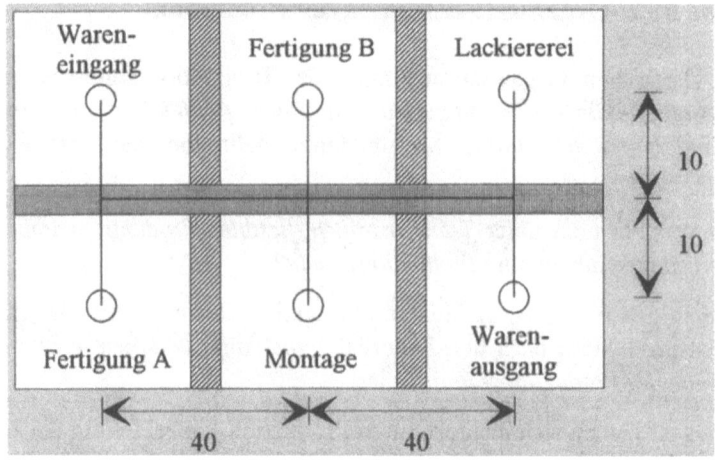

Abb. B8.1: Startlayout

Aufgrund des geplanten Produktionsprogramms und der Erfahrungen aus der Vergangenheit geht man von folgenden Materialflüssen zwischen den Produktionssegmenten und Lagerbereichen aus:

von nach	Waren-eingang	Ferti-gung A	Ferti-gung B	Montage	Lackie-rerei	Waren-ausgang
Wareneingang	0	50	5	40	80	0
Fertigung A	0	0	20	30	10	5
Fertigung B	0	0	0	0	0	100
Montage	0	10	30	0	20	5
Lackiererei	0	20	20	10	0	10
Warenausgang	0	0	0	0	0	0

Gehen Sie von dem in Abb. B8.1 angegebenen Startlayout aus und bestimmen Sie nach dem Zweieraustauschverfahren das Layout mit der geringsten Transportleistung.

Lösung

Die mit dem Startlayout verbundene Transportleistung beträgt 22600. Die folgende Tabelle zeigt die Veränderungen der Transportleistung bei Anwendung des Zweieraustauschverfahrens.

i	j	Veränderung der Transportleistung
1	2	21100 - 22600 = -1500
	3	31400 - 22600 = 8800
	4	22100 - 22600 = -500
	5	22900 - 22600 = 300
	6	31100 - 22600 = 8500
2	3	28100 - 22600 = 5500
	4	21800 - 22600 = -800
	5	22600 - 22600 = 0
	6	30000 - 22600 = 7400
3	4	32300 - 22600 = 9700
	5	28100 - 22600 = 5500
	6	22700 - 22600 = 100
4	5	20400 - 22600 = -2200 ← i*=4, j*=5
	6	31400 - 22600 = 8800
5	6	31000 - 22600 = 8600

Das verbesserte Layout ergibt sich somit durch den Austausch der Abteilungen an den Standorten 4 und 5. Die Transportleistung beträgt dann 20400. Vertauscht man nun auf der Basis dieser neuen Zwischenlösung die Standorte aller Abteilungen, dann zeigt sich, daß durch den Austausch der Standorte 1 und 4 die Transportleistung um weitere 300 Einheiten auf 20100 gesenkt werden kann. Das neue Layout ist in Abb. B8.2 wiedergegeben. Eine weitere Verbesserung dieser Lösung durch Anwendung des Zweieraustauschverfahrens ist nicht möglich.

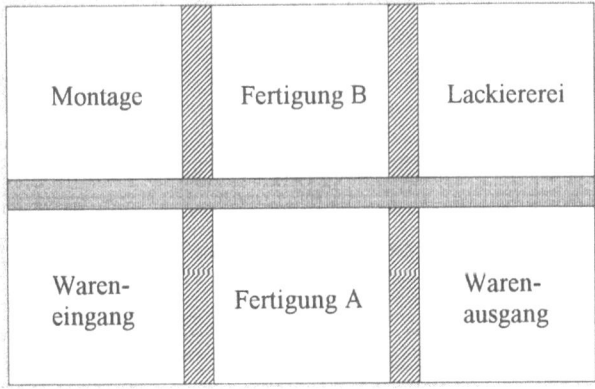

Abb. B8.2: Bestes gefundenes Layout

8.1 Fließproduktion

Bei Fließproduktion werden die Arbeitssysteme (Arbeitsstationen) im Hinblick auf einen als typisch angenommenen Produktionsprozeß linear hintereinander angeordnet. Jeder Station wird eine Menge von Bearbeitungsoperationen (Arbeitselementen) zugeordnet, die innerhalb einer bestimmten Zeitspanne (Taktzeit) zu erledigen sind. Erst wenn die Nachfrage eines Produkttyps ein genügend hohes Volumen erreicht hat, ist es zweckmäßig, die Produktion nach dem Fließprinzip auszurichten. Im allgemeinen lassen sich standardisierte Massenprodukte in Fließproduktion wesentlich kostengünstiger herstellen als beispielsweise in Werkstatt- oder Zentrenproduktion. Bei der Gestaltung eines Fließproduktionssystems ist die Verteilung der Arbeitselemente auf Stationen zu bestimmen. Dabei wird vielfach die Minimierung der Stationszahl bei vorgegebener Taktzeit angestrebt. Während die Leistungsabstimmung im allgemeinen von deterministischen Stationszeiten ausgeht, versucht man, mit Hilfe stochastischer Analysemethoden die Leistungsfähigkeit einer gegebenen Konfiguration unter stochastischen Bedingungen (Schwankungen der Elementzeiten, Störungen etc.) zu ermitteln.

Übungsaufgaben

Aufgabe B81.1: Fließproduktion

a) Welche Faktoren bestimmen die Zusammenfassung von Arbeitsgängen zu Arbeitsstationen bei der Organisation der Produktion nach dem Fließprinzip?

b) Worin bestehen die wichtigsten Vor- und Nachteile der Fließproduktion im Vergleich zur Werkstattproduktion?

c) Welche wirtschaftlichen Kriterien sind für die Konfigurierung und für die Austaktung einer Produktionslinie anzulegen?

d) Wie bestimmt man die theoretische Minimalzahl von Arbeitsstationen in einer Produktionslinie?

e) Wie gehen Prioritätsregelverfahren zur Leistungsabstimmung von Produktionslinien vor?

f) Was versteht man im Zusammenhang mit der Austaktung von Produktionslinien unter *Zonenbeschränkungen*?

Aufgabe B81.2: Leistungsabstimmung bei Fließproduktion

Ein Montageprozeß besteht aus acht Arbeitselementen, die so zu Arbeitsstationen zusammenzufassen sind, daß der durchschnittliche Bedarf von fünf Outputeinheiten pro Stunde gedeckt werden kann. Im folgenden ist angegeben, wie lange die einzelnen Arbeitselemente dauern, und welche anderen Arbeitselemente (unmittelbare Vorgänger) zuvor abgeschlossen sein müssen.

Arbeitselement	Dauer (min.)	unmittelbare Vorgänger
1	5	-
2	7	1
3	6	1
4	8	2
5	6	3
6	4	3
7	3	4,5
8	7	6,7

a) Stellen Sie die Vorrangbeziehungen graphisch dar.

b) Welche Taktzeit muß eingehalten werden, damit fünf Mengeneinheiten pro Stunde hergestellt werden können?

c) Wie groß ist die theoretische Minimalzahl an Arbeitsstationen?

d) Führen Sie die Leistungsabstimmung nach dem Positionswertverfahren durch.

e) Führen Sie die Leistungsabstimmung nach dem Branch-and-Bound-Verfahren durch.

Lösung

a) Die graphische Darstellung der Vorrangbeziehungen ist Abb. B81.1 zu entnehmen. Die Zahlen oberhalb der Knoten bezeichnen die Elementzeit.

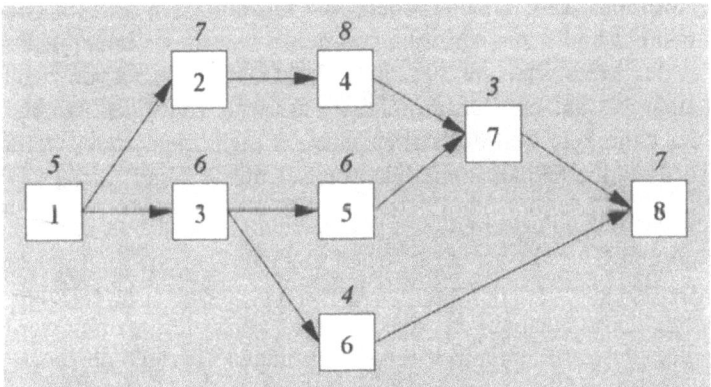

Abb B81.1: Vorranggraph

b) Die erforderliche Taktzeit beträgt C=60/5=12 Minuten.

c) Die theoretische Minimalzahl an Arbeitsstationen beträgt

$$M_{min} = \left\lceil \sum_{i=1}^{I} t_i/C \right\rceil = 46/12 = 4$$

Dabei bezeichnet der Ausdruck $\lceil x \rceil$ die kleinste ganze Zahl $\geq x$.

d) Das Positionswertverfahren ("Ranked Positional Weight Technique") gehört zur Klasse der Prioritätsregelverfahren (vgl. Domschke/Scholl/Voß 1993, Kap. 4.3.2.1). Hierbei wird jedem Arbeitselement eine bestimmte Prioritätsziffer aufgrund heuristischer Prinzipien zugeordnet. Beim Positionswertverfahren ergibt sich diese Prioritätsziffer als die Dauer des jeweiligen Arbeitselementes zuzüglich der Dauern jener Arbeitselemente, die aufgrund der technologischen Vorrangbeziehungen nachgeordnet sind.

Beispiele: (1) Dem Arbeitselement 1 sind sämtliche anderen Arbeitselemente nachgeordnet. Der zugehörige Positionswert von 46 entspricht daher der Summe aller Bearbeitungsdauern. (2) Dem Arbeitselement 2 sind die weiteren Arbeitselemente 4, 7 und 8 nachgeordnet. Der zugehörige Positionswert beträgt $7+8+3+7=25$. (3) Dem Arbeitselement sind die weiteren Arbeitselemente 5, 6, 7 und 8 nachgeordnet. Der zugehörige Positionswert beträgt $6+6+4+3+7=26$. In der folgenden Tabelle sind die Positionswerte aller Arbeitselemente zusammengestellt.

Arbeitselement	1	2	3	4	5	6	7	8
Positionswert	46	25	26	18	16	11	10	7

Der Ablauf des Lösungsverfahrens kann wie folgt beschrieben werden (siehe auch die weiter unten folgende Tabelle sowie Abb. B81.1). Zunächst kann aufgrund der technologischen Vorrangbeziehungen nur das Arbeitselement 1 zugeordnet werden. Anschließend stehen die technologisch nachfolgenden Arbeitselemente 2 und 3 zur Auswahl, von denen wegen des höheren Positionstätswertes das Arbeitselement 3 gewählt wird. Da die Taktzeit von zwölf Minuten nunmehr bis auf eine unvermeidbare Restzeit von einer Minute ausgeschöpft ist, kann kein weiteres Arbeitselement mehr zugeordnet werden. Die erste Arbeitsstation enthält somit die Arbeitselemente 1 und 3.

Aufgrund der technologischen Vorrangbeziehungen sind nun die Arbeitselemente 2, 5 und 6 ausführbar. Das Arbeitselement 2 wird wegen des höchsten Positionswertes als erstes der zweiten Arbeitsstation zugeordnet. Damit könnte im nächsten Schritt auch auf das Arbeitselement 4 zurückgegriffen werden. Allerdings liegt dessen Elementzeit mit acht Minuten oberhalb der noch verfügbaren Restzeit von 5 Minuten. Auch das Arbeitselement 5, dessen Ausführung sechs Minuten erfordert, muß zurückgestellt werden. Es kann lediglich das Arbeitselement 6 der zweiten Arbeitsstation zugeordnet werden. Hiermit ist die Taktzeit von zwölf Minuten bis auf eine Restzeit von einer Minute ausgeschöpft.

Für die Bildung der dritten Arbeitsstation kommen nun die bisher wegen der Taktzeitrestriktion zurückgestellten Arbeitselemente 4 und 5 in Frage, von denen aufgrund des Positionswertvergleiches das Arbeitselement 4 gewählt wird. Das verbleibende Arbeitselement 5 verstößt nunmehr gegen die Taktzeitrestriktion und muß daher zurückgestellt werden. Da die weiteren Arbeitselemente der Ausführung von Arbeitselement 5 nachgeordnet sind, wird die dritte Arbeitsstation abgeschlossen.

Man setzt dann den Lösungsgang in gleicher Weise fort, bis sämtliche Arbeitselemente einer Station zugeordnet sind. Die genaue Abfolge der Lösungsschritte ist der nachfolgenden Tabelle zu entnehmen. Man erkennt, daß die theoretische Minimalzahl an Arbeitsstationen hier nicht eingehalten werden kann. Beträchtliche Leerzeiten in den Arbeitsstationen 3, 4 und 5 sind die Folge.

Arbeitsstation	zulässige Arbeitselemente	gewähltes Arbeitselement	Element- zeit	Restzeit
1	1	1	5	7
	2,3	3	6	1
2	2,5,6	2	7	5
	(4),(5),6	6	4	1
3	4,5	4	8	4
	(5)	-	-	4
4	5	5	6	6
	7	7	3	3
5	8	8	7	5

e) Beim Branch-and-Bound-Verfahren (vgl. Hax/Candea 1984, S. 369ff sowie Hoffmann 1992) werden ähnlich wie bei den Prioritätsregelverfahren schrittweise einzelne Arbeitsstationen gebildet. Die in Frage kommenden Kombinationen von Arbeitselementen werden jedoch explizit betrachtet. Als Zielsetzung wird die Minimierung der Anzahl benötigter Arbeitsstationen verfolgt.

Der Ablauf des Verfahrens läßt sich wie folgt beschreiben:

(1) Im Ursprung (Knoten 1) des Lösungsbaumes wird die Gesamtdauer $D=46$ aller Arbeitselemente in Relation zur theoretischen Minimalzahl $N=4$ an Arbeitsstationen gesetzt. Das Ergebnis $D/N=46/4$ besagt, daß im Durchschnitt

11.5 Arbeitsminuten auf jede der im weiteren Verlauf des Verfahrens zu bildenden Arbeitsstationen entfallen.

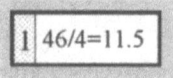

(2) Es werden nun unter Beachtung der technologischen Vorrangbeziehungen und der Taktzeitrestriktion von $c = 12$ Minuten sämtliche Kombinationen von Arbeitselementen aufgestellt, die der ersten Arbeitsstation zugeordnet werden können. Hier handelt es sich um die Kombinationen $\{1, 2\}$ und $\{1, 3\}$, die als Entscheidungsmöglichkeiten (Kanten) an den Ursprungsknoten angeschlossen werden.

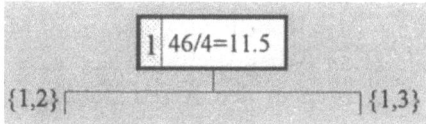

(3) Bildet man die erste Arbeitsstation mit den Arbeitselementen 1 und 2, so sind weiterhin noch 34 Minuten an Ausführungszeiten auf die verbleibenden drei Arbeitsstationen zu verteilen. Aus der Relation $34/3 = 11.33$ ist ersichtlich, daß die Taktzeitrestriktion weiterhin eingehalten wird. Bildet man hingegen die erste Arbeitsstation mit den Arbeitselementen 1 und 3, so entfallen durchschnittlich noch $35/3 = 11.67$ Minuten an Ausführungszeiten auf jede weitere Arbeitsstation. Auf diese Weise ergeben sich die Knoten 2 und 3 in der folgenden Darstellung.

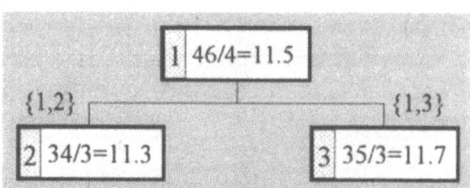

(4) Es liegt nahe, sich für diejenige Wahlmöglichkeit zu entscheiden, bei der die durchschnittliche zeitliche Belastung der weiteren Arbeitsstationen am geringsten ausfällt, nämlich für die Alternative $\{1, 2\}$. Daher wird anschließend vom Knoten 2 aus weiter verzweigt. Man hat nun die Wahlmöglichkeit, die zweite Arbeitsstation mit den Arbeitselementen $\{3, 5\}$, $\{3, 6\}$ und $\{4\}$ zu bilden, und erhält so die weiteren Knoten 4, 5 und 6, in denen jeweils die durchschnittliche Ausführungszeit für die noch verbleibenden zwei Arbeitsstationen eingetragen ist.

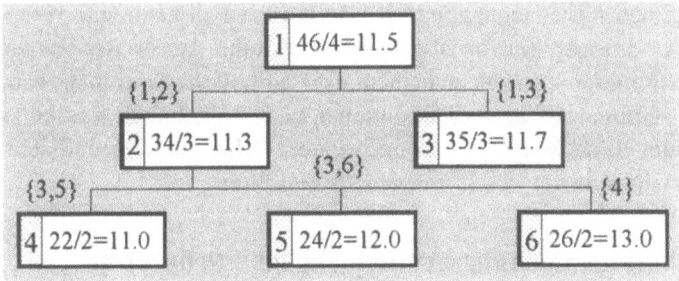

(5) Man erkennt hier bereits, daß der Knoten 6 zu keiner zulässigen Lösung mehr führen kann, da die verbleibende durchschnittliche Ausführungszeit von 13 Minuten oberhalb der Taktzeit von 12 Minuten liegt. Zweckmäßigerweise wählt man für die Fortsetzung der Lösung den Knoten 4 mit der geringsten noch verbleibenden Arbeitsdauer je Station. Dies führt auf die weiteren Knoten 7 und 8. Man wählt Knoten 7 und gelangt so mit dem sich anschließenden Knoten 9 zu einer zulässigen Lösung, bei der im Gegensatz zum Positionswertverfahren die zuvor errechnete theoretische Minimalzahl an Arbeitsstationen eingehalten wird (siehe Abb. B81.2).

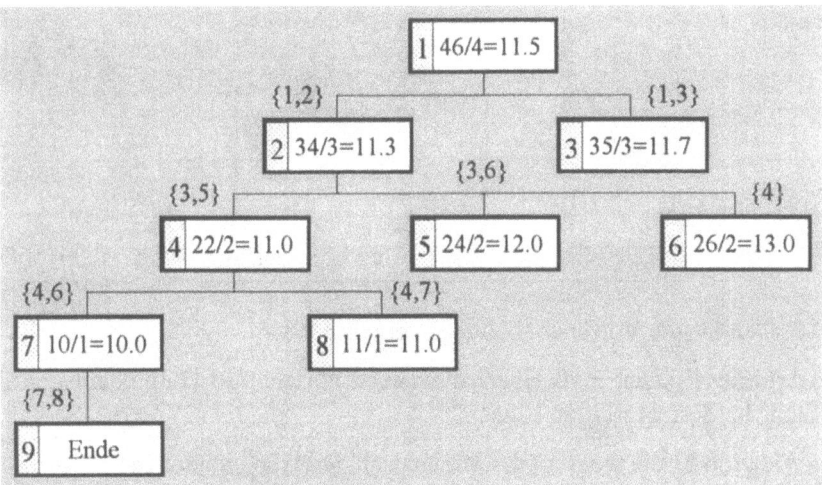

Abb. B81.2: Lösungsbaum zur Leistungsabstimmung

Um alternative Leistungsabstimmungen zu erzeugen, ließen sich auch die übrigen (nicht gewählten) Knoten weiter verzweigen und zwar so lange, wie die durchschnittliche Zeitbelastung je verbleibender Arbeitsstation die Taktzeitrestriktion nicht verletzt, oder bis sämtliche Arbeitselemente zugeordnet wurden.

Es kann auch durchaus vorkommen, daß das Branch-and-Bound-Verfahren zunächst mit einer Lösung endet, bei der die theoretische Minimalzahl an Arbeitsstationen nicht eingehalten wird. In diesem Fall kann man versuchen, von einem der übrigen (zuvor abgelehnten) Knoten aus weiter zu verzweigen. Führt auch dieser Versuch zu keinem Ziel, so besteht Gewißheit, daß die theoretische Minimalzahl an Arbeitsstationen nicht eingehalten werden kann. Man erhöht nun diese Vorgabe um eine weitere Arbeitsstation und setzt das Lösungsverfahren in der beschriebenen Art und Weise fort.

Aufgabe B81.3: Leistungsabstimmung bei Fließproduktion

In einer Montagelinie sollen 10 Produkteinheiten pro Stunde hergestellt werden. Der Montageprozeß besteht aus 12 einzelnen Arbeitselementen, die unter Beachtung technischer Vorrangbeziehungen zu Arbeitsstationen zusammenzufassen sind. Die näheren Angaben sind der folgenden Tabelle zu entnehmen. Einschränkend gilt, daß das Arbeitselement 1 unbedingt der ersten Arbeitsstation zuzuweisen ist.

Arbeitselement	Dauer (Min.)	unmittelbare Vorgänger
1	2	-
2	1	-
3	3	-
4	3	-
5	2	-
6	4	1,2
7	4	4,5
8	5	3,6
9	2	7
10	2	8
11	4	8,9
12	3	10,11

a) Stellen Sie die Vorrangbeziehungen graphisch dar.

b) Welche Taktzeit muß eingehalten werden, damit 10 Outputeinheiten pro Stunde hergestellt werden können?

c) Wie groß ist die theoretische Minimalzahl an Arbeitsstationen?

d) Führen Sie die Leistungsabstimmung nach dem Positionswertverfahren durch.

e) Führen Sie die Leistungsabstimmung nach dem Branch-and-Bound-Verfahren durch.

Lösung

a) Die Vorrangbeziehungen sind in Abb. B81.3 graphisch dargestellt.

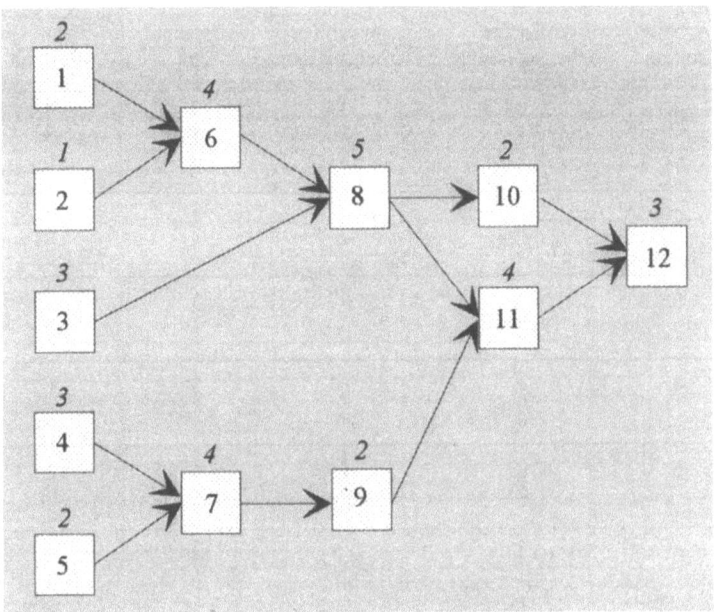

Abb. B81.3: Vorranggraph

b) Um 10 Outputeinheiten in 60 Minuten zu erzeugen, ist eine Taktzeit von sechs Minuten erforderlich.

c) Die Gesamtdauer aller Arbeitselemente beträgt 35 Minuten. Bei einer Taktzeit von sechs Minuten müssen also mindestens sechs Arbeitsstationen gebildet werden.

d) Die Positionswerte sind der folgenden Tabelle zu entnehmen:

Arbeitselement	1	2	3	4	5	6	7	8	9	10	11	12
Positionswert	20	19	17	16	15	18	13	14	9	5	7	3

Die Rechenschritte des Positionswertverfahrens sind in der folgenden Tabelle zusammengestellt. Es zeigt sich, daß die theoretische Minimalzahl von sechs Arbeitsstationen nicht eingehalten werden kann. Es müssen sieben Stationen eingerichtet werden.

Arbeits- station	zulässige Arbeitselemente	gewähltes Arbeitselement	Element- zeit	Restzeit
1	1,2,3,4,5	1	2	4
	2,3,4,5	2	1	3
	3,4,5,(6)	3	3	0
2	4,5,6	6	4	2
	(4),5,(8)	5	2	0
3	4,8	4	3	3
	(7),(8)	-	-	3
4	7,8	8	5	1
	(7),(10)	-	-	1
5	7,10	7	4	2
	9,10	9	2	0
6	10,11	11	4	2
	10	10	2	0
7	12	12	3	3

e) In Abb. B81.3 ist der erste Teil des Lösungsbaumes unter der einschränkenden Annahme dargestellt, daß das Arbeitselement 1 unbedingt der ersten Arbeitsstation zugeordnet werden muß. (Zur Erläuterung des Lösungsverfahrens siehe Aufgabe B81.2.)

Entscheidet man sich jeweils für die Arbeitselementkombination, die die geringste durchschnittliche Zeitbelastung für die verbleibenden Arbeitsstationen verursacht (bzw. im Falle der Knoten 2 und 3 willkürlich für 2), so gelangt man in den Knoten 9 (siehe Abb. B81.3) und stellt fest, daß die theoretische Minimalzahl an Arbeitselementen nicht eingehalten werden kann.

Auch die weiteren (in Abb. B81.3 nicht dargestellten) Verzweigungen, ausgehend von den übrigen Knoten 3, 4 und 5, führen zu keiner zulässigen Lösung. Man erhöht daher die Zahl der einzurichtenden Arbeitsstationen von sechs auf sieben und setzt den Lösungsgang wie in Abb. B81.5 dargestellt fort. Somit kann durch die Anwendung des Branch-and-Bound-Verfahrens nachgewiesen werden, daß die tatsächliche Minimalzahl an Arbeitsstationen sieben beträgt.

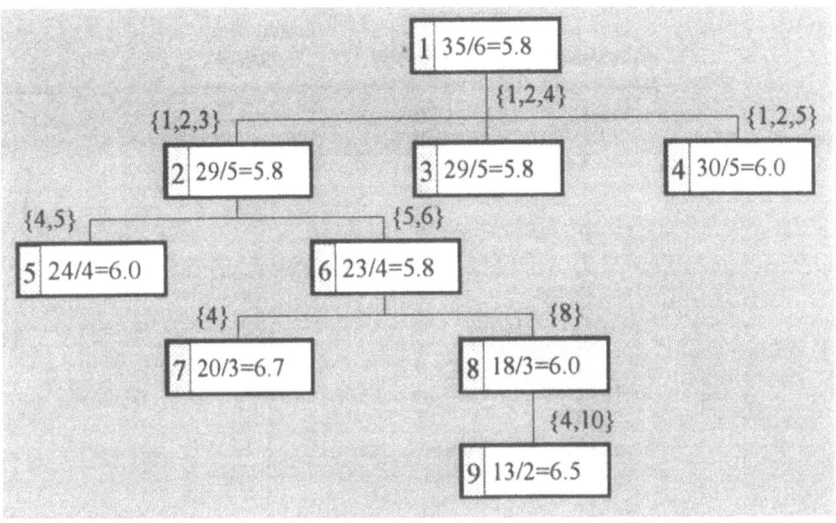

Abb. B81.4: Lösungsbaum zur Leistungsabstimmung

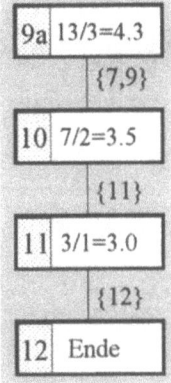

Abb. B81.5: Lösungsbaum zur Leistungsabstimmung (Fortsetzung)

Aufgabe B81.4: Leistungsabstimmung bei Fließproduktion

Ein Montageprozeß besteht aus 14 Arbeitselementen, die so zu Arbeitsstationen zusammenzufassen sind, daß eine Taktzeit von 10 Minuten sowie die technischen Vorrangbeziehungen eingehalten werden. Die näheren Angaben sind der folgenden Tabelle zu entnehmen.

Arbeitselement	Dauer (Min.)	unmittelbare Vorgänger
1	6	-
2	9	-
3	3	1
4	4	1
5	3	2
6	3	3
7	7	4
8	3	5
9	2	6
10	7	6,7
11	8	9
12	3	10
13	3	8,12
14	4	11,13

a) Stellen Sie die Vorrangbeziehungen graphisch dar.

b) Wie groß ist die theoretische Minimalzahl an Arbeitsstationen?

c) Führen Sie die Leistungsabstimmung nach dem Positionswertverfahren durch.

d) Führen Sie die Leistungsabstimmung nach dem Branch-and-Bound-Verfahren durch.

Lösung

a) Die Vorrangbeziehungen sind in Abb. B81.6 graphisch dargestellt.

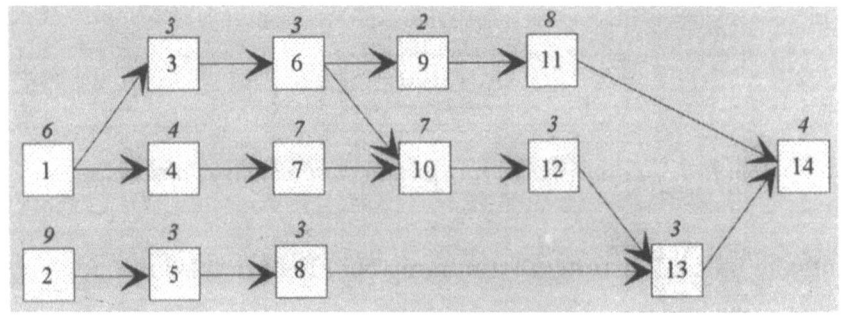

Abb. B81.6: Vorranggraph

b) Die Gesamtdauer aller Arbeitselemente beträgt 65 Minuten. Bei einer Taktzeit von 10 Minuten müssen also mindestens sieben Arbeitsstationen gebildet werden.

c) Die Positionswerte sind der folgenden Tabelle zu entnehmen:

Arbeitselement	1	2	3	4	5	6	7	8	9	10	11	12	13	14
Positionswert	50	22	33	28	13	30	24	10	14	17	12	10	7	4

Die Rechenschritte des Positionswertverfahrens sind in der folgenden Tabelle zusammengestellt. (Zur Erläuterung des Lösungsverfahrens siehe Aufgabe B81.2.) Es zeigt sich, daß die theoretische Minimalzahl von sieben Arbeitsstationen nicht eingehalten werden kann, vielmehr müssen acht Arbeitsstationen eingerichtet werden.

Arbeits-station	zulässige Arbeitselemente	gewähltes Arbeitselement	Element-zeit	Restzeit
1	1,2	1	6	4
	(2),3,4	3	3	1
2	2,4,6	6	3	7
	(2),4,9	4	4	3
	(2),(7),9	9	2	1
3	2,7,11	7	7	3
	(2),(10),(11)	-	-	3
4	2,10,11	2	9	1
5	5,10,11	10	7	3
	5,(11),12	5	3	0
6	8,11,12	11	8	2
7	8,12	8	3	7
	12	12	3	4
	13	13	3	1
8	14	14	4	6

d) In Abb. B81.7 ist der Ablauf des Branch-and-Bound-Verfahrens veranschaulicht. (Zur Erläuterung des Lösungsverfahrens siehe Aufgabe B81.2.) Es zeigt sich, daß im Gegensatz zum Positionswertverfahren die theoretische Minimalzahl an Arbeitsstationen eingehalten werden kann.

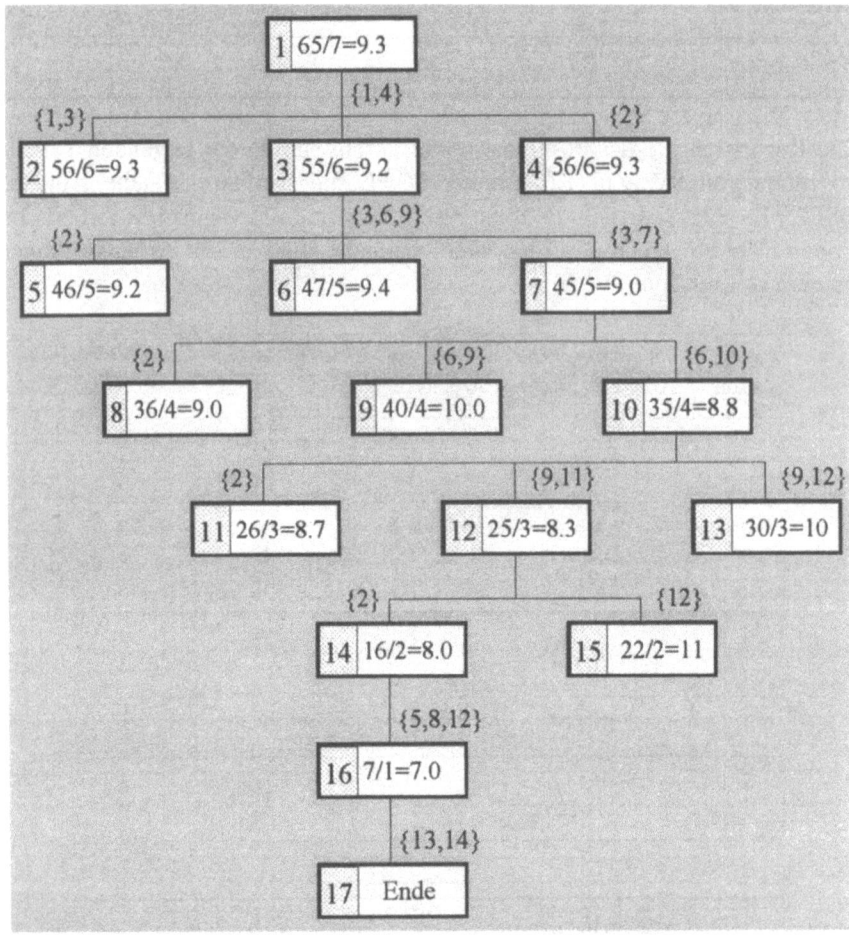

Abb. B81.7: Lösungsbaum zur Leistungsabstimmung

Aufgabe B81.5: Leistungsabstimmung, Zonenbeschränkungen

Ein Montageprozeß besteht aus 10 Arbeitselementen, bei deren Zusammenfassung zu Arbeitsstationen zwei *Zonenbeschränkungen* zu beachten sind:

(1) Die Arbeitselemente 7 und 9 müssen aus technischen Gründen derselben
Arbeitsstation zugeordnet werden.

(2) Die Arbeitselemente 6 und 8 müssen aus technischen Gründen verschiedenen Arbeitsstationen zugeordnet werden.

Es sollen sechs Ausbringungseinheiten pro Stunde hergestellt werden. Die weiteren Angaben sind der folgenden Tabelle zu entnehmen.

Arbeitselement	Dauer (Min.)	unmittelbare Vorgänger
1	5	-
2	4	-
3	4	1
4	5	1
5	7	2
6	2	3,4
7	3	4,5
8	3	6
9	5	7
10	2	8,9

a) Stellen Sie die Vorrangbeziehungen graphisch dar.

b) Welche Taktzeit muß eingehalten werden, damit sechs Ausbringungseinheiten pro Stunde hergestellt werden können?

c) Wie groß ist die theoretische Minimalzahl an Arbeitsstationen?

d) Versuchen Sie, durch "trial and error" eine sinnvolle Leistungsabstimmung zu finden, bei der auch die Zonenbeschränkungen eingehalten werden.

e) Versuchen Sie, ein Branch-and-Bound-Verfahren zu konzipieren, das unter Einhaltung der Zonenbeschränkungen die minimale Zahl an Arbeitsstationen anstrebt.

Lösung

a) Die Vorrangbeziehungen sind in Abb. B81.8 graphisch dargestellt.

b) Um sechs Ausbringungseinheiten pro Stunde zu erzeugen, ist eine Taktzeit von 10 Minuten erforderlich.

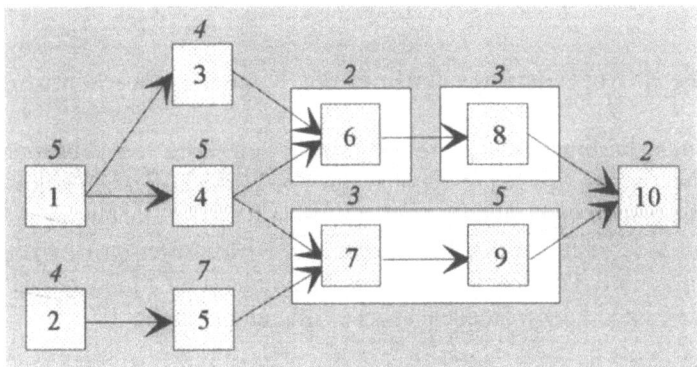

Abb. B81.8: Vorranggraph

c) Die Gesamtdauer aller Arbeitselemente beträgt 40 Minuten, so daß bei einer Taktzeit von 10 Minuten mindestens vier Arbeitsstationen eingerichtet werden müssen, wobei allerdings keinerlei Leerzeiten zulässig wären.

d) Um bei größeren Problemen eine sinnvolle Leistungsabstimmung zu finden, bei der auch Zonenbeschränkungen beachtet werden, müßte man unter Umständen sehr viele Lösungen ausprobieren. Würde man sich am Positionswertverfahren orientieren, so wären fünf Arbeitsstationen mit den Arbeitselementen {1, 2}, {3, 4}, {5, 6}, {7, 9} und {8, 10} zu bilden. Die Lösung zu e) zeigt, daß auch vier Arbeitsstationen ausreichend sind.

e) Wenn man vom "Engpaßbereich", d.h. vom letzten Arbeitselement ausgeht, gelangt man mit Hilfe des Branch-and-Bound-Verfahrens zu einer Lösung, bei der nur vier Arbeitsstationen benötigt werden, gleichzeitig aber die Zonenbeschränkungen eingehalten werden (siehe Abb. B81.9).

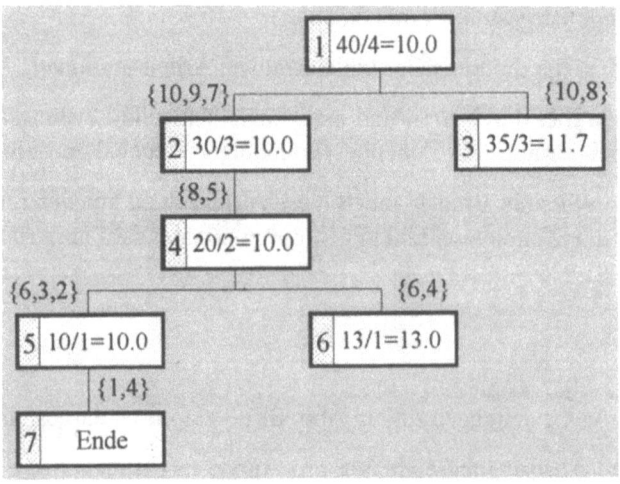

Abb. B81.9: Lösungsbaum zur Leistungsabstimmung

Aufgabe B81.6: Leistungsabstimmung, Kapazitätsbetrachtung

Von einem bestimmten Endprodukt wird gegenwärtig eine Ausbringung von 40 Einheiten pro Arbeitstag benötigt. Im Zwei-Schicht-Betrieb können täglich 880 Arbeitsminuten produktiv genutzt werden. Die Unternehmung rechnet damit, daß sich zukünftig der Tagesbedarf auf 80 Einheiten pro Arbeitstag verdoppeln könnte. Die für die Leistungsabstimmung der Montagelinie benötigten Daten sind in der folgenden Tabelle zusammengestellt.

Arbeitselement	Dauer (Min.)	unmittelbare Vorgänger
1	3	-
2	5	-
3	4	1
4	5	3
5	2	3
6	1	3
7	4	2
8	5	4,5
9	5	6,7
10	2	8,9
11	4	10

a) Welche Taktzeit muß bei einer Tagesausbringung von 40 bzw. 80 Endprodukteinheiten eingehalten werden?

b) Man zieht für die Einrichtung der Montagelinie Taktzeiten von 11, 12, ..., 22 Minuten in Erwägung und möchte eine Aufstellung erhalten, aus der die Anzahl der jeweils benötigten Arbeitsstationen sowie die jeweils anfallenden Leerzeiten hervorgehen. Die Zusammenhänge sind auch graphisch darzustellen. Zur Leistungsabstimmung ist das Positionswertverfahren anzuwenden.

c) Erläutern Sie an Hand der Beispielrechnung aus b) die wirtschaftlichen Kriterien, die bei der Leistungsabstimmung einer Produktionslinie zu beachten sind?

d) Welche Gründe sprechen dagegen, die Leistungsabstimmung einer Montagelinie häufig zu wechseln?

Lösung

a) Bei 880 Arbeitsminuten pro Tag und einer Tagesausbringung von 40 bzw. 80 Endprodukteinheiten muß eine Taktzeit von $880/40 = 22$ bzw. von $880/80 = 11$ Minuten eingehalten werden.

b) In Abb. B81.10 sind die Vorrangbeziehungen abgebildet.

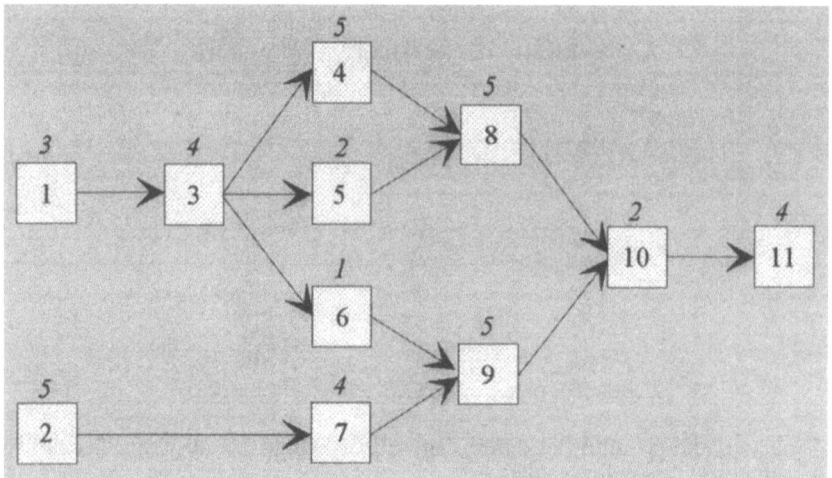

Abb. B81.10: Vorranggraph

Welche Leistungsabstimmungen sich durch die Anwendung des Positionswertverfahrens bei Taktzeiten zwischen 11 und 22 Minuten ergeben, ist in der folgenden Tabelle zusammengestellt.

	Arbeitselemente in Station				
Taktzeit	1	2	3	4	Leerzeit
11	{1,3,5,6}	{2,4}	{7,8}	{9,10,11}	4
12	{1,2,3}	{4,5,6,7}	{8,9,10}	{11}	8
13	{1,2,3,6}	{4,5,7}	{8,9,10}	{11}	12
14	{1,2,3,5}	{4,6,7}	{8,9,10}	{11}	16
15	{1,2,3,5,6}	{4,7,8}	{9,10,11}	-	5
16	{1,2,3,7}	{4,5,6,8}	{9,10,11}	-	8
17	{1,2,3,4}	{5,6,7,8,9}	{10,11}	-	11
18	{1,2,3,4,6}	{5,7,8,9,10}	{11}	-	14
19	{1,2,3,4,5}	{6,7,8,9,10}	{11}	-	17
20	{1,2,3,4,5,6}	{7,8,9,10,11}	-	-	0
21	{1,2,3,4,7}	{5,6,8,9,10,11}	-	-	2
22	{1,2,3,4,6,7}	{5,8,9,10,11}	-	-	4

In Abb. B81.11 sind die Zusammenhänge zwischen Leerzeit, Taktzeit und der
Zahl der einzurichtenden Arbeitsstationen graphisch veranschaulicht.

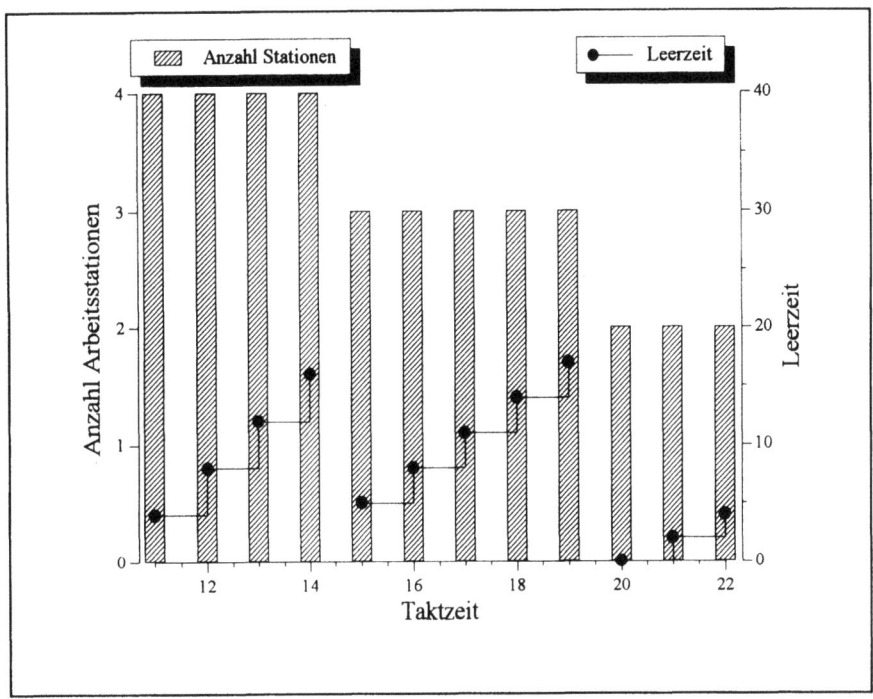

Abb. B81.11: Auslastung der Montagelinie

c) Allgemein lassen sich die wirtschaftlichen Kriterien der Leistungsabstimmung bei Fließproduktion auf zwei Gesichtspunkte reduzieren: Zum einen ist die Anzahl einzurichtender Arbeitsstationen zu minimieren, damit Investitionskosten, Raumbedarf, Personaleinsatz, Transportaufwand usw. gesenkt werden können. Zum anderen wird eine möglichst gleichmäßige Verteilung von Leerzeiten innerhalb der Produktionslinie angestrebt. Diese Zielsetzung entspricht einer Minimierung der Taktzeit. Kürzere Taktzeiten ermöglichen prinzipiell eine höhere Ausbringung der Produktionslinie bzw. bei gegebener Ausbringung eine Verringerung des Personaleinsatzes.

Die Wechselwirkungen zwischen den verschiedenen Entscheidungskriterien werden durch Abb. B81.11 verdeutlicht. Man erkennt, daß mit einer bestimmten Anzahl an Arbeitsstationen unterschiedliche Taktzeiten und damit unterschiedliche Ausbringungen realisiert werden können. Eine Erhöhung der Ausbringung ist jedoch nur dann sinnvoll, wenn entsprechende Absatzmöglichkeiten bestehen. Um die "optimale" Auslastung der Montagelinie zu bestimmen, müßten die oben angesprochenen Kostengesichtspunkte in einer umfassenden Wirtschaftlichkeitsrechnung berücksichtigt werden.

d) Eine einmal vorgenommene Leistungsabstimmung wird im allgemeinen für längere Zeit (mehrere Monate oder ein Jahr) beibehalten. Würde man häufiger umstellen, so fielen erhebliche Umrüstungskosten und Stillstandszeiten an.

Mit einer Neukonfigurierung sind zumeist auch anfängliche Leistungsverluste verbunden. Nicht zuletzt müßten den Mitarbeitern andere Arbeitsaufgaben zugewiesen und u.U. die bestehenden Arbeitsgruppen aufgelöst werden.

Aufgabe B81.7: Lineares Optimierungsmodell zur Leistungsabstimmung

Zur Herstellung eines Produktes sind acht Arbeitselemente durchzuführen. Die Elementzeiten und die einzuhaltenden Vorrangbeziehungen sind in Abb. B81.12 dargestellt.

Die Taktzeit soll 10 Zeiteinheiten betragen.

a) Formulieren Sie ein lineares Optimierungsmodell zur klassischen Leistungsabstimmung.

b) Bestimmen Sie die optimale Lösung mit Hilfe von AMPL (Zur Modellierungssoftware AMPL siehe Fourer/Gay/Kernighan 1993.).

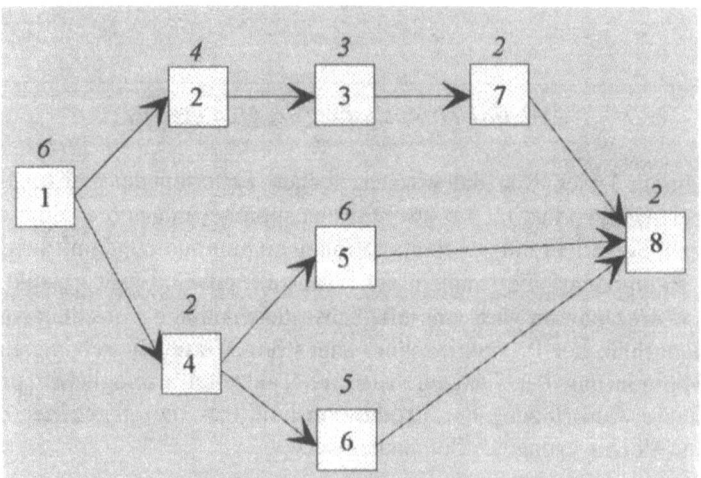

Abb. B81.12: Vorranggraph

Lösung

a) Für die Formulierung des linearen Optimierungsmodells zur klassischen Leistungsabstimmung verwenden wir folgende Symbole:

Daten:

C   Taktzeit
i   Index der Arbeitselemente ($i = 1, 2, ..., I$)
m   Index der Stationen ($m = 1, 2, ..., M$)

N(i)   Indexmenge der direkten Nachfolger des Arbeitselementes i im Vorranggraphen

t_i Elementzeit des Arbeitselementes i

Entscheidungsvariablen:

x_{im} Zuordnungsvariable, die den Wert 1 annimmt, wenn das Arbeitselement i der
       Station m zugeordnet wird

y_m Binärvariable, die den Wert 1 annimmt, wenn die Station m aufgebaut wird

Minimiere

$$\sum_{m=1}^{M} y_m$$

unter den Nebenbedingungen

Taktzeitrestriktion

$$\sum_{i=1}^{I} t_i \cdot x_{im} \leq C \cdot y_m \qquad\qquad m=1,2,\ldots,M$$

Zuordnungsbedingung

$$\sum_{k=1}^{M} x_{im} = 1 \qquad\qquad i=1,2,\ldots,I$$

Reihenfolgebedingung

$$\sum_{m=1}^{M} m \cdot x_{im} \leq \sum_{m=1}^{M} m \cdot x_{jm} \qquad\qquad \text{alle } i,j; \ j\epsilon N(i)$$

Wertebereiche der Variablen

$$x_{im} = \{0,1\} \qquad\qquad \text{alle } i,m$$

$$y_m = \{0,1\} \qquad\qquad \text{alle } m$$

b) Das AMPL-Modell lautet:

💾 Modelldefinition:

```
set AG  ;                    # Menge der Arbeitselemente
set STAT;                    # Menge der potentiellen Stationen
set NACH {AG};               # Nachfolger-Arbeitselemente
param LetztAG symbolic in AG;
param t {AG} >= 0;           # Arbeitselementzeit
param Taktzeit > 0;          # Taktzeit
var X {AG,STAT} binary;      # Zuordnung Arbeitselement zu Station
var Y {STAT} binary;         # Auswahl Station m

minimize Anzahl:
   sum {m in STAT} (Y[m]);

subject to Stationszeit {k in STAT}:
   sum {i in AG} t[i] * X[i,m] <= Taktzeit*Y[m];

subject to Zuordnung {i in AG}:
   sum {m in STAT} X[i,m] = 1;
```

```
subject to Reihenfolgen {i in AG diff {LetztAG}, j in NACH[i]}:
    sum {m in STAT} m*X[i,m] <= sum {m in STAT} m*X[j,m];
```

📁 Problemdaten:

```
set AG   := 1 2 3 4 5 6 7 8 ;
set STAT := 1 2 3 4 5 6 7 8;
param Taktzeit := 10;
param LetztAG := 8;
param t   := 1 6  2 4  3 3  4 2  5 6  6 5  7 2  8 2;

set NACH[1] := 2 4;
set NACH[2] := 3;
set NACH[3] := 7;
set NACH[4] := 5 6;
set NACH[5] := 8;
set NACH[6] := 8;
set NACH[7] := 8;
```

📄 Optimale Lösung:

```
X [*,*]
:   1   2   3   4   5   6   7   8      :=
1   0   1   0   0   0   0   0   0
2   0   1   0   0   0   0   0   0
3   0   0   1   0   0   0   0   0
4   0   0   1   0   0   0   0   0
5   0   0   0   0   0   0   0   1
6   0   0   1   0   0   0   0   0
7   0   0   0   0   0   0   0   1
8   0   0   0   0   0   0   0   1;

Y [*] :=
1   0
2   1
3   1
4   0
5   0
6   0
7   0
8   1;
```

Aufgabe B81.8: Leistungsabstimmung, U-förmige Produktionslinie

Eine Produktionslinie kann in unterschiedlicher Weise räumlich angeordnet werden. In jüngster Zeit ist man in vielen Industriebetrieben dazu übergegangen, Produktionslinien U-förmig zu gestalten (vgl. Monden 1993). Hierbei übernimmt eine Arbeitskraft in der Regel die Bedienung mehrerer Maschinen, die nebeneinander oder gegenüberliegend angeordnet sind. Derartige Konfigurationen eignen sich besonders für die Einrichtung einer nach dem Gruppenprinzip organisierten Produktionslinie. Wesentliche Kennzeichen dieser Produktionsorganisation sind die Bildung von Erzeugnisfamilien gemäß der arbeitsplanmäßigen Verwandtschaft der Erzeugnisvarianten (Teilefamilienbildung) sowie die Gruppierung der zugehörigen Arbeitssysteme (vgl. Günther/ Tempelmeier 1995, Kap. 5.4.2).

Nehmen Sie an, daß der in einer Produktionslinie zu verrichtende Teilproduk-tionsprozeß verschiedene Arbeitselemente erfordert, zwischen denen technolo-gisch bedingte Vorrangbeziehungen bestehen, die in Abb. B81.13 graphisch dargestellt sind. Die Ausführungsdauern der einzelnen Arbeitselemente sind in Abb. B81.13 an den Knoten vermerkt. Die Produktionslinie soll so konfiguriert werden, daß alle 10 Minuten eine Erzeugniseinheit fertiggestellt werden kann.

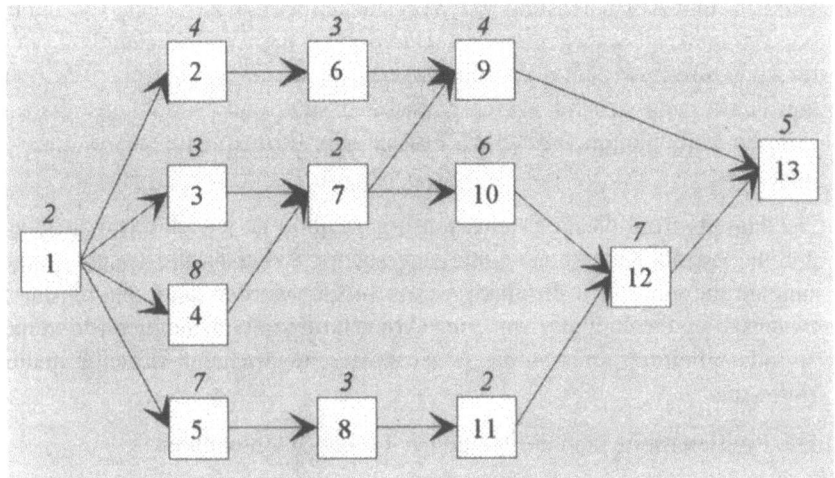

Abb. B81.13: Vorranggraph

a) Welche Vorteile bietet die U-förmige Anordnung von Produktionslinien?

b) Führen Sie zunächst die Leistungsabstimmung nach dem Positionswertver-fahren durch, ohne auf die U-förmige Anordnung der Produktionslinie Rück-sicht zu nehmen. Bei gleichem Positionswert ist das Arbeitselement mit der höchsten Ausführungsdauer zu wählen.

c) Führen Sie anschließend die Leistungsabstimmung nach dem modifizierten Positionswertverfahren von Miltenburg und Wijngaard (1994) durch. Bei glei-chem Positionswert ist wiederum das Arbeitselement mit der höchsten Ausfüh-rungsdauer zu wählen.

Lösung

a) U-förmige Produktionslinien weisen in Verbindung mit Mehrfunktionsar-beit vor allem die folgenden wesentlichen Vorteile auf (vgl. Günther 1995b):

- Anders als bei einer stark arbeitsteiligen Massenproduktion entstehen klei-nere Arbeits- und gleichzeitig unmittelbare Verantwortungsbereiche, die häufig eine größere Arbeitszufriedenheit der dort eingesetzten Mitarbeiter, geringere Abwesenheitsraten und eine höhere Produktionsqualität nach sich ziehen.

- Im Gegensatz zur reinen Linienproduktion mit einer Vielzahl von Arbeitsstationen sind die Arbeitsabläufe überschaubar. Zwischen den Arbeitskräften besteht Sichtkontakt, so daß die unmittelbare Kommunikation stets gewährleistet ist.

- Die Ein- und Ausschleusung von Werkstücken wird in der Regel von derselben Arbeitskraft wahrgenommen. Dadurch ist der Werkstückumlauf leichter kontrollierbar, zumal Zwischenlagerbestände an den einzelnen Maschinen direkt sichtbar sind. Durch einfache arbeits- und produktionsorganisatorische Maßnahmen wird so das Just in Time-Prinzip äußerst wirkungsvoll umgesetzt.

- Der Hauptvorteil dieser Produktionsorganisation ist jedoch darin zu sehen, daß die Anzahl der in einer Linie eingesetzten Arbeitskräfte zwecks Anpassung an die geforderte Produktionsrate variiert werden kann. Da hierdurch zwangsläufig die Zahl der von einer Arbeitskraft zu bedienenden Maschinen zu- oder abnimmt, müssen die Arbeitskräfte entsprechend vielseitig qualifiziert sein.

b) Die Positionswerte sind der folgenden Tabelle zu entnehmen:

Arbeitselement	1	2	3	4	5	6	7	8	9	10	11	12	13
Positionswert	56	16	27	32	24	12	24	17	9	18	14	12	5

Die Rechenschritte des Positionswertverfahrens sind in der folgenden Tabelle zusammengestellt. Bei der zugrundegelegten Taktzeit von 10 Zeiteinheiten führt das Positionswertverfahren auf eine Konfiguration mit der theoretisch minimalen Anzahl von sechs Arbeitsstationen.

Arbeitsstation	zulässige Arbeitselemente	gewähltes Arbeitselement	Elementzeit	Restzeit
1	1	1	2	8
	2,3,4,5	4	8	0
2	2,3,5	3	3	7
	2,5,7	5	7	0
3	2,7,8	7	2	8
	2,8,10	10	6	2
	(2),(8)	-	-	2

4	2,8	8	3	7
	2,11	2	4	3
	6,11	11	2	1
5	6,12	12	7	3
	6	6	3	0
6	9	9	4	6
	13	13	5	1

Abb. B81.14 veranschaulicht die Zuordnung der Arbeitselemente zu den einzelnen Arbeitsstationen. Sie skizziert gleichzeitig die linienförmige Anordnung des Produktionssystems.

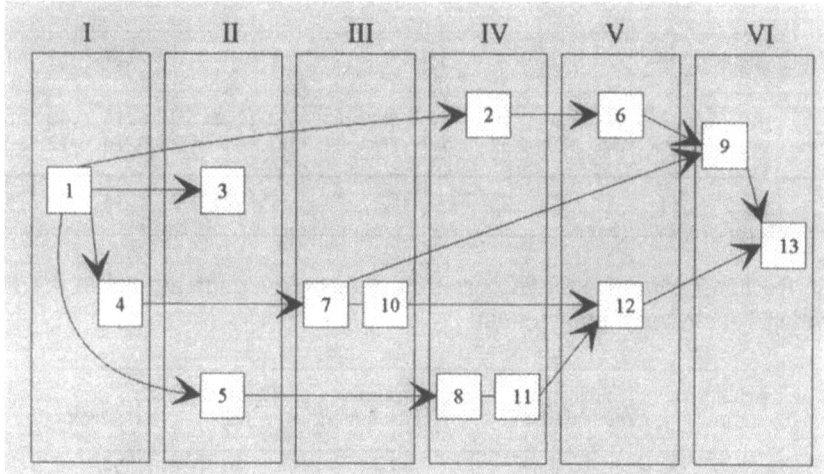

Abb. B81.14: Zuordnung der Arbeitselemente zu Arbeitsstationen

c) Im Unterschied zu herkömmlichen Produktionslinien können bei U-förmiger Anordnung sowohl Arbeitselemente vom Beginn als auch vom Ende des Produktionsprozesses miteinander kombiniert werden. Im allgemeinen wird man bestrebt sein, sowohl den ersten als auch das letzte Arbeitselement einer gemeinsamen Arbeitsstation bzw. einer bestimmten Arbeitskraft zuzuordnen, da auf diese Weise die Ein- und Ausschleusung von Werkstücken unmittelbar gesteuert werden kann. Im Beispiel der Abb. B81.13 sind dies die Arbeitselemente 1 und 13. Weiterhin könnten dann z.B. die Arbeitselemente 3 und 12 miteinander kombiniert werden.

Die Bildung derartiger Arbeitsstationen wird durch das modifizierte Positionswertverfahren von Miltenburg und Wijngaard (1994) unterstützt. Dabei verwendet man für den Positionswert p_i eines Arbeitselementes i die folgende Berechnungsweise:

$$p_i = \max \{pv_i; pn_i\}$$

Hierbei stellt der erste Term

$$pv_i = t_i + \sum_{k \in V(i)} t_k$$

den Positionswert bezüglich aller einem Arbeitselement i vorausgehenden Arbeitselemente V(i) dar, wobei mit t_i bzw. t_k die Ausführungszeiten der Arbeitselemente bezeichnet werden. Der zweite Term

$$pn_i = t_i + \sum_{k \in N(i)} t_k$$

bildet den entsprechenden Positionswert bezüglich aller nachfolgenden Arbeitselemente N(i). Die einzelnen Positionswerte sind der folgenden Tabelle zu entnehmen:

Arbeitselement	1	2	3	4	5	6	7	8	9	10	11	12	13
pv_i	2	6	5	10	9	9	15	12	26	21	14	40	56
pn_i	56	16	27	32	24	12	24	17	9	18	14	12	5
p_i	56	16	27	32	24	12	24	17	26	21	14	40	56

Die Rechenschritte des modifizierten Positionswertverfahrens sind in der folgenden Tabelle zusammengestellt.

Arbeits-station	zulässige Arbeitselemente	gewähltes Arbeitselement	Element-zeit	Restzeit
1	1,13	13	5	5
	1,9,(12)	1	2	3
	(2),3,(4),(5),(9),(12)	3	3	0
2	2,4,5,9,12	12	7	3
	(2),(4),(5),(9),(10),11	11	2	1
3	2,4,5,8,9,10	4	8	2
	2,(5),7,(8),(9),(10)	7	2	0
4	2,5,8,9,10	9	4	6
	2,(5),6,8,10	10	6	0
5	2,5,6,8	5	7	3
	(2),6,8	8	3	0
6	2,6	2	4	6
	6	6	3	3

Abb. B81.15 veranschaulicht den Materialfluß und die Arbeitszuordnung innerhalb der U-förmigen Produktionslinie, wobei davon ausgegangen wird, daß jede Arbeitsstation aus mehreren Maschinen besteht, die von einer Arbeitskraft bzw. einer Arbeitsgruppe gemeinsam bedient werden. Die Knoten in Abb. B81.15 kennzeichnen gleichzeitig ein Arbeitselement sowie die Maschine, der das jeweilige Arbeitselement zugeordnet ist.

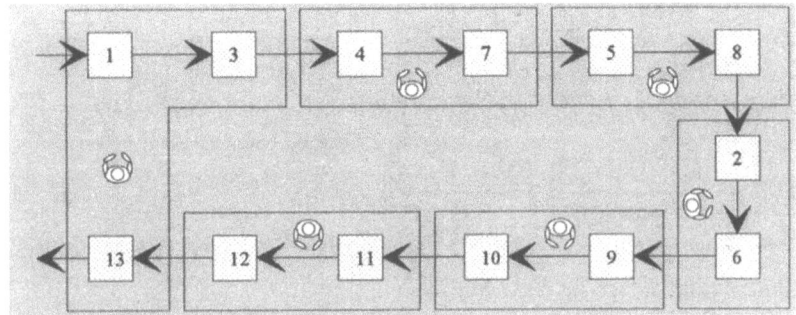

Abb. B81.15: U-förmige Produktionslinie

Aufgabe B81.9: Fließproduktion bei stochastischen Bearbeitungszeiten, Auspuffkrümmerproduktion

Bei einem Automobilhersteller soll eine Produktionslinie mit Handarbeitsplätzen zur Bearbeitung von Auspuffkrümmern eingerichtet werden. Die Produktionslinie soll aus 5 Stationen bestehen. Die mittlere Bearbeitungszeit beträgt an allen Stationen $1/\mu_b = 10$ Minuten. Aufgrund von Erfahrungen mit ähnlichen Produktionslinien wird davon ausgegangen, daß die Bearbeitungszeiten an einer Station einer Gamma-Verteilung mit dem für alle Stationen einheitlichen Variationskoeffizienten $CV = 0.1$ folgen. Die zu bearbeitenden Auspuffkrümmer werden von einem vorgelagerten Produktionssegment in konstanten Abständen von jeweils 12.5 Minuten angeliefert.

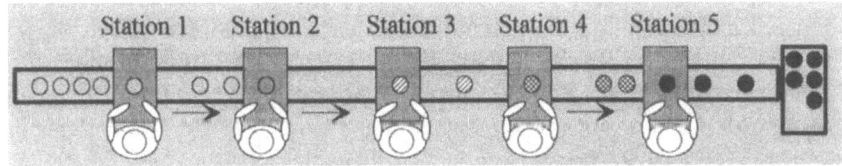

Abb. B81.16: Layout der Produktionslinie

Da die Bedienungszeiten nicht exponentialverteilt sind, soll das Produktionssystem durch GI/G/1-Warteschlangensysteme, die miteinander gekoppelt sind, modelliert werden. Zur Bestimmung der Kenngrößen des GI/G/1-Warteschlangenmodells soll auf folgende Approximationen (vgl. Buzacott/Shanthi-kumar 1993, S. 74f) zurückgegriffen werden, wobei a den Ankunftsprozeß, b den Bedienungsprozeß und d den Abgangsprozeß einer Station, μ_b die mittlere Bedienungsrate an einer Station und ρ die Verkehrsintensität bezeichnen:

Quadrierter *Variationskoeffizient der Zwischenabgangszeiten* an einer Station:

$$CV_d^2 = (1-\rho^2) \cdot \left(\frac{CV_a^2 + \rho^2 \cdot CV_b^2}{1 + \rho^2 \cdot CV_b^2} \right) + \rho^2 \cdot CV_b^2$$

Mittlere *Anzahl Werkstücke* an einer Station:

$$E\{L_s\} = \left(\frac{\rho^2 \cdot (1+CV_b^2)}{1 + \rho^2 \cdot CV_b^2} \right) \cdot \left(\frac{CV_a^2 + \rho^2 \cdot CV_b^2}{2 \cdot (1-\rho)} \right) + \rho$$

Mittlere *Durchlaufzeit* an einer Station:

$$E\{W_s\} = \left(\frac{\rho^2 \cdot (1+CV_b^2)}{1 + \rho^2 \cdot CV_b^2} \right) \cdot \left(\frac{CV_a^2 + \rho^2 \cdot CV_b^2}{2 \cdot \lambda \cdot (1-\rho)} \right) + \mu_b$$

a) Analysieren sie nacheinander, beginnend mit Station 1, die einzelnen Statio-nen der Produktionslinie mit Hilfe des GI/G/1-Warteschlangenmodells unter Einsatz der angegebenen Approximationen. Berechnen Sie für jede Station je-weils die mittlere Durchlaufzeit und den mittleren Bestand an wartenden und in Bearbeitung befindlichen Werkstücken.

b) Entwickeln Sie ein SIMAN-Simulationsmodell der Produktionslinie. (Zur Simulationssoftware SIMAN vgl. Tempelmeier 1991 und Pegden/Shannon/Sa-dowski 1995.)

Lösung

a) Da es sich um ein lineares System handelt und keine Verluste aufgrund von Ausschuß auftreten, sind die Ankunftsraten an allen Stationen gleich: $\lambda_m = \lambda$ (m = 1,2,...,5). Im vorliegenden Fall gilt: $\lambda = 1/12.5 = 0.08$ Stück/Minute. Der Variationskoeffizient der Zwischenankunftszeit an Station 1 ist $CV_{a1} = 0$, da ein deterministischer Zugangsprozeß angenommen wird. Zur Berechnung der in-teressierenden Kenngrößen verwenden wir folgendes Rechenschema:

Station	Zwischenankunftszeit	Berechnung der Kenngrößen
1	$1/\lambda$	Berechne $E\{L_{s1}\}$, $E\{W_{s1}\}$, CV^2_{d1}
2	$CV^2_{a2} = CV^2_{d1}$	Berechne $E\{L_{s2}\}$, $E\{W_{s2}\}$, CV^2_{d2}
3	$CV^2_{a3} = CV^2_{d2}$	usw.

Im betrachteten Beispiel erhalten wir folgende Resultate:

Station	CV^2_{am}	CV^2_{dm}	$E\{L_{sm}\}$	$E\{W_{sm}\}$
1	0.0000	0.0087	0.81	10.13
2	0.0087	0.0118	0.82	10.30
3	0.0118	0.0129	0.83	10.37
4	0.0129	0.0133	0.83	10.39
5	0.0133	0.0135	0.83	10.40
		Summe:	4.12	51.59

b) Das SIMAN-Simulationsmodell ist so strukturiert, daß es möglich wird, auch andere Variationskoeffizienten der Gamma-verteilten Bearbeitungszeiten zu untersuchen. Dabei wird wie folgt vorgegangen. Für die Gamma-Verteilung mit dem Lageparameter α und dem Streuungsparameter β gilt:

```
Mittelwert = α·β
Varianz = α·β²
Variationskoeffizient = 1/√α
```

Die SIMAN-Notation der Gamma-Verteilung lautet: "GAMMA(Beta,Alpha)". Zur Erzeugung einer Gamma-verteilten Zufallsvariablen X mit vorgegebenem Mittelwert $E\{X\}$ und Variationskoeffizienten CV gehen wir wie folgt vor:

```
E{X} = α·β   ->   β = E{X}/α
CV = 1/√α    ->   α = 1/CV²
```

Daraus folgt:

```
β = E{X}·CV²
```

In der SIMAN-Modelldefinition wird die Gamma-verteilte Zufallsvariable dann mit dem Aufruf "GAMMA(CV**2*E{X},1/CV**2)" erzeugt. Zur besse ren Übersichtlichkeit werden die Parameter α und β in den Hilfsvariablen X(1) und X(2) zwischengespeichert.

💾 Modelldefinition:

```
BEGIN;
        CREATE:IAZeit;                    Deterministische Ankünfte
Neu     Assign:J=0:MARK(AufAnkunft);
```

```
Weiter     ROUTE:0.0,StatNr+1;
           STATION,1-MaxMaschine;
           ASSIGN:StatNr=M;
           ASSIGN:X(1)=CV(M)**2*EB(M);
           ASSIGN:X(2)=1/(CV(M)**2);
           ASSIGN:A_Zeit=GAMMA(X(1),X(2),M);  Bearbeitungszeit

WARTEN     QUEUE,M:MARK(A_Wrt);
           SEIZE:Maschine(M);
           TALLY:M+1,INT(A_Wrt);                       Wartezeit
           DELAY:A_Zeit;
           RELEASE:Maschine(M):NEXT(Weiter);

           STATION,Auslief;
           TALLY:1,INT(AufAnkunft):DISPOSE;
END;
```

💾 **Experimenteller Rahmen:**

```
BEGIN;
PROJECT,Kruemmer;
ATTRIBUTES: StatNr:AufAnkunft:A_Zeit:A_Wrt;
VARIABLES:  CV(5),  0.1,0.1,0.1,0.1,0.1: ! Variationskoeffizienten
            EB(5),  10 ,10 ,10 ,10 ,10 : ! Mittelwerte
            IAZeit, 12.5;                ! 1/lambda an Station 1
QUEUES:5;
RESOURCES:1-5,Maschine,1;
STATIONS:5,MaxMaschine:Auslief;
TALLIES:DurchlaufZeit:Wrt1:Wrt2:Wrt3:Wrt4:Wrt5;
DSTATS:NR(1):NQ(1):NR(2):NQ(2):NR(3):NQ(3):NR(4):NQ(4):NR(5):NQ(5):
       NR(1)+NQ(1)+NR(2)+NQ(2)+NR(3)+NQ(3)+NR(4)+NQ(4)+NR(5)+NQ(5),
       Teile im System;
REPLICATE,1,0,100000,No,YES,0;
END;
```

📄 **Simulationsergebnisse** (1 Lauf über 100000 Minuten):

Identifier	Average	Variation	Minimum	Maximum	Observations
DurchlaufZeit	50.505	.04091	42.914	67.494	7996
Wrt1	.00510	13.955	.00000	2.4805	8001
Wrt2	.05921	4.6070	.00000	3.6914	8000
Wrt3	.12446	3.4665	.00000	4.8438	7999
Wrt4	.15618	3.1754	.00000	5.6953	7998
Wrt5	.18097	2.9688	.00000	6.7168	7997

Identifier	Average	Variation	Minimum	Maximum	Final Value
NR(1)	.79969	.50048	.00000	1.0000	1.0000
NQ(1)	.40777E-03	49.511	.00000	1.0000	.00000
NR(2)	.79877	.50193	.00000	1.0000	1.0000
NQ(2)	.00474	14.496	.00000	1.0000	.00000
NR(3)	.80047	.49926	.00000	1.0000	1.0000
NQ(3)	.00996	9.9722	.00000	1.0000	.00000
NR(4)	.79928	.50112	.00000	1.0000	1.0000
NQ(4)	.01249	8.8914	.00000	1.0000	.00000
NR(5)	.79936	.50101	.00000	1.0000	1.0000
NQ(5)	.01447	8.2523	.00000	1.0000	.00000
Teile im System	4.0396	.09058	.00000	6.0000	5.0000

Aufgabe B81.10: Fließproduktion mit begrenztem Werkstückumlauf, Leiterplattenbestückung

Betrachten Sie eine Produktionslinie zur Bestückung von Leiterplatten, die aus drei Stationen mit jeweils einem Bestückungsautomaten besteht. Die Leiterplatten werden in unregelmäßigen Abständen in Kästen (mit jeweils zwischen 12 und 24 Leiterplatten) an den Anfang der Linie geliefert und dort zunächst auf einem Werkstückträger fixiert. Nach Abschluß der Bestückung werden die Leiterplatten wieder vom Werkstückträger entnommen und in ihrem Transportkasten zum nächsten Produktionsprozeß transportiert. In Abhängigkeit von der jeweiligen Leiterplattenvariante sind unterschiedliche Bestückungen mit Bauelementen vorzunehmen, wobei davon ausgegangen werden soll, daß dabei an allen Stationen exponentialverteilte Bestückungszeiten anfallen, deren Mittelwerte - bezogen auf alle in einem Kasten enthaltenen Leiterplatten - für alle Stationen mit $b_m = 10$ Minuten ($m = 1,2,3$) identisch sind. Die leeren Werkstückträger werden durch ein automatisches Transportsystem wieder zum Anfang der Linie zurückgeführt. Insgesamt stehen $N = 9$ Werkstückträger zur Verfügung. Abb. B81.17 zeigt die betrachtete Produktionslinie.

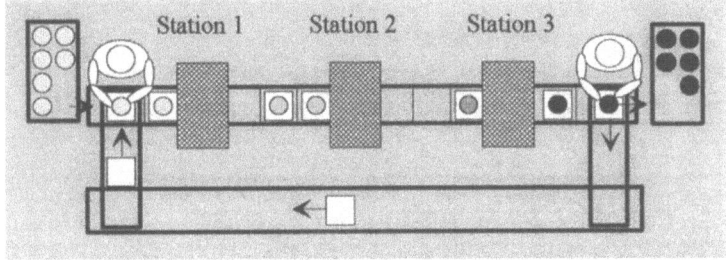

Abb. B81.17: Produktionslinie

a) Berechnen Sie die Produktionsrate und die Auslastung dieser Produktionslinie.

b) Wie kann die Produktionsrate der Produktionslinie verändert werden?

c) Entwickeln Sie ein SIMAN-Simulationsmodell der Produktionslinie.

Lösung

a) Alle Stationen sind identisch, d.h. sie haben dieselben Leistungsmerkmale. Wir gehen davon aus, daß immer mindestens ein Kasten mit unbearbeiteten Leiterplatten vor der Produktionslinie, d.h. am Systemeingang bereitsteht. Zur Berechnung der Produktionsrate der Produktionslinie können wir auf Little's Formel zurückgreifen, nach der gilt: Anzahl Werkstückträger = Produktionsrate·Durchlaufzeit ($N = X·D$). Da N, die Anzahl der Werkstückträger, gegeben und konstant ist, müssen wir zur Bestimmung der Produktionsrate der Produktionslinie die Durchlaufzeit eines Kastens mit Leiterplatten berechnen. Die Durchlaufzeit D eines Werkstückträgers durch die Produktionslinie ist gleich der Summe der stationsbezogenen Durchlaufzeiten D_m, da ein linearer Materialfluß vorliegt:

$$D = \sum_{m=1}^{M} D_m$$

Die Durchlaufzeit an der Station m, D_m, setzt sich zusammen aus der Bearbeitungszeit b_m ($=b$) und der Wartezeit W_m. Die Wartezeit eines an der Station m ankommenden Werkstückträgers ist gleich der mittleren Anzahl von Werkstückträgern, Q_m, die sich an der Station m bei insgesamt (N-1) zirkulierenden Werkstückträgern ergeben würde, multipliziert mit der mittleren Bedienungszeit:

$$W_m = Q_m(N-1) \cdot b = Q_m(8) \cdot 10$$

Bei identischen Stationen kann angenommen werden, daß sich im stationären Zustand an jeder Station dieselbe mittlere Warteschlangenlänge einstellt, so daß gilt:

$$Q_m(N-1) = Q_m(8) = \frac{N-1}{M} = \frac{8}{3} = 2.67$$

Setzen wir diese Größen nun in Little's Formel ein, dann erhalten wir:

$$\sum_{m=1}^{M} D_m = \sum_{m=1}^{M} \left[\frac{N-1}{M} \cdot b + b \right] = (N-1+M) \cdot b = (9-1+3) \cdot 10 = 110$$

Die Produktionsrate des Systems beträgt damit:

$$X = 9/110 = 0.08182$$

Die Auslastung einer Station ist gleich dem Produkt aus Produktionsrate und mittlerer Bearbeitungszeit:

$$U_m = X \cdot b = 0.08182 \cdot 10 = 81.82\% \qquad m=1,2,3$$

b) Die tägliche Produktionsrate der Produktionslinie kann durch zeitliche Anpassung verändert werden. In diesem Fall würde die Anlage länger (z.B. 10 anstatt 8 Stunden) oder kürzer eingesetzt. Allerdings muß dann durch ausreichend dimensionierte Lagerbestände vor und hinter der Produktionslinie gesichert sein, daß die Anlage immer mit Material versorgt wird bzw. daß die angrenzenden Produktionsprozesse nicht durch die Betriebsunterbrechungen der Anlage gestört werden.

Eine andere Möglichkeit besteht darin, die Auslastung der Stationen zu erhöhen. Zirkulieren N=9 Werkstückträger im System, dann kommt es zu Auslastungs- und damit Produktionsverlusten in Höhe von (100-81.82)%. Diese

Nutzungsverluste können durch Erhöhung der Anzahl zirkulierender Werkstückträger reduziert werden. Die folgende Tabelle zeigt den Zusammenhang
zwischen der Auslastung, der Produktionsrate und der Anzahl zirkulierender
Werkstückträger. Es wird deutlich, daß in der vorliegenden Situation die Anzahl der Werkstückträger und damit der Bestand an angearbeiteten Werkstücken erheblich gesteigert werden muß, damit ein spürbarer Anstieg der
Ausbringung der Produktionslinie möglich wird. Man erkennt, daß die Produktionsrate eine degressiv ansteigende Funktion der Anzahl Werkstückträger ist.
Die maximale Produktionsrate wird erreicht, wenn die Stationen immer über
einen Arbeitsvorrat an Werkstückträgern verfügen. Sie beträgt dann $1/b = 0.1$
(Kästen mit Leiterplatten)/Minute.

N	Auslastung U	Produktionsrate X
1	0.3333	0.033333
2	0.5000	0.050000
3	0.6000	0.060000
4	0.6667	0.066667
5	0.7143	0.071429
6	0.7500	0.075000
7	0.7778	0.077778
8	0.8000	0.080000
9	0.8182	0.081818
10	0.8333	0.083333
15	0.8824	0.088235
20	0.9091	0.090909

c) Das Simulationsmodell sieht wie folgt aus:

Modelldefinition:

```
BEGIN;
            CREATE:0,NWERK;                  Werkstückträger erzeugen
Neu         Assign:J=0:MARK(AufAnkunft);     Neuer Kreislauf beginnt
            ASSIGN:StatNr=0;

Weiter      ROUTE:0.0,StatNr+1;              Weiter zur nächsten Station

            STATION,1-MaxMaschine;
            ASSIGN:StatNr=M;                 Arbeitselement-Nummer
            ASSIGN:A_Zeit=EXPO(EB(M));       Bearbeitungszeit
WARTEN      QUEUE,M:MARK(A_Wrt);             Warten
            SEIZE:Maschine(M);               Station belegen
            TALLY:M+1,INT(A_Wrt);            Wartezeit erfassen
            DELAY:A_Zeit;                    Bearbeiten
            RELEASE:Maschine(M):            ! Station freigeben
               NEXT(Weiter);

            STATION,Auslief;
            TALLY:1,INT(AufAnkunft):Next(Neu);
END;
```

🖫 Experimenteller Rahmen:

```
BEGIN;
PROJECT,Leiterplatten;
ATTRIBUTES: StatNr:AufAnkunft:A_Zeit:A_Wrt;
VARIABLES:  NWERK,  9:                    ! Anzahl Werkstückträger
            EB(3),  10, 10, 10;           ! Mittelwerte der Bearbeitungszeit
QUEUES:3;
RESOURCES:1-3,Maschine,1;
STATIONS:3,MaxMaschine:Auslief;
TALLIES:DurchlaufZeit:Wrt1:Wrt2:Wrt3;
DSTATS:NR(1):NQ(1):NR(2):NQ(2):NR(3):NQ(3);
REPLICATE,1,0,100000,No,YES,0;
END;
```

📄 Simulationsergebnisse (1 Lauf über 100000 Minuten):

Identifier	Average	Variation	Minimum	Maximum	Observations
DurchlaufZeit	110.28	.29635	21.273	256.67	8154
Wrt1	26.929	1.0258	.00000	174.67	8163
Wrt2	26.491	1.0424	.00000	160.58	8161
Wrt3	26.889	1.0292	.00000	155.40	8155

Identifier	Average	Variation	Minimum	Maximum	Final Value
NR(1)	.81666	.47381	.00000	1.0000	.00000
NQ(1)	2.1982	1.0338	.00000	8.0000	.00000
NR(2)	.81003	.48427	.00000	1.0000	1.0000
NQ(2)	2.1621	1.0473	.00000	8.0000	2.0000
NR(3)	.81713	.47308	.00000	1.0000	1.0000
NQ(3)	2.1959	1.0318	.00000	8.0000	5.0000

Die analytischen Ergebnisse stimmen recht gut mit den Simulationsergebnissen überein. Zur statistischen Absicherung müssen allerdings noch weitere Simulationsläufe durchgeführt werden.

Aufgabe B81.11: Fließproduktionssysteme, Puffer

Bei der Konfigurierung von Fließproduktionssystemen muß auch über die Plazierung und Dimensionierung von Pufferlägern entschieden werden (vgl. z.B. Conway/Maxwell/McClain/Thomas 1988, Baker/Powell/Pyke 1994, sowie Bhatnagar/Chandra 1994).

a) Aus welchen Gründen werden in Produktionslinien Puffer zwischen einzelnen Arbeitsstationen eingerichtet?

b) Würden Sie ein Pufferlager eher vor oder nach einer störungsanfälligen Maschine einrichten?

c) Unter dem *"bowl phenomenon"* (Schüsselphänomen) versteht man die Erkenntnis, daß die sich in der Mitte einer Produktionslinie befindlichen Arbeitsstationen eine größere Kapazitätsreserve (d.h. eine geringere Arbeitslast) aufweisen sollten als die Arbeitsstationen am Beginn bzw. am Ende der Produktionslinie. Wie kann man das "bowl phenomenon" plausibel erklären?

Aufgabe B81.12: Fließproduktionssystem mit beschränktem Puffer

Betrachten Sie ein Fließproduktionssystem mit zwei Stationen. In der ersten Station werden Werkstücke bearbeitet. In der zweiten Station erfolgt die Qualitätskontrolle. Die Bearbeitungszeiten in beiden Stationen sind jeweils mit dem Mittelwert $1/\mu = 1/0.8$ Zeiteinheiten exponentialverteilt. In der ersten Station werden Werkstücke mit exponentialverteilten Abständen (Mittelwert $1/\lambda = 1/0.6$ Zeiteinheiten) angeliefert. Ist die erste Station belegt, dann verlassen sie das System sofort wieder ("lost customers"). Zwischen den Stationen befindet sich kein Platz zur Lagerung von Werkstücken. Daher kann ein in Station 1 bearbeitetes Werkstück diese Station erst dann verlassen, wenn die Station 2 aufnahmebereit ist. Nach Abschluß der Bearbeitung in Station 2 können alle Werkstücke unverzüglich das Fließproduktionssystem verlassen.

a) Welche Zustände kann das Fließproduktionssystem annehmen?

b) Stellen Sie eine Matrix der möglichen Übergänge zwischen den Zuständen mit den jeweiligen Übergangswahrscheinlichkeiten auf. Geben Sie die Übergangswahrscheinlichkeiten zwischen den Zuständen des Systems an zwei sehr nahe beieinander liegenden Zeitpunkten t und t + h an.

c) Ermitteln Sie die Wahrscheinlichkeitsverteilung der Zustände des Systems und leiten Sie daraus die mittlere Produktionsrate sowie die mittlere Höhe des Bestandes an Werkstücken in dem System ab.

Lösung

a) Insgesamt kann das Fließproduktionssystem fünf Zustände annehmen. Jeder Zustand des Systems kann als ein Tupel beschrieben werden, dessen erstes Element den Zustand der Station 1 mit den möglichen Ausprägungen {0 = leer, 1 = arbeitet, b = blockiert} und dessen zweites Element den Zustand der Station 2 mit den möglichen Ausprägungen {0 = leer, 1 = arbeitet} beschreibt. Wir erhalten dann:

Zustand	Station 1	Station 2
(0,0)	leer	leer
(0,1)	leer	arbeitet
(1,0)	arbeitet	leer
(1,1)	arbeitet	arbeitet
(b,1)	blockiert	arbeitet

b) Die Zeitspanne h sei so kurz, daß die Wahrscheinlichkeit dafür, daß mehr als eine Ankunft und/oder eine Fertigstellung eines Werkstücks an einer Station auftreten, vernachlässigbar gering ist. Zur Beschreibung der Zustandsveränderungen des Systems innerhalb des Intervalls h greifen wir auf folgende Wahrscheinlichkeiten zurück:

Ereignis	Wahrscheinlichkeit
Ankunft an Station 1	$\lambda \cdot h$
keine Ankunft an Station 1	$1-\lambda \cdot h$
Bearbeitungsende an Station 1	$\mu \cdot h$
kein Bearbeitungsende an Station 1	$1-\mu \cdot h$
Bearbeitungsende an Station 2	$\mu \cdot h$
kein Bearbeitungsende an Station 2	$1-\mu \cdot h$

Die Matrix der Übergangswahrscheinlichkeiten u_{ij} zwischen den Zeitpunkten t und t + h lautet:

Zustands-änderung	nach (0,0)	(0,1)	(1,0)	(1,1)	(b,1)
von (0,0)	$1-\lambda \cdot h$		$\lambda \cdot h$		
(0,1)	$(1-\lambda \cdot h) \cdot \mu \cdot h$	$(1-\lambda \cdot h) \cdot (1-\mu \cdot h)$	$\lambda \cdot h \cdot \mu \cdot h$	$\lambda \cdot h \cdot (1-\mu \cdot h)$	
(1,0)		$(1-\lambda \cdot h) \cdot \mu \cdot h$	$1-\mu \cdot h$	$\lambda \cdot h \cdot \mu \cdot h$	
(1,1)		$(1-\lambda \cdot h) \cdot \mu \cdot h \cdot \mu \cdot h$	$(1-\mu \cdot h) \cdot \mu \cdot h$	$(1-\mu \cdot h) \cdot (1-\mu \cdot h)$	$\mu \cdot h \cdot (1-\mu \cdot h)$
(b,1)		$(1-\lambda \cdot h) \cdot \mu \cdot h$		$\lambda \cdot h \cdot \mu \cdot h$	$(1-\mu \cdot h)$

Die Übergangswahrscheinlichkeiten ergeben sich aus der Analyse des jeweiligen Ausgangszustands zum Zeitpunkt t und des jeweiligen Zustands zum Zeitpunkt t + h. Betrachten wir z.B. den Übergang von (1,1) nach (b,1), d.h. daß Station 1 die Bearbeitung eines Werkstücks abschließt und in den Zustand "blockiert" übergeht. Die Wahrscheinlichkeit dafür, daß Station 1 im Zeitraum h mit der Bearbeitung fertig wird, beträgt $\mu \cdot h$. Da dieser Übergang nur möglich ist, wenn Station 2 weiterhin beschäftigt bleibt und dort somit keine Zustandsveränderung eintritt, erhalten wir als Übergangswahrscheinlichkeit $\mu \cdot h \cdot (1-\mu \cdot h)$. Die Übergangswahrscheinlichkeit vom Zustand (0,1) zum Zustand (0,0) ergibt sich aus der Wahrscheinlichkeit dafür, daß die (beschäftigte) Station 1 im Zeitraum h die Bearbeitung eines Werkstücks abschließt, $\mu \cdot h$, und der Wahrscheinlichkeit dafür, daß in dieser Zeitspanne kein neues Werkstück an der (unbeschäftigen) Station 1 eintrifft, $1-\lambda \cdot h$.

c) Zur Bestimmung der Zustandswahrscheinlichkeiten zum Zeitpunkt t + h, $p_j(t+h)$ [j = (0,0),...,(b,1)], gewichtet man die Wahrscheinlichkeiten aller Zustände zum Zeitpunkt t, $p_i(t)$ [i = (0,0),...,(b,1)], die zum Zustand $p_j(t+h)$ im Zeitpunkt t + h führen können, mit den jeweiligen Übergangswahrscheinlichkeiten u_{ij} und bildet die Summe. Bei n möglichen Zuständen erhält man dann n Gleichungen der folgenden Form:

$$p_j(t+h) = u_{1j} \cdot p_1(t) + u_{2j} \cdot p_2(t) + \ldots + u_{nj} \cdot p_n(t)$$

Für die Wahrscheinlichkeit des Zustandes (0,1) erhält man z.B.:

$$p_{(0,1)}(t+h) = (1-\lambda \cdot h) \cdot (1-\mu \cdot h) \cdot p_{(0,1)}(t) + (1-\lambda \cdot h) \cdot \mu \cdot h \cdot p_{(1,0)}(t)$$
$$+ (1-\lambda \cdot h) \cdot \mu \cdot h \cdot \mu \cdot h \cdot p_{(1,1)}(t) + (1-\lambda \cdot h) \cdot \mu \cdot h \cdot p_{(b,1)}(t)$$

Nach Ausmultiplizieren und Vernachlässigung aller h^2-Terme ergibt sich:

$$p_{(0,1)}(t+h) = (1-\mu \cdot h-\lambda \cdot h) \cdot p_{(0,1)}(t) + \mu \cdot h \cdot p_{(1,0)}(t) + \mu \cdot h \cdot p_{(b,1)}(t)$$

oder

$$p_{(0,1)}(t+h) = p_{(0,1)}(t) - (\mu \cdot h+\lambda \cdot h) \cdot p_{(0,1)}(t) + \mu \cdot h \cdot p_{(1,0)}(t)$$
$$+ \mu \cdot h \cdot p_{(b,1)}(t)$$

Durch Umformung erhält man:

$$\frac{p_{(0,1)}(t+h) - p_{(0,1)}(t)}{h} = -(\mu+\lambda) \cdot p_{(0,1)}(t) + \mu \cdot p_{(1,0)}(t) + \mu \cdot p_{(b,1)}(t)$$

Die stationären Zustandswahrscheinlichkeiten π_j erhält man durch Betrachtung des Grenzübergangs $h \to 0$ und $t \to \infty$. Für $t \to \infty$ strebt dieser Differenzenquotient gegen Null (Siehe hierzu Neumann/Morlock 1993, Kap. 5.3.2, sowie Papadopoulos/Heavey/Browne 1993, S. 55f.). Damit entsteht folgendes Gleichungssystem:

$$-\lambda \cdot \pi_{(0,0)} + \mu \cdot \pi_{(0,1)} \qquad\qquad = 0$$
$$-(\lambda+\mu) \cdot \pi_{(0,1)} + \mu \cdot \pi_{(1,0)} + \mu \cdot \pi_{(b,1)} = 0$$
$$\lambda \cdot \pi_{(0,0)} - \mu \cdot \pi_{(1,0)} + \mu \cdot \pi_{(1,1)} \qquad = 0$$
$$\lambda \cdot \pi_{(0,1)} - (\mu+\mu) \cdot \pi_{(1,1)} \qquad\qquad = 0$$
$$-\mu \cdot \pi_{(b,1)} + \mu \cdot \pi_{(1,1)} \qquad\qquad = 0$$

Da sich alle Wahrscheinlichkeiten zu Eins summieren müssen, wird die letzte Gleichung durch

$$1 \cdot \pi_{(0,0)} + 1 \cdot \pi_{(0,1)} + 1 \cdot \pi_{(1,0)} + 1 \cdot \pi_{(1,1)} + 1 \cdot \pi_{(b,1)} = 1$$

ersetzt.

Setzt man nun $\lambda=0.6$ und $\mu=0.8$ und löst dieses Gleichungssystem, dann erhält man folgende Zustandswahrscheinlichkeiten:

$$\pi(0,0) = 0.299$$
$$\pi(0,1) = 0.224$$
$$\pi(1,0) - 0.308$$
$$\pi(1,1) = 0.084$$
$$\pi(b,1) = 0.084$$

Zur Ermittlung des Bestandes multiplizieren wir die stationären Zustandswahrscheinlichkeiten mit den jeweiligen Anzahlen von Werkstücken im System:

```
Bestand = 1·0.224 + 1·0.308 + 2·0.084 + 2·0.084 = 0.868
```

Es wird angenommen, daß eintreffende Werkstücke, mit deren Bearbeitung nicht sofort begonnen wird, das System wieder verlassen. Alle anderen Werkstücke durchlaufen das System. Die Produktionsrate erhält man daher durch Multiplikation der Ankunftsrate λ mit der Wahrscheinlichkeit dafür, daß ein ankommendes Werkstück auf eine unbeschäftigte Station 1 getroffen ist:

```
Produktionsrate = 0.6·(0.299+0.224) = 0.314
```

Alternativ kann man die Produktionsrate auch ermitteln, indem man die Bedienungsrate der Station 2 mit der Wahrscheinlichkeit dafür multipliziert, daß sich an Station 2 ein Werkstück befindet:

```
Produktionsrate = 0.8·(0.224+0.084+0.084) = 0.314
```

Aufgabe B81.13: Fließproduktionssystem mit beschränkten Puffern

Für die Montage eines Spielzeugautos wurde mit Hilfe eines Verfahrens zur deterministischen Leistungsabstimmung ein Fließproduktionssystem mit vier Stationen (Handarbeitsplätze) konfiguriert. Die Leistungsabstimmung ist so gut gelungen, daß alle Stationen dieselbe Arbeitslast von einer Zeiteinheit haben. Allerdings muß davon ausgegangen werden, daß die Stationszeiten erheblichen stochastischen Einflüssen unterliegen. Man nimmt an, die Stationszeiten seien exponentialverteilt. Zwischen den Stationen ist (zunächst) kein Puffer vorgesehen.

a) Bestimmen Sie die maximale Produktionsrate des Fließproduktionssystems unter der Annahme, daß die erste Station immer Material zur Verfügung hat ("never starved") und daß hinter der letzten Station genügend Platz zur Lagerung der fertig montierten Erzeugnisse vorhanden ist ("never blocked"). Verwenden Sie für Ihre Berechnungen das Completion-Time-Konzept in der Version von Buzacott/Shanthikumar (1993, S. 200).

b) Nehmen Sie an, es könnte aus Platzgründen nur *ein* zusätzlicher Pufferplatz in das Fließproduktionssystem eingefügt werden. Wo würden Sie diesen Puffer plazieren? Welche Auswirkungen hat der Pufferplatz auf die Produktionsrate?

Lösung

a) Unter den angenommenen stochastischen Bedingungen können die Phänomene des Materialmangels (starving) und der Blockierung (blocking) auftreten. Nach dem Completion-Time-Konzept analysiert man die einzelnen Stationen des Fließproduktionssystems mit Hilfe eines geeigneten einstufigen Warteschlangenmodells und versucht dabei, die genannten leistungsmindernden Effekte, die durch Interaktionen zwischen benachbarten Stationen entstehen, durch Zeitzuschläge mit in die Stationszeiten einzubeziehen. Dabei kann man die Stationen des Fließproduktionssystems aus zwei Perspektiven betrachten:

- Man kann einmal annehmen, daß an einer Station keine Blockierung auftritt. Mögliche Zustände der Station sind dann {unbeschäftigt aufgrund von Materialmangel, beschäftigt}. In diesem Fall kann man sich fragen: In welchem Umfang beeinträchtigt Materialmangel die Leistung der Station?

- Man kann andererseits annehmen, an der Station tritt kein Materialmangel auf. Mögliche Zustände der Station sind dann {beschäftigt, blockiert}. In diesem Fall kann man sich fragen: Wie stark beeinträchtigt Blockierung die Leistung der Station?

Nehmen wir zunächst an, daß *keine Blockierung* auftritt. Wenn wir die Abstände zwischen den Fertigstellungszeitpunkten aufeinanderfolgender Werkstücke messen, dann beinhaltet ein solches Intervall die Bedienungszeit des Werkstücks und u.U. die Leerzeit, während der die Station auf den Materialnachschub warten mußte (Blockierung ist ja ausgeschlossen). Bezeichnen wir mit $1/\mu_{um}$ (u wie upstream, stromaufwärts) den mittleren zeitlichen Abstand zwischen der Fertigstellung zweier Werkstücke an der Station m (d.h. stationsbezogene Zwischenabgangszeit zwischen Werkstücken ohne Blockierung, aber einschließlich des Leerzeitanteils der Station), und bezeichnen wir die Wahrscheinlichkeit dafür, daß Station m leer läuft, mit P_{Sm}, dann erhalten wir:

$$\frac{1}{\mu_{um}} = \frac{1}{\mu_m} + \frac{1}{\mu_{u,m-1}} \cdot P_{Sm} \qquad m=2,\ldots,M$$

Da Station 1 immer beschäftigt ist (es tritt keine Leerzeit auf, never starved), gilt:

$$\frac{1}{\mu_{u1}} = \frac{1}{\mu_1}$$

Die Größe $\mu_{u,m-1}$ kann als mittlere Zugangsrate von Werkstücken an der Station m aufgefaßt werden. Da wir von exponentialverteilten Bearbeitungszeiten ausgehen, können wir zur Ermittlung der Wahrscheinlichkeit P_{Sm} auf das $(M/M/1):(GD/N_{max}/\infty)$-Warteschlangenmodell zurückgreifen. Es gilt:

$$P_{Sm} = \frac{(1-\rho)}{1-\rho^{N_{max,m}+1}}, \ \rho \neq 1; \ P_{Sm} = \frac{1}{N_{max,m}+1}, \ \rho = 1$$

Die Größe $N_{max,m}$ ist die maximale Anzahl von Werkstücken an der Station m, einschließlich des Werkstücks, das gerade bearbeitet wird. Im Beispiel kann sich immer nur ein Werkstück, nämlich das gerade bearbeitete, an einer Station befinden, d.h. $N_{max,m}=1$ (m = 1,2,...,4). Wir können nun in einer *Vorwärtsrechnung* die um den Materialmangelzuschlag modifizierten Zugangsraten an den Stationen ermitteln.

Zur Bestimmung der Wahrscheinlichkeiten für das Auftreten von Materialmangel setzen wir als Bedienungsraten der Stationen zunächst jeweils die ursprünglichen Bedienungsraten μ_m ein. Diese sind wegen der Vernachlässigung der Blockierung zunächst noch zu hoch. Sie werden im Verlaufe der weiteren Rechnungen sinken. Ist aber die Bedienungsrate einer Station m zu hoch, dann wird die Wahrscheinlichkeit P_{Sm}, daß die Station m leer läuft, überschätzt. Das wiederum bedeutet, daß die Größe $1/\mu_{um}$ (μ_{um}) im Verlauf der weiteren Berechnungen kleiner (größer) wird.

Die jeweils verwendeten mittleren Bedienungszeiten bezeichnen wir im Vorgriff auf die nachfolgenden Rechnungen mit $1/\mu_{dm}$ (d wie downstream, stromabwärts). Wir erhalten nun folgende Zwischenergebnisse:

Iteration 1:

```
Vorwärtsrechnung:
Berechnung der Zugangsraten bei gegebenen Bearbeitungsraten

m=1

Station 1 ist niemals unbeschäftigt (starved)!

Zugangsrate an Station 2: μ   (einschl. Starving-Anteil) = 1.0000
                            u1
m=2

P{Station 2 ist leer}:

P  [μ  , μ  , N     ] = P  [1.0000, 1.0000, 1] = 0.50000
 S2 u1  d2  max,2       S2

Zugangsrate an Station 3: μ   (einschl. Starving-Anteil) = 0.6667
                            u2
m=3

P{Station 3 ist leer}:

P  [μ  , μ  , N     ] = P  [0.6667, 1.0000, 1] = 0.60000
 S3 u2  d3  max,3       S3

Zugangsrate an Station 4: μ   (einschl. Starving-Anteil) = 0.5263
                            u3
```

Jetzt nehmen wir an, daß *kein Materialmangel* auftritt. Aber es kann Blockierung an der Station m auftreten. Um diese zu erfassen, müssen wir die Station m und ihre Nachfolgerstation m+1 betrachten. Wir bezeichnen mit $1/\mu_{dm}$ den mittleren zeitlichen Abstand zwischen der Fertigstellung zweier Werkstücke an der Station m (d.h. stationsbezogene Belegungsdauer einschließlich des Blokkierzeitanteils der Station). Multipliziert man diese Zeitspanne mit der Wahrscheinlichkeit $P_{B,m+1}$ dafür, daß die Nachfolgestation voll ist und daß demzufolge die Station m blockiert wird, dann erhält man einen Blockierzeitzuschlag, der der mittleren Blockierdauer pro Werkstück entspricht, und den man zu der ursprünglichen, unmodifizierten Bedienungszeit an Station m addiert. Wir können also schreiben:

$$\frac{1}{\mu_{dm}} = \frac{1}{\mu_m} + \frac{1}{\mu_{d,m+1}} \cdot P_{B,m+1} \qquad\qquad m=1,2,\dots,M-1$$

Da die letzte Station M niemals blockiert sein kann, gilt:

$$\frac{1}{\mu_{dM}} = \frac{1}{\mu_M}$$

Unter der Annahme exponentialverteilter Bearbeitungszeiten beträgt die Blockierwahrscheinlichkeit nach dem $(M/M/1):(GD/N_{max}/\infty)$-Warteschlangenmodell:

$$P_{Bm} = \frac{(1-\rho) \cdot \rho^{N_{max,m}}}{1-\rho^{N_{max,m}+1}}, \; \rho \neq 1; \; P_{Sm} = \frac{1}{N_{max,m}+1}, \; \rho = 1$$

Damit können wir wie folgt mit einer Rückwärtsrechnung fortfahren:

```
Rückwärtsrechnung:
Berechnung der Bedienungsraten bei gegebenen Zugangsraten

m=4

Station 4 ist niemals blockiert (blocked)!

Bedienungsrate der Station 4: μd4 (einschl. Blocking-Anteil) = 1.0000

m=3

P{Station 3 wird durch Station 4 blockiert}:

PB4[μu3, μd4, Nmax,4] = PB4[0.5263, 1.0000, 1] = 0.34483

Bedienungsrate der Station 3: μd3 (einschl. Blocking-Anteil) = 0.7436

m=2

P{Station 2 wird durch Station 3 blockiert}:

PB3[μu2, μd3, Nmax,3] = PB3[0.6667, 0.7436, 1] = 0.47273

Bedienungsrate der Station 2: μd2 (einschl. Blocking-Anteil) = 0.6113

m=1

P{Station 1 wird durch Station 2 blockiert}:

PB2[μu1, μd2, Nmax,2] = PB2[1.0000, 0.6113, 1]  = 0.62060

Bedienungsrate der Station 1: μd1 (einschl. Blockierungs-Anteil) = 0.4962
```

Die Produktionsrate des Fließproduktionssystems kann bestimmt werden, indem man die Wahrscheinlichkeit dafür, daß die *erste Station* nicht blockiert ist und demzufolge arbeitet, mit der Bedienungsrate dieser Station multipliziert. Nehmen wir an, daß die Blockierung erst nach Abschluß der Bearbeitung an Station 1 beginnt ("blocking after service"), dann erhalten wir als Produktionsrate der Station 1:

$$X_1 = \mu_1 \cdot [1-P_{B2}(\mu_{u1}, \mu_{d2}, N_{max,2}+1)]$$
$$= 1 \cdot [1-P_{B2}(1.0000, 0.6113, 2)] = 1 \cdot (1-0.50376) = 0.49624$$

Andererseits kann die Produktionsrate auch durch Betrachtung der *letzten Station* M ermittelt werden. Station M ist niemals blockiert, leidet aber manchmal unter Materialmangel. Es gilt:

$$X_M = \mu_M \cdot [1-P_{SM}(\mu_{u,m-1}, \mu_M, N_{max,M}+1)]$$
$$= 1 \cdot [1-P_{SM}(0.5263, 1.0000, 2)] = 1 \cdot (1-0.55453) = 0.44547$$

Da in dem Fließproduktionssystem keine Werkstücke verlorengehen und keine Werkstücke hinzukommen, müssen diese beiden Produktionsraten offensichtlich identisch sein. Im vorliegenden Stadium der Berechungen liegen sie noch weit auseinander. Man führt daher eine weitere Iteration unter Berücksichtigung der aktualisierten μ_{dm}- und μ_{um}-Werte durch, bis die beiden Produktionsraten X_1 und X_M ausreichend nahe beieinander liegen. Wir wollen aus Platzgründen nur noch die Vorwärtsrechnung der zweiten Iteration angeben:

Iteration 2:

Vorwärtsrechnung:
Berechnung der Zugangsraten bei gegebenen Bearbeitungsraten

m=1

Station 1 ist niemals unbeschäftigt (starved)!

Zugangsrate an Station 2: μ_{u1} (einschl. Starving-Anteil) = 1.0000

m=2

P{Station 2 ist leer}:

$P_{S2}[\mu_{u1}, \mu_{d2}, N_{max,2}] = P_{S2}[1.0000, \underline{0.6113}, 1] = 0.37940$

Zugangsrate an Station 3: μ_{u2} (einschl. Starving-Anteil) = 0.7250

m=3

P{Station 3 ist leer}:

$P_{S3}[\mu_{u2}, \mu_{d3}, N_{max,3}] = P_{S3}[0.7250, \underline{0.7436}, 1] = 0.50635$

Zugangsrate an Station 4: μ_{u3} (einschl. Starving-Anteil) = 0.5888

Nach fünf Iterationen erhalten wir $X_1 = X_M = 0.48581$. Im Vergleich zur deterministischen Situation ist die Produktionsrate des Fließproduktionssystems auf weniger als die Hälfte gesunken.

Das beschriebene Completion-Time-Konzept kann auch eingesetzt werden, wenn die Bearbeitungszeiten an den Stationen nicht exponentialverteilt, sondern allgemein verteilt sind (z.B. bei Störungen). Ein geeignetes Verfahren für diesen Fall ist bei Buzacott/Shanthikumar (1993, Abschnitt 5.4) beschrieben. Hervorzuheben ist, daß das Completion-Time-Konzept auch dann einsetzbar ist, wenn die vorhergehende Leistungsabstimmung nicht zu einer perfekten

Ausbalancierung der Arbeitsbelastungen an den Stationen geführt hat (unterschiedliche Bearbeitungszeiten der Werkstücke).

b) Der einzufügende Puffer kann alternativ vor den Stationen 2, 3 und 4 plaziert werden. Durch den Puffer wird das Fließproduktionssystem in zwei Segmente zerlegt, die möglichst gleich leistungsfähig sein sollten. Dies kann man erreichen, wenn man den Puffer vor der Station 3 plaziert. Die Produktionsrate beträgt dann 0.53376. Dies entspricht einem Anstieg von ca. 10%. Fügt man den Pufferplatz vor die Stationen 2 oder 4 ein, dann ergibt sich eine Produktionsrate von nur 0.51840.

Aufgabe B81.14: Arbeitsverteilung, bowl phenomenon

Betrachten Sie ein Fließproduktionssystem mit fünf Stationen. Die Gesamtbearbeitungszeit (Summe der Elementzeiten aller Arbeitselemente) beträgt fünf Zeiteinheiten. Zwischen den Stationen sind keine Puffer vorgesehen. Die Stationszeiten sind exponentialverteilt. Verwenden Sie den in Aufgabe B81.13 beschriebenen Algorithmus, um für unterschiedliche Verteilungen der Arbeitsbelastung auf die Stationen das "bowl phenomenon" (siehe auch Aufgabe B81.11) nachzuweisen.

Lösung

Um das "bowl phenomenon" nachzuweisen, gehen wir zunächst von einer gleichmäßigen Verteilung der Arbeitszeit auf die Stationen aus. Dies entspricht dem Ergebnis einer perfekten Leistungsabstimmung unter deterministischen Verhältnissen. In weiteren Rechenschritten verschieben wir einzelne Arbeitselemente von den mittleren Stationen an den Rand des Fließproduktionssystems, wobei die Summe der Stationszeiten mit fünf Zeiteinheiten konstant gehalten wird. Die folgende Tabelle stellt die untersuchten Arbeitsverteilungen und die jeweils ermittelten Produktionsraten des Systems im Überblick dar.

| | Stationszeit der Station | | | | Produktionsrate |
1	2	3	4	5	X
1	1	1	1	1	0.449159
1.1	1	0.8	1	1.1	0.457145
1.2	0.9	0.8	0.9	1.2	0.461944
1.3	0.9	0.6	0.9	1.3	0.464910
1.3	0.8	0.8	0.8	1.3	0.465055

Die Ergebnisse der Berechnungen sind in Abb. B81.18 veranschaulicht. Man erkennt deutlich, daß unter stochastischen Bedingungen ein Abweichen von der in der deterministischen Leistungsabstimmung üblicherweise angestrebten gleichmäßigen Arbeitsverteilung der Stationen vorteilhaft ist. Daraus ergibt

sich die Notwendigkeit, stochastische Aspekte bereits während der Leistungsabstimmung zu berücksichtigen.

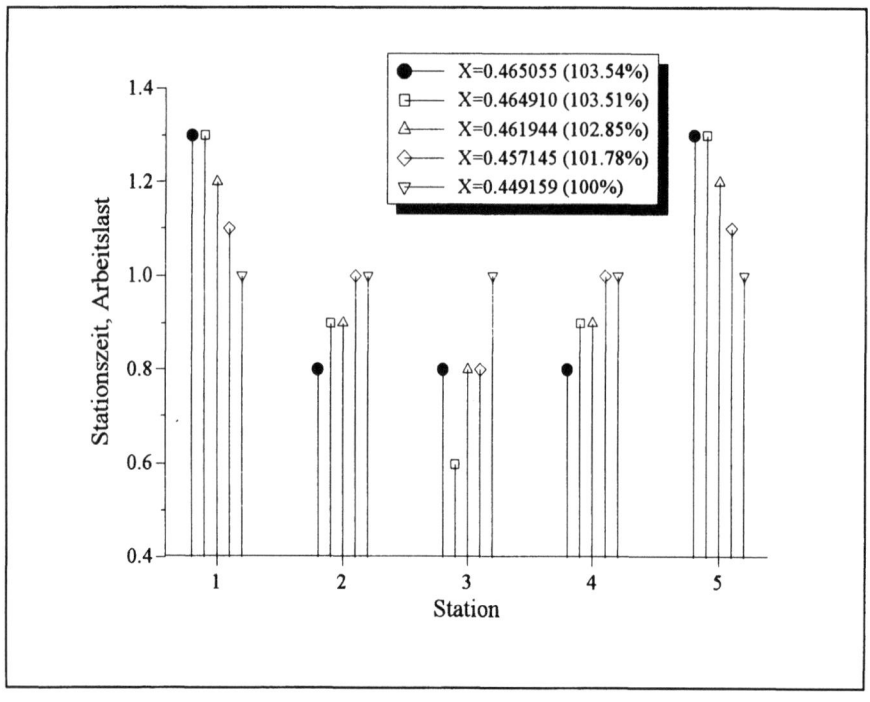

*Abb. B81.18: Produktionsrate des Fließproduktionssystems bei unterschiedlichen
Arbeitsverteilungen*

Literaturhinweise

Askin/Standridge (1993)
Buzacott/Shanthikumar (1993)
Chow (1990)
Domschke/Scholl/Voß (1993)
Hahn/Laßmann (1993)
Küpper/Helber (1995)
Papadopoulos/Heavey/Browne (1993)
Taha (1992)
Tempelmeier (1994 und 1995b)
Tijms (1994)
Viswanadham/Narahari (1992)

8.2 Zentrenproduktion

Die Zentrenproduktion zeichnet sich durch zwei wesentliche Merkmale aus. Zum einen wird eine bestimmte eng umgrenzte Menge von Erzeugnisvarianten zu einer Erzeugnisfamilie zusammengefaßt. Zum anderen werden unterschiedliche Typen von Arbeitssystemen, die zur Produktion der Erzeugnisfamilie benötigt werden, räumlich und organisatorisch gruppiert. Automatisierte Produktionszentren werden als flexible Fertigungssysteme (FFS), nicht-automatisierte als Produktionsinseln bezeichnet.

Übungsaufgaben

Aufgabe B82.1: Flexible Fertigungssysteme

Flexible Fertigungssysteme sollen dazu beitragen, ein variantenreiches Produktionsprogramm mit wechselnden Produktionszahlen zu bewältigen. Hochautomatisierte Produktionstechnik, umfassender Computereinsatz und automatisiertes Materialhandling sind wesentliche Kennzeichen flexibler Fertigungssysteme. Durch den engen Systemverbund stellen sich zahlreiche neue, in der konventionellen Produktion bisher unbekannte Planungsprobleme (vgl. Tempelmeier/Kuhn 1993).

a) Aus welchen Elementen besteht ein flexibles Fertigungssystem? Wie wirken diese Elemente zusammen?

b) Wie erklären Sie sich die praktischen Schwierigkeiten, denen viele Unternehmungen bei der Einführung flexibler Fertigungssysteme ausgesetzt sind?

c) Welche Entscheidungsprobleme stellen sich bei der Konfigurierung flexibler Fertigungssysteme?

d) Welche Planungs- und Steuerungsprobleme stellen sich beim Betrieb flexibler Fertigungssysteme?

Aufgabe B82.2: Konfigurierung eines flexiblen Fertigungssystems

Ein Vertriebsingenieur, der bei einem bekannten Hersteller von flexiblen Fertigungssystemen (FFS) beschäftigt ist, erhält eine Anfrage von einer Unternehmung mit der Bitte, für ein gegebenes Produktspektrum ein Angebot für ein FFS zu unterbreiten. Die mittlere Produktionsrate des FFS soll drei Stück pro 100 Minuten betragen. Außer einem fahrerlosen Transportsystem (FTS) soll das FFS drei Maschinentypen umfassen (Spannplatz, Fräsmaschine, Waschmaschine). Jedes Werkstück durchläuft durchschnittlich acht Arbeitsgänge in dem FFS. Die aus den Arbeitsplänen abgeleiteten mittleren Ankunftshäufigkeiten

p_m und die mittleren Bearbeitungszeiten b_m an den Stationen sind der folgenden Tabelle zu entnehmen:

Station m	1	2	3	4 (FTS)
b_m	9.00	12.00	6.00	0.10
p_m	0.30	0.15	0.55	1.00

a) Berechnen Sie die Leistungskenngrößen des FFS, wenn für jeden Maschinentyp nur eine Maschine vorgesehen ist, mit Hilfe des klassischen CQN-Modells. Verwenden Sie das Verfahren von Buzen zur Berechnung der Normalisierungskonstanten. Wie viele Paletten müssen in dem FFS mindestens zirkulieren, damit die gewünschte Produktionsrate erreicht wird.

b) Setzen Sie die exakte Mittelwertanalyse (MVA) zur Berechnung der Leistungskenngrößen des FFS ein.

c) Analysieren Sie das FFS mit Hilfe der statischen, engpaßorientierten Betrachtung.

Lösung

a) Zunächst werden die mittleren Arbeitsbelastungen der Stationen, $w_m = b_m \cdot p_m$ ermittelt.

Station m	1	2	3	4 (FTS)
w_m	2.70	1.80	3.30	0.10

Im Anschluß daran folgt die Berechnung der Normalisierungskonstanten:

n/m	1	2	3	4
0	1.00	1.00	1.00	1.00
1	2.70	4.50	7.80	7.90
2	7.29	15.39	41.13	41.92
3	19.68	47.39	183.11	187.31
4	53.14	138.44	742.71	761.44
5	143.49	392.68	2843.63	2919.77
6	387.42	1094.24	10478.22	10770.19

Aus der letzten Spalte der obigen Tabelle kann nun die Produktionsrate des Transportsystems (FTS) abgeleitet werden. Für N=6 Paletten im FFS erhalten wir folgende Ergebnisse.

```
Produktionsrate des FTS = 2919.77/10770.19 = 0.271098 Werkstücke/Minute
Produktionsrate des FFS = 0.271098/8 = 0.0338873 Werkstücke/Minute
mittlere Durchlaufzeit = 6/0.0338873 = 177.06 Minuten/Werkstück
```

Die stationsbezogenen Produktionsraten X_m und Auslastungen U_m betragen:

Station m	1	2	3	4 (FTS)
X_m	0.081329	0.040665	0.149104	0.271098
U_m	73.2%	48.8%	89.5%	2.7%

b) Die Ergebnisse der exakten Mittelwertanalyse (MVA) für einen Palettentyp (Universalpaletten) sind in der folgenden Tabelle zusammengefaßt:

N	m	1	2	3	4	Summe
0	Q_m	0.00	0.00	0.00	0.00	
1	D_m	9	12	6	0.1	7.90
	X_m	0.037975	0.018987	0.069620	0.126582	
	Q_m	0.342	0.228	0.418	0.013	
	U_m	0.342	0.228	0.418	0.013	
2	D_m	12.08	14.73	8.51	0.10	10.61
	X_m	0.056536	0.028268	0.103650	0.188454	
	Q_m	0.683	0.417	0.882	0.019	
	U_m	0.509	0.339	0.622	0.019	
3	D_m	15.14	17.00	11.29	0.10	13.40
	X_m	0.067141	0.033571	0.123093	0.223805	
	Q_m	1.017	0.571	1.390	0.023	
	U_m	0.604	0.403	0.739	0.022	
4	D_m	18.15	18.85	14.34	0.10	16.26
	X_m	0.073796	0.036898	0.135293	0.245988	
	Q_m	1.340	0.695	1.940	0.025	
	U_m	0.664	0.443	0.812	0.025	
5	D_m	21.06	20.35	17.64	0.10	19.17
	X_m	0.078237	0.039118	0.143434	0.260789	
	Q_m	1.647	0.796	2.530	0.027	
	U_m	0.704	0.469	0.861	0.026	
6	D_m	23.83	21.55	21.18	0.10	22.13
	X_m	0.081329	0.040665	0.149104	0.271098	
	Q_m	1.938	0.876	3.158	0.028	
	U_m	0.732	0.488	0.895	0.027	

Die Ergebnisse stimmen (selbstverständlich!) mit den Ergebnissen überein, die mit Hilfe der Normalisierungskonstanten ermittelt wurden.

c) Bei der statischen, engpaßorientierten Betrachtung wird zunächst die Engpaßstation des FFS bestimmt. Dies ist die Station mit der größten Arbeitsbelastung pro Maschine, d.h. Station 3 ($w_3 = 3.3$). Die maximale Produktionsrate der Engpaßstation ist gleich der Anzahl Maschinen S_e ($=1$) dividiert durch die mittlere Bearbeitungszeit b_e ($=6$):

$$X_e^{max} = S_e/b_e = 1/6 = 0.166667$$

Die Produktionsraten X_m der anderen Stationen ergeben sich dann wie folgt:

$$X_m = p_m/p_e \cdot X_e^{max}$$

Sie sind zusammen mit den Auslastungen U_m in der folgenden Tabelle wiedergegeben.

Station m	1	2	3	4 (FTS)
X_m	0.0909091	0.0454545	0.1666667	0.3030303
U_m	81.8%	54.5%	100.0%	3.0%

Vergleichen wir die Ergebnisse der statischen Engpaßbetrachtung mit den Ergebnissen auf der Grundlage des klassischen CQN-Modells, dann stellen wir fest, daß das statische Modell die Leistung des FFS um ca. 10% überschätzt.

Aufgabe B82.3: Ressourcen- und Arbeitsplanoptimierung für ein flexibles Fertigungssystem

Eine Unternehmung plant die Anschaffung eines flexiblen Fertigungssystems zur Bearbeitung einer Teilefamilie. In dem FFS sollen zwei Produktarten produziert werden. Die Analyse der Produktionsprozesse hat ergeben, daß verschiedene Bearbeitungszentren (BAZ), Drehmaschinen (DREH), Fahrzeuge (FTS) und Spannplätze (SPANN) benötigt werden. Aufgrund der Flexibilität der Ressourcen wurden für jede Produktart mehrere Arbeitspläne definiert, die sich durch unterschiedliche Belastungen der Ressourcen auszeichnen. Die Arbeitsbelastungen w_{kmr} der Ressourcentypen m durch die Arbeitspläne r der Produktarten k sind in der folgenden Tabelle wiedergegeben.

k	r	SPANN	BAZ-1	BAZ-2	DREH-1	DREH-2	FTS
1	1	10	15	10		10	8
	2	10	10		10		6
2	1	5	5	6		10	8
	2	5	6	5	10	2	8
	3	5	4	12	8	2	10

Die mittlere Produktionsrate des FFS soll $X_{min} = 0.4$ Stück pro Minute betragen, wobei für jede Produktart ein Produktionsmengenanteil von 50% vorgesehen ist. Die Fixkosten C_m der einzelnen Ressourcentypen betragen:

SPANN	BAZ-1	BAZ-2	DREH-1	DREH-2	FTS
200	2000	1800	1300	1500	150

Die variablen Produktionskosten CO_{kr} einer Produktart k an einer Ressource sind für alle Arbeitspläne r gleich Null.

a) Formulieren Sie ein Modell zur Ressourcen- und Arbeitsplanoptimierung unter der Annahme, daß die Anzahl Paletten so groß ist, daß die Engpaßstation des FFS immer zu 100% ausgelastet sein wird (vgl. Tempelmeier/Kuhn 1993, S. 361). Berücksichtigen Sie in der Modellformulierung auch die variablen Produktionskosten.

b) Implementieren und lösen Sie das Modell mit Hilfe von AMPL.

Lösung

a) Zur Formulierung des Entscheidungsmodells verwenden wir folgende Symbole:

Daten:

C_m	Fixkosten einer Ressource (Maschine, Spannplatz, Transportwagen, etc.) an Station m
CO_{kr}	variable Produktionskosten, die entstehen, wenn Produktart k nach Arbeitsplan r produziert wird
k	Index der Produktarten (k = 1,2,...,K)
m	Index der Stationen (m = 1,2,...,M)
r	Index der Arbeitspläne (r = 1,2,...,R)
R_k	Anzahl Arbeitspläne für Produktart k
w_{kmr}	Arbeitsbelastung der Station m durch den Arbeitsplan r der Produktart k
X_{min}	Mindestproduktionsrate des FFS
α_k	Produktionsmengenanteil der Produktart k

Entscheidungsvariablen:

S_m	Anzahl der Maschinen, Spannplätze, Transportfahrzeuge etc. an Station m
x_{kr}	Produktionsmenge der Produktart k, die nach dem Arbeitsplan r produziert wird

Das Entscheidungsproblem kann wie folgt beschrieben werden:

Minimiere

$$\sum_{m=1}^{M} C_m \cdot S_m + \sum_{k=1}^{K} \sum_{r=1}^{R_k} CO_{kr} \cdot x_{kr}$$

unter den Nebenbedingungen

Kapazität einer Station

$$\sum_{k=1}^{K} \sum_{r=1}^{R_k} x_{kr} \cdot w_{kmr} \leq S_m \qquad\qquad m=1,2,\ldots,M$$

Produktionsmengenanteile der Produktarten

$$\sum_{r=1}^{R_k} x_{kr} = \alpha_k \cdot \sum_{l=1}^{K} \sum_{r=1}^{R_k} x_{lr} \qquad\qquad k=1,2,\ldots,K$$

Produktionsrate

$$\sum_{k=1}^{K} \sum_{r=1}^{R_k} x_{kr} \geq X_{min}$$

$$x_{kr} \geq 0 \qquad\qquad k=1,2,\ldots,K;\ r=1,2,\ldots,R_k$$

Nichtnegativität und Ganzzahligkeit

$$S_m \geq 0 \text{ und ganzzahlig} \qquad\qquad m=1,2,\ldots,M$$

b) Das entsprechende AMPL-Modell lautet:

🖫 **Modelldefinition:**

```
set STAT;
set PROD;
set ROUT {PROD};
param wkmr {k in PROD, m in STAT, r in ROUT[k]} >= 0;
param Alpha {PROD} >= 0;
param FixKosten {STAT} >= 0;
param VarKosten {k in PROD, r in ROUT[k]} >= 0;
param Xmin >= 0;
var X {k in PROD, r in ROUT[k]} >= 0;
var Server {STAT} >= 0 integer;

minimize Ziel_Funktion:
    sum {k in PROD, r in ROUT[k]} VarKosten [k,r] * X[k,r]
  + sum {m in STAT} FixKosten[m] * Server[m];

subject to Kapazitaet {m in STAT}:
    sum {k in PROD, r in ROUT[k]} X[k,r]*wkmr[k,m,r] <= Server[m];

subject to Aufteilung {k in PROD}:
    sum {r in ROUT[k]} X[k,r] = Alpha[k] *
                          sum {l in PROD, r in ROUT[l]} [l,r];

subject to Gesamt_Produktion:
    sum {k in PROD, r in ROUT[k]} X[k,r] >= Xmin;
```

🖫 **Problemdaten:**

```
set STAT := 1 2 3 4 5 6 ;
set PROD := 1 2 ;
set ROUT[1] := 1 2 ;
set ROUT[2] := 3 4 5 ;
param FixKosten := 1 200 2 2000 3 1800 4 1300 5 1500 6 150 ;
```

```
param VarKosten :=
                [1,*] :=
                    1  0
                    2  0
                [2,*] :=
                    3  0
                    4  0
                    5  0;
param Alpha := 1 0.50  2 0.50;
param wkmr   :=
               [1,*,*]:     1    2    :=
                    1      10   10
                    2      15   10
                    3      10    0
                    4       0   10
                    5      10    0
                    6       8    6
               [2,*,*]:     3    4    5    :=
                    1       5    5    5
                    2       5    6    4
                    3       6    5   12
                    4       0   10    8
                    5      10    0    2
                    6       8    8   10;
param Xmin := 0.4;
```

Optimale Lösung:

```
X(k,r)  1  1    0.00
X(k,r)  1  2    0.20
X(k,r)  2  3    0.08
X(k,r)  2  4    0.02
X(k,r)  2  5    0.10
S(m)    1       3   (SPANN)
S(m)    2       3   (BAZ-1)
S(m)    3       2   (BAZ-2)
S(m)    4       3   (DREH-1)
S(m)    5       1   (DREH-2)
S(m)    6       3   (FTS)
```

Man erkennt, daß für die Produktart 1 nur der Arbeitsplan 2 verwendet wird, während für Produktart 2 alle Arbeitspläne mit unterschiedlichen Anteilen genutzt werden. Der minimale Zielfunktionswert beträgt 16050 Geldeinheiten.

Aufgabe B82.4: Leistungsanalyse einer Produktionsinsel

Bei einem Automobilhersteller soll eine Produktionslinie so umgestaltet werden, daß mehrere teilautonome Arbeitsgruppen (Produktionsinseln) linear hintereinander angeordnet werden. Der Systemplaner steht u.a. vor der Frage, die Anzahl der Mitglieder einer Arbeitsgruppe so festzulegen, daß die von der Gruppe geforderte Produktionsmenge in der jeweils von der Produktionsplanung vorgegebenen Zeit erreicht werden kann. Insgesamt hat eine Analyse der Arbeitsaufgaben (Montagevorgänge, Werkzeugbereitstellung, Qualitätskontrolle etc.) ca. 400 verschiedene Typen von Vorgängen ergeben, die im Verlaufe eines Tages durchzuführen sind.

Der Planer hat die Vorgänge zu L=5 Aufgabenklassen zusammengefaßt und für jede Aufgabenklasse eine Bearbeitungszeitverteilung geschätzt und durch ihren Mittelwert b_l (l=1,...,L) und ihren Variationskoeffizienten CV_{bl} beschrieben. Da die konkreten Zeitpunkte der Ausführung der Arbeitsaufgaben von den jeweils zu produzierenden Produktvarianten abhängen, wird ein zufälliger Aufgabenanfall unterstellt. Der Planer geht zwar davon aus, daß die Abstände zwischen dem Aufgabenanfall mit den Mittelwerten $E\{A_l\}$ und den Variationskoeffizienten CV_{al} zufällig verteilt sind. Er hat aber keine konkrete Vorstellung von der Form der Verteilung. Folgende Werte bilden die Grundlage für die weiteren Überlegungen:

Aufgabenklasse l	1	2	3	4	5
Bearbeitungszeiten					
Mittelwert $E\{B_l\}$	1	2	3	2	5
Variationskoeffizient CV_{bl}	0.4	0.8	0.2	0.1	0.5
Zwischenankunftszeiten					
Mittelwert $E\{A_l\}$	4	10	2	1	2
Variationskoeffizient CV_{al}	0.8	0.5	0.1	0.6	1.0

a) Bestimmen Sie die Mindestanzahl von Werkern.

b) Entwickeln Sie ein SIMAN-Simulationsmodell der Arbeitsgruppe.

c) Welches Warteschlangenmodell kann zur Analyse der betrachteten Arbeitsgruppe eingesetzt werden? Versuchen Sie eine analytische Abschätzung des Leistungsverhaltens der Gruppe. Berechnen Sie die mittlere Auslastung, die mittlere Warteschlangenlänge und die mittlere Wartezeit einer Arbeitsaufgabe.

Lösung

a) Die Anzahl der Werker muß mindestens so groß sein, daß alle anfallenden Arbeitsaufgaben über kurz oder lang erledigt werden können. Dies ist dann gesichert, wenn die mittlere Bedienungsrate der Arbeitsgruppe größer ist als die mittlere Ankunftsrate von Arbeitsaufgaben. Anders ausgedrückt: die mittlere Auslastung eines Werkers muß kleiner als 1 sein. Bezeichnen wir mit U die Auslastung, mit c die Anzahl der Werker, mit λ die Ankunftsrate von Aufgaben und mit μ die Bedienungsrate, dann gilt:

$$U = \frac{\lambda}{\mu \cdot c} < 1$$

Das Problem besteht nun zunächst darin, die Größen λ und μ zu ermitteln, wobei zu berücksichtigen ist, daß sich die eintreffenden Arbeitsaufgaben aus mehreren (L=5) Aufgabenklassen zusammensetzen. Es gilt:

$$\lambda = \sum_{l=1}^{5} \lambda_l = 1/4 + 1/10 + 1/2 + 1/1 + 1/2 = 2.35$$

Daraus ergibt sich eine mittlere Zwischenankunftszeit von $1/2.35 = 0.4255$ Zeiteinheiten. Die mittlere Bedienungszeit einer beliebigen Arbeitsaufgabe ist der mit den Ankunftsraten gewogene Durchschnitt der aufgabengruppenspezifischen Bearbeitungszeiten:

$$E\{B\} = \frac{1}{\lambda} \cdot \sum_{l=1}^{5} \lambda_l \cdot E\{B_l\} = \frac{1}{2.35} \cdot (1/4 + 2/10 + 3/2 + 2/1 + 5/2) = 2.7447$$

Die Gesamtbelastung der Arbeitsgruppe beträgt somit $\lambda/\mu = 2.35/0.3643 = 6.45$. Daher werden mindestens sieben Werker benötigt, deren durchschnittliche Auslastung 92.14% beträgt.

b) Für die Simulation nehmen wir an, daß sowohl die Zwischenankunftszeiten als auch die Bedienungszeiten mit den angegebenen Mittelwerten und Variationskoeffizienten Gamma-verteilt sind, da mit dieser Verteilung ein weites Spektrum von Verteilungsformen dargestellt werden kann. Für jede Aufgabenklasse wird ein separater Auftragsstrom erzeugt. Die Verteilungsparameter werden im experimentellen Rahmen des Simulationsmodells festgelegt.

Modelldefinition:

```
BEGIN;
         CREATE:ED(1):MARK(A_Ankunft);        Aufgabenklasse 1
         ASSIGN:A_Typ=6:NEXT(EIN);
         CREATE:ED(2):MARK(A_Ankunft);        Aufgabenklasse 2
         ASSIGN:A_Typ=7:NEXT(EIN);
         CREATE:ED(3):MARK(A_Ankunft);        Aufgabenklasse 3
         ASSIGN:A_Typ=8:NEXT(EIN);
         CREATE:ED(4):MARK(A_Ankunft);        Aufgabenklasse 4
         ASSIGN:A_Typ=9:NEXT(EIN);
         CREATE:ED(5):MARK(A_Ankunft);        Aufgabenklasse 5
         ASSIGN:A_Typ=10:NEXT(EIN);

EIN      TALLY:ZwiAnkZeit,BET(1);             Zwischenankunftszeit erfassen
         QUEUE,QWART;
         SEIZE:GRUPPE,1;
         TALLY:WarteZeit,INT(A_Ankunft);      Wartezeit erfassen
         DELAY:ED(A_Typ):MARK(A_Ankunft);
         TALLY:BedienZeit,INT(A_Ankunft);     Bedienungszeit erfassen
         RELEASE:GRUPPE,1;
         TALLY:ZwiAbZeit,BET(2):DISPOSE;      Zwischenabgangszeit erfassen
END;
```

Experimenteller Rahmen:

```
BEGIN;
PROJECT,GRUPPE,HT;
```

```
RESOURCES:GRUPPE,7;
QUEUES:QWART;
ATTRIBUTES:A_Ankunft:A_Typ;
DSTATS:1,NR(1)/MR(1):
      2,NQ(QWART);
TALLIES:WarteZeit:ZwiAnkZeit:ZwiAbZeit:BedienZeit;
VARIABLES:EA(5),    4,   10,   2,   1,   2:         ! Ankunftsprozeß
          CVA(5), 0.8, 0.5, 0.1, 0.6, 1.0:
          EB(5),    1,   2,   3,   2,   5:          ! Bedienungsprozeß
          CVB(5), 0.4, 0.8, 0.2, 0.1, 0.5;

DISTRIBUTIONS:
! Verteilungen der Zwischenankunftszeiten
          1,GAMMA(CVA(1)**2*EA(1),1/CVA(1)**2,1):
          2,GAMMA(CVA(2)**2*EA(2),1/CVA(2)**2,1):
          3,GAMMA(CVA(3)**2*EA(3),1/CVA(3)**2,1):
          4,GAMMA(CVA(4)**2*EA(4),1/CVA(4)**2,1):
          5,GAMMA(CVA(5)**2*EA(5),1/CVA(5)**2,1):
! Verteilungen der Bearbeitungszeiten
          6,GAMMA(CVB(1)**2*EB(1),1/CVB(1)**2,2):
          7,GAMMA(CVB(2)**2*EB(2),1/CVB(2)**2,2):
          8,GAMMA(CVB(3)**2*EB(3),1/CVB(3)**2,2):
          9,GAMMA(CVB(4)**2*EB(4),1/CVB(4)**2,2):
          10,GAMMA(CVB(5)**2*EB(5),1/CVB(5)**2,2);
REPLICATE,10,0,10000;
END;
```

Simulationsergebnisse (Mittelwerte für 10 Läufe à 10000 Zeiteinheiten):

Identifier	Average	Variation	Minimum	Maximum	Observations
WarteZeit	1.75149	1.31811	0.00000	15.04740	23550
ZwiAnkZeit	0.42458	0.82561	0.00000	2.28946	23552
ZwiAbZeit	0.42472	0.84788	0.00000	2.99702	23542
BedienZeit	2.74145	0.65297	0.10367	20.45350	23543

Identifier	Average	Variation	Minimum	Maximum
NR(1)/MR(1)	0.92222	0.16259	0.00000	1.00000
NQ(QWART)	4.12642	1.35734	0.00000	36.40000

Die folgende Tabelle stellt einige errechnete Größen den während der Simulation ermittelten Werten gegenüber.

	errechnet	Simulationsergebnis
Zwischenankunftszeit E{A}	0.4255	0.42458
Bedienungszeit E{B}	2.7447	2.74145
Auslastung	92.14%	92.22%

c) Da sowohl die Zwischenankunftszeiten als auch die Bedienungszeiten allgemein verteilt sind, eignet sich das GI/G/c-Warteschlangenmodell zur Berechnung der interessierenden Kenngrößen. Grundlage der Berechnungen bilden die Mittelwerte und die quadrierten Variationskoeffizienten der Zwischenankunftszeiten und der Bedienungszeiten. Diese Größen müssen aus den auf die Aufgabenklassen bezogenen Angaben ermittelt werden. Die Mittelwerte haben wir bereits unter a) berechnet.

Der quadrierte Variationskoeffizient der Bearbeitungszeit der Aufgabengruppe l ist wie folgt als Quotient aus der Varianz und dem quadrierten Mittelwert der Bearbeitungszeit definiert:

$$CV^2_{b1} = \frac{VAR\{B_1\}}{E^2\{B_1\}} = \frac{E\{B_1^2\} - E^2\{B_1\}}{E^2\{B_1\}}$$

Lösen wir diese Gleichung nach $E\{B_1^2\}$ auf, dann erhalten wir:

$$E\{B_1^2\} = E^2\{B_1\} \cdot (CV^2_{b1}+1)$$

wobei die Größen CV^2_{bl} als Daten gegeben sind. Für das betrachtete Beispiel ergibt sich:

$$E\{B^2\} = \frac{1}{\lambda} \cdot \sum_{l=1}^{5} \lambda_1 \cdot E\{B_1^2\}$$

$$= \frac{1}{2.35} \cdot \left[\frac{1}{4} \cdot 1^2 \cdot (0.4^2+1) + \frac{1}{10} \cdot 2^2 \cdot (0.8^2+1) + \frac{1}{2} \cdot 3^2 \cdot (0.2^2+1) \right.$$

$$\left. + \frac{1}{1} \cdot 2^2 \cdot (0.1^2+1) + \frac{1}{2} \cdot 5^2 \cdot (0.5^2+1) \right] = 10.7621$$

Damit ergibt sich der quadrierte Variationskoeffizient der Bearbeitungszeit einer beliebigen Arbeitsaufgabe wie folgt:

$$CV^2_b = \frac{E\{B^2\} - E^2\{B\}}{E^2\{B\}} = \frac{10.7621 - 2.7447^2}{2.7447^2} = 0.4286$$

Das Quadrat des während der Simulation ermittelten Variationskoeffizienten der Bedienungszeit (Spalte "Variation") beträgt $0.65297^2 = 0.4264$.

Der quadrierte Variationskoeffizient der Zwischenankunftszeit kann grob wie folgt angenähert werden:

$$CV^2_a = \frac{1}{\lambda} \cdot \sum_{l=1}^{5} \lambda_1 \cdot CV^2_{a1} = \frac{1}{2.35} \cdot (1/4 \cdot 0.8^2 + 1/10 \cdot 0.5^2 + 1/2 \cdot 0.1^2$$
$$+ 1/1 \cdot 0.6^2 + 1/2 \cdot 1.0^2) = 0.4468$$

In der Simulation ergab sich ein Wert von $0.82561^2 = 0.6816$. Mit den derart berechneten Größen kann dann die mittlere Warteschlangenlänge und die mittlere Durchlaufzeit einer Arbeitsaufgabe mit Hilfe des GI/G/c-Warteschlangenmodells bestimmt werden. Da hierfür - anders als z.B. für das M/M/1-Warteschlangenmodell - keine exakten Verfahren zur Verfügung stehen, sind verschiedene Approximationsverfahren vorgeschlagen worden. Ein sehr einfaches Verfahren zur Approximation der Wartezeit schlägt Whitt vor. Dabei wird zunächst die mittlere Wartezeit $E\{W_q\}$ für ein M/M/c-Warteschlangensystem exakt berechnet und dann mit dem Durchschnitt der beiden quadrierten Variationskoeffizienten multipliziert:

$$E\{W_q(CV_a^2,CV_b^2,c)\}_{(GI/G/c)} = \left(\frac{CV_a^2 + CV_b^2}{2}\right) \cdot E\{W_q\}_{(M/M/c)}$$

Folgt man diesem Vorschlag, dann erhält man im betrachteten Fall:

$$E\{W_q(\lambda=2.35,\mu=1/2.7447,c=7)\}_{(M/M/c)} = 3.8805$$

$$E\{W_q(CV_a^2=0.4468,CV_b^2=0.4286,c=7)\}_{(GI/G/c)} = \left(\frac{0.4468+0.4286}{2}\right) \cdot 3.8805 = 1.70$$

Die mittlere Warteschlangenlänge beträgt

$$E\{L_q\} = \lambda \cdot E\{W_q\} = 2.35 \cdot 1.70 = 4.00$$

In der Simulation ergab sich ein mittlerer Wert von 4.12. Der mittlere Aufgabenbestand in der Produktionsinsel ist dann

$$E\{L_s\} = E\{L_q\} + \rho \cdot c = 4.00 + 0.9214 \cdot 7 = 10.45$$

Vergleicht man die analytisch ermittelten Werte mit den Simulationsergebnissen, dann stellt man fest, daß der quadrierte Variationskoeffizient der Zwischenankunftszeiten nur sehr grob approximiert worden ist. Hier sind weitere Verbesserungen wünschenswert. Die geschätzten Werte für die Wartezeit und die Warteschlangenlänge sind dennoch recht gut.

Anmerkung: Da angenommen wird, daß die Zwischenankunftszeiten der einzelnen Auftragsklassen nicht exponentialverteilt sind, ist der aggregierte Ankunftsprozeß kein Poissonprozeß, sondern die Superposition mehrerer Erneuerungsprozesse. Eine solche Superposition mehrerer unabhängiger Ankunftsprozesse konvergiert mit steigender Anzahl zu einem Poissonprozeß. Bei Vergrößerung der Anzahl unterschiedlicher Aufgabenklassen ist daher zu erwarten, daß die im Beispiel unbefriedigende Abschätzung des Variationskoeffizienten der Zwischenankunftszeiten genauer wird (Siehe auch Whitt 1983 sowie Bitran/Tirupati 1988.).

Aufgabe B82.5: Konfigurierung von Produktionsinseln, binäre Sortierung

Eine Produktionsinsel entsteht durch die räumliche Zusammenfassung von Arbeitssystemen unterschiedlicher Funktionen, die zur Produktion verwandter Erzeugnisse benötigt werden. Der Einrichtung von Produktionsinseln geht die Identifizierung von *Erzeugnisfamilien* aufgrund ihrer Produktionsähnlichkeit sowie die Bildung von *Maschinengruppen* (Ressourcengruppierung) voraus. Das Problem der Erzeugnisfamilienbildung und Ressourcengruppierung besteht vor allem darin, möglichst "ähnliche" Erzeugnisse so zu Gruppen zusammenzufassen, daß sie weitgehend komplett durch eine Produktionsinsel bearbeitet werden können (vgl. Günther/Tempelmeier 1995, Kap. 5.4.2).

Die Untersuchung der Arbeitspläne für sechs Erzeugnisse hat folgende Maschinen-Erzeugnis-Matrix ergeben.

Maschinen-	Erzeugnisart					
typ	E1	E2	E3	E4	E5	E6
M1	-	1	-	1	-	-
M2	1	-	1	-	1	1
M3	-	1	1	1	-	1
M4	1	-	-	-	1	1
M5	-	-	-	1	1	-

a) Welche Vorteile verspricht man sich vom Organisationsprinzip der Inselproduktion?

b) Bilden Sie Erzeugnisfamilien und Maschinengruppen mit Hilfe der binären Sortierung.

Lösung

a) Als mögliche Vorteile der Inselproduktion sind zu nennen:

- kurze Transportwege und -zeiten, geringer Transportkapazitätsbedarf, da die meisten Transporte innerhalb einer Insel stattfinden;

- durch hohe Fertigungsverwandtschaft der Erzeugnisse geringe Umrüstzeiten;

- niedrige Losgrößen, geringe Lagerbestände, kurze Durchlaufzeiten;

- hohe Flexibilität der Anpassung an kurzfristige Änderungen der Produktionsaufgaben;

- einfache Produktionssteuerung aufgrund hoher Übersichtlichkeit des Produktionsgeschehens;

- Identifizierung der Mitarbeiter mit "ihren" Produkten, dadurch höhere Produktionsqualität;

- geringes Investitionsvolumen, da mit bestehender konventioneller Technologie realisierbar.

b) Durch geeignete Sortierung der Zeilen und Spalten der Maschinen/Erzeugnis-Matrix versucht man, eine möglichst perfekte *Blockdiagonalstruktur* der Matrix zu erreichen. Dazu interpretiert man die einzelnen Zeilen der Matrix als Binärzahlen (z.B. für M1: $010100_2 = 20_{10}$) und sortiert sie in absteigender Reihenfolge. Das Ergebnis ist in der folgenden Tabelle dargestellt.

Maschinen-typ	E1	E2	E3	Erzeugnisart E4	E5	E6	Wert
M2	1	-	1	-	1	1	43
M4	1	-	-	-	1	1	35
M3	-	1	1	1	-	1	29
M1	-	1	-	1	-	-	20
M5	-	-	-	1	1	-	6

Nun interpretiert man die Spalten als Binärzahlen (z.B. für E1: $11000_2 = 24_{10}$) und sortiert sie ebenfalls in absteigender Reihenfolge. Als Ergebnis erhält man die folgende Tabelle.

Maschinen-typ	E6	E5	Erzeugnisart E1	E3	E4	E2
M2	1	1	1	1	-	-
M4	1	1	1	-	-	-
M3	1	-	-	1	1	1
M1	-	-	-	-	1	1
M5	-	1	-	-	1	-
Wert	28	25	24	20	7	6

Im vorliegenden Fall läßt sich aus der sortierten Maschinen/Erzeugnis-Matrix kein eindeutiges Ergebnis ablesen. Die angestrebte idealtypische Blockdiagonalstruktur wird hier verfehlt. Man könnte beispielsweise die Maschinen zu den Gruppen {2, 4} und {3, 1, 5} zusammenfassen. Ebenso ließen sich die Maschinengruppen {2, 4, 3} und {1, 5} bilden. In beiden Fällen können jedoch jeweils nur drei Erzeugnisse innerhalb einer Produktionsinsel komplett bearbeitet werden. Für die übrigen Erzeugnisse wäre die Bearbeitung in beiden Produktionsinseln erforderlich. Falls ein Maschinentyp mehrfach vorhanden ist, können die einzelnen Maschinen auch auf mehrere Produktionsinseln verteilt werden, um so die Komplettbearbeitung weiterer Erzeugnisse zu ermöglichen. In manchen Fällen läßt sich eine Komplettbearbeitung innerhalb einer einzigen Maschinengruppe auch dadurch erreichen, daß man für bestimmte Arbeitsgänge auf eine bereits der Maschinengruppe zugeordnete Maschine ausweicht, sofern dies technisch möglich ist.

Aufgabe B82.6: Konfigurierung von Produktionsinseln, Verfahren von Askin und Standridge

In einem Produktionssegment werden sieben Erzeugnisse auf insgesamt sechs Maschinentypen bearbeitet. Aus den jeweiligen Arbeitsplänen kann entnommen werden, auf welchen Maschinen ein Erzeugnis bearbeitet werden muß und welche Rüst- bzw. Stückbearbeitungszeiten jeweils anfallen. Aufgrund des durchschnittlichen Periodenbedarfs kann somit ermittelt werden, welcher Anteil der Periodenkapazität einer Maschine jeweils für die Bearbeitung eines Erzeugnisses benötigt wird. Die entsprechenden Angaben sind in der folgenden Tabelle zusammengestellt.

Maschinen-typ	Erzeugnisart							
---	E1	E2	E3	E4	E5	E6	E7	Summe
M1	0.3	-	-	-	0.6	-	-	0.9
M2	-	0.3	-	0.3	-	-	0.1	0.7
M3	0.4	-	-	0.5	-	0.3	-	1.2
M4	0.2	-	0.4	-	0.3	-	0.5	1.4
M5	-	0.4	-	-	-	0.5	-	0.9
M6	-	0.2	0.3	0.4	-	-	0.2	1.1

Man entnimmt aus der Summenspalte der obigen Tabelle, daß von den Maschinentypen M3, M4 und M6 mindestens je zwei Einzelmaschinen benötigt werden, während von den übrigen Maschinentypen möglicherweise jeweils nur eine einzelne Maschine ausreicht. Es soll angenommen werden, daß höchstens vier Maschinen zu einer Gruppe zusammengefaßt werden dürfen und daß höchstens je eine Maschine eines bestimmten Typs in einer Gruppe enthalten sein darf.

a) Bilden Sie Erzeugnisfamilien und Maschinengruppen mit Hilfe des Verfahrens von Askin und Standridge.

b) Formulieren Sie das zugrundeliegende Zuordnungsproblem als lineares Optimierungsmodell und lösen Sie es unter Verwendung der angegebenen Daten. Die Zielsetzung besteht darin, bei einer vorgegebenen Anzahl von Maschinengruppen die Gesamtzahl der benötigten Einzelmaschinen zu minimieren.

Lösung

a) Askin und Standridge (1993, Kap. 6.4.3) beschreiben eine einfache Erweiterung der Gruppenbildung mit Hilfe der binären Sortierung. Ihr Verfahren berücksichtigt gegenüber der einfachen binären Sortierung die folgenden Gesichtspunkte:

- jedes Erzeugnis wird innerhalb einer Maschinengruppe komplett bearbeitet;

- die Kapazitätsgrenzen der einzelnen Maschinen werden beachtet;

- jede Maschinengruppe nimmt nur eine vorgegebene Anzahl von Maschinen eines Typs auf (im betrachteten Beispiel nur eine einzige Maschine eines Typs);

- die maximale Anzahl von Maschinen innerhalb einer Gruppe ist vorgegeben.

Im ersten Schritt des Verfahrens von Askin und Standridge wird die binäre Sortierung der Maschinen/Erzeugnis-Matrix durchgeführt (siehe Aufgabe B82.5), wobei jeder positive Eintrag in der Kapazitätsbedarfsmatrix (siehe Aufgabenstellung) als eine "1" interpretiert wird. Als Ergebnis erhält man die folgende sortierte Maschinen/Erzeugnis-Matrix:

Maschinen-typ	Erzeugnisart						
	E1	E5	E7	E3	E4	E6	E2
M4	0.2	0.3	0.5	0.4	-	-	-
M3	0.4	-	-	-	0.5	0.3	-
M1	0.3	0.6	-	-	-	-	-
M6	-	-	0.2	0.3	0.4	-	0.2
M2	-	-	0.1	-	0.3	-	0.3
M5	-	-	-	-	-	0.5	0.4

Anschließend werden aufgrund der erhaltenen Sortierfolge die Erzeugnisse nach und nach einer Maschinengruppe zugeordnet. Hierbei werden gleichzeitig die jeweils benötigten Maschinen in die Maschinengruppe aufgenommen. Anschließend werden weitere Erzeugnisse in die Maschinengruppe aufgenommen, bis entweder die Kapazitätsgrenze einer Maschine oder die Höchstanzahl von Maschinen in der Maschinengruppe erreicht ist. In der nachfolgenden Tabelle sind die einzelnen Iterationen des Verfahrens zusammengefaßt.

Itera-tion	gewähltes Erzeugnis	Maschinen-gruppe	zugeordnete Maschinen	Rest-kapazität
1	E1	1	M4,M3,M1	M4(0.8), M3(0.6), M1(0.7)
2	E5	1	-	M4(0.5), M3(0.6), M1(0.1)
3	E7	2	M4,M6,M2	M4(0.5), M6(0.8), M2(0.9)
4	E3	2	-	M4(0.1), M6(0.5), M2(0.9)
5	E4	2	M3	M4(0.1), M6(0.1), M2(0.6), M3(0.5)
6	E6	3	M3,M5	M3(0.7), M5(0.5)
7	E2	3	M6,M2	M3(0.7), M5(0.1), M6(0.8), M2(0.7)

In der ersten Iteration beginnt man mit dem in der Sortierfolge an erster Stelle stehenden Erzeugnis E1, eröffnet die erste Maschinengruppe und ordnet ihr die benötigten Maschinen M4, M3 und M1 zu. Die Restkapazität der einzelnen Maschinen ist jeweils in der rechten Randspalte der obigen Tabelle vermerkt. Das Erzeugnis E5 läßt sich mit den drei zugeordneten Maschinen noch innerhalb der verbleibenden Restkapazität bearbeiten. Das nächste Erzeugnis E7 könnte zwar noch innerhalb der verbleibenden Kapazität der Maschine M4 bearbeitet werden. Jedoch wäre mit den beiden weiterhin benötigten Maschinen M6 und M2 die Höchstanzahl von vier Maschinen je Gruppe überschritten.

Daher wird in Iteration 3 die zweite Maschinengruppe eröffnet. Dieser Maschinengruppe werden in den nächsten beiden Iterationen die Erzeugnisse E3 und E4 sowie die Maschine M3 zugeordnet. Da nun wieder die Höchstanzahl von vier Maschinen je Gruppe erreicht ist und die verbleibenden Erzeugnisse weitere Maschinen erfordern, muß in Iteration 6 die dritte Maschinengruppe eröffnet werden. Dieser Gruppe werden die Erzeugnisse E6 und E2 sowie die Maschinen M3, M5, M6 und M2 zugeordnet.

Insgesamt werden jeweils eine Maschine des Typs M1 und M5, zwei Maschinen des Typs M2, M4 und M6 sowie drei Maschinen des Typs M3 benötigt. Ein gewisser Nachteil des Verfahrens von Askin und Standridge besteht darin, daß u.U. mehr Maschinen als unbedingt erforderlich eingesetzt werden. Aus dem Vergleich der erhaltenen Ergebnisse mit der theoretischen Mindestanzahl an Maschinen kann geschlossen werden, daß allenfalls je eine Maschine des Typs M3 und M2 eingespart werden könnte, falls es gelingt, mit einer derartig reduzierten Maschinenzahl eine zulässige Konfiguration zu finden.

b) Aus der in der Aufgabenstellung angegebenen Kapazitätsbedarfstabelle kann entnommen werden, daß insgesamt mindestens neun Maschinen erforderlich sind. Da jede Maschinengruppe auf höchstens vier Einzelmaschinen begrenzt ist, sind in jedem Falle drei Maschinengruppen einzurichten. Wir nehmen an, daß jede Maschinengruppe nur eine einzige Maschine eines Typs enthalten darf.

Zur Formulierung des linearen Optimierungsmodells verwenden wir die folgende Notation:

Daten:

a_{jk} Kapazitätsbedarf von Erzeugnis j bezüglich Maschinentyp k
$i \in I$ Maschinengruppen bzw. Produktionsinseln
$j \in J$ Erzeugnisse
$k \in K$ Maschinentypen
M Höchstanzahl von Maschinen je Maschinengruppe

Entscheidungsvariablen:

x_{ij} = 1, falls Erzeugnis j der Maschinengruppe i zugeordnet wird (= 0, sonst)
y_{ik} = 1, falls eine Maschine des Typs k der Maschinengruppe i zugeordnet wird (= 0, sonst)

Die Modellformulierung lautet:

Minimiere

$$\sum_{i \in I} \sum_{k \in K} y_{ik}$$

unter den Nebenbedingungen:

$$\sum_{i \in I} x_{ij} = 1 \qquad\qquad\qquad j \in J$$

$$\sum_{j \in J} a_{jk} \cdot x_{ij} \leq y_{ik} \qquad\qquad i \in I, \ k \in K$$

$$\sum_{k \in K} y_{ik} \leq M \qquad\qquad i \in I$$

$$x_{ij} \in \{0,1\} \qquad\qquad i \in I, \ j \in J$$

$$y_{ik} \in \{0,1\} \qquad\qquad i \in I, \ k \in K$$

Die optimale Lösung des Modells läßt sich mit Hilfe von Standardsoftware zur linearen Optimierung unschwer bestimmen. Für das betrachtete Zahlenbeispiel erhält man die folgende optimale Lösung:

Maschinen-gruppe	Erzeug-nisse	Maschi-nen	Rest-kapazität
1	E2, E4, E6	M2, M3, M5, M6	M2(0.4), M3(0.2), M5(0.1), M6(0.4)
2	E1, E5	M1, M3, M4	M1(0.1), M3(0.6), M4(0.5)
3	E3, E7	M2, M4, M6	M2(0.9), M4(0.1), M6(0.5)

Man erkennt, daß eine zulässige Konfiguration mit insgesamt 10 Maschinen gebildet werden kann, während die Heuristik von Askin und Standridge auf eine Lösung mit 11 Maschinen führt.

Aufgabe B82.7: Konfigurierung von Produktionsinseln, Verfahren von Ballakur und Steudel

Nach Untersuchung der Struktur der Arbeitspläne für die in einem Werkstattproduktionssegment bearbeiteten Erzeugnisse wurde folgende Tabelle aufgestellt, in der die mittleren Arbeitsbelastungen (in Zeiteinheiten) der Maschinentypen durch die Erzeugnisarten pro Periode angegeben sind:

Maschinen-typ	Erzeugnisart						
	E1	E2	E3	E4	E5	E6	E7
M1	0.5	1.5	2.5	1.0			
M2		3.0		4.0			
M3	2.0		1.5				
M4					3.5	1.5	2.5
M5				1.0		2.5	3.5

Der Produktionsleiter hat auf einem Weiterbildungsseminar von dem Verfahren von Ballakur und Steudel (siehe Ballakur/Steudel 1987) gehört. Ziel dieses Verfahrens ist es, die Maschinen so zu Produktionsinseln zusammenzufassen und diesen wiederum solche Erzeugnisarten zuzuweisen, daß möglichst wenige Bearbeitungen außerhalb der Produktionsinsel erfolgen müssen, denen eine Erzeugnisart zugeordnet ist. Gegenüber den dem Produktionsleiter bisher bekannten Verfahren der Sortierung einer Erzeugnis/Maschinen-Matrix hat das

Verfahren von Ballakur und Steudel den Vorteil, daß die Möglichkeit besteht, maximale Inselgrößen vorzugeben und vor allem die zu erwartende Auslastung eines Maschinentyps zu prüfen, bevor eine Maschine dieses Typs einer Produktionsinsel zugewiesen wird. Dieses Verfahren bezeichnet man auch als "within-cell utilization based heuristic".

Von jedem Maschinentyp ist eine Maschine vorhanden. Bilden Sie Produktionsinseln nach dem Verfahren von Ballakur und Steudel unter der Annahme, daß jede Insel höchstens zwei Maschinentypen umfassen darf. Eine Maschine soll erst dann einer Insel zugeordnet werden, wenn zu erwarten ist, daß mindestens 40% ihrer Periodenkapazität durch Erzeugnisarten in Anspruch genommen wird, die hauptsächlich in der Insel bearbeitet werden (In der Terminologie von Ballakur und Steudel: cell admission factor, CAF = 0.4; cell size upper limit, CSUL = 2).

Lösung

Nach dem Verfahren von Ballakur und Steudel werden die Produktionsinseln der Reihe nach gebildet. Dabei werden sog. *Schlüsselmaschinentypen* (key work centers) definiert, die als Ausgangspunkt für die Suche nach Erzeugnisarten dienen, die einer aufzubauenden Produktionsinsel zugewiesen werden können.

Zunächst wird die *Reihenfolge* bestimmt, in der die einzelnen Maschinentypen als Schlüsselmaschinentypen betrachtet werden. Dazu werden die Gesamtbelastungen der Maschinentypen durch die Erzeugnisarten, die Anzahl Erzeugnisarten je Maschine und die Kapazität (Zeiteinheiten) in folgender Tabelle zusammengestellt:

Maschinen-typ	Anzahl Maschinen	Gesamt-belastung	Anzahl Erzeugnis-arten	Kapazität (Zeitein-heiten)
M1	1	5.5	4	8
M2	1	7.0	2	8
M3	1	3.5	2	8
M4	1	7.5	3	8
M5	1	7.0	3	8

Geht man nach der mittleren Belastung pro Maschine vor, dann erhält man folgende Reihenfolge, in der die Maschinentypen als Ausgangspunkt der Inselbildung verwendet werden: {M4, M2, M5, M1, M3}.

Nun kann der Aufbau der Produktionsinseln beginnen. Maschinentyp M4 wird mit den Erzeugnisarten E5, E6, E7 in die erste Produktionsinsel I1 aufgenommen. Da die Erzeugnisarten E6 und E7 auch noch auf anderen Maschinentypen, d.h. dem Maschinentyp M5, bearbeitet werden, wird nun überprüft, ob dieser Maschinentyp auch in die aktuelle Produktionsinsel I1 aufgenommen werden soll. Der Anteil der durch Erzeugnisarten der aktuellen Produktionsinsel I1, d.h. durch die Erzeugnisarten E6 und E7, verursachten Belastung an der Gesamtbelastung des Maschinentyps M5, beträgt

```
(2.5+3.5)/(1.0+2.5+3.5) = 0.86
```

Da dieser Wert den Mindestwert von CAF = 0.40 überschreitet, kann der Maschinentyp M5 der Produktionsinsel I1 zugeordnet werden.

Der aktuelle Planungsstand ist nun:

```
Produktionsinsel I1:

Maschinentypen: M4, M5
Erzeugnisarten: E5, E6, E7
```

Da Maschinentyp M5 auch die noch nicht zur Produktionsinsel I1 zugeordnete Erzeugnisart E4 bearbeitet, diese Erzeugnisart aber auch die Maschinentypen M1 und M2 benötigt, wird nun überprüft, ob diese beiden Maschinentypen M1 und M2 ebenfalls zur Produktionsinsel I1 zugeordnet werden sollen.

Bei den folgenden Überprüfungen wird nun probeweise angenommen, die Erzeugnisart E4 würde der Produktionsinsel I1 zugeordnet. Maschinentyp M1 wird nicht zugeordnet, da dessen relative Belastung durch bereits in der Produktionsinsel I1 befindliche Erzeugnisarten nur

```
(1.0)/(0.5+1.5+2.5+1.0) = 0.18
```

betragen würde. Der Maschinentyp M2 wird wegen der relativen Belastung von

```
(4.0)/(3.0+4.0) = 0.57
```

zu der Produktionsinsel I1 zugelassen und in die Liste der Schlüsselmaschinentypen aufgenommen.

Maschinentyp M4 wird nun aus der Liste der Schlüsselmaschinentypen gelöscht. Der nächste Schlüsselmaschinentyp ist nun Maschinentyp M2. Dieser Maschinentyp bearbeitet die Erzeugnisarten E4 (bereits der Produktionsinsel I1 zugewiesen) und E2. Da E2 noch keiner Produktionsinsel zugeordnet wurde, wird diese Erzeugnisart jetzt (vorläufig!) der Produktionsinsel I1 zugewiesen.

Der aktuelle Planungsstand ist nun:

```
Produktionsinsel I1:

Maschinentypen: M2, M4, M5
Erzeugnisarten: E2, E4, E5, E6, E7
```

Da aber angenommen wird, daß höchstens zwei Maschinen in einer Insel vorhanden sein dürfen (CSUL=2), muß einer der drei Maschinentypen wieder entfernt werden.

Wir berechnen nun folgende Größen:

Maschinen-typ	Belastung durch Erzeugnisse in Insel I1	relative Belastung	Anzahl Erzeugnisarten	Kapazität
M2	7.0	0.88	2	8
M4	7.5	0.94	3	8
M5	7.0	0.88	3	8

Diese Tabelle wird nun zeilenweise abgearbeitet, bis die maximale Anzahl Maschinen der Produktionsinsel I1 erreicht ist. Ergebnis:

```
Produktionsinsel I1:

Maschinentypen: M2, M4
Erzeugnisarten: E2, E4, E5, E6, E7
```

Der Maschinentyp M2 wird aus der Liste der Schlüsselmaschinentypen entfernt. Nun wird überprüft, ob man Maschinentyp M5 als Schlüsselmaschinentyp, d.h. als Kern der nächsten Produktionsinsel I2 verwenden kann. Da man diese Produktionsinsel mit M5 aber nicht um weitere Maschinentypen vergrößern könnte und Produktionsinseln mit nur einem Maschinentyp nicht erlaubt sind, wird M5 wieder aus der Produktionsinsel I2 entnommen und der sogenannten Restzelle zugeordnet.

Die Produktionsinsel I2 wird erneut eröffnet. Zunächst mit dem Maschinentyp M1. Im weiteren Verlauf werden die Erzeugnisarten E1 und E3 sowie der Maschinentyp M3 der Insel I2 zugewiesen.

Durch Auszählen der Arbeitspläne kann man feststellen, daß zwei Erzeugnisarten aus der Produktionsinsel I1 in die Produktionsinsel I2 (zum Maschinentyp M1) transportiert werden müssen. Außerdem müssen drei Erzeugnisarten auch in die Restzelle transportiert werden. Insgesamt liegen also fünf Bearbeitungen außerhalb der jeweiligen Produktionsinsel vor.

Die Struktur der gefundenen Lösung ist in Abb. B82.1 dargestellt. Die dünnen Linien bezeichnen die Zuordnungsbeziehungen zwischen den Erzeugnissen und den Maschinen, die keine inselübergreifenden Transporte verursachen. Die dicken Linien stellen die erforderlichen Transportbeziehungen dar. Das leere Rechteck in Insel 1 soll einen Platzhalter für die Maschine 5 symbolisieren, die zu Beginn des Verfahrens der Insel 1 zugeordnet, später aber wieder aus der Insel entfernt wurde.

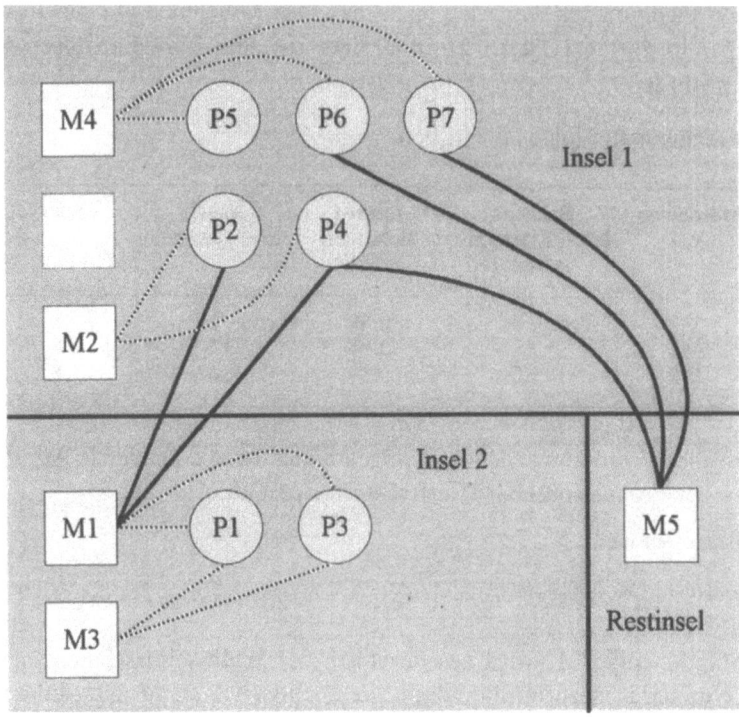

Abb. B82.1: Zuordnung von Maschinen und Erzeugnissen zu Produktionsinseln

Literaturhinweise

Askin/Standridge (1993)
Buzacott/Shanthikumar (1993)
Chase/Aquilano (1992, Kap. 9)
Heizer/Render (1993, Kap. 9)
Kandiller (1994)
Krajewski/Ritzman (1990, Kap. 9)
Tempelmeier (1995b)
Tempelmeier/Kuhn (1993)
Weiss/Gershon (1993, Kap. 6)

9. Materialversorgung

Das Verständnis der Beschaffungsfunktion in der Unternehmung hat sich in den vergangenen Jahren grundlegend gewandelt. Größere Produktvielfalt und gestiegene technische Anforderungen sowie geänderte Wettbewerbsbedingungen haben vielfach eine Umorientierung bewirkt. An die Stelle des kurzfristigen Materialbezugs aus wechselnden Bezugsquellen tritt zunehmend eine enge und langfristig ausgerichtete Zusammenarbeit mit wichtigen Lieferanten. Diese Zusammenarbeit betrifft nicht nur die operative Abwicklung der Materialversorgung, sondern sieht häufig auch die Mitwirkung der Zulieferer bei der Konstruktion und Entwicklung von Produktkomponenten vor. Materialanlieferungen werden, sofern die entsprechenden Voraussetzungen gegeben sind, immer häufiger nach dem Just-in-Time-Prinzip vorgenommen. Praktisch bedeutet dies die tägliche oder sogar mehrmals tägliche Anlieferung von kleinen Bezugsmengen direkt an die Produktionseinrichtungen. Handling und Lagerung weitestmöglich zu vereinfachen und zu reduzieren, ist die Hauptzielrichtung von Just-in-Time.

Verständnis- und Diskussionsfragen

1. In einer Unternehmung wird der Anteil der Materialkosten an den gesamten Produktionskosten als überhöht empfunden. Wie könnte ein Programm zur Senkung der Materialkosten aussehen?

2. Systematisieren Sie die Ursachen und Motive für die Bildung von Lagerbeständen in einem Industriebetrieb.

3. Welche Gründe sprechen für und gegen die Materialversorgung durch nur einen einzigen Zulieferer?

4. Nehmen Sie Stellung zu der Aussage: "JIT-Beschaffungskonzepte dienen lediglich dazu, dem Zulieferer die Lagerkosten aufzubürden."

5. Die Materialversorgung wird zwischen Zulieferer und Abnehmer häufig in einem Vertrag mit mehrjähriger Laufzeit geregelt. Wie erklären Sie sich die in letzter Zeit in einigen Branchen beobachtete Tendenz zu langfristigen Vertragslaufzeiten?

6. Führt Ihrer Meinung nach die zunehmende Verbreitung der produktionssynchronen Zulieferung (JIT-Beschaffungskonzept) zu einer Verstärkung des LKW-Verkehrs auf den Straßen?

Übungsaufgaben

Aufgabe B9.1: Materialkosten

Die Kalkulation eines Produktes sehe vereinfachend wie folgt aus: 50 Geldeinheiten fallen an Materialkosten an. Die übrigen Fertigungskosten betragen ebenfalls 50 Geldeinheiten pro Stück. Der Absatzpreis beträgt 102 Geldeinheiten.

a) Nehmen Sie an, der Unternehmung gelingt es, die Materialkosten um 1% zu senken. Um wieviel % erhöht sich dadurch die Gewinnspanne, wenn die übrigen Stückkosten und der Absatzpreis unverändert bleiben? Um wieviel % müßte man die Absatzmenge erhöhen, um die gleiche Gewinnsteigerung zu erzielen wie durch die Senkung der Materialkosten um 1%?

b) Stellen Sie den in a) angesprochenen Zusammenhang zwischen der Senkung der Materialkosten M [%] und einer äquivalenten Steigerung der Absatzmenge A [%] bei verschiedenen Gewinnspannen $g = 2, 5, 10, 50$ graphisch dar.

c) Läßt sich eine Steigerung der Absatzmenge ohne zusätzliche Kosten erzielen?

Lösung

a) Wie die folgende Vergleichsrechnung zeigt, tritt durch die Senkung der Materialkosten um 1% eine Steigerung des Gewinns um 25% ein. Eine Erhöhung der Absatzmenge um 25% hätte die gleiche Auswirkung wie eine Senkung der Materialkosten um 1%.

Kostenart	vorher	nachher
Materialkosten	50.0	49.5
sonstige Kosten	50.0	50.0
Gewinnspanne	2.0	2.5
Absatzpreis	102.0	102.0

b) Abb. B9.1 veranschaulicht den Zusammenhang zwischen einer Senkung der Materialkosten und einer äquivalenten Steigerung der Absatzmenge.

c) Im allgemeinen fallen zusätzliche Kosten für entsprechende Marketingmaßnahmen an, die bei den in a) und b) angestellten Vergleichsrechnungen ebenfalls zu berücksichtigen wären.

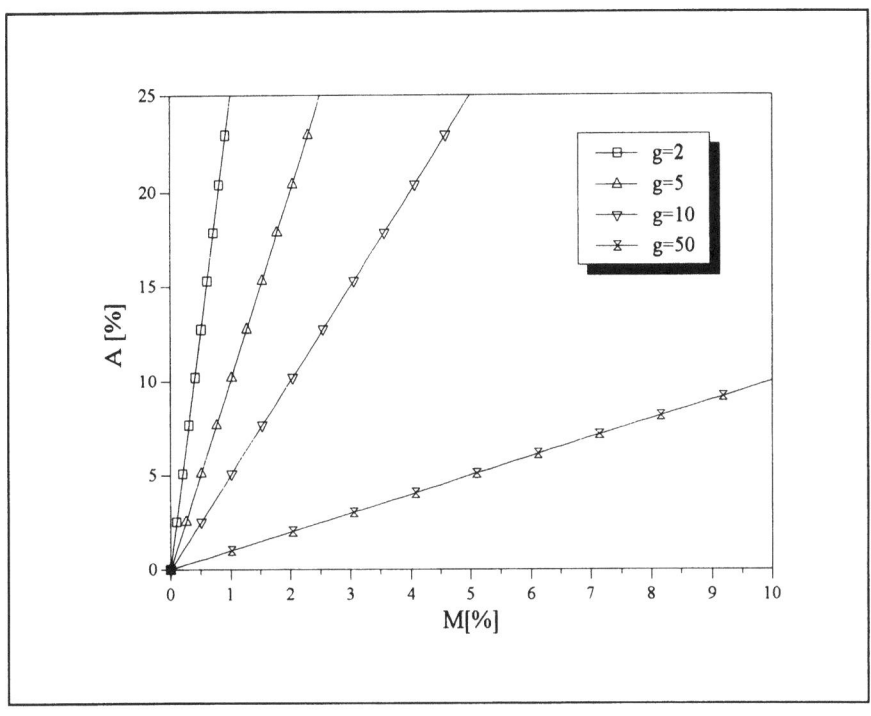

Abb. B9.1: Zusammenhang zwischen Materialkostensenkung und Absatzmengensteigerung

Aufgabe B9.2: Umlaufvermögen, Return on Investment

Eine in der Praxis gebräuchliche finanzwirtschaftliche Erfolgskennziffer ist der ROI (Return on Investment):

$$ROI = \frac{G}{GV}$$

wobei

G	Gewinn
GV	Gesamtvermögen (= Umlaufvermögen + Anlagevermögen)
UV	Umlaufvermögen
AV	Anlagevermögen

a) Typischerweise beträgt der Anteil des Umlaufvermögens am Gesamtvermögen 40%. Um wieviel % steigt der ROI, wenn das Umlaufvermögen um 25% gesenkt werden kann? (Nehmen Sie vereinfachend an, daß Gewinn und Anlagevermögen unverändert bleiben.)

b) Leiten Sie unter den in a) genannten Prämissen allgemein den Zusammenhang zwischen der Änderung des ROI um einen Anteil y und der Senkung des Umlaufvermögens um einen beliebigen Anteil x her, wobei u den Anteil des

Umlauf- am Gesamtvermögen bezeichnet. Stellen Sie diesen Zusammenhang graphisch dar.

Lösung

a) Man geht aus von

$$\frac{UV}{GV} = 0.4 \quad \text{bzw.} \quad GV = \frac{UV}{0.4}$$

und ermittelt

$$
\begin{aligned}
ROI_{neu} - ROI_{alt} &= \frac{G}{UV/0.4 - 0.25 \cdot UV} - \frac{G}{UV/0.4} \\[2mm]
&= \frac{G}{UV \cdot (1/0.4 - 0.25)} - \frac{G}{UV/0.4} \\[2mm]
&= \frac{G}{UV \cdot 2.25} - \frac{G}{UV \cdot 2.5} \\[2mm]
&= \frac{G \cdot 2.5 - G \cdot 2.25}{UV \cdot 2.25 \cdot 2.5} \\[2mm]
&= \frac{0.25}{2.25} \cdot \frac{G}{UV \cdot 1.5} \\[2mm]
&= 0.111 \cdot ROI_{alt}
\end{aligned}
$$

Aufgrund einer Reduzierung des Umlaufvermögens um 25% läßt sich unter den getroffenen Annahmen lediglich eine Steigerung des ROI um rund 11% erzielen.

b) Ähnlich wie in a) geht man aus von

$$ROI_{neu} - ROI_{alt} = \frac{G}{UV/u - x \cdot UV} - \frac{G}{UV/u}$$

und leitet daraus ab

$$ROI_{neu} - ROI_{alt} = ROI_{alt} \cdot \frac{x}{1/u - x} \quad \text{bzw.} \quad y = \frac{x}{1/u - x}$$

Dieser Zusammenhang ist in Abb. B9.2 für u = 0.4 graphisch dargestellt.

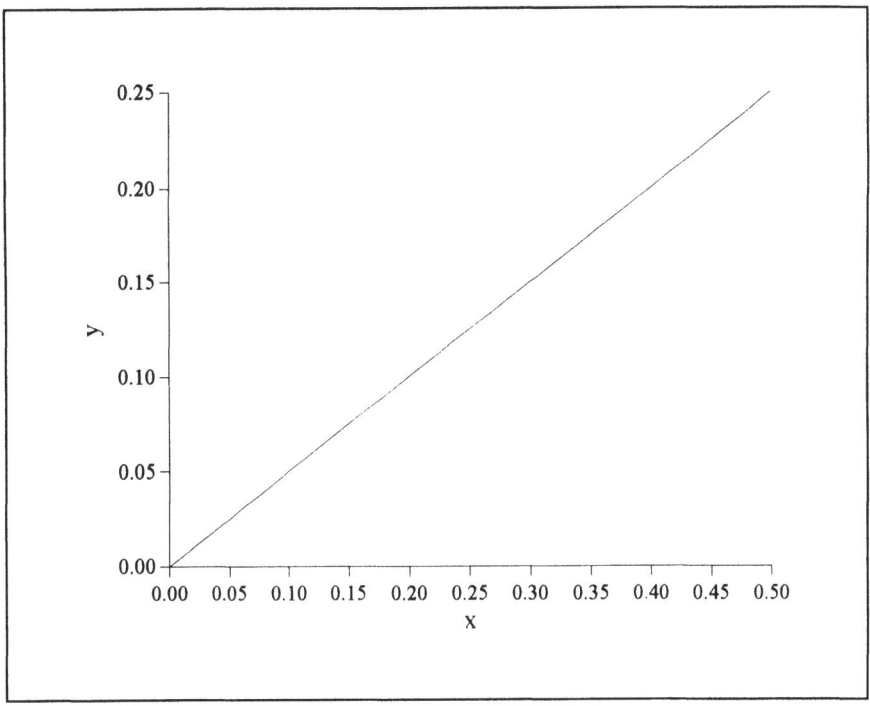

Abb. B9.2: Zusammenhang zwischen der Senkung des Umlaufvermögens und der Steigerung des ROI

Aufgabe B9.3: Beschaffungsorganisation

Der Beschaffung obliegt die Aufgabe, sämtliche materiellen und immateriellen Güter, die für die Erstellung und den Absatz der betrieblichen Leistungen benötigt werden, in der erforderlichen Qualität, im gewünschten Umfang und zum richtigen Zeitpunkt möglichst kostengünstig bereitzustellen. (Zu den folgenden Fragen vgl. Günther 1992a.)

a) Systematisieren Sie die Beschaffungsobjekte und -funktionen im Industriebetrieb.

b) Für welche Beschaffungsobjekte wird man in der Regel eigenständige organisatorische Einheiten bilden?

c) Welche Argumente sprechen für und welche gegen eine Zentralisierung der Beschaffungsfunktion?

d) Grenzen Sie den Aufgabenbereich der Logistik von demjenigen der Beschaffung bzw. des Einkaufs ab. Welche Berührungspunkte bzw. Überschneidungen bestehen?

Aufgabe B9.4: Kostenvergleich: Eigenerstellung - Fremdbezug

Der Jahresbedarf eines Zubehörteils beträgt 2000 Einheiten. Gegenwärtig können aufgrund von Kapazitätsengpässen jedoch nur 1000 Einheiten selbst hergestellt werden. Man hat sich daher nach geeigneten Lieferanten umgesehen, die den benötigten Jahresbedarf termin- und qualitätsgerecht befriedigen können. Lieferant A hat folgendes Angebot unterbreitet: Da einige produktionstechnische Vorbereitungen getroffen und spezielle Werkzeuge angeschafft werden müßten, ist unabhängig von der Auftragsmenge ein Fixum von 300 Geldeinheiten zu zahlen. Der Stückpreis beträgt 1.8 Geldeinheiten. Lieferant B, der das Zubehörteil bereits in größeren Stückzahlen herstellt, verlangt kein Fixum, räumt aber eine Rabattstaffel ein: die ersten 100 Einheiten der Auftragsmenge sind mit einem Stückpreis von 4 Geldeinheiten zu beziehen; für die nächsten 400 Einheiten gilt ein Stückpreis von 3 Geldeinheiten; für weitere 500 Einheiten beträgt der Stückpreis 2 Geldeinheiten; die über 1000 Einheiten hinausgehende Auftragsmenge kann zu einem Stückpreis von 1 Geldeinheit bezogen werden.

Wegen der Kapazitätsengpässe in der Eigenproduktion müssen zumindest 1000 Einheiten des Zubehörteils fremdbezogen werden. Die Unternehmung erwägt aber auch, das Zubehörteil vollständig fremd zu beziehen, da einerseits die variablen Kosten der Selbsterstellung von 2.2 Geldeinheiten als recht hoch empfunden werden und andererseits die freiwerdenden Kapazitäten anderweitig verwendet werden könnten. (Für den Fall, daß beide Lieferanten A und B bedacht werden, ist die Bezugsmenge gleichmäßig zwischen ihnen aufzuteilen.)

a) Wie kann die Unternehmung den Jahresbedarf von 2000 Einheiten am kostengünstigsten decken?

b) Der Jahresbedarf des Zubehörteils könnte sich in der Zukunft gravierend ändern. Auch könnten die Kapazitätsengpässe in der Eigenproduktion wegfallen. Welche Alternative der Materialversorgung sollte in Abhängigkeit von der Jahresbedarfsmenge gewählt werden? Stellen Sie den Kostenverlauf der beiden Fremdbezugsoptionen und der Selbsterstellung in Abhängigkeit von der Jahresbedarfsmenge vergleichend graphisch dar.

Lösung

a) Sinnvolle Entscheidungsalternativen lauten:

I:	jeweils 1000 Einheiten selbst herstellen bzw. bei Lieferant A beziehen
II:	jeweils 1000 Einheiten selbst herstellen bzw. bei Lieferant B beziehen
III:	jeweils 1000 Einheiten bei Lieferant A bzw. B beziehen
IV:	die gesamte Auftragsmenge bei Lieferant A beziehen

V: die gesamte Auftragsmenge bei Lieferant B beziehen

Aufgrund des nachfolgend aufgeführten Kostenvergleichs entscheidet man sich
für die Alternative V.

K(I) = 4300; K(II) = 4800; K(III) = 4700; K(IV) = 3900; K(V) = 3600

b) Die Kostenfunktionen der beiden Lieferanten A und B sowie der Eigenver-
sorgung E lauten in Abhängigkeit von der Auftragsmenge x:

K(A) = 300 + 1.8·x

K(B) = 4·x   (für   x ≤ 100)

K(B) = 400 + 3·(x-100)   (für 101 ≤ x ≤ 500)

K(B) = 1600 + 2·(x-500)   (für 501 ≤ x ≤ 1000)

K(B) = 2600 + 1·(x-1000)   (für 1001 ≤ x   )

K(E) = 2.2·x

Durch paarweises Gleichsetzen der Kostenfunktionen erhält man die kritischen Auftragsmengen und kann daraus folgende Empfehlung ableiten: bis 750
Einheiten lohnt sich die Eigenerstellung; bei einer Auftragsmenge zwischen
750 und 1625 Einheiten sollte Lieferant A bevorzugt werden. Bei noch höhe-
rem Jahresbedarf wäre Lieferant B am günstigsten. In Abb. B9.3 sind die Kostenfunktionen vergleichend dargestellt.

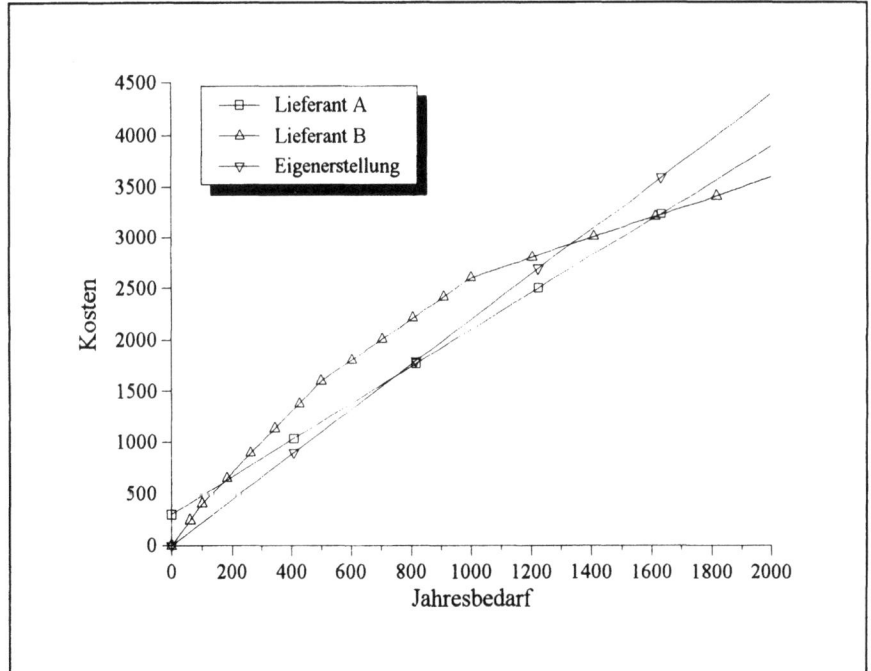

Abb. B9.3: Vergleich der Kostenfunktionen (Kosten in Tsd. Geldeinheiten)

Aufgabe B9.5: Investitionsrechnung: Eigenerstellung - Fremdbezug

Zur Montage eines Endproduktes wird ein bestimmtes Vorprodukt benötigt, das einbaufertig zu 150 Geldeinheiten je Stück von einem Lieferanten bezogen werden kann. Es besteht jedoch auch die Möglichkeit, dieses Vorprodukt rohbearbeitet zu 90 Geldeinheiten je Stück fremdzubeziehen und die Weiterbearbeitung zu Stückkosten von 30 Geldeinheiten selbst vorzunehmen. Die hierzu benötigten Produktionsanlagen müßten jedoch für 100000 Geldeinheiten gekauft werden. Als weitere Möglichkeit kommt die komplette Selbstherstellung des Vorproduktes in Frage. Hierbei belaufen sich die Stückkosten voraussichtlich auf 70 Geldeinheiten, und es sind 200000 Geldeinheiten in die Installation der benötigten Produktionsanlagen zu investieren.

Man geht davon aus, daß das Produkt 10 Jahre lang abgesetzt werden kann und daß die beschafften Produktionsanlagen nach dieser Zeit keinen Liquidationserlös mehr erbringen. Die Unternehmung rechnet mit einem Kalkulationszinssatz von 10%. (Zur Investitionsrechnung siehe Kruschwitz 1995, Kap. 2.3.2.3.3)

a) Da erhebliche Unsicherheit über die zukünftigen Absatzmengen des Endproduktes besteht, möchte die Unternehmungsleitung gerne wissen, wie die Wahl für den Fremdbezug bzw. die beiden Produktionsweisen des Vorproduktes in Abhängigkeit vom durchschnittlichen Jahresbedarf zu treffen ist. Stellen Sie Ihre Lösung graphisch dar.

b) Welche sonstigen Gesichtspunkte sprechen für oder gegen den Fremdbezug von wichtigen Vorprodukten?

Lösung

a) Der unbekannte durchschnittliche Jahresbedarf sei mit x bezeichnet. Für die Investitionsrechnung wird der Rentenbarwertfaktor bei einer Laufzeit von 10 Jahren und einem Kalkulationszinssatz von 10% benötigt. Er beträgt 6.145.

Für die drei Entscheidungsalternativen: I (einbaufertig fremdbeziehen), II (rohbearbeitet fremdbeziehen) und III (selbst herstellen) lauten die Barkapitalwerte in Abhängigkeit von dem durchschnittlichen Jahresbedarf:

$$BKW_I = 150 \cdot 6.145 \cdot x$$
$$BKW_{II} = 120 \cdot 6.145 \cdot x + 100000$$
$$BKW_{III} = 70 \cdot 6.145 \cdot x + 200000$$

Durch Gleichsetzen der Kapitalwertgleichungen erhält man die kritischen Jahresbedarfsmengen:

$$x_{I,II} = 542; \quad x_{I,III} = 407; \quad x_{II,III} = 325$$

Die Auswertung der Kapitalwertfunktionen zeigt, daß die Alternative II entweder durch Alternative I oder durch III dominiert wird. Ab einem durchschnittlichen Jahresbedarf von 407 Einheiten erweist sich die Alternative III (Selbstherstellung) als die günstigste. Bei geringerem Jahresbedarf sollte das Vorprodukt einbaufertig fremdbezogen werden (Alternative I). Diese Entscheidungsempfehlung ist auch aus Abb. B9.4 abzulesen.

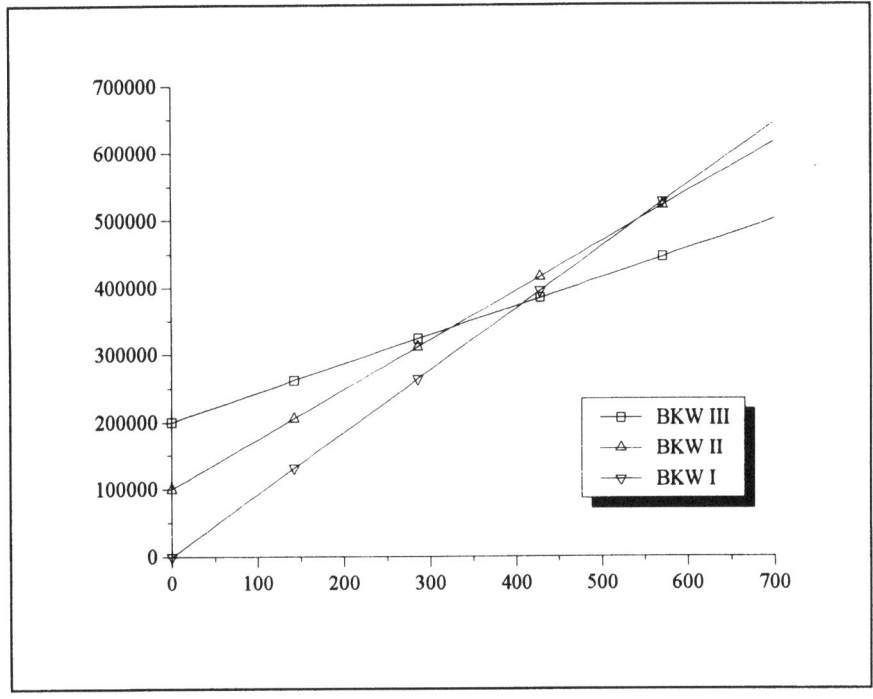

Abb. B9.4: Verlauf der Kapitalwertfunktionen

b) Für den Fremdbezug sprechen u.a. die folgenden Gründe: Reduzierung der Lagerbestände, Möglichkeit der Einführung von produktionssynchroner Anlieferung, größere Flexibilität, kein Investitionsrisiko, größere technische Spezialisierung der Zulieferer, keine eigenen Entwicklungstätigkeiten notwendig.

Für die Selbstherstellung lassen sich u.a. die folgenden Gründe anführen: Unabhängigkeit von Lieferanten, Verlängerung der Wertschöpfungskette, Verkürzung der Transportwege, Möglichkeit der Vermarktung des selbsthergestellten Vorproduktes.

Aufgabe B9.6: Optimaler Materialeinsatz

Zur Herstellung eines Endproduktes kann *alternativ* einer der drei Rohstoffe R1, R2 oder R3 eingesetzt werden. Aus jedem Rohstoff läßt sich *entweder* das

Vorprodukt V1 *oder* V2 gewinnen. Die beiden Vorprodukte können *entweder* zum Zwischenprodukt Z1 *oder* Z2 weiterverarbeitet werden. Im letzten Produktionsschritt wird aus dem jeweiligen Zwischenprodukt das Endprodukt E gewonnen. Das Entscheidungsproblem besteht darin, die kostengünstigste Herstellungsweise für das Endprodukt zu bestimmen, nämlich zu entscheiden, über welchen Rohstoff, welches Vor- und Zwischenprodukt die Herstellung des Endproduktes erfolgen soll.

In den folgenden Tabellen sind angegeben: (1) die Beschaffungskosten der Rohstoffe, (2) die Kosten der Weiterverarbeitung von Rohstoff R_i zum Vorprodukt V_j bzw. (3) vom Vorprodukt V_j zum Zwischenprodukt Z_k bzw. (4) vom Zwischenprodukt Z_k zum Endprodukt E.

(1)		(2)	V1	V2	(3)	Z1	Z2	(4)	E
R1	10	R1	2	4	V1	4	2	Z1	4
R2	12	R2	3	1	V2	2	3	Z2	6
R3	15	R3	1	2					

a) Stellen Sie das Entscheidungsproblem in Form eines Netzwerkes dar. Tragen Sie auch die Beschaffungs- bzw. Verarbeitungskosten in das Netzwerk ein.

b) Bestimmen Sie die kostengünstigste Herstellungsweise für das Endprodukt. Wie lauten die minimalen Stückkosten für das Endprodukt? Welcher Rohstoff, welches Vor- und Zwischenprodukt sollen eingesetzt werden?

c) Wie groß ist der Kostenunterschied zwischen der Herstellung des Endproduktes E aus dem Zwischenprodukt Z1 und dem Zwischenprodukt Z2?

d) Nehmen Sie an, die Beschaffungskosten für den Rohstoff R1 bleiben unverändert. Bei welchen Beschaffungskosten der Rohstoffe R2 und R3 ist der Entscheidungsträger indifferent in der Wahl der drei einzusetzenden Rohstoffe?

Lösung

a) Die Netzwerkdarstellung ist in Abb. B9.5 angegeben, wobei der Knoten M den Beschaffungsmarkt kennzeichnet.

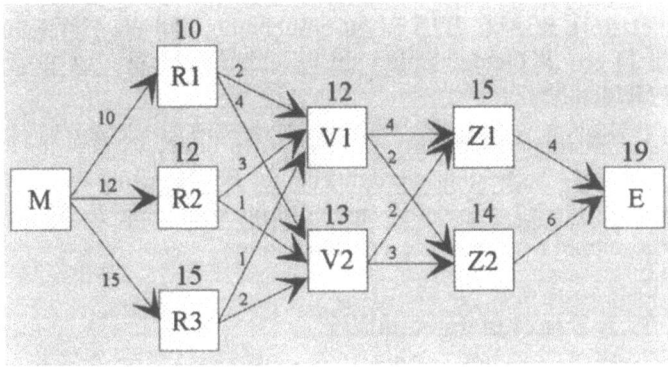

Abb. B9.5: Netzwerkdarstellung der Produktionsalternativen

b) Die kostengünstigste Herstellungsweise des Endproduktes läßt sich durch eine stufenweise Abarbeitung des in Abb. B9.5 dargestellten Netzwerkes ermitteln. Die Beschaffungskosten der Rohstoffe sind gegeben und werden in der nachfolgenden Tabelle in den ersten drei Zeilen notiert. Anschließend betrachtet man die drei Pfade (Herstellungsweisen), die zum Vorprodukt V1 führen, und stellt fest, daß man V1 zu Kosten von 10+2, 12+3 bzw. 15+1 herstellen kann. Man notiert in der nachfolgenden Tabelle die minimalen Kosten von 12 und R1 als zugehörigen Vorgängerknoten. Ähnlich geht man bezüglich V2 vor und notiert die minimalen Kosten von 13 und R2 als zugehörigen Vorgängerknoten. Im nächsten Schritt werden die beiden Zwischenprodukte betrachtet, wobei man nun von den zuvor ermittelten kostengünstigsten Herstellungsweisen der Vorprodukte V1 und V2 ausgehen kann. Z1 kann aus V1 bzw. V2 zu Kosten von 12+4 bzw. 13+2 gewonnen werden. Für Z2 gibt es zwei Herstellungsweisen mit Kosten von 12+2 bzw. 13+3. Man notiert für jedes Zwischenprodukt jeweils die kostengünstigste Zwischenlösung und erhält schließlich die kostengünstigste Herstellungsweise des Endproduktes E zu Kosten von 15+4=19. Durch Rückverfolgung des kostenminimalen Pfades an Hand der folgenden Tabelle bzw. des Netzwerkes aus Abb. B9.5 läßt sich die kostenminimale Zusammensetzung des Endproduktes ermitteln, nämlich R2-V2-Z1-E.

Produkt	Kosten	Vorgänger
R1	10	-
R2	12	-
R3	15	-
V1	12	R1
V2	13	R2
Z1	15	V2
Z2	14	V1
E	19	Z1

c) Dem Netzwerk in Abb. B9.5 ist zu entnehmen, daß die Herstellungsweise
(Z2-E) mit $14+6=20$ Geldeinheiten um 1 Geldeinheit teurer ist als (Z1-E) mit
$15+4=19$ Geldeinheiten.

d) Der kostenminimale Pfad führt über das Vorprodukt V2, das aus R1 zu Ko-
sten von $10+4=14$ hergestellt werden könnte. Bei Rohstoffkosten von 13 für
R2 bzw. von 12 für R3 würde sich unter Berücksichtigung der Kosten für die
Weiterverarbeitung Kostenindifferenz einstellen.

Aufgabe B9.7: Bestellmengenpolitik

In einem Industriebetrieb hat man die Bestellmengen und -kosten der in der
Produktion eingesetzten fremdbezogenen Produkte analysiert. Dabei wurde
u.a. festgestellt, daß man ein bestimmtes Rohmaterial, dessen Jahresbedarf
10000 Stück beträgt, jeweils vierteljährlich in annähernd gleich großen Bestellmengen disponiert hat. Fehlmengen traten in der Vergangenheit nicht auf, obwohl der Einsatz des Rohmaterials von Monat zu Monat Schwankungen von
$\pm 30\%$ unterworfen war. Der Beschaffungspreis betrug durchgehend 10 Geldeinheiten pro Stück.

Zur Ermittlung bestellfixer Kosten wurden bisher die Gesamtkosten der Ein-
kaufsabteilung (einschließlich aller Lohn-, Gebäude- und Einrichtungs- sowie
der laufenden Kosten) auf die Gesamtzahl der pro Jahr getätigten Bestellungen umgelegt. So kam man zu einem Fixbetrag von 200 Geldeinheiten pro Be-
stellvorgang. In ähnlicher Weise wurden die gesamten Jahreskosten des Lage-
rungsbereichs auf den durchschnittlichen Lagerbestand eines Jahres umgelegt.
Für das betrachtete Rohmaterial ergaben sich so Lagerkosten von drei Geldeinheiten pro gelagerter Mengeneinheit und Jahr. Hinzu kamen wertabhängige
Lagerkosten, die mit 10% p.a. in Bezug auf das im Lager gebundene Kapital
bemessen wurden.

a) Welche Jahreskosten ergeben sich für die Beschaffung des Rohmaterials
aufgrund der oben erläuterten Kostenkalkulation?

b) Welche Bestellmenge und welcher zeitliche Abstand zwischen zwei Bestellungen würde sich nach dem klassischen Bestellmengenmodell ("Wurzelfor-
mel") ergeben, wenn sowohl die mengenabhängigen Lagerkosten von drei
Geldeinheiten je Mengeneinheit und Jahr als auch die wertabhängigen Lagerkosten angesetzt werden? Welche Jahreskosten würden anfallen?

c) Nehmen Sie kritisch zur Anwendung des klassischen Bestellmengenmodells
in dem oben geschilderten Zusammenhang Stellung.

d) Systematisieren Sie allgemein die relevanten Beschaffungskosten (vgl. Günther 1991).

e) Skizzieren Sie ein hierarchisches Planungssystem zur Abstimmung von Bestell- und Liefermengenplanung (vgl. Günther 1991).

Lösung

a) Die eigentlichen Beschaffungskosten von 10000·10 Geldeinheiten sind entscheidungsirrelevant, da sie unabhängig von der Bestellmenge sind. Wird viermal pro Jahr bestellt, so fallen bestellfixe Kosten in Höhe von 200·4=800 Geldeinheiten an. Bei einer Bestellmenge von 10000/4=2500 beträgt der durchschnittliche Lagerbestand 1250. In den Lagerkostensatz von vier Geldeinheiten pro Jahr und Mengeneinheit fließen Kapitalbindungskosten von einer Geldeinheit (berechnet als 10% des Beschaffungspreises von 10 Geldeinheiten) und drei Geldeinheiten an mengenabhängigen Lagerkosten ein. Somit betragen die jährlichen Lagerkosten 1250·4=5000 Geldeinheiten. Es ergeben sich Gesamtkosten von 5800 Geldeinheiten pro Jahr.

b) Die optimale Bestellmenge beträgt nach dem klassischen Bestellmengenmodell:

$$q_{opt} = \sqrt{\frac{2 \cdot 200 \cdot 10000}{4}}$$

Demzufolge wird 10 mal pro Jahr bzw. ca. alle fünf Wochen bestellt. Die zugehörigen Gesamtkosten pro Jahr belaufen sich auf:

$$K_{opt} = 10 \cdot 200 + 4 \cdot 500 = 4000$$

c) Gegen die Anwendung des klassischen Bestellmengenmodells läßt sich folgende Kritik vorbringen: (1) Die Ansetzung der auf einer Vollkostenrechnung beruhenden Kalkulation der bestellfixen und der Lagerkosten widerspricht dem Prinzip der entscheidungsrelevanten Kosten. (2) Eine differenzierte Erfassung der Transport-, Lagerungs- und Handlingkosten wäre angebracht. (3) Implizit wurde eine Gleichsetzung von Bestell- und Liefermengen vorgenommen. (4) Etwaige Ressourcenbeschränkungen (Lager-, Handlingkapazität o.ä.) und die Konkurrenz mehrerer Lagergüter um gemeinsam genutzte Ressourcen wurden nicht berücksichtigt. (5) Das klassische Bestellmengenmodell unterstellt konstanten Bedarf, wohingegen im vorliegenden Fall zeitliche Bedarfsschwankungen auftreten. (Zu den Prämissen und sonstigen vereinfachenden Annahmen des klassischen Bestellmengenmodells vgl. u.a. Günther/Tempelmeier 1995, S. 204f. Zur Analyse der entscheidungsrelevanten Beschaffungskosten vgl. Günther 1991.)

d) Abb. B9.6 vermittelt eine Systematisierung der relevanten Beschaffungskosten.

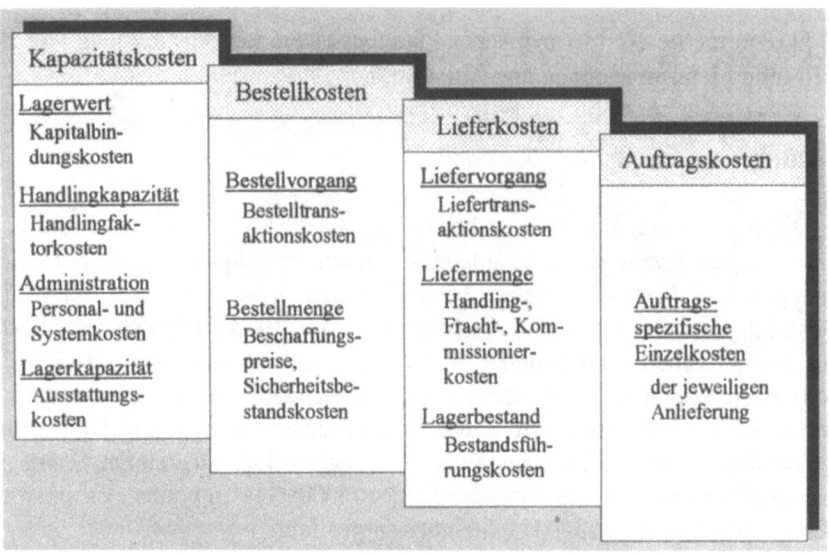

Abb. B9.6: Beschaffungskosten

e) In Abb. B9.7 ist ein hierarchisches Planungssystem zur Abstimmung von Be-
stell- und Liefermengenplanung dargestellt.

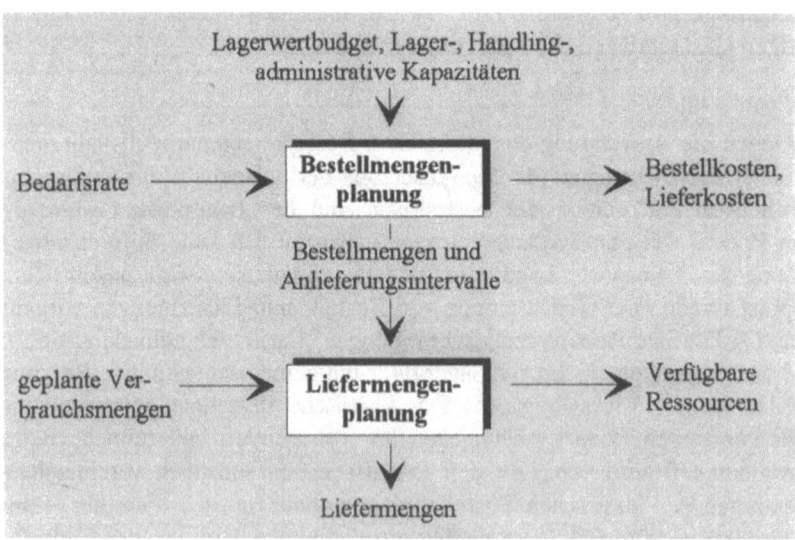

Abb. B9.7: Hierarchisches System der Bestell- und Liefermengenplanung

Aufgabe B9.8: JIT-Beschaffung

Der Just-in-Time-Gedanke wird in zunehmendem Maße auch auf den Beschaffungsbereich übertragen.

a) Welche Modalitäten der Materialversorgung werden üblicherweise zwischen Abnehmer und Zulieferer innerhalb eines Rahmenvertrages geregelt?

b) Nennen Sie die wichtigsten Merkmale der Beschaffung nach dem JIT-Prinzip.

c) Nennen Sie die Einsatzvoraussetzungen für eine produktionssynchrone Beschaffung.

d) Worin liegen die Vorteile einer JIT-Beschaffung gegenüber einem konventionellen Beschaffungssystem? Welche Nachteile bestehen?

e) Beschreiben Sie die Abwicklung einer produktionssynchronen Anlieferung im Vergleich zu einer konventionellen Materialanlieferung.

f) Welche Gründe sind Ihrer Meinung nach dafür ausschlaggebend, daß das JIT-Beschaffungskonzept gerade in der Automobilindustrie so weite Verbreitung gefunden hat?

Aufgabe B9.9: Auswahl JIT-geeigneter Vorprodukte

Die in der Produktion eingesetzten Vorprodukte sollen im Hinblick auf ihre Eignung für ein JIT-Beschaffungskonzept überprüft werden. Die folgende Tabelle enthält einige Angaben zu ausgewählten Vorprodukten. Welche der Vorprodukte sind gut, welche weniger gut für eine JIT-Beschaffung geeignet?

Vorprodukt	Verbrauch/ Jahr	Wert/ Stück	Prognose- fehler	Monatsverbrauch min.	max.
A	1000	10	mittel	50	80
B	20	50	hoch	0	6
C	300	2	hoch	10	40
D	2500	6	gering	180	240
E	400	3	mittel	25	45
F	1500	8	gering	100	150
G	100	5	mittel	3	13
H	50	4	hoch	0	20

Lösung

Grundsätzlich erscheinen solche Produkte JIT-geeignet, die einen gleichmäßigen und leicht prognostizierbaren Bedarf aufweisen. Darüber hinaus sollte man ein JIT-Konzept bevorzugt für Produkte mit einem hohen Verbrauchswert einsetzen. Im obigen Beispiel erscheinen die Produkte A, D und F besonders JIT-geeignet.

Aufgabe B9.10: Bestellmengenplanung bei Mengenrabatt

Der jährliche Bedarf für ein von einem Lieferanten bezogenes Vorprodukt beträgt D = 2000 Mengeneinheiten. Der fixe Bestellkostensatz beträgt s = 10 Geldeinheiten. Es wird mit einem Lagerkostenfaktor von v = 25% gerechnet. Der Lieferant offeriert drei mögliche Preise. Bis zu 800 Stück beträgt der Preis $p_3 = 2.00$ Geldeinheiten. Bei Bestellmengen zwischen 801 und 1400 sinkt der Preis auf $p_2 = 1.90$ Geldeinheiten, und bei Bestellmengen ab 1401 vermindert sich der Preis auf $p_1 = 1.85$ Geldeinheiten. Der jeweilige Preis bezieht sich immer auf die gesamte Bedarfsmenge. Bestimmen Sie für dieses Produkt die optimale Bestellmenge.

Lösung

Die zu minimierende Kostenfunktion lautet:

$$Z = p_i \cdot D + \frac{q \cdot p_i \cdot v}{2} + \frac{s \cdot D}{q}$$

mit

$$p_i = \begin{cases} 1.85, & 1400 < q \\ 1.90, & 800 < q \le 1400 \\ 2.00, & q < 800 \end{cases}$$

Für die Rabattklasse $i = 1$ lautet die Zielfunktion:

$$Z_1 = 1.85 \cdot 2000 + \frac{q \cdot 1.85 \cdot 0.25}{2} + \frac{10 \cdot 2000}{q}$$

Bei Gültigkeit des Beschaffungspreises von 1.85 Geldeinheiten ergibt sich als optimale Bestellmenge:

$$q_{1opt} = \sqrt{\frac{2 \cdot 10 \cdot 2000}{1.85 \cdot 0.25}} = 294.09$$

mit Gesamtkosten von Z = 3836.01 Geldeinheiten. Diese Bestellmenge liegt außerhalb der Rabattklasse und ist daher nicht zulässig. Die beste zulässige Bestellmenge für diese Rabattklasse (q = 1401) führt zu Gesamtkosten von Z = 4038.26 Geldeinheiten.

Für die Rabattklasse $i = 2$ lautet die Zielfunktion:

$$Z_2 = 1.90 \cdot 2000 + \frac{q \cdot 1.90 \cdot 0.25}{2} + \frac{10 \cdot 2000}{q}$$

Bei Gültigkeit des Beschaffungspreises von 1.90 Geldeinheiten beträgt die optimale Bestellmenge:

$$q_{2opt} = \sqrt{\frac{2 \cdot 10 \cdot 2000}{1.90 \cdot 0.25}} = 290.19$$

mit Gesamtkosten von $Z = 3937.84$ Geldeinheiten. Diese Bestellmenge liegt außerhalb der Rabattklasse und ist daher nicht zulässig. Die beste zulässige Bestellmenge für diese Rabattklasse ($q = 801$) führt zu Gesamtkosten von $Z = 4015.21$ Geldeinheiten.

Für die Rabattklasse $i = 3$ lautet die Zielfunktion:

$$Z_3 = 2.00 \cdot 2000 + \frac{q \cdot 2.00 \cdot 0.25}{2} + \frac{10 \cdot 2000}{q}$$

Bei Gültigkeit des Beschaffungspreises von 2.00 Geldeinheiten beträgt die optimale Bestellmenge:

$$q_{3opt} = \sqrt{\frac{2 \cdot 10 \cdot 2000}{2.00 \cdot 0.25}} = 282.84$$

mit Gesamtkosten von $Z = 4141.42$ Geldeinheiten. Diese Bestellmenge liegt innerhalb der Rabattklasse und ist daher zulässig.

Vergleichen wir nun die kostengünstigsten Bestellmengen der einzelnen Rabattklassen, dann ergibt sich als optimale Bestellmenge $q_{opt} = 801$ mit Gesamtkosten von 4015.21 Geldeinheiten. Der Beschaffungspreis beträgt 1.90 Geldeinheiten. Der Verlauf der drei Kostenfunktionen ist in Abb. B9.8 wiedergegeben.

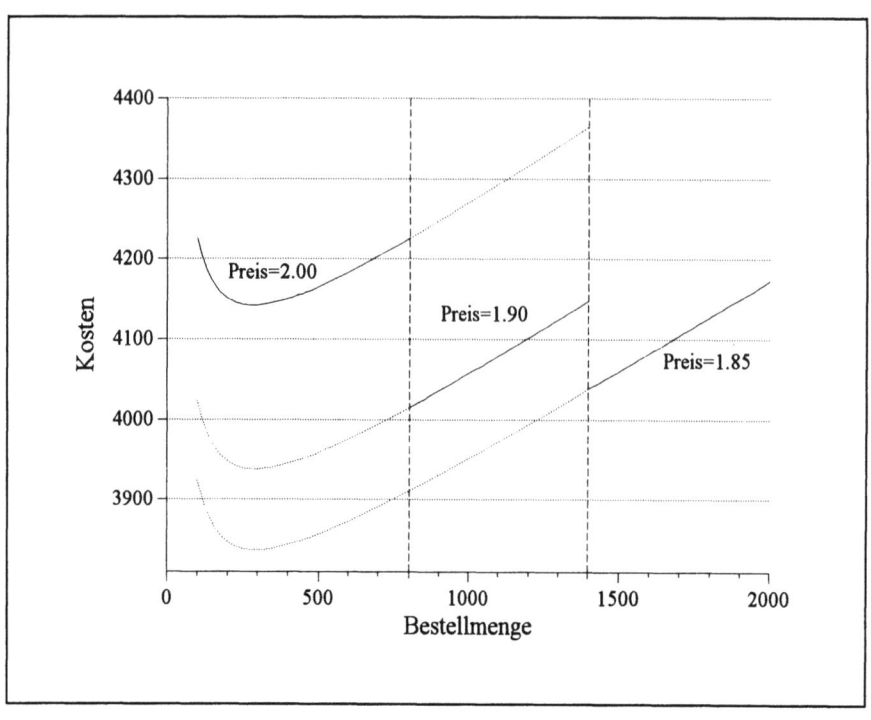

Abb. B9.8: Rabattabhängige Kostenfunktionen

Aufgabe B9.11: Bestellmengenplanung mit Lagerflächenrestriktion

In einem Lager werden drei Produkte bevorratet, für die jeweils ein kontinuierlicher Bedarf auftritt. Die Periodenbedarfsmengen D_k, die bestellfixen Kosten s_k, die Lagerkostensätze h_k und die Lagerflächenbedarfe w_k (m^2/ Mengeneinheit) der Produkte sind in der folgenden Tabelle angegeben:

Produkt	Bestellfixe Kosten	Bedarfs-menge	Lager-kosten	Flächen-bedarf
1	80	3	0.22	25
2	50	5	0.15	18
3	110	2	0.28	32

a) Wie hoch sind die optimalen Bestellmengen der drei Produkte, wenn die durch die Produkte durchschnittlich in Anspruch genommene Lagerfläche W 1000 m^2 nicht überschreiten darf?

b) Wie beeinflussen die Annahmen über den zeitlichen Verlauf des Lagerbestandes die Berechnung der Beanspruchung der Lagerfläche in dem Mehr-Produkt-Bestellmengenmodell mit beschränkter Kapazität?

Lösung

a) Wird für jedes Produkt die optimale klassische Bestellmenge ermittelt, dann ergibt sich eine Überschreitung der Lagerflächenrestriktion um 737.75 m²; denn die optimalen Bestellmengen betragen nach der klassischen Bestellmengenformel 46.71, 57.74 und 39.64 Mengeneinheiten. Multipliziert man die mittleren Lagerbestände mit den Flächenbedarfen w_k, dann erhält einen mittleren Lagerplatzbedarf von $3475/2 = 1737.5$ m².

Zur Lösung des Problems setzen wir das Mehrprodukt-Bestellmengenmodell unter Berücksichtigung einer Kapazitätsbeschränkung ein. Dabei verwenden wir folgende Symbole:

Daten:

D_k	mittlere Periodenbedarfsmenge für Produkt k
h_k	Lagerkostensatz für Produkt k
k	Index der Produkte (k = 1,2,...,K)
s_k	fixer Bestellkostensatz für Produkt k
w_k	durschnittlicher Lagerflächenbedarf pro Mengeneinheit des Produktes k
W	verfügbare Lagerfläche

Entscheidungsvariablen:

q_k	Bestellmenge für Produkt k

Das Modell lautet dann:

Minimiere

$$\sum_{k=1}^{K} \left[\frac{h_k \cdot q_k}{2} + \frac{s_k \cdot D_k}{q_k} \right]$$

unter der Nebenbedingung

$$\sum_{k=1}^{K} w_k \cdot q_k \leq W$$

Die Größe w_k beschreibt den linearen Zusammenhang zwischen der Bestellmenge des Produktes k und dem resultierenden Flächenbedarf. Es wird angenommen, daß der in der Nebenbedingung anzurechnende Flächenbedarf eines Produktes durchschnittlich der halben Bestellmenge entspricht. Für Produkt 1 ergibt sich z.B. $w_1 = 12.5$.

Die Lösung des Modells erfolgt mit dem Verfahren der Lagrange'schen Optimierung. Für das Produkt k beträgt die optimale Bestellmenge:

$$q_{kopt} = \sqrt{\frac{2 \cdot s_k \cdot D_k}{h_k + 2 \cdot \lambda_{opt} \cdot w_k}}$$

wobei λ den Lagrange-Multiplikator darstellt. Ist der optimale Wert λ_{opt} des Lagrange-Multiplikators bekannt, dann können die optimalen Bestellmengen berechnet werden.

Zur Bestimmung des optimalen Lagrange-Multiplikators eignet sich ein systematisches Suchverfahren, das mit Hilfe folgender Tabelle dargestellt wird:

Extern festge-legter Wert	Resultierende produktbezogene Bestellmengen			
λ	q_1	q_2	q_3	Abweichung
0	46.71	57.74	39.64	737.75
0.01	25.82	31.81	21.87	-41.04
0.009	26.77	32.48	22.67	-10.34
0.0085	27.28	33.11	23.11	8.75
0.00875	27.07	32.85	22.93	0.91
0.008725	27.05	32.83	22.91	0.2

Bei einem Wert von $\lambda = 0.008725$ stellen wir die Berechnungen ein. Hätte man den optimalen λ-Wert bereits am Anfang des Verfahrens gekannt, dann hätte man diesen in die Lösungsgleichungen für die Bestellmengen einsetzen und die optimalen Bestellmengen direkt bestimmen können. Der Lagrange-Multiplikator wirkt formal wie eine Erhöhung der Lagerkostensätze der Produkte.

b) Die genaue Belegung der Lagerfläche hängt von der zeitlichen Verteilung der Bestellungen ab. Dies zeigt die folgende Tabelle, in der die nächstgelegenen ganzzahligen, durch den Periodenbedarf teilbaren Werte der optimalen Bestellmengen (27, 30 und 22) sowie Lageranfangsbestände von 27, 20 und 10 verwendet wurden.

Periode	Lagerbestand			Flächenbedarf gesamt
	b_{1t}	b_{2t}	b_{3t}	
1	27	20	10	1355
2	24	15	8	1126
3	21	10	6	897
4	18	5	4	668
5	15	0	2	439
6	12	30	0	840
7	9	25	22	1379
8	6	20	20	1150
9	3	15	18	921
10	0	10	16	692
11	27	5	14	1213
12	24	0	12	984
13	21	30	10	1385
14	18	25	8	1156
15	15	20	6	927

Man erkennt ausgeprägte Schwankungen der produktbezogenen Lagerbestände. Die resultierende Flächenbelegung des Lagers ist in Abb. B9.9 dargestellt. Die unterschiedlichen produktspezifischen Bestellmengen führen dazu, daß sich der Lagerbestand eines jeden Produktes unabhängig von den Beständen der anderen Produkte entwickelt.

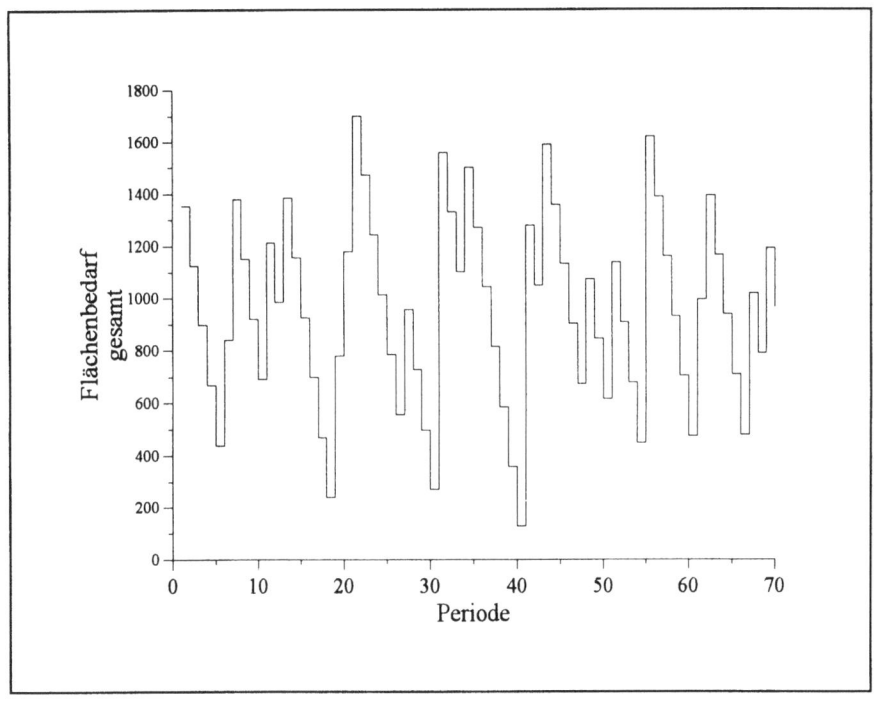

Abb. B9.9: Flächenbedarf

Die verfügbare Lagerfläche wird in einigen Perioden erheblich überschritten, da die Restriktion sich auf die *durchschnittlich* belegte Lagerfläche bezieht. Die praktische Anwendung des Modells ist z.B. dann sinnvoll, wenn für diejenigen Mengeneinheiten, deren Flächenbedarf die vorhandene Lagerfläche überschreitet, kurzfristig Lagerraum angemietet werden muß.

Die Überlagerung der produktbezogenen Bestellzyklen führt tendenziell zu einer Verringerung der Schwankungen des Lagerflächenbedarfs. Es ist zu erwarten, daß das Problem der Nicht-Einhaltung der Lagerflächenrestriktion mit zunehmender Anzahl von Produkten geringer wird.

Literaturhinweise

Arnolds/Heege/Tussing (1993)
Chase/Aquilano (1992, Kap. 16)
Günther (1991)
Pfohl (1994)
Schulte (1994)
Tersine (1994, Kap. 6)
Wildemann (1995)

Teil C

Operatives Produktionsmanagement - Programme zur Ausschöpfung der Leistungspotentiale

Die Hauptaufgabe des operativen Produktionsmanagements besteht darin, zur Ausschöpfung jener Leistungspotentiale beizutragen, die zuvor durch die Entscheidungen der taktischen Planungsebene geschaffen wurden. Dazu sind Programme aufzustellen, in denen die Nutzung der Produktionskapazitäten und die Aufschlüsselung des Produktionsprogramms für einen mittel- bis kurzfristigen Zeitraum vorausgeplant werden. Auf diese Weise vollzieht sich ein weiterer Schritt zur allmählichen Erreichung der strategischen Ziele. Die laufende Überwachung der Zielerreichung ist ein unerläßlicher Begleitprozeß. In einem hierarchischen Planungssystem bilden operative Entscheidungen das Bindeglied zwischen der Ressourcenbereitstellung und dem Vollzug des Produktionsgeschehens. Sie gehen somit der unmittelbaren Produktionsveranlassung voraus und sollen gewährleisten, daß die von den Kundenaufträgen ausgehende Nachfrage innerhalb der vorgegebenen Produktionskapazitäten und der kurzfristig realisierbaren Kapazitätserweiterungen befriedigt werden kann.

In der operativen Planungsebene bestehen enge Wechselwirkungen zwischen der Produktion und angrenzenden Funktionsbereichen, wie z.B. der Beschaffung und der Distribution. Die Logistik ist als Querschnittfunktion auf die Koordination der gesamten Materialflüsse von der Anlieferung des Rohmaterials bis zur Auslieferung der fertigen Erzeugnisse gerichtet. Die operative Produktionsplanung ist daher stets in eine logistische Gesamtbetrachtung eingebettet.

10. Aufgaben und Inhalt der operativen Planungsebene

Kernpunkte des operativen Produktionsmanagements bilden einerseits die Beschäftigungsglättung, die das Ziel verfolgt, unterschiedliche Kapazitätsbeanspruchungen im Jahresverlauf auszugleichen, und andererseits die Hauptproduktionsprogrammplanung, die festlegt, welche konkreten Endprodukte in den einzelnen Perioden des unmittelbar anstehenden Planungszeitraumes produziert werden sollen. Nachfrageprognosen sind unverzichtbar, wenn es darum geht, sich voraus-

schauend auf die zukünftigen Belastungssituationen der Produktion einzustellen
und rechtzeitig Anpassungsmaßnahmen einzuleiten.

Verständnis- und Diskussionsfragen

1. Diskutieren Sie mögliche Zielkonflikte zwischen Produktion, Beschaffung, Logistik, Vertrieb und Controlling. Welche organisatorischen Konzepte könnten dazu beitragen, um derartige Zielkonflikte zu lösen?

2. Nehmen Sie Stellung zu der Aussage: "Zur Erstellung eines Produktionsplanes sind möglichst detaillierte Daten für sämtliche von der Produktionsplanung berührten Bereiche und Planungsaufgaben erforderlich."

3. Erklären Sie, warum Entscheidungsmodelle zur Beschäftigungsglättung und zur Hauptproduktionsprogrammplanung eine ähnliche Formalstruktur, aber unterschiedliche Sachinhalte aufweisen.

4. Erläutern Sie die Schnittstellen zwischen der Hauptproduktionsprogrammplanung und der Beschäftigungsglättung. Wie können Sie sich die Abstimmung zwischen diesen beiden Planungsbereichen innerhalb eines integrierten Planungssystems vorstellen?

Übungsaufgaben

Aufgabe C10.1: Programmplanungsebenen

a) Grenzen Sie ab: *Beschäftigungsglättung* und *Hauptproduktionsprogrammplanung* hinsichtlich des Planungszweckes, des Aggregationsgrades, des Planungshorizontes sowie der beteiligten Managementebene (siehe Günther/Tempelmeier 1995, Kap. 8).

b) Nennen Sie die wichtigsten Entscheidungsvariablen der beiden angesprochenen Planungsbereiche.

c) Ordnen Sie die beiden Planungsbereiche in ein hierarchisches System der Produktionsplanung ein und machen Sie die Schnittstellen zwischen den einzelnen Planungsbausteinen deutlich.

Aufgabe C10.2 Datenbereitstellung

a) Welche Daten werden zur *Beschäftigungsglättung* bzw. *Hauptproduktionsprogrammplanung* benötigt?

b) Aus welchen unternehmungsinternen und -externen Quellen erhält man diese Daten?

c) Welche Anforderungen werden an die Genauigkeit der Daten gestellt?

Aufgabe C10.3: Kapazitätsangebot und -bedarf

a) Welche Faktoren beeinflussen das Kapazitätsangebot und den Kapazitätsbedarf eines Industriebetriebes?

b) Wie lassen sich die saisonalen Schwankungen des Kapazitätsangebotes und des Kapazitätsbedarfs erklären?

c) Welche Mittel sind geeignet, um Kapazitätsbedarf und Kapazitätsangebot in Dienstleistungsorganisationen aufeinander abzustimmen?

d) Welche grundsätzlichen Möglichkeiten gibt es für einen Produktionsbetrieb, sich an saisonale Nachfrageschwankungen anzupassen?

Aufgabe C10.4: Rollende Planung

a) Aus welchen Gründen geht man bei der operativen Produktionsplanung in der Regel in *rollender Planung* vor? (Zum Prinzip der rollenden Planung vgl. Schneeweiß 1992, Kap. 3.1).

b) Welche Gründe sprechen für und welche gegen eine interaktive (in unregelmäßigen Abständen erfolgende) Neuplanung im Vergleich zu einer Neuplanung, die periodisch (in starren Abständen) durchgeführt wird?

Aufgabe C10.5: Prognoseinformationen

a) Welche Auswirkungen haben ungenaue Nachfrageprognosen auf die operative Produktionsplanung?

b) In der Praxis verzichtet man häufig auf systematische Nachfrageprognosen und greift stattdessen auf subjektive Nachfrageschätzungen der Vertriebsabteilung zurück. Dabei wird die Nachfrage vielfach deutlich überschätzt. Worauf führen Sie dies zurück?

c) Bei der Nachfrageprognose stellt man fest, daß ein Teil der zukünftigen Nachfrage bereits durch eingegangene Kundenaufträge abgedeckt ist. Im allgemeinen nimmt dieser Anteil mit zunehmendem Prognoseabstand ab bzw. erreicht den Nullwert. Welche Rückschlüsse ziehen Sie daraus für die Ausgestaltung eines Prognosesystems, das Ausgangsdaten für die Kapazitäts- und Programmplanung liefern soll?

Literaturhinweise

Drexl/Fleischmann/Günther/Stadtler/Tempelmeier (1994)
Günther (1989, Kap. 2 und 3)
Günther/Tempelmeier (1995)
Schneeweiß (1993)
Zäpfel (1982)

11. Nachfrageprognose

Planung bedeutet stets die Vorbereitung von Entscheidungen im Hinblick auf das zukünftige Betriebsgeschehen. Darin eingebettet sind Prognosen, in denen die Erwartungen über die entscheidungsrelevanten Umweltentwicklungen zum Ausdruck kommen. Prognoseinformationen, insbesondere Nachfrageprognosen stellen wichtige Ausgangsdaten für die Produktionsplanung dar. Prognosen können einerseits subjektiv aufgrund von persönlichen Erfahrungen oder mit Hilfe geeigneter quantitativer Prognoseverfahren gewonnen werden. Die in der operativen Produktionsplanung sowie in der Materialbedarfsplanung eingesetzten Prognoseverfahren beruhen überwiegend auf mathematisch/statistischen Grundlagen, insbesondere auf Zeitreihenmodellen.

Die Ergebnisse der Nachfrageprognose werden in verschiedenen Phasen der Produktionsplanung und -steuerung eingesetzt. Aggregierte mehrperiodige Nachfrageprognosen werden als Vorstufe der Beschäftigungsglättung in enger Abstimmung mit dem Marketingbereich durchgeführt. Der Prognosezeitraum erstreckt sich dabei im allgemeinen über mehrere Jahre. Aber auch zur Versorgung der Hauptproduktionsprogrammplanung mit Prognoseinformationen und bei der verbrauchsorientierten Materialbedarfsplanung kommen Prognoseverfahren zum Einsatz.

Verständnis- und Diskussionsfragen

1. Für welche produktionswirtschaftlichen Entscheidungen benötigt man Nachfrage- bzw. Bedarfsprognosen?

2. Welche Anforderungen werden aus praktischer Sicht an Prognoseverfahren gestellt?

3. Nehmen Sie Stellung zu der Aussage: "Die Prognose der Nachfrage ist umso fehlerhafter, je stärker bei der Wahl der Prognoseobjekte aggregiert wird."

4. Nehmen Sie Stellung zu der Aussage: "Die Prognosegenauigkeit der Nachfrage nimmt mit zunehmendem Prognosehorizont ab."

5. Nehmen Sie Stellung zu der Aussage: "Die Prognosegenauigkeit der Nachfrage nimmt mit kürzer werdenden Teilperioden ab (z.B. beim Übergang von Monats- zu Wochenprognosen)."

6. In vielen Branchen ist zu beobachten, daß sich die Innovationszyklen zusehends verkürzen. Parallel dazu verkürzt sich die Lebensdauer vieler industrieller Erzeugnisse. Welche Schwierigkeiten ergeben sich daraus für die praktische Anwendung quantitativer Prognoseverfahren?

Übungsaufgaben

Aufgabe C11.1: Prognoseverfahren

a) Systematisieren Sie die gängigen Prognoseverfahren.

b) Welche Arten von Nachfrageentwicklungen sind prognostizierbar, welche sind nicht prognostizierbar?

c) Nennen Sie die wichtigsten Faktoren, die den Nachfrageverlauf eines Produktes beeinflussen.

d) Beschreiben Sie die einzelnen Schritte, die zur Prognose einer Zeitreihe durchzuführen sind.

Aufgabe C11.2: Zeitreihenanalyse

In einer Unternehmung wurden in den vergangenen drei Jahren die folgenden Nachfragewerte beobachtet:

Monat	1	2	3	4	5	6	7	8	9	10	11	12
Jahr 1	42	59	57	55	60	71	95	107	58	77	64	124
Jahr 2	66	61	84	76	84	123	37	153	80	103	63	137
Jahr 3	75	58	72	88	82	127	165	165	92	222	65	144

(Lösungshinweise für diese Übungsaufgabe enthalten die Ausführungen bei Makridakis/Wheelwright 1989, S. 95ff, Mertens 1994 sowie Silver/Peterson 1985, S. 115ff.)

a) Stellen Sie die Zeitreihe graphisch dar.

b) Lassen sich irgendwelche besonderen Unregelmäßigkeiten in der Entwicklung der Zeitreihe feststellen? Wodurch können besondere Unregelmäßigkeiten im Nachfrageverlauf verursacht werden?

c) Liegt Saisonalität vor?

d) Liegt ein Trend vor?

e) Welchen Nachfragewert würden Sie für Januar und Juni des folgenden Jahres prognostizieren?

Lösung

a) Die Entwicklung der Nachfragezeitreihe ist in Abb. C11.1 dargestellt. Man erkennt starke Ausschläge der Nachfrage, die scheinbar regelmäßig verlaufen.

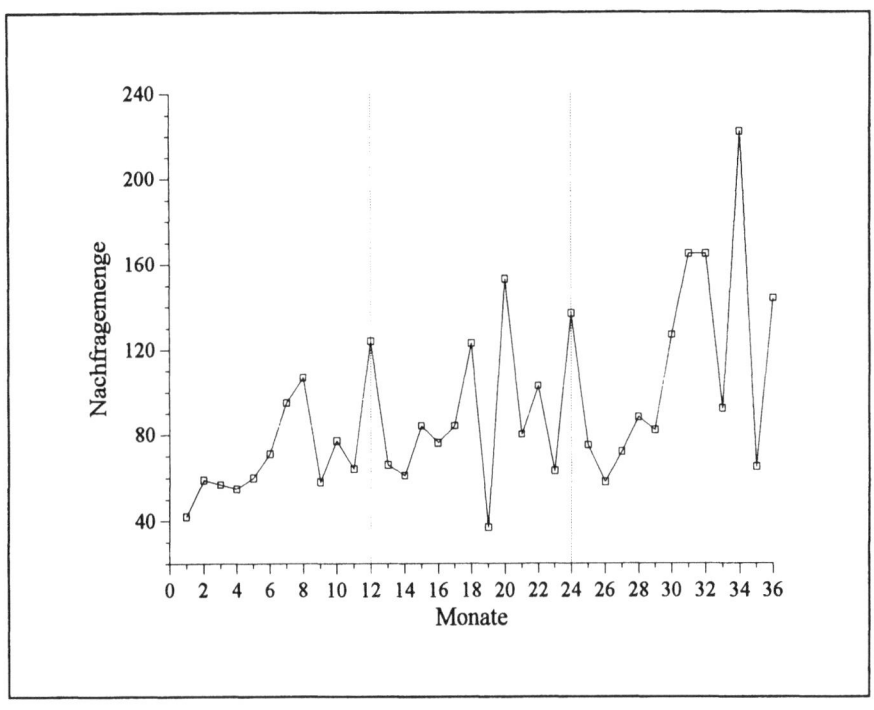

Abb. C11.1: Nachfragezeitreihe über 36 Monate

Um die vermuteten saisonalen Schwankungen der Nachfrage sichtbar zu machen, werden die Nachfrageverläufe während der drei Jahre überlagert dargestellt (siehe Abb. C11.2).

b) In Abb. C11.2 erkennt man zwei "Ausreißer": Die Nachfrage im Monat 7 des zweiten Jahres ist ungewöhnlich niedrig, während die Nachfrage im Monat 10 des dritten Jahres ungewöhnlich hoch ist. Unregelmäßigkeiten im Nachfrageverlauf können durch besondere Ereignisse verursacht werden, z.B. durch Streik, politische Ereignisse, Schlechtwetterperioden, Werbekampagnen, Rezensionen in der Fachpresse, Warentests, Gesetzesänderungen usw.

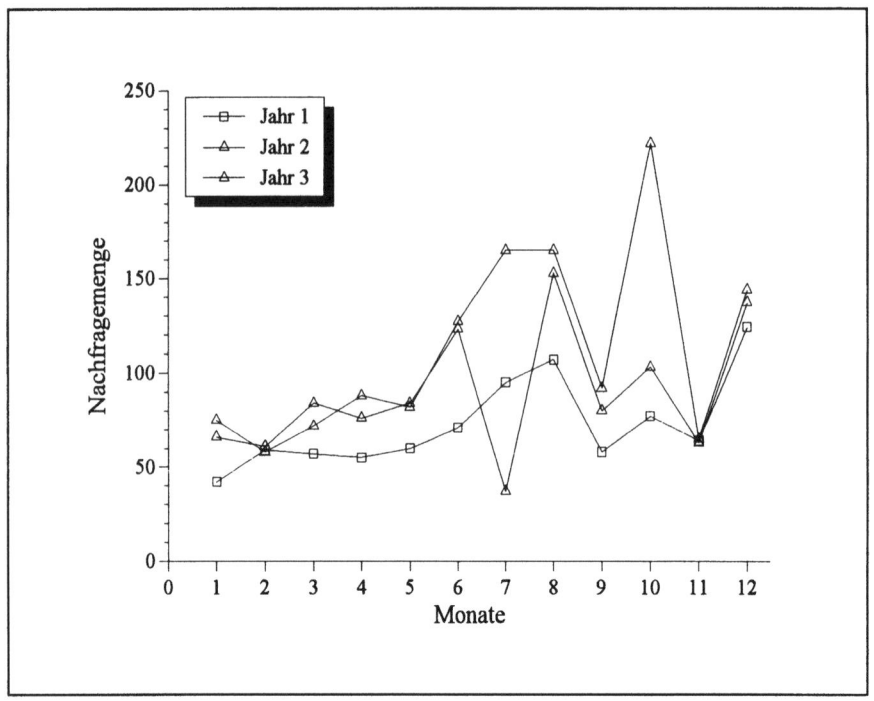

Abb. C11.2: Nachfragezeitreihen für drei aufeinanderfolgende Jahre

c) Offensichtlich ist die Nachfrageentwicklung durch saisonale Einflüsse geprägt. Zur Saisonbereinigung der Zeitreihe werden die folgenden sechs Schritte durchlaufen, deren Ergebnisse weiter unten in Tabelle C11.1 zusammengefaßt sind:

Schritt (1): Es wird ein gleitender Durchschnitt über P Perioden gebildet, wobei P die Anzahl der Perioden in dem vermuteten Saisonzyklus bezeichnet. In unserem Beispiel verwenden wir P = 12.

Schritt (2): Bei einer geraden Anzahl von Perioden je Saisonzyklus steht der zuvor berechnete gleitende Durchschnitt logisch zwischen zwei Perioden (bei P = 12 zwischen den Perioden 6 und 7). Durch die Bildung zentrierter gleitender 12-Perioden-Durchschnitte aus dem Mittelwert zweier benachbarter unzentrierter Durchschnittswerte lassen sich die gleitenden Durchschnitte periodengenau einordnen.

Schritt (3): Es können nun für jede Periode vorläufige Saisonfaktoren als Quotient aus dem Nachfragewert einer Periode und dem zugehörigen zentrierten gleitenden 12-Perioden-Durchschnitt gebildet werden.

Schritt (4): Nachdem man zuvor einige "Ausreißer" festgestellt hat, liegt es nahe, derartige Perioden aus der weiteren Betrachtung auszuschließen. Liegen

Vergangenheitsdaten über hinreichend viele Saisonzyklen vor, so könnte man für jeden Kalendermonat den geringsten und den höchsten Wert der jeweiligen Saisonfaktoren für die weiteren Rechenschritte eliminieren. Da in unserem Beispiel lediglich Vergangenheitsdaten über drei Saisonzyklen vorliegen, könnte man die "Ausreißer" durch plausible Schätzwerte ersetzen. Um die Auswirkungen derartiger "Ausreißer" zu zeigen, behalten wir jedoch im folgenden die ursprünglichen Werte bei.

Schritt (5): Die zu ein und demselben Kalendermonat gehörigen Saisonfaktoren werden gemittelt.

Schritt (6): Eigentlich sollten die Saisonfaktoren über die Monate eines Jahres die Summe 12 ergeben. Tatsächlich ist dies i.d.R. nicht der Fall. Daher sind die Saisonfaktoren zu normalisieren. Dies geschieht, indem jeder Saisonfaktor mit einem Korrekturfaktor multipliziert wird, der sich aus dem Quotienten des Sollwertes 12 (bzw. 24 bei zwei Jahren) und der tatsächlichen Summe der Saisonfaktoren ergibt.

d) Aus den in c) gewonnenen Ergebnissen läßt sich ablesen, daß die Nachfrageentwicklung nicht nur durch saisonale Einflüsse, sondern auch durch einen Trendanstieg geprägt ist. Der Trend verläuft annähernd linear. Zur Schätzung des Trendeinflusses werden zwei weitere Rechenschritte durchlaufen:

Schritt (7): Die Nachfragewerte werden saisonbereinigt. Hierzu wird für jeden Monat der Quotient aus Nachfragewert und zugehörigem Saisonfaktor gebildet.

Schritt (8): Die lineare Regression der saisonbereinigten Nachfragewerte über die betrachteten 36 Monate ergibt eine Trendgerade mit dem Grundwert $a_0 = 61.19$ und dem Anstieg $b_0 = 1.62$.

Monat	Nach-frage-menge	12-Monats-Durch-schnitt	zentrierter 12-Monats-Durchschnitt	vorläufiger Saisonfaktor	mittlerer Saisonfaktor	normali-sierter Saisonfaktor
1	42					0.80
2	59					0.67
3	57					0.86
4	55					0.86
5	60					0.85
6	71	72.42				1.27
7	95	74.42	73.42	1.29	0.85	0.86
8	107	74.58	74.50	1.44	1.57	1.59
9	58	76.83	75.71	0.77	0.83	0.84
10	77	78.58	77.71	0.99	1.07	1.09
11	64	80.58	79.58	0.80	0.75	0.76
12	124	84.92	82.75	1.50	1.52	1.53
13	66	80.08	82.50	0.80	0.80	0.80
14	61	83.92	82.00	0.74	0.66	0.67
15	84	85.75	84.83	0.99	0.85	0.86
16	76	87.92	86.83	0.88	0.85	0.86
17	84	87.83	87.88	0.96	0.84	0.85
18	123	88.92	88.38	1.39	1.26	1.27
19	37	89.67	89.29	0.41	0.85	0.86
20	153	89.42	89.54	1.71	1.57	1.59
21	80	88.42	88.92	0.90	0.83	0.84
22	103	89.42	88.92	1.16	1.07	1.09
23	63	89.25	89.33	0.71	0.75	0.76
24	137	89.58	89.42	1.53	1.52	1.53
25	75	100.25	94.92	0.79	0.80	0.80
26	58	101.25	100.75	0.58	0.66	0.67
27	72	102.25	101.75	0.71	0.85	0.86
28	88	112.17	107.21	0.82	0.85	0.86
29	82	112.33	112.25	0.73	0.84	0.85
30	127	112.92	112.63	1.13	1.26	1.27
31	165					0.86
32	165					1.59
33	92					0.84
34	222					1.09
35	65					0.76
36	144					1.53

Tab. C11.1: Ergebnisse der Zeitreihenanalyse

In Abb. C11.3 sind die Nachfragezeitreihe, die saisonbereinigten Nachfrage-werte sowie die Trendgerade vergleichend dargestellt.

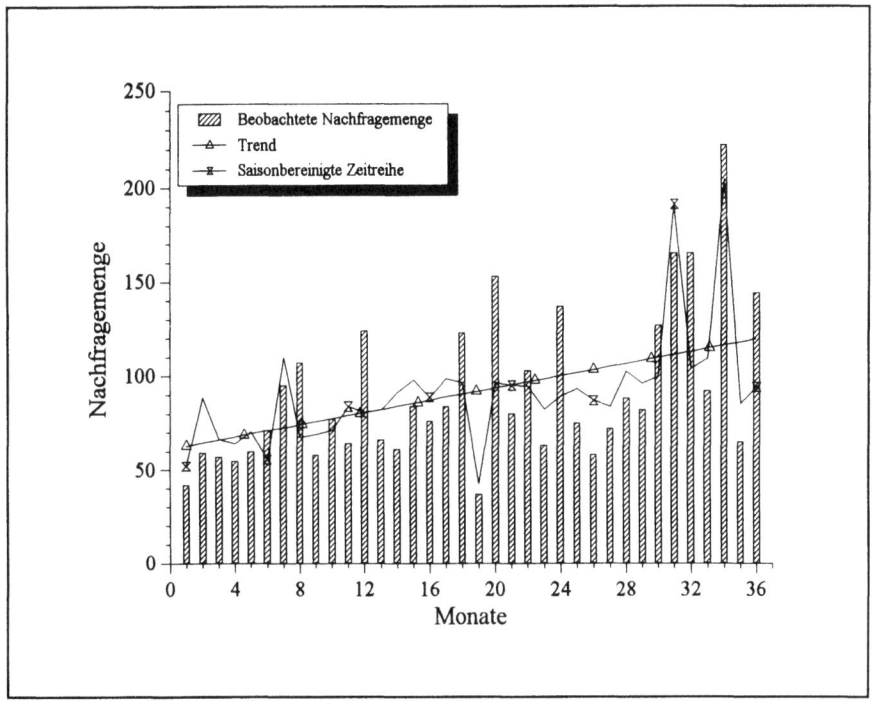

Abb. C11.3: Nachfrageentwicklung, saisonbereinigte Nachfrage und Trendgerade

e) Aufgrund des analysierten Bildungsgesetzes der Nachfrage würde man für den Januar und Juni des folgenden Jahres (die laufenden Perioden 37 und 42) die folgenden Nachfragewerte prognostizieren:

$$P_{37} = (a_{36}+1 \cdot b_0) \cdot SF_{36+1-12} = (119.51+1 \cdot 1.62) \cdot 0.80 = 96.90$$
$$P_{42} = (a_{36}+6 \cdot b_0) \cdot SF_{36+6-12} = (119.51+6 \cdot 1.62) \cdot 1.27 = 164.12$$

wobei SF_t den Saisonfaktor der Periode t kennzeichnet und a_{36} als $a_0 + 36 \cdot b_0 = 61.19 + 36 \cdot 1.62 = 119.51$ berechnet wird.

Aufgabe C11.3: Prognoserechnung, gleichmäßige Nachfrage

Die Nachfrage eines Produktes in den vergangenen 6 Perioden lautet:

Periode	0	1	2	3	4	5	6
Nachfrage	100	90	110	95	100	120	105

Prognostizieren Sie die Nachfrage für die Perioden 1 bis 6 mit Hilfe der folgenden Prognoseverfahren (siehe Tempelmeier 1995a, S. 47ff):

(1) Exponentielle Glättung erster Ordnung (Startwert $a_0 = 100$, Glättungsparameter $\alpha = 0.1$),

(2) Exponentielle Glättung erster Ordnung (Startwert $a_0 = 90$, Glättungsparameter $\alpha = 0.1$),

(3) Exponentielle Glättung erster Ordnung (Startwert $a_0 = 100$, Glättungsparameter $\alpha = 0.5$).

Stellen Sie die verschiedenen Prognosen gemeinsam mit der Nachfragezeitreihe graphisch dar.

Lösung

Beispielhaft wird im folgenden die Berechnung der jeweils ersten beiden Prognosewerte angeführt.

(1) Exponentielle Glättung erster Ordnung (Startwert $a_0 = 100$, Glättungsparameter $\alpha = 0.1$):

$$P_1 = 0.1 \cdot 100 + 0.9 \cdot 100 = 100$$
$$P_2 = 0.1 \cdot 90 + 0.9 \cdot 100 = 99$$

(2) Exponentielle Glättung erster Ordnung (Startwert $a_0 = 90$, Glättungsparameter $\alpha = 0.1$):

$$P_1 = 0.1 \cdot 100 + 0.9 \cdot 90 = 91$$
$$P_2 = 0.1 \cdot 90 + 0.9 \cdot 91 = 90.9$$

(3) Exponentielle Glättung erster Ordnung (Startwert $a_0 = 100$, Glättungsparameter $\alpha = 0.5$):

$$P_1 = 0.5 \cdot 100 + 0.5 \cdot 100 = 100$$
$$P_2 = 0.5 \cdot 90 + 0.5 \cdot 100 = 95$$

Die verschiedenen Nachfrageprognosen sind gemeinsam mit der Nachfragezeitreihe in Abb. C11.4 graphisch dargestellt. Daraus kann man die folgenden Beobachtungen ableiten:

- Der Vergleich der beiden Prognoseverfahren (1) und (2), nämlich der exponentiellen Glättung erster Ordnung mit dem Startwert $a_0 = 100$ und $a_0 = 90$ zeigt, daß ein zu niedrig gewählter Startwert langfristig Fehlprognosen bewirken kann, insbesondere wenn zudem ein niedriger Glättungsparameter ($\alpha = 0.1$) verwendet wird. Erst allmählich nähern sich die beiden Prognosekurven an.

- Die beiden Prognoseverfahren (1) und (3) unterscheiden sich nur durch den Glättungsparameter $\alpha = 0.1$ bzw. $\alpha = 0.5$. Wie man leicht erkennt, führt der niedrige Wert des Glättungsparameters zu einer starken Glättung der Prognosekurve, damit allerdings auch zu einer verzögerten Reaktion auf eingetretene Nachfrageverschiebungen.

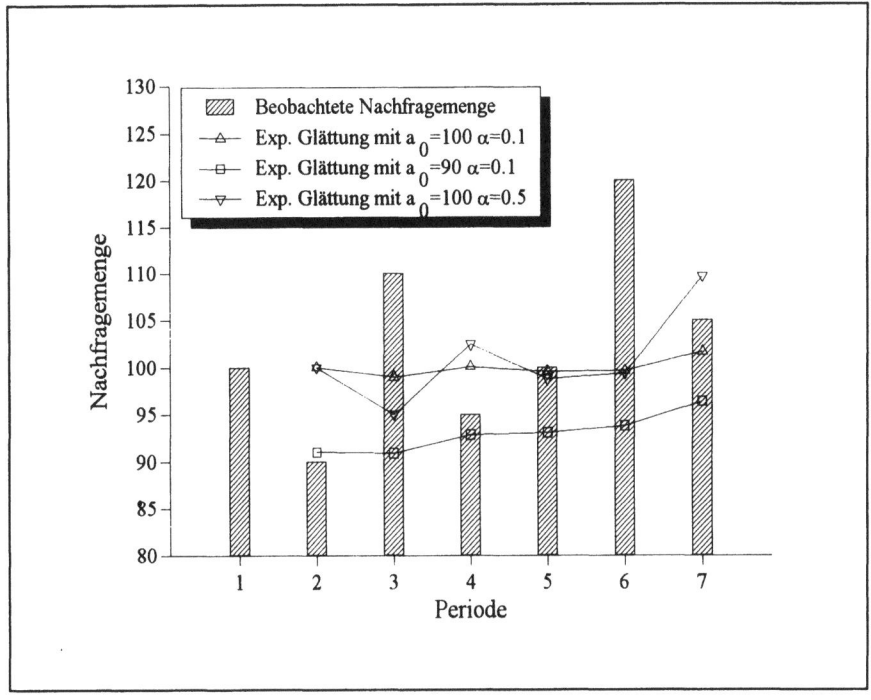

Abb. C11.4: Beobachtete Nachfragezeitreihe und Prognosewerte

Aufgabe C11.4: Exponentielle Glättung erster Ordnung

a) Welche Gesichtspunkte sind bei der exponentiellen Glättung maßgeblich für die Wahl der Glättungsparameter (vgl. z.B. Makridakis/Wheelwright 1989, S. 73ff)?

b) Wie kann man die "optimalen" Werte der Glättungsparameter bestimmen?

c) Zeigen Sie *formal*, daß bei der exponentiellen Glättung die Vergangenheitsdaten mit exponentiell fallendem Gewicht in die Prognoserechnung eingehen.

Aufgabe C11.5: Prognoserechnung, trendförmige Nachfrage

Die Nachfrage eines Produktes hatte in den vergangenen 15 Wochen den folgenden Verlauf:

Woche	1	2	3	4	5	6	7	8	9	10	11	12	13	14	15
Nachfrage	15	21	17	18	22	27	23	29	32	28	25	32	36	37	34

a) Ermitteln Sie plausible Startwerte und prognostizieren Sie die Nachfrage für die Perioden 3 bis 15 mit Hilfe der folgenden Prognoseverfahren, wobei als Glättungsparameter jeweils 0.2 zu wählen ist:

(1) Exponentielle Glättung erster Ordnung,

(2) Exponentielle Glättung mit Trendkorrektur.

b) Die Prognosegüte der einzelnen Verfahren ist zu vergleichen, indem der mittlere absolute Prognosefehler (mean absolute deviation) auszuwerten ist.

Lösung

a) Für die exponentielle Glättung erster Ordnung kann man als Startwert auf den Durchschnitt der zuletzt beobachteten Zeitreihenwerte zurückgreifen (im obigen Beispiel auf den Durchschnittswert der Perioden 1 und 2, nämlich 18).

Die exponentielle Glättung mit Trendkorrektur benötigt als Startwert eine Schätzung des linearen Trends. Eine einfache Trendschätzung erhält man aus den Differenzen jeweils zweier benachbarter Zeitreihenwerte. Diese Differenzen betragen während der Perioden 1 bis 15 zusammen 19. Die Trendschätzung lautet daher $19/14 = 1.36$. Als Glättungsparameter verwenden wir denselben wie bei der einfachen exponentiellen Glättung, obwohl häufig wegen der höheren Fehleranfälligkeit der Trendprognosen ein geringerer Wert gewählt wird. Ausgehend von dem Grundwert 18 als durchschnittlicher Nachfrage der Perioden 1 und 2 führt man die folgende Trendkorrektur durch und verwendet $a_1 = 12.56$ als Startwert des Verfahrens.

$$a_1 = 18 - 1.36 \cdot \frac{1 - 0.2}{0.2} = 12.56$$

(1) Die exponentielle Glättung erster Ordnung führt auf die folgenden Prognosewerte für die ersten drei Prognoseperioden:

$$P_3 = 0.2 \cdot 21 + 0.8 \cdot 18.0 = 18.6$$
$$P_4 = 0.2 \cdot 17 + 0.8 \cdot 18.6 = 18.3$$

$P_5 = 0.2 \cdot 18 + 0.8 \cdot 18.3 = 18.2$

(2) Bei der exponentiellen Glättung mit Trendkorrektur sind in jeder Periode der Grundwert a_t und der Trendwert b_t fortzuschreiben. Darauf aufbauend wird die Prognose P_t berechnet. Im folgenden werden die Rechenschritte für die ersten drei Prognoseperioden aufgeführt:

Periode 3:

$a_2 = 0.2 \cdot 21 + 0.8 \cdot 12.56 = 14.25$

$b_2 = 0.2 \cdot (14.25 - 12.56) + 0.8 \cdot 1.36 = 1.43$

$P_3 = 14.25 + 1.43 \cdot (0.8/0.2) + 1.43 = 21.40$

Periode 4:

$a_3 = 0.2 \cdot 17 + 0.8 \cdot 14.25 = 14.80$

$b_3 = 0.2 \cdot (14.80 - 14.25) + 0.8 \cdot 1.43 = 1.25$

$P_4 = 14.80 + 1.25 \cdot (0.8/0.2) + 1.25 = 21.05$

Periode 5:

$a_4 = 0.2 \cdot 18 + 0.8 \cdot 14.80 = 15.44$

$b_4 = 0.2 \cdot (15.44 - 14.80) + 0.8 \cdot 1.25 = 1.13$

$P_5 = 15.44 + 1.13 \cdot (0.8/0.2) + 1.13 = 21.09$

Die Prognosewerte, die mit Hilfe der beiden Verfahren gewonnen werden, und die Nachfragezeitreihe sind in Abb. C11.5 dargestellt. Man sieht darin sehr deutlich, daß die exponentielle Glättung erster Ordnung dem Trendanstieg der Zeitreihe "hinterherläuft".

b) Der mittlere absolute Prognosefehler beträgt bei der exponentiellen Glättung erster Ordnung 5.06 und bei der Prognose mit Hilfe der exponentiellen Glättung mit Trendkorrektur 3.28.

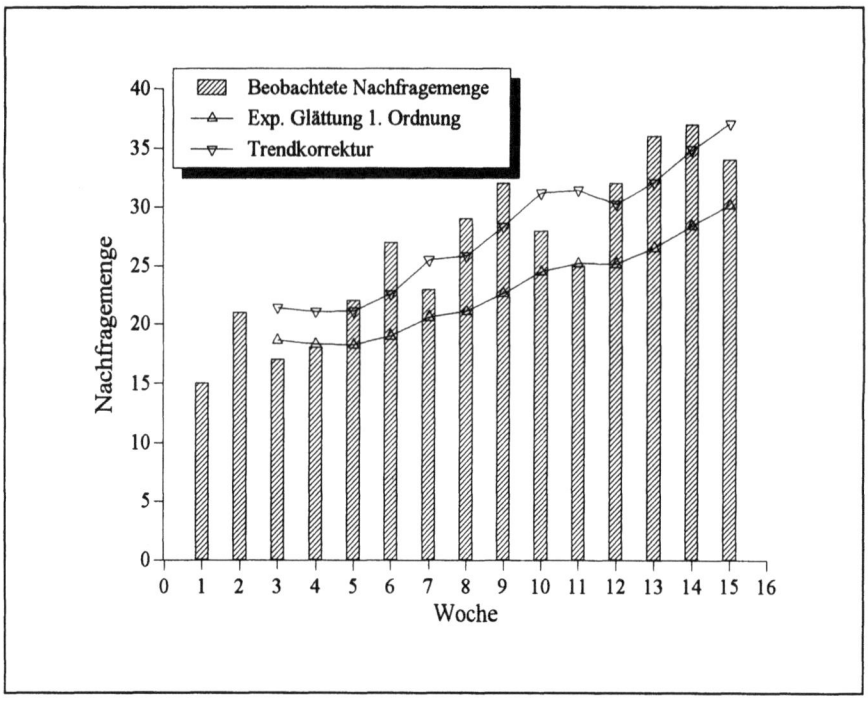

Abb. C11.5: Beobachtete Nachfragezeitreihe und Prognosewerte

Aufgabe C11.6: Prognoserechnung, trendförmige Nachfrage

Nachdem durch die Analyse der Vergangenheitsnachfrage festgestellt wurde, daß die untersuchte Nachfragezeitreihe durch einen linearen Trend mit dem Anstieg $b_0 = 3$, aber keine saisonalen Einflüsse geprägt ist, hat man zwei Prognoseverfahren in Erwägung gezogen:

(1) die exponentielle Glättung mit Trendkorrektur mit dem Glättungsparameter $\alpha = 0.1$

(2) und das Verfahren von Holt mit den Glättungsparametern $\alpha = 0.3$ und $\beta = 0.2$ für den Grundwert bzw. Trend.

Nehmen Sie an, die Nachfrage hätte in den nächsten 12 Perioden den folgenden Verlauf:

Periode	0	1	2	3	4	5	6	7	8	9	10	11	12
Nachfrage	47	49	52	57	59	40	48	54	60	62	67	73	76

Das Nachfrageniveau der Periode $t = 0$ (ohne Trendbereinigung) wurde zuletzt mit 47 angenommen.

a) Wie hoch ist der trendbereinigte Grundwert bei der exponentiellen Glättung mit Trendkorrektur anzusetzen?

b) Prognostizieren Sie die Nachfrage mit Hilfe der beiden oben genannten Prognoseverfahren und stellen Sie Ihre Ergebnisse graphisch dar.

c) Unter welchen Voraussetzungen führt die exponentielle Glättung mit Trendkorrektur auf dieselben Nachfrageprognosen wie das Verfahren von Holt?

Lösung

a) Bei einem Glättungsparameter von 0.1 lautet der trendbereinigte Grundwert der Periode $t = 0$:

$$a_0 = 47 - 3 \cdot \frac{1 - 0.1}{0.1} = 20$$

b) Die Prognoserechnungen für die ersten drei Perioden lauten:

(1) Exponentielle Glättung mit Trendkorrektur:

<u>Periode 1:</u>

$a_0 = 20.0$
$b_0 = 3.0$
$P_1 = 20.0 + 3.0 \cdot (0.9/0.1) + 3.0 = 50.0$

<u>Periode 2:</u>

$a_1 = 0.1 \cdot 49 + 0.9 \cdot 20.0 = 22.9$
$b_1 = 0.1 \cdot (22.9 - 20.0) + 0.9 \cdot 3.0 = 3.0$
$P_2 = 22.9 + 3.0 \cdot (0.9/0.1) + 3.0 = 52.9$

<u>Periode 3:</u>

$a_2 = 0.1 \cdot 52 + 0.9 \cdot 22.9 = 25.8$
$b_2 = 0.1 \cdot (25.8 - 22.9) + 0.9 \cdot 3.0 = 3.0$
$P_3 = 25.8 + 3.0 \cdot (0.9/0.1) + 3.0 = 55.8$

(2) Verfahren von Holt:

Periode 1:

$a_0 = 47$

$b_0 = 3.0$

$P_1 = 47 + 3.0 = 50.0$

Periode 2:

$a_1 = 0.3 \cdot 49 + 0.7 \cdot (47.0+3.0) = 49.7$

$b_1 = 0.2 \cdot (49.7-47.0) + 0.8 \cdot 3.0 = 2.9$

$P_2 = 49.7 + 2.9 = 52.6$

Periode 3:

$a_2 = 0.3 \cdot 52 + 0.7 \cdot (49.7+2.9) = 52.4$

$b_2 = 0.2 \cdot (52.4-49.7) + 0.8 \cdot 2.9 = 2.9$

$P_3 = 52.4 + 2.9 = 55.3$

Die Nachfragezeitreihe und die Prognosen sind in Abb. C11.6 dargestellt.

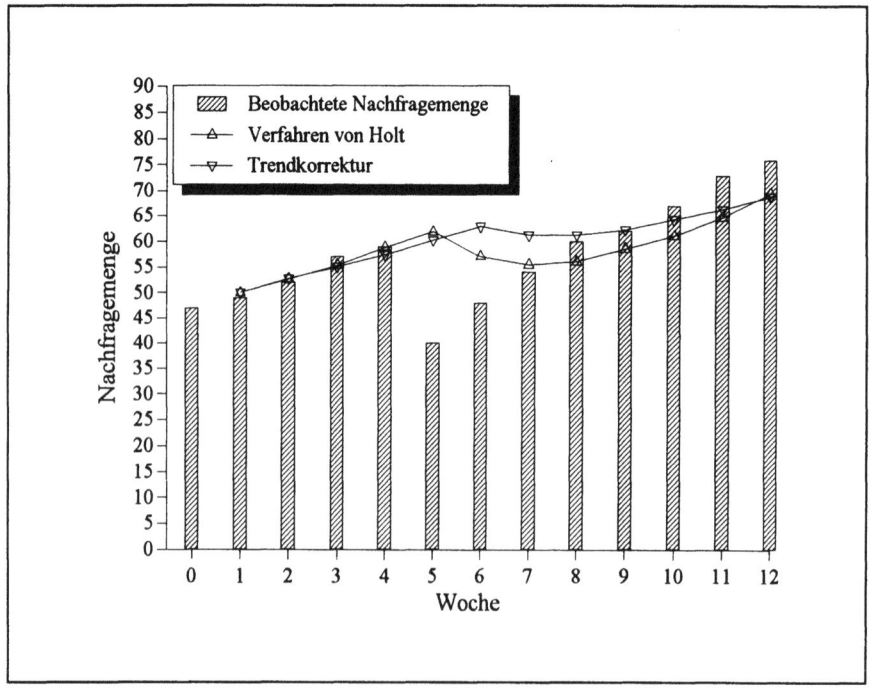

Abb. C11.6: Beobachtete Nachfragezeitreihe und Prognosewerte

Der auffälligste Unterschied zwischen den Nachfrageprognosen nach der exponentiellen Glättung mit Trendkorrektur und dem Verfahren von Holt besteht darin, daß das Verfahren von Holt auf den relativ starken Rückgang der Nachfrage in den Perioden 5 und 6 sensibler reagiert, was nicht zuletzt auf die gewählten Werte der Glättungsparameter zurückzuführen sein dürfte.

c) Die exponentielle Glättung mit Trendkorrektur stellt einen Spezialfall des Verfahrens von Holt dar. Damit dieselben Prognosen erzielt werden, müssen die Glättungsparameter α und β übereinstimmen und äquivalente Startwerte für Grundwert und Trend verwendet werden. Nur wenn weiterhin b_{t-1} und b_t übereinstimmen, werden exakt gleiche Prognosen erzielt. Bei der exponentiellen Glättung mit Trendkorrektur wird nämlich die Trendkorrektur in der Prognoseformel mit dem aktuellen Trendschätzwert b_t vorgenommen, während im Verfahren von Holt der Trendeinfluß bei der Fortschreibung des Grundwertes durch den Vorperiodenschätzwert b_{t-1} berücksichtigt wird.

Aufgabe C11.7: Prognoseverfahren von Winters

Die Nachfrage eines Produktes schwankt jahreszeitlich bedingt um einen angenommenen Mittelwert von 500. Ein Trendeinfluß besteht nicht. In den letzten vier Quartalen wurden Nachfragewerte von 400, 300, 700 und 600 beobachtet. Zuletzt wurden die zugehörigen Saisonfaktoren mit 0.9 bzw. 0.5 bzw. 1.4 bzw. 1.2 geschätzt.

Welche Nachfrage wird am Ende des gerade abgelaufenen Jahres für die vier Quartale des Folgejahres nach dem Verfahren von Winters prognostiziert? Als Glättungsparameter ist einheitlich ein Wert von 0.2 zu wählen.

Lösung

Am Ende der Periode $t=4$ werden die folgenden Fortschreibungen des Grundwertes a_4 und des Saisonfaktors S_4 vorgenommen:

$$a_4 = 0.2 \cdot (600/1.2) + 0.8 \cdot 500 = 500$$
$$S_4 = 0.2 \cdot (600/500) + 0.8 \cdot 1.2 = 1.2$$

Die Nachfrageprognose für die vier folgenden Quartale $t=5, 6, 7$ und 8 lautet:

$$P_5 = 500 \cdot 0.9 = 450$$
$$P_6 = 500 \cdot 0.5 = 250$$
$$P_7 = 500 \cdot 1.4 = 700$$
$$P_8 = 500 \cdot 1.2 = 600$$

Aufgabe C11.8: Prognoserechnung, saisonale Nachfrage

Die folgenden Vergangenheitswerte einer Nachfragezeitreihe sind bekannt:

Monat	Jahr 1	2	3
Jan.	105	136	118
Feb.	107	123	113
März	87	98	97
April	95	66	92
Mai	43	54	69
Juni	24	30	38
Juli	5	7	16
Aug.	9	11	17
Sept.	12	19	28
Okt.	47	53	62
Nov.	65	66	77
Dez.	97	69	104

Gehen Sie von der Vermutung aus, daß die Zeitreihe einen starken saisonalen Einfluß, aber keinen Trend aufweist, und analysieren Sie die Daten mit Hilfe der Zeitreihendekomposition (vgl. z.B. Tempelmeier 1995a, S. 75ff). Erstellen Sie am Ende der Periode 36 eine Mehrschrittprognose für die Nachfrage während der 12 Monate des nächsten Jahres mit Hilfe des Saison-Modells von Winters, wobei die Startwerte aus der Zeitreihenanalyse abzuleiten und als Glättungsparameter $\alpha = 0.2$ und $\gamma = 0.4$ zu verwenden sind. Stellen Sie den aus der Zeitreihendekomposition abgeleiteten Saisonverlauf der Nachfrage während der Perioden 1 bis 36 sowie die Nachfrageprognosen für die Perioden 37 bis 48 graphisch dar.

Lösung

Die Zeitreihendekomposition kann ähnlich wie in Aufgabe C11.2 erfolgen. Jedoch entfällt hier die Abschätzung des Trends durch die lineare Regression über die saisonbereinigten Zeitreihenwerte (Schritt 8 in Aufgabe C11.2). Stattdessen genügt eine einfache Mittelwertbildung, die den Grundwert $a_0 = 62.75$ ergibt. Aus der Zeitreihendekomposition werden die folgenden Saisonfaktoren abgeleitet:

Monat	1	2	3	4	5	6	7	8	9	10	11	12
Saisonfaktor	2.05	1.89	1.55	1.24	0.96	0.53	0.10	0.17	0.26	0.83	1.08	1.35

Zur Prognose wird hier die Saison-Version des Verfahrens von Winters (ohne Trend) verwendet. Von den am Ende der Periode 36 erstellten Nachfrageprognosen sind im folgenden lediglich die Werte für die Perioden 37, 38 und 39 angegeben. Da es sich hier um den ersten Prognoseschritt handelt, kann der Grundwert aus der Zeitreihendekomposition unmittelbar in die Prognoserechnung übernommen werden. Die Prognosen lauten:

$$P_{37} = 62.75 \cdot 2.05 = 128.64$$
$$P_{38} = 62.75 \cdot 1.89 = 118.60$$
$$P_{39} = 62.75 \cdot 1.55 = 97.26$$

In Abb. C11.7 sind die Nachfragezeitreihe, der aus der Zeitreihendekomposition abgeleitete Saisonverlauf sowie die Nachfrageprognose vergleichend dargestellt.

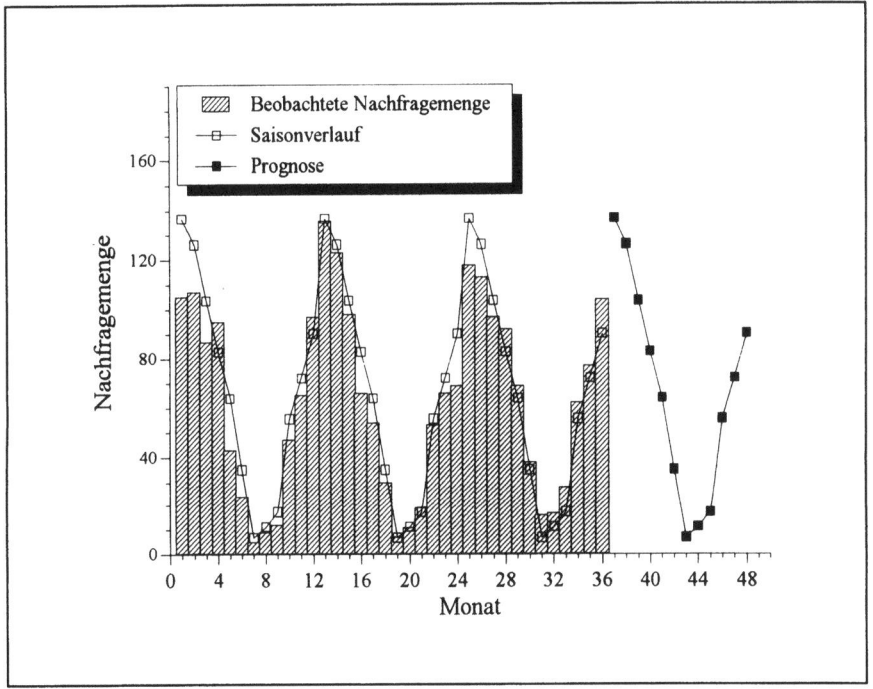

Abb. C11.7: Beobachtete Nachfragezeitreihe, Saisonverlauf und Prognosewerte

Aufgabe C11.9: Prognoserechnung, saisonale Nachfrage

Die folgende Tabelle enthält die Nachfrage nach einem Produkt während der vergangenen 5 Jahre.

Monat	1	2	Jahr 3	4	5
Jan.	80	90	100	120	105
Feb.	100	100	120	140	120
März	110	130	145	160	145
April	120	135	150	160	150
Mai	125	140	145	155	160
Juni	115	130	135	150	160
Juli	110	120	130	140	165
Aug.	100	110	120	125	150
Sept.	90	95	100	110	130
Okt.	80	80	90	95	115
Nov.	70	70	80	85	105
Dez.	75	75	90	95	110

a) Betrachten Sie die Jahre 1 bis 3 als "echte" und die Jahre 4 und 5 als "Pseudovergangenheit". Analysieren Sie zunächst die Zeitreihe der Jahre 1 bis 3 mit Hilfe der Zeitreihendekomposition.

b) Prognostizieren Sie die Nachfrage der Jahre 4 und 5 mit Hilfe des Verfahrens von Winters. Verwenden Sie die Startwerte aus der Zeitreihenanalyse. Als Glättungsparameter sind zu wählen: $\alpha = 0.2$. $\beta = 0.1$ und $\gamma = 0.4$.

c) Prognostizieren Sie zu Vergleichszwecken auch die Nachfrage über sämtliche 60 Vergangenheitsperioden mit Hilfe der exponentiellen Glättung erster Ordnung, wobei der Grundwert a_0 aus der Zeitreihenanalyse abzuleiten und als Glättungsparameter $\alpha = 0.2$ zu verwenden ist.

Stellen Sie Ihre Ergebnisse zu a), b) und c) vergleichend graphisch dar.

Lösung

a) Die Zeitreihenanalyse führt auf die Schätzwerte $a_0 = 92.92$ für den Grundwert in der Periode 0 und $b_0 = 0.794$ für den Trendanstieg während der ersten 36 Perioden sowie auf die folgenden Saisonfaktoren (siehe auch die Lösung zu Aufgabe C11.2 am Beginn dieses Abschnitts):

Monat	1	2	3	4	5	6	7	8	9	10	11	12
Saisonfaktor	0.87	1.00	1.25	1.29	1.28	1.19	1.12	1.01	0.88	0.76	0.65	0.70

b) Die Fortschreibung der Zeitreihenkomponenten und die Prognoserechnung nach dem Verfahren von Winters lauten für die Perioden 37 und 38:

Periode 37:

a_{36} = 92.92 + 36·0.794 = 121.50

b_{36} = 0.794

S_{36} = 0.70

P_{37} = (121.50+0.794)·0.87 = 106.40

Periode 38:

a_{37} = 0.2·(120/0.87) + 0.8·(121.50+0.794) = 125.42

b_{37} = 0.1·(125.42-121.50) + 0.9·0.794 = 1.107

S_{37} = 0.4·(120/125.42) + 0.6·0.87 = 0.90

P_{38} = (125.42+1.107)·1.00 = 126.53

c) Für die Perioden 1 und 2 ergeben sich gemäß der exponentiellen Glättung erster Ordnung die folgenden Prognosewerte:

P_1 = 92.92

P_2 = 0.2·80 + 0.8·92.92 = 90.34

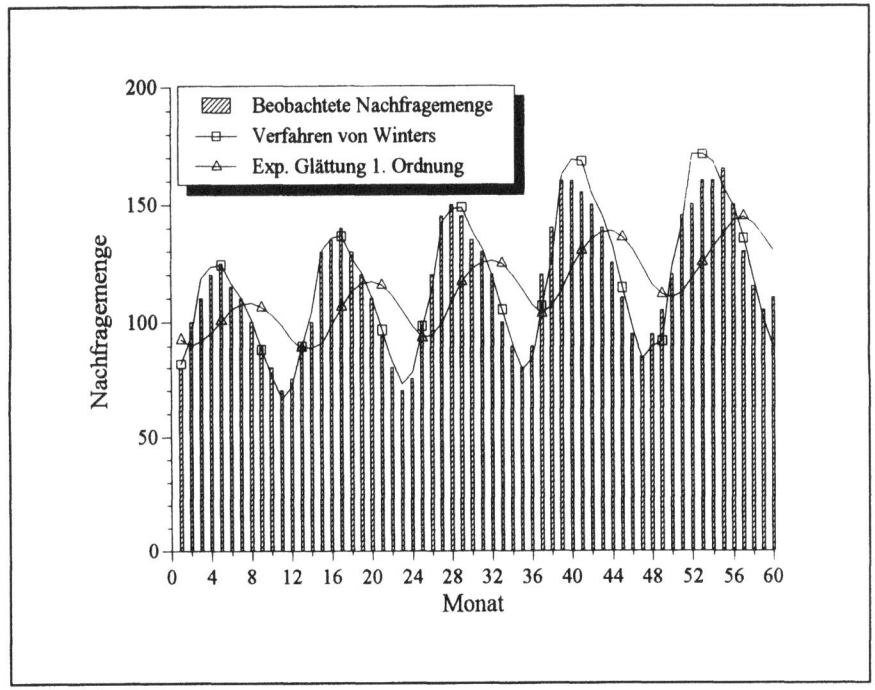

Abb. C11.8: Beobachtete Nachfragezeitreihe und Prognosewerte

Abb. C11.8 zeigt, daß der Saisonverlauf der Nachfrage durch das Winters-Modell recht gut prognostizierbar ist, während die exponentielle Glättung erster

Ordnung auf die saisonalen Bewegungen der Nachfrage erst mit starker zeitlicher Verzögerung reagiert und zudem die Saisonspitzen und -täler erheblich "abschleift".

Aufgabe C11.10: Kontrollsignal

Zur Auswertung des während der letzten sechs Perioden eingetretenen Prognosefehlers liegen die folgenden Daten vor:

Periode	1	2	3	4	5	6
Nachfrageprognose	100	97	102.5	100	90	80
eingetretene Nachfrage	90	105	110	50	70	60

Der geglättete mittlere Prognosefehler (errechnet als Nachfrage minus Nachfrageprognose) und der geglättete mittlere absolute Prognosefehler betrugen zuletzt 0 bzw. 10, wobei zur Fortschreibung beider Größen jeweils ein Glättungsparameter von 0.2 verwendet wurde.

In welcher Periode überschreitet das Kontrollsignal nach Trigg und Leach erstmals den kritischen Wert von 0.5? (Zum Kontrollsignal vgl. z.B. Tempelmeier 1995a, S. 38f.)

Lösung

Offensichtlich weist die betrachtete Nachfragezeitreihe einen Strukturbruch in der vierten Periode auf, da die Nachfrage plötzlich rasch absinkt und auch in der folgenden Periode auf dem niedrigen Niveau verbleibt. Mit Hilfe des Kontrollsignals soll ein derartiger Strukturbruch entdeckt werden.

Mit E_t sei der geglättete mittlere Prognosefehler, mit MAD_t der geglättete mittlere absolute Prognosefehler (mean absolute deviation) und mit TS_t das Kontrollsignal (tracking signal) nach Trigg und Leach bezeichnet. Aus der folgenden Fortschreibung und Auswertung dieser Größen ist ersichtlich, daß das Kontrollsignal erstmals in der vierten Periode den kritischen Wert von 0.5 überschreitet. Als Glättungsparameter wird 0.2 gewählt.

Periode 1:

$$E_1 = 0.2 \cdot (90-100) + 0.8 \cdot 0 = -2$$
$$MAD_1 = 0.2 \cdot |90-100| + 0.8 \cdot 10 = 10$$
$$TS_1 = -2/10 = -0.2$$

Periode 2:

$E_2 = 0.2 \cdot (105-97) + 0.8 \cdot (-2) = 0$

$MAD_2 = 0.2 \cdot |105-97| + 0.8 \cdot 10 = 9.6$

$TS_2 = 0/9.6 = 0$

Periode 3:

$E_3 = 0.2 \cdot (110-102.5) + 0.8 \cdot 0 = 1.5$

$MAD_3 = 0.2 \cdot |110-102.5| + 0.8 \cdot 9.6 = 9.18$

$TS_3 = 1.5/9.18 = 0.16$

Periode 4:

$E_4 = 0.2 \cdot (50-100) + 0.8 \cdot 1.5 = -8.8$

$MAD_4 = 0.2 \cdot |50-100| + 0.8 \cdot 9.18 = 17.34$

$TS_4 = -8.8/17.34 = -0.51$

Aufgabe C11.11: Autoadaptive Prognose nach Trigg und Leach

Die Vergangenheitsnachfrage eines Produktes betrug zunächst durchschnittlich 100 Einheiten. Danach wurde die folgende Nachfrage beobachtet:

Monat	1	2	3	4	5	6	7	8	9	10	11	12
Nachfrage	166	123	144	179	192	156	173	199	188	181	177	186

Prognostizieren Sie die Nachfrage mit Hilfe der beiden folgenden Verfahren:

(1) Exponentielle Glättung erster Ordnung (Startwert $a_0 = 100$; Glättungsparameter $\alpha = 0.1$);

(2) Verfahren von Trigg und Leach. Dabei sind die folgenden Startwerte zu verwenden: für die Prognoserechnung $a_0 = 100$; für die Fortschreibung des mittleren Prognosefehlers $E_0 = 0$ bzw. des mittleren absoluten Prognosefehlers $MAD_0 = 10$. Die Glättungsparameter sollen einheitlich 0.1 betragen.

Lösung

(1) Die exponentielle Glättung erster Ordnung liefert für die ersten drei Perioden die folgenden Prognosewerte:

$P_1 = 100$

$P_2 = 0.1 \cdot 166 + 0.9 \cdot 100.0 = 106.6$

$$P_3 = 0.1 \cdot 123 + 0.9 \cdot 106.6 = 108.2$$

(2) Das Verfahren von Trigg und Leach verwendet bei der exponentiellen Glättung als Glättungsparameter den Absolutwert des Kontrollsignals. Die Vorgehensweise für die ersten beiden Perioden wird nachfolgend kurz erläutert.

Periode 1:

Der Prognosewert entspricht dem vorgegebenen Startwert von 100. Die Fortschreibung des Prognosefehlers lautet:

$$E_1 = 0.1 \cdot (166-100) + 0.9 \cdot 0 = 6.6$$
$$MAD_1 = 0.1 \cdot |166-100| + 0.9 \cdot 10 = 15.6$$

Daraus folgt das Kontrollsignal:

$$TS_1 = 6.6/15.6 = 0.42$$

dessen Absolutwert als Glättungsparameter für die Prognose der zweiten Periode verwendet wird. Die am Ende der ersten Periode durchgeführte Prognoserechnung lautet:

$$P_2 = 0.42 \cdot 166 + 0.58 \cdot 100 = 127.7$$

Periode 2:

Die Fehlerfortschreibung und das Kontrollsignal lauten nun:

$$E_2 = 0.1 \cdot (123-127.7) + 0.9 \cdot 6.6 = 5.47$$
$$MAD_2 = 0.1 \cdot |123-127.7| + 0.9 \cdot 15.6 = 14.51$$
$$TS_2 = 5.47/14.51 = 0.38$$

Daraus ergibt sich die folgende Prognoserechnung für die dritte Periode:

$$P_3 = 0.38 \cdot 123 + 0.62 \cdot 127.7 = 125.9$$

In Abb. C11.9 sind die mit Hilfe der exponentiellen Glättung erster Ordnung und des Verfahrens von Trigg und Leach erzeugten Nachfrageprognosen vergleichend graphisch dargestellt. Man erkennt deutlich, daß die exponentielle Glättung erster Ordnung erst mit erheblicher Verzögerung auf den eingetretenen Strukturbruch reagiert und erst nach längerer Zeit das neue Nachfrageniveau erreicht, während das Verfahren von Trigg und Leach eine vergleichsweise schnelle Anpassung an das geänderte Nachfrageniveau bewirkt.

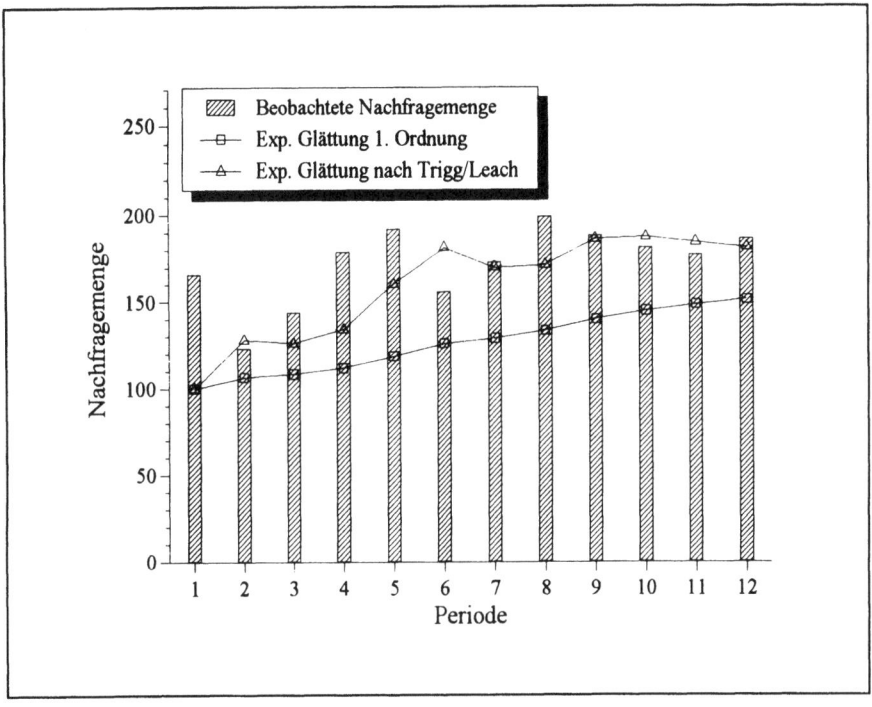

Abb. C11.9: Beobachtete Nachfragezeitreihe und Prognosewerte

Aufgabe C11.12: Autoadaptive Prognose nach Trigg und Leach

Die folgende Nachfragezeitreihe sei gegeben:

Monat	1	2	3	4	5	6	7	8	9	10	11	12
Nachfrage	123	136	127	145	88	92	60	79	81	55	78	64

Prognostizieren Sie die Nachfrage mit Hilfe der beiden folgenden Verfahren:

(1) Exponentielle Glättung erster Ordnung (Startwert $a_0 = 120$; Glättungsparameter $\alpha = 0.5$);

(2) Verfahren von Trigg und Leach. Dabei sind die folgenden Startwerte zu verwenden: für die Prognoserechnung $a_0 = 120$; für die Fortschreibung des mittleren Prognosefehlers $E_0 = 0$ bzw. des mittleren absoluten Prognosefehlers $MAD_0 = 10$. Die Glättungsparameter sollen einheitlich 0.1 betragen.

Lösung

In der folgenden Tabelle sind die Werte zusammengestellt, die sich nach dem Verfahren von Trigg und Leach für den geglätteten Prognosefehler E_t (errechnet als Nachfrage minus Nachfrageprognose), den geglätteten absoluten Prognosefehler MAD_t, das Kontrollsignal TS_t sowie als Nachfrageprognose P_{t+1} für die nächste Periode ergeben.

t	E_t	MAD_t	TS_t	P_{t+1}
1	0.30	9.30	0.03	120.10
2	1.86	9.96	0.19	123.07
3	2.07	9.36	0.22	123.94
4	3.97	10.53	0.38	131.87
5	-0.82	13.86	-0.06	129.29
6	-4.46	16.21	-0.28	119.02
7	-9.92	20.49	-0.48	90.44
8	-10.07	19.58	-0.51	84.56
9	-9.42	17.98	-0.52	82.69
10	-11.25	18.95	-0.59	66.26
11	-8.95	18.23	-0.49	72.02
12	-8.86	17.21	-0.51	67.89

In Abb. C11.10 sind die Nachfrageprognosen gemäß der exponentiellen Glättung erster Ordnung und nach dem Verfahren von Trigg und Leach graphisch dargestellt. Auffällig ist die vergleichsweise späte Reaktion des Verfahrens von Trigg und Leach auf den ab der fünften Periode eintretenden Strukturbruch. Erklärungshilfen hierfür liefert die obige Tabelle. Die Nachfrage in den ersten vier Perioden wurde nämlich durchweg zu niedrig prognostiziert, während ab der fünften Periode die Nachfrage überschätzt wird. Die eingetretenen Prognosefehler gleichen sich in der Fortschreibung der Fehlermaße E_t und MAD_t aus. Dadurch nähert sich erst in der siebten Periode das Kontrollsignal dem Wert 0.5, und erst ab der achten Periode pegelt sich die Prognose auf das geänderte Nachfrageniveau ein. Hingegen führt die exponentielle Glättung erster Ordnung mit dem Glättungsfaktor 0.5 bei der betrachteten Zeitreihe zu einer deutlich schnelleren Anpassung an den eingetretenen Strukturbruch. Die in Abb. C11.10 veranschaulichten Ergebnisse relativieren die Vorteilhaftigkeit der autoadaptiven Prognose nach Trigg und Leach.

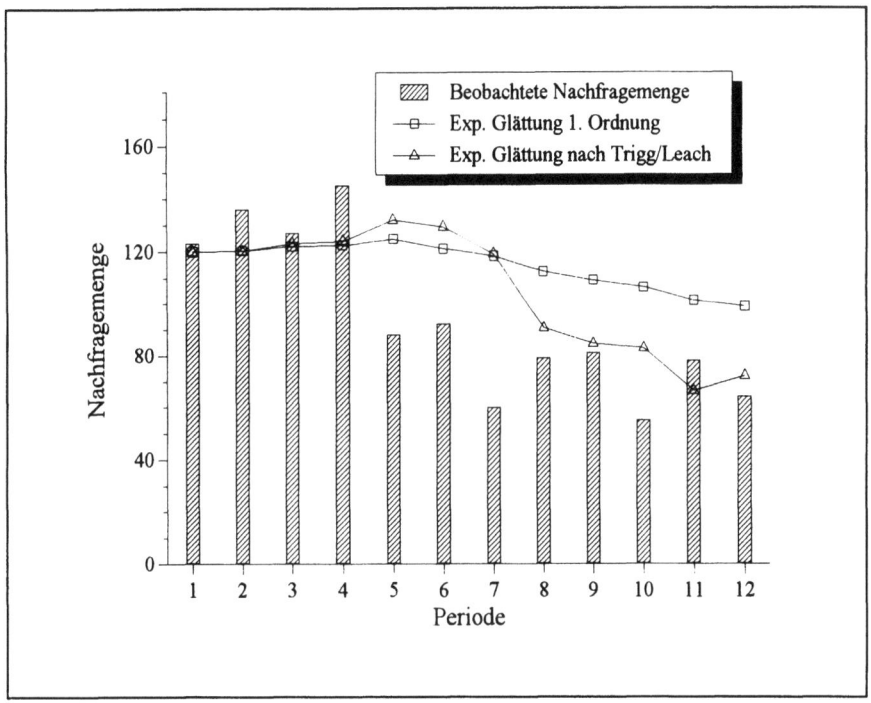

Abb. C11.10: Beobachtete Nachfragezeitreihe und Prognosewerte

Aufgabe C11.13: Prognose bei auslaufender Nachfrage

Für ein technisches Produkt, das soeben aus dem Produktionsprogramm genommen wurde, müssen noch über längere Zeit Ersatzteile lieferbereit gehalten werden. Von einem bestimmten Ersatzteil werden gegenwärtig 100 Einheiten pro Jahr benötigt. Man rechnet damit, daß der Ersatzteilbedarf von Jahr zu Jahr um 20% zurückgeht.

Welcher Ersatzteilbedarf entsteht insgesamt noch während der Restlebensdauer des Produktes (vgl. Silver/Peterson 1985, S. 149f)?

Lösung

Die Nachfrage a_t des Ersatzteiles entwickelt sich gemäß der folgenden Gesetzmäßigkeit:

$$a_t = 0.8 \cdot a_{t-1} = 0.8^t \cdot a_0$$

wobei a_0 das gegenwärtige Bedarfsniveau von 100 Einheiten bezeichnet. Den
Restbedarf B des Ersatzteiles errechnet man unter Anwendung der Summen-
formel für geometrische Reihen wie folgt:

$$B = \sum_{t=1}^{\infty} 0.8 \cdot a_0 = a_0 \cdot \frac{0.8}{1-0.8} = 100 \cdot 4 = 400$$

Literaturhinweise

Makridakis/Wheelwright (1989)
Mertens (1994)
Silver/Peterson (1985, Kap. 4)
Tempelmeier (1995a, Kap. 3)

12. Beschäftigungsglättung

Sowohl das Kapazitätsangebot als auch der Kapazitätsbedarf unterliegen im Jahresverlauf zumeist starken zeitlichen Schwankungen. Während einerseits urlaubs- und krankheitsbedingte Abwesenheit des Produktionspersonals als Hauptursache für die Schwankungen des Kapazitätsangebots gilt, schlägt sich andererseits der saisonale Verlauf der Endproduktnachfrage unmittelbar im Kapazitätsbedarf einer Periode nieder. Die Aufgabe der Beschäftigungsglättung besteht darin, durch den Einsatz von Überstunden, Lagerproduktion, die Fremdvergabe von Produktionsaufträgen und andere geeignete Maßnahmen die Kapazitätsauslastung zu glätten.

Verständnis- und Diskussionsfragen

1. Nehmen Sie Stellung zu der Aussage: "Entscheidungen über die Kapazitäts- und Programmplanung eines Betriebes erfolgen stets auf der Grundlage der eingegangenen Kundenaufträge."

2. Nehmen Sie Stellung zu der Aussage: "Bei kundenwunschorientierter Gestaltung der Endprodukte kann eine Glättung von Beschäftigungsschwankungen stets nur über die Anpassung der Produktionskapazität und der Lieferzeiten erfolgen, nicht aber durch Lagerproduktion."

3. Nennen Sie Gründe dafür, daß in manchen Produktionsbetrieben auf die Glättung von Auslastungsschwankungen durch Lagerproduktion verzichtet wird.

4. In welcher Weise könnte man versuchen, die Nachfrage der hergestellten Endprodukte zu beeinflussen, um einen besseren Ausgleich von Beschäftigungsschwankungen in der Produktion zu erzielen?

5. Welche Schwierigkeiten ergeben sich dabei, die relevanten Kosten der Beschäftigungsglättung zu ermitteln?

6. In manchen von der Landwirtschaft und von der Erntesaison abhängigen Betrieben konzentriert sich das Produktionsgeschehen auf einen sehr kurzen Zeitraum von nur wenigen Monaten (Kampagnenproduktion). Welche Schwierigkeiten erwachsen hieraus für die Produktions- und Beschäftigungsplanung bei diesem Produktionstyp?

Übungsaufgaben

Aufgabe C12.1: Reaktives bzw. antizipatives Anpassungsverhalten

Was versteht man im Zusammenhang mit der Beschäftigungsglättung unter reaktivem und antizipativem Anpassungsverhalten (vgl. Günther 1989, S. 31f)?

Aufgabe C12.2: Ermittlung des Kapazitätsbedarfs

a) Wie müßte man in einem Betrieb, der eine Vielzahl von Endproduktvarianten herstellt, konkret vorgehen, um den Kapazitätsbedarf für das kommende Jahr zu ermitteln? Welche organisatorischen Einheiten der Unternehmung sind anzusprechen?

b) Für die Zwecke der Beschäftigungsglättung ist der Kapazitätsbedarf des Folgejahres zu prognostizieren. Nach welchen Gesichtspunkten sollte der erwartete Kapazitätsbedarf aufgeschlüsselt werden?

c) Welche Faktoren könnten dazu Anlaß geben, die Kapazitätsbedarfsprognose im Verlaufe des Jahres zu revidieren?

Aufgabe C12.3: Einstellungen, Entlassungen

In der älteren amerikanischen Literatur werden zur Planung der Personalkapazität häufig quantitative Modelle vorgeschlagen, in die als Entscheidungsvariablen die Zahl der einzustellenden bzw. zu entlassenden Arbeitskräfte eingeht. Jede Veränderung der Personalstärke wird dabei durch Einstellungs- bzw. Entlassungskosten ökonomisch bewertet.

a) Wie stellen Sie sich zu diesen Modellannahmen?

b) Wie könnte man die Verwendung von Einstellungs- und Entlassungskosten innerhalb von quantitativen Entscheidungsmodellen rechtfertigen?

Aufgabe C12.4: Zulässigkeitsbedingungen

Das Kapazitätsangebot und der Kapazitätsbedarf seien für die nächsten T Monate bekannt. Außerdem weiß man, welche Zusatzkapazität in einem Monat höchstens durch Überstunden gewonnen werden kann. (Alle Daten werden in einer einheitlichen Maßgröße, z.B. in Tausend Produktionsstunden gemessen.) Stellen Sie in allgemeiner Form die Bedingungen auf, denen ein zulässiger Produktionsplan genügen muß.

Lösung

Die Zulässigkeitsbedingungen lauten:

$$\sum_{k=1}^{t} (C_k + Z_k) \geq \sum_{k=1}^{t} b_k \qquad\qquad t = 1, 2, \ldots, T$$

wobei C_k die Normal-, Z_k die Zusatzkapazität und b_k den Kapazitätsbedarf in Periode k bezeichnen.

Aufgabe C12.5: Lineares Optimierungsmodell zur Beschäftigungsglättung

In einer Unternehmung ist ein Produktionsplan aufzustellen, der den prognostizierten Bedarf b_{jt} der Produktgruppen $j \in J$ über die Perioden $t \in T$ vollständig und termingerecht befriedigt. Lageranfangsbestände werden nicht in die Betrachtung einbezogen. Die Produktionskapazität beträgt C_t Einheiten je Periode. In allen Perioden kann diese Normalkapazität um höchstens Z_t Einheiten erweitert werden. Der durchschnittliche Kapazitätsbedarf einer Einheit der Produktgruppe j beträgt a_j Zeiteinheiten. Für jede in Periode t in Anspruch genommene zusätzliche Kapazitätseinheit entstehen Mehrkosten von e_t Geldeinheiten. Außerdem können je Periode bis zu F_j Einheiten einer Produktgruppe auch von Fremdfirmen bezogen werden. Dabei wird mit Mehrkosten von f_j Geldeinheiten je Produkteinheit gerechnet. Für die Lagerung einer Einheit von Produkt j über eine Periode werden Kosten von h_j Geldeinheiten angesetzt. Die Absatzpreise und variablen Produktionskosten sind im Zeitablauf konstant.

a) Mit welchen der oben genannten Symbole a_j, b_{jt}, C_t, Z_t, e_t, F_j, f_j, h_j sind Entscheidungsvariablen, und mit welchen Symbolen sind Daten bezeichnet?

b) Formulieren Sie das obige Entscheidungsproblem als lineares Optimierungsmodell.

c) Wie viele Nebenbedingungen (ohne Nichtnegativitätsbedingungen und ohne Zielfunktion) und wie viele Entscheidungsvariablen enthält das Modell, wenn drei Produktgruppen und vier Perioden zu betrachten sind?

d) Welche Argumente lassen sich für und gegen die Verwendung von linearen Optimierungsmodellen zur Beschäftigungsglättung vorbringen?

Lösung

a) Alle Symbole bezeichnen Daten.

b) Es werden die folgenden Entscheidungsvariablen definiert:

I_{jt} Lagerbestand von Produkt j am Ende von Periode t
x_{jt} Produktionsmenge von Produkt j in Periode t
y_{jt} fremdbezogene Menge von Produkt j in Periode t
z_t Inanspruchnahme der Zusatzkapazität in Periode t

Das lineare Optimierungsmodell lautet:

Minimiere

$$\sum_{j \in J} \sum_{t \in T} (y_{jt} \cdot f_j + I_{jt} \cdot h_j + z_t \cdot e_t)$$

unter den Nebenbedingungen:

Kapazitätsrestriktion

$$\sum_{j \in J} a_j \cdot x_{jt} \leq C_t + z_t \qquad\qquad t \in T$$

Zusatzkapazität

$$z_t \leq Z_t \qquad\qquad t \in T$$

Fremdbezug

$$y_{jt} \leq F_j \qquad\qquad j \in J, \, t \in T$$

Lagerbilanzen

$$I_{jt} = I_{j,t-1} + x_{jt} + y_{jt} - b_{jt} \qquad\qquad j \in J, \, t \in T \text{ mit } I_{j0}=\text{gegeben}$$

Nichtnegativität

$$x_{jt}, \, y_{jt}, \, z_t, \, I_{jt} \geq 0 \qquad\qquad j \in J, \, t \in T$$

c) Das Modell enthält 32 Nebenbedingungen (ohne Nichtnegativitätsbedingungen) und 40 Entscheidungsvariablen, wobei die Lageranfangsbestände I_{j0} als gegeben angenommen werden.

d) Für die Verwendung von linearen Optimierungsmodellen sprechen u.a. die folgenden Gründe:

- die lineare Optimierung stellt ein flexibles Modellierungsinstrumentarium dar, das es erlaubt, die relevanten Zusammenhänge simultan zu erfassen;

- es wird eine vorgegebene Zielfunktion explizit minimiert oder maximiert; zusätzlich sind Sensitivitätsanalysen möglich;

- für die Beschäftigungsglättung lassen sich aggregierte Modelle aufstellen, die leicht verständlich und bequem rechenbar sind;

- die Software zur linearen Optimierung hat inzwischen einen hohen Entwicklungsstand erreicht und wird zunehmend auch auf Personalcomputern eingesetzt.

Gegen lineare Optimierungsmodelle lassen sich die folgenden Gründe anführen:

- sämtliche Zusammenhänge müssen linearisierbar sein; zur Erfassung von Fixkosten, die z.B. durch die Einrichtung einer Zusatzschicht entstehen, müssen ganzzahlige Variablen verwendet werden; hierdurch steigt der Rechenaufwand beträchtlich;

- Glättungskriterien (z.B. gleichmäßiger Produktionsverlauf oder gleichmäßige Kapazitätsauslastung) lassen sich nur schwer durch lineare Zielfunktionen berücksichtigen;

- hohe Sensitivität der optimalen Lösung bei Datenänderungen, insbesondere bei stochastischen Nachfrageschwankungen; häufig wird übersehen, daß die lineare Optimierung eine deterministische, nicht aber eine stochastische Optimierungsmethode darstellt.

Aufgabe C12.6: Kostenminimaler Produktionsplan, mehrere Kapazitätsquellen

Für die nächsten 6 Monate wird mit folgenden Nachfragemengen eines Produktes gerechnet:

Monat	1	2	3	4	5	6
Nachfrage	2500	3500	3000	4000	3500	4500

Zur Zeit liegen 100 Mengeneinheiten des Produktes auf Lager. Die Unternehmung stellt das Produkt in einem eigenen Produktionssegment her, das mit einer Personalkapazität von 100 Arbeitskräften ausgestattet ist. Im Durchschnitt wird mit 20 Arbeitstagen pro Monat und mit einer Arbeitszeit von acht Stunden pro Tag gerechnet. Die Herstellung einer Produkteinheit erfordert fünf Arbeitsstunden. Die normale Produktionskapazität kann durch Überstunden um höchstens 10% pro Periode ausgedehnt werden. Hierfür fallen je Überstunde 2.4 Geldeinheiten als zusätzliche Kosten an. Außerdem ist der Fremdbezug von höchstens 200 Produkteinheiten je Periode möglich. Jedes fremdbezogene Produkt kostet 15 Geldeinheiten mehr als das selbsterstellte. An Lagerkosten pro Produkteinheit und Periode werden 10 Geldeinheiten angesetzt.

a) Bestimmen Sie den kostenminimalen Produktionsplan.

b) Nehmen Sie an, die Unternehmung hätte die Möglichkeit, Zeitarbeitskräfte stundenweise für je 12 Geldeinheiten zu beschäftigen. Sollte die Unternehmung von dieser Möglichkeit Gebrauch machen?

Lösung

a) Die Lösung kann mit Hilfe der "column minima procedure" erfolgen (siehe Günther/Tempelmeier 1995, Kap. 8.2). Sie ist im folgenden Lösungstableaus dargestellt. In der untersten Zeile ist die Nachfrage der einzelnen Perioden angegeben, nachdem zuvor der Anfangslagerbestand von 100 Produkteinheiten mit der Nachfrage der ersten Periode aufgerechnet wurde. Insgesamt stehen drei Kapazitätsarten zur Verfügung. Diese sind in der rechten Randspalte des Lösungstableaus aufgeführt. Die reguläre Produktionskapazität beträgt in jeder Periode $100 \cdot 20 \cdot 8/5 = 3200$ Produkteinheiten. An Überstundenkapazität kommen jeweils 320 Produkteinheiten pro Monat hinzu, wobei zusätzliche Kosten von $5 \cdot 2.4 = 12$ Geldeinheiten je Produkteinheit anfallen. Der mögliche Fremdbezug beläuft sich auf 200 Produkteinheiten pro Monat.

	t=1	t=2	t=3	t=4	t=5	t=6	Kapazität
t=1	2400 \ 0 12 15	300 \ 10 22 25	20 32 35	30 42 45	40 52 55	120 \ 50 62 65	3200 320 200
t=2		3200 \ 0 12 15	10 22 25	20 32 35	30 42 45	40 52 55	3200 320 200
t=3			3000 \ 0 12 15	200 \ 10 80 \ 22 25	20 32 35	30 240 \ 42 200 \ 45	3200 320 200
t=4				3200 \ 0 320 \ 12 200 \ 15	10 22 25	20 32 35	3200 320 200
t=5					3200 \ 0 300 \ 12 15	10 20 \ 22 200 \ 25	3200 320 200
t=6						3200 \ 0 320 \ 12 200 \ 15	3200 320 200
Nachfrage	2400	3500	3000	4000	3500	4500	

b) Zeitarbeitskräfte bei einem Stundenlohn von 12 Geldeinheiten zu beschäftigen, lohnt sich nicht, da die teuerste in Anspruch genommene Produktionsmöglichkeit Stundenkosten von $50/5 = 10$ Geldeinheiten verursacht.

Aufgabe C12.7: Kostenminimaler Produktionsplan, Nachlieferungen

Die in einem Betrieb hergestellten Produkte lassen sich zu einer einheitlichen Produktgruppe zusammenfassen, deren Bedarf (in Tausend Mengeneinheiten) für die nächsten 12 Monate wie folgt gegeben ist:

Monat	1	2	3	4	5	6	7	8	9	10	11	12
Bedarf	4	11	12	9	15	14	4	6	13	6	12	13

Weiterhin sind die folgenden Ausgangsdaten zu beachten: Die reguläre Produktionskapazität beträgt 10 Kapazitätseinheiten pro Monat. Eine Kapazitätseinheit entspricht einer Ausbringung von 1000 Mengeneinheiten. Gegenwärtig ist ein Lagerbestand von 6000 Produkteinheiten vorhanden. Die Lagerkosten betragen eine Geldeinheit je 1000 Mengeneinheiten und Periode.

Zum Ausgleich der zeitlichen Bedarfsschwankungen kann unbegrenzt auf Lager produziert werden. Reichen die Produktionskapazität und die vorhandenen Lagerbestände jedoch nicht aus, um den Bedarf einer Periode zu befriedigen, so können die Fehlmengen auch im nächsten Monat nachgeliefert werden, wofür allerdings Fehlmengenkosten von 2.5 Geldeinheiten je 1000 Mengeneinheiten angesetzt werden. Zu beachten ist auch, daß zu Beginn eines Monats mindestens der halbe Monatsbedarf als Sicherheitsbestand verfügbar sein muß. Am Ende des 12. Monats soll ein Lagerbestand von 3000 Mengeneinheiten vorhanden sein.

a) Welcher Nettobedarf ist in den einzelnen Perioden zu befriedigen?

b) Kann man hier die optimale Lösung des Entscheidungsproblems mit Hilfe der "column minima procedure" entwickeln?

c) Formulieren Sie zur optimalen Lösung des Entscheidungsproblems ein lineares Optimierungsmodell.

d) Halten Sie die Forderung für sinnvoll, daß Sicherheitsbestände an die Höhe des Monatsbedarfs gekoppelt werden?

Lösung

a) Der Nettobedarf ist in der folgenden Tabelle angegeben. Da der geforderte Sicherheitsbestand bereits zu Beginn einer Periode verfügbar sein muß, ist er in die Bedarfsrechnung der Vorperiode einzubeziehen. Der Nettobedarf der ersten Periode berechnet sich als Bruttobedarf plus Sicherheitsbestand minus Anfangsbestand. Für alle Folgeperioden gilt: Nettobedarf gleich Bruttobedarf minus Sicherheitsbestand der Vorperiode plus Sicherheitsbestand der laufenden Periode, wobei der Sicherheitsbestand der Periode 12 mit drei angesetzt wird.

Monat	1	2	3	4	5	6	7	8	9	10	11	12
Bruttobedarf	4.0	11.0	12.0	9.0	15.0	14.0	4.0	6.0	13.0	6.0	12.0	13.0
Sicherheitsbestand	5.5	6.0	4.5	7.5	7.0	2.0	3.0	6.5	3.0	6.0	6.5	3.0
Nettobedarf	3.5	11.5	10.5	12.0	14.5	9.0	5.0	9.5	9.5	9.0	12.5	9.5

b) Nein, denn die "column minima procedure" betrachtet jede Periode isoliert. Da hier Fehlmengen nachgeliefert werden können, ist eine simultane Betrachtung erforderlich.

c) Das lineare Optimierungsmodell enthält die folgenden Entscheidungsvariablen:

x_t Produktionsmenge in Periode t

y_t Fehlmenge, die in t+1 nachproduziert wird

Der Nettobedarf der Periode t sei mit b_t bezeichnet. Die Modellformulierung lautet:

Minimiere

$$\sum_{t=1}^{12} 2.5 \cdot y_t + \sum_{t=1}^{12} \sum_{k=1}^{t} 1 \cdot (x_k + y_k - b_k)$$

unter den Nebenbedingungen:

<u>Kapazitätsrestriktionen</u>

$$x_t + y_{t-1} \leq 10 \qquad\qquad t=1,2,\ldots,12 \quad \text{mit } y_0=0$$

<u>Bedarfsdeckung</u>

$$\sum_{k=1}^{t} x_k \geq \sum_{k=1}^{t} (b_k - y_k) \qquad\qquad t=1,2,\ldots,12$$

<u>Nichtnegativität</u>

$$x_t, y_t \geq 0 \qquad\qquad t=1,2,\ldots,12$$

In der obigen Modellformulierung wurden die Lagerbestände durch Aufrechnung des kumulierten Bedarfs b_k ($k=1,2,\ldots,t$) mit der kumulierten Produktion x_k bzw. den kumulierten Nachlieferungen y_k ($k=1,2,\ldots,t$) erfaßt. Eine alternative Modellformulierung besteht darin, Lagerbestandsvariablen I_t ($t=1,2,\ldots,12$) zu definieren und die Lagerbestände über Lagerbilanzgleichungen fortzuschreiben.

d) Nein, denn Sicherheitsbestände sind vor allem dazu bestimmt, um sich gegen fehlerhafte Bedarfsprognosen abzusichern. Sicherheitsbestände sollten daher an dem zu erwartenden Prognosefehler ausgerichtet werden. Die geschilderte Vorgehensweise ist allenfalls dann sinnvoll, wenn eine Häufung des Bedarfs am Periodenbeginn bzw. des Produktionsausstoßes am Periodenende anfällt.

Aufgabe C12.8: Kapazitäts- und Produktionsplanung

Eine Unternehmung stellt ein einheitliches Produkt in automatisierter Produktion her. Die reguläre Produktionskapazität beträgt 10 Einheiten pro Monat und muß aus technischen und arbeitsorganisatorischen Gründen in jedem Monat voll ausgelastet werden. Die Produkte können unbegrenzt auf Lager produziert werden. Allerdings fallen hierbei Lagerkosten von 0.4 Geldeinheiten pro Produkteinheit und Monat an. Außerdem kann die reguläre Produktionskapazität (und damit die Ausbringung) um maximal 10% erhöht werden, wobei jedoch wegen der Überstundenzuschläge mit einem Lohnkostenanstieg von 2.5 Geldeinheiten pro Produkteinheit zu rechnen ist. Die in den kommenden 12 Monaten erwartete Nachfrage ist in der folgenden Tabelle zusammengestellt. Welcher Kapazitäts- und Produktionsplan sollte gewählt werden?

Monat	1	2	3	4	5	6	7	8	9	10	11	12
Nachfrage	6	5	7	8	9	12	15	16	13	11	9	11

Lösung

Der optimale Produktionsplan ist in Abb. C12.1 als Netzwerk veranschaulicht. Darin sind die Lagerflüsse durch einfache und die Überstundenproduktion in den Monaten 9 und 10 durch von außen eintreffende Pfeile gekennzeichnet. Die Knoten enthalten im oberen Teil die Periodenindizierung und im unteren Teil die zugehörige Nachfrage.

Die in Abb. C12.1 dargestellte Lösung ergibt sich wie folgt: Ist die Nachfrage eines Monats geringer als die konstante Produktionsrate von 10 Einheiten, so wird die nächste Periode gesucht, in der die Nachfrage oberhalb der Produktionsrate liegt, und ein entsprechender Produktionsfluß vorgemerkt. So werden z.B. im ersten Monat sechs Produkteinheiten unmittelbar in derselben Periode verbraucht; von den überschüssigen vier Produkteinheiten gehen je zwei in die Perioden 6 und 7, deren Nachfrage ohne Lagerproduktion nicht befriedigt werden könnte. Erst wenn die Lagerbestände erschöpft sind (in den Perioden 9 und 10), greift man auf Überstunden zurück. Der Kostenvergleich zwischen Lagerproduktion und Überstunden ist hier irrelevant, da wegen der Konstanz der Produktionsrate und dem daraus resultierenden Zwang zur Lagerproduktion kein Spielraum für eine Kostenminimierung verbleibt.

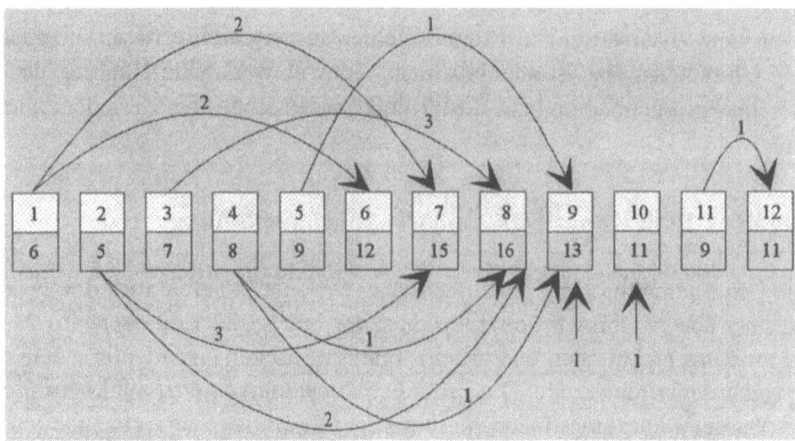

Abb. C12.1: Netzwerkdarstellung des optimalen Produktionsplans

Aufgabe C12.9: Kostenminimaler Produktionsplan, mehrere Produkte

In einem Produktionsbetrieb werden zwei Endprodukte hergestellt, deren Ausgangsdaten in der folgenden Tabelle zusammengestellt sind:

	Produkt 1	Produkt 2
Bedarfsmenge		
Periode 1	50	45
Periode 2	70	40
Periode 3	60	70
Periode 4	30	50
Lagerkosten	1	2
Kapazitätsbedarf/Stück	0.5	2
Anfangsbestand	10	15

In jeder Periode stehen 120 Einheiten an Produktionskapazität zur Verfügung. Zusätzlich kann die Produktionskapazität um höchstens 10 Einheiten je Periode erweitert werden. Jede zusätzlich genutzte Kapazitätseinheit verursacht Mehrkosten von 3.5 Geldeinheiten. Am Ende der letzten Periode soll von beiden Produkten ein Mindestlagerbestand von 10 Mengeneinheiten erreicht werden. Bestimmen Sie den kostenminimalen Produktionsplan mit Hilfe der "column minima procedure".

Lösung

Der Nettobedarf gemessen in Kapazitätseinheiten beträgt 20, 35, 30 und 20 für Produkt 1 und 60, 80, 140 und 120 für Produkt 2. Die relativen Lagerkosten belaufen sich auf $1/0.5 = 2$ für Produkt 1 und $2/2 = 1$ für Produkt 2. Dem Produkt 1 sollte daher vorrangig Kapazität zugewiesen werden. Die noch verbleibende Produktionskapazität wird dann für Produkt 2 verwendet.

Nach Abzug der Kapazitätsnutzungen für Produkt 1 erhält man das folgende Lösungstableau, das zur Ermittlung der optimalen Produktionsmengen von Produkt 2 verwendet wird.

	t = 1	t = 2	t = 3	t = 4	Kapazität
t = 1	**60** \ 0.0	1.0	**40** \ 2.0	3.0	100
	3.5	4.5	5.5	6.5	10
t = 2		**80** \ 0.0	**5** \ 1.0	2.0	85
		3.5	4.5	**5** \ 5.5	10
t = 3			**90** \ 0.0	1.0	90
			5 \ 3.5	**5** \ 4.5	10
t = 4				**100** \ 0.0	100
				10 \ 3.5	10
Bedarf	60	80	140	120	

Der kostenminimale Produktionsplan lautet:

	Produkt 1	Produkt 2
Produktionsmenge		
Periode 1	40	50
Periode 2	70	45
Periode 3	60	50
Periode 4	40	55

Abb. C12.2 stellt die Entwicklung der Bedarfsmengen, Produktionsmengen und Lagerbestände beider Produkte im Zeitablauf dar.

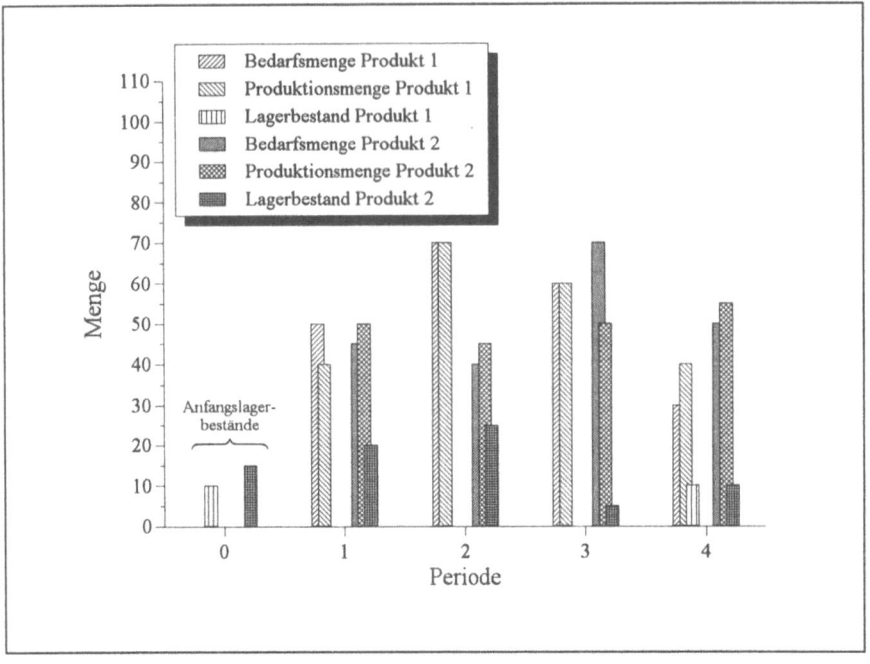

Abb. C12.2: Bedarfsmengen, Produktionsmengen und Lagerbestände

Aufgabe C12.10: Kostenminimaler Produktionsplan, mehrstufige Produktion

In einem mehrstufigen Produktionsprozeß wird ein Endprodukt hergestellt, dessen Erzeugnisstruktur in Abb. C12.3 dargestellt ist.

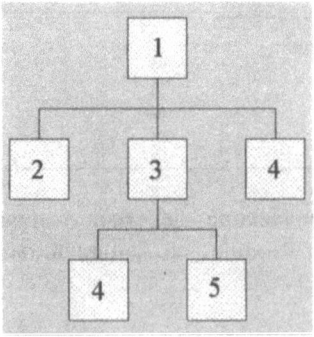

Abb. C12.3: Erzeugnisstruktur

Alle Direktbedarfskoeffizienten sind gleich eins. In welchen Produktionsstufen die einzelnen Teilprodukte bearbeitet werden, ist Abb. C12.4 zu entnehmen.

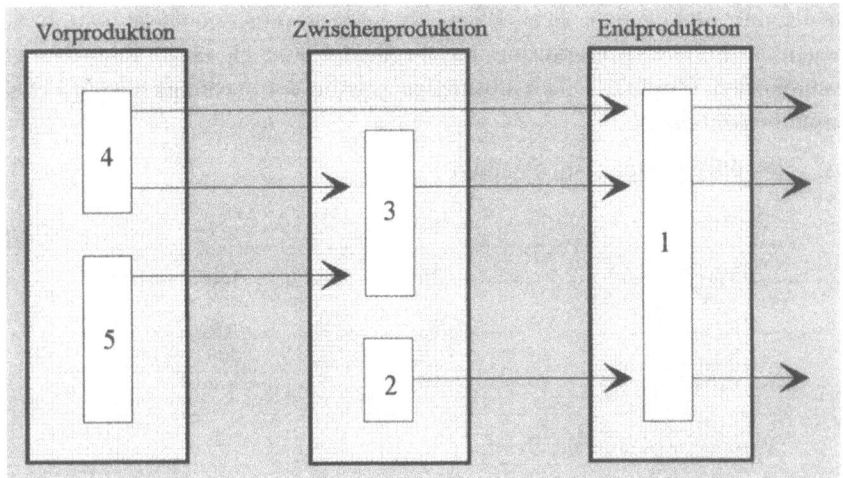

Abb. C12.4: Produktionsprozeß

Die Ausgangsdaten, die alle einheitlich in Kapazitätsgrößen gemessen werden, sind der folgenden Tabelle zu entnehmen. (Der Primärbedarf der Vorprodukte erklärt sich aus der Bestellung halbfertiger Erzeugnisse bei Fremdlieferanten.)

			Produkt		
	1	2	3	4	5
Primärbedarf					
Periode 1	70	20	-	-	30
Periode 2	120	-	10	-	-
Periode 3	100	-	-	10	20
Periode 4	130	20	10	20	-
Lagerkosten	7	1	4	1	2
Anfangsbestand	30	50	20	60	80

Die Produktionskapazitäten betragen in der Vorproduktion jeweils 300, in der Zwischenproduktion 200 und in der Endproduktion 100 Kapazitätseinheiten je Periode. Bestimmen Sie den kostenminimalen Produktionsplan.

Lösung

Zur Ermittlung des kostenminimalen Produktionsplans geht man stufenweise unter Verwendung der "column minima procedure" vor. Zunächst wird der Produktionsplan für die Endproduktion aufgestellt. Dann wird in der Zwischenproduktion dem Produkt 3 wegen der höheren Lagerkosten vorrangig Produktionskapazität zugewiesen. Die verbleibende Produktionskapazität wird für Produkt 2 verwendet. Schließlich geht man zur Vorproduktion über, in der wegen der höheren Lagerkosten dem Produkt 5 Vorrang eingeräumt wird gegenüber dem Produkt 4. Der Lösungsgang ist in den nachfolgenden Tabellen zusammengefaßt.

Produktionsplan für Produkt 1

Periode	1	2	3	4
Primärbedarf	70	120	100	130
- Anfangsbestand	30	-	-	-
= Nettobedarf	40	120	100	130
Kapazität	100	100	100	100
Produktion	90	100	100	100

Produktionsplan für Produkt 3

Periode	1	2	3	4
Primärbedarf	-	10	-	10
+ Sekundärbedarf	90	100	100	100
= Bruttobedarf	90	110	100	110
- Anfangsbestand	20	-	-	-
= Nettobedarf	70	110	100	110
Kapazität	200	200	200	200
Produktion	70	110	100	110

Produktionsplan für Produkt 2

Periode	1	2	3	4
Primärbedarf	20	-	-	20
+ Sekundärbedarf	90	100	100	100
= Bruttobedarf	110	100	100	120
- Anfangsbestand	50	-	-	-
= Nettobedarf	60	100	100	120
Kapazität	130	90	100	90
Produktion	100	90	100	90

Produktionsplan für Produkt 5

Periode	1	2	3	4
Primärbedarf	30	-	20	-
+ Sekundärbedarf	70	110	100	110
= Bruttobedarf	100	110	120	110
- Anfangsbestand	80	-	-	-
= Nettobedarf	20	110	120	110
Kapazität	300	300	300	300
Produktion	20	110	120	110

Produktionsplan für Produkt 4

Periode	1	2	3	4
Primärbedarf	-	-	10	20
+ Sekundärbedarf	90	100	100	100
+ Sekundärbedarf	70	110	100	110
= Bruttobedarf	160	210	210	230
- Anfangsbestand	60	-	-	-
= Nettobedarf	100	210	210	230
Kapazität	280	190	180	190
Produktion	190	190	180	190

Aufgabe C12.11: Flexibilisierung der Personalkapazität

(Zu den folgenden Fragen vgl. Günther 1989.)

a) Zählen Sie die wichtigsten Maßnahmen auf, die zur Flexibilisierung der Personalkapazität in Frage kommen.

b) Was versteht man unter chronometrischer bzw. unter chronologischer Flexibilisierung der Arbeitszeit? Nennen Sie typische Beispiele für beide Flexibilisierungsformen.

c) Beurteilen Sie die möglichen Flexibilisierungsformen danach, in welchem Ausmaß die Personalkapazität eines Betriebes angepaßt werden kann bzw. welche Einführungs- und Anwendungsschwellen jeweils überwunden werden müssen.

d) Worin sehen Sie die Kosten und den Nutzen der Arbeitszeitflexibilisierung?

e) Welche Gründe könnten dafür maßgeblich sein, daß Arbeitszeitflexibilisierungen von den Arbeitgebern und den Gewerkschaften kontrovers beurteilt werden?

Aufgabe C12.12: Jahresarbeitszeitkonzept

(Zu den folgenden Fragen vgl. Günther/Schneeweiß 1988 sowie Günther 1989, Kap. 6).

a) Was versteht man unter dem Jahresarbeitszeitkonzept? In welchen Branchen dürfte es vorrangig zur Anwendung kommen?

b) Welche Ausgangsdaten müssen zur Anwendung des Jahresarbeitszeitkonzeptes bekannt sein?

c) Erläutern Sie die Auswirkungen des Jahresarbeitszeitkonzeptes auf Personalbedarf und Lagerbestände in einem Produktionsbetrieb.

Aufgabe C12.13: Lineares Optimierungsmodell zum Jahresarbeitszeitkonzept

In einer Unternehmung ist während der Monate $t = 1,2,...,12$ ein Arbeitszeitbedarf von b_t Kapazitätseinheiten vollständig zu befriedigen. Die nominelle Personalkapazität von PK Mitarbeitern bleibt konstant. Der Anteil der effektiv nutzbaren an der nominellen Personalkapazität ist für alle Perioden durch einen Faktor α_t gegeben. Zur Anpassung von Kapazitätsbedarf und verfügbarer Kapazität können Lagerbestände angelegt werden, die einem Ausbringungsvolumen von I_t Kapazitätseinheiten entsprechen und am Ende eines Monats erfaßt werden. Die Lageranfangsbestände I_0 sind gegeben. Innerhalb eines Monats wird eine Produktionsleistung von P_t Kapazitätseinheiten erbracht. Die Produktion soll möglichst gleichmäßig an den Bedarfsverlauf angepaßt werden.

Außerdem kann die effektive Personalkapazität einer Periode durch Mehrarbeit ME_t und Minderarbeit MI_t von höchstens jeweils M_{max} Kapazitätseinheiten dem Bedarfsverlauf angepaßt werden. Mehr- und Minderarbeit haben keinen Einfluß auf die Lohnzahlungen, sondern werden gegeneinander aufgerechnet. Dazu wird ein Arbeitszeitkonto geführt, auf dem die Mehr- und Minderarbeitszeiten erfaßt werden. Ein positiver Stand dieses Kontos am Ende einer Periode ($K_t > 0$) bedeutet ein Arbeitszeitguthaben, ein negativer Stand ($K_t < 0$) dagegen eine Arbeitszeitschuld der Unternehmung. Der Stand des Arbeitszeitkontos darf zwischen $-K_{max}$ und $+K_{max}$ schwanken. Der Saldo K_{12} des Arbeitszeitkontos am Ende der letzten Periode muß mit dem Saldo K_0 zu Beginn des Planungszeitraumes übereinstimmen.

a) Mit welchen der genannten Symbole b_t, PK, α_t, I_t, I_0, P_t, ME_t, MI_t, M_{max}, K_t, K_{max}, K_0 und K_{12} sind Entscheidungsvariablen und mit welchen Symbolen sind Daten bezeichnet?

b) Formulieren Sie zur Lösung des beschriebenen Entscheidungsproblems ein lineares Optimierungsmodell. Verwenden Sie dabei die vorgegebenen Symbole (vgl. Günther 1989, S. 102ff).

c) Wie wäre das Modell zu erweitern, wenn auch zusätzlich zu bezahlende Überstunden eingeplant werden könnten, die nicht durch Minderarbeitszeiten ausgeglichen werden? Welche weiteren Daten müßten gegeben sein?

Lösung

a) Daten: b_t, PK, α_t, I_0, M_{max}, K_{max}, K_o, K_{12}

Entscheidungsvariablen: I_t, P_t, ME_t, MI_t, K_t

b) Das lineare Optimierungsmodell lautet:

Minimiere

$$\sum_{t=1}^{12} I_t$$

unter den Nebenbedingungen:

Produktionskapazität

$$P_t \leq PK \cdot \alpha_t + ME_t - MI_t \qquad\qquad t=1,2,\ldots,12$$

Lagerbilanzen

$$I_t = I_{t-1} + P_t - b_t \qquad\qquad t=1,2,\ldots,12 \quad \text{mit } I_0=\text{gegeben}$$

Arbeitszeitkonto

$$K_t = K_{t-1} + MI_t - ME_t \qquad\qquad t=1,2,\ldots,12 \quad \text{mit } K_0=K_{12}=\text{gegeben}$$

$$-K_{max} \leq K_t \leq K_{max} \qquad\qquad t=1,2,\ldots,12$$

Begrenzungen

$$ME_t \leq M_{max} \qquad\qquad t=1,2,\ldots,12$$

$$MI_t \leq M_{max} \qquad\qquad t=1,2,\ldots,12$$

Nichtnegativität

$$P_t, I_t, ME_t, MI_t \geq 0 \qquad\qquad t=1,2,\ldots,12$$

(Für K_t gelten keine Nichtnegativitätsbedingungen.)

c) Es kommen folgende Entscheidungsvariablen hinzu:

$\ddot{U}_t$ Überstunden in Periode t

An weiteren Daten müssen gegeben sein:

LK   Lagerkosten pro Stück und Periode
ÜK   Überstundenkosten pro Zeiteinheit
$\ddot{U}_{max}$ maximale Überstunden pro Periode

Die geänderten bzw. zusätzlichen Bestandteile des Optimierungsmodells lauten:

Minimiere

$$\sum_{t=1}^{12} (LK \cdot I_t + \ddot{U}K \cdot \ddot{U}_t)$$

Nebenbedingungen

Produktionskapazität

$$P_t \leq PK \cdot \alpha_t + ME_t - MI_t + \ddot{U}_t \qquad\qquad t=1,2,\ldots,12$$

Begrenzungen

$$\ddot{U}_t \leq \ddot{U}_{max} \qquad\qquad\qquad t=1,2,\ldots,12$$

Literaturhinweise

Günther (1989)
Günther/Schneeweiß (1988)
Günther/Tempelmeier (1995, Kap. 8.2)

13. Hauptproduktionsprogrammplanung

*Während die Beschäftigungsglättung eine Angleichung von Kapazitätsbedarf und
-angebot und die Glättung saisonal bedingter Auslastungsschwankungen bewirken
soll, geht es in der Hauptproduktionsprogrammplanung um die Aufstellung konkreter Vorgaben für die zu produzierenden Hauptprodukte mit ihren wichtigsten
Vorprodukten. Dazu sind detaillierte Planungsdaten zu verwenden. Nach Möglichkeit gehen anstelle aggregierter Nachfrageprognosen die eingegangenen Kundenaufträge und die bekannte Entwicklung des Lagerbestände in die Planung ein.
Das Hauptproduktionsprogramm erfaßt nicht globale Kapazitätsbelastungen, sondern die einzelnen Hauptprodukte (Leitteile) und den von ihnen in den betroffenen Produktionssegmenten verursachten Kapazitätsbedarf. Die Kapazitäten der
Produktionssegmente und der Materialfluß werden genauer abgebildet als in der
Beschäftigungsglättung. Dem Planungszweck, eine möglichst genaue mengenmäßige und zeitliche Vorgabe für die zu produzierenden Erzeugnisse zu gewinnen,
entspricht ein Planungshorizont von wenigen Monaten bis zu einem Jahr, wobei
eine Periodeneinteilung in Wochenperioden gewählt werden kann.*

*Welche methodischen Hilfsmittel eingesetzt werden und welche besonderen Gegebenheiten bei der Hauptproduktionsprogrammplanung zu beachten sind, hängt
im wesentlichen vom jeweiligen Produktionstyp ab (vgl. Abb. C13.1). Bei Einzelproduktion, die überwiegend projektorientiert durchgeführt wird, dominieren netzplanbasierte Planungsmethoden. Hingegen liegen bei Massenproduktion, bei der
die Prozeßorientierung als Organisationsprinzip vorherrscht, zumeist günstige Voraussetzungen für den Einsatz linearer Optimierungsmodelle vor. Bei Serien- bzw.
Wechselproduktion wird eine Vielzahl von Produkten unter Inkaufnahme von
Umrüstvorgängen an den einzelnen Bearbeitungsstationen produziert. Sinnvolle
Vereinfachungen sind hier erforderlich, um die komplexen Produktionsverhältnisse in handhabbaren Lösungsansätzen abbilden zu können.*

Verständnis- und Diskussionsfragen

1. Als grundlegende Produktionsprozeßtypen unterscheidet man: *Einzelproduktion, Massenproduktion* und *Serien- bzw. Wechselproduktion.* Erläutern Sie diese drei Prozeßtypen der *Produktion* und nennen Sie für jeden Prozeßtyp einige
typische industrielle Beispiele.

2. Welche Besonderheiten weisen die einzelnen Prozeßtypen im Hinblick auf
die kurzfristige Produktionsprogrammplanung auf? Welche unterschiedlichen
Planungsverfahren sind geeignet?

3. Welche Konsequenzen ergeben sich für die Produktionsprogrammplanung
daraus, ob die Produktion kundenwunschorientiert erfolgt oder ob standardisierte Endprodukte für einen anonymen Abnehmerkreis hergestellt werden?

4. Nehmen Sie Stellung zu der Aussage: "In herkömmlichen PPS-Systemen stellt die Produktionsprogramm- bzw. Primärbedarfsplanung häufig nur ein Instrument zum Sammeln kundenauftrags- und absatzbezogener Daten dar."

5. Nennen Sie typische Ressourcen, die sich bei der Produktion als Engpaß erweisen können und die daher bei der Planung des Hauptproduktionsprogramms berücksichtigt werden müssen.

6. Die Hauptproduktionsprogrammplanung wird in der industriellen Praxis häufig unter Vernachlässigung von Kapazitätsbeschränkungen durchgeführt. Welche Auswirkungen hat diese Vorgehensweise im Hinblick auf die nachfolgenden Stufen der Produktionsplanung?

7. Ist es sinnvoll, Losgrößen bereits auf der Ebene der Hauptproduktionsprogrammplanung zu berücksichtigen?

8. In welcher Weise sollten die logistischen Verflechtungen bei der Planung des Hauptproduktionsprogramms erfaßt werden?

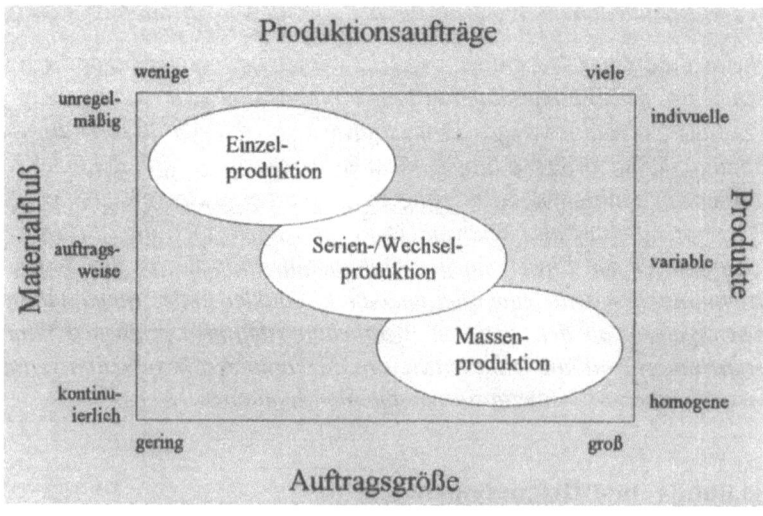

Abb. C13.1: Prozeßtypen der Produktion

13.1 Programmplanung bei Einzelproduktion (Projektorientierung)

Einzelproduktion zeichnet sich dadurch aus, daß Produkte als Einzelstücke oder in geringen Stückzahlen nach kundenspezifischen Anforderungen herzustellen sind. Die Kundenaufträge, um die zumeist mehrere Unternehmungen konkurrieren, gehen sporadisch und oftmals erst nach einem längeren Verhandlungsprozeß ein. Die Aufträge sind von hoher Wertigkeit und bergen häufig erhebliche Risiken. Für die Produktionsplanung bestehen die besonderen Anforderungen darin, daß zumeist nur wenige Arbeitsobjekte gleichzeitig zu bearbeiten sind, die aber ein großes Arbeitsvolumen mit einer Vielzahl von technologisch voneinander abhängigen Einzelvorgängen, eine lange Durchlaufzeit und einen strengen Terminrahmen aufweisen. Die Programmplanung bei Einzelproduktion umfaßt nicht nur die Unterstützung der Angebotserstellung, die Arbeitsstrukturierung und die Ermittlung realisierbarer Projektendtermine, sondern darüber hinaus die laufende Terminplanung und Bewirtschaftung knapper Ressourcen sowie die Kostenplanung, ferner das Projektcontrolling. Methodisch wird die projektorientierte Einzelproduktion vor allem durch die Netzplantechnik unterstützt.

Verständnis- und Diskussionsfragen

1. Überlegen Sie, welche Erfolgskriterien man für die Abwicklung von Produktionsprojekten zugrundelegen könnte.

2. Welche besonderen Probleme der Kostenkalkulation sind bei der Einzelproduktion zu beachten?

3. Belegen Sie durch Beispiele aus dem Anlagenbau, daß Produktionsprojekte interdisziplinäre Zusammenarbeit erfordern.

4. Diskutieren Sie die Risiken im internationalen Anlagenbau.

5. Welche praktischen Schwierigkeiten ergeben sich für das Projektmanagement, wenn ein völlig neuartiges Einzelprodukt hergestellt werden soll?

Übungsaufgaben

Aufgabe C131.1: Projektorganisation

Das Projektmanagement erfordert eigene Organisationsformen, die außerhalb des festgefügten organisatorischen Aufbaus der Unternehmung einzurichten sind. (Zu praktischen Fragen des Projektmanagements vgl. Madauss 1990 sowie Meredith/Mantel 1989.)

a) Kennzeichnen Sie die Organisationsform der Projektorganisation.

b) Welche Aufgaben obliegen dem Projektmanager (Projektleiter)?

c) Wie läßt sich die Projektorganisation in die Unternehmungsorganisation eingliedern?

d) Nennen Sie industrielle Produktionszweige, in denen dem Projektmanagement eine besondere Bedeutung zukommt.

Aufgabe C131.2: Projektablaufplanung

Stellen Sie sich vor, Sie hätten eine komplexe Arbeitsaufgabe erstmalig zu bewältigen. Wie würden Sie vorgehen, um den Ablauf zu planen? (Nützliche Hinweise zur Projektablaufplanung und zum praktischen Einsatz der Netzplantechnik die Bücher von Lock 1992 sowie Lockyer/Gordon 1991.)

a) Was wird bei der Projektdefinition festgelegt?

b) Was versteht man unter einem Projektstrukturplan? Nach welchen Gesichtspunkten kann er aufgebaut werden?

c) Stellen Sie den Prozeß der Projektplanung, -überwachung und -steuerung in seinen wichtigsten Schritten als Ablaufplan graphisch dar.

Aufgabe C131.3: Netzplantechnik

Für die Anwendung der Netzplantechnik muß ein Projekt (Produktionsauftrag) in einzelne *Vorgänge* $i = 1..m$ aufgespalten werden. Vorgang 1 bezeichnet üblicherweise den Beginn und Vorgang m das Ende des Projektes. Hinsichtlich der Ausführungsreihenfolge der Vorgänge bestehen i.d.R. technologische bzw. organisatorische Beschränkungen, die sich in *logischen Vorrangbeziehungen* niederschlagen. Im Netzplan werden Vorgänge durch Knoten und logische Vorrangbeziehungen durch Pfeile dargestellt (sog. Vorgangsknotennetze). (Zur Netzplantechnik vgl. z.B. Domschke/Drexl 1995, Kap. 5.)

a) Welche Daten müssen für die Anwendung der Netzplantechnik gegeben sein?

b) Welche unterschiedlichen Möglichkeiten kann man in Vorgangsknotennetzplänen zur Darstellung der logischen Vorrangbeziehungen zwischen zwei Vorgängen verwenden?

c) Zeigen Sie, daß Mindestabstände bei beliebiger Anordnungsbeziehung zwischen zwei Vorgängen stets in einen äquivalenten Mindestabstand bei Normalfolge (Ende-Anfang-Beziehung) umgewandelt werden können.

d) Wie lassen sich die frühestmöglichen sowie die spätestzulässigen Anfangs-
und Endzeitpunkte der Vorgänge berechnen?

e) Wie ermittelt man den kritischen Pfad bzw. die kritische Vorgangskette?

Lösung

a) Die folgenden Daten müssen gegeben sein:

a_{ij}	zeitlicher Mindestabstand zwischen der Ausführung von Vorgang i und Vorgang j
t_i	Ausführungsdauer des Vorgangs i
$V(i), N(i)$	Menge der unmittelbaren Vorgänger bzw. Nachfolger von Vorgang i

Durch die Vorgabe der Mengen V(i) und N(i) werden die einzuhaltenden logischen Vorrangbeziehungen zum Ausdruck gebracht. Mitunter sind nicht nur
Mindest-, sondern auch Höchstabstände zwischen zwei Vorgängen zu beachten. Zudem sind vielfach Termine für den frühesten Projektbeginn und das
späteste Projektende explizit vorgegeben.

b) Die unterschiedlichen Darstellungsformen für die Vorrangbeziehungen zwischen zwei Vorgängen i und j sind Abb. C131.1 zu entnehmen. Man unterscheidet Ende-Anfang-, Anfang-Anfang-, Anfang-Ende- und Ende-Ende-Folgen, abgekürzt (EA), (AA), (AE) und (EE). Mit $a(EA)_{ij}$, $a(AA)_{ij}$, $a(AE)_{ij}$ und
$a(EE)_{ij}$ sind die jeweiligen Mindestabstände bezeichnet.

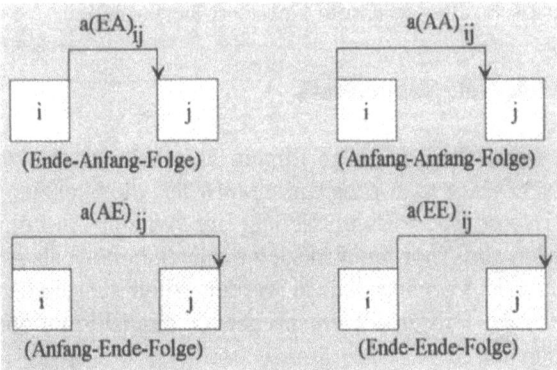

Abb. C131.1: Anordnungsbeziehungen in Vorgangsknotennetzen

c) Man verwendet die folgenden Umrechnungsformeln:

$$a(EA)_{ij} = a(AA)_{ij} - t_i$$
$$a(EA)_{ij} = a(AE)_{ij} - t_i - t_j$$
$$a(EA)_{ij} = a(EE)_{ij} - t_j$$

Bei der Umrechnung können durchaus negative Mindestabstände entstehen, die z.B. die mögliche Überlappung zwischen zwei aufeinanderfolgenden Vorgängen kennzeichnen.

d) Der frühestmögliche Anfangszeitpunkt (FAZ$_i$) und der frühestmögliche Endzeitpunkt (FEZ$_i$) eines Vorgangs i lassen sich durch die folgende *Vorwärtsrechnung* ermitteln, bei der V(i) die Menge der unmittelbaren Vorgänger von i bezeichnet:

$$FEZ_i = FAZ_i + t_i$$
$$FAZ_i = \max \{FEZ_v + a_{vi} \mid v \in V(i)\}$$

Analog erhält man durch die folgende *Rückwärtsrechnung*, bei der N(i) die Menge der unmittelbaren Nachfolger von i bezeichnet, den spätestzulässigen Endzeitpunkt (SEZ$_i$) und den spätestzulässigen Anfangszeitpunkt (SAZ$_i$) eines Vorgangs i:

$$SAZ_i = SEZ_i - t_i$$
$$SEZ_i = \min \{SAZ_n - a_{in} \mid n \in N(i)\}$$

e) Als kritisch werden jene Vorgänge bezeichnet, deren gesamte Pufferzeit

$$GP_i = SAZ_i - FAZ_i \qquad bzw. \qquad GP_i = SEZ_i - FEZ_i$$

den Wert Null hat. Terminliche Abweichungen bei der Ausführung dieser Vorgänge können die Termineinhaltung des gesamten Projektes gefährden. Durch die Verbindung jener Pfeile, die kritische Vorgänge miteinander verbinden, läßt sich der kritische Pfad in einem Netzwerk hervorheben.

Aufgabe C131.4: Netzplantechnik

Um die Programmierung der Algorithmen innerhalb der Netzplantechnik zu vereinfachen, verzichtet man programmintern auf die explizite Erfassung der Vorgangsdauern und die Verschlüsselung der Art der Anordnungsbeziehungen. Dazu werden alle Anordnungsbeziehungen einheitlich als Anfang-Anfang-Folgen geführt. Die Vorgangsdauern werden somit für die Terminrechnung nicht mehr benötigt. Führen Sie entsprechende Transformationen für die folgenden Vorgänge durch.

Vorgang	Dauer	Nachfolger	Anordnungs-beziehung	Mindest-abstand
A	3	B	AA	4
		C	EA	5
B	5	C	EE	-1
		D	AE	3
C	4	D	AA	-2
D	2	-	-	-

Lösung

Während programmextern die vom Anwender vorgegebenen Anordnungsbeziehungen und Zeitdauern ausgegeben werden, werden programmintern die
Vorgänge wie folgt verschlüsselt (siehe auch Teil c) der Aufgabe C131.3):

Vorgang	Dauer	Nachfolger	Anordnungs-beziehung	Mindest-abstand
A	3	B	AA	4
		C	AA	8
B	5	C	AA	0
		D	AA	1
C	4	D	AA	-2
D	2	Ende	AA	2

Aufgabe C131.5: Terminrechnung

Der Netzplan in Abb. C131.2 stellt die Struktur eines Projektes dar. Jeder
Knoten enthält die Vorgangsbezeichnung sowie die Ausführungsdauer. Be-
rechnen Sie zu allen Vorgängen die frühestmöglichen und spätestzulässigen
Anfangs- bzw. Endtermine sowie die Gesamtpufferzeit.

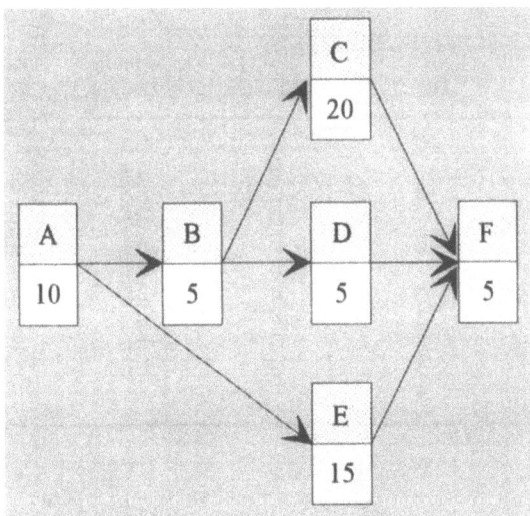

Abb. C131.2: Netzplan

Lösung

Zur Vorgehensweise bei der Terminrechnung und zur Bedeutung der Bezeichnungen siehe die Aufgabe C131.3. Die Ergebnisse der Terminrechnung sind in der folgenden Tabelle zusammengefaßt.

Vorgang	FAZ	FEZ	SAZ	SEZ	GP
A	0	10	0	10	0
B	10	15	10	15	0
C	15	35	15	35	0
D	15	20	30	35	15
E	10	25	20	35	10
F	35	40	35	40	0

Aufgabe C131.6: Terminrechnung

Ein Projekt enthält die in der nachfolgenden Tabelle angegebenen Vorgänge und Anordnungsbeziehungen. Zeichnen Sie den zugehörigen Netzplan und führen Sie die vollständige Terminrechnung durch (d.h. berechnen Sie die frühestmöglichen und spätestzulässigen Anfangs- bzw. Endtermine der Vorgänge sowie die zugehörigen Pufferzeiten). Markieren Sie im Netzplan die kritischen Vorgänge und den kritischen Pfad.

Vorgang	Dauer	Nachfolger	Anordnungs-beziehung	Mindest-abstand
0	0	A	EA	3
		B	AA	-
A	5	C	AA	-2
		D	EA	3
B	16	E	AA	2
		E	EE	-2
C	5	F	EE	4
D	2	F	EA	-
E	8	G	EE	6
F	3	G	EE	-
G	4	-	-	-

Lösung

Der Netzplan ist aus Abb. C131.3 ersichtlich. Darin enthalten die Knoten in der oberen Zeile die frühestmöglichen und in der unteren Zeile die spätestzulässigen Anfangs- und Endtermine. Im Mittelteil der Knoten sind die Vorgangsbezeichnung und die Vorgangsdauer angegeben.

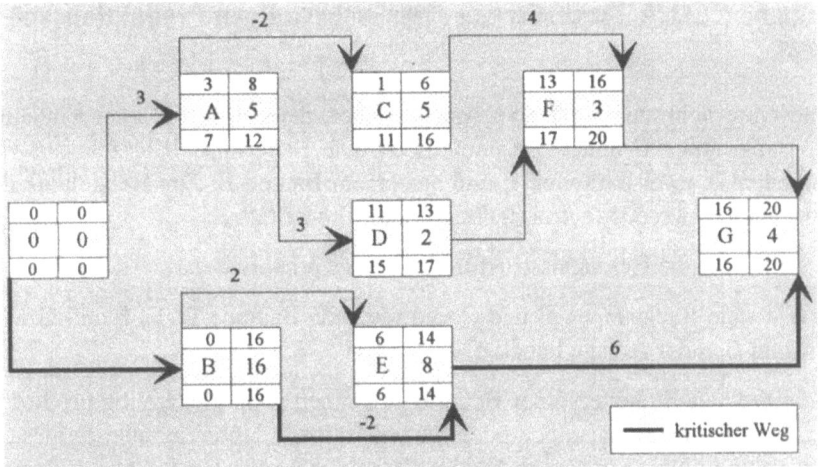

Abb. C131.3: Netzplan

Für die Berechnung der verschiedenen Pufferzeiten eines Vorganges werden die folgenden Annahmen getroffen:

gesamte Pufferzeit (GP): die Vorgänger befinden sich in frühester, die Nachfolger in spätester Lage;

freie Pufferzeit (FP): sowohl die Vorgänger als auch die Nachfolger befinden sich in frühester Lage;

unabhängige Pufferzeit (UP): die Vorgänger befinden sich in spätester, die Nachfolger in frühester Lage;

freie Rückwärtspufferzeit (FRP): sowohl die Vorgänger als auch die Nachfolger befinden sich in spätester Lage.

Die folgende Tabelle enthält eine Übersicht über die verschiedenen Pufferzeiten. (Zur Berechnung der Pufferzeiten siehe Domschke/Drexl 1995, S. 97ff.)

Vorgang	GP	FP	UP	FRP
A	4	0	0	4
B	0	0	0	0
C	10	6	2	6
D	4	0	-4	0
E	0	0	0	0
F	4	4	0	0
G	0	0	0	0

Aufgabe C131.7: Terminierung eines mehrstufigen Produktionsauftrags

Eine Unternehmung stellt eine Anlage A her, die sich aus je zwei Einheiten der Baugruppen B und C zusammensetzt. Die Baugruppe B besteht aus vier Bauteilen D, zwei Bauteilen E und aus einem Bauteil F. Zur Herstellung der Baugruppe C werden je drei Bauteile F und G benötigt.

a) Stellen Sie die Erzeugnisstruktur der Anlage graphisch dar.

b) Wie viele Baugruppen B und C und wie viele Bauteile D, E, F und G werden zum Bau der Anlage benötigt?

Die einzelnen Einheiten einer Baugruppe können nicht gleichzeitig produziert werden. Gleiche Baugruppen oder Bauteile müssen hintereinander hergestellt werden und können erst nach Fertigstellung der letzten Einheit weiterverwendet werden. In der folgenden Tabelle ist angegeben, welche Bearbeitungszeiten anfallen und wie viele Arbeitskräfte für die Herstellung einer einzelnen Produkteinheit gebunden werden. Die Anlage A muß spätestens nach 40 Zeiteinheiten fertiggestellt sein.

	A	B	C	Produkt D	E	F	G
Produktionsdauer	4	2	7	1	3	2	2
Arbeitskräfte	6	4	3	2	1	1	2

c) Stellen Sie die terminliche Realisierung des Projektes als Netzplan dar. Wann kann der Bau der Anlage frühestens abgeschlossen werden? (Beachten Sie dabei die zulässige Projektdauer von 40 Zeiteinheiten.)

d) Erstellen Sie ein Laufzeitdiagramm (Gantt-Diagramm) für das gesamte Projekt. Planen Sie dabei die Arbeitsvorgänge zum spätestzulässigen Zeitpunkt ein.

e) Stellen Sie graphisch in Form eines Kapazitätsbelastungsdiagramms dar, wie viele Arbeitskräfte im Zeitablauf durch das Projekt gebunden werden, wenn alle Arbeitsvorgänge zum spätestzulässigen Zeitpunkt beginnen.

f) Nehmen Sie an, die einzelnen Einheiten eines Produktes müßten zwar nach wie vor nacheinander produziert werden. Sobald jedoch sämtliche Teile bereitstehen, die zur Montage einer Produkteinheit benötigt werden, kann mit dem Montagevorgang begonnen werden. Lediglich für die Baugruppe F sei diese Vorgehensweise nicht möglich. Vielmehr muß der Gesamtbedarf von F hergestellt sein, ehe eine Weiterverwendung auf einer übergeordneten Produktionsstufe erfolgen kann. Stellen Sie unter diesen veränderten Annahmen die terminliche Realisierung des Projektes als Netzplan dar und führen Sie die Terminrechnung durch.

g) Die in f) beschriebene Weitergabe der Produkteinheiten in einzelnen Transportlosen sei nun auch für die Baugruppe F zugelassen. Welche Schwierigkeiten ergeben sich dann für die Anwendung Netzplantechnik und die Terminrechnung?

Lösung

a) Die Erzeugnisstruktur der Anlage ist in Abb. C131.4 graphisch dargestellt.

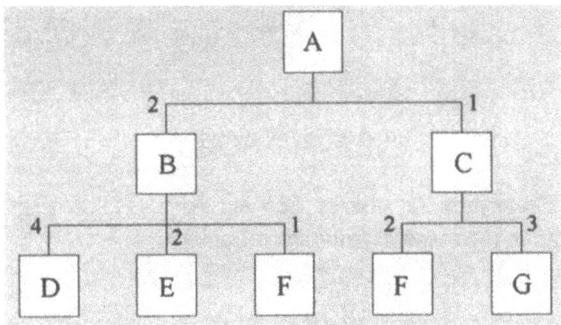

Abb.C131.4: Erzeugnisstruktur der Anlage

b) Die Anzahl der benötigten Produkteinheiten ist der folgenden Tabelle zu entnehmen.

Produkt	A	B	C	D	E	F	G
Anzahl	1	2	2	8	4	8	6

c) Aus dem Netzplan in Abb. C131.5 ist ersichtlich, daß der Bau der Anlage frühestens nach 34 Zeiteinheiten abgeschlossen werden kann. Im Netzplan sind außerdem zu allen Vorgängen die frühestmöglichen und die spätestzulässigen Anfangs- und Endtermine angegeben. Die Vorgangsdauern ergeben sich als Produkt aus der Anzahl benötigter Produkteinheiten und der Stückbearbeitungszeit.

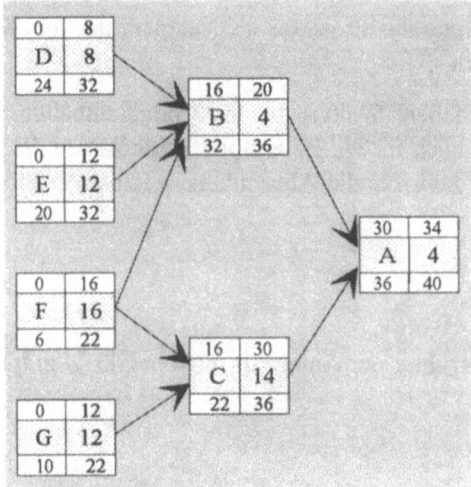

Abb. C131.5: Netzplan

d) Das Gantt-Diagramm im oberen Teil der Abb. C131.6 zeigt die einzelnen Arbeitsvorgänge in ihrer spätestzulässigen Lage.

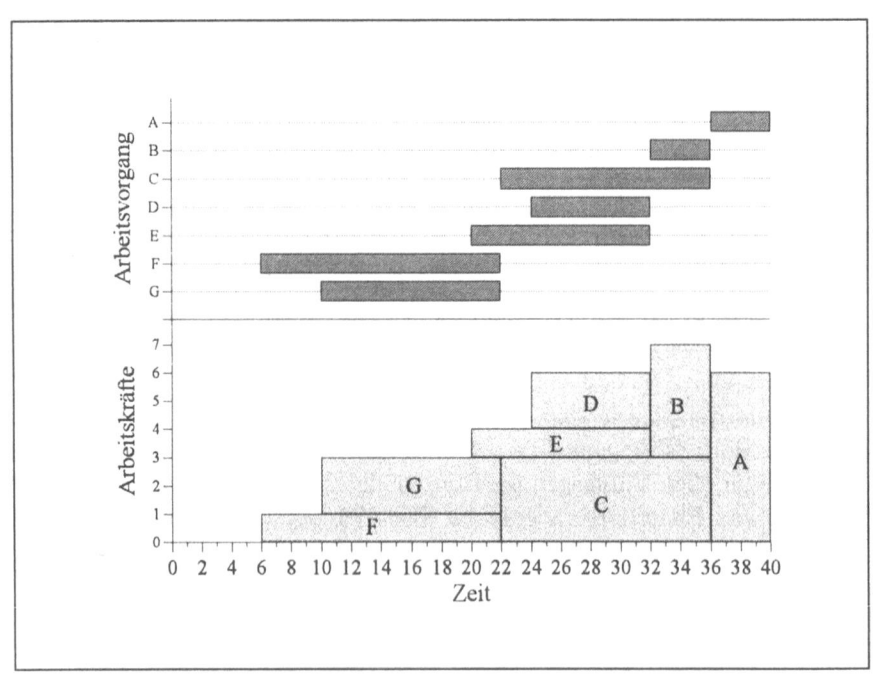

Abb. C131.6: Gantt-Diagramm und Kapazitätsbelastungsdiagramm
(spätestzulässige Lage der Arbeitsvorgänge)

e) Der Bedarf an Arbeitskräften ist aus dem Kapazitätsbelastungsdiagramm im unteren Teil der Abb. C131.6 ersichtlich.

f) g) Lösungshinweise enthält der Aufsatz von Günther 1992b.

Aufgabe C131.8: Auftragsprogrammplanung

Im Spezialmaschinenbau werden die Erzeugnisse nach den individuellen Anforderungen des Kunden konstruiert und hergestellt. Hierbei bietet sich für die Projektablaufplanung die Methodik der Netzplantechnik an. Die besondere Schwierigkeit der Projektablaufplanung besteht jedoch darin, die beschränkt verfügbaren Produktionsressourcen zu verplanen sowie konkrete Liefertermine bei Auftragsanfragen zu fixieren. Als Beispiel sei die folgende stark vereinfachte Problemstellung betrachtet.

Die Produktionskapazität in den einzelnen Einheiten des Betriebes sowie die sonstigen benötigten Produktionsfaktoren werden als eine einzige einheitliche Ressource betrachtet, von der pro Tag jeweils 10 Einheiten zur Verfügung stehen. Es befinden sich derzeit die folgenden Projekte (Aufträge) 1 und 2 in Bearbeitung.

Projekt 1

Vorgang	Dauer	Nachfolger	Ressourcen-bedarf
A	3	B,C	7
B	4	D	2
C	6	D,E	1
D	2	F	3
E	5	F	3
F	6	-	5

Projekt 2

Vorgang	Dauer	Nachfolger	Ressourcen-bedarf
A	5	C,D	3
B	3	D,E	2
C	4	F	4
D	7	G	5
E	5	G	4
F	8	G	3
G	6	-	2

Bei der Zuweisung von knappen Ressourcen geht man wie folgt vor: Das zuerst eingegangene Projekt wird stets bevorzugt behandelt; d.h. man reserviert zunächst Produktionskapazität (soweit verfügbar) nacheinander für alle Vorgänge von Projekt 1; dann weist man die verbleibende Produktionskapazität nacheinander den Vorgängen von Projekt 2 zu usw. Konkurrieren zwei Vorgänge desselben Projektes um knappe Ressourcen, so entscheidet die längere Vorgangsdauer. Alle Vorgänge müssen ohne Unterbrechung durchgeführt werden. Am Ende des sechsten Tages ergibt sich folgender Stand:

- Von Projekt 1 ist der Vorgang A abgeschlossen. Die Vorgänge B und C wurden zum frühestmöglichen Zeitpunkt begonnen.

- Von Projekt 2 ist ebenfalls der Vorgang A abgeschlossen. Der Vorgang B wurde am vierten und der Vorgang C am fünften Tag begonnen.

Es ist soeben eine Anfrage eingetroffen, das folgende Projekt 3 zu bearbeiten. Projektbeginn soll bereits der nächste Arbeitstag sein.

Projekt 3

Vorgang	Dauer	Nachfolger	Ressourcen-bedarf
A	4	C	6
B	9	C,D	2
C	6	E,F	3
D	3	G	5
E	6	G	4
F	7	G	2
G	3	-	1

In der Vergangenheit sind vergleichbare Aufträge innerhalb von 28 Tagen ausgeführt worden. Die mittlere Ausführungsdauer eines Vorgangs betrug vier Tage. Man hat auch festgestellt, daß die minimale Projektdauer, die bei unbeschränkter Verfügbarkeit der Ressourcen realisierbar wäre, im Durchschnitt um 20% überschritten wurde. (Lösungshinweise enthält der Aufsatz von Dumond/Mabert 1988.)

a) Kalkulieren Sie den Endtermin für Projekt 3 jeweils nach den folgenden Regeln: (1) "mittlere historische Projektdauer", (2) "Anzahl der Vorgänge" sowie (3) "Verspätungsregel".

b) Stellen Sie durch prospektive Simulation fest, welche Endtermine sich für die Projekte 1 bis 3 unter Beachtung der beschränkten Produktionskapazität ergeben würden. Nachträglich stellt sich heraus, daß die Vorgänge E und F von Projekt 2 nicht gleichzeitig ausgeführt werden können.

Lösung

a) Es ergeben sich die folgenden Endtermine für Projekt 3, das nach Ablauf des sechsten Tages begonnen werden soll:

(1) Nach der Regel "mittlere historische Projektdauer"

$T_3 = 6 + 28 = 34$

(2) Nach der Regel "Anzahl der Vorgänge"

$T_3 = 6 + 4 \cdot 7 = 34$

Für die Anwendung der "Verspätungsregel" ist zunächst ausgehend vom Isttermin (Ende des sechsten Tages) der früheste Endtermin des Projektes 3 zu ermitteln, der sich ohne Berücksichtigung von Ressourcenbeschränkungen ergeben würde. Aus dem Netzplan in Abb. C131.7 sind das Projektende $t = 31$ bzw. eine Projektdauer von 25 Tagen abzulesen. (Zum besseren Verständnis: Der frühestmögliche Anfangszeitpunkt eines Vorganges bezieht sich stets auf das Ende des Vortages, der frühestmögliche Endzeitpunkt auf das Ende des letzten Tages der Vorgangsdauer.)

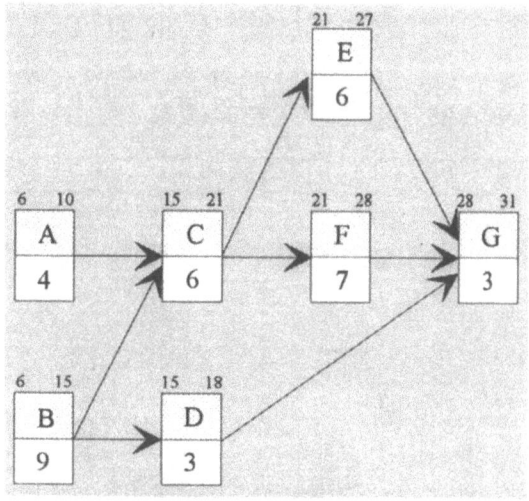

Abb. C131.7: Netzplan für Projekt 3

(3) Gemäß der "Verspätungsregel" lautet der kalkulierte Projektendtermin:

$T_3 = 6 + 1.2 \cdot 25 = 36$

b) Zunächst werden der aktuelle Status der Projekte 1 und 2 und die Projektendtermine, die sich ohne Berücksichtigung von Ressourcenbeschränkungen ergeben würden, graphisch dargestellt (siehe Abb. C131.8 und C131.9).

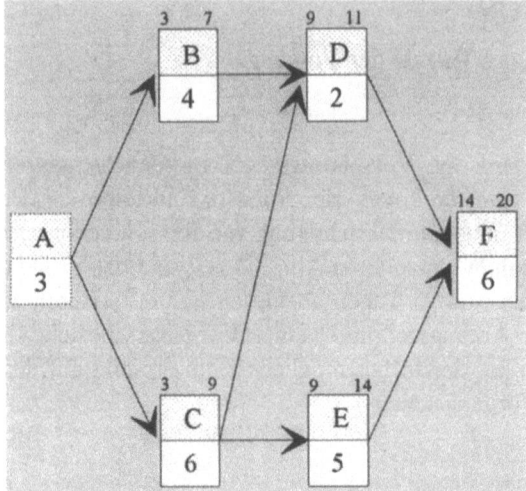

Abb. C131.8: Netzplan für Projekt 1

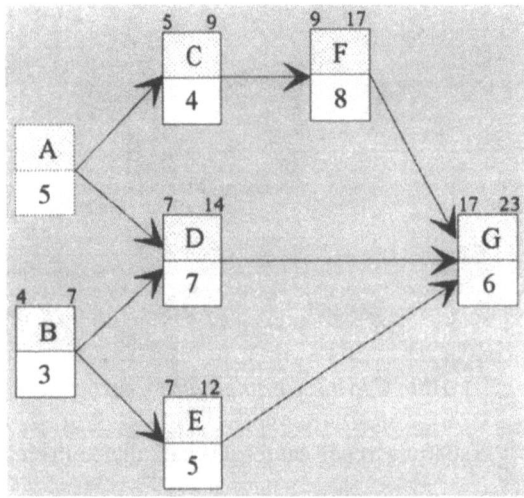

Abb. C131.9: Netzplan für Projekt 2

Mit Hilfe einer prospektiven Simulation kann man im vorhinein die Belegung der Ressourcen experimentell durchspielen. Unter Anwendung der in der Aufgabenstellung genannten vereinfachten Vorgehensweise erhält man die in Abb. C131.10 dargestellte (keineswegs optimale) Ressourcenbelegung, bei der die Fertigstellung des Projektes 3 nach 47 Tagen zu erwarten ist.

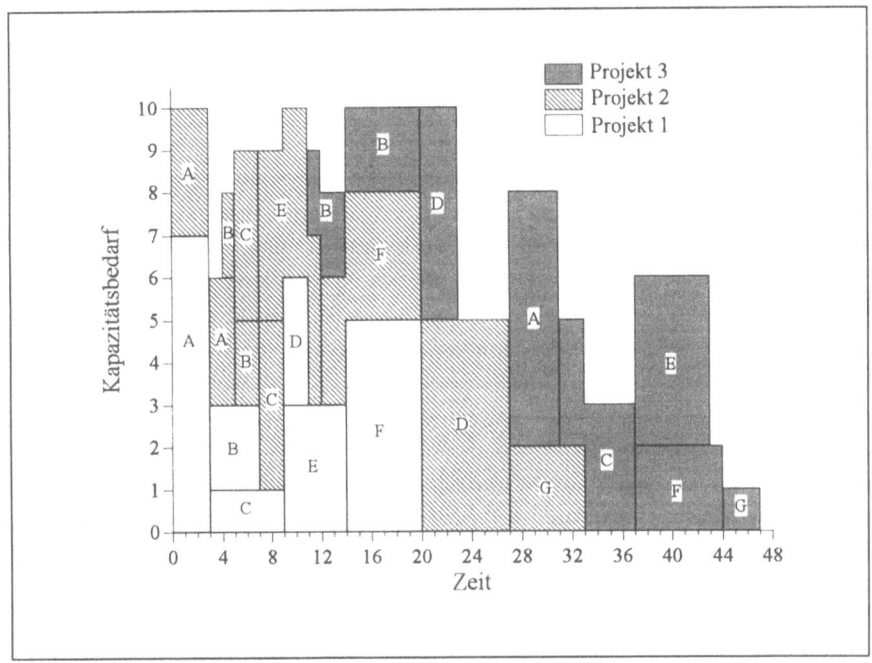

Abb. C131.10: Ressourcenbelegung

Literaturhinweise

Domschke/Drexl (1995, Kap. 5)
Lock (1992)
Lockyer/Gordon (1991)
Madauss (1990)
Meredith/Mantel (1989)
Moder/Phillips/Davis (1983)

13.2 Programmplanung bei Massenproduktion (Prozeßorientierung)

Bei (prozeßorientierter) Massenproduktion wird zumeist eine überschaubare An-zahl von homogenen Endprodukten aus einer verhältnismäßig geringen Zahl von Einsatzstoffen hergestellt. Da die Ausbringungsgüter im allgemeinen einen hohen und gleichmäßigen Bedarf aufweisen, wird nahezu kontinuierlich produziert. Da-bei kann es sich sowohl um Fließgüter (wie z.B. in der Mineralöl- oder der chemi-schen Industrie) oder auch um in großen Zahlen hergestellte Stückgüter handeln. Massenprodukte werden häufig in ähnlicher Qualität von mehreren Unterneh-mungen angeboten. Für die Prozeßindustrie sind die Optimierung des Rohstoff-einsatzes und der Ausbringungsmengen sowie die kostenminimale Steuerung der Anlagenfahrweisen von besonderer Bedeutung. Da sich die Prozeßbedingungen im allgemeinen gut steuern lassen und der Materialfluß nicht übermäßig verzweigt ist, kann der Produktionsprozeß wirklichkeitsnah durch quantitative Modelle ab-gebildet werden. Die Umsetzung der Ergebnisse von Optimierungsrechnungen be-reitet hier weit weniger Schwierigkeiten als bei Einzel- oder Serien- bzw. Wechsel-produktion.

Verständnis- und Diskussionsfragen

1. Bei Massenproduktion fallen überwiegend homogene Ausbringungsgüter an. Welche Faktoren bestimmen hierbei die Produktions- und Absatzplanung der Endprodukte im Gegensatz zu anderen Produktionstypen?

2. Homogene Ausbringungsgüter werden gewöhnlich nur von einer geringen Zahl von Anbietern hergestellt, deren Produktionskapazität verhältnismäßig hoch ist. Wie ist dieser Umstand zu erklären?

3. Worauf führen Sie den geringen Lohnkostenanteil bei Massenproduktion zurück? Worin unterscheidet sich sonst noch die Kostenstruktur von anderen Produktionstypen?

4. Wie ist es zu erklären, daß die prozeßorientierte Industrie (z.B. die Mineral-ölverarbeitung und die chemisch-pharmazeutische Industrie) Vorreiter in der Anwendung komplexer linearer Optimierungsmodelle war?

5. Diskutieren Sie, inwieweit sich ökologische und energiewirtschaftliche Ge-sichtspunkte in die Optimierung des Produktionsprogramms bei Massenpro-duktion einbeziehen lassen.

6. Liefert die lineare Programmierung optimale Produktionsprogramme, wenn die Ausgangsdaten (z.B. die erwarteten Absatzmengen) unsichere Größen sind oder wenn die Optimierung des Produktionsprogramms in ein rollendes Pla-nungssystem eingebunden ist?

Übungsaufgaben

Aufgabe C132.1: Produktionsprogramm, Engpaßbetrachtung

Von zwei Endprodukten 1 und 2 mit Stückdeckungsbeiträgen von 10 bzw. 12 Geldeinheiten können maximal je 100 Einheiten abgesetzt werden. Die beiden Endprodukte werden aus den Vorprodukten 3 bis 7 gewonnen. Der Materialfluß ist in Abb. C132.1 dargestellt. Die Zahlenangaben auf den Pfeilen besagen, wie viele Einheiten des Vorproduktes je Einheit des weiterverarbeiteten Produktes benötigt werden.

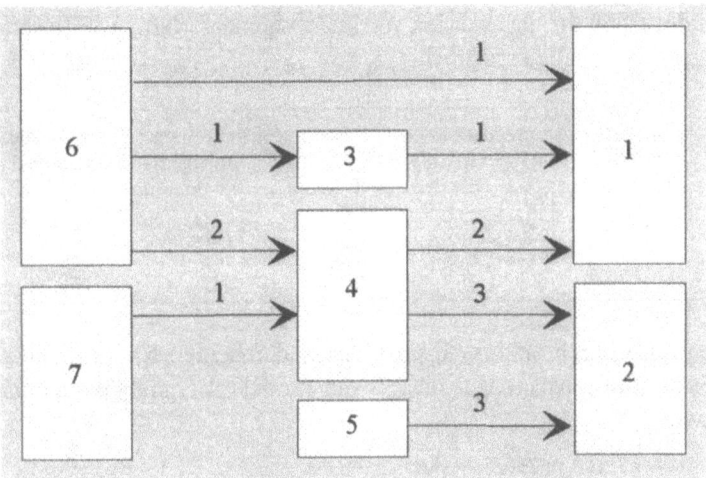

Abb. C132.1: Materialfluß

a) Wie viele Einheiten der Vorprodukte 3 bis 7 wären jeweils erforderlich, damit die Absatzhöchstmengen der beiden Endprodukte hergestellt werden können?

Die Zwischenprodukte 3, 4 und 5 werden mit Stückbearbeitungszeiten von einer bzw. zwei bzw. drei Zeiteinheiten auf einer gemeinsamen Anlage gefertigt, deren Kapazität auf 1500 Zeiteinheiten je Periode begrenzt ist. Die Zwischenprodukte können jedoch auch fremdbezogen werden. Hierbei fallen pro Stück Mehrkosten von zwei Geldeinheiten (Produkt 3), drei Geldeinheiten (Produkt 4) und fünf Geldeinheiten (Produkt 5) an.

b) Welche Mengen der drei Zwischenprodukte sollen selbsterstellt bzw. fremdbezogen werden? Welcher maximale Deckungsbeitrag ist zu erzielen?

Lösung

a) Der Bedarf der Vorprodukte 3 bis 7 lautet:

Produkt	3	4	5	6	7
Bedarf	100	500	300	1200	500

b) Es liegt ein einziger Produktionsengpaß vor. Die Vorprodukte 3 bis 5 werden in aufsteigender Folge der relativen Kostenersparnis geordnet, die als Quotient aus den Mehrkosten des Fremdbezugs und der jeweiligen Engpaßbeanspruchung gebildet wird. (D.h. die Produkte mit den höchsten relativen Kosten des Fremdbezugs werden vorrangig eigengefertigt.) Die Lösung ist aus der folgenden Tabelle ersichtlich.

Produkt	relative Kostenersparnis	Rest-kapazität	Produktions-menge	Fremdbezugs-menge
3	2/1=2.00	1500	100	-
5	5/3=1.67	1400	300	-
4	3/2=1.50	500	250	250

Aufgrund der beschränkten Absatzmengen der beiden Endprodukte 1 und 2 und der Fremdbezugsmenge von 250 von Produkt 4 ergibt sich ein Deckungsbeitrag von

$$10 \cdot 100 + 12 \cdot 100 - 250 \cdot 3 = 1450$$

Aufgabe C132.2: Produktionsprogramm, Mischungsproblem

In einem chemischen Prozeß können zwei Endprodukte A und B zur Qualitätssteigerung mit drei Additiven 1, 2 und 3 versetzt werden. Nähere Angaben sind in der folgenden Tabelle enthalten.

Additiv	1	2	3
Maximaler Gehalt			
in Endprodukt A	0.07	0.06	0.05
in Endprodukt B	0.06	0.05	0.08
Minimaler Gehalt			
in Endprodukt A	0.02	0.01	0.03
in Endprodukt B	0.02	0.01	0.04
Kosten je ME	10	12	14
verfügbare Menge	7	6	10

Darüber hinaus muß beachtet werden, daß der Gehalt sämtlicher Additive in den Endprodukten A bzw. B 10% nicht übersteigen darf. Die beiden Endprodukte erbringen einen Stückgewinn von vier bzw. sechs Geldeinheiten. Von Endprodukt A können höchstens 120 und von Endprodukt B höchstens 180 Mengeneinheiten abgesetzt werden.

Formulieren Sie ein lineares Optimierungsmodell zur Bestimmung des gewinnmaximalen Produktionsprogramms.

Lösung

Es werden die folgenden Entscheidungsvariablen verwendet:

x_j Produktionsmenge von Produkt j (j = A, B)
y_{ij} Menge von Additiv i (i = 1, 2, 3), die in Produkt j (j = A, B) eingeht

Die Modellformulierung lautet:

Maximiere

$$4 \cdot x_A + 6 \cdot x_B - 10 \cdot (y_{1,A} + y_{1,B}) - 12 \cdot (y_{2A} + y_{2B}) - 14 \cdot (y_{3A} + y_{3B})$$

unter den Nebenbedingungen:

Materialverfügbarkeit

$$y_{1A} + y_{1B} \leq 7$$
$$y_{2A} + y_{2B} \leq 6$$
$$y_{3A} + y_{3B} \leq 10$$

Maximalgehalt

$$y_{1A} \leq 0.07 \cdot x_A$$
$$y_{2A} \leq 0.06 \cdot x_A$$
$$y_{3A} \leq 0.05 \cdot x_A$$
$$y_{1B} \leq 0.06 \cdot x_B$$

$$y_{2B} \leq 0.05 \cdot x_B$$
$$y_{3B} \leq 0.08 \cdot x_B$$

Minimalgehalt

$$y_{1A} \geq 0.02 \cdot x_A$$
$$y_{2A} \geq 0.01 \cdot x_A$$
$$y_{3A} \geq 0.03 \cdot x_A$$
$$y_{1B} \geq 0.02 \cdot x_B$$
$$y_{2B} \geq 0.01 \cdot x_B$$
$$y_{2C} \geq 0.04 \cdot x_B$$

Gesamtgehalt

$$y_{1A} + y_{2A} + y_{3A} \leq 0.1 \cdot x_A$$
$$y_{1B} + y_{2B} + y_{3B} \leq 0.1 \cdot x_B$$

Absatzhöchstmengen

$$x_A \leq 120$$
$$x_B \leq 180$$

Nichtnegativität

$$x_j, \ y_{ij} \geq 0 \qquad\qquad i=1, 2, 3; \ j=A, B$$

Aufgabe C132.3: Produktionsprogramm, mehrstufige Produktion

Zur Herstellung der beiden Endprodukte $j = 1, 2$ werden die selbsterstellten Baugruppen $j = 3, 4, 5$ und das fremdbezogene Rohmaterial $j = 6$ eingesetzt. Der Materialfluß mit den zugehörigen Bedarfskoeffizienten ist in Abb. C132.2 dargestellt.

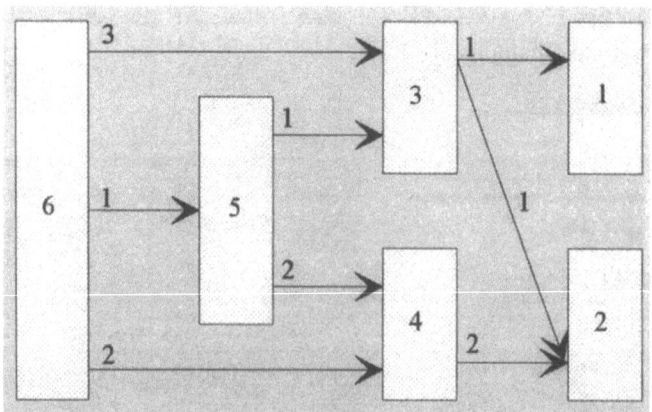

Abb. C132.2: Materialfluß

Von den beiden Endprodukten können jeweils 100 Einheiten abgesetzt werden. Die Stückdeckungsbeiträge betragen 12 Geldeinheiten für Endprodukt 1 und 16 Geldeinheiten für Endprodukt 2. Von dem Rohmaterial 6 sind 1000 Einheiten verfügbar. Die Produktionskapazitäten sind unbeschränkt.

a) Welche Mengen der Vorprodukte $j = 3,4,5,6$ wären erforderlich, damit die Absatzhöchstmengen der beiden Endprodukte hergestellt werden können?

b) Mit welchen Produktionsmengen der beiden Endprodukte kann die Unternehmung ihren Gesamtdeckungsbeitrag maximieren?

Die Aufgabenstellung wird wie folgt erweitert: In der Endmontage können zusammen höchstens 200 Einheiten der beiden Endprodukte 1 und 2, in der Zwischenmontage höchstens 300 Einheiten des Vorproduktes 4, jedoch beliebige Mengen der Vorprodukte 3 und 5 hergestellt werden. Zu den verfügbaren 1000 Einheiten des Rohmaterials 6 können weitere 200 Einheiten zu Mehrkosten von jeweils einer Geldeinheit fremdbezogen werden.

c) Definieren Sie geeignete Entscheidungsvariablen und stellen Sie ein lineares Optimierungsmodell zur Bestimmung des gewinnmaximalen Produktionsprogramms auf.

Lösung

a) Die folgende Tabelle enthält die benötigten Mengen der Vorprodukte $j = 3,4,5,6$:

Produkt	3	4	5	6
Bedarf	200	200	600	1600

b) Den einzigen Engpaß bildet das Rohmaterial 6. Die optimalen Produktionsmengen der beiden Endprodukte sind nach Maßgabe der relativen Deckungsbeiträge zu bestimmen. Je Einheit der Endprodukte 1 bzw. 2 werden 4 bzw. 12 Einheiten des Rohmaterials 6 benötigt. Diesen Engpaßbelastungen stehen Stückdeckungsbeiträge von 12 bzw. 16 Geldeinheiten gegenüber. Die relativen Deckungsbeiträge lauten $12/4 = 3$ für Endprodukt 1 und $16/12 = 1.33$ für Endprodukt 2.

Nachdem die Absatzhöchstmenge von 100 Einheiten des Endproduktes 1 gefertigt wird, stehen noch $1000 - 400 = 600$ Einheiten des Rohmaterials 6 zur Verfügung. Diese werden verwendet, um $600/12 = 50$ Einheiten des Endproduktes 2 herzustellen.

c) Es werden die folgenden Entscheidungsvariablen verwendet:

x_j Produktionsmenge von Produkt j (j = 1,2,...,5)
y_6 Fremdbezugsmenge von Rohmaterial 6

Die Modellformulierung lautet:

Maximiere

$$12 \cdot x_1 + 16 - 1 \cdot y_6$$

unter den Nebenbedingungen:

Produktionskapazität - Endmontage

$$x_1 + x_2 \leq 200$$

Produktionskapazität - Zwischenmontage

$$x_4 \leq 300$$

Fremdbezugsgrenze

$$y_6 \leq 200$$

Materialfluß

$$x_1 + x_2 = x_3$$
$$2 \cdot x_2 = x_4$$
$$x_3 + 2 \cdot x_4 = x_5$$
$$3 \cdot x_3 + 2 \cdot x_4 + x_5 = 1000 + y_6$$

Absatzhöchstmengen

$$x_1 \leq 100$$
$$x_2 \leq 100$$

Nichtnegativität

$$x_1, x_2, \ldots, x_5, y_6 \geq 0$$

Bei genauerer Betrachtung des vorstehenden Optimierungsmodells erkennt man, daß bei den gewählten Ausgangsdaten einige Nebenbedingungen redundant sind. So kann z.B. bei den vorgegebenen Absatzhöchstmengen von jeweils 100 Einheiten die Kapazitätsbeschränkung für die Endmontage niemals wirksam werden. Da von Vorprodukt 4 höchstens 200 Einheiten benötigt werden, ist auch die Kapazitätsbeschränkung für die Zwischenmontage hinfällig.

Eine weitere Vorüberlegung zeigt, daß auch bei vollständigem Fremdbezug des Rohmaterials 6 die Deckungsbeiträge der beiden Endprodukte positiv bleiben. Zu den verfügbaren 1000 Mengeneinheiten kommen daher noch $y_6 = 200$ fremdbezogene Einheiten hinzu. Die Gesamtmenge von 1200 bildet nach wie vor den einzigen Engpaß. Nachdem die bereits verfügbaren 1000 Mengeneinheiten des Rohmaterials 6 auf die beiden Endprodukte verteilt sind (siehe die Lösung zu b)), wird die Fremdbezugsmenge $y_6 = 200$ verwendet, um weitere $200/12 = 16.67$ Einheiten von Endprodukt 2 herzustellen. Das optimale Produktionsprogramm lautet: $x_1 = 100$ und $x_2 = 66.67$.

Aufgabe C132.4: Zuschnittoptimierung

Bei der Produktion von Papier, Textilien, Folien u.ä. wird das Rohprodukt zunächst in Rollen einer bestimmten Standardbreite und -länge hergestellt. Gemäß den Kundenaufträgen werden dann die Standardrollen nach den auftragsindividuellen Anforderungen zugeschnitten. Abb. C132.3 veranschaulicht ein solches Schnittmuster, bei dem Bahnen von 40, 30 und 25 cm Breite zugeschnitten werden und ein Randstreifen von 5 cm als Verschnitt anfällt.

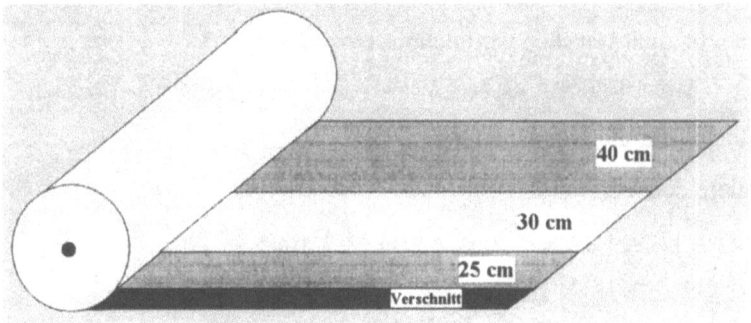

Abb. C132.3: Zuschnittmuster

Konkret ist von folgender Problemstellung auszugehen: Die hergestellten Standardrollen weisen eine Breite von 100 cm und eine Länge von 100 Metern auf. Die eingegangenen Kundenaufträge führen auf die folgenden in Längenmetern angegebenen Bedarfswerte:

Rollenbreite	60 cm	50 cm	40 cm	25 cm	15 cm
Längenmeter	300	400	200	500	100

a) Formulieren Sie ein lineares Optimierungsmodell, das den gesamten Verschnitt minimiert.

b) Als Zielsetzung soll die Gesamtzahl der eingesetzten Standardrollen minimiert werden. Ändern Sie das lineare Optimierungsmodell entsprechend ab.

Lösung

a) Zunächst werden die zulässigen Schnittmuster aufgestellt:

Rollen-breite	Schnittmuster																
	1	2	3	4	5	6	7	8	9	10	11	12	13	14	15	16	17
60	1	1	1	-	-	-	-	-	-	-	-	-	-	-	-	-	-
50	-	-	-	2	1	1	1	1	-	-	-	-	-	-	-	-	-
40	1	-	-	-	1	-	-	-	2	1	1	1	-	-	-	-	-
25	-	1	-	-	-	2	1	-	-	2	1	-	4	3	2	1	-
15	-	1	2	-	-	-	1	3	1	-	2	4	-	1	3	5	6
Rest	0	0	10	0	10	0	10	5	5	10	5	0	0	10	5	0	10

Als Entscheidungsvariable wird definiert:

x_i Anzahl der Rollen, die nach Muster i zugeschnitten werden (i = 1,2,...,17)

Die Modellformulierung lautet:

Minimiere den Verschnitt

$$10 \cdot x_3 + 10 \cdot x_5 + 10 \cdot x_7 + 5 \cdot x_8 + 5 \cdot x_9 + 10 \cdot x_{10} + 5 \cdot x_{11}$$
$$+ 10 \cdot x_{14} + 5 \cdot x_{15} + 10 \cdot x_{17}$$

unter den Nebenbedingungen der Bedarfsdeckung:

Rollenbreite: 60 cm

$$x_1 + x_2 + x_3 \geq 3$$

Rollenbreite: 50 cm

$$2 \cdot x_4 + x_5 + x_6 + x_7 + x_8 \geq 4$$

Rollenbreite: 40 cm

$$x_1 + x_5 + 2 \cdot x_9 + x_{10} + x_{11} + x_{12} \geq 2$$

Rollenbreite: 25 cm

$$x_2 + 2 \cdot x_6 + x_7 + 2 \cdot x_{10} + x_{11} + 4 \cdot x_{13} + 3 \cdot x_{14} + 2 \cdot x_{15} + x_{16} \geq 5$$

Rollenbreite: 15 cm

$$x_2 + 2 \cdot x_3 + x_7 + 3 \cdot x_8 + x_9 + 2 \cdot x_{11} + 4 \cdot x_{12}$$
$$+ x_{14} + 3 \cdot x_{15} + 5 \cdot x_{16} + 6 \cdot x_{17} \geq 1$$

sowie der Nichtnegativität:

$$x_i \geq 0 \qquad\qquad i=1,2,\dots,17$$

Die optimale Lösung enthält die folgenden Schnittmuster:

$$x_1 = 2; \; x_2 = 1; \; x_4 = 2; \; x_{13} = 1$$

Bei dieser Lösung werden sechs Standardrollen je 100 m Länge eingesetzt. Verschnitt fällt nicht an.

b) Die Nebenbedingungen bleiben unverändert. Die zu minimierende Zielfunktion lautet:

$$\sum_{i=1}^{N} x_i$$

Aufgabe C132.5: Produktions-/Distributionsprogramm

Ein Betrieb liefert einem Abnehmer ein Produkt nach dem Just-in-Time-Prinzip zu. In den nächsten sechs Tagen sind die folgenden Bedarfsmengen zwingend zu erfüllen, wobei die für die Tage 8 und 9 bereits feststehenden Transportmengen in Abzug gebracht wurden:

Tag	10	11	12	13	14	15
Bedarf	30	90	150	100	140	120

Der Transport kann per Bahn oder per LKW durchgeführt werden. Der Bahntransport dauert zwei Tage und kostet 2.5 Geldeinheiten je Mengeneinheit. Der LKW-Transport dauert nur einen Tag, kostet aber 3.5 Geldeinheiten je Mengeneinheit.

Grundsätzlich hat die Produktion des Zulieferers synchron mit dem Bedarf des Abnehmers zu erfolgen, jedoch können vorausproduzierte Erzeugnisse auch bei einem Spediteur zu Kosten von 0.2 Geldeinheiten je Mengeneinheit und Tag zwischengelagert werden. Zusätzlich entstehen hierbei für die Ein- und Auslagerung noch Handlingkosten von jeweils 0.1 Geldeinheiten pro umgeschlagene Mengeneinheit unabhängig von der Lagerungsdauer. An Lageranfangsbeständen sind im Distributionssystem 40 Mengeneinheiten vorhanden. Die Lagerung erfolgt ausschließlich beim Spediteur.

Der Zulieferer kann seine Tagesproduktionsrate nur zwischen 90 und 120 Einheiten variieren. Bei einer Tagesproduktionsrate unterhalb von 100 wird mit Leerkosten von 1.0 Geldeinheiten je Mengeneinheit gerechnet. Bei einer Tagesproduktionsrate oberhalb von 110 fallen Mehrkosten von 1.5 Geldeinheiten je Mengeneinheit an.

Formulieren Sie ein lineares Optimierungsmodell zur Bestimmung des kostenminimalen Produktions- und Distributionsprogramms. Stellen Sie zuvor die Transportflüsse graphisch dar.

Lösung

Die Transportflüsse werden durch Abb. C132.4 veranschaulicht.

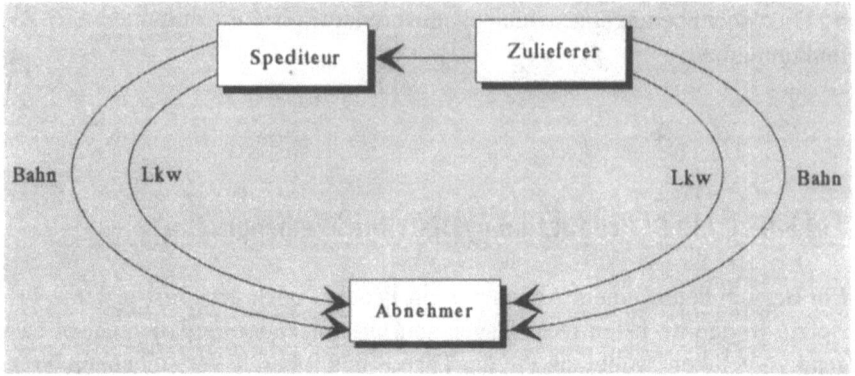

Abb. C132.4: Transportflüsse

Es werden die folgenden Entscheidungsvariablen verwendet:

x_t	Produktionsmenge am Tag t (t = 10,...,14)
xo_t, xu_t	Produktionsmenge oberhalb von 110 bzw. unterhalb von 100 Mengeneinheiten (t = 10,...,14)
y_t	Lagerbestand am Ende von Tag t (t = 8,...,14)
z_{1t}, z_{2t}	Direkttransportmenge per Bahn bzw. per LKW am Tag t (t = 10,...,13 bzw. t = 10,...,14)
z_{3t}, z_{4t}	beim Spediteur zwischengelagerte und per Bahn bzw. per LKW am Tag t ausgelieferte Menge (t = 8,...,13 bzw. t = 9,...,14)

Die Modellformulierung lautet:

Minimiere

Transportkosten per Bahn bzw. per LKW

$$\sum_{t=10}^{13} 2.5 \cdot z_{1t} + \sum_{t=10}^{14} 3.5 \cdot z_{2t} + \sum_{t=8}^{13} 2.5 \cdot z_{3t} + \sum_{t=9}^{14} 3.5 \cdot z_{4t}$$

Lager- und Handlingkosten des Spediteurs

$$+ \sum_{t=8}^{14} 0.2 \cdot y_t + \sum_{t=8}^{13} 0.1 \cdot z_{3t} + \sum_{t=9}^{14} 0.1 \cdot z_{4t}$$

Kosten für Über- und Unterproduktion

$$\sum_{t=10}^{14} (1.5 \cdot xo_t + 1.0 \cdot xu_t)$$

unter den Nebenbedingungen:

Bedarfsdeckung

$$z_{38} + z_{49} = 30$$
$$z_{2,10} + z_{39} + z_{4,10} = 90$$
$$z_{1,10} + z_{2,11} + z_{3,10} + z_{4,11} = 150$$
$$z_{1,11} + z_{2,12} + z_{3,11} + z_{4,12} = 100$$
$$z_{1,12} + z_{2,13} + z_{3,12} + z_{4,13} = 140$$
$$z_{1,13} + z_{2,14} + z_{3,13} + z_{4,14} = 120$$

Lagerbilanzen

$$y_8 = 40 - z_{38}$$
$$y_9 = y_8 - z_{39} - z_{49}$$
$$y_t = y_{t-1} + x_t - z_{1t} - z_{2t} - z_{3t} - z_{4t} \qquad t=10,\ldots,13$$
$$y_{14} = y_{13} + x_{14} - z_{2,14} - z_{4,14}$$

Produktionsraten

$$90 \leq x_t \leq 120 \qquad\qquad t=10,\ldots,14$$
$$x_t + xu_t \geq 100 \qquad\qquad t=10,\ldots,14$$
$$x_t - xo_t \leq 110 \qquad\qquad t=10,\ldots,14$$

Nichtnegativität

$$x_t, \; xo_t, \; xu_t \geq 0 \qquad\qquad t=10,\ldots,14$$
$$y_t \geq 0 \qquad\qquad\qquad t= 8,\ldots,14$$
$$z_{1t} \geq 0 \qquad\qquad\qquad t=10,\ldots,13$$
$$z_{2t} \geq 0 \qquad\qquad\qquad t=10,\ldots,14$$
$$z_{3t} \geq 0 \qquad\qquad\qquad t= 8,\ldots,13$$
$$z_{4t} \geq 0 \qquad\qquad\qquad t= 9,\ldots,14$$

Aufgabe C132.6: Kuppelproduktion

In einem chemischen Betrieb wird ein Endprodukt in einem dreistufigen Prozeß hergestellt. In der ersten Stufe werden die fremdbezogenen Einsatzstoffe 1 und 2 zu den Vorprodukten 3 und 4 weiterverarbeitet. Aus diesen Vorprodukten entsteht in der zweiten Stufe das Zwischenprodukt 5. In der dritten Stufe wird aus diesem Zwischenprodukt und einem weiteren fremdbezogenen Einsatzstoff 6 das Endprodukt 7 hergestellt. Das Zwischenprodukt 5 kann jedoch auch zugekauft werden.

Aus der folgenden Tabelle ist abzulesen, welcher Anteil der einzelnen Ausbringungsgüter aus den jeweiligen Einsatzstoffen im Produktionsprozeß gewonnen wird. (Der Einsatzstoff 1 geht z.B. zu 40% in das Vorprodukt 3 und zu

60% in das Vorprodukt 4 über.) Dabei ist zu beachten, daß in der zweiten Produktionsstufe 10% der Einsatzstoffe verlorengehen. Außerdem sind die Einstandspreise und die verfügbaren Beschaffungsmengen in der Tabelle angegeben.

Einsatz-	Ausbringungsstoff					Einstands-	verfügbare
stoff	3	4	5	6	7	preis	Menge
1	0.4	0.6	-	-	-	3	1000
2	0.7	0.3	-	-	-	2	1200
3	-	-	0.9	-	-	-	-
4	-	-	0.9	-	-	-	-
5	-	-	-	-	1.0	5	500
6	-	-	-	-	1.0	1	900

Der Anteil des Zwischenproduktes 5 am gesamten Input der dritten Stufe darf höchstens 70% betragen. Von dem Endprodukt 7 können höchstens 2800 Einheiten zu einem Preis von 20 Geldeinheiten abgesetzt werden. Die variablen Verarbeitungskosten des Produktionsprozesses sind von der Menge und der Zusammensetzung der Einsatzstoffe unabhängig.

a) Stellen Sie den Produktionsprozeß und den Materialfluß graphisch dar.

b) Definieren Sie geeignete Entscheidungsvariablen und entwickeln Sie für das obige Entscheidungsproblem ein lineares Optimierungsmodell.

c) Wie wäre das Modell zu erweitern, wenn die Vorprodukte 3 und 4 direkt am Markt abgesetzt werden könnten? Welche zusätzlichen Daten müßten gegeben sein?

Lösung

a) Produktionsprozeß und Materialfluß sind in Abb. C132.5 veranschaulicht.

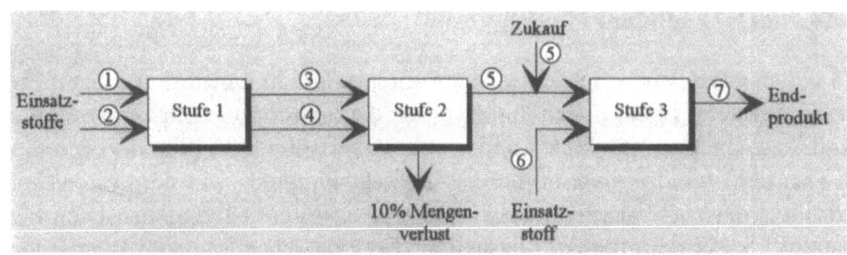

Abb. C132.5: Produktionsprozeß und Materialfluß

b) Es werden die folgenden Entscheidungsvariablen verwendet:

x_j Produktionsmenge der Produkte j (j = 3,4,5,7)
y_j Einsatzmenge der Stoffe j (j = 1,2,5,6)

Die Modellformulierung lautet:

Maximiere

$$20 \cdot x_7 - 3 \cdot y_1 - 2 \cdot y_2 - 5 \cdot y_5 - 1 \cdot y_6$$

unter den Nebenbedingungen:

Mengenbilanzen

$$x_3 = 0.4 \cdot y_1 + 0.7 \cdot y_2$$
$$x_4 = 0.6 \cdot y_1 + 0.3 \cdot y_2$$
$$x_5 = 0.9 \cdot x_3 + 0.9 \cdot x_4$$
$$x_7 = x_5 + y_5 + y_6$$

Einsatzmengenbeschränkung - Produkt 5

$$x_5 + y_5 \leq 0.7 \cdot (x_5 + y_5 + y_6)$$

umgeformt zu:

$$0.3 \cdot x_5 + 0.3 \cdot y_5 - 0.7 \cdot y_6 \leq 0$$

Beschaffungsgrenzen

$$y_1 \leq 1000$$
$$y_2 \leq 1200$$
$$y_5 \leq 500$$
$$y_6 \leq 900$$

Absatzhöchstmenge

$$x_7 \leq 2800$$

Nichtnegativität

$x_j \geq 0$		$j = 3,4,5,7$
$y_j \geq 0$		$j = 1,2,5,6$

c) Es werden die folgenden zusätzlichen Entscheidungsvariablen benötigt:

z_3, z_4 Absatzmenge der Produkte 3 bzw. 4

Weiterhin müßten die folgenden Daten gegeben sein:

p_3, p_4 Absatzpreis der Produkte 3 bzw. 4
A_3, A_4 Absatzhöchstmenge der Produkte 3 bzw. 4

Die *Zielfunktion* müßte lauten:

Maximiere

$$20 \cdot x_7 + p_3 \cdot z_3 + p_4 \cdot z_4 - 3 \cdot y_1 - 2 \cdot y_2 - 5 \cdot y_5 - 1 \cdot y_6$$

Die *Mengenbilanzen* für die Produkte 3 und 4 sind wie folgt zu ändern:

$$x_3 + z_3 = 0.4 \cdot y_1 + 0.7 \cdot y_2$$
$$x_4 + z_4 = 0.6 \cdot y_1 + 0.3 \cdot y_2$$

Zusätzlich sind die folgenden *Absatzhöchstmengenrestriktionen* zu beachten:

$$x_3 \leq A_3$$
$$x_4 \leq A_4$$

Schließlich sind die *Nichtnegativitätsbedingungen* zu ergänzen:

$$z_3, z_4 \geq 0$$

Aufgabe C132.7: Kuppelproduktion, Anlagenfahrweisen

Ein kontinuierlicher chemischer Produktionsprozeß besteht aus zwei Stufen. In der ersten Stufe wird ein Rohstoff 1 eingesetzt, aus dem die Zwischenprodukte 2, 3, 4 und 5 gewonnen werden. Bei 5 handelt es sich um einen Verluststoff, der zu Kosten von 10 Geldeinheiten je Mengeneinheit entsorgt werden muß. Sämtliche erzeugten Mengen des Zwischenproduktes 4 werden zu einem Preis von 40 Geldeinheiten je Mengeneinheit weiterverkauft. Die beiden Zwischenprodukte 2 und 3 werden in der zweiten Produktionsstufe weiterverarbeitet.

Die Anlagen der ersten Produktionsstufe können in zwei Fahrweisen betrieben werden, wobei sich die Ausbringungsanteile der erzeugten Produkte, wie in der nachfolgenden Tabelle angegeben, ändern. Die Betriebskosten der Anlagen sind proportional zur Einsatzmenge des Rohstoffes 1. Bei der Anlagenfahrweise 2 sind die Betriebskosten je Mengeneinheit von Rohstoff 1 um acht Geldeinheiten höher als bei der Anlagenfahrweise 1. Die Fahrweisen können beliebig gewechselt werden, ohne daß Umrüstkosten und -zeiten anfallen. Insgesamt können 1000 Mengeneinheiten des Rohstoffes 1 verarbeitet werden.

Anlagen-	Mengenanteil für Produkt			
fahrweise	2	3	4	5
1	0.50	0.20	0.20	0.10
2	0.30	0.40	0.25	0.05

In der zweiten Produktionsstufe wird das Endprodukt 8 durch Mischen der beiden Zwischenprodukte 2 und 3 sowie der zugekauften Einsatzstoffe 6 und 7 gewonnen. Von 6 können höchstens 200 und von 7 höchstens 300 Mengeneinheiten zu einem Preis von 20 bzw. 25 Geldeinheiten je Mengeneinheit bezogen werden. Der Anteil der einzelnen Produkte in der Mischung ist beliebig, jedoch muß beachtet werden, daß die beiden in allen Produkten enthaltenen Schadstoffe A und B nur zu höchstens 8% bzw. 6% im Endprodukt 8 enthalten sein dürfen. Die Schadstoffanteile der einzelnen Produkte sind der nachfolgenden Tabelle zu entnehmen. Um die höchstzulässigen Schadstoffanteile des Endproduktes einzuhalten, kann es erforderlich sein, daß bestimmte Mengen der beiden Produkte 2 und 3 nicht weiterverarbeitet werden können, sondern für eine spätere Verwendung zwischengelagert werden müssen. Das Endprodukt 8 kann zu einem Stückdeckungsbeitrag von 100 Geldeinheiten in beliebiger Menge verkauft werden.

Schad-	Mengenanteil im Produkt			
stoff	2	3	6	7
A	0.10	0.12	0.05	0.06
B	0.04	0.07	0.10	0.08

a) Stellen Sie den Produktionsprozeß und die Materialflüsse graphisch dar.

b) Formulieren Sie unter Verwendung der obigen Zahlenangaben ein lineares Optimierungsmodell zur Bestimmung des gewinnmaximalen Produktionsprogramms.

Lösung

a) Produktionsprozeß und Materialfluß sind in Abb. C132. 6 veranschaulicht.

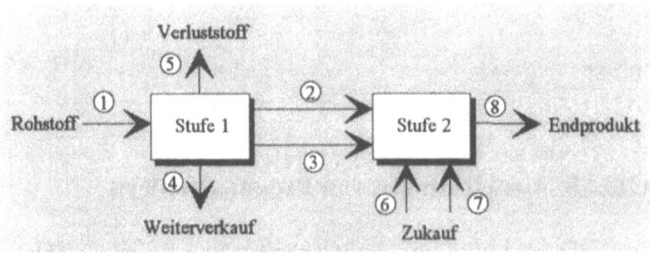

Abb. C132.6: Produktionsprozeß und Materialfluß

b) Es werden die folgenden Entscheidungsvariablen verwendet:

x_j Einsatz- bzw. Produktionsmenge der Produkte j $(j = 2,3,4,5,6,7,8)$
x_{i1} Einsatzmenge des Rohstoffes $j = 1$ bei Anlagenfahrweise i $(i = 1,2)$
y_j Überschußproduktion von Produkt j $(j = 2,3)$

Die Modellformulierung lautet:

Maximiere

$$100 \cdot x_8 + 40 \cdot x_4 - 8 \cdot x_{21} - 10 \cdot x_5 - 20 \cdot x_6 - 25 \cdot x_7$$

unter den Nebenbedingungen:

Einsatzmengenbeschränkung - Rohstoff 1

$x_{11} + x_{21} \leq 1000$

Mengenbilanzen - Stufe 1

$x_2 = 0.50 \cdot x_{11} + 0.30 \cdot x_{21}$

$x_3 = 0.20 \cdot x_{11} + 0.40 \cdot x_{21}$

$x_4 = 0.20 \cdot x_{11} + 0.25 \cdot x_{21}$

$x_5 = 0.10 \cdot x_{11} + 0.05 \cdot x_{21}$

Mengenbilanz - Stufe 2

$x_8 = (x_2 - y_2) + (x_3 - y_3) + x_6 + x_7$

Beschaffungsgrenzen

$x_6 \leq 200$

$x_7 \leq 300$

Qualitätsrestriktionen

$0.10 \cdot (x_2 - y_2) + 0.12 \cdot (x_3 - y_3) + 0.05 \cdot x_6 + 0.06 \cdot x_7 \leq 0.08 \cdot x_8$

$0.04 \cdot (x_2 - y_2) + 0.07 \cdot (x_3 - y_3) + 0.10 \cdot x_6 + 0.08 \cdot x_7 \leq 0.06 \cdot x_8$

Nichtnegativität

$x_j \geq 0$ $j = 2,3,4,5,6,7,8$

$x_{i,1} \geq 0$ $i = 1,2$

$y_j \geq 0$ $j = 2,3$

Aufgabe C132.8: Auswirkungen von Prognosefehlern

Im folgenden geht es darum, die Auswirkungen von Prognosefehlern im Rahmen der Produktionsprogrammplanung zu untersuchen. Der prognostizierte Kapazitätsbedarf während der nächsten sechs Perioden beträgt (Szenario A):

$60, 90, 100, 140, 130, 80$

In jeder Periode stehen 100 Einheiten an Normalkapazität zur Verfügung, die jeweils um eine Zusatzkapazität von höchstens 10 Einheiten erweitert werden können. Allerdings verursacht jede innerhalb der Zusatzkapazität hergestellte Leistungseinheit Mehrkosten von 2.5 Geldeinheiten. Für die Lagerung einer Leistungseinheit über eine Periode werden Lagerkosten von einer Geldeinheit angesetzt. Reichen Lagerbestand und Produktion nicht aus, um den Kapazitätsbedarf zu befriedigen, so werden für jede unbefriedigte Bedarfseinheit Fehlmengenkosten von 10 Geldeinheiten je Periode veranschlagt. Fehlmengen werden stets vorgemerkt und können in einer späteren Periode nachgeliefert werden. Der entstandene Goodwill-Verlust ist in den Fehlmengenkosten enthalten.

a) Bestimmen Sie den kostenminimalen Produktionsplan (Plan I).

Es kommen zwei weitere Produktionspläne in Betracht:

```
Plan II:   100, 100, 105, 110, 110, 75
Plan III:  100, 100, 110, 110, 110, 70
```

Im allgemeinen ist damit zu rechnen, daß mehr oder minder starke Prognosefehler auftreten. Es könnten sich z.B. die folgenden Kapazitätsbedarfswerte realisieren:

```
Szenario B (Abweichung ± 10%): 54, 95, 108, 132, 137, 74
Szenario C (Abweichung ± 20%): 48, 100, 116, 124, 144, 68
```

b) Welche Kosten verursachen die Pläne I, II und III bei den verschiedenen Szenarien A, B und C?

Als Schutz gegen Prognosefehler bietet es sich an, Sicherheitsbestände vorzusehen, die in unserem Beispiel zwischen 0, 1, 2, ..., 15 variiert werden sollen. Es sei außerdem die Annahme getroffen, daß der Lageranfangsbestand am Beginn der Periode 1 genau dem Sicherheitsbestand entspricht.

c) Welche Kosten verursachen die Produktionspläne I, II und III bei den Szenarien A, B und C, wenn die Sicherheitsbestände zwischen 0, 1, 2, ..., 15 angesetzt werden? Stellen Sie die Ergebnisse graphisch dar. Welche Folgerungen ziehen Sie daraus?

d) Welche anderen Möglichkeiten gibt es innerhalb der Produktionsplanung, Vorkehrungen gegen die Unsicherheit der Nachfrage zu treffen?

e) Welche sonstigen (nicht unmittelbar zur Produktionsplanung gehörigen) Maßnahmen können ergriffen werden, um sich gegen unerwartete Nachfrageschwankungen zu schützen?

Lösung

a) Bei Szenario A läßt sich der Kapazitätsbedarf ohne Fehlmengen befriedigen. Daher kann der kostenminimale Produktionsplan mit Hilfe der in Abschnitt C.3 erläuterten "column-minima-procedure" ermittelt werden. Plan I lautet:

```
100, 100, 100, 110, 110, 80
```

b) Die folgenden Tabellen zeigen, zu welchen Ergebnissen die drei Produktionspläne I, II und III bei den Szenarien A, B und C führen. Ein negativer Lagerbestand am Ende einer Periode deutet an, daß Fehlmengen entstehen, die in der nächsten Periode nachgeliefert werden können. Zusätzlich sind die jeweiligen Kosten angegeben, die sich aus den Lager-, Überstunden- und Fehlmengenkosten zusammensetzen.

Produktionsplan I - Szenario A

Perioden	1	2	3	4	5	6
Produktion	100	100	100	110	110	80
Bedarf	60	90	100	140	130	80
Lagerbestand	40	50	50	20	-	-

Kosten: $160 + 20 \cdot 2.5 + 0 = 210$

Produktionsplan II - Szenario A

Perioden	1	2	3	4	5	6
Produktion	100	100	105	110	110	75
Bedarf	60	90	100	140	130	80
Lagerbestand	40	50	55	25	5	-

Kosten: $175 + 25 \cdot 2.5 + 0 = 237.5$

Produktionsplan III - Szenario A

Perioden	1	2	3	4	5	6
Produktion	100	100	110	110	110	70
Bedarf	60	90	100	140	130	80
Lagerbestand	40	50	60	30	10	-

Kosten: $190 + 30 \cdot 25 + 0 = 265$

Produktionsplan I - Szenario B

Perioden	1	2	3	4	5	6
Produktion	100	100	100	110	110	80
Bedarf	54	95	108	132	137	74
Lagerbestand	46	51	43	21	-6	-

Kosten: $161 + 20 \cdot 2.5 + 6 \cdot 10 = 271$

Produktionsplan II - Szenario B

Perioden	1	2	3	4	5	6
Produktion	100	100	105	110	110	75
Bedarf	54	95	108	132	137	74
Lagerbestand	46	51	48	26	-1	-

Kosten: $171 + 25 \cdot 2.5 + 1 \cdot 10 = 243.5$

Produktionsplan III - Szenario B

Perioden	1	2	3	4	5	6
Produktion	100	100	110	110	110	70
Bedarf	54	95	108	132	137	74
Lagerbestand	46	51	53	31	4	-

Kosten: $185 + 30 \cdot 2.5 + 0 = 260$

Produktionsplan I - Szenario C

Perioden	1	2	3	4	5	6
Produktion	100	100	100	110	110	80
Bedarf	48	100	116	124	144	68
Lagerbestand	52	52	36	22	-12	-

Kosten: $162 + 20 \cdot 2.5 + 12 \cdot 10 = 332$

Produktionsplan II - Szenario C

Perioden	1	2	3	4	5	6
Produktion	100	100	105	110	110	75
Bedarf	48	100	116	124	144	68
Lagerbestand	52	52	41	27	-7	-

Kosten: $172 + 25 \cdot 2.5 + 7 \cdot 10 = 304.5$

Produktionsplan III - Szenario C

Perioden	1	2	3	4	5	6
Produktion	100	100	110	110	110	70
Bedarf	48	100	116	124	144	68
Lagerbestand	52	52	46	32	-2	-

Kosten: $182 + 30 \cdot 2.5 + 2 \cdot 10 = 277$

c) Die Abb. C132.7 und C132.8 verdeutlichen, wie sich die Kosten für die drei Produktionspläne I, II und III in Abhängigkeit von den Sicherheitsbeständen bei den Szenarien B und C entwickeln. Die Kosten sinken zunächst und steigen dann wieder an. Dies ist darauf zurückzuführen, daß zunächst mit steigendem Sicherheitsbestand die Fehlmengen sinken, während eine weitere Erhöhung des Sicherheitsbestandes lediglich zusätzliche Lagerkosten verursacht.

Plan I und Szenario A stellt den in der Theorie zumeist angenommenen Regelfall dar: die zukünftige Nachfrage ist mit Sicherheit bekannt; daher spielen Sicherheitsbestände oder sonstige Sicherheitsvorkehrungen keine Rolle; die optimale Lösung ist mit Hilfe von Standardoptimierungsverfahren zu bestimmen. Die weiteren Auswertungen des Zahlenbeispiels belegen zunächst einmal, daß die Lösungsgüte wesentlich von dem eingeplanten Sicherheitsbestand abhängt. Weiterhin ist das auf den ersten Blick überraschende Ergebnis zu beobachten (siehe Abb. C132.8), daß sich ein Produktionsplan, der bei deterministischer (d.h. im vorhinein mit Gewißheit bekannter) Nachfrage optimal ist, als suboptimal erweisen kann, wenn die Nachfrage stochastischen Schwankungen unterliegt.

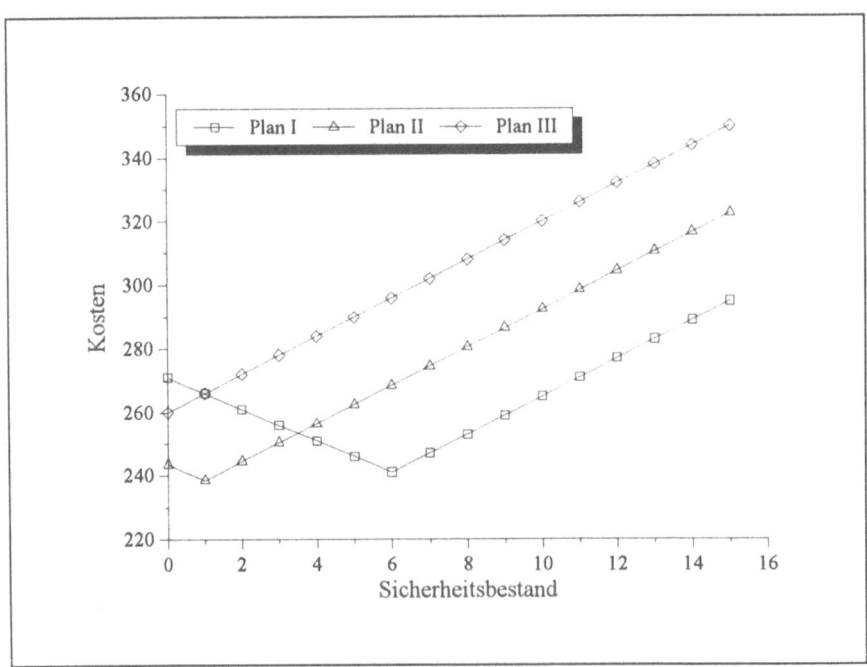

Abb. C132.7: Kostenentwicklung der drei Produktionspläne (Szenario B)

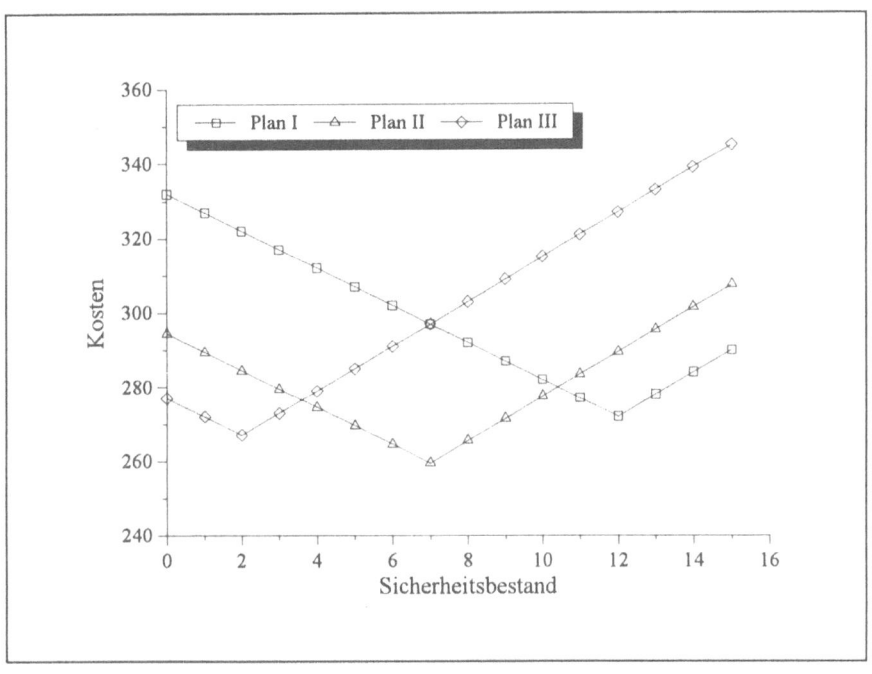

Abb. C132.8: Kostenentwicklung der drei Produktionspläne (Szenario C)

d) In der klassischen Produktions- und Lagerhaltungstheorie werden Sicherheitsbestände i.d.R. als die einzige Möglichkeit zum Schutz gegen stochastische Nachfrageschwankungen betrachtet. Abgesehen davon können innerhalb der Produktionsplanung jedoch weitere Maßnahmen als Vorkehrung gegen die Unsicherheit der Nachfrage getroffen werden:

- Sicherheitszeiten, insbesondere die vorzeitige Freigabe von Produktionsaufträgen;

- rollende Planung zur Berücksichtigung aktueller Datenänderungen;

- Bereitstellung von Ausweichmöglichkeiten auf andere Maschinen und Arbeitsprozesse;

- on-line Erfassung der Betriebsdaten und sofortige Sichtbarmachung von atypischen Betriebssituationen;

- Schaffung von dialogfähigen Planungssystemen, die eine rasche Umplanung bei eingetretenen Datenänderungen ermöglichen;

- datentechnische Erfassung der komplexen Abhängigkeiten zwischen Kundenaufträgen, Losgrößen, Kapazitätsbelastungen, Materialbedarf usw.;

- Vorbereitung von Alternativplänen, die bei konkreten Störereignissen aktiviert werden können;

- Mehrfachqualifizierung des Produktionspersonals und flexibler Personaleinsatz.

e) Auch außerhalb der Produktionsplanung bieten sich verschiedene Maßnahmen an:

- Verbesserung der Marktbeobachtung und der Nachfrageprognosen;

- Schaffung von Reservekapazitäten und Zugriffsmöglichkeiten auf Fremdkapazität sowie Vorkehrungen für den Fremdbezug von Engpaßgütern;

- bessere Informationen über Lagerbestände im Distributionssystem;

- Abschluß von Rahmenverträgen mit Großabnehmern;

- Beschleunigung der Materialzulieferung durch entsprechende vertragliche Vereinbarungen;

- Begünstigung von Festaufträgen größeren Umfangs durch vorteilhafte Preiskonditionen;

- Einführung einer unternehmungsinternen Abnahmeverpflichtung des Vertriebs bezüglich der gegenüber der Produktion geäußerten Absatzerwartungen.

Aufgabe C132.9: Bedarfs- und Distributionsplanung

Eine Unternehmung stellt ein Endprodukt 1 her, in das je eine Einheit der Vorprodukte 2, 3 und 4 eingeht. Alle Produkte können an zwei verschiedenen Standorten A und B produziert werden. Die Lageranfangsbestände sind der folgenden Tabelle zu entnehmen:

Standort	1	2	3	4
			Produkt	
A	500	1000	300	-
B	-	-	-	300

Die Endprodukte können noch in derselben Periode ausgeliefert werden, in der sie produziert werden. Hingegen müssen Vorprodukte, die in der Periode t weiterverarbeitet werden, am Ende der Vorperiode t-1 auf Lager liegen (d.h. die Lagerentnahme erfolgt erst in der Produktionsperiode des Endproduktes). Alle Produkte durchlaufen den Produktionsprozeß innerhalb einer Periode, wobei die Losgröße jeweils dem Periodenbedarf entspricht. Die Lagerkosten pro Stück und Periode betragen vier Geldeinheiten bei dem Endprodukt 1 und jeweils eine Geldeinheit bei den Vorprodukten 2, 3 und 4.

Für das Endprodukt 1 liegen zwei Kundenaufträge vor, und zwar sind 750 Einheiten in der Periode 4 vom Standort A und 500 Einheiten in der Periode 3 vom Standort B auszuliefern. Der Produktionsplan soll für die nächsten vier Perioden so aufgestellt werden, daß minimale Lagerbestände entstehen. Kapazitätsrestriktionen können vernachlässigt werden.

a) Nehmen Sie an, daß keine Lagerbestände zwischen den beiden Standorten ausgetauscht werden können. Welcher Nettobedarf ist zu befriedigen und wie entwickeln sich die Lagerendbestände der Produkte 1,2,...,4 an den beiden Standorten im Verlauf der vier zu betrachtenden Perioden? Welche Lagerkosten entstehen?

b) Nehmen Sie an, daß die am Standort A geführten Lagerbestände aller Produkte auch zur Befriedigung des Bedarfs am Standort B verwendet werden können und umgekehrt. Welcher Nettobedarf ist zu befriedigen und wie entwickeln sich nun die Lagerbestände der Produkte 1,2,...,4 an den beiden Standorten im Verlauf der vier zu betrachtenden Perioden? Welche Querfrachten sind zwischen den beiden Standorten erforderlich? Welche Lagerkosten entstehen?

c) Welche Kosten müßten bekannt sein, damit das obige Produktionsplanungsproblem "optimal" gelöst werden könnte?

d) Formulieren Sie ein lineares Optimierungsmodell, wobei zusätzlich zu berücksichtigen ist, daß die Produktionsmengen der einzelnen Produkte an den beiden Standorten beschränkt sind.

Lösung

a) Nettobedarf und Lagerbestände entwickeln sich am Standort A wie folgt:

Pro- dukt	Nettobedarf in Periode				Lagerendbestand in Periode			
	1	2	3	4	1	2	3	4
1	-	-	-	250	500	500	500	-
2	-	-	-	-	1000	1000	1000	750
3	-	-	-	-	300	300	300	50
4	-	-	250	-	-	-	250	-

Am Standort B ergibt sich die folgende Entwicklung:

Pro-dukt	Nettobedarf in Periode				Lagerendbestand in Periode			
	1	2	3	4	1	2	3	4
1	-	-	500	-	-	-	-	-
2	-	500	-	-	-	500	-	-
3	-	500	-	-	-	500	-	-
4	-	200	-	-	300	500	-	-

Wie man leicht nachrechnen kann, fallen am Standort A Lagerkosten von 10950 Geldeinheiten und am Standort B von 1800 Geldeinheiten an, zusammen also von 12750 Geldeinheiten.

b) Sind Querfrachten zugelassen, so kann man die Lagerbestände der beiden Standorte zusammenziehen und eine gemeinsame Nettobedarfsrechnung durchführen (siehe die folgende Tabelle). Dabei stellt man fest, daß die Auslieferung von 500 Einheiten des Endproduktes am Standort B in Periode 3 aus dem Lagerbestand des Standortes A bestritten wird. Schließlich müssen ebenfalls in der dritten Periode 300 Einheiten des Vorproduktes 4 vom Standort B an den Standort A verbracht werden, damit dort die Produktion von 750 Einheiten des Endproduktes 1 in der vierten Periode gesichert ist. Insgesamt fallen Lagerkosten von 9950 Geldeinheiten an, wobei die Kosten für die Querfrachten allerdings nicht berücksichtigt sind. Durch die gemeinsame Disposition der Lagerbestände an den beiden Standorten können Einsparungen an Lagerkosten von 12750-9950 = 2800 erzielt werden.

Pro-dukt	Stand-ort	Nettobedarf in Periode				Lagerendbestand in Periode			
		1	2	3	4	1	2	3	4
1	A	-	-	-	750	500	500	-	-
	B	-	-	-	-	-	-	-	-
2	A	-	-	-	-	1000	1000	1000	250
	B	-	-	-	-	-	-	-	-
3	A	-	-	450	-	300	300	750	-
	B	-	-	-	-	-	-	-	-
4	A	-	-	450	-	-	-	750	-
	B	-	-	-	-	300	300	-	-

c) Es müßten folgende Kosten bekannt sein:

q_j Kosten pro Einheit von Produkt j für eine Querfracht von Standort A nach B bzw. umgekehrt

p_{js} Produktionskosten einer Einheit von Produkt j am Standort s

d) Es müssen weiterhin die folgenden Daten bekannt sein:

b_{1st} Bedarf von Endprodukt 1 am Standort s in Periode t

C_{js} größtmögliche Produktionsmenge von Produkt j am Standort s

h_j Lagerkosten pro Periode und Einheit von Produkt j

Die Entscheidungsvariablen lauten:

x_{jst} Produktionsmenge von Produkt j am Standort s in Periode t

y_{jst} Lagerbestand von Produkt j am Standort s am Ende der Periode t

z_{jrst} Transportmenge von Produkt j in Periode t von Standort r nach Standort s

Indiziert man mit $j\epsilon J$, $s\epsilon S$ und $t\epsilon T$ die einzelnen Produkte bzw. Standorte bzw. Perioden, so läßt sich das lineare Optimierungsmodell wie folgt formulieren:

Minimiere

$$\sum_{j\epsilon J} \sum_{s\epsilon S} \sum_{t\epsilon T} [x_{jst} \cdot p_{js} + y_{jst} \cdot h_j + \sum_{r\neq s} z_{jrst} \cdot q_j]$$

unter den Nebenbedingungen:

<u>Kapazitätsrestriktion</u>

$$x_{jst} \leq C_{js} \qquad\qquad\qquad j\epsilon J,\ s\epsilon S,\ t\epsilon T$$

<u>Lagerbilanzen - Endprodukt</u>

$$y_{1st} = y_{1s,t-1} + \sum_{r\neq s} z_{1rst} + x_{1st} - b_{1st} - \sum_{r\neq s} z_{1srt} \qquad \begin{array}{l} s\epsilon S,\ t\epsilon T \\ \text{mit } y_{1s0}=\text{gegeben} \end{array}$$

<u>Lagerbilanzen - Vorprodukte</u>

$$y_{jst} = y_{js,t-1} + \sum_{r\neq s} z_{jrst} + x_{jst} - x_{js,t+1} - \sum_{r\neq s} z_{jsrt} \qquad \begin{array}{l} j=2,3,4,\ s\epsilon S,\ t\epsilon T \\ \text{mit } y_{js0}=\text{gegeben} \end{array}$$

<u>Nichtnegativität</u>

$$x_{jst},\ y_{jst},\ z_{jrst} \geq 0 \qquad\qquad\qquad j\epsilon J,\ s\epsilon S,\ r\epsilon S, t\epsilon T$$

Aufgabe C132.10: Produktionsprogrammplanung, JIT-Fenster, Lieferfenster

Eine Unternehmung der Elektronikindustrie produziert Personal-Computer in einem nach dem Fließprinzip organisierten Produktionssegment. Die PCs werden von Außendienstmitarbeitern an Händler verkauft. Wegen der großen Variantenvielfalt werden die PCs nicht auf Lager produziert. Vielmehr werden sie nach Auftragseingang kurzfristig "auf Abruf" (just in time) montiert, wobei eine Lieferung zu einem fest vorgegebenen Liefertermin angestrebt wird. Der Liefertermin ist i.d.R. drei Wochen im voraus bekannt. Da die täglichen Nachfragemengen extrem hohen Schwankungen unterliegen (20%-400% der mittleren täglichen Nachfragemenge), hat der Produktionsleiter erhebliche Schwierigkeiten, eine kostengünstige Produktion bei gleichmäßiger Auslastung des betreffenden Produktionssegmentes zu realisieren. Der Produktionsleiter möchte den Vertriebsleiter davon überzeugen, daß anstelle einer tagesgenauen Lieferterminzusage mit den Kunden ein *Lieferfenster* vereinbart wird. Außerdem überlegt er, durch Vorausproduktion innerhalb eines beschränkten Zeitraums (*JIT-Fenster*) zumindest in begrenztem Umfang von der bisherigen bedarfssynchronen Produktion abzuweichen. Bei Einsatz dieser beiden Maßnahmen bestünde z.B. die Möglichkeit, im Vergleich zu dem geplanten Produktionstermin maximal zwei Tage zu früh oder zu spät zu produzieren.

Die Gespräche mit dem Vertriebsleiter sind bislang erfolglos geblieben, da dieser die durch das Lieferfenster eintretende Verringerung des Servicegrades von derzeit 100% nicht akzeptiert. Er kann auch nicht erkennen, welche Vorteile dies für den Produktionsbereich und damit vielleicht auch für die gesamte Unternehmung haben könnte.

a) Formulieren Sie ein lineares Optimierungsmodell, mit dessen Hilfe die Auswirkungen der Einführung der geplanten Maßnahmen (JIT-Fenster, Lieferfenster) auf die Produktionsmengen, Lagerbestände und Zusatzkapazitätsbedarfe quantifiziert werden können. Unterscheiden Sie zwischen zu früh produzierten und zu spät produzierten bzw. ausgelieferten Mengen. Nehmen Sie an, daß ein vorgegebener Prozentsatz β der gesamten Nachfragemenge zwischen dem geplanten Liefertermin und dem Ende des Lieferfensters geliefert werden muß. Nehmen Sie weiter an, daß die bereits vor dem Beginn des JIT-Fensters produzierte Menge den Anteil $(1-\gamma)$ an der Nachfrage nicht überschreiten darf (JIT-Anteil). (Nähere Informationen zu diesem Modell sind zu finden bei Fleischmann/Henneberg 1993.)

b) Implementieren Sie das lineare Optimierungsmodell mit Hilfe von AMPL und bestimmen Sie für die folgende Nachfragezeitreihe das optimale Produktionsprogramm:

Tag	1	2	3	4	5	6	7	8	9	10
Nachfrage	150	120	80	160	170	270	880	30	50	90
Tag	11	12	13	14	15	16	17	18	19	20
Nachfrage	230	320	120	70	50	240	630	40	80	190

Gehen Sie von einem Lagerkostensatz $h = 10$ und von einem Kostensatz für eine Einheit der Zusatzkapazität $u = 25$ aus. Mit der Normalkapazität des Produktionssegmentes können pro Periode 200 PCs und durch Nutzung von Zusatzkapazität höchstens weitere 300 PCs hergestellt werden. Bestimmen Sie die optimalen Lösungen für einen Servicegrad von $\beta = 95\%$ sowie einen JIT-Anteil von $\gamma = 90\%$ und bei Annahme der JIT-/Lieferfenster {[t], [t-1 bis t+1], [t-2 bis t+2]}.

Lösung

a) Wir verwenden folgende Symbole:

Daten:

C_{max} Normalkapazität
d_t Nachfragemenge in Periode t
h Lagerkostensatz
ln maximale geplante Lieferzeit
lv maximale geplante Vorproduktionszeit (Lagerdauer)
u Kosten für eine Einheit der Zusatzkapazität
U_{max} Maximale Zusatzkapazität
β Servicegrad (Anteil der innerhalb des Lieferfensters ausgelieferten Nachfragemengen an der Gesamtnachfrage)
γ JIT-Anteil (Anteil der innerhalb des JIT-Fensters produzierten Nachfragemengen an der Gesamtnachfrage)

Entscheidungsvariablen:

f_t Fehlmenge in Periode t
n_t Produktion im Intervall [t,t+ln] (nach dem Liefertermin t)
U_t Inanspruchnahme der Zusatzkapazität in Periode t
v_t Produktion im Intervall [t-lv,t] (vor dem Liefertermin t)
x_t Produktionsmenge in Periode t
y_t Lagerbestand am Ende der Periode t

Die Modellformulierung lautet:

Minimiere

$$\sum_{t=1}^{T} (h \cdot y_t + u \cdot U_t)$$

unter den Nebenbedingungen:

Kapazitätsrestriktion

$$x_t - U_t \leq C_{max} \qquad\qquad t=1,2,\ldots,T$$

Maximale Zusatzkapazität

$$U_t \leq U_{max} \qquad\qquad t=1,2,\ldots,T$$

Lagerbestand

$$y_t \geq \sum_{i=1}^{t} x_i - \sum_{i=1}^{t} d_i \qquad\qquad t=1,2,\ldots,T$$

Fehlmenge

$$f_t \geq \sum_{i=1}^{t} d_i - \sum_{i=1}^{t} x_i \qquad\qquad t=1,2,\ldots,T$$

Vorausproduktion im Hinblick auf das JIT-Fenster der Periode t

$$v_t \geq \sum_{i=1}^{t} x_i - \sum_{i=1}^{t+ln} d_i \qquad t=1,2,\ldots,T-ln$$

$\qquad\qquad$↑ kumulierte Nachfragemenge einschl. der im JIT-Fenster "erlaubten" Vorausproduktion

Fehlmenge im Hinblick auf das Lieferfenster der Periode t

$$n_t \geq \sum_{i=1}^{t-lv} d_i - \sum_{i=1}^{t} x_i \qquad t=lv+1,lv+2,\ldots,T$$

$\qquad\qquad$↑ kumulierte Nachfragemenge abzüglich der im Lieferfenster "erlaubten" Fehlmenge

Gesamtproduktion = Gesamtnachfrage

$$\sum_{i=1}^{T} x_i = \sum_{i=1}^{T} d_i$$

Servicegrad

$$\sum_{t=1}^{T} n_t \leq (1-\beta)\cdot \sum_{t=1}^{T} d_t$$

JIT-Anteil

$$\sum_{t=1}^{T} v_t \leq (1-\gamma)\cdot \sum_{t=1}^{T} d_t$$

Nichtnegativität

$$x_t, u_t, y_t, n_t, v_t \geq 0 \qquad t=1,2,\ldots,T$$

In der Zielfunktion wird ein Ausgleich zwischen den Lagerkosten und den Kosten für die Nutzung von Zusatzkapazität angestrebt. Die nach Ende des Lieferfensters produzierte Menge wird durch die Servicegradrestriktion beschränkt. Die innerhalb des JIT-Fensters auf Lager produzierte Menge wird durch eine der Servicegradrestriktion ähnliche Nebenbedingung beeinflußt. Die Einführung eines Lieferfensters führt dazu, daß nicht alle Fehlmengen, sondern nur die durch die Produktion und Lieferung nach Ablauf des spätesten Liefertermins t+lv entstehenden Fehlmengen als servicegrad-relevant erfaßt werden.

Die hier dargestellte Modellformulierung kann um zahlreiche Aspekte erweitert werden (vgl. Fleischmann/Henneberg 1993): Unter- und Obergrenzen für die Produktionsmengen, Beschränkung der nicht genutzten Kapazität, Veränderungen der Normalkapazität, absolute Zeitschranken für Vorproduktion und

Lieferterminüberschreitungen, Erweiterung der Zielfunktion um nicht-monetäre Zielkriterien und Anwendung eines Gewichtungsschemas.

b) Das AMPL-Modell lautet wie folgt:

💾 Modelldefinition:

```
param T          > 0;   # Länge des Planungshorizontes

param d {1..T} >= 0;    # Nachfragemenge in Periode t
param ln       >= 0;    # zulässige Lieferterminnnterschreitung
param lv       >= 0;    # zulässige Lieferterminüberschreitung
param Beta     >= 0;    # Servicegrad
param JIT      >= 0;    # JIT-Anteil
param Nmax     >= 0;    # maximale Normalkapazität je Periode
param Umax     >= 0;    # maximale Zusatzkapazität je Periode
param CU       >= 0;    # Kosten pro Einheit Zusatzkapazität
param CY       >= 0;    # Lagerkostensatz

var X {1..T}   >= 0;    # Produktionsmenge in Periode t
var U {1..T}   >= 0;    # genutzte Zusatzkapazität in Periode t
var Y {1..T}   >= 0;    # Lagerbestand in Periode t
var F {1..T}   >= 0;    # Fehlmenge in Periode t
var Yg {1..T}  >= 0;    # Vorausproduktion in Periode t
var Fg {1..T}  >= 0;    # zu spät gelieferte Menge in Periode t

minimize Zielfunktion:
    CU*sum{t in 1..T} (U[t]) + CY*sum{t in 1..T} (Y[t]);

subject to Zusatzkapazitaet {t in 1..T}:
    X[t]-U[t] <= Nmax;

subject to Max_Zusatzkapazitaet {t in 1..T}:
    U[t] <= Umax;

subject to Lagerbestand {t in 1..T}:
    sum {i in 1..t} (X[i])-Y[t] <= sum{i in 1..t} (d[i]);

subject to Fehlmenge {t in 1..T}:
    sum {i in 1..t} (X[i])+F[t] >= sum{i in 1..t} (d[i]);

subject to Vorausproduktion_Fenster {t in 1..T-ln}:
    sum{i in 1..t} (X[i])-Yg[t] <= sum{i in 1..t+ln} (d[i]);

subject to Fehlmenge_Fenster {t in lv+1..T}:
    sum{i in 1..t} (X[i])+Fg[t] >= sum{i in 1..t-lv} (d[i]);

subject to Gesamtproduktion:
    sum{i in 1..T} (X[i]) = sum{i in 1..T} (d[i]);

subject to Servicegrad:
    sum {t in 1..T} (Fg[t]) <= (1-Beta)*sum{t in 1..T} (d[t]);

subject to JIT_Anteil:
    sum {t in 1..T} (Yg[t]) <= (1-JIT)*sum{t in 1..T} (d[t]);
```

💾 Problemdaten:

```
param T := 20;
param ln := 1;       # rechter Rand des Lieferfensters
param lv := 1;       # linker Rand des JIT-Fensters
param Beta := 0.95;  # Anteil Produktion nach dem Lieferfenster
param JIT := 0.90;   # Anteil Produktion vor dem JIT-Fenster
```

```
param Nmax := 200;   # normale Kapazität
param Umax := 300;   # maximale Zusatzkapaziät
param CU := 25;      # Kostensatz für eine Einheit der Zusatzkapazität
param CY := 10;      # Lagerkostensatz
param d :=  1 150  2 120  3  80  4 160  5 170
            6 270  7 880  8  30  9  50 10  90
           11 230 12 320 13 120 14  70 15  50
           16 240 17 630 18  40 19  80 20 190;
```

Die Abbildungen C132.9 bis C132.11 zeigen die Entwicklung der Produktionsmengen, Lagerbestände bzw. Fehlmengen und der Nutzung der Zusatzkapazität für verschiedene JIT-/Lieferfenster bei Annahme eines Servicegrades von
$\beta = 95\%$ und eines JIT-Anteils von $\gamma = 90\%$. In jedem Fall kommt es zu Fehlmengen, da die Servicegrad-Restriktion erlaubt, daß 5% der Gesamtnachfrage
verspätet ausgeliefert werden dürfen und die Fehlmengen in der Zielfunktion
nicht "bestraft" werden.

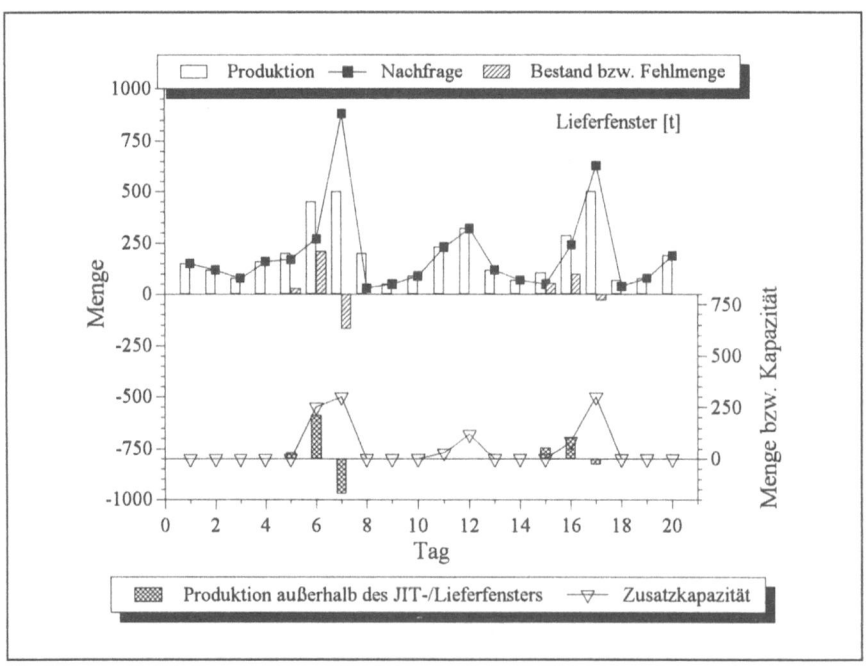

Abb. C132.9: Produktionsplan bei genauer Einhaltung des Liefertermins

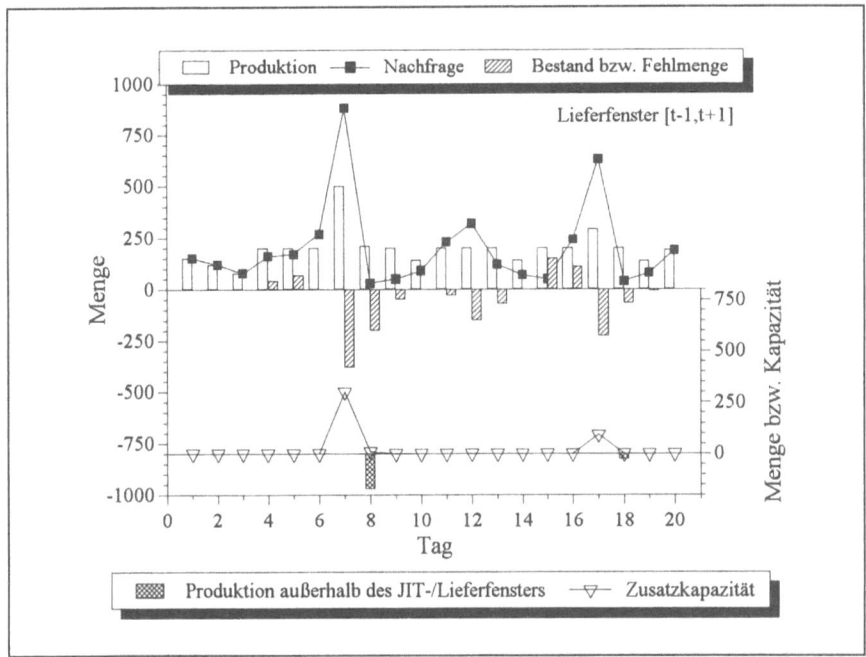

Abb. C132.10: Produktionsplan für JIT-/Lieferfenster [t-1 bis t+1]

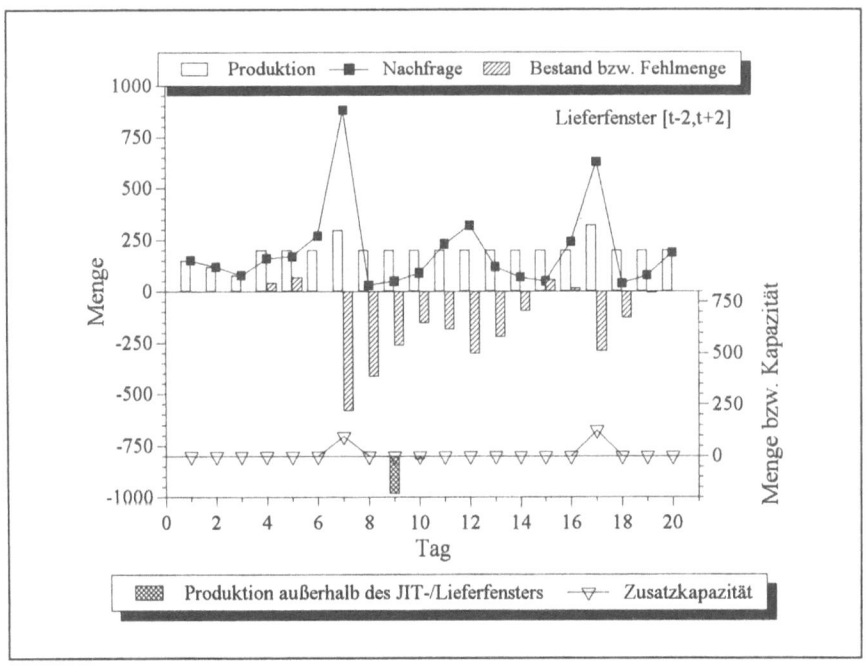

Abb. C132.11: Produktionsplan für JIT-/Lieferfenster [t-2 bis t+2]

Man erkennt, daß durch die Ausweitung des Lieferfensters die "erlaubten" Fehlmengen ansteigen. Damit verbunden ist eine Glättung der Produktionsmengen sowie eine Verringerung des Bedarfs an Zusatzkapazität. Der Zielfunktionswert sinkt von 31120 bei termingenauer Produktion auf 7315 bei Einführung eines Lieferfensters von zwei Perioden. Allerdings - und das wird den Vertriebsleiter weiterhin auf seinem Standpunkt beharren lassen - treten Lieferzeiten für die PCs in den Perioden auf, in denen die Nachfrage nicht durch die Normalkapazität gedeckt werden kann. Vielleicht muß man den Kunden nun preislich entgegenkommen.

Fallstudie: Abstimmung von Produktions- und Distributionsprogramm (Waschmittelproduktion)

Bei einem namhaften deutschen Hersteller von Waschmitteln besteht ein wichtiges Teilproblem der Produktions- und Distributionsplanung darin, den Produktionsausstoß auf zwei in Frage kommende Lagerorte zu verteilen (vgl. Günther 1985). Ausgegangen wird von einem mittelfristigen Produktionsplan, in dem die Produktionsmengen und Auflegungstermine einzelner Produkte (Waschpulvermarken) festgelegt sind. Kurzfristig ist dann abzustimmen, in welche Packungsformate die Fertigware abgefüllt und über welche Distributionswege (Lagerhäuser) diese an die Kunden ausgeliefert wird, damit die Nachfrage möglichst kostengünstig befriedigt werden kann. In Abb. C132.12 ist der Produktions- und Distributionsprozeß vereinfachend dargestellt.

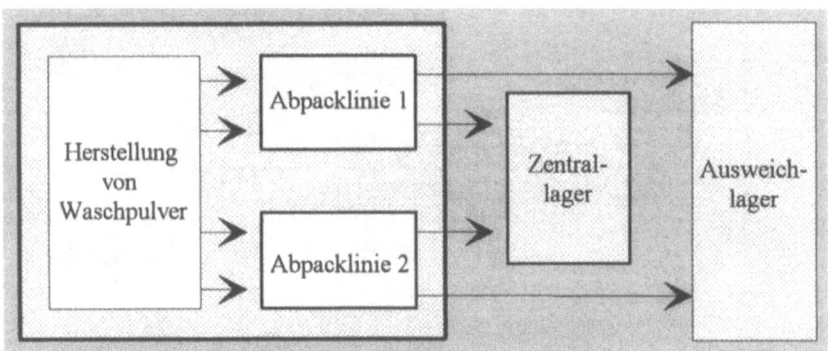

Abb. C132.12: Produktions- und Distributionsprozeß

Vor der Auslieferung an die Kunden werden die fertigen Erzeugnisse auf Paletten gestapelt und entweder im Zentral- oder im Ausweichlager eingelagert. Bei dem Zentrallager handelt es sich um ein hochautomatisiertes Lagerhaus, das sich unmittelbar auf dem Werksgelände befindet. Mit Hilfe des Zentrallagers will man den größten Teil des Warenumschlags bewältigen. Man hatte bei der Bemessung der Lagerkapazität bewußt in Kauf genommen, daß Sicherheitsbestände und Bestandsspitzen ausgelagert werden mußten. Hierzu ist ein Ausweichlager bei einem Spediteur angemietet worden, der die Lagergebühren in Abhängigkeit von dem beanspruchten Lagerraum in Rechnung stellt. Während die Kapazität des Zentrallagers zumeist ausgeschöpft ist, steht im Ausweichlager genügend Lagerraum zur Verfügung. Allerdings ist das Ausweichlager ca. 50 km entfernt, so daß bei der Einlagerung erhebliche Transportkosten entstehen.

Das eigene Zentrallager verursacht überwiegend fixe Kosten, die in der kurzfristigen Planung nicht relevant sind. Dagegen entstehen für die Inanspruchnahme des Ausweichlagers vergleichsweise hohe variable Kosten. Die mit der Lagerhaltung verbundenen Kosten lassen sich im einzelnen in die eigentlichen Lagerkosten (wert- und mengenabhängige Bestandteile) und in die Handlingkosten für die Ein- und Auslagerung aufgliedern.

Die Problemstellung soll an Hand des folgenden fiktiven Zahlenbeispiels verdeutlicht werden. Betrachtet werden zwei Produkte (Waschpulvermarken). Das Produkt 1 enthalte die Artikel (Packungsformate) 1 und 2, das Produkt 2 die Artikel 3 und 4. Die Nachfragedaten sind der folgenden Tabelle zu entnehmen.

Tag	Nachfrage Produkt 1		Nachfrage Produkt 2	
	Artikel 1	Artikel 2	Artikel 3	Artikel 4
1	20	30	40	20
2	30	30	40	20
3	25	25	60	10
4	10	30	10	10
5	15	5	15	5
6	45	25	40	20
7	20	10	50	30
8	10	10	40	30
9	10	20	55	15
10	30	20	10	10
11	30	30	35	15
12	35	45	40	20

Außerdem sind weitere relevante Angaben zu den einzelnen Artikeln in der nachfolgenden Tabelle zusammengestellt. Die Lagerkosten werden in Geldeinheiten je Tonne und Tag gemessen. Die Einlagerung einer Palette im Zentrallager - gleich welchen Produktes - kostet 3.5 Geldeinheiten. Im Ausweichlager betragen die entsprechenden Kosten 18 Geldeinheiten. Auslagerungskosten fallen stets in gleicher Höhe an wie die Einlagerungskosten. Die Angabe Paletten pro Tonne sagt aus, wie viele Paletten zur Lagerung einer Tonne der Fertigware benötigt werden.

Artikel	1	2	3	4
Lageranfangsbestand	5	35	140	70
Paletten/Tonne	1	2	1	2
Lagerkosten (Zentrallager)	0.1	0.1	0.1	0.1
Lagerkosten (Ausweichlager)	0.7	0.7	0.7	0.7

Während der nächsten drei Schichten soll Produkt 1 hergestellt werden, in den nachfolgenden drei Schichten Produkt 2. Dieser Produktwechsel setzt sich anschließend im Rhythmus von jeweils drei Schichten fort, wobei die Produktionsrate je Schicht bei beiden Produkten 100 Tonnen beträgt. Von allen Artikeln soll ein Sicherheitsbestand von 5 Tonnen eingeplant werden. Es kann angenommen werden, daß sich sämtliche Lageranfangsbestände im Zentrallager befinden. Das Zentrallager kann 350 Paletten aufnehmen.

a) Entwickeln Sie in allgemeiner Form ein lineares Optimierungsmodell, das Auskunft darüber gibt, wie der Produktionsausstoß der beiden Produkte auf die einzelnen Artikel aufgeteilt und wie die Verteilung der abgepackten Ware auf die beiden Lagerhäuser erfolgen soll.

b) Wie viele Entscheidungsvariablen und Nebenbedingungen enthält Ihr Modell, wenn es auf die oben geschilderte Problemstellung angewendet wird?

c) Entwickeln Sie ein AMPL-Modell und bestimmen Sie die optimale Lösung. Nehmen Sie dabei vereinfachend an, daß Sicherheitsbestände nicht erforderlich sind.

d) Ermitteln Sie eine Näherungslösung mit Hilfe einer geeigneten heuristischen Vorgehensweise.

Fallstudie: Abstimmung von Produktions- und Distributionsprogramm (Omnibusproduktion)

Die Herstellung von Nutzfahrzeugen zeichnet sich durch zwei Besonderheiten aus: (1) Die Hersteller sind wegen der starren Verkettung der Produktionsanlagen gezwungen, mit einer nahezu konstanten Auslastung der Personalkapazität zu produzieren. (2) Wenn das Produktionsprogramm erstellt wird, sind häufig die endgültigen Abnehmer der Fahrzeuge zum Teil noch unbekannt. (Ausführlich wird diese Fallstudie bei Günther/Schneeweiß/Webersinn 1989 behandelt.)

Betrachtet wird eine Unternehmung, die Omnibusse in einem zweistufigen Produktionsprozeß produziert. Die Personalkapazität beträgt in jeder Produktionsstufe 100 Zeiteinheiten pro Periode und muß in der Produktionsstufe $s = 1$ mindestens zu 90% und in der Produktionsstufe $s = 2$ mindestens zu 80% ausgelastet sein. Aufgrund von Erfahrungswerten ist bekannt, mit welchem Personalkapazitätsbedarf für die einzelnen Omnibustypen zu rechnen ist. Von den

Omnibustypen j = 1 und j = 2 können über den Kundenbedarf hinaus Vorrats-fahrzeuge (d. h. nicht an Kundenaufträge gebundene Fahrzeuge) produziert werden. Dafür fallen Lagerkosten an, deren Relation sich am Wert der jeweiligen Omnibusse orientiert. Dagegen ist bei dem Omnibustyp j = 3 keine Lagerung über die letzte Periode hinaus möglich. Die Ausgangsdaten sind der folgenden Tabelle zu entnehmen.

Fahr-zeug-typ j	Kundenaufträge in Periode t			Personalkapazitätsbedarf pro Fahrzeug in Stufe s		relative Lager-kosten
	t = 1	t = 2	t = 3	s = 1	s = 2	
1	40	30	20	1.2	0.9	1.2
2	30	20	20	0.8	1.0	0.8
3	10	20	40	1.0	1.1	1.0

Der Produktionsprozeß in den zwei Produktionsstufen s = 1, 2 ist in Abb. C132.13 veranschaulicht. In den Kapazitätseinheiten n = 1, ..., 4 stehen die Maschinenkapazitäten M_n = 70, 30, 40 bzw. 60 zur Verfügung.

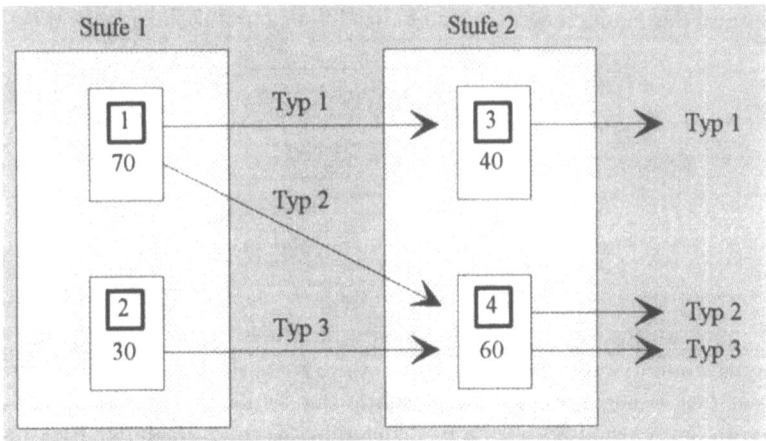

Abb. C132.13: Produktionsprozeß

a) Stellen Sie unter Verwendung der angegebenen Daten ein Entscheidungsmodell zur Planung des Produktionsprogramms auf. Definieren Sie zuvor geeignete Entscheidungsvariablen. In der Zielfunktion des Modells sind die Lagerkosten derjenigen Omnibusse, die über die letzte Periode hinaus gelagert werden, zu minimieren. Dabei kann für alle Omnibusse eine gleich lange Lagerdauer unterstellt werden. Bestimmen Sie die optimale Lösung mit Hilfe von AMPL.

b) Nehmen Sie an, daß sich die Vorratsfahrzeuge zu 40% auf den Fahrzeugtyp j = 1 und zu 60% auf den Fahrzeugtyp j = 2 verteilen sollen. Wie ist das Entscheidungsmodell zu verändern, wenn die maximale Abweichung von diesen Vorgaben minimiert werden soll? Bestimmen Sie die optimale Lösung mit Hilfe von AMPL.

c) Wie wäre das Entscheidungsmodell zu verändern, wenn nach Abschluß der ersten Produktionsstufe Fahrzeuge zwischengelagert und erst in einer der Folgeperioden weiterbearbeitet werden könnten? (Gehen Sie davon aus, daß die Lagerkosten minimiert werden sollen.)

Fallstudie: Mehrstufige Produktionsprogrammplanung (Aluminiumproduktion)[†]

Eine Aluminiumfabrik stellt aus Aluminiumoxid, das zum Preis von 7415 Geldeinheiten pro Tonne bezogen wird, und weiteren Hilfsstoffen, deren Einkaufspreis 31280 Geldeinheiten pro Tonne beträgt, Aluminium in Form von Brammen (Blöcken), Draht, Scheiben sowie Blechen und Feinblechen her. Für diese Produktionsstätte soll das gewinnmaximale Produktionsprogramm unter Berücksichtigung der Materialflüsse zwischen den einzelnen Produktionseinheiten sowie dem Beschaffungs- und Absatzmarkt bestimmt werden. Die Verkaufspreise der Enderzeugnisse sind in der folgenden Tabelle gegeben.

Produkt	Preis/Tonne
Brammen	75000
Draht	105000
Scheiben	112000
Bleche	78000
Feinbleche	100000

Der Produktionsprozeß besteht aus mehreren Stufen. Zuerst werden die Ausgangsmaterialien zum Elektrolyseofen transportiert. Um die erforderliche Qualität des Rohaluminiums zu gewährleisten, müssen Aluminiumoxid und Hilfsstoffe im Verhältnis 1.92 zu 0.57 zugeführt werden. Nach der Elektrolyse, die das Ausgangsgewicht um das 2.49-fache reduziert, wird das entstandene Rohaluminium direkt in den Kammerofen I zum Egalisieren weitergeleitet. Von hier aus wird es zu den drei Gießereien für Draht, Aluminiumplatten und Brammen transportiert.

Drahtproduktion: Nachdem in Gießerei I die Ausgangsform gegossen wurde, wird nach dem Weitertransport zu den entsprechenden Anlagen der Draht gezogen. Während der den Qualitätsnormen entsprechende Draht im Verkaufslager untergebracht wird, gelangt der Ausschuß der Drahtzieherei erneut zum Kammerofen I.

---

†   Diese Fallstudie wurde von Dipl.-Ing. Martin Grunow in Anlehnung an Farkas/Koltai/ Szendrovits 1993 bearbeitet.

Scheiben- und Blechproduktion: Die in der Gießerei II gegossenen Rohplatten werden aufgeteilt und zu den Produktionslinien für Scheiben- und Blechherstellung weitertransportiert.

Die erste Station der Scheibenherstellung ist die Warmwalzmühle, von wo das Material zur Schneidemaschine transportiert wird. Der beim Schneiden entstehende Ausschuß wird zum Kammerofen I zurückgebracht. Direkt nach dem Schneiden gelangen die Scheiben in den Kammerofen II und werden anschließend für den Verkauf eingelagert.

Die Rohplatten, die für die Blechproduktion vorgesehen sind, durchlaufen ebenfalls die Warmwalzmühle, danach werden sie dann aber auch noch kalt gewalzt. Im Anschluß an das Kaltwalzen teilt sich die Produktionslinie abermals in die Produktion normaler und feiner Bleche auf.

Das für die Herstellung von Normalblechen bestimmte Material wird nach dem Kaltwalzen zum Splitting I transportiert. Während der beim Splitten entstehende Ausschuß wieder zum Kammerofen I zurückgebracht wird, werden die Bleche im Kammerofen III egalisiert und anschließend zum Verkauf gelagert.

Die Herstellung von Feinblechen erfolgt nach dem Antransport des Materials auf einer separaten Anlage (Splitting II), wobei auch der hier entstehende Ausschuß zum Kammerofen I transportiert wird. Darauf folgen das Egalisieren im Kammerofen III und die Lagerung für den Verkauf.

Brammenproduktion: Nach dem Formgießen in Gießerei III werden die entstandenen Aluminiumbrammen für den Verkauf gelagert. Der in den Gießereien I, II und III anfallende Ausschuß wird mit 2% der die Produktionsstation durchlaufenden Menge angesetzt und steht nach dem Rücktransport zum Anlageneingang den Gießereien erneut zur Verfügung. Der Ausschuß der Stationen Drahtzieherei, Schneidemaschine sowie Splitting I und II beläuft sich auf 1,5% der in der jeweiligen Station produzierten Menge.

Für die Produktionsplanung sind die in der folgenden Tabelle aufgeführten Daten über die Kapazität der einzelnen Anlagen bekannt. Dabei werden grundsätzlich alle Anlagen im Dreischichtbetrieb mit einer Schichtlänge von 8 Stunden gefahren.

Produktions- einheit	Bearbeitungszeit (Stunden/Tonne)	Einsatztage pro Jahr	Produktivität (in %)	Anzahl der Anlagen
Elektrolyse	44.444	365	95	175
Kammerofen I	1.0	365	80	6
Gießerei I	0.25	365	75	1
Gießerei II	0.5	365	80	2
Gießerei III	0.667	365	85	4
Drahtzieherei	4.0	255	80	5
Warmwalzmühle				
- Scheibenproduktion	0.427	255	95	1
- Blechproduktion	0.368	255	95	1
Kaltwalzmühle	1.429	255	90	1
Schneidemaschine	4.0	255	85	2
Kammerofen II	1.429	365	90	1
Splitting I	2.0	255	90	1
Splitting II	3.333	255	85	1
Kammerofen III				
- Normalbleche	1.333	365	95	1
- Feinbleche	1.333	365	95	1

Bei der Bestimmung der Nettokapazität sind auch die wartungsbedingt unterschiedlichen Betriebszeiten der Anlagen (gemessen in Einsatztagen pro Jahr) zu berücksichtigen. Die für Wartung und Betrieb der Anlagen anfallenden Kosten sind in der folgenden Tabelle angegeben. Sie werden dem Durchsatz zugerechnet. Ebenfalls aufgeführt ist der Umfang des benötigten Bedienungs- und Überwachungspersonals. Die Transportkosten für die Transportvorgänge zwischen den Anlagen und zum Auslieferungslager belaufen sich einheitlich auf 20 Geldeinheiten pro Tonne.

Produktions- einheit	Personalbedarf pro Anlage	Wartungskosten pro Tonne	Energiekosten pro Tonne
Elektrolyse	0.2	256.3	31040.0
Kammerofen I	2	107.0	162.0
Gießerei I	5	79.9	51.3
Gießerei II	4	114.2	14.7
Gießerei III	3	120.9	83.6
Drahtzieherei	2	212.4	310.4
Warmwalzmühle			
- Scheibenproduktion	2	205.8	85.3
- Blechproduktion	2	177.1	73.3
Kaltwalzmühle	2	415.0	244.3
Schneidemaschine	2	346.0	627.2
Kammerofen II	1	289.9	407.1
Splitting I	2	254.2	266.0
Splitting II	2	320.4	316.7
Kammerofen III			
- Normalbleche	1	384.5	253.3
- Feinbleche	1	384.5	253.3

Ferner sind im Rahmen der Produktionsplanung die Lohnkosten in den einzelnen Produktionseinheiten zu berücksichtigen. Das Entlohnungssystem erfaßt durch ein Zulagensystem unterschiedliche Faktoren, wie z.B. die Arbeitsanforderungen und -belastungen in einer Stelle sowie die Schichtarbeit. Die entsprechenden Daten sind der folgenden Tabelle zu entnehmen.

Produktions-einheit	Lohnkosten pro Stunde	Schichtzulage (in %)	sonstige Zu-lagen (in %)
Elektrolyse	80	100	20
Kammerofen I	60	100	20
Gießerei I	70	100	20
Gießerei II	70	100	20
Gießerei III	70	100	20
Drahtzieherei	75	50	-
Warmwalzmühle			
- Scheibenproduktion	80	50	-
- Blechproduktion	80	50	-
Kaltwalzmühle	70	50	-
Schneidemaschine	70	50	-
Kammerofen II	60	100	-
Splitting I	70	50	-
Splitting II	70	50	-
Kammerofen III			
- Normalbleche	60	100	-
- Feinbleche	60	100	-

a) Stellen Sie den Produktionsablauf grafisch als Netzwerk dar.

b) Entwickeln Sie ein lineares Optimierungsmodell unter Verwendung von AMPL und bestimmen Sie das optimale Produktionsprogramm.

Literaturhinweise

Günther/Tempelmeier (1995)
Shapiro (1993)
Williams (1990)
Zäpfel (1982, Kap. II)

13.3 Programmplanung bei Serien- bzw. Wechselproduktion (Produktorientierung)

Der am häufigsten anzutreffende industrielle Produktionstyp ist die Serien- bzw. Wechselproduktion. Kennzeichnend für diesen Produktionstyp ist die Vielzahl von Produktvarianten, die sich zumeist aus einer überschaubaren Anzahl von Produkttypen oder -familien ableiten lassen. Die technische Realisierung dieser Produktvielfalt ist nur dann möglich, wenn flexible Produktionsanlagen eingesetzt werden. Beim Produktwechsel sind Umrüstvorgänge an den einzelnen Arbeitsstationen erforderlich, wobei entsprechende Umrüstkosten und -zeiten anfallen. Die Erzeugnisse, deren Herstellung nicht stetig, sondern in Serien erfolgt, setzen sich aus einer größeren Zahl von Vorprodukten, zugekauften Komponenten und Produktionsmaterialien zusammen. Jedes Produkt durchläuft eine bestimmte Folge von Bearbeitungs- und Montagevorgängen. Daraus ergibt sich i.d.R. ein stark vernetzter Materialfluß. Die Materialströme sind nur selten synchronisiert, so daß Zwischenläger unvermeidlich sind. Als Organisationsprinzip ist die Werkstatt- bzw. Inselproduktion vorherrschend. Die besonderen Schwierigkeiten der Produktionsprogrammplanung liegen bei der Serien- bzw. Wechselproduktion darin, die komplexen Produktionsverhältnisse mit ihren großen Datenmengen in handhabbaren Lösungsansätzen abzubilden. Der Anwendung geschlossener mathematischer Optimierungsmodelle sind hier enge Grenzen gesetzt.

Verständnis- und Diskussionsfragen

1. Industrielle Erzeugnisse werden in immer mehr Varianten angeboten und zunehmend kundenindividuell gestaltet. In welcher Weise wird hierdurch die Kostenstruktur eines Industriebetriebs beeinflußt? Tragen traditionelle Systeme der Kostenrechnung dem Gesichtspunkt der Variantenvielfalt ausreichend Rechnung?

2. Rechtfertigen Sie die Vernachlässigung von Rüstkosten und -zeiten bei der Produktionsprogrammplanung.

3. Angesichts der Vielfalt an Produkten, Maschinen und Arbeitsplänen muß die Produktionsprogrammplanung bei Serien- bzw. Wechselproduktion in gewisser Weise Aggregationen vornehmen. Diskutieren Sie die Aggregationsfehler, die hierbei auftreten können.

4. In einer empirischen Studie hat man herausgefunden, daß nur sehr wenige Anwender eines weit verbreiteten Softwareproduktes zur Produktionsplanung und -steuerung das in diesem Programmpaket verfügbare Modul zur kurzfristigen Produktionsprogrammplanung (Master Production Scheduling) einsetzen. Worauf führen Sie dies zurück?

Übungsaufgaben

Aufgabe C133.1: Lieferzusagen

Eine Unternehmung stellt ein Produkt in losweiser Produktion her. Die Losgrößen sind jeweils am prognostizierten Bedarf der nächsten drei Wochen ausgerichtet. In der folgenden Tabelle sind die Bedarfsprognosen, die vorgemerkten Kundenaufträge sowie die erwarteten Zugänge aus eingeplanten Produktionsaufträgen für die nächsten acht Wochen angegeben. An Lageranfangsbeständen sind 15 Einheiten vorhanden. Sollte der Lagerbestand einmal nicht ausreichen, um die Kundenaufträge auszuführen bzw. die Bedarfsprognosen abzudecken, so soll davon ausgegangen werden, daß Fehlmengen zum nächstmöglichen Zeitpunkt nachgeliefert werden können.

				Woche				
	1	2	3	4	5	6	7	8
Bedarfsprognose	10	10	10	12	12	15	12	10
Kundenaufträge	12	11	8	9	5	20	-	-
Produktionsaufträge	-	30	-	-	40	-	-	30

Berechnen Sie den verfügbaren Lagerbestand während der betrachteten acht Wochen. Welche Produktionsmengen sind zur Abdeckung von Kundenaufträgen noch frei verfügbar (vgl. Krajewski/Ritzman 1990, Kap. 14, sowie Vollmann/Berry/Whybark 1992, Kap. 6)?

Lösung

Der verfügbare Lagerbestand am Ende einer Periode t wird wie folgt berechnet:

```
  Lagerbestand am Ende der Vorperiode (t-1)

- max {Bedarfsprognose (t); vorgemerkte Kundenaufträge (t)}

+ Zugänge aus eingeplanten Produktionsaufträgen (t)
```

Hierbei stellt man sich grundsätzlich auf den prognostizierten Bedarf ein, berücksichtigt jedoch ein eventuell über die Bedarfsprognose hinausgehendes Kundenauftragsvolumen. Fehlmengen schlagen sich in negativen Werten der Lagerbestände nieder. Im Falle nachlieferbarer Fehlmengen werden die negativen Lagerbestandswerte nach dem obigen Berechnungsschema in die Folgeperiode übertragen.

Um die für Lieferzusagen verfügbaren Lagerbestände (available to promise) ermitteln zu können, wird die Lagerzugangsmenge, die aufgrund eines offenen Produktionsauftrages zu erwarten ist, mit den bis zum Eingang des nächsten

Produktionsauftrages vorgemerkten Kundenaufträgen aufgerechnet. Für die Lieferzusagen der ersten Periode stehen außerdem die frei verfügbaren Lageranfangsbestände zur Verfügung. So ermittelt man z.B. die Lieferzusagen der Perioden 1 und 2 wie folgt:

```
Lageranfangsbestand                           15

- Kundenaufträge in Woche 1                 - 12

= mögliche Lieferzusage in Woche 1          = 3

Produktionsauftrag in Woche 2                 30

- Kundenaufträge in den Wochen 2, 3 und 4   - (11+8+9)

= mögliche Lieferzusage in Woche 2          = 2
```

Zu beachten ist, daß bei diesem Berechnungsschema Lieferzusagen ausschließlich für die erste Periode und für jene Folgeperioden definiert sind, in denen ein Lagerzugang aufgrund eines offenen Produktionsauftrages zu erwarten ist. Die Ergebnisse sind in der folgenden Tabelle zusammengefaßt.

	Woche							
	1	2	3	4	5	6	7	8
verfügbarer Lagerbestand	3	22	12	-	28	8	-4	16
mögliche Lieferzusagen	3	2	-	-	15	-	-	30

Ein Kunde, der zum frühestmöglichen Termin 10 Produkteinheiten beziehen möchte, könnte z.B. drei Einheiten in Woche 1, zwei Einheiten in Woche 2 und fünf Einheiten in Woche 5 geliefert bekommen oder aber die Komplettlieferung von 10 Einheiten in Woche 5 beziehen.

Aufgabe C133.2: Produktionsprogramm, Lieferzusagen

Für die zwei Hauptprodukte A und B einer Unternehmung werden die folgenden Nachfragewerte erwartet:

Produkt	Monat			
	1	2	3	4
A	400	500	600	500
B	1000	800	1200	1000

Im Rahmen der kurzfristigen Produktionsprogrammplanung wird der prognostizierte Bedarf gleichmäßig auf die vier Wochen eines Monats aufgeteilt. Produkt A wird grundsätzlich in Losgrößen von 300 (erstmalig in Woche 1) und Produkt B in Losgrößen von 600 Einheiten (erstmalig in Woche 2) hergestellt. Die Fertigstellung der Produkte erfolgt jeweils innerhalb einer Woche. Von

Produkt A sind 50 und von Produkt B 350 Einheiten bereits im Lager vorhanden. Die Unternehmung hat die folgenden Aufträge erhalten:

Produkt	1	2	3	4	5	Woche 6	7	8	9	10	11	12
A	-	120	150	140	-	-	200	300	200	-	400	-
B	-	-	600	-	-	800	-	400	-	-	200	-

a) Stellen Sie das kurzfristige Produktionsprogramm für beide Produkte auf, allerdings ohne Kapazitätsschranken zu beachten, und ermitteln Sie die möglichen Lieferzusagen.

b) Ein Kunde möchte 250 Einheiten von Produkt A und 750 Einheiten von Produkt B beziehen. Wann können diese Aufträge frühestens ausgeliefert werden?

c) Halten Sie es für zweckmäßig, der Produktionsprogrammplanung konstante Losgrößen zugrundezulegen? Wiederholen Sie die Aufgaben a) und b), wobei die Losgrößen für die Produkte A und B so zu wählen sind, daß sie unter Berücksichtigung der vorhandenen Lagerbestände gerade den Bedarf von zwei bzw. drei Wochen abdecken.

Lösung

a) Der Lösungsgang ist in den beiden folgenden Tabellen zusammengefaßt. Bei der Fortschreibung der verfügbaren Lagerbestände ist wiederum zu beachten, daß als Lagerabgang der größere der beiden Werte, Bedarfsprognose bzw. Kundenauftragsvolumen, angesehen wird (siehe auch die Aufgabe C133.1). Wie die Berechnungen zeigen, würde die starre Anwendung des Verfahrens zur Ermittlung von Lieferzusagen auf negative Werte in den Wochen 8 und 11 bei Produkt A sowie in Woche 6 bei Produkt B führen. Hier bietet es sich an, zum Ausgleich auf die möglichen Lieferzusagen der Vorperioden zurückzugreifen. In den folgenden Tabellen sind die derart korrigierten Lieferzusagen in Klammern in der rechten Randspalte hinzugefügt.

Produkt A

Woche	Bedarf	Kunden-aufträge	Produk-tion	verfügbarer Bestand	mögliche Lieferzusagen
0				50	
1	100		300	250	230
2	100	120		130	
3	100	150	300	280	10
4	100	140		140	
5	125			15	
6	125		300	190	300 (200)
7	125	200	300	290	100 (0)
8	125	300	300	290	-200 (0)
9	150	200		90	
10	150		300	240	300 (200)
11	150	400	300	140	-100 (0)
12	150		300	290	300
13	125			165	
14	125			40	
15	125		300	215	300
16	125			90	

Produkt B

Woche	Bedarf	Kunden-aufträge	Produk-tion	verfügbarer Bestand	mögliche Lieferzusagen
0				350	
1	250			100	350
2	250		600	450	600
3	250	600	600	450	0
4	250			200	
5	200		600	600	600 (400)
6	200	800	600	400	-200 (0)
7	200			200	
8	200	400	600	400	200
9	300			100	
10	300		600	400	400
11	300	200		100	
12	300		600	400	600
13	250			150	
14	250		600	500	600
15	250			250	
16	250			0	

b) Bei Produkt A wären Teillieferungen möglich, und zwar 230 Einheiten in Woche 1, 10 in Woche 3 und weitere 10 in Woche 6, oder aber eine Gesamtlieferung von 250 Einheiten in Woche 6. Von Produkt B könnten 350 Einheiten in Woche 1 und 400 in Woche 2 ausgeliefert werden, oder aber die Gesamtmenge von 750 Einheiten in Woche 2. Die gemeinsame Auslieferung der beiden Bestellungen von Produkt A und B wäre frühestens in Woche 6 möglich.

c) Bei der Verwendung konstanter Produktionslosgrößen entstehen vermeidbare Lagerbestände dadurch, daß bereits ein neuer Produktionsauftrag disponiert wird, bevor der Lagerbestand auf Null bzw. auf einen Meldebestand abgesunken ist. Zweckmäßig ist es, die Produktionslosgrößen stets so zu wählen, daß zeitlich benachbarte Wochenbedarfe zusammengefaßt werden. Wie der in den beiden folgenden Tabellen zusammengefaßte Lösungsgang zeigt, treten negative Werte bei der Berechnung der Lieferzusagen hierbei nicht auf. Die Lagerbestände nehmen insgesamt einen niedrigeren Verlauf an. Die benötigten 250 Einheiten von Produkt A könnten spätestens in Woche 5, die 750 Einheiten von Produkt B in Woche 2 ausgeliefert werden.

Produkt A

Woche	Bedarf	Kunden-aufträge	Produk-tion	verfügbarer Bestand	mögliche Lieferzusagen
0				50	
1	100		170	120	100
2	100	120		0	
3	100	150	290	140	0
4	100	140		0	
5	125		250	125	250
6	125			0	
7	125	200	500	300	0
8	125	300		0	
9	150	200	350	150	150
10	150			0	
11	150	400	550	150	150
12	150			0	
13	125		250	125	250
14	125			0	
15	125		250	125	250
16	125			0	

Produkt B

Woche	Bedarf	Kunden-aufträge	Produk-tion	verfügbarer Bestand	mögliche Lieferzusagen
0				350	
1	250			100	350
2	250		1000	850	400
3	250	600		250	
4	250			0	
5	200		1200	1000	400
6	200	800		200	
7	200			0	
8	200	400	1000	600	600
9	300			300	
10	300			0	
11	300	200	850	550	650
12	300			250	
13	250			0	
14	250		750	500	750
15	250			250	
16	250			0	

Aufgabe C133.3: Kapazitätsbedarfsrechnung mit Hilfe globaler Belastungsfaktoren

Das kurzfristige Produktionsprogramm eines Produktionsbetriebes sei wie folgt festgelegt:

Produkt	Woche					
	1	2	3	4	5	6
A	100	80	120	100	120	60
B	40	-	60	-	40	-

In der Vergangenheit haben sich stets die Arbeitsstationen a und b als überlastet erwiesen. Diesen kritischen Arbeitsstationen soll daher bei der Kapazitätsplanung besondere Aufmerksamkeit geschenkt werden. Die folgende Tabelle gibt an, wie sich der Arbeitsinhalt der beiden Produkte A und B auf kritische und nichtkritische Arbeitsstationen verteilt:

Produkt	Arbeitsinhalt in kritischen Arbeitsstationen	Arbeitsinhalt in nichtkritischen Arbeitsstationen	Gesamt-arbeits-inhalt
A	1.0	2.0	3.0
B	4.0	2.0	6.0

Zuletzt hatte sich die Kapazitätsbelastung der kritischen Arbeitsstationen zu 40% auf Station a und zu 60% auf Station b verteilt. Im gesamten Betrieb sind pro Woche 500 Arbeitszeiteinheiten verfügbar, davon 80 in Arbeitsstation a und 120 in Arbeitsstation b, die übrigen in den nichtkritischen Arbeitsstationen.

Kalkulieren Sie den Kapazitätsbedarf der nächsten sechs Wochen unter Verwendung globaler Belastungsfaktoren. Stellen Sie die Kapazitätsbelastung in den kritischen und nichtkritischen Arbeitsstationen in einer gemeinsamen Graphik dar. (Lösungshinweise für diese Übungsaufgabe finden sich bei Günther/ Tempelmeier 1995, Kap 8.3.)

Lösung

Die globalen Belastungsfaktoren erhält man als Produkt aus Stückbearbeitungszeit (bzw. Arbeitsinhalt) eines Produktes in einer kritischen Arbeitsstation und dem historischen Auslastungsgrad dieser Arbeitsstation, nämlich als:

Produkt A

```
Arbeitsstation a: 1.0·0.4 = 0.4
Arbeitsstation b: 1.0·0.6 = 0.6
```

Produkt B

```
Arbeitsstation a: 4.0·0.4 = 1.6
Arbeitsstation b: 4.0·0.6 = 2.4
```

Diese Faktoren sowie die Kennziffern für den Arbeitsinhalt in nichtkritischen Arbeitsstationen werden verwendet, um den Kapazitätsbedarf für die Produkte A und B bzw. den Gesamtkapazitätsbedarf wie folgt zu kalkulieren:

Kapazitätsbedarf: Produkt A

Arbeits-station	Woche					
	1	2	3	4	5	6
a	40	32	48	40	48	24
b	60	48	72	60	72	36
übrige	200	160	240	200	240	120

Kapazitätsbedarf: Produkt B

Arbeits-station	Woche					
	1	2	3	4	5	6
a	64	-	96	-	64	-
b	96	-	144	-	96	-
übrige	80	-	120	-	80	-

Gesamtkapazitätsbedarf

Arbeits-station	Woche					
	1	2	3	4	5	6
a	104	32	144	40	112	24
b	156	48	216	60	168	36
übrige	280	160	360	200	320	120

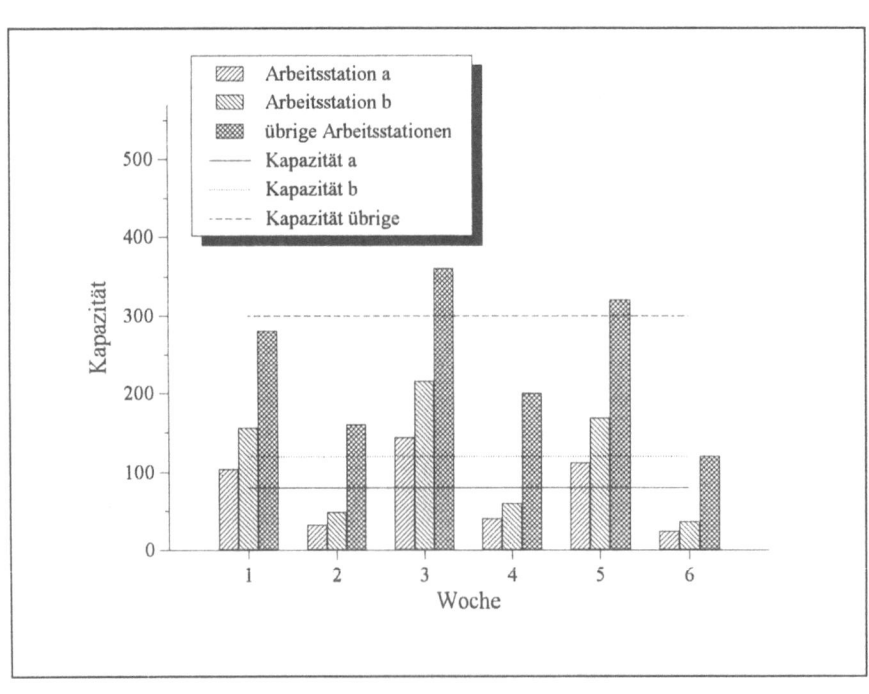

Abb. C133.1: Kapazitätsauslastung

Die in Abb. C133.1 wiedergegebene graphische Gegenüberstellung von Kapazitätsbedarf und verfügbarer Kapazität weist einen ständigen Wechsel von Überlast- und Unterlastsituationen aus, der jedoch durch eine bessere Glättung des Produktionsprogramms der Endprodukte ausgeglichen werden könnte.

Aufgabe C133.4: Kapazitätsbedarfsrechnung mit Hilfe von Kapazitätsbedarfslisten

In Abb. C133.2 ist der Erzeugnisaufbau zweier Endprodukte dargestellt:

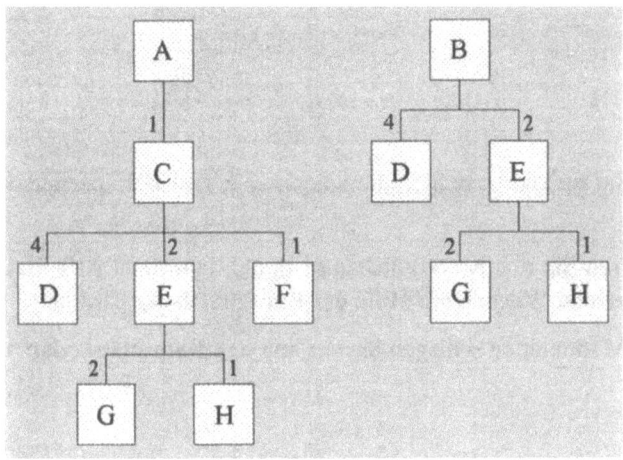

Abb. C133.2: Erzeugnisstrukturen

Die Produktion erfolgt ausschließlich nach Kundenaufträgen. Welche Aufträge in den nächsten acht Wochen auszuführen sind, zeigt die folgende Tabelle.

				Woche				
Produkt	1	2	3	4	5	6	7	8
A	20	40	80	120	30	70	50	10
B	150	30	120	100	40	30	150	20

Die Erzeugnisse werden in den Arbeitsstationen a, b, c und d bearbeitet. Die Produkte C, E, F und G durchlaufen zwei Arbeitsstationen, während die übrigen Produkte nur einen Arbeitsgang erfordern. Auch bei zeitlichen Bedarfsschwankungen orientieren sich die Produktionslosgrößen an vorgegebenen Standardwerten. Im übrigen sind den Arbeitsplänen der einzelnen Erzeugnisse die in der nachfolgenden Tabelle enthaltenen Daten zu entnehmen. (Lösungshinweise für diese Übungsaufgabe finden sich bei Vollmann/Berry/Whybark 1992, Kap. 4.)

Produkt	Standard-losgröße	Arbeits-station	Rüstzeit	Stückbear-beitungszeit
A	10	a	2.0	0.15
B	20	a	8.0	0.60
C	30	b	3.0	0.30
		c	1,5	0.15
D	40	b	2.0	0.20
E	50	c	3.0	0.10
		d	2.5	0.15
F	60	b	3.0	0.30
		d	1,2	0.40
G	80	c	4.0	0.15
		d	4.0	0.25
H	100	d	1.0	0.05

a) Stellen Sie für die beiden Enderzeugnisse A und B Kapazitätsbedarfslisten auf.

b) Kalkulieren Sie den Kapazitätsbedarf in den einzelnen Arbeitsstationen für die nächsten acht Wochen mit Hilfe der Kapazitätsbedarfslisten.

c) Welche Maßnahmen schlagen Sie vor, um den Kapazitätsbedarf zu glätten?

Lösung

a) Zunächst ist der Kapazitätsbedarf je Produkteinheit (bestehend aus anteiliger Rüstzeit und der Stückbearbeitungszeit) zu ermitteln:

Produkt	Arbeits-station	Rüstzeit-anteil	Stückbear-beitungszeit	Kapazitäts-bedarf
A	a	0.20	0.15	0.35
B	a	0.40	0.60	1.00
C	b	0.10	0.30	0.40
	c	0.05	0.15	0.20
D	b	0.05	0.20	0.25
E	c	0.06	0.10	0.16
	d	0.05	0.15	0.20
F	b	0.05	0.30	0.35
	d	0.02	0.40	0.42
G	c	0.05	0.15	0.20
	d	0.05	0.25	0.30
H	d	0.01	0.05	0.06

Die Kapazitätsbedarfslisten geben an, welcher Kapazitätsbedarf entsteht, wenn eine Einheit des Endproduktes hergestellt wird. Hierzu ist der Kapazitätsbedarf der jeweiligen Vorprodukte über die einzelnen Stufen der Erzeugnisstruktur den Endprodukten zuzurechnen. Man erhält die folgenden Ergebnisse, wobei jeweils als Index das den Kapazitätsbedarf verursachende Produkt hinzugesetzt wurde:

Produkt A

```
Arbeitsstation a: 0.35_A                                    = 0.35_A
Arbeitsstation b: 0.40_C + 4·0.25_D + 0.35_F               = 1.75_A
Arbeitsstation c: 0.20_C + 2·0.16_E + 4·0.20_G             = 1.32_A
Arbeitsstation d: 2·0.20_E + 0.42_F + 4·0.30_G + 2·0.06_H  = 2.14_A
```

Produkt B

```
Arbeitsstation a: 1.00_B                                    = 1.00_B
Arbeitsstation b: 4·0.25_D                                  = 1.00_B
Arbeitsstation c: 2·0.16_E + 4·0.20_G                       = 1.12_B
Arbeitsstation d: 2·0.20_E + 4·0.30_G + 2·0.06_H            = 1.72_B
```

b) Ausgehend von den vorgegebenen Kundenaufträgen und unter Verwendung der Kapazitätsbedarfslisten ermittelt man den folgenden Kapazitätsbedarf in den einzelnen Arbeitsstationen:

Kapazitätsbedarf: Arbeitsstation a

Produkt	1	2	3	4	5	6	7	8
				Woche				
A	7.0	14.0	28.0	42.0	10.5	24.5	17.5	3.50
B	150.0	30.0	120.0	100.0	40.0	30.0	150.0	20.0
	157.0	44.0	148.0	142.0	50.5	54.5	167.5	23.5

Kapazitätsbedarf: Arbeitsstation b

Produkt	1	2	3	4	5	6	7	8
				Woche				
A	35.0	70.0	140.0	210.0	52.5	122.5	87.5	17.5
B	150.0	30.0	120.0	100.0	40.0	30.0	150.0	20.0
	185.0	100.0	260.0	310.0	92.5	152.5	237.5	37.5

Kapazitätsbedarf: Arbeitsstation c

				Woche				
Produkt	1	2	3	4	5	6	7	8
A	26.4	52.8	105.6	158.4	39.6	92.4	66.0	13.2
B	168.0	33.6	134.4	112.0	44.8	33.6	168.0	22.4
	194.4	86.4	240.0	270.4	84.4	126.0	234.0	35.6

Kapazitätsbedarf: Arbeitsstation d

				Woche				
Produkt	1	2	3	4	5	6	7	8
A	42.8	85.6	171.2	256.8	64.2	149.8	107.0	21.4
B	258.0	51.6	206.4	172.0	68.8	51.6	258.0	34.4
	300.8	137.2	377.6	428.8	133.0	201.4	365.0	55.8

c) Wie man den obigen Tabellen entnehmen kann, unterliegt der Kapazitätsbedarf in allen Arbeitsstationen von Woche zu Woche erheblichen Schwankungen. Zur Glättung der Beschäftigungsschwankungen kommen u.a. folgende Maßnahmen in Frage:

- Einsatz von Überstunden,

- Umsetzung von Arbeitskräften aus anderen weniger stark ausgelasteten Betriebsbereichen,

- Lagerproduktion von Vor- und Endprodukten,

- Verwendung alternative Arbeitspläne (Arbeitsplanflexibilität)

- Fremdbezug von Vorprodukten bzw. Fremdvergabe von Produktionsaufträgen,

- Ausweichen auf alternative Arbeitspläne,

- Absprachen mit Großkunden über langfristige und gleichmäßige Auftragserteilung (Abschluß von Rahmenverträgen).

Aufgabe C133.5: Kapazitätsbedarfsrechnung mit Hilfe von Kapazitätsbedarfsprofilen

Abb. C133.3 veranschaulicht die Struktur eines Erzeugnisses, das aus verschiedenen selbstgefertigten Komponenten hergestellt wird. Die Knoten der Erzeugnisstruktur enthalten die Produktbezeichnung (A, B, C, ...) sowie die jeweiligen Durchlaufzeiten, die in der Produktion für die Erledigung eines Produktionsauftrages benötigt werden. Die Direktbedarfskoeffizienten, die in der Abbildung nicht eingetragen sind, haben jeweils den Wert Eins.

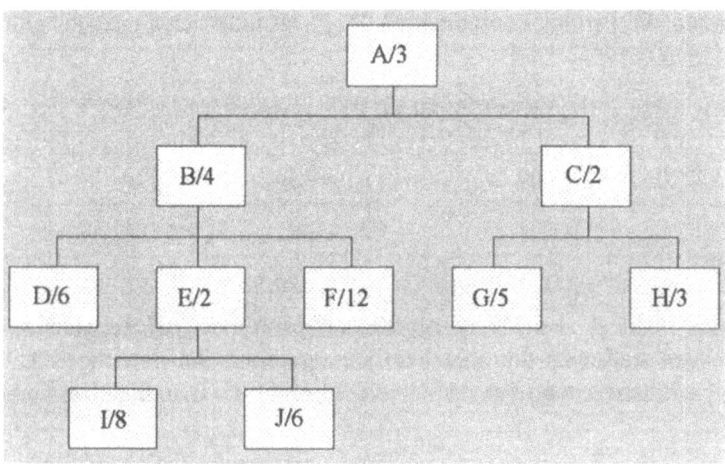

Abb. C133.3: Erzeugnisstruktur

In der Produktion wird nur ein Engpaßbereich durchlaufen, in dem für die einzelnen Produktkomponenten die folgenden Stückbearbeitungszeiten einschließlich der jeweiligen Rüstzeitanteile anfallen:

Produkt	A	B	C	D	E	F	G	H	I	J
Stückbearbeitungszeit	1.0	2.0	1.0	0.5	0.3	0.4	0.2	0.1	0.5	0.4

Es soll vereinfachend angenommen werden, daß die Kapazitätsbelastung jeweils in der letzten Periode der Durchlaufzeit eintritt. Im übrigen kann unterstellt werden, daß alle Produktionsaufträge zum spätestmöglichen Zeitpunkt terminiert werden, um unnötige Liegezeiten zu vermeiden. (Lösungshinweise für diese Übungsaufgabe finden sich bei Vollmann/Berry/Whybark 1992, Kap. 4, und Günther/Tempelmeier 1995, Kap. 8.3.)

a) Zeichnen Sie das zugehörige Kapazitätsbedarfsprofil.

b) In den Perioden 20 und 21 sollen 12 bzw. 15 Einheiten des Endproduktes A produziert werden. Berechnen Sie mit Hilfe des Kapazitätsbedarfsprofils die daraus abgeleitete Kapazitätsbelastung.

c) Welcher Mindestplanungshorizont sollte für die kurzfristige Produktionsprogrammplanung eingehalten werden, wenn keines der Vorprodukte auf Lager gehalten wird?

d) Welche Produkte sollten auf Lager gehalten werden, wenn für das fertige Endprodukt eine Lieferzeit von fünf bzw. 10 Perioden eingehalten werden soll?

e) Welchen Horizont für die Prognose der Endproduktnachfrage benötigt man, wenn die Produktkomponenten D, F, H und I auf Lager gehalten werden?

f) Wie würden Ihre Antworten zu c), d) und e) lauten, wenn es sich bei den Produkten E, F, G und H um Fremdbezugsteile handeln würde, die mit einer Lieferzeit von jeweils einer Periode beschafft werden könnten?

Lösung

a) In Abb. C133.4 ist das Kapazitätsbedarfsprofil des Enderzeugnisses dargestellt. Darin sind auch die Stückbearbeitungszeiten zum jeweiligen Zeitpunkt der Kapazitätsbelastung (in der letzten Periode der Durchlaufzeit) eingetragen.

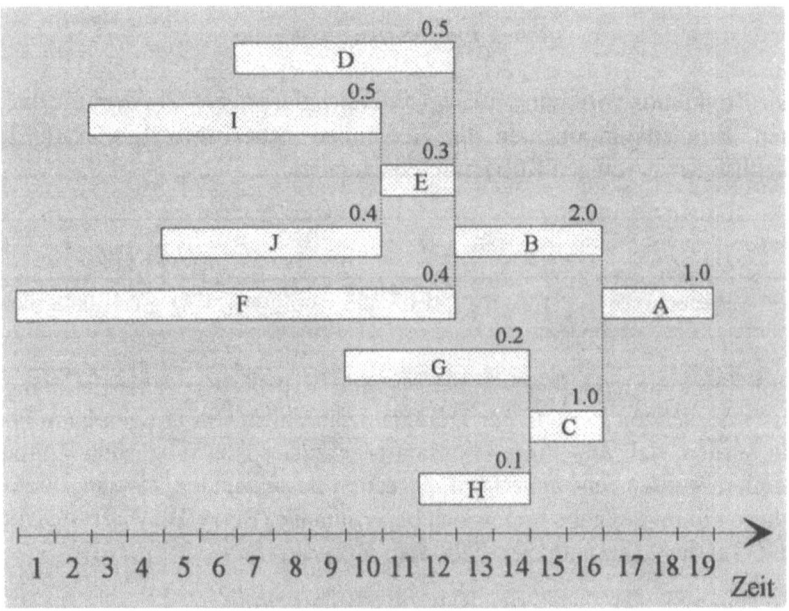

Abb. C133.4: Kapazitätsbedarfsprofil

b) Die zeitliche Verteilung der Kapazitätsbelastung ist in der folgenden Tabelle zusammengestellt. Abb. C133.5 zeigt die Entwicklung der Gesamtbelastung.

Periode	A	B	C	D	Produkt E	F	G	H	I	J	Gesamt
21	15.0										15.0
20	12.0										12.0
19											-
18		30.0	15.0								45.0
17		24.0	12.0								36.0
16							3.0	1.5			4.5
15							2.4	1.2			3.6
14				7.5	4.5	6.0					18.0
13				6.0	3.6	4.8					14.4
12									7.5	6.0	13.5
11									6.0	4.8	10.8

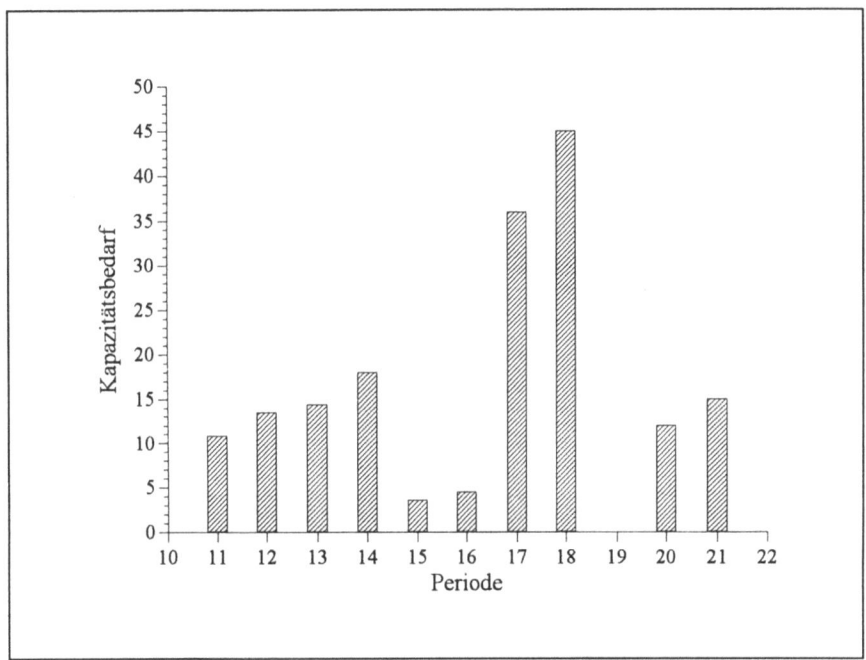

Abb. C133.5: Kapazitätsbedarfe

c) Der Mindestplanungshorizont entspricht der Gesamtdurchlaufzeit des Produktes von 19 Perioden.

d) Bei einer Lieferzeit von fünf Perioden müssen alle Produkte außer A und C auf Lager gehalten werden. Beträgt die Lieferzeit 10 Perioden, so müssen die Produkte D, F, I und J auf Lager gehalten werden.

e) Die Gesamtdurchlaufzeit des Produktes wird nun durch die Produktkomponente J bestimmt. Daher wird für die Prognose der Endproduktnachfrage ein Mindesthorizont von 15 Perioden benötigt.

f) Wird das Produkt E fremdbezogen, so entfällt gleichzeitig die Produktion der beiden Vorprodukte I und J. Die längste Laufzeitkette wird durch die Produktkomponente D bestimmt.

Aufgabe c): Der Mindestplanungshorizont würde sich auf 13 Perioden verringern.

Aufgabe d): Bei einer Lieferzeit von fünf Perioden müßten alle Produkte außer A und C, bei einer Lieferzeit von 10 Perioden lediglich das Produkt D auf Lager gehalten werden.

Aufgabe e): Die längste Laufzeitkette beginnt mit der Lieferfrist von einer Periode für Produkt E. Es wird daher ein Mindesthorizont von acht Wochen benötigt.

Aufgabe C133.6: Detaillierte Kapazitätsbedarfsplanung

In Abb. C133.6 ist der Erzeugnisaufbau zweier Endprodukte dargestellt. Die Stücklistenkoeffizienten haben jeweils den Wert Eins.

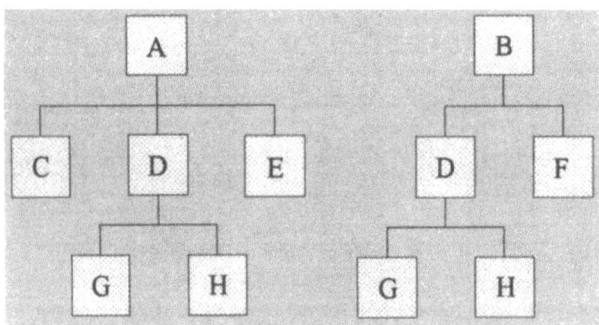

Abb. C133.6: Erzeugnisstrukturen

Der während der nächsten 10 Wochen zu befriedigende Bedarf der beiden Endprodukte ist der folgenden Tabelle zu entnehmen.

Produkt	Woche									
	1	2	3	4	5	6	7	8	9	10
A	4	6	5	8	3	2	1	4	2	1
B	8	10	12	6	4	5	2	8	10	7

Alle Produkte werden in losweiser Produktion hergestellt, wobei eine vorgegebene Losreichweite besagt, wie viele Periodenbedarfe jeweils in einem Produktionslos (Produktionsauftrag) gefertigt werden sollen. Alle Produkte durchlaufen einen Produktionsbereich, der als Engpaß anzusehen ist. Die Stückbearbeitungszeiten in diesem Engpaßbereich sowie weitere relevante Daten sind in der folgenden Tabelle zusammengestellt. Die Vorlaufzeit gibt an, um wie viele Perioden im vorhinein ein Produktionsauftrag freigegeben werden muß, damit die Produkte zum gewünschten Zeitpunkt verfügbar sind.

Produkt	Vor-laufzeit	Losreich-weite	Rüstzeit	Stückbear-beitungszeit	Anfangs-bestand
A	1	3	5	0.5	5
B	1	3	4	1.0	10
C	2	4	8	0.5	20
D	2	4	6	1.5	50
E	2	4	10	2.0	40
F	2	2	5	2.5	70
G	1	1	2	0.5	10
H	1	1	5	1.0	20

(Lösungshinweise für diese Übungsaufgabe finden sich bei Vollmann/Berry/ Whybark 1992, Kap. 4.)

a) Führen Sie eine detaillierte Kapazitätsbedarfsplanung durch, um die Kapazitätsbelastung im Engpaßbereich während der nächsten 10 Wochen zu ermitteln.

b) Worin liegen die Hauptunterschiede zwischen der detaillierten Kapazitätsbedarfsplanung und der Kalkulation des Kapazitätsbedarfs mit Hilfe von Kapazitätsbedarfsprofilen?

Lösung

a) Um den Kapazitätsbedarf genauer zu erfassen, sind zumindest die Auswirkungen der Losgrößenbildung in die Betrachtung einzubeziehen. Hierzu dienen die folgenden, allerdings stark vereinfachten Beispielrechnungen. Dabei sind im Hinblick auf die Materialbedarfsrechnung einige Vorgriffe auf die im Teil D folgenden Übungsaufgaben unumgänglich.

Produkt A (Lageranfangsbestand = 5; Vorlaufzeit = 1; Losreichweite = 3)

Woche	1	2	3	4	5	6	7	8	9	10
Primärbedarf	4	6	5	8	3	2	1	4	2	1
Nettobedarf	-	5	5	8	3	2	1	4	2	1
Losgröße	-	18	-	-	6	-	-	7	-	-
Produktionsauftrag	18	-	-	6	-	-	7	-	-	-

Produkt B (Lageranfangsbestand = 10; Vorlaufzeit = 1; Losreichweite = 3)

Woche	1	2	3	4	5	6	7	8	9	10
Primärbedarf	8	10	12	6	4	5	2	8	10	7
Nettobedarf	-	8	12	6	4	5	2	8	10	7
Losgröße	-	26	-	-	11	-	-	25	-	-
Produktionsauftrag	26	-	-	11	-	-	25	-	-	-

Produkt C (Lageranfangsbestand = 20; Vorlaufzeit = 2; Losreichweite = 4)

Woche	1	2	3	4	5	6	7	8	9	10
Bruttobedarf	18	-	-	6	-	-	7	-	-	-
Nettobedarf	-	-	-	4	-	-	7	-	-	-
Losgröße	-	-	-	11	-	-	-	-	-	-
Produktionsauftrag	-	11	-	-	-	-	-	-	-	-

Produkt D (Lageranfangsbestand = 50; Vorlaufzeit = 2; Losreichweite = 4)

Woche	1	2	3	4	5	6	7	8	9	10
Bruttobedarf	44	-	-	17	-	-	32	-	-	-
Nettobedarf	-	-	-	11	-	-	32	-	-	-
Losgröße	-	-	-	43	-	-	-	-	-	-
Produktionsauftrag	-	43	-	-	-	-	-	-	-	-

Produkt E (Lageranfangsbestand = 40; Vorlaufzeit = 2; Losreichweite = 4)

Woche	1	2	3	4	5	6	7	8	9	10
Bruttobedarf	18	-	-	6	-	-	7	-	-	-
Nettobedarf	-	-	-	-	-	-	-	-	-	-

Produkt F (Lageranfangsbestand = 70; Vorlaufzeit = 2; Losreichweite = 2)

Woche	1	2	3	4	5	6	7	8	9	10
Bruttobedarf	26	-	-	11	-	-	25	-	-	-
Nettobedarf	-	-	-	-	-	-	-	-	-	-

Produkt G (Lageranfangsbestand = 10; Vorlaufzeit = 1; Losreichweite = 1)

Woche	1	2	3	4	5	6	7	8	9	10
Bruttobedarf	-	43	-	-	-	-	-	-	-	-
Nettobedarf	-	33	-	-	-	-	-	-	-	-
Losgröße	-	33	-	-	-	-	-	-	-	-
Produktionsauftrag	33	-	-	-	-	-	-	-	-	-

Produkt H (Lageranfangsbestand = 20; Vorlaufzeit = 1; Losreichweite = 1)

Woche	1	2	3	4	5	6	7	8	9	10
Bruttobedarf	-	43	-	-	-	-	-	-	-	-
Nettobedarf	-	23	-	-	-	-	-	-	-	-
Losgröße	-	23	-	-	-	-	-	-	-	-
Produktionsauftrag	23	-	-	-	-	-	-	-	-	-

Aus den vorstehenden Berechnungen zur Ermittlung der Produktionsaufträge kann man den folgenden Kapazitätsbedarf ableiten:

Produkt	1	2	Woche 3	4	5	6	7
A	14.0			8.0			8.5
B	30.0			15.0			29.0
C		13.5					
D		70.5					
E							
F							
G	18.5						
H	28.0						
Gesamt	90.5	84.0	-	23.0	-	-	37.5

b) Ebenso wie bei der Kalkulation des Kapazitätsbedarfs mit Hilfe von Kapazitätsbedarfsprofilen wird zwar die zeitliche Verteilung der Kapazitätsbelastung explizit berücksichtigt, jedoch wird zusätzlich die durch die Bildung von Losgrößen (Produktionsaufträgen) hervorgerufene Bündelung der Kapazitätsbelastung in die Rechnung einbezogen. Außerdem werden Rüstzeiten nicht pauschal in die Stückkapazitätsbelastung einkalkuliert, sondern explizit mit jedem Produktionslos erfaßt.

Eine weitergehende Aufschlüsselung der Kapazitätsbelastung aufgrund detaillierter Arbeitsplandaten und unter Betrachtung aller im Produktionsprozeß angelaufenen Arbeitsstationen wäre zwar konzeptionell möglich; der Rechenaufwand wäre jedoch übertrieben. Der vermeintliche Genauigkeitsvorteil ist innerhalb der als Rahmenplanung verstandenen kurzfristigen Produktionsprogrammplanung ohne Bedeutung.

Aufgabe C133.7: Lineare Optimierungsmodelle zur Hauptproduktionsprogrammplanung

In einem Industriebetrieb werden zwei Enderzeugnisse hergestellt, deren Aufbau in Abb. C133.7 dargestellt ist. Die Zahlenangaben an den Kanten der Erzeugnisstrukturen besagen, wie viele Einheiten eines Produktes jeweils zur Herstellung des übergeordneten Produktes benötigt werden.

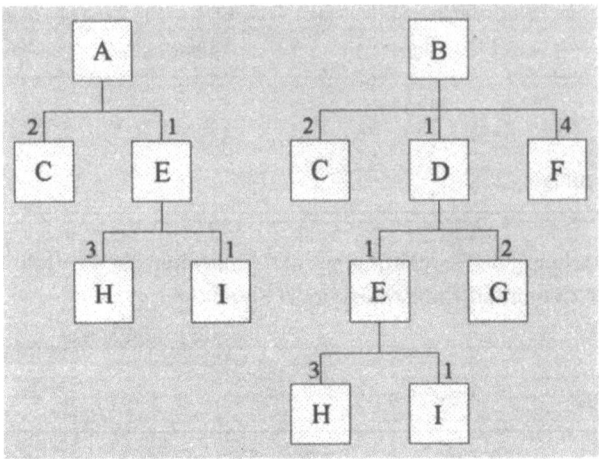

Abb. C133.7: Erzeugnisstrukturen

Die folgende Tabelle enthält Angaben darüber, welcher Bedarf für die beiden Endprodukte A und B für die Wochen 9 bis 15 prognostiziert wurde und über welche Mengen bereits Aufträge angenommen wurden. (Lageranfangsbestände und Lagerzugänge aufgrund offener Produktionsaufträge brauchen nicht beachtet zu werden.)

	\multicolumn{7}{c}{Woche}					
	9	10	11	12	13	14	15
Bedarfsprognose							
Produkt A	10	11	12	15	20	8	6
Produkt B	5	6	8	12	15	20	12
Auftragsmengen							
Produkt A	12	12	10	8	10	6	-
Produkt B	6	4	3	-	-	-	-

Für die Zwecke der kurzfristigen Produktionsprogramm- und Kapazitätsplanung soll davon ausgegangen werden, daß die Produktion nicht losweise erfolgt, sondern daß die Produktionsmengen aller Produkte innerhalb der Kapazitätsgrenzen beliebig variierbar sind. Rüstzeiten und Rüstkosten sollen vernachlässigt werden. Die Produkte durchlaufen zwei Produktionsbereiche a und b, die als Engpässe anzusehen sind. Die Stückbearbeitungs- und die Durchlaufzeiten in diesen Engpaßbereichen sind in der folgenden Tabelle zusammengestellt. Bei den Produkten G, H und I handelt es sich um fremdbezogenes Rohmaterial.

					Produkt				
	A	B	C	D	E	F	G	H	I
Stückbearbeitungszeit									
Engpaßbereich (a)	3	2	1	2	1	1	-	-	-
Engpaßbereich (b)	1	5	3	2	2	1	-	-	-
Durchlaufzeit	1	1	2	1	2	3	3	4	5

a) Ermitteln Sie den Kapazitätsbedarf a1) auf der Grundlage globaler Belastungsfaktoren, a2) unter Verwendung von Kapazitätsbedarfslisten und a3) mit Hilfe von Kapazitätsbedarfsprofilen. In der Vergangenheit entfielen 60% der gesamten Engpaßbelastungen auf den Bereich a und 40% auf den Bereich b. Es soll zur Vereinfachung der Rechnungen angenommen werden, daß die gesamte Kapazitätsbelastung stets in der letzten Woche der Durchlaufzeit anfällt (vgl. Vollmann/Berry/Whybark 1992, S. 124ff).

b) Formulieren Sie jeweils ein lineares Optimierungsmodell auf der Grundlage der in a) genannten Verfahren der Kapazitätsbedarfsrechnung (Siehe auch Günther/Tempelmeier 1995, Kap. 8.3.). Für die Lagerung einer Produkteinheit über eine Woche werden Lagerkosten von 25 Geldeinheiten bei Produkt A und von 35 bei Produkt B veranschlagt. Lageranfangsbestände sind nicht vorhanden. In den Perioden 9 bis 15 kann die reguläre Produktionskapazität im Engpaßbereich a um 70 und im Engpaßbereich b um 50 Kapazitätseinheiten erweitert werden. Für jede eingesetzte Einheit dieser Zusatzkapazität fallen Mehrkosten von 100 Geldeinheiten an. Die verfügbaren regulären Produktionskapazitäten in den beiden Engpaßbereichen a und b sind wie folgt gegeben:

		Woche	
Engpaßbereich	7	8	9 bis 15
(a)	60	120	300
(b)	60	180	300

c) Ermitteln Sie die optimale Lösung der drei in b) formulierten linearen Optimierungsmodelle und vergleichen Sie die Lösungen.

Lösung

a) Für die Berechnungen des Kapazitätsbedarfs ist zu beachten, daß grundsätzlich der höhere der beiden Werte, Bedarfsprognose oder Auftragsvolumen, angesetzt wird.

a1) Globale Belastungsfaktoren (siehe auch Übungsaufgabe C133.3):

Zunächst werden die Stückbearbeitungszeiten über alle Ebenen der Erzeugnisstruktur und die beiden Engpaßbereiche a und b aggregiert und den Endprodukten A und B zugerechnet. In den folgenden Berechnungen ist als Index das jeweilige, den Kapazitätsverbrauch verursachende Produkt hinzugesetzt:

$$\text{Produkt A: } (3+1)_A + 2 \cdot (1+3)_C + 1 \cdot (1+2)_E = 15$$
$$\text{Produkt B: } (2+5)_B + 2 \cdot (1+3)_C + 1 \cdot (2+2)_D + 4 \cdot (1+1)_F + 1 \cdot (1+2)_E = 30$$

Diese Arbeitsinhalte werden gemäß dem historischen Auslastungsgrad auf die beiden kritischen Arbeitsstationen verteilt. Man erhält die folgenden globalen Belastungsfaktoren:

Produkt A

    Arbeitsstation a: $15 \cdot 0.6 = 9$
    Arbeitsstation b: $15 \cdot 0.4 = 6$

Produkt B

    Arbeitsstation a: $30 \cdot 0.6 = 18$
    Arbeitsstation b: $30 \cdot 0.4 = 12$

Die folgenden beiden Tabellen weisen den mit Hilfe der globalen Belastungsfaktoren ermittelten Kapazitätsbedarf aus.

Kapazitätsbedarf: Arbeitsstation a

Produkt	9	10	11	Woche 12	13	14	15
A	108	108	108	135	180	72	54
B	108	108	144	216	270	360	216
	216	216	252	351	450	432	270

Kapazitätsbedarf: Arbeitsstation b

Produkt	9	10	11	Woche 12	13	14	15
A	72	72	72	90	120	48	36
B	72	72	96	144	180	240	144
	144	144	168	234	300	288	180

a2) Kapazitätsbedarfslisten (siehe auch Übungsaufgabe C133.4):

Jeweils getrennt für die beiden Engpaßbereiche a und b werden die Stückbearbeitungszeiten über alle Ebenen der Erzeugnisstruktur erfaßt und den Endprodukten A und B zugerechnet. Man erhält die folgenden Ergebnisse, wobei jeweils als Index das den Kapazitätsbedarf verursachende Produkt hinzugesetzt wurde:

Produkt A

    Arbeitsstation a: $3_A + 1 \cdot 2_C + 1_E = 6_A$
    Arbeitsstation b: $1_A + 3 \cdot 2_C + 2_E = 9_A$

Produkt B

    Arbeitsstation a: $2_B + 1 \cdot 2_C + 2_D + 1 \cdot 4_F + 1_E = 11_B$
    Arbeitsstation b: $5_B + 3 \cdot 2_C + 2_D + 1 \cdot 4_F + 2_E = 19_B$

Aufgrund dieser Kapazitätsbedarfslisten erhält man den folgenden Kapazitätsbedarf:

Kapazitätsbedarf: Arbeitsstation a

Produkt	9	10	11	Woche 12	13	14	15
A	72	72	72	90	120	48	36
B	66	66	88	132	165	220	132
	138	138	160	222	285	268	168

Kapazitätsbedarf: Arbeitsstation b

Produkt	9	10	11	Woche 12	13	14	15
A	108	108	108	135	180	72	54
B	114	114	152	228	285	380	228
	222	222	260	363	465	452	282

a3) Kapazitätsbedarfsprofile (siehe auch Aufgabe C133.5):

In Abb. C133.8 sind die Kapazitätsbedarfsprofile der Erzeugnisse A und B dargestellt. Darin sind auch die Stückbearbeitungszeiten zum jeweiligen Zeitpunkt der Kapazitätsbelastung (in der letzten Periode der Durchlaufzeit) eingetragen. Die Zahlen oberhalb bzw. unterhalb der Balken geben die Kapazitätsbelastung in den beiden Engpaßbereichen a bzw. b an.

Aus Abb. C133.8 kann unmittelbar abgelesen werden, wie sich die Kapazitätsbelastung einer in Periode t fertigzustellenden Endprodukteinheit auf die Produktionsperiode t und die Vorlaufperioden t-1 und t-2 verteilt. Diese Angaben sind in der nachfolgenden Tabelle noch einmal zusammengefaßt.

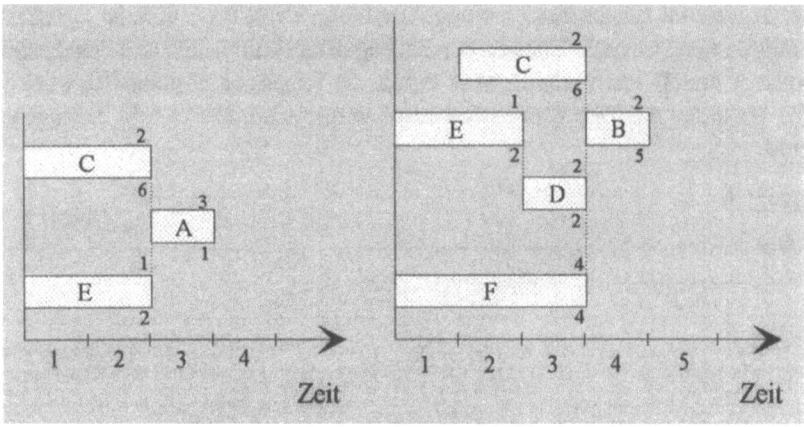

Abb. C133.8: Kapazitätsbedarfsprofile

Periode	Produkt A		Produkt B	
	Bereich (a)	Bereich (b)	Bereich (a)	Bereich (b)
t	3	1	2	5
t-1	3	8	8	12
t-2	-	-	1	2

Der unter Verwendung der obigen Angaben ermittelte Kapazitätsbedarf ist den folgenden Tabellen zu entnehmen.

Kapazitätsbedarf: Arbeitsstation a

Produkt	7	8	9	10	Woche 11	12	13	14	15
A	-	36	72	72	81	105	84	42	18
B	6	54	68	88	127	164	202	136	24
	6	90	140	160	208	269	286	178	42

Kapazitätsbedarf: Arbeitsstation b

Produkt					Woche				
	7	8	9	10	11	12	13	14	15
A	-	96	108	108	132	175	84	56	6
B	12	84	118	150	214	280	339	244	60
	12	180	226	258	346	455	423	300	66

b) Es werden für die drei linearen Optimierungsmodelle einheitlich die folgenden Entscheidungsvariablen verwendet:

x_{jt} Produktionsmenge von Endprodukt j in Periode t
y_{jt} Lagerbestand von Endprodukt j am Ende der Periode t
z_{it} eingesetzte Zusatzkapazität im Engpaßbereich i in Periode t

b1) Lineares Optimierungsmodell auf der Grundlage von globalen Belastungsfaktoren:

Minimiere

$$\sum_{t=9}^{15} [25 \cdot y_{At} + 35 \cdot y_{Bt} + 100 \cdot (z_{at} + z_{bt})]$$

unter den Nebenbedingungen:

<u>Produktionskapazität - Bereich (a)</u>

$9 \cdot x_{At} + 18 \cdot x_{Bt} \leq 300 + z_{at}$ $t=9,\ldots,15$

<u>Produktionskapazität - Bereich (b)</u>

$6 \cdot x_{At} + 12 \cdot x_{Bt} \leq 300 + z_{bt}$ $t=9,\ldots,15$

<u>Zusatzkapazität</u>

$z_{at} \leq 70$ $t=9,\ldots,15$
$z_{bt} \leq 50$ $t=9,\ldots,15$

<u>Lagerbilanzen - Produkt A</u>

$y_{A9} = x_{A9} - 12$
$y_{A,10} = y_{A9} + x_{A,10} - 12$
usw.

<u>Lagerbilanzen - Produkt B</u>

$y_{B9} = x_{B9} - 6$
$y_{B,10} = y_{B9} + x_{B,10} - 6$
usw.

Nichtnegativität

$$x_{jt}, \ y_{jt}, \ z_{it} \geq 0 \qquad\qquad j=A,B; \ t=9,\ldots,15; \ i=a,b$$

b2) Lineares Optimierungsmodell auf der Grundlage von Kapazitätsbedarfslisten:

Gegenüber dem Modell b1) ändern sich nur die Kapazitätsrestriktionen wie folgt:

Produktionskapazität - Bereich (a)

$$6 \cdot x_{At} + 11 \cdot x_{Bt} \leq 300 + z_{at} \qquad\qquad t=9,\ldots,15$$

Produktionskapazität - Bereich (b)

$$9 \cdot x_{At} + 19 \cdot x_{Bt} \leq 300 + z_{bt} \qquad\qquad t=9,\ldots,15$$

b3) Lineares Optimierungsmodell auf der Grundlage von Kapazitätsbedarfsprofilen:

Gegenüber den zuvor behandelten Modellen ändern sich wiederum nur die Kapazitätsrestriktionen. Deren struktureller Aufbau ist in den Tab. C133.1 und C133.2 verdeutlicht.

c) Die drei zuvor aufgestellten linearen Optimierungsmodelle führen in der optimalen Lösung auf die folgenden Zielfunktionswerte:

```
Globale Belastungsfaktoren:  13051.39

Kapazitätsbedarfslisten:     19842.37

Kapazitätsbedarfsprofile:    22077.67
```

Diese Zielfunktionswerte sind jedoch nicht unmittelbar vergleichbar, da die tatsächlich eintretende Kapazitätsbelastung in den einzelnen Modellformulierungen teilweise unrealistisch abgebildet wird. Welche Kapazitätsbelastung in den drei Optimallösungen ausgewiesen wird, ist in den Abb. C133.9 und C133.10 vergleichend dargestellt. Man erkennt deutlich, daß die drei Modellösungen aufgrund ihrer spezifischen Annahmen zu sehr unterschiedlichen Ergebnissen führen.

Tab. C133.1: Kapazitätsrestriktionen (Arbeitsstation a)

Periode	x_{A9}	x_{A10}	x_{A11}	x_{A12}	x_{A13}	x_{A14}	x_{A15}	x_{B9}	x_{B10}	x_{B11}	x_{B12}	x_{B13}	x_{B14}	x_{B15}	z_{a9}	z_{a10}	z_{a11}	z_{a12}	z_{a13}	z_{a14}	z_{a15}		Kapazität
7	3																					VI	60
8	3	3																				VI	120
9		3	3					1							-1							VI	300
10			3	3				8	1							-1						VI	300
11				3	3			2	8	1							-1					VI	300
12					3	3			2	8	1							-1				VI	300
13						3	3			2	8	1							-1			VI	300
14							3				2	8	1							-1		VI	300
15												2	8	1							-1	VI	300

Tab. C133.2 Kapazitätsrestriktionen (Arbeitsstation b)

Periode	x_{A9}	x_{A10}	x_{A11}	x_{A12}	x_{A13}	x_{A14}	x_{A15}	x_{B9}	x_{B10}	x_{B11}	x_{B12}	x_{B13}	x_{B14}	x_{B15}	z_{b9}	z_{b10}	z_{b11}	z_{b12}	z_{b13}	z_{b14}	z_{b15}		Kapazität
7	8																					VI	60
8	1	8																				VI	180
9		1	8					2							-1							VI	300
10			1	8				12	2							-1						VI	300
11				1	8			5	12	2							-1					VI	300
12					1	8			5	12	2							-1				VI	300
13						1	8			5	12	2							-1			VI	300
14							1				5	12	2							-1		VI	300
15												5	12	2							-1	VI	300

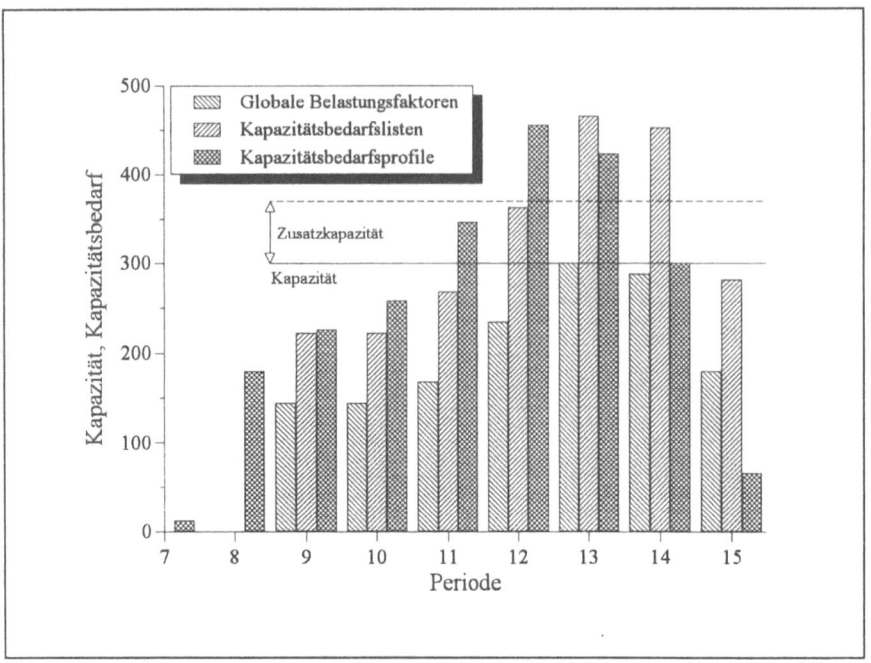

Abb. C133.9: Kapazitätsauslastung (Arbeitsstation a)

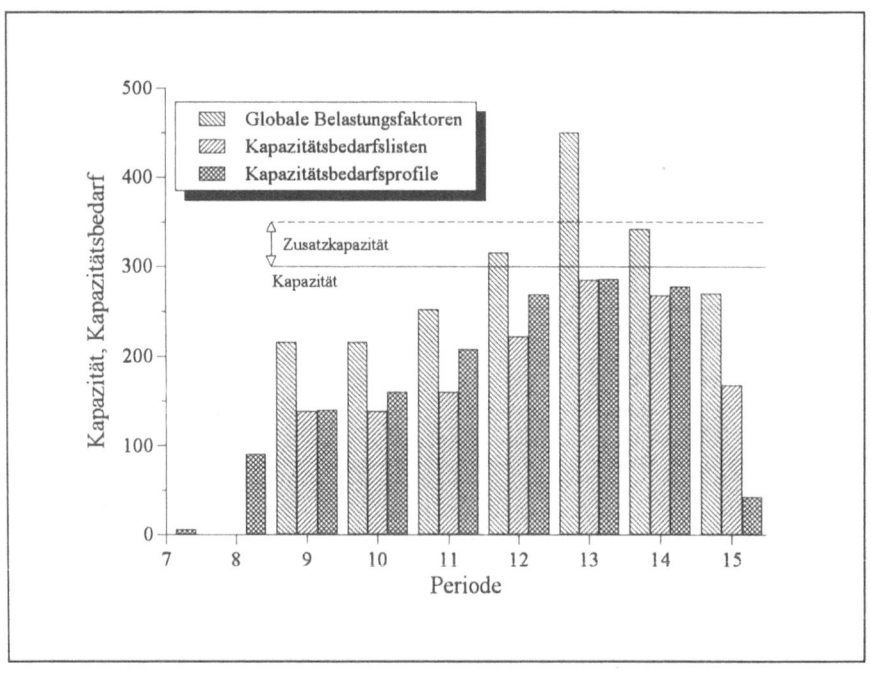

Abb. C133.10: Kapazitätsauslastung (Arbeitsstation b)

Literaturhinweise

Fogarty/Blackstone/Hoffmann (1991, Kap. 4 und 12)
Günther/Tempelmeier (1995, Kap. 8.3)
Krajewski/Ritzman (1990, Kap. 14)
Vollmann/Berry/Whybark (1992, Kap. 4 und 6)

Teil D

Dispositive Ebene - Entscheidungen über den Produktionsvollzug

Die in der kapazitierten Hauptproduktionsprogrammplanung erstellten Vorgaben erfordern zu ihrer konkreten Umsetzung geeignete Vollzugspläne, die innerhalb der dispositiven Planungsebene zu entwickeln sind. Wesentliche Bausteine dieser Planungsebene sind die Materialbedarfsplanung sowie die Auftragsterminierung und Ressourceneinsatzplanung. Während die operative Hauptproduktionsprogrammplanung in der Regel nur Endprodukte und allenfalls Hauptbaugruppen und wichtige Zwischenprodukte (Leitteile) erfaßt, schließt die Produktionsvollzugsplanung zwangsläufig sämtliche Vorprodukte in die Betrachtung ein. Als Ergebnis fallen die freizugebenden Produktionsaufträge für alle End- und Vorprodukte sowie die geplanten Produktionstermine an. Außerdem werden die Bestellmengen und -termine für fremdbezogenes Produktionsmaterial festgelegt. Abschließend werden in der Steuerungsebene Maßnahmen getroffen, die sicherstellen sollen, daß die Ausführung der Produktion den vorgegebenen Planwerten folgt.

In der industriellen Praxis haben computergestützte Systeme der Produktionsplanung und -steuerung inzwischen weite Verbreitung gefunden. Bei diesen sog. PPS-Systemen handelt es sich um hochentwickelte Informations- und Planungssysteme, deren Haupteinsatzgebiet in der Produktionsvollzugsplanung liegt. Nicht zuletzt haben PPS-Systeme auch zur anwendungsorientierten Weiterentwicklung einiger Verfahrenstechniken, wie z.B. der Materialbedarfs-, Losgrößen-, Termin- und Kapazitätsplanung beigetragen.

14. Materialbedarfs- und Losgrößenplanung

Industrielle Erzeugnisse setzen sich aus verschiedenen Vorprodukten, zugekauften Komponenten und Rohmaterialien zusammen. Erst im Verlauf mehrstufiger Bearbeitungs- und Montageprozesse entstehen absatzfähige Endprodukte. Die Aufgabe der Materialbedarfsplanung besteht darin, für alle Erzeugnisstufen genaue mengen- und terminmäßige Vorgaben hinsichtlich der eigenzufertigenden sowie der fremdzubeziehenden Erzeugnisbestandteile zu entwickeln. Eng verknüpft mit der Bestimmung des Materialbedarfs ist die Losgrößen- bzw. Bestellmengenpla-

nung. Denn in mehrstufigen Erzeugnisstrukturen determinieren die Losgrößen eines übergeordneten Erzeugnisses den zeitlichen Verlauf des Bedarfs für alle direkt untergeordneten Komponenten. Materialbedarfs- und Losgrößenplanung bilden somit eine Einheit. Lediglich für geringwertige Materialarten (sog. B- und C-Produkte) wird man aus planungsökonomischen Gründen auf eine integrierte mehrstufige Planung verzichten.

Verständnis- und Diskussionsfragen

1. Welche Gründe sprechen dafür, daß die Lagerumschlagshäufigkeit in Japan höher ist als in den USA und Europa und daß die Lagerumschlagshäufigkeit dort von 1970 bis 1978 wesentlich stärker gestiegen ist?

2. Warum ist in der Automobilzuliefer- bzw. in der Automobilindustrie die Lagerumschlagshäufigkeit höher als in der Haushaltsgeräte- und Elektroindustrie?

3. Welche Maßnahmen fallen Ihnen ein, durch die man generell Lagerbestände in einem Industriebetrieb reduzieren könnte? (Betrachten Sie dabei den gesamten logistischen Prozeß.)

4. Macht die Materialflußsteuerung nach dem KANBAN-Prinzip eine vorausschauende Materialbedarfsplanung überflüssig?

5. Diskutieren Sie die Unsicherheitsfaktoren innerhalb der Materialbedarfsplanung.

6. Welche organisatorischen und informationstechnischen Voraussetzungen müssen gegeben sein, damit eine kontinuierliche Überprüfung der Lagerbestände möglich ist?

14.1 Programmorientierte Materialbedarfs- und Losgrößenplanung

Wichtige Ausgangsdaten der programmorientierten Materialbedarfs- und Losgrößenplanung sind der Primärbedarf der Endprodukte (Master Production Schedule), wie er im Hauptproduktionsprogramm festgelegt wird, die Erzeugnisstrukturen, aus denen die Zusammensetzung eines Endproduktes aus den jeweiligen Vorprodukten und Rohmaterialien ersichtlich ist, sowie die Produktionszeiten (Vorlaufzeiten), die zur Produktion der Erzeugnisse benötigt werden. In den in der Praxis eingesetzten PPS-Systemen wird die Losgrößenplanung in die Materialbedarfsplanung eingebettet und als deren Teilproblem betrachtet. Dabei werden einem erzeugnisbezogenen Sukzessivplanungskonzept folgend für jedes Produkt isoliert die Schritte (1) Bruttobedarfsbestimmung, (2) Nettobedarfsermittlung, (3) Losgrößenplanung und (4) Vorlaufzeitverschiebung durchgeführt. Bei der Einprodukt-Losgrößenplanung kommen alternativ unterschiedliche Losgrößenalgorithmen zum Einsatz.

Verständnis- und Diskussionsfragen

1. Welche Vor- und Nachteile bietet die Verwendung von Standarddatenbanksystemen für die Speicherung der Erzeugnisstrukturen?

2. Warum wird für manche Vorprodukte ein Teil des Bedarfs programmorientiert und ein anderer Teil verbrauchsorientiert disponiert?

3. Aus dem gegebenen Primärbedarf der Endprodukte kann der Sekundärbedarf an Vorprodukten deterministisch hergeleitet werden, so daß eigentlich keine Sicherheitsbestände erforderlich wären. Warum werden dennoch in der Nettobedarfsrechnung üblicherweise Sicherheitsbestände eingeplant?

4. Läßt sich die These rechtfertigen, daß der Materialbedarf für wichtige Teile (A-Teile im Sinne der ABC-Analyse) eher programmorientiert und der Materialbedarf für unwichtige Teile (B- und C-Teile) eher verbrauchsorientiert ermittelt werden sollte?

5. Welchen Beitrag leistete der italienische Mathematiker Zepartzat Gozinto für die moderne Materialwirtschaft? Wann hat er gelebt?

6. Diskutieren Sie die wichtigsten Annahmen, die dem klassischen Losgrößenmodell zugrunde liegen.

7. Worin liegen die Unterschiede in den Problemstellungen der Auftragsgrößen-, der Produktions- und der Transportlosgrößenplanung? Welche Zusammenhänge bestehen zwischen diesen Planungsaufgaben?

8. Systematisieren Sie die verschiedenen Arten von Losgrößenproblemen (vgl. z.B. Kuik/Salomon/Van Wassenhove 1994 und Derstroff 1995).

9. Erklären Sie, warum die Anwendung dynamischer Losgrößenverfahren häufig zu starken Schwankungen des Kapazitätsbedarfs in einzelnen Arbeitsstationen führt? Wie beurteilen Sie diese Auswirkungen im Hinblick auf den Kapazitätsabgleich innerhalb von PPS-Systemen?

10. Eigentlich müßte die Losgrößenplanung die Mehrstufigkeit des Produktionsprozesses, die Mehrteiligkeit der Erzeugnisse, die Vernetzung des Materialflusses, Kapazitätsbeschränkungen und das Auftreten von Rüstzeiten berücksichtigen. Wie erklären Sie sich die weite Verbreitung von Losgrößenverfahren, die sämtliche dieser Gesichtspunkte vernachlässigen?

11. In PPS-Systemen werden zur Auftragsgrößenplanung innerhalb der Materialbedarfsebene üblicherweise dynamische Losgrößenheuristiken verwendet. Lassen sich hierbei Rüst- und Lagerkosten im Sinne von "out-of-pocket costs" sinnvoll entscheidungsorientiert zurechnen?

12. Diskutieren Sie den Opportunitätskostencharakter von Rüstzeiten.

13. Warum darf man bei dynamisch schwankendem Bedarf keine statisch festen Rüstkosten bei der Losgrößenplanung verwenden? Warum muß das betriebliche Rechnungswesen bei der Bestimmung der Rüstkosten versagen?

14. Welche Schwierigkeiten ergeben sich im Rahmen von PPS-Systemen dabei, die Zuschnittoptimierung in die Losgrößenplanung zu integrieren?

Übungsaufgaben

Aufgabe D141.1: Abhängiger Bedarf

Die Struktur dreier Enderzeugnisse 1, 4 und 5 kann wie folgt beispielhaft angedeutet werden:

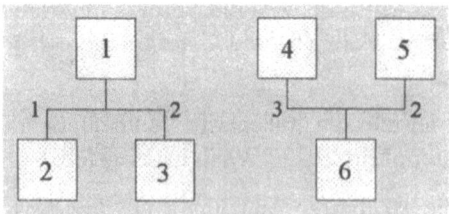

Abb. D141.1: Erzeugnisstrukturen

Im ersten Fall werden zur Herstellung einer Einheit des Endproduktes 1 jeweils eine Einheit des Vorproduktes 2 sowie zwei Einheiten des Vorproduktes

3 benötigt. Im zweiten Fall entstehen bei der Verarbeitung einer Einheit des Rohstoffes 6 jeweils drei Einheiten des Folgeproduktes 4 sowie zwei Einheiten des Folgeproduktes 5. Welche Gründe sprechen hier dagegen, die Materialdisposition mit Hilfe von stochastischen Lagerhaltungspolitiken vorzunehmen?

Lösung

Es sind die folgenden Gründe zu nennen:

- Die stochastischen Lagerhaltungspolitiken gehen von der Prämisse aus, die Bedarfe der verschiedenen Produkte seien unabhängig voneinander. Diese Prämisse gilt hier nicht.

- Ebenso ist die Annahme, der Bedarf folge einer bestimmten statistischen Verteilung, innerhalb einer rollenden Planungsumgebung unrealistisch. Die eigentlichen Ursachen der Stochastizität sind nicht im externen Bedarf, sondern in der Neuplanungsrhythmik der Produktionsplanungs- und -steuerungssysteme sowie in den nicht vorhersehbaren Störungen im Produktionsvollzug zu sehen.

- Wird das Endprodukt 1 in bestimmten Losen produziert bzw. das Vorprodukt 6 in bestimmten Chargen eingesetzt, so überträgt sich diese diskrete Produktionsweise auf die Folgeprodukte und erzeugt einen unregelmäßigen Bedarf der Vorprodukte 2 und 3 bzw. einen schubweisen Anfall der Folgeprodukte 4 und 5. Diese Gesichtspunkte werden in den stochastischen Lagerhaltungspolitiken nicht berücksichtigt.

- Die stochastischen Lagerhaltungspolitiken erlauben keine unmittelbare Vorausschau der Materialdispositionen und der Lagerbestandsentwicklung. Sie könnten allerdings durch eine entsprechende Bedarfsrechnung ergänzt werden.

Aufgabe D141.2: Korrektur der Nettobedarfsrechnung

In einer bestimmten Periode sind für ein Produkt zwei Teilaufträge auszuführen, und zwar 50 Einheiten für den unmittelbar anstehenden Bedarf und weitere 50 Einheiten zum Aufbau saisonal bedingter Lagerbestände. Der Lageranfangsbestand beträgt 10 Einheiten. Als Sicherheitsbestand soll eine Grenze von 10 Einheiten eingehalten werden.

a) Wie groß ist der Nettobedarf?

b) Wie hoch ist der Lagerbestand am Ende der Periode, wenn mit einem Lagerzugang in Höhe des Nettobedarfs zu rechnen ist?

c) Würden Sie eine Korrektur der in PPS-Systemen üblicherweise verwendeten Nettobedarfsformel empfehlen?

Lösung

a) Der Bruttobedarf beträgt $50 + 50 = 100$ Einheiten. Zur vereinfachten Ermittlung des Nettobedarfs ist hiervon der Lageranfangsbestand abzuziehen und der Sicherheitsbestand hinzuzurechnen. Man erhält einen Nettobedarf von $100 - 10 + 10 = 100$ Einheiten.

b) Zum Lageranfangsbestand von 10 kommt ein Lagerzugang in Höhe des Nettobedarfs von 100 hinzu. Der Lagerabgang entspricht dem originären Bedarf von 50. Somit ergibt sich ein Lagerendbestand von $10 + 100 - 50 = 60$.

c) Bei der in a) vorgenommenen Nettobedarfsrechnung, so wie sie üblicherweise auch in PPS-Systemen durchgeführt wird, wurde eine rechnerische Trennung von Saison- und Sicherheitsbeständen vorgenommen. Da Sicherheitsbestände lediglich als Vorkehrung gegen ungeplante (stochastische) Lagerabgänge gedacht sind, ist eine Trennung der verschiedenen Bestandsarten unsinnig. Vielmehr dienen Saisonbestände gleichzeitig als Sicherheitsbestände. Man hätte in der obigen Kalkulation des Nettobedarfs den Lagerauftrag von 50 Einheiten mit dem Sicherheitsbestand aufrechnen müssen. Für die Ermittlung des Nettobedarfs in PPS-Systemen wird daher die folgende korrigierte Grundformel vorgeschlagen:

```
Nettobedarf = max { Bruttobedarf - Lagerbestand
                    + Nettosicherheitsbestand; 0 }
```

wobei

```
Nettosicherheitsbestand = max { Sicherheitsbestand - Lageraufträge; 0 }
```

Aufgabe D141.3: Ermittlung von Produktionsaufträgen

Betrachten Sie die in Abb. D141.2 dargestellte mehrstufige Erzeugnisstruktur. Für die Produkte 1, 2 und 3 ist der folgende Primärbedarf zu befriedigen:

Produkt	Woche					
	1	2	3	4	5	6
1	100	40	40	10	100	10
2	-	-	-	50	-	50
3	40	-	20	-	10	-

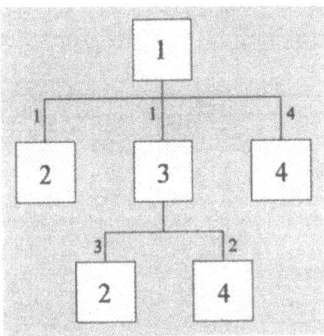

Abb. D141.2: Erzeugnisstruktur

Die für die Materialbedarfsrechnung benötigten weiteren Daten sind in der folgenden Tabelle zusammengestellt:

Produkt	1	2	3	4
Lageranfangsbestand	200	100	50	300
Sicherheitsbestand	20	10	10	0
Mehrverbrauchszuschlag	10%	10%	10%	0
Einrichtebedarf	10	20	20	0
Losreichweite	3	4	2	1
Vorlaufzeit	1	2	1	3

Der Mehrverbrauchszuschlag in der obigen Tabelle gibt an, um wieviel % der Nettobedarf erhöht werden muß, damit z.B. Produktionsausschuß ausgeglichen werden kann. Der einmalig bei der Auflegung eines Produktionsloses auftretende Anlaufverlust soll durch den Einrichtebedarf ausgeglichen werden. Die Losreichweite gibt an, für wie viele Wochen ein Produktionsauftrag den Bedarf decken soll.

Außerdem ist zu berücksichtigen, daß aus offenen Produktionsaufträgen die folgenden Lagerzugänge zu erwarten sind: 400 Einheiten von Produkt 4 zu Beginn der ersten Woche sowie 200 Einheiten von Produkt 3 zu Beginn der zweiten Woche.

Führen Sie die vollständige Materialbedarfsrechnung durch. Wie lauten die nächsten freizugebenden Produktionsaufträge für die Produkte 1 bis 4?

Lösung

Die Ermittlung der Produktionsaufträge ist in den folgenden Tabellen zusammengestellt, wobei die Produkte in der Reihenfolge 1-3-2-4 gemäß ihrer Dispositionsstufenzugehörigkeit behandelt werden:

Produkt 1

Woche	1	2	3	4	5	6
Primärbedarf	100	40	40	10	100	10
Lagerbestand	200	100	60	20	20	20
- Sicherheitsbestand	20	20	20	20	20	20
= verfügbarer Bestand	180	80	40	-	-	-
Nettobedarf	-	-	-	10	100	10
+ Mehrverbrauch	-	-	-	1	10	1
= erweiterter Nettobed.	-	-	-	11	110	11
Losgröße	-	-	-	132	-	-
+ Einrichtebedarf	-	-	-	10	-	-
= erweiterte Losgröße	-	-	-	142	-	-
Produktionsauftrag	-	-	142	-	-	-

Produkt 3

Woche	1	2	3	4	5	6
Primärbedarf	40	-	20	-	10	-
+ Sekundärbedarf	-	-	142	-	-	-
= Bruttobedarf	40	-	162	-	10	-
Lagerbestand	50	10	210	48	48	38
- Sicherheitsbestand	10	10	10	10	10	10
+ Lagerzugang	-	200	-	-	-	-
verfügbarer Bestand	40	200	200	38	38	28
Nettobedarf	-	-	-	-	-	-

Produkt 2

Woche	1	2	3	4	5	6
Primärbedarf	-	-	-	50	-	50
+ Sekundärbedarf	-	-	142	-	-	-
= Bruttobedarf	-	-	142	50	-	50
Lagerbestand	100	100	100	10	10	10
- Sicherheitsbestand	10	10	10	10	10	10
= verfügbarer Bestand	90	90	90	-	-	-
Nettobedarf	-	-	52	50	-	50
+ Mehrverbrauch	-	-	5	5	-	5
= erweiterter Nettobed.	-	-	57	55	-	55
Losgröße	-	-	167	-	-	-
+ Einrichtebedarf	-	-	20	-	-	-
= erweiterte Losgröße	-	-	187	-	-	-
Produktionsauftrag	187	-	-	-	-	-

Produkt 4

Woche	1	2	3	4	5	6
Bruttobedarf	-	-	568	-	-	-
Lagerbestand	300	700	700	132	132	132
+ Lagerzugang	400	-	-	-	-	-
= verfügbarer Bestand	700	700	700	132	132	132
Nettobedarf	-	-	-	-	-	-

Aufgabe D141.4: Dynamische Losgrößenoptimierung

In der folgenden Tabelle ist der Bedarf eines Produktes während der nächsten 12 Wochen angegeben. Die Rüst- und die Lagerkosten werden mit $s = 70$ Geldeinheiten bzw. $h = 1$ Geldeinheit pro Stück und Periode angesetzt.

Periode	1	2	3	4	5	6	7	8	9	10	11	12
Bedarf	10	20	30	25	10	5	20	30	15	40	20	30

Bis zu welcher Periode muß man die Bedarfszeitreihe mindestens betrachten, um die optimale Losgröße der ersten Periode zu bestimmen?

Lösung

Man kann die Einbeziehung eines Bedarfswertes d_{t+k} in das Los der Periode t von vornherein ausschließen, wenn die anfallenden Lagerkosten $[d_{t+k} \cdot k \cdot h]$ größer sind als die Rüstkosten s. Im obigen Beispiel wird man zur Bestimmung der Losgröße für die erste Periode daher nur den Bedarf bis zur dritten Periode betrachten.

Man kann für die ersten drei Perioden zwischen den folgenden Losgrößenplänen wählen:

$$q_1 = 10; \quad q_2 = 20; \quad q_3 = 30; \quad K = 70 + 70 + 70 = 210$$
$$q_1 = 30; \quad \quad\quad\quad\quad q_3 = 30; \quad K = 90 + 70 \quad\quad = 160$$
$$q_1 = 10; \quad q_2 = 50; \quad\quad\quad\quad\quad K = 70 + 100 \quad\quad = 170$$
$$q_1 = 60; \quad\quad\quad\quad\quad\quad\quad\quad\quad K = 70 + 20 + 60 = 150$$

Aufgabe D141.5: Wagner-Whitin-Verfahren, Endhorizonteffekte

Das Wagner-Whitin-Verfahren liefert optimale Losgrößen für den Fall deterministischer Nachfrage bei endlichem Planungshorizont. Das folgende Beispiel soll Ihnen zeigen, daß sich die Struktur der Lösung verändern kann, wenn man eine zusätzliche Periode in die Betrachtung aufnimmt. Die Rüstkosten seien mit zehn und die Lagerkosten mit einer Geldeinheit(en) pro Stück und Periode vorgegeben.

Bestimmen Sie die optimalen Losgrößen zunächst für die dreiperiodige Bedarfszeitreihe (10, 6, 5). Gehen Sie anschließend davon aus, daß acht Produkteinheiten als Bedarfswert der vierten Periode hinzukommen. Bestimmen Sie nun die optimalen Losgrößen für das Vier-Perioden-Problem.

Lösung

Mit q_t sei die Losgröße in Periode t bezeichnet. Die optimale Lösung für das Drei-Perioden-Problem ist aus dem Netzwerk in Abb. D141.3 abzulesen. Sie lautet $q_1 = 10$ und $q_2 = 11$. Die minimalen Kosten betragen 25.

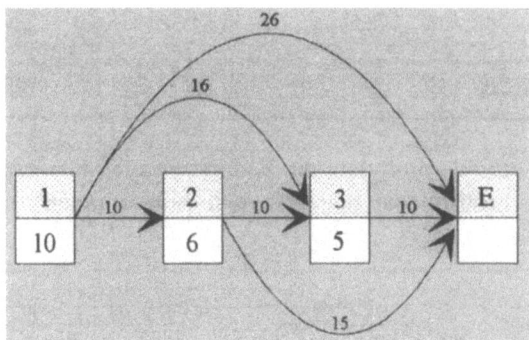

Abb. D141.3: Netzwerkdarstellung des Drei-Perioden-Problems

Für das Vier-Perioden-Problem erhält man die optimale Lösung: $q_1 = 16$ und $q_3 = 13$ bei minimalen Kosten von 34 (siehe Abb. D141.4).

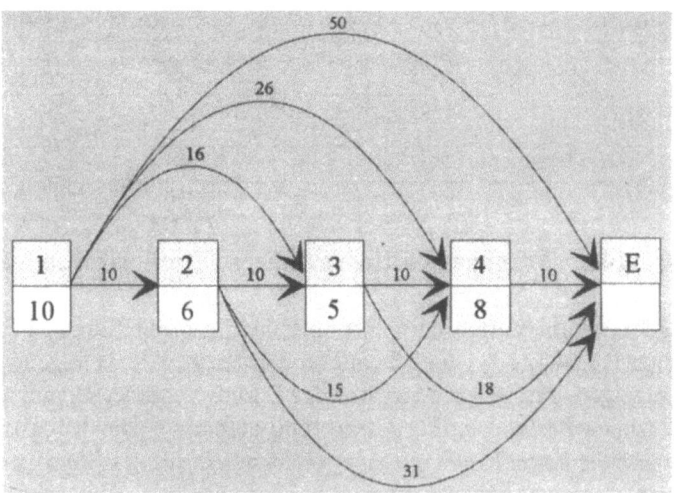

Abb. D141.4: Netzwerkdarstellung des Vier-Perioden-Problems

Wie man sieht, hat sich die Struktur der optimalen Lösung gegenüber dem Drei-Perioden-Problem verändert. Das Los in der zweiten Periode entfällt. Dafür wird die Produktion in der ersten Periode von 11 auf 16 erhöht, und als weitere Produktionsperiode kommt die dritte hinzu.

Man kann sich das hier betrachtete Drei- bzw. Vier-Perioden-Problem als Ausschnitt aus einer längeren Zeitreihe vorstellen. Die beobachteten Effekte treten häufig am Ende des Planungshorizontes auf und können sich vor allem dann störend bemerkbar machen, wenn im Zuge der rollenden Planung der Betrachtungshorizont jeweils eine Periode weiter in die Zukunft gleitet.

Aufgabe D141.6: Dynamische Losgrößenverfahren, Informationshorizont

Die Prognose bzw. Vorausplanung des Bedarfs umfaßt im allgemeinen nur einen begrenzten Zeitabschnitt (Informationshorizont), über den hinaus keine verläßlichen Bedarfsangaben gemacht werden können. Man kann sich daher den Ablauf der Losgrößenplanung über einen längeren Zeitabschnitt folgendermaßen vorstellen:

(1) Der Informationshorizont wird festgelegt. Der Bedarf wird über entsprechend viele Perioden prognostiziert.

(2) In der Losgrößenplanung wird die erste zu produzierende Losgröße bestimmt. (Bei Kostengleichheit wird gegebenenfalls die größere Losgröße gewählt.) Die Anzahl der Perioden, für die das erste Los den Bedarf befriedigt, sei als Losreichweite τ bezeichnet.

(3) Nach Ablauf von τ Perioden werden Bedarfsprognosen über den sich anschließenden Informationshorizont erstellt. Die nächste Losgröße wird bestimmt usw.

Nehmen wir an, die Prognosen werden aus der folgenden Bedarfszeitreihe herausgegriffen und jeweils nach der geschilderten Verfahrensweise für einen Informationshorizont von vier Perioden bekanntgegeben. Die Rüstkosten s betragen 30 Geldeinheiten, die Lagerkosten h eine Geldeinheit je Mengeneinheit und Periode.

Periode	1	2	3	4	5	6	7	8	9	10	11	12	13	14	15
Bedarf	10	12	5	8	4	15	5	9	6	11	7	9	3	8	10

a) Ermitteln Sie sukzessiv die Losgrößen nach dem Verfahren von Wagner und Whitin, wobei jeweils ein Informationshorizont von vier Perioden anzusetzen ist.

b) Ermitteln Sie die Losgrößen nach dem Verfahren von Silver und Meal.

c) Ermitteln Sie die Losgrößen nach dem Verfahren von Groff.

d) Unterstellen Sie, der Bedarf über 15 Perioden sei im vorhinein gegeben, und ermitteln Sie die optimalen Losgrößen nach dem Verfahren von Wagner und Whitin.

e) Vergleichen Sie die vier in a) bis d) erhaltenen Lösungen.

Lösung

a) *Verfahren von Wagner und Whitin*

Man löst zunächst das Vier-Perioden-Problem mit $t = 1,...,4$ und erhält als optimale Losgröße und als zugehörigen Kostenwert:

$q_1 = 35,$ $K_1 = 76$

Da die Losgröße den Bedarf über vier Perioden abdeckt, betrachtet man als nächstes das Vier-Perioden-Problem mit $t = 5,...,8$. Man erhält:

$q_5 = 33,$ $K_5 = 82$

Das sich anschließende Vier-Perioden-Problem mit $t = 9,...,12$ enthält als optimale Lösung $q_9 = 17$ und $q_{11} = 16$. Man hält fest:

$q_9 = 17,$ $K_9 = 41$

Der nächste Vier-Periodenhorizont umfaßt $t = 11,...,14$ und führt zu der Lösung:

$q_{11} = 27,$ $K_{11} = 69$

Schließlich kommt für die letzte Periode hinzu:

$q_{15} = 10,$ $K_{15} = 30$

Die Gesamtkosten bei Anwendung und exakter Lösung der entstehenden vierperiodigen Wagner/Within-Probleme betragen 298 Geldeinheiten.

b) *Silver-Meal-Verfahren*

Rechenschritte im Planungszeitpunkt $t = 1$

Losreich-weite (τ)	Kosten pro Periode $\bar{K}(\tau)$	$\bar{K}(\tau+1)$	
1	30/1	42/2	
2	42/2	52/3	
3	52/3	76/4	
Ergebnis:	$q_1 = 27$	$K_1 = 52$	$\tau_1 = 3$

Rechenschritte im Planungszeitpunkt t = 4

Losreich-weite (τ)	Kosten pro Periode $K(\tau)$	$K(\tau+1)$
1	30/1	34/2
2	34/2	64/3
Ergebnis:	$q_4 = 12$	$K_4 = 34$ $\tau_4 = 2$

Rechenschritte im Planungszeitpunkt t = 6

Losreich-weite (τ)	Kosten pro Periode $K(\tau)$	$K(\tau+1)$
1	30/1	35/2
2	35/2	53/3
Ergebnis:	$q_6 = 20$	$K_6 = 35$ $\tau_6 = 2$

Rechenschritte im Planungszeitpunkt t = 8

Losreich-weite (τ)	Kosten pro Periode $K(\tau)$	$K(\tau+1)$
1	30/1	36/2
2	36/2	58/3
Ergebnis:	$q_8 = 15$	$K_8 = 36$ $\tau_8 = 2$

Rechenschritte im Planungszeitpunkt t = 10

Losreich-weite (τ)	Kosten pro Periode $K(\tau)$	$K(\tau+1)$
1	30/1	37/2
2	37/2	55/3
3	55/3	64/4
4	64/4	96/5
Ergebnis:	$q_{10} = 30$	$K_{10} = 64$ $\tau_{10} = 4$

Rechenschritte im Planungszeitpunkt t = 14

Losreich-weite (τ)	Kosten pro Periode $K(\tau)$	$K(\tau+1)$
1	30/1	40/2
2	40/2	-
Ergebnis:	$q_{14} = 18$	$K_{14} = 40$ $\tau_{14} = 2$

Die Gesamtkosten der Lösung nach dem Verfahren von Silver und Meal betragen 261 Geldeinheiten.

c) Groff-Verfahren

Rechenschritte im Planungszeitpunkt t = 1

Losreich-weite (τ)	$2 \cdot s/h$	$d_{\tau+1} \cdot \tau \cdot (\tau+1)$	
1	60	$12 \cdot 1 \cdot 2$	
2	60	$5 \cdot 2 \cdot 3$	
3	60	$8 \cdot 3 \cdot 4$	
Ergebnis:	$q_1 = 27$	$K_1 = 52$	$\tau_1 = 3$

Rechenschritte im Planungszeitpunkt t = 4

Losreich-weite (τ)	$2 \cdot s/h$	$d_{\tau+1} \cdot \tau \cdot (\tau+1)$	
1	60	$4 \cdot 1 \cdot 2$	
2	60	$15 \cdot 2 \cdot 3$	
Ergebnis:	$q_4 = 12$	$K_4 = 34$	$\tau_4 = 2$

Rechenschritte im Planungszeitpunkt t = 6

Losreich-weite (τ)	$2 \cdot s/h$	$d_{\tau+1} \cdot \tau \cdot (\tau+1)$	
1	60	$5 \cdot 1 \cdot 2$	
2	60	$9 \cdot 2 \cdot 3$	
3	60	$6 \cdot 3 \cdot 4$	
Ergebnis:	$q_6 = 29$	$K_6 = 53$	$\tau_6 = 3$

Rechenschritte im Planungszeitpunkt t = 9

Losreich-weite (τ)	$2 \cdot s/h$	$d_{\tau+1} \cdot \tau \cdot (\tau+1)$	
1	60	$11 \cdot 1 \cdot 2$	
2	60	$7 \cdot 2 \cdot 3$	
3	60	$9 \cdot 3 \cdot 4$	
Ergebnis:	$q_9 = 24$	$K_9 = 55$	$\tau_9 = 3$

Rechenschritte im Planungszeitpunkt t = 12

Losreich-weite (τ)	$2 \cdot s/h$	$d_{\tau+1} \cdot \tau \cdot (\tau+1)$
1	60	$3 \cdot 1 \cdot 2$
2	60	$8 \cdot 2 \cdot 3$
3	60	$10 \cdot 3 \cdot 4$
Ergebnis:	$q_{12} = 20$	$K_{12} = 49 \quad \tau_{12} = 3$
	$q_{15} = 10$	$K_{15} = 30 \quad \tau_{15} = 1$

Die Gesamtkosten der Lösung nach dem Verfahren von Groff betragen 273 Geldeinheiten.

d) Die optimale Lösung des 15-Perioden-Problems nach dem Verfahren von Wagner und Whitin läßt sich ohne weiteres, wenn auch mit einigem Rechenaufwand, von Hand bestimmen. Die Rechnung läßt sich bei größeren Problemen vielfach beträchtlich vereinfachen, wenn man den Lösungsraum nach dem sog. "Entscheidungshorizonttheorem" von Wagner und Whitin verringert (vgl. Kistner/Switalski 1988). Oder aber man bedient sich eines Personalcomputers. Ein in Turbo-Pascal geschriebenes Computerprogramm des Wagner/Whitin-Algorithmus ist bei Saydam/McKnew (1987) angegeben. (Siehe auch Höter 1994 sowie Heady/Zhu 1994).

Das Kostenminimum beträgt 261 Geldeinheiten. Es existieren zwei optimale Lösungen. Sie lauten:

$q_1 = 27$, $q_4 = 12$, $q_6 = 20$, $q_8 = 15$, $q_{10} = 30$, $q_{14} = 18$

$q_1 = 27$, $q_4 = 12$, $q_6 = 35$, $q_{10} = 30$, $q_{14} = 18$

e) Die Kosten der zuvor ermittelten vier Lösungen sind in der folgenden Tabelle zusammengestellt:

Verfahren	Informations-horizont	minimale Kosten
Wagner/Whitin	4	298
Silver/Meal	4	261
Groff	4	273
Wagner/Whitin	15	261

Man erkennt die Auswirkungen des Informationshorizontes. Die exakte Lösung des Wagner/Whitin-Modells, die bei gegebenem endlichem Planungshorizont und deterministisch dynamischem Bedarf die optimale Lösung liefert, führt zu suboptimalen Lösungen, wenn der Informationshorizont verkürzt wird. In diesen Fällen, die für die Losgrößenplanung innerhalb von integrierten

Produktionsplanungssystemen typisch sind, erweisen sich häufig heuristische Lösungsverfahren, wie z.B. diejenigen von Silver und Meal oder Groff, als überlegen. (Die hier an einem Zahlenbeispiel demonstrierten Auswirkungen des Informationshorizontes wurden erstmalig von Baker 1977 in einer umfassenden Simulationsstudie systematisch untersucht.)

Aufgabe D141.7: Lagerkostenbewertung, dynamische Losgrößenverfahren

In den dynamischen Verfahren der Losgrößenplanung werden Lagerkosten üblicherweise nur für die Lagerendbestände einer Periode angesetzt. Nehmen Sie sich eine oder mehrere dynamische Losgrößenheuristiken heraus und versuchen Sie, ein Beispiel zu konstruieren, bei dem man eine andere Lösung erhält, wenn man nicht die Lagerend-, sondern die Durchschnittsbestände einer Periode mit den Lagerkosten bewertet.

Aufgabe D141.8: Einstufige Losgrößenplanung bei Kapazitätsbeschränkungen

Gehen Sie davon aus, ·daß drei Produkte auf einer gemeinsamen Anlage mit beschränkter Produktionskapazität hergestellt werden. Ermitteln Sie unter Beachtung der Kapazitätsbeschränkungen die Losgrößen nach dem Verfahren von Günther (siehe Günther 1987 und 1988 sowie auch 1991). Die relevanten Ausgangsdaten sind der folgenden Tabelle zu entnehmen.

| Pro- | Nettobedarf in Periode | | | | Stückbearbei- | Lager- | Rüst- |
dukt	1	2	3	4	tungszeit	kosten	kosten
1	20	40	20	30	1	1	50
2	40	20	80	60	1	1	100
3	20	10	10	50	1	1	200

Produktionskapazität in allen Perioden: 100 Zeiteinheiten

Lösung

Die Grundidee des Verfahrens von Günther (1987) besteht darin, die Produktionskapazität nach Maßgabe eines Prioritätsindex auf jene Produkte zu verteilen, die um die knappe Kapazität konkurrieren. Der verwendete Prioritätsindex

$$u_j = \frac{cst_j - d_{j,\tau+1} \cdot \tau \cdot (\tau+1)}{d_{j,\tau+1} \cdot a_j} \qquad \text{mit } cst_j = \frac{2 \cdot S_j}{h_j}$$

setzt die nach dem Groff-Verfahren geschätzte Ersparnis an losgrößenabhängigen Kosten in Relation zur jeweiligen Engpaßbelastung $d_{j,\tau+1} \cdot a_j$. Im einzelnen bedeuten die Symbole:

a_j	Stückbearbeitungszeit von Produkt j
$d_{j,\tau+1}$	nächster Bedarfswert von Produkt j
h_j	Lagerkostensatz von Produkt j
S_j	Rüstkosten für Produkt j
τ	Losreichweite

Das Verfahren geht Periode für Periode vor (mit $t=1$ beginnend) und erhöht jeweils die Losgröße für dasjenige Produkt, das den höchsten positiven Prioritätsindex u_j aufweist. Zunächst werden nur ganze Periodenbedarfe vorgezogen. Außerdem werden nur solche Produkte berücksichtigt, die bereits in der betrachteten Periode aufgelegt werden. Dieser Prozeß wird fortgesetzt, bis sich für kein Produkt mehr eine positive Kostenersparnis u_j ergibt oder bis die Produktionskapazität der betrachteten Periode erschöpft ist. Anschließend wird die Zulässigkeit des Produktionsplans für die Folgeperioden $t+1$, $t+2$, ..., usw. geprüft. Tritt in den Folgeperioden eine Kapazitätsüberlast auf, die sich nicht durch vorhandene Schlupfkapazitäten ausgleichen läßt, so werden nach Maßgabe des Prioritätsindex

$$v_j = \frac{(p-t) \cdot q_{jp} \cdot h_j + S_j \cdot (1-\delta_{jt})}{q_{jp} \cdot a_j}$$

die Losgrößen der betrachteten Periode t weiterhin erhöht. Im einzelnen bedeuten die neu hinzugekommenen Symbole:

t	betrachtete Periode
p	Periode, aus der Bedarf vorgezogen wird
q_{jp}	vorgezogener Bedarf von Produkt j aus Periode p
δ_{jt}	= 1, falls Produkt j in Periode t produziert wird (0, sonst)

Der Prioritätsindex v_j gibt die eintretenden Mehrkosten je Einheit der Engpaßbelastung an. Für das Produkt mit dem minimalen v_j werden die Losgrößen sukzessiv erhöht, bis für die Folgeperioden die Zulässigkeit der Lösung sichergestellt ist. In diesem Lösungsschritt können auch anteilige Periodenbedarfe vorgezogen werden, falls die Restkapazität der betrachteten Periode nicht ausreicht, um den nächsten Periodenbedarf eines Produktes vollständig zu produzieren.

Der genaue Ablauf des Lösungsverfahrens und die Beschreibung eines praktischen Anwendungsfalls sind bei Günther (1987) nachzulesen. Im folgenden werden lediglich die einzelnen Lösungsschritte in kurzer Form protokolliert. (Bei den folgenden Beispielrechnungen ist zu beachten, daß sämtliche Stückbearbeitungszeiten mit dem Wert 1 normiert wurden; m.a.W. die Bedarfszahlen entsprechen unmittelbar dem jeweiligen Kapazitätsbedarf.)

Rechenschritte im Planungszeitpunkt t = 1

Ausgangslösung in Periode 1

	Losgröße in Periode			
Produkt	1	2	3	4
1	20	40	20	30
2	40	20	80	60
3	20	10	10	50
Kapazität benötigt	80	70	110	140
Kapazität vorhanden	100	100	100	100

Aufgrund der Schlupfkapazität von 20 Einheiten in der ersten Periode kann lediglich bei Produkt 2 und 3 der nächste Periodenbedarf vorgezogen werden. Die Prioritätsindizes lauten:

$$u_2 = (200-20 \cdot 1 \cdot 2)/20 = 8$$
$$u_3 = (400-10 \cdot 1 \cdot 2)/10 = 38$$

Wegen des höheren Prioritätsindex wird die Losgröße von Produkt 3 in Periode 1 von 20 auf 30 erhöht. Produkt 2 scheidet nunmehr aus der Betrachtung aus, da die Schlupfkapazität von 10 Einheiten nicht mehr ausreicht, um den nächsten Periodenbedarf vorzuziehen. Die Vorausproduktion der 10 Einheiten von Produkt 3 aus Periode 3 verspricht immer noch eine positive Kostenersparnis, nämlich

$$u_3 = (400-10 \cdot 2 \cdot 3)/10 = 34$$

Daher wird die Losgröße von Produkt 3 in Periode 1 noch einmal von 30 auf 40 erhöht. Nunmehr ist die Produktionskapazität der ersten Periode ausgeschöpft. Man erhält als Abschlußlösung der Periode 1:

Abschlußlösung in Periode 1

	Losgröße in Periode			
Produkt	1	2	3	4
1	20	40	20	30
2	40	20	80	60
3	40	-	-	50
Kapazität benötigt	100	60	100	140
Kapazität vorhanden	100	100	100	100

Rechenschritte im Planungszeitpunkt t = 2

Produkt 3 wird in dieser Periode nicht aufgelegt. Bei Produkt 2 reicht die Schlupfkapazität von 40 nicht aus, um den nächsten Bedarfswert von 80 vorzuziehen. Daher wird nur Produkt 1 berücksichtigt. Aufgrund des positiven Prioritätsindex

$$u_1 = (100-20 \cdot 1 \cdot 2)/20 = 3$$

wird die Losgröße von Produkt 1 in Periode 2 von 40 auf 60 erhöht. Es ergibt sich die folgende Zwischenlösung:

Zwischenlösung in Periode 2

Produkt	1	Losgröße in Periode 2	3	4
1	20	60	-	30
2	40	20	80	60
3	40	-	-	50
Kapazität benötigt	100	80	80	140
Kapazität vorhanden	100	100	100	100

Die Schlupfkapazität von 20 in Periode 2 reicht nun nicht mehr aus, um bei irgendeinem der Produkte den nächsten Periodenbedarf vollständig vorzuziehen. Jedoch steht einer Kapazitätsüberlast von 40 Einheiten in Periode 4 nur eine Schlupfkapazität in der Periode 3 von 20 Einheiten gegenüber, so daß die Losgrößen in der betrachteten Periode 2 noch mindestens um 20 Kapazitätseinheiten erhöht werden müssen, da sonst für die Folgeperioden keine zulässige Lösung gewährleistet ist. Man ermittelt die relativen Mehrkosten für die Erhöhung der Losgrößen um 20 Einheiten in Periode 2 für alle Produkte:

$$v_1 = (20 \cdot 2+0)/20 = 2$$
$$v_2 = (20 \cdot 1+0)/20 = 1$$
$$v_3 = (20 \cdot 2+200)/20 = 12$$

Wegen der geringsten relativen Mehrkosten wird Produkt 2 ausgewählt, bei dem die Losgröße in der betrachteten Periode 2 von 20 auf 40 erhöht wird. Dadurch ist für die Folgeperioden eine zulässige Lösung sichergestellt. Die Abschlußlösung der Periode 2 lautet:

Abschlußlösung in Periode 2

Produkt	1	Losgröße in Periode 2	3	4
1	20	60	-	30
2	40	40	60	60
3	40	-	-	50
Kapazität benötigt	100	100	60	140
Kapazität vorhanden	100	100	100	100

Rechenschritte im Planungszeitpunkt t = 3

In Periode 3 wird lediglich Produkt 2 aufgelegt, dessen Losgröße jedoch nicht um den Bedarf der nächsten Periode erhöht werden kann, da die Schlupfkapazität nicht ausreicht. Allerdings muß die Kapazitätsüberlast von 40 Einheiten in Periode 4 abgebaut werden. Daher werden die relativen Mehrkosten einer Losgrößenerhöhung für alle Produkte berechnet:

$$v_1 = (30+50)/30 = 2.7$$
$$v_2 = (40+0)/40 = 1$$
$$v_3 = (40+200)/40 = 6$$

Als kostengünstigste Lösung bietet sich die Erhöhung der Losgröße von Produkt 2 in Periode 3 von 60 auf 100 Einheiten an. Da die vorletzte Periode nun abgearbeitet ist, erhält man gleichzeitig die Abschlußlösung des Entscheidungsproblems:

Abschlußlösung

Produkt	Losgröße in Periode			
	1	2	3	4
1	20	60	-	30
2	40	40	100	20
3	40	-	-	50
Kapazität benötigt	100	100	100	100
Kapazität vorhanden	100	100	100	100

Aufgabe D141.9: Losgrößenplanung bei mehrstufiger Produktion

a) Für die Herstellung eines Endproduktes 1, dessen Rüstkosten 500 und dessen Lagerkosten pro Einheit und Woche acht Geldeinheiten betragen, wird jeweils eine Einheit des Vorproduktes 2 benötigt, dessen Rüstkosten 3000 und dessen Lagerkosten pro Einheit und Woche sieben Geldeinheiten betragen. Der Nettobedarf des Endproduktes beträgt während der nächsten sechs Wochen jeweils 100 Mengeneinheiten. Bestimmen Sie für beide Produkte zunächst isoliert die Losgrößen nach dem Verfahren von Wagner und Whitin. Versuchen Sie anschließend eine Lösung zu finden, bei der die Synchronisierung der Auflegungszeitpunkte beider Produkte zu einer Verbesserung der Lösung führt.

b) Betrachtet sei ein Vorprodukt 3 mit Rüstkosten von 1000 und Lagerkosten von fünf Geldeinheiten je Mengeneinheit und Periode. Der Nettobedarf der beiden Endprodukte beträgt während der nächsten sechs Perioden jeweils 100 Mengeneinheiten. Zur Herstellung der Endprodukte 1 und 2 wird jeweils eine Einheit des Vorproduktes 3 benötigt. Die Rüstkosten der Endprodukte 1 und 2 betragen 1000 bzw. 2000, die Lagerkosten je Mengeneinheit und Periode acht bzw. sechs Geldeinheiten. Bestimmen Sie für alle Produkte zunächst isoliert die Losgrößen nach dem Verfahren von Wagner und Whitin. Versuchen Sie anschließend eine Lösung zu finden, bei der die Synchronisierung der Auflegungszeitpunkte der Produkte zu einer Verbesserung der Lösung führt. (Die Zahlenbeispiele wurden aus Heinrich 1987, S. 46ff entnommen.)

Lösung

a) Nach dem in der Praxis üblichen erzeugnisbezogenen Sukzessivplanungskonzept wird zunächst für das Endprodukt der optimale Produktionsplan bestimmt. Da der Lagerkostensatz relativ hoch ist, wird in jeder Periode ein Los aufgelegt, das gerade zur Deckung des Periodenbedarfs ausreicht. Die Losgrößen werden als Periodenbedarfsmengen für das Vorprodukt übernommen (Annahme: Vorlaufzeit = 0, kein Primärbedarf des Vorproduktes). Da die Rüstkosten für das Vorprodukt vergleichsweise hoch sind, wird hier nur in zwei Perioden produziert. Die Gesamtkosten dieser in der folgenden Tabelle wiedergegebenen Lösung betragen 3000 + 10200 = 13200.

Problem 1: Endprodukt 1

Periode t	0	1	2	3	4	5	6
Nettobedarf d_{1t}		100	100	100	100	100	100
Losgrößen q_{1t}		100	100	100	100	100	100
Lagerbestand y_{1t}	0	-	-	-	-	-	-

Problem 2: Vorprodukt 2

Nettobedarf d_{2t}		100	100	100	100	100	100
Losgrößen q_{2t}		300	-	-	300	-	-
Lagerbestand y_{2t}	0	200	100	-	200	100	-

Werden die Produktionsperioden beider Produkte synchronisiert, dann führt die Entscheidung, in einer Periode zu produzieren, zu Rüstkosten von 3000 + 500 = 3500. Da jede hergestellte Einheit des Vorproduktes noch in derselben Periode in das Endprodukt eingebaut wird und damit verschwindet, fallen Lagerkosten nur für das Endprodukt an (= acht Geldeinheiten pro Mengeneinheit und Woche). Löst man das resultierende Problem, dann ergibt sich folgender optimaler Produktionsplan, der Kosten in Höhe von 11800 verursacht:

Periode t	0	1	2	3	4	5	6
Nettobedarf d_{1t}		100	100	100	100	100	100
Losgrößen q_{1t}		300	-	-	300	-	-
Lagerbestand y_{1t}	0	200	100	-	200	100	-

Nettobedarf d_{2t}		300	-	-	300	-	-
Losgrößen q_{2t}		300	-	-	300	-	-
Lagerbestand y_{2t}	0	-	-	-	-	-	-

Die mit der simultanen Bestimmung der Losgrößen beider Produkte verbundene Lösungsverbesserung wird durch die *Vergrößerung* der Lose des Endproduktes und damit durch ein Abweichen vom - isoliert betrachtet - optimalen Produktionsplan des Endproduktes erreicht.

b) Nach dem erzeugnisbezogenen Sukzessivplanungskonzept werden die Produkte entsprechend ihrer Dispositionsstufenzuordnung in der Reihenfolge 1-2-3 betrachtet. Wir erhalten bei Anwendung des Wagner-Whitin-Algorithmus dann folgenden Produktionsplan, der mit Gesamtkosten von 17000 verbunden ist:

Problem 1: Endprodukt 1

Periode t	0	1	2	3	4	5	6
Nettobedarf d_{1t}		100	100	100	100	100	100
Losgrößen q_{1t}		200	-	200	-	200	-
Lagerbestand y_{1t}	0	100	-	100	-	100	-

Problem 2: Endprodukt 2

Nettobedarf d_{2t}		100	100	100	100	100	100
Losgrößen q_{2t}		300	-	-	300	-	-
Lagerbestand y_{2t}	0	200	100	-	200	100	-

Problem 3: Vorprodukt 3

Nettobedarf d_{3t}		500	-	200	300	200	-
Losgrößen q_{3t}		500	-	200	300	200	-
Lagerbestand y_{3t}	0	-	-	-	-	-	-

Ein möglicher Produktionsplan mit synchronisierten Produktionsperioden sieht wie folgt aus:

Periode t	0	1	2	3	4	5	6
Nettobedarf d_{1t}		100	100	100	100	100	100
Losgrößen q_{1t}		200	-	200	-	200	-
Lagerbestand y_{1t}	0	100	-	100	-	100	-
Nettobedarf d_{2t}		100	100	100	100	100	100
Losgrößen q_{2t}		200	-	200	-	200	-
Lagerbestand y_{2t}	0	100	-	100	-	100	-

Nettobedarf d_{3t}		400	-	400	-	400	-
Losgrößen q_{3t}		400	-	400	-	400	-
Lagerbestand y_{3t}	0	-	-	-	-	-	-

Die Kosten dieses Produktionsplanes betragen 16200. Dieser Plan ist optimal. Das gilt auch dann, wenn man die Bedingung, daß die Produktionsperioden aller Produkte synchronisert werden sollen, fallenläßt. Die Lösungsverbesserung wird hier durch teilweise *Verkleinerung der Lose* und durch *Abstimmung der Produktionsperioden* erreicht.

Aufgabe D141.10: Losgrößenplanung bei Werkstattproduktion

Diese Aufgabe soll die Unterschiede zwischen den verschiedenen Möglichkeiten der Modellierung des dynamischen mehrstufigen Mehrprodukt-Losgrößenproblems bei beschränkten Kapazitäten und genereller Erzeugnisstruktur aufzeigen.

Betrachten Sie die in Abbildung wiedergegebene Erzeugnis- und Prozeßstruktur.

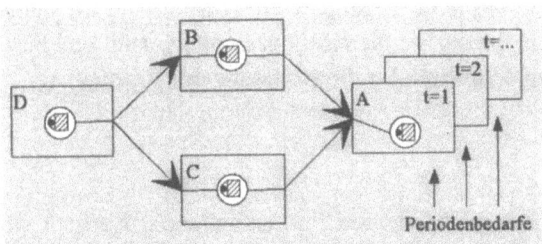

Abb. D141.5: Erzeugnis- und Prozeßstruktur

Die Rechtecke bezeichnen die Erzeugnisse. Die Kreise innerhalb der Rechtecke sollen die in der Materialbedarfsplanung üblicherweise nicht berücksichtigten Arbeitsgänge und die dazu benötigten Ressourcen kennzeichnen. Aus Gründen der Übersichtlichkeit ist für jedes Erzeugnis nur ein Arbeitsgang vorgesehen. Alle Erzeugnisse werden - ebenfalls stark vereinfachend - auf derselben Ressource bearbeitet. Die Rüstkosten mögen einheitlich 100 betragen. Die Lagerkosten für das Erzeugnis D (B, C, A) betragen 1 (1.1, 1.1, 1). Die Stückbearbeitungszeiten betragen einheitlich eine Zeiteinheit pro Mengeneinheit. Vorlaufzeiten sind nicht zu berücksichtigen. Die Primärbedarfsmengen des Endproduktes A für acht Perioden des angenommenen Planungszeitraums seien 10, 10, 25, 5, 20, 5, 25 und 20.

a) Bestimmen Sie die optimalen Losgrößen für alle Produkte nach dem erzeugnisbezogenen Sukzessivplanungskonzept, wie es in einem herkömmlichen

PPS-System eingesetzt wird. Verwenden Sie das heuristische Silver-Meal-Verfahren. Ermitteln Sie die Belastung der Ressource im Zeitablauf.

b) Bestimmen Sie die optimalen Losgrößen für alle Produkte nach dem erzeugnisbezogenen Sukzessivplanungskonzept. Verwenden Sie nun im Unterschied zu a) ein exaktes Verfahren zur Lösung der jeweils entstehenden Einprodukt-Losgrößenprobleme. Ermitteln Sie die Belastung der Ressource im Zeitablauf.

c) Formulieren Sie ein Modell zur Bestimmung der optimalen Losgrößen unter Berücksichtigung der Mehrstufigkeit der Erzeugnis- und Prozeßstruktur. Vernachlässigen Sie zunächst die Kapazität der Ressource. Entwickeln Sie eine AMPL-Version ihres Modells und bestimmen Sie die optimale Lösung. Ermitteln Sie die Belastung der Ressource.

d) Erweitern Sie das unter c) aufgestellte Modell um vereinfachte Kapazitätsrestriktionen (ohne Rüstzeiten). Bestimmen Sie die optimale Lösung mit Hilfe des entsprechend angepaßten AMPL-Modells unter der Annahme, daß die Kapazität in jeder Periode 110 Zeiteinheiten beträgt. Ermitteln Sie die Belastung der Ressource.

e) Erweitern Sie das unter d) aufgestellte Modell um die Berücksichtigung von Rüstzeiten, wobei für jedes Erzeugnis pro Rüstvorgang 10 Zeiteinheiten angenommen werden. Setzen Sie die Rüstkosten gleich Null und bestimmen Sie die optimale Lösung. Ermitteln Sie die Belastung der Ressource.

Lösung

a) Nach dem erzeugnisbezogenen Sukzessivplanungskonzept werden für jedes Produkt jeweils zunächst die Nettobedarfsmengen und unmittelbar daran anschließend die Losgrößen bestimmt. Da die Produkte entsprechend ihrer Zuordnung zu Dispositionsstufen nacheinander betrachtet werden, ergibt sich folgende Sequenz von unkapazitierten Einprodukt-Losgrößenproblemen, die mit dem Silver-Meal-Verfahren heuristisch gelöst werden.

Problem 1: Endprodukt A

Periode t	0	1	2	3	4	5	6	7	8
Nettobedarf d_{At}		10	10	25	5	20	5	25	20
Losgrößen q_{At}		20	-	30	-	25	-	45	-
Lagerbestand y_{At}	0	10	-	5	-	5	-	20	-

Problem 2: Erzeugnis B

Nettobedarf d_{Bt}		20	-	30	-	25	-	45	-
Losgrößen q_{Bt}		20	-	30	-	25	-	45	-
Lagerbestand y_{Bt}	0	-	-	-	-	-	-	-	-

Problem 3: Erzeugnis C

Nettobedarf d_{Ct}		20	-	30	-	25	-	45	-
Losgrößen q_{Ct}		20	-	30	-	25	-	45	-
Lagerbestand y_{Ct}	0	-	-	-	-	-	-	-	-

Problem 4: Erzeugnis D

Nettobedarf d_{Dt}		40	-	60	-	50	-	90	-
Losgrößen q_{Dt}		40	-	60	-	50	-	90	-
Lagerbestand y_{Dt}	0	-	-	-	-	-	-	-	-

Die Kosten dieser Lösung betragen 1760. Die Belastung der bei der Losgrößenplanung nicht berücksichtigten Ressource im Zeitablauf ist in der folgenden Tabelle dargestellt. Die Zusammenfassung von Periodenbedarfen zu Losen führt zu stark schwankenden Ressourcenbedarfen.

Ressourcenbedarf	100	-	150	-	125	-	225	-

b) Löst man jedes Einprodukt-Losgrößenproblem mit Hilfe des Wagner-Whitin-Verfahrens, dann erhält man folgende Lösungen.

Problem 1: Endprodukt A

Periode t	0	1	2	3	4	5	6	7	8
Nettobedarf d_{At}		10	10	25	5	20	5	25	20
Losgrößen q_{At}		20	-	30	-	25	-	45	-
Lagerbestand y_{At}	0	10	-	5	-	5	-	20	-

Problem 2: Erzeugnis B

Nettobedarf d_{Bt}		20	-	30	-	25	-	45	-
Losgrößen q_{Bt}		20	-	55	-	-	-	45	-
Lagerbestand y_{Bt}	0	-	-	25	25	-	-	-	-

Problem 3: Erzeugnis C

Nettobedarf d_{Ct}		20	-	30	-	25	-	45	-
Losgrößen q_{Ct}		20	-	55	-	-	-	45	-
Lagerbestand y_{Ct}	0	-	-	25	25	-	-	-	-

Problem 4: Erzeugnis D

Nettobedarf d_{Dt}		40	-	110	-	-	-	90	-
Losgrößen q_{Dt}		40	-	110	-	-	-	90	-
Lagerbestand y_{Dt}	0	-	-	-	-	-	-	-	-

Durch den Verzicht auf die Produktion in der Periode 5 sind die Kosten auf 1570 gesunken. Allerdings ist die Belastung der Ressource - wie die folgende

Tabelle zeigt - nun noch größeren Schwankungen als bei Einsatz des Silver-Meal-Verfahrens unterworfen.

Ressourcenbedarf	100	-	250	-	25	-	225	-

c) Zur Formulierung des Modells zur dynamischen mehrstufigen Losgrößenplanung ohne Kapazitätsbeschränkungen verwenden wir folgende Symbole:

Daten:

a_{ki}	Direktbedarfskoeffizient bezüglich Produkt k und i
d_{kt}	Primärbedarf für Produkt k in Periode t
h_k	Lagerkostensatz des Produkts k
j	Index der Ressourcen (j = 1,2,...,J)
k	Index der Produkte bzw. Arbeitsgänge (k = 1,2,...,K)
M	große Zahl
N(k)	Menge der Nachfolger des Produkts k (direkt übergeordnete Produkte bzw. nachfolgende Arbeitsgänge)
s_k	Rüstkostensatz des Produkts k (dieser kann auch periodenabhängig definiert werden)
T	Länge des Planungszeitraums in Perioden (t = 1,2,...,T)
y_{kt}	Lagerbestand für Produkt k am Ende der Periode t

Entscheidungsvariablen:

q_{kt}	Losgröße für Arbeitsgang k in Periode t
γ_{kt}	binäre Rüstvariable für Arbeitsgang bzw. Produkt k in Periode t

Das Modell lautet:

Minimiere

$$\sum_{t=1}^{T} \sum_{k=1}^{K} (h_k \cdot y_{kt} + s_k \cdot \gamma_{kt})$$

unter den Nebenbedingungen:

Lagerbilanzgleichungen

$$y_{k,t-1} + q_{kt} - \sum_{i \in N(k)} a_{ki} \cdot q_{it} - y_{kt} = d_{kt} \qquad k=1,2,\ldots,K; \; t=1,2,\ldots,T$$

Zusammenhang zwischen Rüstvariablen und Losgrößen

$$q_{kt} - M \cdot \gamma_{kt} \le 0 \qquad\qquad\qquad k=1,2,\ldots,K; \; t=1,2,\ldots,T$$

Wertebereiche

$$q_{kt} \ge 0 \qquad\qquad\qquad\qquad k=1,2,\ldots,K; \; t=1,2,\ldots,T$$
$$y_{kt} \ge 0 \qquad\qquad\qquad\qquad k=1,2,\ldots,K; \; t=1,2,\ldots,T$$
$$y_{k0} = 0 \qquad\qquad\qquad\qquad k=1,2,\ldots,K$$
$$\gamma_{kt} \in \{0,1\} \qquad\qquad\qquad k=1,2,\ldots,K; \; t=1,2,\ldots,T$$

Das entsprechende AMPL-Modell lautet wie folgt, wobei auch die Größen, die zur Lösung der Aufgaben d) und e) benötigt werden, bereits berücksichtigt werden:

🖫 Modelldefinition:

```
set PROD;                          # Menge der Produkte
param T > 0;                       # Länge des Planungshorizonts

param cl {PROD} >= 0;              # Lagerkostensatz
param a {PROD, PROD} >=0;          # Direktbedarfskoeffizient
param d {PROD, 1..T} >= 0;         # Primärbedarfsmenge
param YO {PROD} >= 0;              # Anfangsbestand je Produkt
param fcost {PROD} >= 0;           # Rüstkostensatz
param b {1..T}>= 0;                # Periodenkapazität
param tb {PROD} >= 0;              # Stückbearbeitungszeit
param RZeit {PROD} >= 0;           # Rüstzeit

var X {PROD,1..T} >= 0;            # Losgröße
var Y {PROD,0..T} >= 0;            # Lagerbestand
var Gam {PROD,1..T} binary;        # Rüstvariable

minimize Kosten:
    sum {k in PROD, t in 1..T} (cl[k] * Y[k,t]) +
    sum {k in PROD, t in 1..T} (fcost[k] * Gam[k,t]);

subject to Lagerbilanz {k in PROD, t in 1..T}:
    Y[k,t-1]+X[k,t]-Y[k,t]-sum {i in PROD} a[k,i]*X[i,t] = d[k,t];

subject to Anfangsbestand {k in PROD}:
    Y[k,0] = YO[k];

subject to Ruesten {k in PROD, t in 1..T}:
    X[k,t] <= 99999*Gam[k,t];
```

🖫 Problemdaten:

```
param T     := 8;
set PROD    := A B C D;
param YO    := A 0 B 0 C 0 D 0;
param b     := 1 110  2 110  3 110  4 110   5 110  6 110  7 110 8 110;
param RZeit := A 0 B 0 C 0 D 0;
param  a : A B C D :=
        A   0 0 0 0
        B   1 0 0 0
        C   1 0 0 0
        D   0 1 1 0;
param cl          := A 4 B 1.1 C 1.1 D 1;
param fcost       := A 100 B 100 C 100 D 100;
param tb          := A 1 B 1 C 1 D 1;
param d :   1    2    3    4    5    6    7    8:=
        A   10   10   25   5    20   5    25   20
        B   0    0    0    0    0    0    0    0
        C   0    0    0    0    0    0    0    0
        D   0    0    0    0    0    0    0    0;
```

Die optimale Lösung dieses Problems (noch ohne Berücksichtigung von Kapazitätsbeschränkungen) ist in der folgenden Tabelle wiedergegeben:

Periode t	0	1	2	3	4	5	6	7	8
Nettobedarf d_{At}		10	10	25	5	20	5	25	20
Losgrößen q_{At}		20	-	30	-	25	-	45	-
Lagerbestand y_{At}	0	10	-	5	-	5	-	20	-
Nettobedarf d_{Bt}		20	-	30	-	25	-	45	-
Losgrößen q_{Bt}		50	-	-	-	70	-	-	-
Lagerbestand y_{Bt}	0	30	30	-	-	45	45	-	-
Nettobedarf d_{Ct}		20	-	30	-	25	-	45	-
Losgrößen q_{Ct}		50	-	-	-	70	-	-	-
Lagerbestand y_{Ct}	0	30	30	-	-	45	45	-	-
Nettobedarf d_{Dt}		100	-	-	-	140	-	-	-
Losgrößen q_{Dt}		100	-	-	-	140	-	-	-
Lagerbestand y_{Dt}	0	-	-	-	-	-	-	-	-

Diese Lösung berücksichtigt die kostenmäßigen Interdependenzen zwischen den Losgrößenentscheidungen für die Erzeugnisse. Insbesondere wird aufgrund des simultanen Planungsansatzes bereits bei der Losbildung für ein übergeordnetes Erzeugnis unmittelbar berücksichtigt, welche Konsequenzen dies für die untergeordneten Erzeugnisse hat. Die Gesamtkosten dieser Lösung betragen nur noch 1490. Mit dem erzeugnisbezogenen Sukzessivplanungskonzept entsteht daher für das betrachtete Beispiel bei Anwendung des Silver-Meal-Verfahrens eine Kostenerhöhung von 18.12%, während die exakte Lösung der Einprodukt-Losgrößenprobleme in diesem Planungsansatz zu einem Kostenanstieg von 5.37% führt.

Der zeitliche Verlauf der Ressourcenbelastung ist in der folgenden Tabelle dargestellt.

Ressourcenbedarf	220	-	30	-	305	-	45	-

d) Zur Einbeziehung der Kapazitätsbeschränkungen werden folgende weitere Größen benötigt:

b_{jt}	verfügbare Kapazität der Ressource j in Periode t
$K(j)$	Menge der Arbeitsgänge, die durch die Ressource j vollzogen werden
tb_k	Stückbearbeitungszeit für Arbeitsgang k

Vernachlässigt man die Rüstzeiten, dann lauten die Kapazitätsbeschränkungen:

$$\sum_{k \in K(j)} tb_k \cdot q_{kt} \leq b_{jt} \qquad\qquad j=1,2,\ldots,J; \; t=1,2,\ldots,T$$

AMPL-Version (für eine Ressource):

```
subject to Kapazitaet {t in 1..T}:
    sum {k in PROD} (tb[k]*X[k,t]) <= b[t];
```

Die optimale Lösung des um diese vereinfachten Kapazitätsrestriktionen erweiterten Losgrößenmodells sieht wie folgt aus:

Periode t	0	1	2	3	4	5	6	7	8
Nettobedarf d_{At}		10	10	25	5	20	5	25	20
Losgrößen q_{At}		20	-	30	-	25	-	45	-
Lagerbestand y_{At}	0	10	-	5	-	5	-	20	-
Nettobedarf d_{Bt}		20	-	30	-	25	-	45	-
Losgrößen q_{Bt}		22.5	27.5	-	-	37.5	32.5	-	-
Lagerbestand y_{Bt}	0	2.5	30	-	-	12.5	45	-	-
Nettobedarf d_{Ct}		20	-	30	-	25	-	45	-
Losgrößen q_{Ct}		20	-	55	-	-	-	45	-
Lagerbestand y_{Ct}	0	-	-	25	25	-	-	-	-
Nettobedarf d_{Dt}		42.5	27.5	55	-	37.5	32.5	45	-
Losgrößen q_{Dt}		42.5	82.5	-	-	37.5	77.5	-	-
Lagerbestand y_{Dt}	0	-	55	-	-	-	45	-	-

Sehen wir uns nun die Ressourcenbelastung im Zeitablauf an, dann stellen wir fest, daß die verfügbare Kapazität von 110 Zeiteinheiten in keiner Periode überschritten worden ist. Allerdings muß sichergestellt sein, daß zur Durchführung der Rüstvorgänge noch genügend Zeit außerhalb dieser 110 Zeiteinheiten zur Verfügung steht.

Ressourcenbedarf	105	110	85	-	100	110	90	-

e) Die Rüstzeit kann durch Erweiterung der Kapazitätsrestriktion wie folgt berücksichtigt werden:

$$\sum_{k \in K(j)} tb_k \cdot q_{kt} + tr_k \cdot \gamma_{kt} \le b_{jt} \qquad j=1,2,\ldots,J;\ t=1,2,\ldots,T$$

mit

tr_k Rüstzeit für Arbeitsgang k

AMPL-Version (für eine Ressource):

```
subject to Kapazitaet {t in 1..T}:
    sum {k in PROD} (tb[k]*X[k,t] + Gam[k,t]*RZeit[k]) <= b[t];
```

Die optimale Lösung des Problem zeigt die folgende Tabelle:

Periode t	0	1	2	3	4	5	6	7	8
Nettobedarf d_{At}		10	10	25	5	20	5	25	20
Losgrößen q_{At}		10	10	25	5	20	5	25	20
Lagerbestand y_{At}	0	-	-	-	-	-	-	-	-
Nettobedarf d_{Bt}		10	10	25	5	20	5	25	20
Losgrößen q_{Bt}		10	35	-	5	30	-	27.5	12.5
Lagerbestand y_{Bt}	0	-	25	-	-	10	5	7.5	-
Nettobedarf d_{Ct}		10	10	25	5	20	5	25	20
Losgrößen q_{Ct}		20	-	25	25	-	37.5	-	12.5
Lagerbestand y_{Ct}	0	10	-	-	20	-	32.5	7.5	-
Nettobedarf d_{Dt}		30	35	25	30	30	37.5	27.5	25
Losgrößen q_{Dt}		30	35	25	30	30	37.5	27.5	25
Lagerbestand y_{Dt}	0	-	-	-	-	-	-	-	-

Die tatsächliche Belastung der Ressource im Zeitablauf ist in der folgenden Tabelle wiedergegeben.

Ressourcenbedarf	110	110	105	105	110	110	110	110

Vergleichen wir die aus den verschiedenen betrachteten Modellierungsalternativen resultierenden Ressourcenbelastungen (siehe Abb. D141.6), dann stellen wir sehr große Unterschiede fest. Nur die Modellierung, in der die Rüstzeiten direkt erfaßt werden, führt im Beispiel zu einem Produktionsplan, der mit der verfügbaren Kapazität der Ressource realisierbar ist.

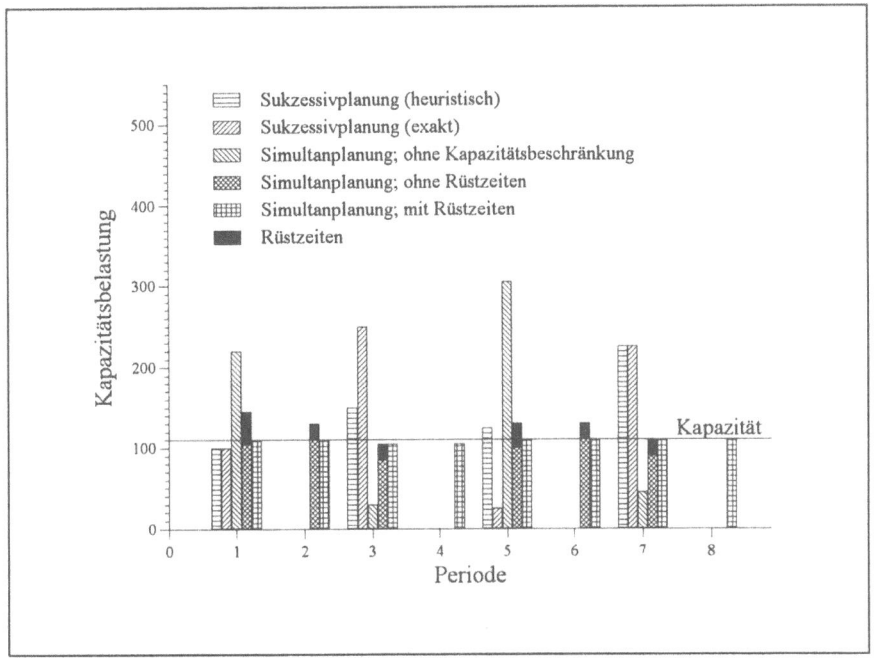

Abb. D141.6: Ressourcenbelastungen

Aufgabe D141.11: Rollende Losgrößenplanung

Betrachten Sie die in Abb. D141.7 wiedergegebene Erzeugnis- und Prozeß-struktur.

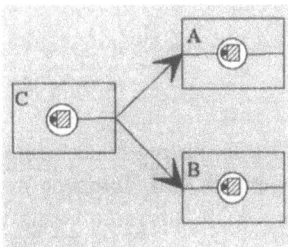

Abb. D141.7: Erzeugnis- und Prozeßstruktur

Für die beiden Endprodukte A und B wurden folgende Primärbedarfsmengen für einen Planungszeitraum von T = 8 Perioden festgelegt.

Periode	1	2	3	4	5	6	7	8
Produkt A	10	10	25	5	20	5	25	20
Produkt B	20	10	40	50	-	35	10	15

Alle Direktbedarfskoeffizienten sind eins. Die Mindestvorlaufzeiten der beiden Endprodukte betragen jeweils eine Periode. Die Mindestvorlaufzeit für das untergeordnete Produkt C beträgt zwei Perioden.

Alle Produkte werden auf derselben Ressource bearbeitet. Die Periodenkapazität der Ressource beträgt 110 Zeiteinheiten. Die Stückbearbeitungszeiten aller Produkte sind eins. Die Rüstzeiten betragen jeweils 10 Zeiteinheiten. Rüstkosten fallen nicht an. Der Lagerkostensatz für Produkt A (B, C) beträgt 4 (1, 1)

a) Welche Daten werden noch benötigt, damit für das beschriebene Problem ein zulässiger Produktionsplan erzeugt werden kann?

b) Modifizieren Sie die Lagerbilanzgleichung des in Aufgabe D141.10 dargestellten mehrstufigen Mehrprodukt-Losgrößenproblems bei beschränkten Ressourcen (einschließlich Rüstzeiten) in der Weise, daß positive Mindestvorlaufzeiten, Anfangsbestände und Bestellbestände berücksichtigt werden können. Entwickeln Sie auch die AMPL-Version des resultierenden Modells und bestimmen Sie den optimalen Produktionsplan für die Perioden 1 bis 8 unter der Annahme, daß für die Produkte A, B bzw. C Anfangsbestände in Höhe von 10, 20 bzw. 40 Mengeneinheiten vorhanden sind und daß 50 Mengeneinheiten des Produktes C zu Beginn der Periode 1 und 10 Mengeneinheiten zu Beginn der Periode 2 eintreffen.

c) Führen Sie am Ende der Periode 3 einen neuen Planungslauf für die Perioden 4 bis 11 durch. Nehmen Sie an, daß die neu hinzugekommenen Primärbedarfe der Perioden 9 bis 11 für das Produkt A 10, 5 und 30 und für das Produkt B 15, 20 und 5 betragen und daß die Bedarfsmengen der Perioden 4 bis 8 unverändert bleiben.

d) Es ist sinnvoll, vor der Durchführung eines neuen Planungslaufes zunächst aktualisierte Primärbedarfsmengen, z.B. aufgrund neuer Bedarfsprognosen, zu bestimmen. Welches Problem kann auftreten, wenn in den ersten Perioden eines neuen Planungszeitraums höhere aktualisierte Primärbedarfsmengen auftreten als beim vorangegangenen Planungslauf?

Lösung

a) Produktionsentscheidungen für die Produkte A und B in der Periode 1 führen erst in der Periode 2 zu einem Lagerzugang. Alle Bedarfsmengen dieser Produkte in Periode 1 müssen daher durch zu Beginn des Planungszeitraumes vorhandene Lagerbestände gedeckt werden. Entsprechendes gilt für das Produkt C.

b) Die Lagerbilanzgleichungen lauten:

$$y_{k,t-1} + o_{kt} - y_{kt} - \sum_{i \in N(k)} a_{ki} \cdot q_{it} = d_{kt} \qquad t = 1, 2, \ldots, z(k)$$

$$y_{k,t-1} + q_{k,t-z(k)} - y_{kt} - \sum_{i \in N(k)} a_{ki} \cdot q_{it} = d_{kt} \qquad t = z(k)+1, z(k)+2, \ldots, T$$

Die Größe o_{kt} bezeichnet den Bestellbestand des Produktes k, der zu Beginn der Periode t im Lager zur Verfügung steht. Sie ist sachlich identisch mit einer in der Vergangenheit eingeplanten Produktionsmenge $q_{k,t-z(k)}$. Die Größe z(k) ist die Mindestvorlaufzeit. Die symbolische Unterscheidung zwischen o_{kt} und $q_{k,t-z(k)}$ verhindert, daß der Periodenindex t negativ wird, was im AMPL-Modell nicht zulässig wäre.

Das AMPL-Modell lautet:

🖫 Modelldefinition:

```
set PROD;                 # Menge der Produkte
param T > 0;              # Länge des Planungshorizonts

param cl {PROD} >= 0;     # Lagerkostensatz
param tb {PROD} >= 0;     # Stückbearbeitungszeit
param a {PROD, PROD} >=0; # Direktbedarfskoeffizienten
param d {PROD, 1..T} >= 0; # Nachfragemenge je Produkt in Periode t
param Y0 {PROD} >= 0;     # Anfangsbestand je Produkt
param fcost {PROD} >= 0;  # Rüstkosten
param b {1..T}>= 0;       # Periodenkapazität
param RZeit {PROD} >= 0;  # Rüstzeit
param O {PROD, 1..2} >= 0; # Bestellbestand
param z {PROD} >=0 ;      # Vorlaufzeit

var X {PROD, 1..T} >= 0;  # Produktionsmenge je Produkt
                          # in Periode t
var Y {PROD, 0..T} >= 0;  # Lagerbestand Produkt j am Ende von t
var gam {PROD, 1..T} binary; # Rüstvariable

minimize Kosten:
    sum {k in PROD, t in 1..T} (cl[k] * Y[k,t]) +
    sum {k in PROD, t in 1..T} (fcost[k] * gam[k,t]);

subject to Startbilanz {k in PROD, t in 1..z[k]}:
    Y[k,t-1] + O[k,t] - Y[k,t]
              - sum {i in PROD} a[k,i]*X[i,t] = d[k,t];

subject to Lagerbilanz {k in PROD, t in z[k]+1 T}·
    Y[k,t-1] + X[k,t-z[k]] - Y[k,t]
              - sum {i in PROD} a[k,i]*X[i,t] = d[k,t];

subject to Anfangsbestand {k in PROD}:
    Y[k,0] = Y0[k];

subject to Kapazitaet {t in 1..T}:
    sum {k in PROD} (tb[k] * X[k,t] + gam[k,t]*RZeit[k]) <= b[t];
```

```
subject to Ruesten {k in PROD, t in 1..T}:
   X[k,t] <= 99999 * gam[k,t];
```

💾 Problemdaten:

```
param T    := 8;
set PROD   := A B C;
param Y0   := A 10 B 20 C 40;
param b    := 1 110 2 110 3 110 4 110 5 110 6 110 7 110 8 110;
param RZeit := A 10 B 10 C 10;
param z := A 1 B 1 C 2;       # Mindestvorlaufzeit
param  a : A B C :=
          A  0 0 0
          B  0 0 0
          C  1 1 0 ;
param 0:   1  2 :=           # Bestellbestand
          A  0  0
          B  0  0
          C  50 10;
param fcost    := A 0 B 0 C 0 ;
param cl       := A 4 B 1 C 1;
param tb       := A 1 B 1 C 1;
param d :   1    2    3    4    5    6    7    8:=
          A  10   10   25   5    20   5    25   20
          B  20   10   40   50   0    35   10   15
          C  0    0    0    0    0    0    0    0;
```

Die optimale Lösung ist in der folgenden Tabelle zusammengestellt. Man erkennt, daß für die Endprodukte in der letzten Periode 8 und für das untergeordnete Produkt C sogar in den letzten drei Perioden (6 bis 8) nicht mehr produziert wird, da die kumulierte Vorlaufzeit drei Perioden beträgt. Spätestens am Ende der Periode 5 müßte daher der nächste Planungslauf aufsetzen.

Periode t	-1	0	1	2	3	4	5	6	7	8
Nettobedarf d_{At}			10	10	25	5	20	5	25	20
Nettobedarf d_{Bt}			20	10	40	50	-	35	10	15
Losgrößen q_{At}			10	25	5	20	5	25	20	-
Losgrößen q_{Bt}			30	35	35	-	35	10	15	-
Lagerbestand y_{At}		10	-	-	-	-	-	-	-	-
Lagerbestand y_{Bt}		20	-	20	15	-	-	-	-	-
Nettobedarf d_{Ct}			40	60	40	20	40	35	35	-
Lagerbestand y_{Ct}		40	50	-	-	-	-	-	-	-
Losgrößen q_{Ct}	50	10	40	20	40	35	35	-	-	-
Ressourcenbelastung			110	110	110	75	105	55	55	-

c) Für den nächsten Planungslauf am Ende der Periode 3 wird der aktuelle Systemzustand (Lagerbestände am Ende der Periode 3, Bestellbestände für die

Endprodukte $o_{A4}=q_{A3}=5$, $o_{B4}=q_{B3}=35$, Bestellbestände für Produkt C, d.h. Produktionsmengen $o_{C4}=q_{C2}=20$ und $o_{C5}=q_{C3}=40$) aus dem ersten Planungslauf übernommen. Die geänderten Problemdaten des AMPL-Modells sehen wie folgt aus:

🖫 Problemdaten:

```
param T     := 8;  `
set PROD    := A B C;
param IO    := A  0 B 15 C  0;         # geänderte Anfangsbestände
param b     := 1 110  2 110  3 110  4 110   5 110  6 110  7 110 8 110;
param RZeit := A 10 B 10 C 10;
param z := A 1 B 1 C 2;
param  a : A B C :=
           A  0 0 0
           B  0 0 0
           C  1 1 0 ;

param Onord:  1  2 :=                   # geänderte Bestellbestände
           A    5  0
           B   35  0
           C   20 40;

param fcost   := A 0 B 0 C 0 ;
param cl      := A 4 B 1 C 1;
param tb      := A 1 B 1 C 1;
# alter Periodenindex:
#               4  5  6  7  8   ...
param d :   1  2  3  4  5  6  7  8:= # geänderte Nachfrage
       A    5 20  5 25 20 10  5 30
       B   45  0 35 10 15 15 20  5
       C    0  0  0  0  0  0  0  0;
```

Die optimale Lösung lautet:

t_{alt}	2	3	4	5	6	7	8	9	10	11
t_{neu}		-1	0	1	2	3	4	5	6	7	8
Nettobedarf d_{At}			5	20	5	25	20	10	5	30
Nettobedarf d_{Bt}			50	-	35	10	15	15	20	5
Losgrößen q_{At}		5	20	5	25	20	10	5	30	-
Losgrößen q_{Bt}		35	-	35	10	15	15	20	5	
Lagerbestand y_{At}		0	-	-	-	-	-	-	-	
Lagerbestand y_{Bt}		15	-	-	-	-	-	-	-	
Nettobedarf d_{Ct}			20	40	35	35	25	25	35	-
Lagerbestand y_{Ct}		0	-	-	-	-	-	-	-	-
Losgrößen q_{Ct}	20	40	35	35	25	25	35	-	-	-
Ressourcenbelastung			75	105	90	90	90	45	55	-

d) Steigen die Primärbedarfsmengen über die Menge hinaus, für die durch die vorhandenen Lageranfangsbestände und die im letzten Planungslauf eingeplanten Bestellbestände Vorsorge getroffen worden ist, dann kann kein zulässiger Produktionsplan mehr gefunden werden. In diesem Fall muß u.U. auf einen für derartige Fälle bereitstehenden Sicherheitsbestand zurückgegriffen werden. Im Beispiel würde bereits die Erhöhung der Primärbedarfsmenge des Produktes A in Periode 4 von 10 auf 11 dazu führen, daß keine zulässige Lösung des Problems mehr besteht.

Sind die Primärbedarfsmengen dagegen niedriger als im vorangegangenen Planungslauf, dann kann das aufgrund der geänderten Bedarfszeitreihe zu einem völlig anderen Produktionsplan führen, in dem auch die Produktionsmengen in den ersten Perioden des Planungszeitraums von den im vorangegangenen Planungslauf festgelegten Mengen erheblich abweichen (Nervosität des Planungssystems).

Aufgabe D141.12: Zusammenhang zwischen Losgröße und Durchlaufzeit bei Einproduktproduktion

An einer Maschine treffen Produktionsaufträge für eine Produktart in zufälliger Reihenfolge ein und werden nach dem First-Come-First-Served-Prinzip bearbeitet. Die mittlere Ankunftsrate von zu bearbeitenden Werkstücken ist 1.5 Stück pro Stunde. Die Produktionsrate der Maschine beträgt zwei Stück pro Stunde. Für jeden Auftrag fällt eine Rüstzeit in Höhe von einer Stunde an.

a) Modellieren Sie die Maschine als ein M/M/1-Warteschlangensystem. Wie hoch ist die mittlere Ankunftsrate von Losen? Wie hoch ist die mittlere Abfertigungsrate von Losen? Wie groß ist die Verkehrsintensität?

b) Leiten Sie mit Hilfe der Verkehrsintensität eine Untergrenze für die Losgröße ab.

c) Stellen Sie die mittlere Durchlaufzeit als Funktion der Losgröße dar.

d) Entwickeln Sie ein SIMAN-Simulationsmodell, das die beschriebene Maschine abbildet.

e) Stellen Sie sich einen Werkstattmeister vor, in dessen Eingangskorb in unregelmäßigen Abständen Bedarfsmeldungen für jeweils ein Stück des an der Maschine hergestellten Produkts ankommen. Der Meister faßt jeweils q=12 Bedarfsmeldungen zu einem Produktionsauftrag (Los) zusammen und gibt dieses zur Bearbeitung frei. Entwickeln Sie für diese Situation ein SIMAN-Simulationsmodell und vergleichen Sie die Ergebnisse mit den Ergebnissen aus d).

(Lösungshinweise zu dieser Aufgabe finden sich bei Karmarkar 1987 und Zäpfel 1989a).

Lösung

a) Bei Verwendung des M/M/1-Warteschlangenmodells wird von folgenden Annahmen ausgegangen:

- exponentialverteilte Zwischenankunftszeiten von Aufträgen;

- exponentialverteilte Bearbeitungszeiten der Aufträge;

- eine Bedienungseinrichtung (Maschine);

- Warteschlangendisziplin vom Typ "First Come, First Served";

- unbegrenzter Warteraum vor der Maschine.

Wir verwenden folgende Symbole:

d	mittlere Ankunftsrate von Einzelbedarfen (Stück pro Stunde)
p	mittlere Produktionsrate (Stück pro Stunde)
q	Losgröße
λ	mittlere Ankunftsrate von Losen an der Maschine
μ	mittlere Bedienungsrate von Losen an der Maschine
τ	Rüstzeit

Zunächst werden die Eingabedaten für das M/M/1-Warteschlangenmodell aufbereitet:

mittlere Ankunftsrate von Aufträgen: $\lambda = d/q$

mittlere Bearbeitungszeit eines Auftrags: $\tau + q/p$

mittlere Bedienungsrate von Aufträgen: $\mu = 1/(\tau + q/p)$

Die Verkehrsintensität ρ ist dann

$$\rho = \lambda/\mu = d/p + d\cdot\tau/q$$

b) Damit die Maschine nicht überlastet wird, muß die Ankunftsrate von Losen kleiner als die Bedienungsrate sein. Es gilt also:

$$\rho = d/p + d\cdot\tau/q < 1$$

Daraus folgt für die Losgröße

$$q > \frac{d\cdot\tau}{1 - d/p}$$

Für $d = 1.5$, $\tau = 1$ und $p = 2$ erhalten wir

$$q > \frac{1.5\cdot 1}{1 - 1.5/2} = 6$$

c) Nach dem M/M/1-Warteschlangenmodell beträgt die mittlere Durchlaufzeit eines Auftrags unter Rückgriff auf die oben erläuterten Zusammenhänge:

$$W_s = \frac{1}{\mu - \lambda} = \frac{\tau + q/p}{1 - d/p - d \cdot \tau/q}$$

Lassen wir in dieser Gleichung die Losgröße q gegen ihren Minimalwert q_{min} streben, dann strebt die Durchlaufzeit gegen ∞. Erhöht man die Losgröße, dann nähert sich die Funktion der Durchlaufzeit einer Geraden mit der Steigung 1-d/p. Der Verlauf der Funktion $W_s(q)$ ist in Abb. D141.8 dargestellt.

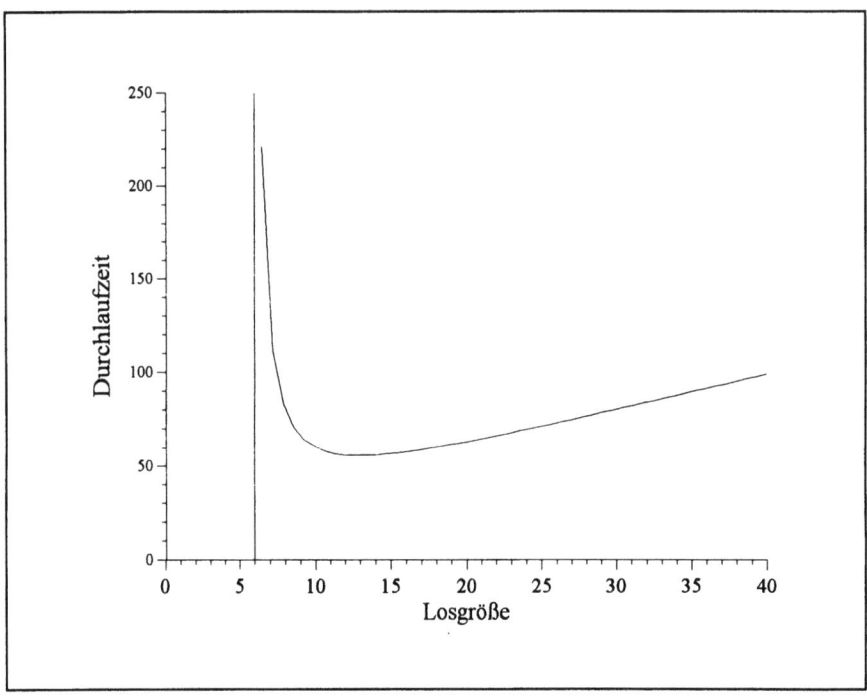

Abb. D141.8: Zusammenhang zwischen Losgröße und Durchlaufzeit

d) Die betrachtete Maschine kann wie in Abb. D141.9 dargestellt als Warteschlangensystem modelliert werden:

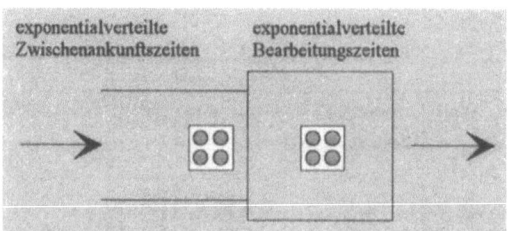

Abb. D141.9: Modellierung der Maschine als Warteschlangensystem

Das SIMAN-Modell sieht wie folgt aus:

🖫 Modelldefinition:

```
BEGIN;
        CREATE:EX(1,1):MARK(1);     Ein Auftrag kommt an
        QUEUE,1;
        SEIZE:MASCHINE;
        DELAY:EX(2,2);              Bearbeitung
        RELEASE:MASCHINE;
        TALLY:1,INT(1):DISPOSE;     Durchlaufzeit erfassen
END;
```

🖫 Experimenteller Rahmen:

```
BEGIN;
PROJECT,Maschine,HT;
DISCRETE,200,2,2,0;
PARAMETERS:1,8.:              ! 1/(Ankunftsrate der Aufträge)
          2,7.;              ! 1/(Produktionsrate der Aufträge)
RESOURCES:1,MASCHINE;
TALLIES:1,DURCHLAUFZEIT;
REPLICATE,5,0,51000,YES,YES,1000;
END;
```

Die Ergebnisse aus fünf Simulationsläufen sind in der folgenden Übersicht zusammengestellt. Wegen der großen Schwankungen müssen zur statistischen Absicherung der Aussagen weitere Simulationsläufe durchgeführt werden.

Simulationslauf	mittlere Durchlaufzeit eines Auftrags
1	42.848
2	62.630
3	62.028
4	54.109
5	46.833
Durchschnitt	53.690

e) In dem obigen Simulationsmodell wurde angenommen, daß in der Werkstatt Produktionsaufträge (Lose) mit exponentialverteilten Zwischenankunftszeiten ankommen. Wir betrachten nun den Ankunftsprozeß der einzelnen Bedarfsmeldungen, die von dem Meister zu Losen zusammengefaßt werden. Dabei wird unterstellt, daß die Zwischenankunftszeiten der einzelnen Bedarfsmeldungen exponentialverteilt sind. Da die Lose als geschlossene Posten ($q = 12$) vom Meister zur Bearbeitung freigegeben werden, ergeben sich die Zwischenankunftszeiten der Lose nun als Summe von q exponentialverteilten Zufallsvariablen. Eine derartige Summe ist aber Erlang-verteilt mit dem Mittelwert $d/q = 1.5/12 = 0.125$. Der quadrierte Variationskoeffizient beträgt $1/q = 1/12 = 0.0833$. Der Ablauf der Zusammenfassung von Einzelbedarfsmeldungen zu Produktionsaufträgen und der Bearbeitung der Aufträge an der Maschine wird durch Abb. D141.10 wiedergegeben:

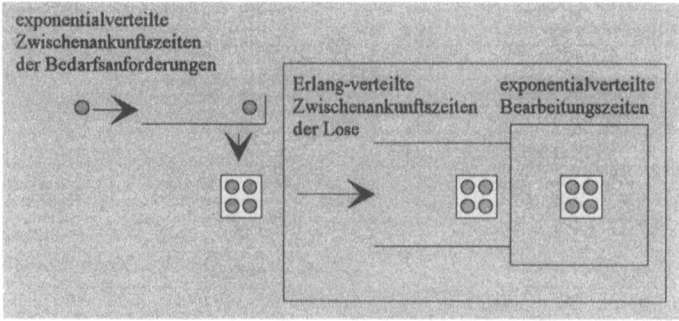

Abb. D141.10: Prozeß der Auftragsbildung

Der Einlastungsprozeß der Lose kann durch Einfügen eines COMBINE-
Blocks in die Modelldefinition des SIMAN-Simulationsmodells abgebildet werden.

📇 Modelldefinition:

```
BEGIN;
        CREATE:EX(1,1);              Eine Bedarfsanmeldung kommt an
        QUEUE,BedarfWart;
        COMBINE:12;                  Losbildung
        TALLY:2,BET(1);              Zwischenankunftszeit von Losen
                                     erfassen
        QUEUE,LosWart:Mark(1);       Beginn Durchlaufzeit eines Loses
        SEIZE:MASCHINE;
        DELAY:EX(2,2);               Bearbeitungszeit
        RELEASE:MASCHINE;
        TALLY:1,INT(1):DISPOSE;      Durchlaufzeit eines Loses erfassen
END;
```

📇 Experimenteller Rahmen:

```
BEGIN;
PROJECT,KARMOOG,HT;
DISCRETE,400,2,2,0;
QUEUES:BedarfWart:LosWart;
PARAMETERS:1,0.667:              ! IA-Zeit Bedarfsanmeldungen
           2,7.;                ! Los-Bearbeitungszeit
RESOURCES:1,MASCHINE;
TALLIES:1,Durchlaufzeit:2,IA_Zeit,1;
REPLICATE,5,0,51000,YES,YES,1000;
END;
```

Im ersten Simulationslauf ergab sich die in Abb. D141.11 dargestellte Häufigkeitsverteilung der Zwischenankunftszeiten der Lose an der Maschine.

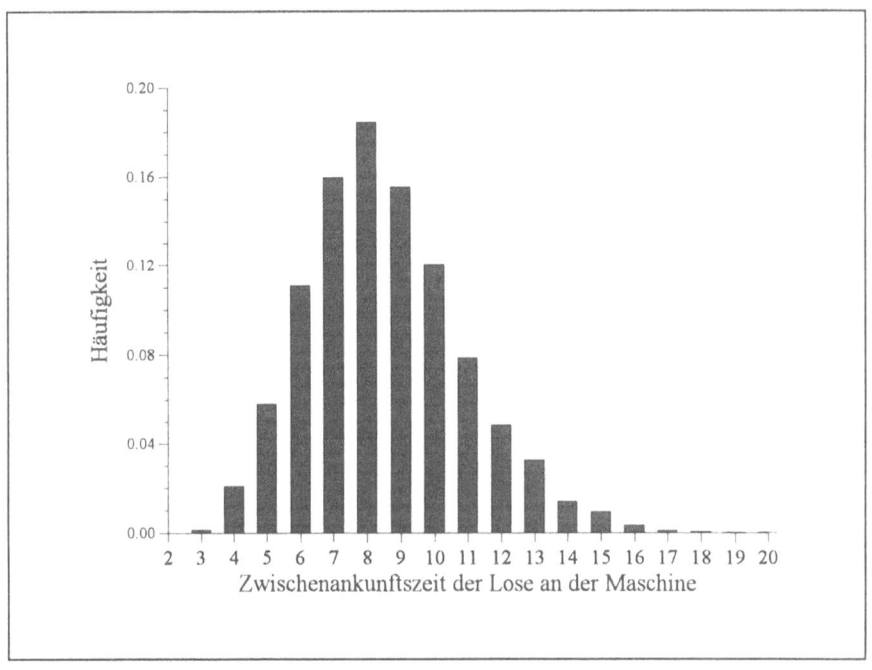

Abb. D141.11: Häufigkeitsverteilung der Zwischenankunftszeiten der Lose

Der in der Simulation beobachtete quadrierte Variationskoeffizient beträgt 0.085. Die Abschätzung der mittleren Durchlaufzeit eines Loses nach dem M/M/1-Modell würde daher zu einer erheblichen Überschätzung der tatsächlich zu erwartenden Werte führen.

Die mittleren Durchlaufzeiten der Lose (einschließlich der Wartezeiten der Bedarfsmeldungen bis zur Auftragsfreigabe) betrugen in diesem Fall:

Simulationslauf	mittlere Durchlaufzeit eines Loses
1	24.152
2	34.299
3	36.196
4	30.918
5	28.120
Durchschnitt	30.737

Aufgabe D141.13: Zusammenhang zwischen Losgröße und Durchlaufzeit bei mehrstufiger Mehrproduktproduktion

In einer Produktionsinsel mit vier unterschiedlichen Maschinen treffen Produktionsaufträge für drei Produktarten in zufälliger Reihenfolge ein. Die Aufträge werden mit deterministischen Rüst- und Bearbeitungszeiten bearbeitet. Die Bearbeitungsreihenfolge der Aufträge an den Maschinen entspricht dem First-Come-First-Served-Prinzip. Die produktartbezogenen Daten sind in der folgenden Tabelle zusammengestellt. Dabei wird der Einfachheit halber angenommen, daß die Rüst- und Bearbeitungszeiten einer Produktart an allen Maschinen identisch sind. (Ein Vorschlag zur analytischen Modellierung dieses Produktionssystems findet sich bei Karmarkar/Kekre/Kekre 1985.)

Produktart	Ankunfts-rate	Produktions-rate	Rüstzeit	Losgröße
1	1.0	10.0	1.0	30
2	2.0	12.0	2.0	50
3	2.0	8.0	1.0	40

a) Entwickeln Sie ein Simulationsmodell, das die beschriebene Produktionsinsel abbildet. Messen Sie die Variationskoeffizienten der Abstände zwischen den Fertigstellungszeitpunkten der Lose an den einzelnen Maschinen. Nehmen Sie an, daß ein Los nach Verlassen einer Maschine mit gleicher Wahrscheinlichkeit zu einer der Maschinen 1 bis 4 oder zum Systemausgang weitergeleitet wird.

b) Wie verändert sich die mittlere Durchlaufzeit, wenn Sie anstelle der zufälligen Übergänge zwischen den Maschinen deterministische Arbeitspläne mit den technologischen Reihenfolgen {1-2-3-4} vorsehen.

Lösung

⊟ Modelldefinition:

```
BEGIN;
        CREATE:EX(1,1);                        Ein Los kommt an
        ASSIGN:A_PROD=DP(2,2):MARK(A_ANKUNFT);
        ASSIGN:NS=A_PROD;                      Nur für Aufgabe b)
        ROUTE:0,DP(3,3);

        STATION,1-4;                           Maschinen
        ASSIGN:A_LFDAG=A_LFDAG+1;
        QUEUE,M;
        SEIZE:MASCH(M);
        DELAY:V_RUEST(M,A_PROD);
        DELAY:V_LOSGR(M,A_PROD)/V_PRATE(M,A_PROD);
        RELEASE:MASCH(M);
```

```
          BRANCH,1:
            IF,M.EQ.1,TAL1:
            IF,M.EQ.2,TAL2:
            IF,M.EQ.3,TAL3:
            IF,M.EQ.4,TAL4;
TAL1      TALLY:M,BET(1):NEXT(WEITER);
TAL2      TALLY:M,BET(2):NEXT(WEITER);
TAL3      TALLY:M,BET(3):NEXT(WEITER);
TAL4      TALLY:M,BET(4):NEXT(WEITER);
WEITER    ROUTE:0,DP(3,3);
          STATION,5;                              Ausgang
          TALLY:6,A_LFDAG;
          TALLY:5,INT(A_ANKUNFT):DISPOSE;
END;
```

💾 Experimenteller Rahmen:

```
BEGIN;
PROJECT,INSEL_M_G_1,Ich;
DISCRETE,1000,2,2,5;
RESOURCES:MASCH(4);
; Produktart              1    2    3       Maschine
VARIABLES: V_LOSGR(4,3),  30,  50,  40,   ! 1
                          30,  50,  40,   ! 2
                          30,  50,  40,   ! 3
                          30,  50,  40:   ! 4
           V_RUEST(4,3),  1.0, 2.0, 1.0,
                          1.0, 2.0, 1.0,
                          1.0, 2.0, 1.0,
                          1.0, 2.0, 1.0:
           V_PRATE(4,3),10.0,12.0, 8.0,
                        10.0,12.0, 8.0,
                        10.0,12.0, 8.0,
                        10.0,12.0, 8.0;

ATTRIBUTES:A_PROD:A_ANKUNFT:A_LFDAG;
QUEUES:4;
PARAMETERS:1,8.108:                        ! Zwischenankunftszeiten
           2,0.25,1,0.5,2,1.0,3:           ! Produktarten
           3,0.2,1,0.4,2,0.6,3,0.8,4,1.0,5; ! nächste Station
TALLIES:1,IA 1:2,IA 2:3,IA 3:4,IA 4:
        5,Durchlaufzeit:
        6,Anzahl AG;
DSTATS:1,NQ(1),# Ws Maschine 1:
       2,NQ(2),# Ws Maschine 2:
       3,NQ(3),# Ws Maschine 3:
       4,NQ(4),# Ws Maschine 4:
       5,NR(1),Auslastung 1:
       6,NR(2),Auslastung 2:
       7,NR(3),Auslastung 3:
       8,NR(4),Auslastung 4;
REPLICATE,1,0,500000;
END;
```

📄 Simulationsergebnisse:

Identifier	Average	Variation	Minimum	Maximum	Observations
IA 1	8.1673	.89800	4.0000	193.53	61214
IA 2	8.2024	.92968	3.9999	178.09	60956
IA 3	8.1411	.90407	4.0000	127.47	61412
IA 4	8.1924	.90187	4.0000	170.22	61029
Durchlaufzeit	48.230	1.2857	.00000	926.41	61267
Anzahl AG	3.9916	1.1230	.00000	49.000	61267

Identifier	Average	Variation	Minimum	Maximum	Final Value
# Ws Maschine 1	.87284	1.7865	.00000	17.000	.00000
# Ws Maschine 2	.67306	1.8694	.00000	13.000	4.0000
# Ws Maschine 3	.84100	1.8269	.00000	16.000	1.0000
# Ws Maschine 4	.87233	1.7605	.00000	16.000	4.0000
Auslastung 1	.67639	.69169	.00000	1.0000	1.0000
Auslastung 2	.63775	.75366	.00000	1.0000	1.0000
Auslastung 3	.66455	.71047	.00000	1.0000	1.0000
Auslastung 4	.67413	.69526	.00000	1.0000	1.0000

b) In diesem Fall muß die Beschreibung der technologischen Reihenfolgen im experimentellen Rahmen mit Hilfe des SEQUENCES-Elements angegeben werden. In der Modelldefinition sind nur die beiden ROUTE-Blöcke zu ändern. Sie lauten jeweils "ROUTE:0,SEQ;" Das SEQUENCES-Element lautet:

```
SEQUENCES:1,1&2&3&4&5:
         2,1&2&3&4&5:
         3,1&2&3&4&5;
```

📄 Simulationsergebnisse:

Identifier	Average	Variation	Minimum	Maximum	Observations
IA 1	8.1596	.74019	3.9999	77.156	61277
IA 2	8.1593	.72179	4.0000	79.156	61276
IA 3	8.1595	.69200	4.0000	78.188	61275
IA 4	8.1594	.68644	4.0000	77.156	61274
Durchlaufzeit	29.772	.31956	20.156	114.41	61275
Anzahl AG	4.0000	.00000	4.0000	4.0000	61275

Identifier	Average	Variation	Minimum	Maximum	Final Value
# Ws Maschine 1	.73217	1.7459	.00000	15.000	1.0000
# Ws Maschine 2	.10049	3.2231	.00000	4.0000	.00000
# Ws Maschine 3	.09581	3.3168	.00000	4.0000	.00000
# Ws Maschine 4	.06249	4.0427	.00000	3.0000	.00000
Auslastung 1	.67698	.69076	.00000	1.0000	1.0000
Auslastung 2	.64069	.74887	.00000	1.0000	1.0000
Auslastung 3	.66314	.71273	.00000	1.0000	1.0000
Auslastung 4	.67694	.69082	.00000	1.0000	1.0000

Während die Auslastungen gleichgeblieben sind, hat sich durch die Veränderung der Übergänge die mittlere Durchlaufzeit erheblich verringert. Dies ist - wie eine Analyse der mittleren Warteschlangenlängen an den Maschinen zeigt - auf die geringeren Wartezeiten an den Maschinen zurückzuführen.

Ein weiterer Versuch mit einer anderen technologischen Reihenfolge belegt die Bedeutung der Übergänge:

```
SEQUENCES:1,1&2&3&4&5:
         2,2&4&1&3&5:
         3,4&3&2&1&5;
```

📄 Simulationsergebnisse:

Identifier	Average	Variation	Minimum	Maximum	Observations
IA 1	8.1600	.69988	4.0000	71.313	61273
IA 2	8.1596	.71600	4.0000	74.063	61275
IA 3	8.1597	.69155	4.0000	88.313	61274
IA 4	8.1594	.69297	4.0000	82.875	61276
Durchlaufzeit	37.640	.36442	20.156	152.41	61273
Anzahl AG	4.0000	.00000	4.0000	4.0000	61273

Identifier	Average	Variation	Minimum	Maximum	Final Value
# Ws Maschine 1	.48834	1.7512	.00000	7.0000	1.0000
# Ws Maschine 2	.49151	1.9024	.00000	11.000	.00000
# Ws Maschine 3	.40642	1.7800	.00000	7.0000	1.0000
# Ws Maschine 4	.56893	1.7965	.00000	11.000	1.0000
Auslastung 1	.67694	.69082	.00000	1.0000	1.0000
Auslastung 2	.64069	.74887	.00000	1.0000	1.0000
Auslastung 3	.66314	.71273	.00000	1.0000	1.0000
Auslastung 4	.67697	.69077	.00000	1.0000	1.0000

Die Unterschiede in den Durchlaufzeiten sind auf die Unterschiede in den technologischen Reihenfolgen zurückzuführen. In allen Fällen werden im Durchschnitt vier Arbeitsgänge an einem Werkstück durchgeführt. Aufgrund der stochastischen Auswahl der nächsten Maschine in der ersten Modellvariante kommt es aber zu erheblichen Schwankungen der tatsächlich an einem Werkstück durchgeführten Arbeitsgänge.

Literaturhinweise

Derstroff (1995)
Heinrich (1987, Kap. 2)
Helber (1994)
Küpper/Helber (1995, Abschnitt 4.3)
Robrade (1991, Kap. 2)
Tempelmeier (1995a, Abschnitt 4.3)
Tersine (1994, Kap. 4)

14.2 Losgrößen- und Lagerhaltungsplanung bei unabhängigem Bedarf

Ist der Bedarf für ein Erzeugnis unabhängig vom restlichen Produktionsprogramm der Unternehmung (z.B. bei Handelswaren) oder wird das Erzeugnis aus planungsökonomischen Gründen als unabhängig betrachtet (z.B. B- und C-Produkte), dann können die Bestellmengen und Losgrößen sowie die zugehörigen Bestell- und Produktionsperioden mit Hilfe stochastischer Lagerhaltungspolitiken festgelegt werden. Die Periodenbedarfsmengen werden dabei mit Hilfe von Prognoseverfahren bestimmt (siehe hierzu Kapitel 11.). Dabei treten in der Regel Prognosefehler auf, die durch Sicherheitsbestände oder -zeiten berücksichtigt werden müssen.

Verständnis- und Diskussionsfragen

1. Welche Schwierigkeiten ergeben sich dabei, Fehlmengen wirtschaftlich zu bewerten?

2. Die Lieferfähigkeit eines Lagers wird durch sog. Servicegrade ausgedrückt. Diskutieren Sie die unterschiedlichen Möglichkeiten, Servicegrade zu definieren.

3. Lagerbestände und -bewegungen können mit Hilfe von computergestützten Systemen nicht nur in der Produktion, sondern auch in einem weit verzweigten Zuliefer- und Distributionssystem online überwacht werden. Welche Konsequenzen ergeben sich daraus für die verbrauchsorientierte Materialbedarfsermittlung?

Übungsaufgaben

Aufgabe D142.1: Sicherheitsbestand

Ein Lagergut weist einen durchschnittlichen Wochenbedarf von 100 Einheiten auf. Der Bedarf während der einwöchigen Wiederbeschaffungszeit wird als normalverteilt mit einer Standardabweichung von 10 Einheiten angenommen. Wie hoch muß der Sicherheitsbestand sein, damit die Lieferbereitschaft während der Wiederbeschaffungszeit mit einer Wahrscheinlichkeit von 96% gesichert ist?

Lösung

Wäre der Bedarf standardnormalverteilt, so wäre ein Sicherheitsbestand von $k = 1.75$ erforderlich. (Dieser Wert kann einer tabellarischen Darstellung der kumulierten Standardnormalverteilung entnommen werden.) Aufgrund der vorgegebenen Standardabweichung des Bedarfs von $\sigma = 10$ Einheiten ist der erforderliche Sicherheitsbestand (sb) wie folgt zu ermitteln:

$$sb = \sigma \cdot k = 10 \cdot 1.75 = 17.5$$

Aufgabe D142.2: Simulation einer (s,q)-Lagerpolitik, Defizit

Im zentralen Ersatzteillager eines großen Automobilherstellers wird für einen Scheibenwischermotor eine (s,q)-Lagerpolitik mit einer Bestellmenge von $q_{opt} = 700$ eingesetzt. Die Überwachung des Lagerbestandes erfolgt jeweils am Ende eines Tages. Die Wiederbeschaffungszeit beträgt $L = 8$ Tage. Die tägliche Nachfragemenge ist mit dem Mittelwert 50 und der Standardabweichung 5 normalverteilt.

a) Wie hoch ist der optimale Bestellpunkt, wenn ein β-Servicegrad von 97.5% erreicht werden soll?

b) Entwickeln Sie ein SIMAN IV-Simulationsmodell der (s,q)-Lagerpolitik und überprüfen Sie die Wirkung der von Ihnen ermittelten Parameterwerte s und q. Führen Sie 10 unabhängige Simulationsläufe über 10000 Tage durch und werten Sie die Ergebnisse aus. Ermitteln Sie dabei auch die Häufigkeitsverteilung des Defizits.

Lösung

a) Wir übersehen zunächst den Hinweis auf die periodische Lagerüberwachung und wenden das (s,q)-Modell so an, wie es in der Lehrbuchliteratur im allgemeinen dargestellt wird. Der optimale Erwartungswert der Fehlmenge bei einer Bestellmenge von $q_{opt} = 700$ beträgt:

$$E\{\text{Fehlmenge}\} = \frac{(1-\beta) \cdot q_{opt}}{\sigma_Y} = \frac{0.025 \cdot 700}{14.14} = 1.237$$

Diese Fehlmenge wird bei einem Sicherheitsfaktor $v_{opt} = 1.1790$ erreicht. Der Bestellpunkt beträgt damit:

$$s_{opt} = 400 - 1.1790 \cdot 14.14 = 383.326 \approx 384$$

Die Bestellmenge ist so groß, daß ein negativer Sicherheitsfaktor verwendet werden muß, damit der angestrebte Servicegrad nicht überschritten wird. Begründen Sie diesen Tatbestand!

Bei der Bestimmung des Bestellpunktes s haben wir nicht beachtet, daß wegen der periodischen (täglichen) Lagerüberwachung bei Auslösung einer Bestellung der Lagerbestand bereits u.U. weit unter den Bestellpunkt gesunken sein kann. Es tritt regelmäßig das sog. *Defizit* (undershoot) U auf, dessen Erwartungswert sich wie folgt ergibt, wenn E{D} und V{D} den Mittelwert bzw. die Varianz der Periodennachfragemenge bezeichnen:

$$E\{U\} = \frac{E\{D\}^2 + V\{D\}}{2 \cdot E\{D\}} = \frac{2500 + 25}{2 \cdot 50} = 25.25$$

Die *Varianz* des Defizits beträgt

$$V\{U\} = \frac{V\{D\}}{2} \cdot \left[1 - \frac{V\{D\}}{2 \cdot E\{D\}^2} \right] = 220.77$$

Erhöht man die Bedarfsmenge in der Wiederbeschaffungszeit, Y, um das Defizit, dann erhält man die Lagerabgangsmenge, die durch den Bestellpunkt s bis zum Eintreffen der Bestellmenge gedeckt werden muß:

$$E\{Y^*\} = E\{Y\} + E\{U\} = 8 \cdot 50 + 25.25 = 425.25$$

Die Varianz der Zufallsvariablen Y* beträgt unter der Annahme, daß das Defizit U und die Bedarfsmenge in der Wiederbeschaffungszeit, Y, stochastisch unabhängig voneinander sind:

$$V\{Y^*\} = V\{Y\} + V\{U\} = 8 \cdot 25 + 220.77 = 420.77$$

bzw.

$$\sigma_Y^* = 20.51$$

Unter der vereinfachenden Annahme, daß die Zufallsvariable Y* normalverteilt ist, kann der optimale Sicherheitsfaktor v_{opt} bei gegebener Bestellmenge q_{opt} und angestrebtem β-Servicegrad wie folgt ermittelt werden:

$$E\{F_V(v)\} = \frac{(1-\beta) \cdot q_{opt}}{\sigma_Y^*} = \frac{0.025 \cdot 700}{20.51} = 0.853$$

$$v_{opt} = \min \left[v \mid E\{F_V(v)\} \leq 0.853 \right] = -0.7135$$

Die Nachfragemenge in der Wiederbeschaffungszeit, Y, ist bei deterministischer Wiederbeschaffungszeit und normalverteilter täglicher Nachfragemenge ebenfalls normalverteilt. Diese Verteilungsannahme trifft jedoch nicht für das Defizit U zu. Daher ist die beschriebene Vorgehensweise lediglich eine Approximation.

Der optimale Bestellpunkt s_{opt} beträgt nun:

$$\begin{aligned} s_{opt} &= E\{Y\} + v_{opt} \cdot \sigma_Y \\ &= 425.25 - 0.7135 \cdot 20.51 = 410.61 \approx 411 \end{aligned}$$

b) Das folgende SIMAN-Simulationsmodell bildet die täglich wiederkehrenden Vorgänge der Nachfrageerfüllung und der Lagerüberwachung Schritt für Schritt ab.

⊟ Modelldefinition:

```
BEGIN;
ANKUNFT   CREATE:1;                                       Neuer Tag
          ASSIGN:A_BEDARF=NORM(50.0,5.0);                 akt. Nachfrage
          ASSIGN:V_BEDARF=V_BEDARF+A_BEDARF;              kum. Nachfrage
          BRANCH,1:                                       ! Ist Lager
              IF,A_BEDARF.GT.V_BESTAND,FEHLM:             ! lieferfähig?
              ELSE,AUSL;
FEHLM     ASSIGN:V_RUECK  =V_RUECK+(A_BEDARF-V_BESTAND);  kum. Fehlmenge
AUSL      ASSIGN:V_BESTAND=V_BESTAND-A_BEDARF;            phys. Bestand
          ASSIGN:V_DISPO  =V_DISPO  -A_BEDARF;            disp. Bestand
          BRANCH,1:                                       ! Muß bestellt
              IF,V_DISPO.LE.V_BPNKT,BESTELL:              ! werden?
              ELSE,FERTIG;
BESTELL   ASSIGN:V_DEFIZIT=V_BPNKT-V_BESTAND;             Defizit
          TALLY:1,V_DEFIZIT;
          ASSIGN:V_DISPO=V_DISPO+V_BMENG;                 Bestellung
          DELAY:V_LIEF+0.99;
          ASSIGN:V_BESTAND=V_BESTAND+V_BMENG:DISPOSE;     Wareneingang
FERTIG    ASSIGN:J=0:DISPOSE;
END;
```

⊟ Experimenteller Rahmen:

```
BEGIN;
PROJECT,SQPOL,Ich;
DISCRETE,100,2,1;
ATTRIBUTES:1,A_BEDARF;
VARIABLES:1,V_BESTAND,700:
          2,V_DISPO,  700:
          3,V_BPNKT,  411:    ! Bestellpunkt (s)
          4,V_BMENG,  700:    ! Bestellmenge (q)
          5,V_RUECK:
          6,V_DEFIZIT:
          7,V_BEDARF,1:
          8,V_LIEF,    8;     Wiederbeschaffungszeit
TALLIES:1,Defizit;
DSTATS:V_BESTAND,Bestand:
       V_RUECK,Fehlmenge:
       (100-V_RUECK*100/V_BEDARF),Servicegrad;
REPLICATE,10,0,10000;
END;
```

Die in den einzelnen Simulationsläufen ermittelten β-Servicegrade zeigt die folgende Tabelle:

Simulationslauf	1	2	3	4	5	6	7	8	9	10	Mittel
β-Servicegrad	97.5	97.6	97.5	97.7	97.6	97.5	97.5	97.5	97.5	97.7	97.6

Zum Vergleich zeigt die folgende Tabelle die Servicegrade, die bei Verwendung eines Bestellpunktes der Höhe s = 384 erreicht wurden:

Simulationslauf	1	2	3	4	5	6	7	8	9	10	Mittel
β-Servicegrad	93.4	93.3	93.6	93.7	93.6	93.6	93.4	93.2	93.6	93.5	93.5

Man erkennt, daß durch die Vernachlässigung der Auswirkungen, die die periodische Lagerüberwachung auf den Sicherheitsbestand und damit auch auf den Servicegrad hat, beträchtliche Abweichungen vom angestrebten Servicegrad entstehen. Wenn man bedenkt, daß eine Servicegrad von 93% oft als sehr schlecht und nicht wettbewerbsfähig angesehen wird, dann wird die Bedeutung des Problems evident.

Für den ersten Simulationslauf wurden die einzelnen Beobachtungswerte des Defizits gespeichert. Ihre Häufigkeitsverteilung ist in Abb. D142.1 dargestellt.

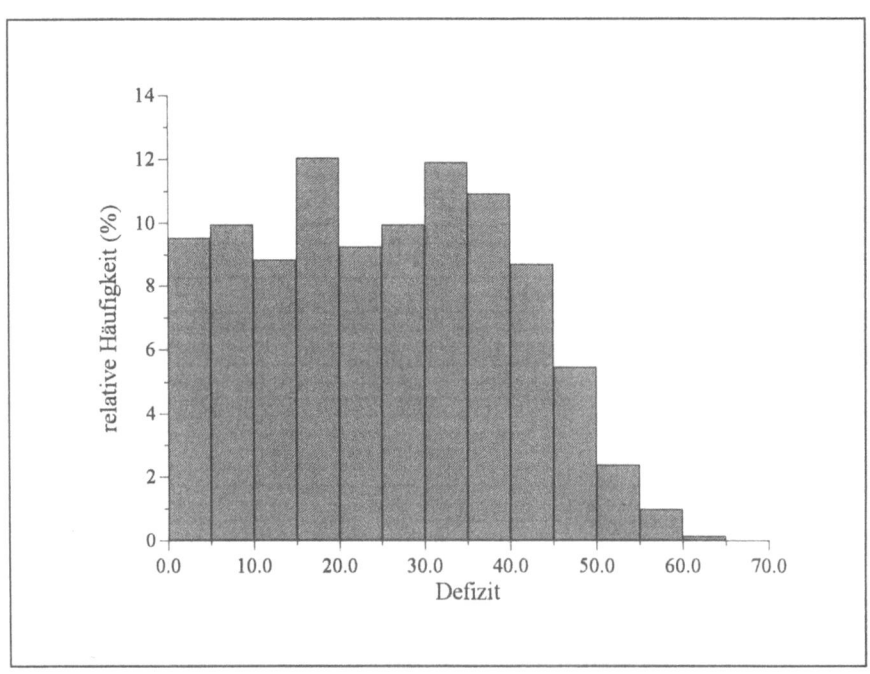

Abb. D142.1: Häufigkeitsverteilung des Defizits

Aufgabe D142.3: Simulation einer (t,S)-Lagerpolitik

In einem Lager wird für ein Produkt eine (t,S)-Lagerpolitik mit einem Überwachungszyklus von t = 14 Tagen verfolgt. Die Wiederbeschaffungszeit beträgt deterministisch L=8 Tage. Die tägliche Nachfragemenge ist mit dem Mittelwert 50 und der Standardabweichung fünf normalverteilt.

a) Wie hoch ist das Bestellniveau S festzulegen, wenn ein β-Servicegrad von 97.5% erreicht werden soll?

b) Entwickeln Sie ein SIMAN-Simulationsmodell der (t,S)-Lagerpolitik. Führen Sie 10 unabhängige Simulationsläufe über 10000 Tage durch und werten Sie die Ergebnisse aus.

c) Kann bei Verfolgung einer (t,S)-Lagerpolitik ein Defizit (undershoot) auftreten?

Lösung

a) Wir bezeichnen mit Z die gesamte Nachfrage im Überwachungszyklus t und der Wiederbeschaffungszeit L. Da die Periodennachfrage D normalverteilt und die Summe aus t+L deterministisch ist, ist Z ebenfalls normalverteilt. Es gilt:

$$E\{Z\} = (t+L) \cdot E\{D\} = (14+8) \cdot 50 = 1100$$

$$\sigma_Z = \sqrt{(t+L) \cdot E\{D\}} = \sqrt{22 \cdot 25} = 23.45$$

Bei einem angestrebten β-Servicegrad von 97.5% darf die durchschnittliche Fehlmenge pro Zyklus den Anteil $(1-\beta)$ der durchschnittlichen Nachfrage während eines Zyklus nicht überschreiten. Der Sicherheitsfaktor ist also wie folgt festzulegen:

$$E\{F_Z(S)\} = (1-\beta) \cdot t \cdot E\{D\} = 0.025 \cdot 14 \cdot 50 = 17.5$$

oder in standardisierter Form:

$$E\{F_V(v)\} = \frac{(1-\beta) \cdot t \cdot E\{D\}}{\sigma_Z} = \frac{0.025 \cdot 14 \cdot 50}{23.45} = 0.746$$

Der Sicherheitsfaktor beträgt dann:

$$v_{opt} = \min \, [v | E\{F_V(v) \leq 0.746\}] = -0.568$$

Daraus folgt:

$$S_{opt} = E\{Z\} + v_{opt} \cdot \sigma_Z = 1100 - 0.568 \cdot 23.45 = 1086.68 \approx 1187$$

b) Das Simulationsmodell besteht aus zwei getrennten Abschnitten. Der erste Abschnitt dient zur Modellierung des Lagerabgangsprozesses. Der zweite Abschnitt beschreibt die Lagerüberwachung und den Wareneingangsprozeß.

⊟ Modelldefinition:

```
BEGIN;
ANKUNFT   CREATE:1;                                          Neuer Tag
          ASSIGN:A_BEDARF=NORM(50.0,5.0);                    akt. Nachfrage
          ASSIGN:V_BEDARF=V_BEDARF+A_BEDARF;                 kum. Nachfrage
          BRANCH,1:
              IF,A_BEDARF.GT.V_BESTAND,FEHLM:
              ELSE,AUSL;
FEHLM     ASSIGN:V_RUECK  =V_RUECK+(A_BEDARF-V_BESTAND);
AUSL      ASSIGN:V_BESTAND=V_BESTAND-A_BEDARF;               phys. Bestand
          ASSIGN:V_DISPO  =V_DISPO-A_BEDARF:DISPOSE;         disp. Bestand

          CREATE:V_ZYKL;                                     Neuer Zyklus
BESTELL   ASSIGN:V_BMENG=V_BNIVE-V_DISPO;
          ASSIGN:V_DISPO=V_DISPO+V_BMENG;
          DELAY:V_LIEF+0.99;                                 Bestellung
          ASSIGN:V_BESTAND=V_BESTAND+V_BMENG:DISPOSE;
END;
```

⊟ Experimenteller Rahmen:

```
BEGIN;
PROJECT,TSPOL,HT;
DISCRETE,100,2,1;
ATTRIBUTES:1,A_BEDARF;
VARIABLES:1,V_BESTAND, 1087:
          2,V_DISPO,   1087:
          3,V_BPNKT:
          4,V_BMENG:
          5,V_RUECK:
          6,V_BNIVE,   1087: ! Bestellniveau
          7,V_BEDARF,  0.01:
          8,V_LIEF,        8:
          9,V_ZYKL,       14; ! Überwachungszyklus
DSTATS:V_BESTAND,Bestand:
       V_RUECK,Fehlmenge:
       (100-V_RUECK*100/V_BEDARF),Servicegrad;
REPLICATE,10,0,10000;
END;
```

Die in den einzelnen Simulationsläufen ermittelten β-Servicegrade zeigt die folgende Tabelle:

Simulationslauf	1	2	3	4	5	6	7	8	9	10	Mittel
β-Servicegrad	97.6	97.4	97.6	97.6	97.6	97.6	97.4	97.3	97.6	97.7	97.5

c) Ein Defizit kann bei Anwendung der (t,S)-Lagerpolitik nicht auftreten, da der disponible Lagerbestand unmittelbar nach Auslösung der Wiederbeschaffung immer *genau* gleich S ist.

Aufgabe D142.4: Bestellpunkt und lagerbedingte Lieferzeit

Ein Zulieferer der Elektronikindustrie hat mit einer größeren Anzahl seiner Kunden für ein bestimmtes Produkt ein Lieferabrufsystem vereinbart, nach dem die Kunden zufällige Liefermengen abrufen können. Die Lieferung muß nach einer festen Lieferzeit von genau neun Tagen nach Auftragseingang erfolgen. Täglich treffen durchschnittlich fünf Aufträge (Lieferabrufe) ein, wobei die Anzahl der Aufträge pro Tag einer Poisson-Verteilung folgt. Die jeweilige Abrufmenge pro Auftrag ist mit dem Mittelwert 16 und der Standardabweichung vier normalverteilt. Ist bei Eintreffen eines Lieferabrufes genügend Lagerbestand vorhanden (lagerbedingte Lieferzeit = 0), dann kann die Auslieferung mit einem relativ langsamen Transportmodus erfolgen. Ist der Lagerbestand jedoch erschöpft, dann verstreicht ein Teil der Gesamtlieferzeit als lagerbedingte Lieferzeit, die durch einen schnelleren Transportmodus wieder aufgeholt werden muß.

Es sei unterstellt, daß für die unterschiedlichen Transportmodi in Abhängigkeit von der Transportzeit unterschiedlich hohe Kosten pro Auftrag berechnet werden. Dabei gilt: je kürzer die Transportzeit, um so teurer der Transport.

Die Wiederbeschaffungszeit (Produktionszeit) für das Produkt beträgt 20 Tage. Es wird eine (s,q)-Lagerpolitik verfolgt, bei der jeweils am Ende eines Tages der disponible Lagerbestand mit dem Bestellpunkt s verglichen wird. Die Losgröße q beträgt jeweils 800 Mengeneinheiten. (Zur Motivation dieser Aufgabe siehe Fandel/Reese 1989.)

a) Welcher Zusammenhang besteht zwischen dem Bestellpunkt und der lagerbedingten Lieferzeit eines Auftrages bzw. Lieferabrufes? Welche Beziehung besteht zwischen dem Bestellpunkt und der erforderlichen Transportzeit?

b) Über welche Informationen muß der Lagerdisponent verfügen, um die optimale Höhe des Bestellpunktes bestimmen zu können? Helfen hier die in der Literatur diskutierten Lager-Servicegrade weiter?

c) Entwickeln Sie ein SIMAN-Simulationsmodell des betrachteten Lagers und untersuchen Sie den Einfluß des Bestellpunktes auf die Häufigkeitsverteilung der Lieferzeit.

Lösung

a) Je niedriger der Bestellpunkt, um so geringer wird die Wahrscheinlichkeit dafür, daß ein Auftrag ohne Wartezeit (lagerbedingte Lieferzeit) erfüllt werden kann. Das bedeutet, daß sich die gesamte Wahrscheinlichkeitsverteilung der lagerbedingten Lieferzeit nach rechts verschiebt und die durchschnittliche lagerbedingte Lieferzeit ansteigt. Erhöht sich die lagerbedingte Lieferzeit für einen konkreten Auftrag, dann bleibt bei gegebener Gesamtlieferzeit entsprechend weniger Zeit für die Durchführung der anderen logistischen Aktivitäten, insbesondere für den Transport übrig. Das heißt, mit sinkendem Bestellpunkt steigen die Anforderungen an die Leistungsfähigkeit des Transportsystems.

b) Zur Bestimmung des optimalen Bestellpunktes muß der Disponent die Möglichkeiten der gegenseitigen Substitution von lagerbedingter und transportbedingter Lieferzeit kennen, quantifizieren und mit ökonomischen Kriterien bewerten können.

Die folgende Tabelle zeigt verschiedene Verteilungen der lagerbedingten Lieferzeit W_L, die sich bei unterschiedlichen Bestellpunkten ergeben. Jede Spalte beschreibt dabei eine Lieferzeitverteilung. Die entsprechenden β-Servicegrade sind in der Kopfzeile der Tabelle angegeben. Es wird deutlich, daß die Streuung der lagerbedingten Lieferzeit mit sinkendem Bestellpunkt (und sinkendem β-Servicegrad) zunimmt. Für die vollständige Beurteilung der logistischen Leistung des Lagers reicht damit nicht der Hinweis auf das Lieferservice-Element "Lieferfähigkeit" ($\approx P\{W_L = 0\}$), sondern man muß die gesamte Wahrscheinlichkeitsverteilung kennen, um im Sinne des Logistik-Gedankens integrierte Entscheidungen treffen zu können. Erst wenn man weiß, mit welcher Wahrscheinlichkeit eine bestimmte Zeitspanne zur Durchführung der Transportaktivitäten verbleibt, weiß man, wie oft ein bestimmtes Transportmittel eingesetzt werden muß.

w_L	$\beta=0.99$ $s=1869$	$\beta=0.98$ $s=1810$	$\beta=0.95$ $s=1715$	$\beta=0.90$ $s=1625$	$\beta=0.85$ $s=1560$	$\beta=0.80$ $s=1506$	$\beta=0.75$ $s=1457$
0	0.9900	0.9800	0.9500	0.9000	0.8500	0.8000	0.7500
1	0.0070	0.0129	0.0281	0.0476	0.0623	0.0734	0.0820
2	0.0024	0.0052	0.0142	0.0295	0.0440	0.0567	0.0678
3	0.0005	0.0015	0.0056	0.0150	0.0259	0.0378	0.0494
4	0.0001	0.0003	0.0017	0.0059	0.0123	0.0206	0.0303
5		0.0001	0.0003	0.0017	0.0044	0.0088	0.0149
6			0.0001	0.0003	0.0011	0.0027	0.0056
7					0.0002	0.0006	0.0016
8						0.0001	0.0002
$E\{W_L\}$	0.0137	0.0295	0.0822	0.1855	0.3072	0.4478	0.6079

Die Kenntnis der Lieferzeitverteilung ist auch dann von Bedeutung, wenn die Abnehmer ihrerseits eine Lagerhaltungspolitik anwenden, deren Parameter bekanntlich durch die Wahrscheinlichkeit der Wiederbeschaffungszeit (= Lieferzeit aus der Sicht des Lieferanten) beeinflußt werden.

Man kann nun davon ausgehen, daß die Transportkosten pro Auftrag um so höher sind, je kürzer die zur Verfügung stehende Transportzeit ist. In der betrieblichen Praxis bestehen z.B. die Alternativen normale Transportzeit (z.B.

sieben Tage, kostengünstig), verkürzte Transportzeit (z.B. drei Tage, mittleres Kostenniveau) und Nachtsprung (ein Tag, hohe Kosten) zur Verfügung.

Unterstellt man weiterhin, daß bei einer gegebenen Gesamtlieferzeit von neun Tagen die Aufträge mit einer lagerbedingten Lieferzeit von w_L Tagen mit einer verbleibenden Transportzeit von 9-w_L Tagen ausgeliefert werden, dann läßt sich bei Vorgabe bestimmter Kostensätze für die Lagerung des Sicherheitsbestandes der in der Abb. D142.2 dargestellte prinzipielle Zusammenhang zwischen Lager- und Transportkosten feststellen.

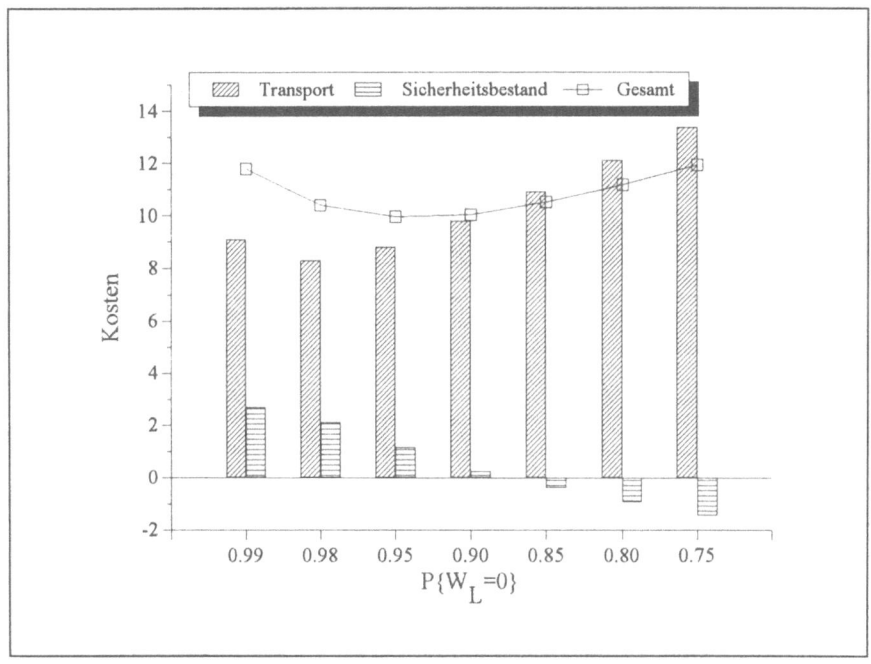

Abb. D142.2: Kostenverläufe bei konstanter Gesamtlieferzeit

Man erkennt den Anstieg der Transportkosten und den Rückgang des Kosten für den Sicherheitsbestand (Finden Sie den Grund dafür, daß der Sicherheitsbestand negativ ist!) mit sinkendem Lager-Servicegrad. Um diese Funktion ermitteln zu können, muß man zunächst den Einfluß des Bestellpunktes auf die lagerbedingte Lieferzeit ermitteln, dann aus der Lieferzeitverteilung die Bedarfe für mehr oder weniger schnelle Transporte ableiten und schließlich alles bewerten. Der Zusammenhang zwischen Bestellpunkt und lagerbedingter Lieferzeit kann analytisch bestimmt werden (vgl. Tempelmeier 1983 und 1985). Alternativ kann das nachfolgende SIMAN-Simulationsmodell eingesetzt werden.

c) Die Besonderheit dieses Simulationsmodells besteht darin, daß die einzelnen Aufträge nun als Objekte verwaltet werden. Dies ist notwendig, weil die auftragsspezifische Lieferzeit erfaßt werden soll.

🖫 Modelldefinition:

```
BEGIN;
ANKUNFT   CREATE,POISSON(5):1:MARK(A_ANKUNFT);
          ASSIGN:A_BEDARF=NORM(16.0,4.);              Auftragsmenge
          ASSIGN:V_BEDARF=V_BEDARF+A_BEDARF;
          BRANCH,1:
              IF,A_BEDARF.GT.V_BESTAND,FEHLM:
              ELSE,AUSL;

FEHLM     ASSIGN:V_RUECK =V_RUECK+(A_BEDARF-V_BESTAND);
          ASSIGN:V_DISPO =V_DISPO -A_BEDARF;
          ASSIGN:A_BEDARF =A_BEDARF-V_BESTAND;        Rückstand bei
;                                                     Teillieferung
          ASSIGN:V_BESTAND=0;
VORMERK   QUEUE,1:DETACH;                             Rückstand vormerken

; normale Auslieferung (Lieferzeit=0)
AUSL      ASSIGN:V_BESTAND=V_BESTAND-A_BEDARF;        physischer Bestand
          ASSIGN:V_DISPO =V_DISPO  -A_BEDARF;         disponibler Bestand
          TALLY:2,INT(A_ANKUNFT):DISPOSE;

; Lagerüberwachung am Ende eines Tages
          CREATE:1;
PRUEF     BRANCH,1:
              IF,V_DISPO.LE.V_BPNKT,BESTELL:
              ELSE,FERTIG;
BESTELL   ASSIGN:V_DEFIZIT=V_BPNKT-V_BESTAND;         Defizit
          TALLY:1,V_DEFIZIT;
          ASSIGN:V_DISPO=V_DISPO+V_BMENG;             Bestellung
          DELAY:V_LIEF+0.99;
          ASSIGN:V_BESTAND=V_BESTAND+V_BMENG;         Wareneingang

; Rückstandsaufträge nacheinander aus der Warteschlange holen
SCHLEIF   BRANCH,1:
              IF,V_BESTAND.GT.O.AND.NQ(1).GT.O,RUECKAUS:
              ELSE,FERTIG;                            alle ausgeliefert
RUECKAUS  REMOVE:1,1,WEITER;                          nächster Rückstand
          DELAY:0.0001:NEXT(SCHLEIF);

; Prüfen, ob aktueller Bestand noch ausreicht
WEITER    BRANCH,1:
              IF,V_BESTAND.GE.A_BEDARF,NACHLIEF:
              ELSE,NEURUECK;

; Rückstandsauftrag ausliefern
NACHLIEF  ASSIGN:V_BESTAND=V_BESTAND-A_BEDARF;
          TALLY:2,ANINT(TNOW-A(A_ANKUNFT)):NEXT(FERTIG);

; nicht lieferbare Menge noch einmal als Rückstand vormerken
NEURUECK  ASSIGN:A_BEDARF=A_BEDARF-V_BESTAND;
          ASSIGN:V_BESTAND=0:NEXT(VORMERK);
FERTIG    ASSIGN:J=0:DISPOSE;
END;
```

⊞ Experimenteller Rahmen:

```
BEGIN;
PROJECT,SQLIEF,Ich;
DISCRETE,100,2,1;

ATTRIBUTES:1,A_BEDARF:2,A_ANKUNFT;
VARIABLES:1,V_BESTAND,1457:  ! Startwert
          2,V_DISPO,  1457:  ! Startwert
          3,V_BPNKT,  1457:  ! Bestellpunkt (s)
          4,V_BMENG,  800:   ! Bestellmenge (q)
          5,V_RUECK:
          6,V_DEFIZIT:
          7,V_BEDARF,1:
          8,V_LIEF,    20;       Wiederbeschaffungszeit

TALLIES:1,Defizit:2,Lieferzeit,"OUTPUT.01";
DSTATS:V_BESTAND,Bestand:
       V_RUECK,Gesamte Fehlmenge:
       (100-V_RUECK*100/V_BEDARF),Servicegrad:
       NQ(1),Rueckstandsauftraege;
REPLICATE,1,0,5000;
END;
```

In Abb. D142.3 ist die unter Annahme der Werte ($P\{W_L=0\}=0.75$; $q=800$; $s=1457$) simulierte Lieferzeit-Verteilung der mit dem Verfahren von Tempelmeier (1985) analytisch ermittelten Verteilung gegenübergestellt.

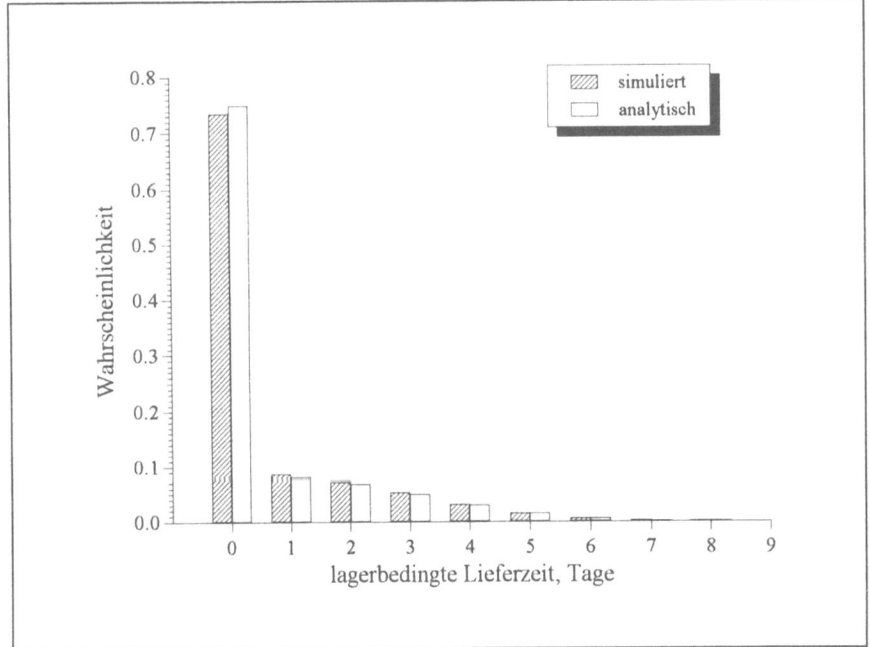

Abb. D142.3: Simulierte und analytisch ermittelte Lieferzeit-Verteilung

Es sei dem interessierten Leser überlassen, die folgenden analytisch berechneten Parameterkonstellationen mit Hilfe des Simulationsmodells zu untersuchen: $(q=160;\ s=1923)$, $(q=320;\ s=1870)$, $(q=480;\ s=1835)$, $(q=640;\ s=1810)$. Es müßte sich jeweils $P\{W_L=0\}=0.975$ ergeben.

Literaturhinweise

Hax/Candea (1984, Kap. 4)
Inderfurth (1995)
Küpper/Helber (1995, Abschnitt 4.4)
Lee/Nahmias (1993)
Robrade (1991)
Silver/Peterson (1985, Kap. 7)
Tempelmeier (1983)
Tersine (1994, Kap. 5)

15. Auftragsterminierung und Ressourceneinsatzplanung

Den Ausgangspunkt für die Auftragsterminierung und Ressourceneinsatzplanung bilden die innerhalb der materialwirtschaftlichen Planungsebene ermittelten Produktionsaufträge, die in PPS-Systemen üblicherweise ohne Beachtung von Kapazitätsschranken aufgestellt werden. Die Aufgabe der sich an die Materialbedarfsermittlung anschließenden Auftragsterminierung besteht darin, unter Beachtung des in den Arbeitsplänen festgehaltenen Ressourcenbedarfs den Ablauf des Produktionsgeschehens und die Belegung der einzelnen Anlagen und Arbeitssysteme genauer zu planen. Oft genug stellt sich hierbei heraus, daß die ohne Beachtung von Kapazitätsschranken hergeleiteten Produktionsaufträge nicht termingerecht erfüllt werden können. Ausgleichsmaßnahmen, wie z.B. Terminverschiebungen, Überlappung und Teilung von Produktionsaufträgen oder die Einlegung von Überstunden sind die Folge. Zumindest vermag eine detaillierte Terminplanung die vielfältigen Terminabhängigkeiten zwischen den einzelnen Produktionsaufträgen und ihren Arbeitsvorgängen offenzulegen.

Verständnis- und Diskussionsfragen

1. In welche Bestandteile läßt sich die Durchlaufzeit eines Produktionsauftrages durch den Produktionsprozeß aufgliedern?

2. Erläutern Sie, inwieweit sich die für die Anwendung der Netzplantechnik benötigten Daten aus den Stammdaten von PPS-Systemen ableiten lassen.

3. Warum gestaltet sich die Auftragsterminierung und Ressourceneinsatzplanung bei einer nach dem Werkstattprinzip organisierten Serienproduktion besonders schwierig?

4. Welchen Sinn macht es, innerhalb eines PPS-Systems zunächst eine Grob- und anschließend eine Feinterminierung vorzunehmen?

5. Nennen Sie Ursachen dafür, daß sich ein detaillierter Produktionsablauf- und Maschinenbelegungsplan in der betrieblichen Praxis nur selten minutengenau realisieren läßt.

Übungsaufgaben

Aufgabe D15.1: Auftragsterminierung in PPS-Systemen

Im Handbuch eines PPS-Systems findet sich im Kapitel Auftragsterminierung die folgende Ausführung:

"Wenn bei der Terminierung eines Produktionsauftrages ein Start- und ein Endtermin vorgegeben wurden, dann prüft das System nach abgeschlossener Vorwärts- und Rückwärtsterminierung, ob diese Termine eingehalten werden können. Wenn das nicht möglich ist, dann versucht das System den Produktionsauftrag mit gleichmäßig verkürzten Durchführungszeiten für alle Arbeitsvorgänge erneut zu terminieren. Dazu ermittelt das System einen prozentualen Reduzierungsfaktor. Mit diesem Reduzierungsfaktor wird die Differenz zwischen normaler und minimaler Vorgangsdauer solange verkürzt, bis entweder die Start- und Endtermine eingehalten werden können oder alle Reduzierungsstufen ausgeschöpft sind. Die Reduzierungsstufen werden in Schrittweiten von 1% fortlaufend erhöht."

a) Nehmen Sie zu dieser Art der Durchlaufzeitverkürzung kritisch Stellung.

b) Beschreiben Sie verbal eine Vorgehensweise, die Ihrer Meinung nach sinnvoller ist.

Aufgabe D15.2: Überlappte Produktion

Zur Bearbeitung eines Produktes werden drei Arbeitsvorgänge unmittelbar nacheinander durchlaufen. Im ersten Arbeitsvorgang beträgt die Stückbearbeitungszeit drei, im zweiten fünf und im dritten zwei Minuten. In jedem Arbeitsvorgang ist die Losgröße von 10 Produkteinheiten ohne Unterbrechung durch Leerzeiten zu fertigen. Die Weitergabe von Werkstücken zwischen den einzelnen Arbeitsvorgängen erfolgt in konstanten Transportlosen von zwei Einheiten. Die Transportzeit beträgt vier Minuten je Transportlos.

a) Betrachten Sie die ersten beiden Arbeitsvorgänge und stellen Sie in einem Gantt-Diagramm graphisch dar, wie die Bearbeitung der *ersten drei* Produkteinheiten des Produktionsauftrags zeitlich abläuft, wenn die größtmögliche Überlappung zwischen der Ausführung der beiden Arbeitsvorgänge angestrebt wird.

b) Betrachten Sie den zweiten und den dritten Arbeitsvorgang und stellen Sie in einem Gantt-Diagramm graphisch dar, wie die Bearbeitung der *letzten drei* Produkteinheiten des Produktionsauftrags zeitlich abläuft, wenn die größtmögliche Überlappung zwischen der Ausführung der beiden Arbeitsvorgänge angestrebt wird.

c) Nehmen Sie an, daß bei den Arbeitsvorgängen Rüstzeiten anfallen. Zeigen Sie an Hand eines Beispiels, daß der fertigungstechnisch nachfolgende Arbeitsvorgang bereits vor dem fertigungstechnisch vorausgehenden beginnen kann, wenn die Rüstzeiten entsprechende Werte aufweisen.

d) Bei der Auftragsterminierung soll die Netzplantechnik eingesetzt werden. Wie läßt sich in einem Vorgangsknotennetz die überlappte Ausführung der beiden betrachteten Arbeitsvorgänge abbilden (vgl. Günther 1992b)? Zeichnen

Sie einen entsprechenden Netzplanausschnitt. Berücksichtigen Sie dabei auch Rüst- und Transportzeiten.

e) Ein Produktionsauftrag von 15 Einheiten durchläuft die Arbeitsvorgänge AV-1, AV-2 und AV-3. Die Rüstzeiten betragen fünf bzw. zehn bzw. sechs Zeiteinheiten, die Stückbearbeitungszeiten drei bzw. acht bzw. zwei Zeiteinheiten. Die Weitergabe der Werkstücke erfolgt in Transportlosen von drei Einheiten. Die Transportzeit beträgt vier Zeiteinheiten je Transportlos. Stellen Sie die überlappte Bearbeitung des Produktionsauftrags als Netzplan dar. Wann kann der Produktionsauftrag frühestens fertiggestellt werden?

Lösung

a) Die größtmögliche Überlappung der ersten beiden Arbeitsvorgänge ist in Abb. D15.1 dargestellt.

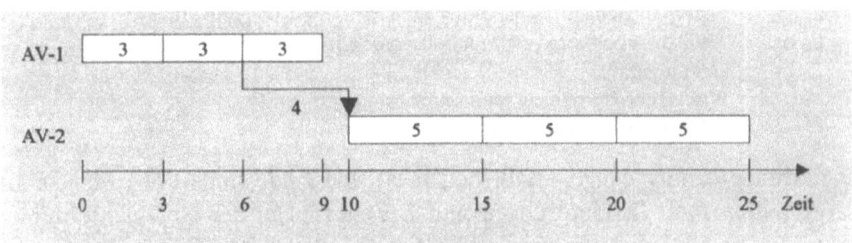

Abb. D15.1: Überlappung der Arbeitsvorgänge AV-1 und AV-2

b) In Abb. D15.2 ist die Überlappung des zweiten und dritten Arbeitsvorganges veranschaulicht.

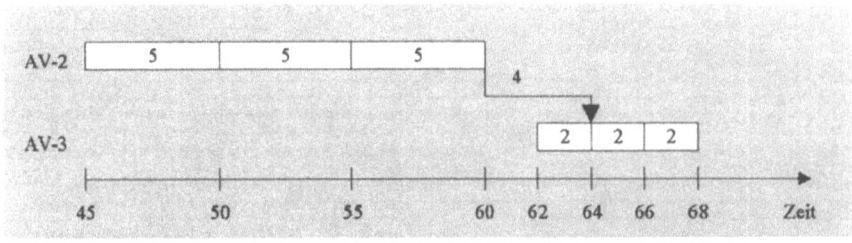

Abb. D15.2: Überlappung der Arbeitsvorgänge AV-2 und AV-3

c) Im Beispiel der Abb. D15.3 wird unterstellt, daß die Werkstücke einzeln an den nächsten Arbeitsvorgang weitergegeben werden können, wobei eine Transportzeit von zwei Zeiteinheiten anfällt. Für den zweiten Arbeitsvorgang wird eine extrem große Rüstzeit gewählt, so daß dieser Arbeitsvorgang bereits vor dem fertigungstechnisch vorausgehenden beginnen kann.

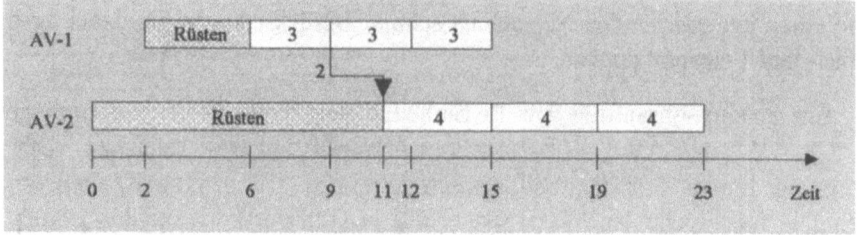

Abb. D15.3: Überlappung zweier Arbeitsvorgänge

d) In dem in Abb. D15.4 wiedergegebenen Ausschnitt aus einem vorgangskno-
tenorientierten Netzplan wird die Überlappung zweier Arbeitsvorgänge AV-i
und AV-j durch eine Anfang-Anfang- bzw. eine Ende-Ende-Folge abgebildet.
In den Knoten ist neben der Bezeichnung der Arbeitsvorgänge die Vorgangsdauer bestehend aus Rüst- und Bearbeitungszeiten eingetragen. Die Symbole
bedeuten:

a_{ij} Übergangszeit je Transportlos zwischen Arbeitsvorgang i und j
b_i, b_j Stückbearbeitungszeit im Arbeitsvorgang i bzw. j
Q Auftragsgröße
q_{ij} Transportlosgröße zwischen Arbeitsvorgang i und j
r_i, r_j Rüstzeit des Arbeitsvorgangs i bzw. j

Die Anfang-Anfang-Folge erfaßt den in a), die Ende-Ende-Folge den in b)
dargestellten Fall. (Erläuterungen und Erweiterungen der Netzplanterminierung von Produktionsaufträgen sind bei Günther 1992b nachzulesen.)

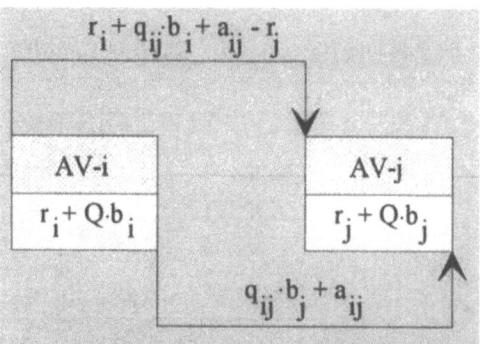

Abb. D15.4: Netzplanausschnitt

e) Hier kann auf die Netzplandarstellung aus Abb. D15.4 zurückgegriffen werden. Aus Abb. D15.5 kann abgeleitet werden, daß der Produktionsauftrag frühestens nach 148 Zeiteinheiten fertiggestellt werden könnte.

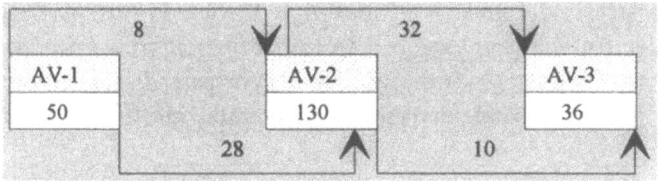

Abb. D15.5: Netzplanterminierung

Aufgabe D15.3: Terminplanung, Montageprozeß

In einem Produktionssystem wird ein Endprodukt A aus je zwei Einheiten der Vorprodukte B und C montiert. Die Stückbearbeitungs- und Rüstzeiten sowie die Übergangszeiten zwischen Vorproduktion und Montage sind der folgenden Tabelle zu entnehmen.

Produkt	A	B	C
Stückbearbeitungszeit	4	2	3
Rüstzeit	3	3	1
Übergangszeit	-	6	1

Die Produktion der Erzeugnisse B und C soll sich so weit wie möglich mit der Montage des Erzeugnisses A überlappen. Alle Einheiten eines Produktionsloses sind in geschlossener Folge, d.h. ohne Unterbrechung durch Leerzeiten herzustellen. Die Montage einer Einheit des Endproduktes A kann erst beginnen, wenn ein kompletter Montagesatz der Vorprodukte B und C verfügbar ist.

a) Nehmen Sie an, daß von Produkt A eine Losgröße von zwei Einheiten herzustellen ist, und stellen Sie in einem Laufzeitdiagramm (Gantt-Diagramm) den zeitlichen Ablauf der Produktion graphisch dar.

b) Stellen Sie die Herstellung der drei Produkte als Netzplan dar, wobei die Losgröße von Produkt A nunmehr 10 Einheiten betragen soll. Wann kann der gesamte Montageprozeß frühestens abgeschlossen werden? Wann muß mit der Bearbeitung der einzelnen Produktionslose spätestens begonnen werden, wenn der gesamte Montageprozeß nach 80 Zeiteinheiten beendet sein muß?

c) Der Netzplan zu b) ist so umzuwandeln, daß er ausschließlich Normalfolgen enthält.

Lösung

a) Der Produktions- und Montageprozeß ist in Abb. D15.6 dargestellt. Die Produktion von B und C beginnt jeweils zum Termin Null. Die Montagevorgänge für das Endprodukt A können zum Termin 13 bzw. 17 beginnen. Der notwendige Rüstvorgang kann bereits vorher ausgeführt werden. Mit der Produktion von C könnte auch drei Zeiteinheiten später begonnen werden, ohne daß sich die Fertigstellung der beiden Endprodukteinheiten verzögert.

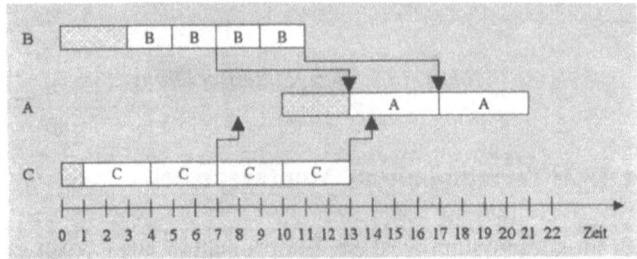

Abb. D15.6: Gantt-Diagramm des Produktions- und Montagesprozesses

b) Bei einer Losgröße von 10 Einheiten für das Endprodukt und jeweils 20 Einheiten für die beiden Vorprodukte ergeben sich unter Berücksichtigung der jeweiligen Rüstzeiten die folgenden Vorgangsdauern:

```
Produkt A: 3 + 10·4 = 43
Produkt B: 3 + 20·2 = 43
Produkt C: 1 + 20·3 = 61
```

Die Überlappung zwischen Vorproduktion und Montage kann im Netzplan durch Ende-Ende- und Anfang-Anfang-Folgen unter Berücksichtigung entsprechender Mindestabstände abgebildet weden (vgl. auch die vorhergehende Übungsaufgabe). Der Mindestabstand zwischen dem Ende der Vorproduktion und dem Abschluß des letzten Montagevorgangs entspricht der jeweiligen Übergangzeit zuzüglich der Stückbearbeitungszeit für das Endprodukt A. Man erhält folgende Mindestabstände für die Ende-Ende-Folgen:

$$a(EE)_{B,A} = 6 + 4 = 10$$
$$a(EE)_{C,A} = 1 + 4 = 5$$

Der Mindestabstand zwischen dem Beginn der Vorproduktion und dem Beginn des ersten Montagevorgangs ergibt sich aus der Rüstzeit in der Vorproduktion zuzüglich der Stückbearbeitungszeiten für die zur Montage eines Endproduktes benötigten Vorprodukteinheiten sowie der Übergangzeit abzüglich der Rüstzeit in der Endmontage. Man erhält folgende Mindestabstände für die Anfang-Anfang-Folgen:

$$a(AA)_{B,A} = 3 + 2·2 + 6 - 3 = 10$$
$$a(AA)_{C,A} = 1 + 2·3 + 1 - 3 = 5$$

(Nur zufällig ergeben sich hier dieselben Werte wie bei der Ende-Ende-Folge.) Der zugehörige Netzplan ist in Abb. D15.7 dargestellt. Die frühestmöglichen

End- und die spätestmöglichen Anfangszeitpunkte der einzelnen Produktionslose sind aus dem Netzplan abzulesen.

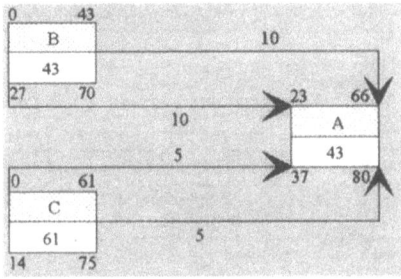

Abb. D15.7: Netzplan mit Ende-Ende- und Anfang-Anfang-Folgen

c) Für zwei beliebige aufeinander folgende Vorgänge i und j mit den Vor-
gangsdauern t_i und t_j lassen sich die Mindestabstände einer Ende-Ende- bzw.
Anfang-Anfang-Folge in den zugehörigen Mindestabstand einer Normalfolge
(Ende-Anfang-Folge) wie folgt umrechnen:

$$a(EA)_{ij} = a(EE)_{ij} - t_j$$
$$a(EA)_{ij} = a(AA)_{ij} - t_i$$

Daraus ergeben sich für das Vorgangspaar B-A die Werte 10-43 = -33 und 10-
43 = -33. Für das Vorgangspaar C-A erhält man die Werte 5-43 = -38 bzw. 5-
61 = -56. Es ist jeweils der größere der beiden Werte zu berücksichtigen:

$$a(EA)_{B,A}: \max \{-33, -33\} = -33$$
$$a(EA)_{C,A}: \max \{-38, -56\} = -38$$

In Abb. D15.8 ist der Netzplan unter Verwendung von Normalfolgen wiedergegeben.

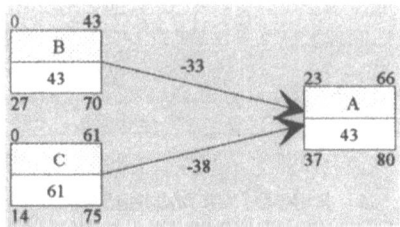

Abb. D15.8: Netzplan mit Normalfolgen

Aufgabe D15.4: Kapazitätsanalyse

a) In Abb. D15.9 ist der Materialfluß verschiedener Produkte a, b und c innerhalb eines Produktionssystems dargestellt. Die Teilabbildungen (1) bis (4) ent-

halten vier beispielhafte Abläufe. Die Zahlenangaben in den Knoten geben darin die Kapazität einer Produktionsstelle je Periode an. Welche maximale Ausbringung der Produkte a, b und c kann je Periode erzielt werden?

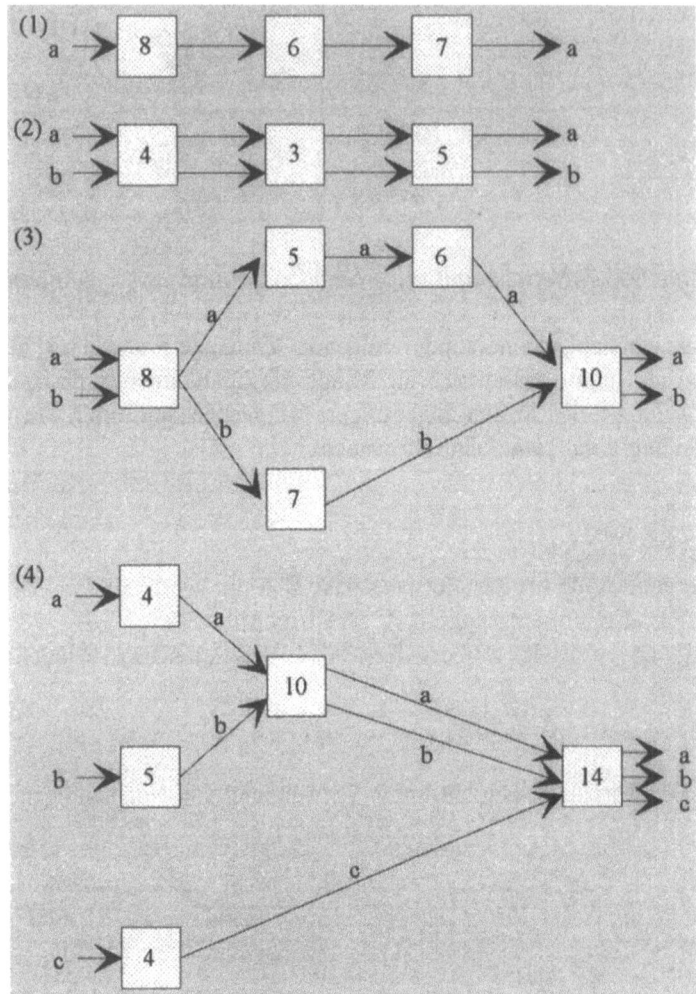

Abb. D15.9: Materialfluß

b) In einem Produktionsprozeß mit vernetztem Materialfluß werden die Produkte a, b, c und d hergestellt, wobei Stückbearbeitungszeiten von 1.0 bzw 2.0 bzw. 0.5 bzw. 1.0 Zeiteinheiten zu beachten sind. Der Materialfluß und die Kapazitäten sind der Abb. D15.10 zu entnehmen. Welche maximale Ausbringung kann von den einzelnen Produkten je Periode erzielt werden?

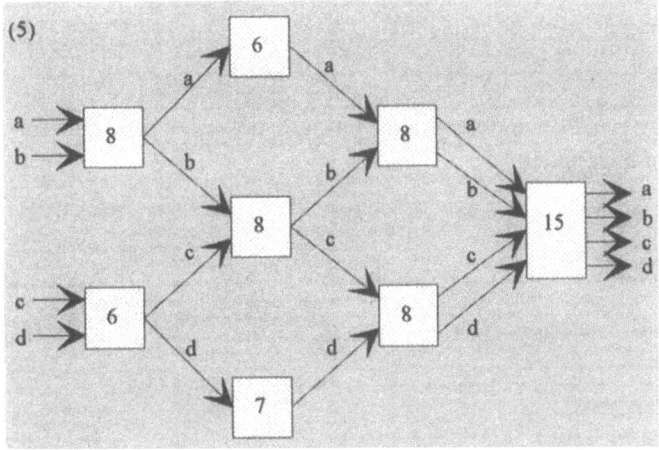

Abb. D15.10: Materialfluß

c) Offensichtlich bestehen zwischen den einzelnen Kapazitätseinheiten enge Interdependenzen. Prüfen Sie nach, inwieweit derartige Kapazitätsinterdependenzen in die Kapazitätsplanung innerhalb von PPS-Systemen eingehen.

Lösung

a) Im Materialfluß (1) limitiert der "engste" Engpaß innerhalb der linearen Folge von Kapazitätseinheiten die Ausbringung von Produkt a. Es gilt:

$$x_a \leq 6$$

wobei allgemein mit x_j die Produktionsmenge von Produkt j bezeichnet wird.

Bei dem im Materialfluß (2) dargestellten Produktionssystem wird die maximale Ausbringung der beiden Produkte a und b durch die folgende Restriktion beschrieben:

$$x_a + x_b \leq 3$$

Analog erhält man für den Materialfluß (3) die folgenden drei Bedingungen:

$$x_a + x_b \leq 8$$
$$x_a \leq 5$$
$$x_b \leq 7$$

Die genaue Analyse des Materialflusses (4) zeigt, daß die Kapazitätsbeschränkungen von 14 bzw. 10 Produkteinheiten in der letzten bzw. vorletzten Produktionsstufe redundant sind, da die Kapazitäten der vorgelagerten Stufen bereits als Engpaß wirken. Zur formalen Beschreibung der maximalen Ausbringung reichen daher die folgenden drei Bedingungen aus:

$x_a \leq 4$

$x_b \leq 5$

$x_c \leq 4$

b) Der Materialfluß und der Kapazitätsaufbau werden durch die folgenden Bedingungen abgebildet:

$x_a + 2 \cdot x_b \leq 8$

$0.5 \cdot x_c + x_d \leq 6$

$x_a \leq 6$

$2 \cdot x_b + 0.5 \cdot x_c \leq 8$

$x_d \leq 7$

$x_a + 2 \cdot x_b \leq 8$

$0.5 \cdot x_c + x_d \leq 8$

$x_a + 2 \cdot x_b + 0.5 \cdot x_c + x_d \leq 15$

Die Redundanzanalyse zeigt jedoch, daß die folgenden Beschränkungen ausreichend sind:

$x_a + 2 \cdot x_b \leq 8$

$0.5 \cdot x_c + x_d \leq 6$

$x_a \leq 6$

$2 \cdot x_b + 0.5 \cdot x_c \leq 8$

c) In PPS-Systemen werden üblicherweise die Kapazitätsbelastungen für jede Kapazitätseinheit getrennt ausgewiesen, ohne daß die durch den Materialfluß bedingten Interdependenzen berücksichtigt werden. Dies führt häufig zu einer Fehleinschätzung der wirklichen Kapazitätsbelastung.

Aufgabe D15.5: Maschinenbelegung bei Werkstattproduktion

Nehmen Sie an, in einem nach dem Werkstattprinzip organisierten Produktionssegment werden die Produktionsaufträge A bis D auf den Maschinen M1 bis M3 nach der kürzesten Operationszeitregel (KOZ) eingeplant. (Bei gleichen Operationszeiten soll die niedrigere Auftragsnummer entscheiden.) Die Maschinenfolgen und die Operations- bzw. Bearbeitungszeiten sind in den bei den nachfolgenden Tabellen gegeben:

Auftrag	Maschinenfolge
A	M1 → M3 → M2
B	M1 → M2 → M3
C	M2 → M1 → M3
D	M2 → M3 → M1

Auftrag	Maschine M1	M2	M3
A	1	6	2
B	3	3	6
C	6	2	4
D	2	1	1

a) Stellen Sie die Maschinenbelegung durch ein Gantt-Diagramm graphisch dar. Welche Leerzeiten treten bei den drei Maschinen auf? Welche Wartezeiten entstehen bei den vier Produktionsaufträgen?

b) Nennen Sie die wichtigsten Maßnahmen, durch die eine abzusehende Terminüberschreitung eines Produktionsauftrages verhindert werden könnte.

Lösung

a) Das Gantt-Diagramm ist in Abb. D15.11 dargestellt.

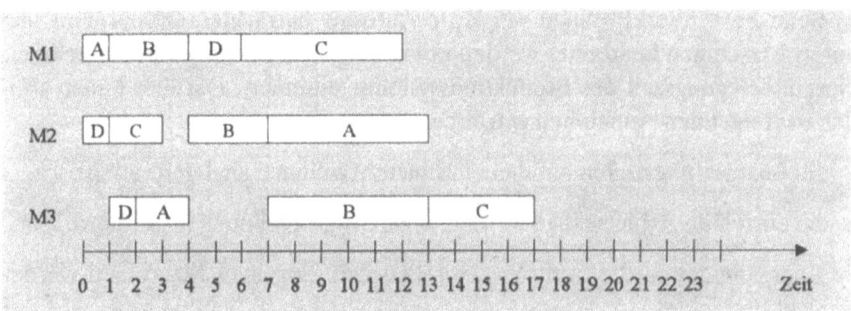

Abb. D15.11: Gantt-Diagramm

Die Leerzeiten betragen Null bei Maschine 1, eine Zeiteinheit bei Maschine 2 und vier Zeiteinheiten bei Maschine 3. Auftrag A wartet insgesamt vier Zeiteinheiten auf die einzelnen Arbeitsoperationen, Auftrag B eine, Auftrag C fünf und Auftrag D zwei Zeiteinheiten.

b) Als Maßnahmen gegen abzusehende Terminüberschreitung eines Produktionsauftrages bieten sich u.a. an:

- Einsatz zusätzlicher Arbeitskräfte oder Produktionsmittel, um den Arbeitsvorgang zu beschleunigen;

- Bereitstellung zusätzlicher Kapazität, z.B. durch Überstunden;

- Fremdvergabe von Teilaufträgen;

- Ausweichen auf anderweitige Arbeitsstationen mit freier Kapazität;

- Überlappung und Splittung von Arbeitsvorgängen;

- Optimierung der Auftragsreihenfolgen;

- Einordnung des Auftrags als Eilauftrag, der bei der Maschinenbelegung mit höherer Priorität behandelt wird.

Aufgabe D15.6: Flow-Shop-Problem

a) Beschreiben Sie die Problemstellung des Flow-Shop-Scheduling. Von welchen Annahmen geht das klassische Flow-Shop-Problem aus?

b) Formulieren Sie in allgemeiner Form das Flow-Shop-Problem als lineares Optimierungsmodell, wobei als Zielfunktion die Gesamtbelegungszeit (Zykluszeit; makespan) des Produktionssystems minimiert werden soll.

Lösung

a) Beim Flow-Shop-Problem werden n Aufträge betrachtet, die nacheinander auf m Maschinen bearbeitet werden müssen. Als Zielsetzung wird zumeist die Gesamtbelegungszeit des Produktionssystems minimiert. Darüber hinaus werden die folgenden Annahmen getroffen:

- die Bearbeitungszeiten auf den einzelnen Maschinen sind deterministisch;

- die einzelnen Arbeitsgänge werden ohne Unterbrechung ausgeführt;

- Übergangzeiten der Aufträge zwischen den einzelnen Maschinen werden nicht betrachtet;

- reihenfolgeabhängige Rüstzeiten liegen nicht vor;

- die einmal gewählte Auflegungsreihenfolge der Aufträge bleibt erhalten (kein Überholen);

- die Puffer vor den einzelnen Maschinen sind unbegrenzt;

- ein Auftrag wird stets als Ganzes zur nächsten Maschine weitergegeben (d.h. die Transportlose entsprechen den Produktionslosen);

- auf jeder Maschine wird ein Auftrag höchstens einmal bearbeitet (d.h. es kommt kein zyklischer Arbeitsablauf vor);

- von Arbeitsstationen, die aus einer Mehrzahl gleichartiger Maschinen bestehen, wird abgesehen;

- alle Aufträge stehen im Planungszeitpunkt zur Verfügung (d.h. dynamische Ankunftsprozesse werden ausgeschlossen);

- das Produktionssystem ist zu Anfang leer.

b) Wir verwenden die folgende Notation:

a_{ij}	Bearbeitungszeit von Auftrag i auf Maschine j
$i \in I$	Maschinen, wobei m die letzte Maschine in der Maschinenfolge bezeichnet
$j \in J$	Aufträge
M	hinreichend große Zahl
$p \in P$	Positionen in der Auflegungsreihenfolge der Aufträge, wobei n die letzte Position bezeichnet

Interessanterweise läßt sich das Flow-Shop-Problem auf zwei völlig unterschiedliche Weisen als lineares Optimierungsmodell formal darstellen (vgl. Domschke/Scholl/Voß 1993, Kap. 5.5.2.2). Zum einen wird davon ausgegangen, daß sich die gesamte Auflegungsreihenfolge der Aufträge daraus ergibt, in welcher Reihenfolge jeweils zwei Aufträge j und k angeordnet werden. Hierbei sind alle Auftragspaare $(j,k) \in J$ zu betrachten. Zum anderen kann die Optimierung des Flow-Shop-Problems über die Zuordnung der einzelnen Aufträge zu bestimmten Positionen $p \in P$ innerhalb der Auflegungssequenz angestrebt werden.

In der *Modellformulierung I* verwenden wir die folgenden Entscheidungsvariablen:

x_{jk} = 1, falls Auftrag j vor Auftrag k aufgelegt wird (= 0, sonst)
y_{ij} Fertigstellungszeitpunkt von Auftrag j auf Maschine i
z Zielvariable

Die Modellformulierung lautet:

Minimiere

z

unter den Nebenbedingungen:

$$z \geq y_{mj} \qquad\qquad\qquad\qquad\qquad j \in J$$
$$y_{ij} \geq y_{ik} + a_{ij} - x_{jk} \cdot M \qquad\qquad i \in I,\ (j,k) \in J$$
$$y_{ik} \geq y_{ij} + a_{ik} - (1-x_{jk}) \cdot M \qquad i \in I,\ (j,k) \in J$$
$$y_{ij} \geq y_{i-1,j} + a_{ij} \qquad\qquad\qquad i \in I,\ j \in J$$
$$x_{jk} \in \{0,1\} \qquad\qquad\qquad\qquad (j,k) \in J$$
$$y_{ij} \geq 0 \qquad\qquad\qquad\qquad\qquad i \in I,\ j \in J$$

Als Alternative kommt die folgende *Modellformulierung II* in Frage. Hierbei definieren wir die Entscheidungsvariablen wie folgt:

x_{jp} = 1, falls Auftrag j an Position p innerhalb der Auflegungsreihenfolge steht (= 0, sonst)
y_{ip} Zeitpunkt, in dem die Bearbeitung des an Position p stehenden Auftrags auf Maschine i beginnt

Die Modellformulierung lautet:

Minimiere

$$y_{mn} + \sum_{j \in J} a_{jn} \cdot x_{jn}$$

unter den Nebenbedingungen:

$$\sum_{j \in J} x_{jp} = 1 \qquad\qquad\qquad\qquad p \in P$$
$$\sum_{p \in P} x_{jp} = 1 \qquad\qquad\qquad\qquad j \in J$$

$$y_{ip} \geq y_{i-1,p} + \sum_{j \in J} a_{i-1,j} \cdot x_{jp} \qquad\qquad i=2,\ldots,m; \; p \epsilon P$$

$$y_{ip} \geq y_{i,p-1} + \sum_{j \in J} a_{ij} \cdot x_{j,p-1} \qquad\qquad i \epsilon I, \; p=2,\ldots,n$$

$$x_{jp} \epsilon \{0,1\} \qquad\qquad\qquad\qquad j \epsilon J, \; p \epsilon P$$

$$y_{ip} \geq 0 \qquad\qquad\qquad\qquad\qquad i \epsilon I, \; p \epsilon P$$

Beide Modellformulierungen unterscheiden sich grundlegend in ihrer Struktur. Welche Formulierung den geringeren Rechenaufwand bei Einsatz eines allgemeinen Lösungsverfahrens der gemischt-ganzzahligen Optimierung verursacht, läßt sich nicht ohne weiteres sagen.

Flow-Shop-Probleme in der hier dargestellten idealtypischen Form kommen in der industriellen Praxis nur selten vor. Beide Modellformulierungen sind jedoch erweiterungsfähig, so daß vielfältige praxisrelevante Gesichtspunkte berücksichtigt werden können. Daneben gibt es für das Flow-Shop-Problem eine Reihe von effizienten Heuristiken, die nur geringen Rechenaufwand verursachen (vgl. Domschke/Scholl/Voß 1993, Kap. 5.5.3).

Aufgabe D15.7: Johnson-Verfahren

a) Beschreiben Sie den Ablauf des Johnson-Verfahrens. Für welche Probleme der Ressourceneinsatzplanung ist das Johnson-Verfahren anwendbar? Unter welchen Bedingungen und bei welcher Zielsetzung führt das Johnson-Verfahren zum optimalen Ergebnis?

b) In der nachfolgenden Tabelle sind die Bearbeitungszeiten für sieben Aufträge angegeben, die nacheinander zwei Maschinen durchlaufen. Welcher Ablaufplan ergibt sich nach dem Johnson-Verfahren?

Auftrag	Maschine 1	Maschine 2
1	4	5
2	2	7
3	6	2
4	8	4
5	3	3
6	9	6
7	7	9

Lösung

a) Beim Johnson-Verfahren wird eine gegebene Anzahl von Aufträgen betrachtet, die nacheinander auf *zwei* Maschinen bearbeitet werden müssen. Alle Aufträge durchlaufen die beiden Maschinen in *derselben* Reihenfolge. Die Bearbeitung eines Auftrags auf der zweiten Maschine kann erst beginnen, sobald die Bearbeitung auf der ersten Maschine vollständig abgeschlossen wurde. Gesucht ist die optimale *Reihenfolge* der Aufträge. Als Zielsetzung ist die Zykluszeit (englisch "makespan") zu minimieren. Die Zykluszeit umfaßt die gesamte Einsatzdauer der benötigten Ressourcen, d.h. die Zeitspanne vom Bearbeitungsbeginn der ersten Auftrags auf der ersten bis zum Bearbeitungsende des letzten Auftrags auf der letzten Maschine. Nur für diese Problemstellung der Ressourceneinsatzplanung liefert das Johnson-Verfahren eine optimale Lösung. (Für den Mehr-Maschinen-Fall gibt es mehrere Heuristiken, die auf dem Johnson-Verfahren aufbauen.)

Allgemein kann der Ablauf des Johnson-Verfahrens wie folgt beschrieben werden:

- Gegeben sei eine Menge $j \in J$ von Aufträgen, die auf den Maschinen M1 und M2 die Bearbeitungszeiten b_{1j} und b_{2j} erfordern.

- *Schritt 1:* Unterteile die Menge aller Aufträge in zwei disjunkte Teilmengen. Die Teilmenge J_1 enthält alle Aufträge mit $b_{1j} \leq b_{2j}$, die Teilmenge J_2 diejenigen Aufträge mit $b_{1j} > b_{2j}$.

- *Schritt 2:* Sortiere die Aufträge aus J_1 hinsichtlich der Bearbeitung auf Maschine M1 *aufsteigend* nach ihren Bearbeitungszeiten b_{1j}, diejenigen aus J_2 hinsichtlich der Bearbeitung auf Maschine M2 *absteigend* nach ihren Bearbeitungszeiten b_{2j}. Füge die so erhaltenen partiellen Auflegungsreihenfolgen zusammen.

b) In Schritt 1 des Verfahrens werden zunächst die folgenden Teilmengen gebildet:

$$J_1 = \{1, 2, 5, 7\} \quad \text{und} \quad J_2 = \{3, 4, 6\}$$

Nach Sortierung erhält man in Schritt 2:

$$J_1' = \{2, 5, 1, 7\} \quad \text{und} \quad J_2' = \{6, 4, 3\}$$

Die optimale Auflegungsreihenfolge lautet somit 2-5-1-7-6-4-3. Der zugehörige Ablaufplan ist in Abb. D15.12 veranschaulicht. Die minimale Zykluszeit beträgt 41 Zeiteinheiten. Man erkennt, daß auf Maschine M2 Zwischenleerzeiten von insgesamt drei Zeiteinheiten auftreten. Um diese Zwischenleerzeiten zu vermeiden, könnte man die Bearbeitung von Auftrag 2 auf Maschine 2 erst nach fünf Zeiteinheiten beginnen lassen. Als Alternative käme auch die Auflegungsreihenfolge 7-2-1-6-4-3-5 in Frage (siehe Abb. D15.13). Allerdings verursacht dieser Ablaufplan erheblich längere Liegezeiten der Aufträge zwischen den Bearbeitungen auf den beiden Maschinen.

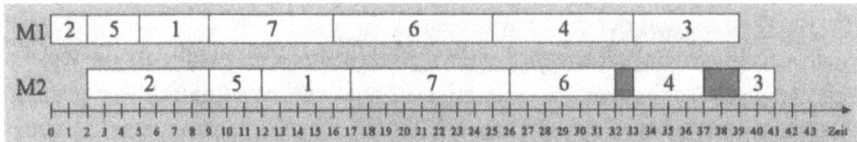

Abb. D15.12: Ablaufplan nach dem Johnson-Verfahren

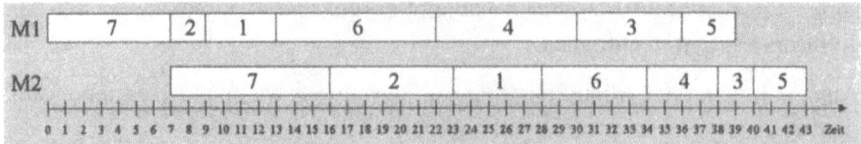

Abb. D15.13: Alternativer Ablaufplan

Aufgabe D15.8: Reihenfolgeplanung bei Fließproduktion, NEH-Heuristik

Drei Produktionsaufträge durchlaufen in einem Fließproduktionssystem nacheinander vier Maschinen. Die jeweiligen Bearbeitungszeiten sind der folgenden Tabelle zu entnehmen.

Produktions-		Maschine		
auftrag	1	2	3	4
1	3	4	2	7
2	2	3	6	4
3	8	3	1	5

Bestimmen Sie unter Verwendung der angegebenen Daten die Auflegungsreihenfolge nach dem Verfahren von Nawaz, Enscore und Ham (NEH-Heuristik; vgl. Nawaz/Enscore/Ham 1983).

Lösung

Das Verfahren von Nawaz, Enscore und Ham ist eine Heuristik, die die Minimierung der Zykluszeit anstrebt. In Schritt (1) des Verfahrens werden die Produktionsaufträge $j = 1,2,3$ hinsichtlich ihrer Gesamtbearbeitungszeiten T_j absteigend sortiert. Man erhält:

$T_1 = 3 + 4 + 2 + 7 = 16$

$T_2 = 2 + 3 + 6 + 4 = 15$

$T_3 = 8 + 3 + 1 + 5 = 17$

Somit lautet die Sortierfolge: 3-1-2.

In Schritt (2) werden die beiden Aufträge, die an den ersten beiden Positionen der Sortierfolge stehen, herausgegriffen. Im betrachteten Beispiel sind dies die Aufträge 3 und 1. Für diese Aufträge wird diejenige Bearbeitungsreihenfolge bestimmt, die zur minimalen Zykluszeit führt. Für die Auftragsreihenfolge 1-3 ergeben sich die folgenden Endtermine der einzelnen Arbeitsgänge.

| Produktions- | Maschine | | | |
auftrag	1	2	3	4
1	3	7	9	16
3	11	14	15	21

Es wird angenommen, daß das Produktionssystem zu Anfang leer ist. Daher durchläuft Auftrag 1 nacheinander die vier Maschinen ohne jegliche Wartezeiten. Auftrag 3 kann auf Maschine 1 bearbeitet werden, nachdem Auftrag 1 beendet ist (nämlich von $t = 3$ bis $t = 11$). Die Maschine 2 ist bereits in $t = 7$ mit der Bearbeitung von Auftrag 1 fertig. Da Auftrag 2 dort jedoch erst in $t = 11$ eintrifft, kann frühestens zu diesem Zeitpunkt mit der Bearbeitung begonnen werden. Folglich endet in $t = 14$ die Bearbeitung von Auftrag 2 auf Maschine 2. Entsprechend ergeben sich die übrigen Bearbeitungsendtermine. Bei der Auflegungsreihenfolge 1-3 ist das Produktionssystem insgesamt 21 Zeiteinheiten belegt.

Für die alternative Auflegungsreihenfolge 3-1 ergibt sich eine Zykluszeit von 24 Zeiteinheiten, wie der folgenden Tabelle zu entnehmen ist.

| Produktions- | Maschine | | | |
auftrag	1	2	3	4
3	8	11	12	17
1	11	15	17	24

Da die Auflegungsreihenfolge 1-3 zu der kürzeren Zykluszeit führt, bleibt diese *relative* Auflegungsreihenfolge in den weiteren Rechenschritten unverändert. (D.h. es wird immer Auftrag 1 vor 3 bearbeitet. Jedoch können zwischen 1 und 3 noch andere Aufträge eingeordnet werden.)

In Schritt (3) wird der nächste noch nicht zugeordnete Produktionsauftrag aus der in Schritt (1) erhaltenen Sortierfolge herausgegriffen. Im betrachteten Beispiel verbleibt lediglich Auftrag 2. Dieser Auftrag wird alternativ an allen Positionen der zuvor erhaltenen Auftragsreihenfolge 1-3 eingefügt, wobei die *relative* Reihenfolge der zuvor betrachteten Aufträge unverändert bleibt. In Frage kommen also die Auftragsreihenfolgen 2-1-3, 1-2-3 sowie 1-3-2. Diejenige Auftragsreihenfolge mit der geringsten Zykluszeit wird festgehalten. Die Berechnungen sind in den folgenden drei Tabellen zusammengestellt.

Produktions- auftrag	Maschine 1	2	3	4
2	2	5	11	15
1	5	9	13	22
3	13	16	17	27

Produktions- auftrag	Maschine 1	2	3	4
1	3	7	9	16
2	5	10	16	20
3	13	16	17	25

Produktions- auftrag	Maschine 1	2	3	4
1	3	7	9	16
3	11	14	15	21
2	13	17	23	27

Man sieht, daß die kürzeste Zykluszeit von 25 Zeiteinheiten bei der Auftragsreihenfolge 1-2-3 erzielt wird. Im betrachteten Beispiel ist der Rechengang hiermit abgeschlossen. Falls noch weitere Aufträge vorhanden sind, wird Schritt (3) wiederholt, bis alle Aufträge eingeordnet sind, wobei die zuvor erhaltene *relative* Auftragsreihenfolge 1-2-3 unverändert bleibt.

Der Rechenaufwand der Heuristik von Nawaz, Enscore und Ham in der hier dargestellten Form läßt sich durch eine Funktion vom Typ $O(n^3m)$ beschreiben, wobei n die Anzahl der Aufträge und m die Anzahl der Maschinen angibt. Durch eine effiziente Implementierung des Verfahrens läßt sich der Lösungsaufwand auf $O(n^2m)$ Rechenschritte verringern (vgl. Taillard 1990). Numerische Untersuchungen haben gezeigt, daß die Heuristik von Nawaz, Enscore und Ham hinsichtlich der Lösungsgüte anderen vergleichbaren Verfahren überlegen ist.

Aufgabe D15.9: Maschinenbelegung bei linearem Materialfluß

Die folgende stark vereinfachte Problemstellung soll Ihnen einige Auswirkungen verdeutlichen, die beim Übergang von einer geschlossenen zu einer offenen Produktweitergabe entstehen. Von geschlossener Produktweitergabe spricht man, wenn die Bearbeitung eines Produktionsloses auf einer Maschine erst dann beginnen kann, nachdem das gesamte Produktionslos die vorhergehende Maschine durchlaufen hat. Der Weitertransport erfolgt hierbei in einem einzigen Transportlos. Hingegen erfolgt bei offener Produktweitergabe der

Transport zwischen zwei aufeinanderfolgenden Maschinen in kleineren Transportlosen, im Grenzfall sogar einzelstückweise.

Betrachtet werden zwei Produkte A und B, die jeweils zuerst auf der Maschine M1 und anschließend auf der Maschine M2 bearbeitet werden müssen. Die Stückbearbeitungszeit von Produkt A beträgt drei Zeiteinheiten auf Maschine M1 und zwei Zeiteinheiten auf Maschine M2. Die entsprechenden Daten für Produkt B sind vier bzw. drei Zeiteinheiten. Rüstzeiten fallen nicht an. Das Produktionslos von Produkt A umfaßt vier, dasjenige von Produkt B zwei Mengeneinheiten. Erst nachdem ein Produktionslos vollständig bearbeitet ist, kann die Maschine mit dem nächsten Produkt belegt werden.

a) Die beiden Produkte sollen zum einen in der Reihenfolge A-B und zum anderen in der Reihenfolge B-A bei geschlossener Produktweitergabe aufgelegt werden. Zeichnen Sie für beide Fälle ein Ablaufdiagramm und stellen Sie die Gesamtbelegungszeit des Produktionssystems (Zykluszeit, makespan) fest.

b) Wiederholen Sie Aufgabe a) für den Fall offener Produktweitergabe.

Lösung

a) Die Maschinenbelegung für den Fall geschlossener Produktweitergabe ist in Abb. D15.14 und D15.15 dargestellt. Die Auflegungsreihenfolge A-B erweist sich mit einer Gesamtbelegungszeit von 26 Zeiteinheiten als günstiger im Vergleich zu der Auflegungsreihenfolge B-A, bei der das Produktionssystem 28 Zeiteinheiten belegt ist.

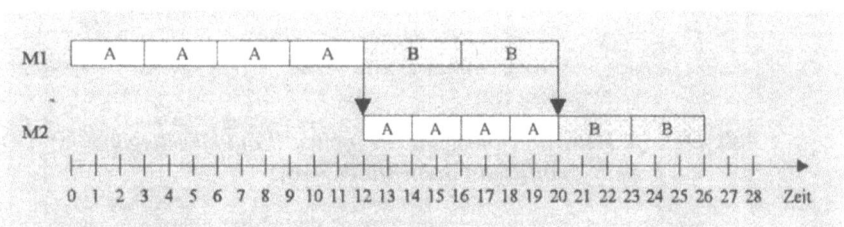

*Abb. D15.14: Maschinenbelegung bei geschlossener Produktweitergabe
(Auflegungsreihenfolge A-B)*

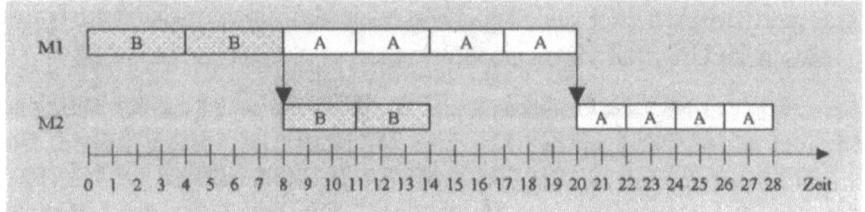

Abb. D15.15: Maschinenbelegung bei geschlossener Produktweitergabe
(Auflegungsreihenfolge B-A)

b) Abb. D15.16 und D15.17 zeigen die Maschinenbelegung für den Fall offener Produktweitergabe. Zunächst fällt auf, daß sich gegenüber der geschlossenen Produktweitergabe die Gesamtbelegungszeit der Produktion deutlich verkürzt hat. Außerdem erweist sich nun die Auflegungsreihenfolge B-A als günstiger, da sie zu einer Gesamtbelegungszeit von 22 Zeiteinheiten führt im Vergleich zu der Auflegungsreihenfolge A-B mit einer Gesamtbelegungszeit von 23 Zeiteinheiten. Der Übergang von einer geschlossenen zu einer offenen Produktweitergabe hat hier also einen Wechsel der optimalen Auflegungsreihenfolge bewirkt. Würde man beispielsweise die beiden Produkte in der Reihenfolge B-A-A-B-A-A auflegen, so ließe sich ebenfalls eine Gesamtbelegungszeit von 22 Zeiteinheiten erzielen.

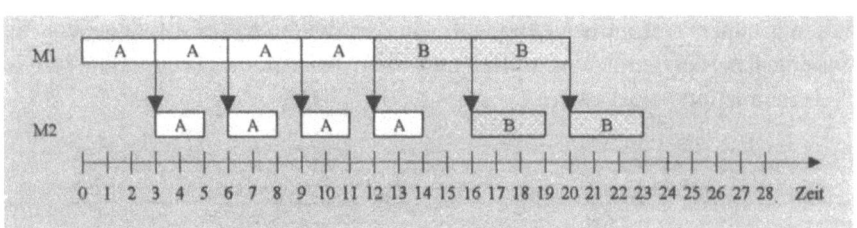

Abb. D15.16: Maschinenbelegung bei offener Produktweitergabe
(Auflegungsreihenfolge A-B)

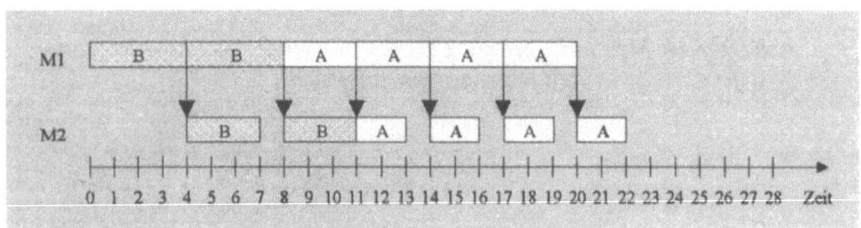

Abb. D15.17: Maschinenbelegung bei offener Produktweitergabe
(Auflegungsreihenfolge B-A)

Aufgabe D15.10: Maschinenbelegung bei konvergierendem Materialfluß

Die betrachtete Problemstellung ist ähnlich wie in der vorhergehenden Übungsaufgabe, jedoch nimmt der Materialfluß einen konvergierenden Verlauf an. Produkt A wird zuerst auf der Maschine M1 und Produkt B auf der Maschine M2 bearbeitet. Anschließend erfolgt für beide Produkte die Weiterbearbeitung auf der Maschine M3. Die Stückbearbeitungszeit von Produkt A beträgt fünf Zeiteinheiten auf Maschine M1 und vier Zeiteinheiten auf Maschine M3. Produkt B erfordert eine Stückbearbeitungszeit von drei Zeiteinheiten auf Maschine M2 und von einer Zeiteinheit auf Maschine M3. Rüstzeiten fallen nicht an. Von Produkt A sind drei und von Produkt B vier Mengeneinheiten als Produktionslos zu fertigen.

a) Stellen Sie für den Fall der geschlossenen Produktweitergabe die Maschinenbelegung als Ablaufdiagramm graphisch dar, wobei einmal auf der Maschine M3 zuerst Produkt A und zum anderen zuerst Produkt B aufgelegt wird. Welche Alternative führt zu der geringsten Gesamtbelegungszeit des Produktionssystems?

b) Wiederholen Sie Aufgabe a) für den Fall offener Produktweitergabe.

c) Betrachten Sie wiederum den Fall offener Produktweitergabe. Auf der Maschine M3 sollen die Werkstücke jedoch einzeln aufgelegt werden, unabhängig davon, ob es sich um Produkt A oder B handelt, und zwar nach Maßgabe des "First-Come-First-Served" Prinzips.

Lösung

a) Aus Abb. D15.18 und D15.19 ist ersichtlich, daß die Auflegungsreihenfolge B-A zu einer Gesamtbelegungszeit von 28 Zeiteinheiten führt im Vergleich zu 31 Zeiteinheiten bei der umgekehrten Auflegungsreihenfolge A-B.

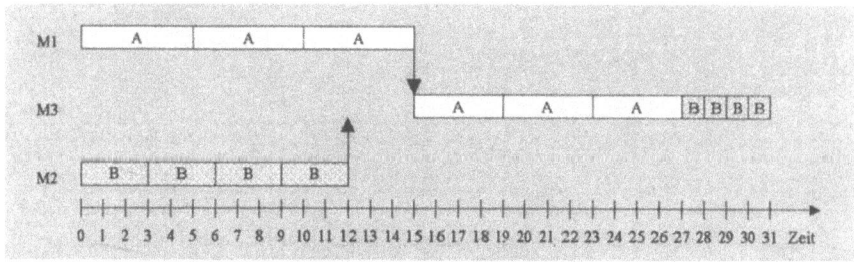

Abb. D15.18: Maschinenbelegung bei geschlossener Produktweitergabe
(Auflegungsreihenfolge A-B)

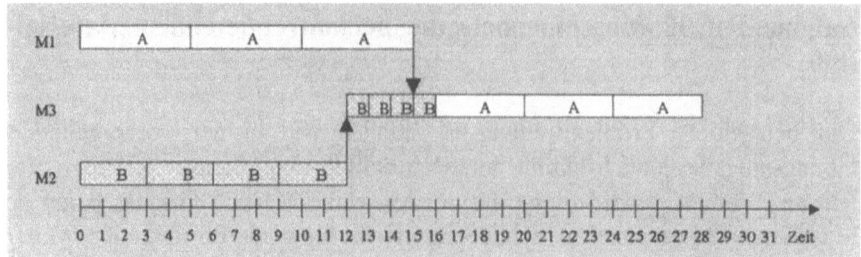

Abb. D15.19: Maschinenbelegung bei geschlossener Produktweitergabe
(Auflegungsreihenfolge B-A)

b) Die Maschinenbelegung für den Fall offener Produktweitergabe ist in Abb.
D15.20 und D15.21 dargestellt. Auffällig ist wiederum die deutliche Verkür-
zung der Durchlaufzeiten und der Belegungszeiten des Produktionssystems.
Ebenso wie in dem Beispiel der Übungsaufgabe D15.7 bewirkt auch hier der
Übergang von einer geschlossenen zu einer offenen Produktweitergabe einen
Wechsel der optimalen Auflegungsreihenfolge. Bei der Auflegungsreihenfolge
A-B ist das Produktionssystem 23, bei der umgekehrten Auflegungsreihenfolge
25 Zeiteinheiten belegt.

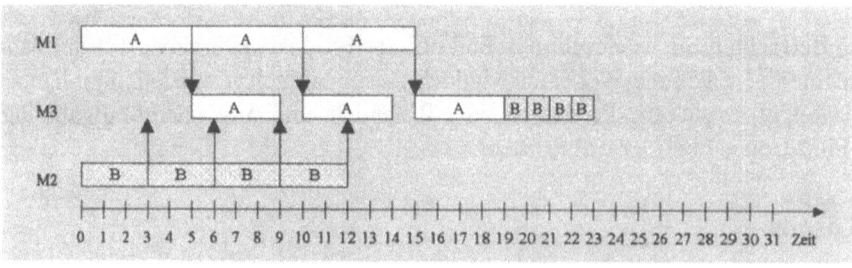

Abb. D15.20: Maschinenbelegung bei offener Produktweitergabe
(Auflegungsreihenfolge A-B)

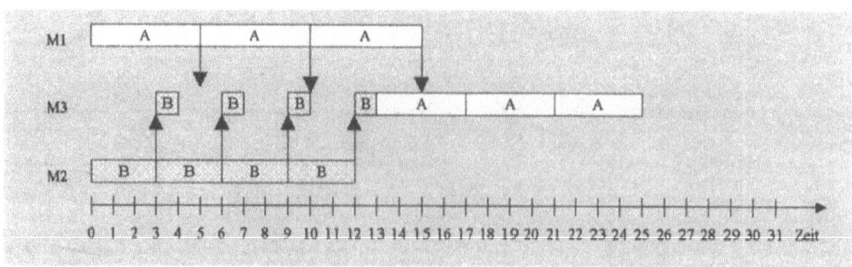

Abb. D15.21: Maschinenbelegung bei offener Produktweitergabe
(Auflegungsreihenfolge B-A)

c) Abb. D15.22 zeigt, daß der Produktwechsel bei der Belegung von Maschine M3 den Materialfluß weiterhin beschleunigt. Die Gesamtbelegungszeit des Produktionssystems beträgt nunmehr lediglich 20 Zeiteinheiten.

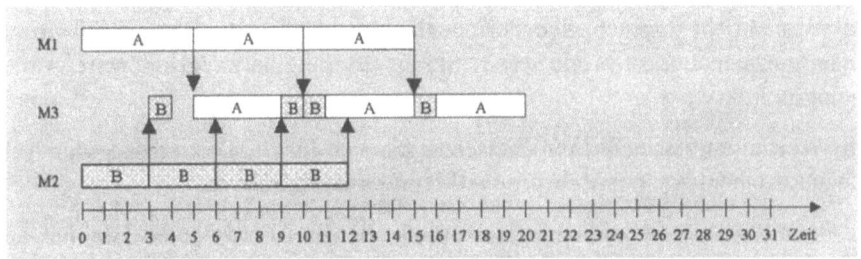

Abb. D15.22: Maschinenbelegung bei offener Produktweitergabe (First-Come-First-Served)

Aufgabe D15.11: Auflegungsreihenfolge bei Mehrproduktfließproduktion, Toyota-Goal-Chasing-Methode

In vielen nach dem Prinzip der Fließproduktion organisierten Produktionssegmenten werden verschiedene Varianten eines Grundproduktes auf denselben Anlagen hergestellt. Beispiele finden sich in der Produktion von Automobilen oder von Haushaltsgeräten. In der Regel unterscheiden sich die Produktvarianten durch ihre Bearbeitungszeiten in den einzelnen Arbeitsstationen. Die Produktionsanlagen sind im allgemeinen so flexibel ausgelegt, daß weder nennenswerte Rüstzeiten noch Rüstkosten anfallen. Die Taktzeit des Fließproduktionssystems ergibt sich als Quotient aus der verfügbaren Produktionszeit pro Periode und der erforderlichen Gesamtzahl an Ausbringungseinheiten pro Periode.

Als Beispiel sei eine Fließproduktion betrachtet, in der die Produktvarianten A, B und C hergestellt werden. Von A werden pro Periode 120, von B 180 und von C 60 Mengeneinheiten benötigt. Die Stückbearbeitungszeiten in den drei Arbeitsstationen des Produktionssystems sind der folgenden Tabelle zu entnehmen.

Arbeitsstation	1	2	3
Produkt A	4	3	2
Produkt B	2	2	4
Produkt C	2	6	1

a) Was spricht dagegen, den Periodenbedarf der drei Produkte jeweils in einem einzigen Los zu produzieren? Skizzieren Sie eine zweckmäßigere Auflegungspolitik.

b) Welche unterschiedlichen Zielsetzungen sind für die Bestimmung der Auflegungsreihenfolge bei Mehrproduktfließproduktion relevant?

c) Ermitteln Sie die Auflegungsreihenfolge der drei Produkte im Hinblick auf den Belastungsausgleich in der Engpaßstation.

d) Ermitteln Sie die Auflegungsreihenfolge der drei Produkte nach der Toyota-Goal-Chasing-Methode.

e) Stellen Sie den Produktionsablauf für die mit Hilfe der Toyota-Goal-Chasing-Methode ermittelte Auflegungsreihenfolge in einem Laufzeitdiagramm (Gantt-Diagramm) graphisch dar.

Lösung

a) Da bei der hier betrachteten Mehrproduktfließproduktion weder Rüstzeiten noch -kosten anfallen, würde die Auflegung großer Produktionslose nur unnötige Lagerkosten verursachen. Überdies wären Lagerraumkapazitäten zur Unterbringung der Zwischenlagerbestände erforderlich. Eine zweckmäßigere Auflegungspolitik besteht darin, kürzere Produktionszyklen zu bilden, in denen die einzelnen Produktvarianten ihren Bedarfsanteilen entsprechend vertreten sind. In dem betrachteten Beispiel stehen die Mengenbedarfe der Produkte A, B und C im Verhältnis 2:3:1. Es bietet sich daher an, einen entsprechenden Produktionszyklus mit insgesamt sechs Produkten zu bilden. Nach 60 Wiederholungen dieses Produktionszyklus werden die vorgegebenen Periodenbedarfe erreicht. Im weiteren geht es darum, die Auflegungsreihenfolge der Produkte innerhalb des Produktionszyklus zu bestimmen.

b) Im wesentlichen werden bei der Fließproduktion von Produktvarianten ("mixed model assembly lines") zwei unterschiedliche Zielsetzungen verfolgt. Zum einen geht es darum, die Auflegungsreihenfolge so zu wählen, daß die Belastung der Engpaßstation des Fließproduktionssystems möglichst ausgeglichen ist. Um die Arbeitslast möglichst eng an der Taktzeit auszurichten, ist es zweckmäßig, Produkte mit geringerer und solche mit höherer Bearbeitungszeit alternierend aufzulegen. Eine andere Zielsetzung besteht darin, die Auflegungsreihenfolge der Produkte möglichst eng an ihren Bedarfsraten auszurichten. Hierdurch sollen Zwischenlagerbestände, die durch die Asynchronität von Produktion und Bedarf verursacht werden, weitgehend verringert werden. Vor allem in der japanischen Automobilproduktion hat diese Zielsetzung Vorrang erlangt. Eine bekannte Heuristik ist die Toyota-Goal-Chasing-Methode (vgl. Monden 1993, Kap. 4 und 16).

c) Ausgegangen wird von einem Produktionszyklus, der zwei Einheiten von Produkt A, drei Einheiten von Produkte B sowie eine Einheit von Produkt C enthält. Um die durchschnittliche Belastung der drei Arbeitsstationen zu ermitteln, gewichtet man die Stückbearbeitungszeiten der einzelnen Produkte mit den jeweiligen Bedarfsraten. Man erhält:

```
Arbeitsstation 1: (2·4 + 3·2 + 1·2)/6 = 16/6
Arbeitsstation 2: (2·3 + 3·2 + 1·6)/6 = 18/6
Arbeitsstation 3: (2·2 + 3·4 + 1·1)/6 = 17/6
```

Die Arbeitsstation 2 bildet den Engpaß des Produktionssystems, da sie die größte durchschnittliche Belastung von $18/6$ Zeiteinheiten je Produkteinheit aufweist. Hieraus ergibt sich eine Taktzeit von $c=3$ Zeiteinheiten. Der Produktionszyklus umfaßt insgesamt sechs Positionen $p=1,...,6$. Um die einzelnen Produkteinheiten diesen Positionen nacheinander zuzuordnen, wählt man jeweils dasjenige Produkt, welches den geringsten Absolutwert der folgenden Prioritätsziffer aufweist:

$$\delta_j = \left| b_j + B_{p-1} - p \cdot c \right|$$

geplante durchschnittliche Belastung der Engpaßstation nach p Produkteinheiten (c = Taktzeit)

Belastung der Engpaßstation aufgrund der vorausgehenden p-1 Produkteinheiten

Stückbearbeitungszeit von Produkt j in der Engpaßstation

Bei dieser Prioritätsziffer bedeuten Idealwerte von Null eine vollkommen ausgeglichene Belastung der Engpaßstation. Zur Bestimmung der Auflegungsreihenfolge gemäß der obigen Prioritätsregel werden die folgenden Schritte durchlaufen:

Position $p=1$:

```
B₀ = 0
δ_A = |3 + 0 - 1·3| = 0
δ_B = |2 + 0 - 1·3| = 1
δ_C = |6 + 0 - 1·3| = 3
```

Gewählt wird Produkt A.

Position $p=2$:

```
B₁ = 3
```

$$\delta_A = |3 + 3 - 2 \cdot 3| = 0$$
$$\delta_B = |2 + 3 - 2 \cdot 3| = 1$$
$$\delta_C = |6 + 3 - 2 \cdot 3| = 3$$

Gewählt wird Produkt A. Da nunmehr die beiden vorgesehenen Einheiten von Produkt A im Produktionszyklus enthalten sind, werden im folgenden lediglich die Produkte B und C betrachtet.

Position p=3:

$$B_2 = 6$$
$$\delta_B = |2 + 6 - 3 \cdot 3| = 1$$
$$\delta_C = |6 + 6 - 3 \cdot 3| = 3$$

Gewählt wird Produkt B.

Position p=4:

$$B_3 = 8$$
$$\delta_B = |2 + 8 - 4 \cdot 3| = 2$$
$$\delta_C = |6 + 8 - 4 \cdot 3| = 2$$

Wir entscheiden uns willkürlich für Produkt B.

Position p=5:

$$B_4 = 10$$
$$\delta_B = |2 + 10 - 5 \cdot 3| = 3$$
$$\delta_C = |6 + 10 - 5 \cdot 3| = 1$$

Gewählt wird Produkt C. Die letzte Position im Produktionszyklus wird mit Produkt B besetzt. Die gesamte Auflegungsreihenfolge lautet:

A - A - B - B - C - B

Die mit Hilfe der obigen Prioritätsregel gefundenen Lösungen zeichnen sich dadurch aus, daß zunächst Produkte eingeplant werden, deren Stückbearbeitungszeit nahe bei der Taktzeit liegt. In den späteren Positionen des Produktionszyklus finden sich abwechselnd Produkte mit kurzer und mit langer Stückbearbeitungszeit.

d) Bei der Toyota-Goal-Chasing-Methode handelt es sich um eine einfach aufgebaute Heuristik, die für den Einsatz in einer Kanban-gesteuerten Produktionsumgebung gedacht ist. Die einzelnen Produkte sollen im Produktionszyklus so angeordnet werden, daß ihre Produktionsrate möglichst eng an der Bedarfsrate ausgerichtet ist. Hierzu werden ähnlich wie in c) die Produkte nacheinander aufgrund einer bestimmten Prioritätsregel in den Produktionszyklus aufgenommen. Gewählt wird jeweils dasjenige Produkt, welches den größten Wert der folgenden Prioritätsziffer aufweist:

$$\lambda_j = \underline{p \cdot \beta_j} - \underline{\alpha_{j,p-1}}$$

Anzahl der Einheiten von Produkt j in den ersten p-1
Positionen des Produktionszyklus

durchschnittlicher Bedarf von Produkt j nach p Produkteinheiten
(β_j = Anteil von Produkt j im Produktionszyklus)

Die Bezeichnung "Goal-Chasing-Methode" leitet sich daraus ab, daß immer dasjenige Produkt "gejagt" wird, dessen Produktionsrate am weitesten der Bedarfsrate hinterherläuft. Zur Bestimmung der Auflegungsreihenfolge gemäß dieser Heuristik werden die folgenden Schritte durchlaufen:

Position p=1:

$\alpha_{A0} = 0;\ \alpha_{B0} = 0;\ \alpha_{C0} = 0$

$\lambda_A = 1 \cdot (2/6) - 0 = 2/6$

$\lambda_B = 1 \cdot (3/6) - 0 = 3/6$

$\lambda_C = 1 \cdot (1/6) - 0 = 1/6$

Gewählt wird Produkt B.

Position p=2:

$\alpha_{A1} = 0;\ \alpha_{B1} = 1;\ \alpha_{C1} = 0$

$\lambda_A = 2 \cdot (2/6) - 0 = 4/6$

$\lambda_B = 2 \cdot (3/6) - 1 = 0$

$\lambda_C = 2 \cdot (1/6) - 0 = 2/6$

Gewählt wird Produkt A.

Position p=3:

$\alpha_{A2} = 1;\ \alpha_{B2} = 1;\ \alpha_{C2} = 0$

$\lambda_A = 3 \cdot (2/6) - 1 = 0$

$\lambda_B = 3 \cdot (3/6) - 1 = 3/6$

$\lambda_C = 3 \cdot (1/6) - 0 = 3/6$

Wir entscheiden uns willkürlich für Produkt B.

Position p=4:

$\alpha_{A3} = 1;\ \alpha_{B3} = 2;\ \alpha_{C3} = 0$

$\lambda_A = 4 \cdot (2/6) - 1 = 2/6$

$\lambda_B = 4 \cdot (3/6) - 2 = 0$

$\lambda_C = 4 \cdot (1/6) - 0 = 4/6$

Gewählt wird Produkt C. Da dieses Produkt nur einmal im Produktionszyklus vorkommt, wird es im weiteren nicht mehr betrachtet.

<u>Position p = 5:</u>

$$\alpha_{A4} = 1; \ \alpha_{B4} = 2$$
$$\lambda_A = 5 \cdot (2/6) - 1 = 4/6$$
$$\lambda_B = 5 \cdot (3/6) - 2 = 3/6$$

Gewählt wird Produkt A. Die letzte Position im Produktionszyklus wird mit Produkt B besetzt. Die gesamte Auflegungsreihenfolge lautet:

B - A - B - C - A - B

e) Das zugehörige Laufzeitdiagramm ist in Abb. D15.23 wiedergegeben. Darin sind die einzelnen Arbeitsgänge jeweils zum frühestmöglichen Zeitpunkt angeordnet. Man erkennt, daß verschiedene Zwischenleerzeiten auftreten. Die zweite Arbeitsstation ist insgesamt 20 und die dritte 22 Zeiteinheiten belegt. Somit wäre die vorgegebene Taktzeit von drei Zeiteinheiten nicht einzuhalten. Durch "Rechtsschiften", d.h. Anordnung der Arbeitsgänge zum spätestmöglichen Zeitpunkt, gelingt es jedoch, in jeder Arbeitstation die Taktzeit von drei bzw. die Zykluszeit von 18 Zeiteinheiten einzuhalten. Abb. D15.24 zeigt eine entsprechende Aufeinanderfolge von drei Produktionszyklen.

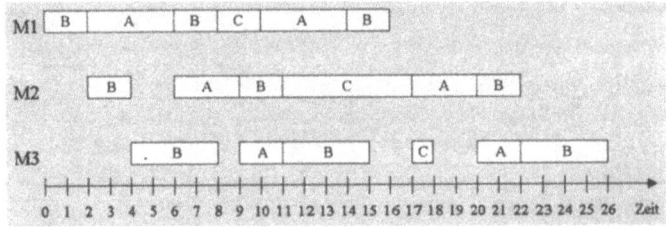

Abb. D15.23: Produktionsablauf

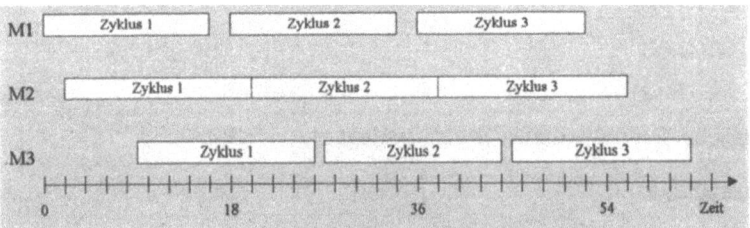

Abb. D15.24: Sequenz von drei Produktionszyklen

Die Realisierung der in Abb. D15.24 dargestellten Produktionszyklen ist jedoch nur bei asynchronem Materialfluß und ausreichenden Pufferplätzen zwischen den Arbeitsstationen möglich. Bei einer simultanen Fortbewegung der Arbeitsobjekte, wie sie bei Transferstraßen erfolgt, könnte die vorgegebene Taktzeit nicht eingehalten werden. Vielfach sind Montagelinien auch mit kontinuierlich sich bewegenden Transporteinrichtungen ausgestattet (z.B. Fließbänder in der Endmontage von Automobilen). Hierbei können die Werker in gewissen Grenzen den Bereich ihrer Arbeitsstation verlassen und in die nachfolgende Station "abschwimmen" bzw. sich in die vorgelagerte Station "hocharbeiten" (vgl. Günther/Tempelmeier 1995, Kap. 9.2.3). Um derartige "Abschwimm- und Aufholbewegungen" in zulässigen Grenzen zu halten, müssen u.U. zusätzliche Restriktionen bei der Bestimmung der Auflegungsreihenfolgen berücksichtigt werden (vgl. Monden 1993, Kap. 17).

Aufgabe D15.12: Toyota-Goal-Chasing-Methode, zweistufige Produktion

Betrachtet wird ein zweistufiges Produktionssystem, wie es in vielen Industriezweigen mit kundenorientierter Endmontage ("assemble to order") und auftragsunabhängiger Vorproduktion vorzufinden ist. In der Endmontage, die als Fließproduktion ausgelegt ist, werden verschiedene Varianten eines Grundproduktes auf denselben Anlagen hergesellt, ohne daß nennenswerte Rüstzeiten und Rüstkosten anfallen. Die Vorproduktion verschiedener benötigter Baugruppen erfolgt jeweils in einem separaten Produktionssegment. Häufig handelt es sich bei diesen Baugruppen um Ausstattungselemente, die als Optionen nur in bestimmten Endproduktvarianten vorkommen (z.B. Automatikgetriebe, Klimaanlagen oder Allradantrieb bei Automobilen). Um die Zwischenlagerbestände der Baugruppen so gering wie möglich zu halten, muß die Auflegungsreihenfolge der Endproduktvarianten so gestaltet werden, daß eine gleichmäßige Vorproduktion der einzelnen Baugruppen erreicht werden kann.

Das zugrundeliegende Planungsproblem läßt sich anhand Abb. D15.25 als Zahlenbeispiel verdeutlichen. Die drei rechteckigen Knoten in der oberen Ebene kennzeichnen die Endproduktvarianten j = A,B,C mit ihren zugehörigen Bedarfsmengen von jeweils drei Einheiten für die Endprodukte A und B sowie zwei Einheiten für Endprodukt C. Die vier runden Knoten in der unteren Ebene entsprechen verschiedenen Baugruppen k = 1,2,3,4, die als Optionen in den drei Endproduktvarianten vorkommen können. Aus den in der graphischen Darstellung eingezeichneten Pfeilverbindungen ist abzulesen, welche Baugruppen bei der Montage der einzelnen Endproduktvarianten verwendet werden. Je Endprodukteinheit wird jeweils nur eine Einheit einer Baugruppe benötigt.

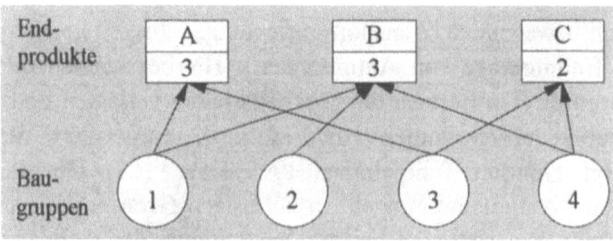

Abb. D15.25: Bedarfsverflechtung

Bestimmen Sie die Auflegungsreihenfolge der Endprodukte nach der Toyota-
Goal-Chasing-Methode.

Lösung

Aus Abb. D15.25 läßt sich unmittelbar ableiten, daß insgesamt acht Endprodukteinheiten zu produzieren sind. Der zugehörige Bedarf an Baugruppen
beträgt sechs Einheiten von Baugruppe 1, drei Einheiten von Baugruppe 2 sowie jeweils fünf Einheiten von den Baugruppen 3 und 4. Hieraus ergeben sich
die folgenden Bedarfsanteile der einzelnen Baugruppen an der Gesamtmenge
der Endprodukte:

$\beta_1 = 6/8; \quad \beta_2 = 3/8; \quad \beta_3 = 5/8; \quad \beta_4 = 5/8$

Das Grundprinzip der Toyota-Goal-Chasing-Methode wurde bereits in der
vorhergehenden Aufgabe erläutert. Die Endprodukte werden wiederum nacheinander aufgrund einer bestimmten Prioritätsregel in die Positionen p = 1,...,8
des Produktionszyklus aufgenommen (vgl. Monden 1993, Kap. 16). Gewählt
wird jeweils dasjenige Produkt, welches den größten Wert der folgenden Prioritätsziffer aufweist:

$$\lambda_j = \sum_{k \in K(j)} \frac{(p \cdot \beta_k - \alpha_{k,p-1})}{}$$

                       └ geplante Produktion von Baugruppe k nach
                         p-1 Positionen des Produktionszyklus

             └ durchschnittlicher Bedarf von Baugruppe k nach
                p Positionen des Produktionszyklus (β_k = Anteil
                von Baugruppe k im Produktionszyklus)

    └ Indexmenge derjenigen Baugruppen, die für Endprodukt j
      benötigt werden

Die obige Prioritätsregel erfaßt für jede Baugruppe den Abstand zwischen der
durchschnittlichen Bedarfsrate und der bis zu einer bestimmten Position des
Produktionszyklus tatsächlich eingeplanten Produktion an Baugruppen. Vorrang wird demjenigen Endprodukt gegeben, für das dieser Abstand bezogen
auf sämtliche benötigten Baugruppen maximal ist. Ergebnis ist ein geglätteter

Bedarfsverlauf der einzelnen Baugruppen, der wiederum eine wesentliche Voraussetzung für die Materialbereitstellung nach dem Kanban-Prinzip darstellt.

Zur Bestimmung der Auflegungsreihenfolge gemäß der Toyota-Goal-Chasing-Methode werden die folgenden Schritte durchlaufen:

Position p = 1:

$$\alpha_{10} = 0; \ \alpha_{20} = 0; \ \alpha_{30} = 0; \ \alpha_{40} = 0$$
$$\lambda_A = 1 \cdot (6/8) - 0 \qquad\qquad + 1 \cdot (5/8) - 0 \qquad\qquad = 11/8$$
$$\lambda_B = 1 \cdot (6/8) - 0 + 1 \cdot (3/8) - 0 \qquad\qquad + 1 \cdot (5/8) - 0 = 14/8$$
$$\lambda_C = \qquad\qquad\qquad\qquad 1 \cdot (5/8) - 0 + 1 \cdot (5/8) - 0 = 10/8$$

Gewählt wird Endprodukt B. In der Vorproduktion wird jeweils eine Einheit der Baugruppen 1, 2 und 4 vorgesehen.

Position p = 2:

$$\alpha_{11} = 1; \ \alpha_{21} = 1; \ \alpha_{31} = 0; \ \alpha_{41} = 1$$
$$\lambda_A = 2 \cdot (6/8) - 1 + \qquad\qquad + 2 \cdot (5/8) - 0 \qquad\qquad = 14/8$$
$$\lambda_B = 2 \cdot (6/8) - 1 + 2 \cdot (3/8) - 1 \qquad\qquad + 2 \cdot (5/8) - 1 = 4/8$$
$$\lambda_C = \qquad\qquad\qquad\qquad 2 \cdot (5/8) - 0 + 2 \cdot (5/8) - 1 = 12/8$$

Gewählt wird Endprodukt A. In der Vorproduktion wird jeweils eine Einheit der Baugruppen 1 und 3 vorgesehen. Die Produktion von Baugruppe 1 erhöht sich nunmehr auf zwei Einheiten.

Position p = 3:

$$\alpha_{12} = 2; \ \alpha_{22} = 1; \ \alpha_{32} = 1; \ \alpha_{42} = 1$$
$$\lambda_A = 3 \cdot (6/8) - 2 + \qquad\qquad + 3 \cdot (5/8) - 1 \qquad\qquad = 9/8$$
$$\lambda_B = 3 \cdot (6/8) - 2 + 3 \cdot (3/8) - 1 \qquad\qquad + 3 \cdot (5/8) - 1 = 10/8$$
$$\lambda_C = \qquad\qquad\qquad\qquad 3 \cdot (5/8) - 1 + 3 \cdot (5/8) - 1 = 14/8$$

Gewählt wird Endprodukt C. Die Produktionsmengen in der Vorproduktion werden entsprechend erweitert.

Position p = 4:

$$\alpha_{13} = 2; \ \alpha_{23} = 1; \ \alpha_{33} = 2; \ \alpha_{43} = 2$$
$$\lambda_A = 4 \cdot (6/8) - 2 + \qquad\qquad + 4 \cdot (5/8) - 2 \qquad\qquad = 12/8$$
$$\lambda_B = 4 \cdot (6/8) - 2 + 4 \cdot (3/8) - 1 \qquad\qquad + 4 \cdot (5/8) - 2 = 16/8$$
$$\lambda_C = \qquad\qquad\qquad\qquad 4 \cdot (5/8) - 2 + 4 \cdot (5/8) - 2 = 8/8$$

Gewählt wird Endprodukt B. Die Produktionsmengen in der Vorproduktion werden entsprechend erweitert.

Position p = 5:

$$\alpha_{14} = 3; \ \alpha_{24} = 2; \ \alpha_{34} = 2; \ \alpha_{44} = 3$$

$$\lambda_A = 5 \cdot (6/8) - 3 + \qquad\qquad + 5 \cdot (5/8) - 2 \qquad\qquad = 15/8$$
$$\lambda_B = 5 \cdot (6/8) - 3 + 5 \cdot (3/8) - 2 \qquad\qquad + 5 \cdot (5/8) - 3 = 6/8$$
$$\lambda_C = \qquad\qquad\qquad 5 \cdot (5/8) - 2 + 5 \cdot (5/8) - 3 = 10/8$$

Gewählt wird Endprodukt A. Die Produktionsmengen in der Vorproduktion werden entsprechend erweitert.

Position p=6:

$$\alpha_{15} = 4; \ \alpha_{25} = 2; \ \alpha_{35} = 3; \ \alpha_{45} = 3$$
$$\lambda_A = 6 \cdot (6/8) - 4 + \qquad\qquad + 6 \cdot (5/8) - 3 \qquad\qquad = 10/8$$
$$\lambda_B = 6 \cdot (6/8) - 4 + 6 \cdot (3/8) - 2 \qquad\qquad + 6 \cdot (5/8) - 3 = 12/8$$
$$\lambda_C = \qquad\qquad\qquad 6 \cdot (5/8) - 3 + 6 \cdot (5/8) - 3 = 12/8$$

Wir entscheiden uns willkürlich für Endprodukt B. Die Produktionsmengen in der Vorproduktion werden entsprechend erweitert. Da nunmehr die drei benötigten Einheiten von B im Produktionszyklus enthalten sind, scheidet dieses Endprodukt aus den weiteren Betrachtungen aus.

Position p=7:

$$\alpha_{15} = 5; \ \alpha_{25} = 3; \ \alpha_{35} = 3; \ \alpha_{45} = 4$$
$$\lambda_A = 7 \cdot (6/8) - 5 + \qquad\qquad + 7 \cdot (5/8) - 3 \qquad\qquad = 13/8$$
$$\lambda_C = \qquad\qquad\qquad 7 \cdot (5/8) - 3 + 7 \cdot (5/8) - 4 = 14/8$$

Gewählt wird Endprodukt C. Die Produktionsmengen der Baugruppen betragen nunmehr:

$$\alpha_{15} = 5; \ \alpha_{25} = 3; \ \alpha_{35} = 4; \ \alpha_{45} = 5$$

In die letzte Position des Produktionszyklus wird Endprodukt A aufgenommen. Die Produktionsmengen der Baugruppen erhöhen sich auf:

$$\alpha_{15} = 6; \ \alpha_{25} = 3; \ \alpha_{35} = 5; \ \alpha_{45} = 5$$

Die gesamte Auflegungsreihenfolge lautet:

B - A - C - B - A - B - C - A

In der Literatur werden unterschiedliche Varianten der hier verwendeten Prioritätsregel beschrieben. Anstelle des linearen wird häufig auch ein quadratisches Abstandsmaß verwendet. Jedenfalls handelt es sich bei der Toyota-Goal-Chasing-Methode um eine einfache und leicht verständliche Heuristik, die in der industriellen Praxis zu zufriedenstellenden Ergebnissen führt. Erschwerend kommen häufig Restriktionen hinzu, die einen bestimmten Mindestabstand zwischen zwei Einheiten derselben Endproduktvariante erfordern oder die Aufeinanderfolge von bestimmten Endproduktvarianten einschränken. In derartigen Fällen läßt sich eine zulässige Auflegungsreihenfolge in der Regel nicht mehr mit Hilfe von einfachen Prioritätsregelverfahren ermitteln.

Aufgabe D15.13: Personaleinsatzplanung bei Inselproduktion

Die besondere Problemstellung der Personaleinsatzplanung bei Produktionsinseln besteht darin, die einzelnen Mitarbeiter unter Berücksichtigung ihrer persönlichen Qualifikation und der Anforderungen der einzelnen Einsatzstellen sowie des jeweiligen Kapazitätsbedarfs so den vorhandenen Produktionsinseln zuzuweisen, daß sowohl die betrieblichen Anforderungen als auch die persönlichen Präferenzen der Mitarbeiter erfüllt werden. Dieses Entscheidungsproblem stellt sich zumeist kurzfristig, etwa zu Beginn einer Schicht, wobei sowohl der tägliche Fehlbestand an Personal als auch die täglichen Schwankungen des Personalbedarfs zu berücksichtigen sind. In allgemeiner Form läßt sich die betrachtete Problemstellung wie folgt kennzeichnen:

- Sowohl die Qualifikation der einzelnen Mitarbeiter als auch die Anforderungen einer Einsatzstelle werden duch bestimmte *Qualifikationsmerkmale* (z.B. Ausbildung, Erfahrung, Einarbeitung, körperliche Eignung) erfaßt. Aus den jeweiligen Qualifikationsmerkmalen ergibt sich ein bestimmtes *Qualifikationsprofil*.

- Sämtliche Mitarbeiter, die dasselbe Qualifikationsprofil aufweisen, werden zu einer *Personalkategorie* zusammengefaßt, die eine bestimmte Kapazität aufweist. Im allgemeinen werden sich die Qualifikationsprofile der einzelnen Personalkategorien hinsichtlich verschiedener Qualifikationsmerkmale überschneiden.

- Zum Betrieb einer Produktionsinsel ist eine Arbeitsgruppe erforderlich, deren einzelne Mitglieder ein bestimmtes *Anforderungsprofil* erfüllen müssen. Es sei angenommen, daß von jedem in einer Produktionsinsel benötigten Anforderungsprofil ein gegebener *Personalbedarf* befriedigt werden muß, der sich aus den in der Produktionsinsel auszuführenden Produktionsaufträgen ableitet.

- Die Mitarbeiter einer Personalkategorie sind so vielseitig ausgebildet, daß sie verschiedene Anforderungsprofile erfüllen. Hieraus folgt, daß eine Personalkategorie in der Regel in mehreren Produktionsinseln eingesetzt werden kann.

Das Entscheidungsproblem besteht darin, den in den einzelnen Produktionsinseln auftretenden Personalbedarf durch Zuweisung von Mitarbeitern aus den verschiedenen Personalkategorien zu befriedigen. Eine Personalzuordnung ist dann zulässig, wenn das Qualifikationsprofil der betreffenden Personalkategorie das Anforderungsprofil einer Produktionsinsel erfüllt.

a) Formulieren Sie die Zulässigkeitsbedingungen des betrachteten Entscheidungsproblems.

b) Ergänzen Sie die Zulässigkeitsbedingungen um eine sinnvolle Zielfunktion.

c) Entwickeln Sie ein lineares Optimierungsmodell unter Verwendung der in den nachfolgenden Tabellen angegebenen Daten. In den Qualifikationsprofilen der vorhandenen Personalkategorien und in den Anforderungsprofilen der einzelnen Produktionsinseln kennzeichnen die Angaben von 1 bzw. 0 das Vorhandensein bzw. das Fehlen eines der vier betrachteten Qualifikations- bzw. Anforderungsmerkmale. Der Personalbedarf ergibt sich aufgrund von drei Produktionsaufträgen, die in zwei verschiedenen Produktionsinseln zu bearbeiten sind.

Personal-kategorie	Qualifikations-profil	Personalkapazität (Stunden/Woche)
1	1,1,1,0	200
2	0,1,1,1	180
3	1,1,1,1	60

Produktions-auftrag	Bearbeitungszeit (Stunden/Stück)		Auftrags-größe
	Produktionsinsel 1	Produktionsinsel 2	
1	1.0	1.5	10
2	0.5	1.2	20
3	1.5	0.5	30

Produktions-insel	Anforderungs-profil	Arbeits-gruppe
1	0,1,1,0	2 Personen
	1,1,0,0	1 Person
2	0,0,1,1	1 Person
	0,1,1,0	3 Personen

Lösung

a) Wir definieren die folgenden *Indizes und Indexmengen*:

$i \in I$ Produktionsinseln
$j \in J$ Produktionsaufträge
$j \in J(i)$ Produktionsaufträge, die in Produktionsinsel i bearbeitet werden
$k \in K$ Personalkategorien
$k \in K(q)$ Personalkategorien, die über Anforderungsprofil q verfügen
$q \in Q$ Qualifikations- bzw. Anforderungsprofile
$q \in Q(i)$ Anforderungsprofile, die in Produktionsinsel i benötigt werden

Für die *Daten* werden die folgenden Symbole verwendet:

a_{ij} Stückbearbeitungszeit pro Einheit von Produktionsauftrag j in Produktionsinsel i

b_j Auftragsgröße von Produktionsauftrag j
d_{iq} Anzahl Personen des Anforderungsprofils q, die zum Betrieb der Produktionsinsel i benötigt werden
PK_k Personalkapazität der Personalkategorie k

Es werden die folgenden *Entscheidungsvariablen* definiert:

x_{ik} der Produktionsinsel i zugeordnete Personalkapazität der Personalkategorie k

Eine zulässige Lösung des betrachteten Entscheidungsproblems muß die folgenden Bedingungen erfüllen (vgl. Günther 1995b):

$$\sum_{i \in I} x_{ik} \leq PK_k \qquad\qquad\qquad k \in K$$

$$\sum_{k \in K(q)} x_{ik} \geq \sum_{j \in J(i)} a_{ij} \cdot b_j \cdot d_{iq} \qquad i \in I, \; q \in Q'(i)$$

$$x_{ik} \geq 0 \qquad\qquad\qquad\qquad i \in I, \; k \in K$$

Die erste Bedingung sichert die Einhaltung der verfügbaren Personalkapazität. Die Deckung des Kapazitätsbedarfs durch Personalbereitstellung aus den verschiedenen Personalkategorien, die das in einer Produktionsinsel benötigte Anforderungsprofil erfüllen, wird durch die zweite Bedingung erreicht. Ergänzend kommen die Nichtnegativitätsbedingungen hinzu.

Um die Zulässigkeit der Lösung zu sichern, muß die Deckung des Personalbedarfs für alle *Kombinationen* Q'(i) der in Produktionsinsel i benötigten Anforderungsprofile gefordert werden. Lauten beispielsweise die Bedingungen zur Deckung des Kapazitätsbedarfs für zwei Produktionsinseln

$$x_1 + x_2 \geq 100$$
$$x_2 \geq 100$$

so würde eine zulässige Lösung mit $x_1 = 0$ und $x_2 = 100$ keinesfalls die geforderte Kapazitätsbereitsellung von jeweils 100 Einheiten sicherstellen. Erst durch die zusätzliche Bedingung

$$x_1 + x_2 \geq 200$$

wäre die Deckung des Kapazitätsbedarfs gewährleistet.

Sofern die Arbeitskräfte zwischen verschiedenen Produktionsinseln wechseln können, ist die Ganzzahligkeit der Entscheidungsvariablen nicht unbedingt erforderlich. Eine zulässige Lösung, die die obigen Bedingungen erfüllt, enthält noch keine unmittelbare Zuordnung einzelner Mitarbeiter zu bestimmten Produktionsinseln, doch kann kann aus der erhaltenen Aufteilung der Personalkapazität stets eine zulässige individuelle Personalzuordnung abgeleitet werden.

b) In vielen Fällen reicht es nicht aus, lediglich eine zulässige Lösung zu bestimmen. Vielmehr wird man die Personaleinsatzplanung gezielt unter Zugrundelegung bestimmter Kriterien vornehmen. Denkbar sind die folgenden Zielsetzungen:

- Der Personaleinsatz könnte gemäß den Präferenzen der Mitarbeiter erfolgen.

- Andererseits könnten die Abweichungen zwischen den Qualifikationsprofilen der Mitarbeiter und den Anforderungsprofilen der Einsatzstellen erfaßt werden.

- Vielfach besteht die Zielsetzung darin, die Gesamtleistung des Produktionssystems zu maximieren. Dies kann durch die Gleichverteilung von Kapazitätsreserven unter den einzelnen Produktionsinseln erreicht werden (vgl. Günther/Strauß 1994).

Zur Berücksichtigung der letztgenannten Zielsetzung dient die folgende Zielfunktion.

Maximiere

z

unter der Nebenbedingung

$$z \leq \frac{\sum\limits_{k \in K(q)} x_{ik}}{\sum\limits_{j \in J(i)} a_{ij} \cdot b_j \cdot d_{iq}} \qquad i \in I, \ q \in Q'(i)$$

c) Die Modellformulierung lautet:

Maximiere

z

unter den folgenden Nebenbedingungen, wobei redundante Nebenbedingungen in eckige Klammern gesetzt sind:

Kapazitätsbedarf (Produktionsinsel 1)

$[x_{11} + x_{12} + x_{13} \geq 10 \cdot 1.0 \cdot 2 + 20 \cdot 0.5 \cdot 2 + 30 \cdot 1.5 \cdot 2 = 130]$

$x_{11} + x_{13} \geq 10 \cdot 1.0 \cdot 1 + 20 \cdot 0.5 \cdot 1 + 30 \cdot 1.5 \cdot 1 = 65$

$x_{11} + x_{12} + x_{13} \geq 195$

Kapazitätsbedarf (Produktionsinsel 2)

$x_{22} + x_{23} \geq 10 \cdot 1.5 \cdot 1 + 20 \cdot 1.2 \cdot 1 + 30 \cdot 0.5 \cdot 1 = 54$

$[x_{21} + x_{22} + x_{23} \geq 10 \cdot 1.5 \cdot 3 + 20 \cdot 1.2 \cdot 3 + 30 \cdot 0.5 \cdot 3 = 162]$

$x_{21} + x_{22} + x_{23} \geq 216$

Bereitstellung der Personalkapazität

$x_{11} + x_{21} \leq 200$

$x_{12} + x_{22} \leq 180$

$x_{13} + x_{23} \leq 60$

<u>Gleichverteilung der Kapazitätsreserven (Produktionsinsel 1)</u>

$[z \leq (x_{11}+x_{12}+x_{13})/130]$

$z \leq (x_{11}+x_{13})/65$

$z \leq (x_{11}+x_{12}+x_{13})/195$

<u>Gleichverteilung der Kapazitätsreserven (Produktionsinsel 2)</u>

$z \leq (x_{22}+x_{23})/54$

$[z \leq (x_{21}+x_{22}+x_{23})/162]$

$z \leq (x_{21}+x_{22}+x_{23})/216$

Insgesamt steht in dem betrachteten Zahlenbeispiel ein Kapazitätsangebot von 440 einem gesamten Kapazitätsbedarf von 411 Einheiten gegenüber. Aufgrund der gewählten Zielfunktion wird die Überschußkapazität von 29 Einheiten gleichmäßig auf alle Produktionsinseln bzw. die jeweiligen Anforderungsprofile verteilt. Das Verhältnis von zugeteilter Kapazität und Kapazitätsbedarf entspricht jeweils dem Zielfunktionswert $z=1.07056$; d.h. jeder Produktionsinsel steht eine Kapazitätsreserve von ca. 7% zur Verfügung.

Aufgabe D15.14: Traveling-Salesman-Problem

Eines der bekanntesten Standardprobleme des Operations Research ist das Traveling-Salesman-Problem (TSP). Es besteht darin, daß ein Handlungsreisender, in seinem Wohnort startend eine bestimmte Menge von Kunden an unterschiedlichen Orten zu besuchen hat. Die Entfernungen von Kunde zu Kunde bzw. zu seinem Wohnort sind gegeben. Gesucht ist die kürzeste geschlossene Tour, bei der jeder Kunde genau einmal besucht wird. Die Tour beginnt und endet im Wohnort des Handlungsreisenden.

a) Nennen Sie Anwendungsbeispiele für das Traveling-Salesman-Problem in der industriellen Produktion.

b) Welche Arten von Traveling-Salesman-Problemen lassen sich unterscheiden?

Lösung

a) In der industriellen Produktion lassen sich u.a. die folgenden Beispiele für Planungsprobleme finden, die formal mit dem Traveling-Salesman-Problem übereinstimmen:

- Bei der Produktion von bestimmten Glasarten oder Ziegeln, aber auch in vielen chemischen Prozessen werden die einzelnen Erzeugnisse bei unterschiedlichen Temperaturen verarbeitet. Die erforderlichen Abkühl- und Aufheizzeiten hängen somit von der Reihenfolge der Produkte ab. Die Produkte entsprechen den zu besuchenden Orten, die Umrüstzeiten der Anlagen den Wegezeiten des Handlungsreisenden.

- Der Produktwechsel in Abfüll- und Verpackungsanlagen erfordert Reinigungsarbeiten, deren Umfang von der Aufeinanderfolge der Produkte abhängt.

- Die Wegeführung des Bearbeitungskopfes bei Bohr- oder Stanzautomaten entspricht ebenfalls einem Traveling-Salesman-Problem.

- Bei der Verdrahtung von Schaltungen in elektronischen Bauteilen und auf Leiterplatten geht es ebenfalls darum, kürzeste Wege zwischen bestimmten Positionen zu bestimmen.

Generell handelt es sich bei den o.g. Anwendungsproblemen um Ressourceneinsatzprobleme, bei denen die Rüstzeiten bzw. -kosten von der Reihenfolge der Produkte bzw. der Arbeitselemente abhängen.

Darüber hinaus gibt es komplexe Planungsprobleme, bei denen sich bestimmte Teilprobleme als TSP modellieren lassen. Ein solches Beispiel ist die Optimierung der Arbeitsweise von Bestückungsautomaten. Die bei der Bestückung von Leiterplatten verwendeten Automaten enthalten beispielsweise ein in x-Richtung bewegliches Magazin mit den verschiedenen zu montierenden elektronischen Bauelementen und einen in xy-Richtung beweglichen Bestückungstisch, in den die Leiterplatte eingespannt ist, sowie einen stationären Bestückungskopf. Der Bestückungstisch wird nacheinander in die verschiedenen Positionen, an denen ein Bauelement auf der Leiterplatte zu montieren ist, verfahren. Dieses Wegeführungsproblem läßt sich unter der Annahme einer gegebenen Zuordnung von Bauelementen zu Magazinpositionen als Travelling-Salesman-Problem modellieren. (M.a.W., um ein TSP zu erhalten, werden die Verfahrwege des Bauteilemagazins ignoriert, bzw. die Zuordnung von Bauelementen zu Magazinpositionen wird vorab bestimmt.)

b) Zunächst lassen sich *symmetrische* und *asymmetrische* Traveling-Salesman-Probleme unterscheiden. Bei den ersteren ist die Entfernung bzw. die Reisezeit zwischen zwei Orten unabhängig von der Reihenfolge, in der die beiden Orte besucht werden. Ein asymmetrisches Traveling-Salesman-Problem liegt zum Beispiel vor, wenn eine Produktionsanlage beim Produktwechsel von i nach j aufgeheizt, beim umgekehrten Wechsel von j nach i hingegen abgekühlt werden muß und der Abkühlprozeß längere Zeit erfordert als das Aufheizen. Derartige Fälle sind in der industriellen Produktion häufig anzutreffen.

Im Gegensatz zum klassischen Traveling-Salesman-Problem, bei dem der Handlungsreisende die Tour an seinem Wohnort beginnt, zeichnen sich viele Problemstellungen der Ressourceneinsatzplanung dadurch aus, daß ein beliebiger "Startort" gewählt werden und die Tour an einem beliebigen "Zielort" enden kann. Ein Beispiel hierfür bildet die Bearbeitung einer Serie von Produktionsaufträgen auf einer NC-Maschine. Der Umrüstaufwand beim Wechsel zwi-

schen zwei Aufträgen entsteht durch die Aufrüstung neuer Werkzeuge. Vielfach ist das Werkzeugmagazin leer, bevor eine neue Auftragsserie aufgelegt
wird, so daß der "Startort" frei wählbar ist. Andererseits steht bei Planungsbe-
ginn im allgemeinen noch nicht fest, welche Aufträge in der nächsten Serie folgen, so daß die NC-Maschine nicht unbedingt in einem bestimmten Rüstzustand übergeben werden muß. Bei dieser Art von Touren spricht man auch von
einem *Hamiltonian Path*.

**Aufgabe D15.15: Reihenfolgeabhängige Rüstkosten, Traveling-
Salesman-Problem**

Die Umrüstkosten zwischen sechs Produkten, die auf einer Anlage nacheinander produziert werden, sind in der nachfolgenden Tabelle gegeben. Die Anlage
ist in ihrem Ausgangszustand für Produkt 1 gerüstet. Nach Fertigstellung der
sechs Produkte kann die Anlage in einem beliebigen Rüstzustand übergeben
werden.

Umrüst-kosten	nach 1	2	3	4	5	6
von 1	-	3	5	2	6	4
2	2	-	7	5	1	3
3	2	4	-	3	2	1
4	5	3	6	-	4	4
5	1	4	5	2	-	6
6	2	5	7	3	3	-

a) Welche Arten von Lösungsverfahren lassen sich für Traveling-Salesman-
Probleme unterscheiden?

b) Bestimmen Sie die Auflegungsreihenfolge der Produkte nach dem Verfahren des besten Nachfolgers.

c) Bestimmen Sie die Auflegungsreihenfolge der Produkte nach dem Verfahren der sukzessiven Einbeziehung.

Lösung

a) Das Traveling-Salesman-Problem gehört zu einer Klasse der besonders
schwer zu lösenden kombinatorischen Optimierungsprobleme. Für größere
Probleme sind optimale Lösungen gar nicht oder nur mit unverhältnismäßig
großem Rechenaufwand zu ermitteln. Hingegen gibt es eine Reihe von lei-
stungsfähigen Heuristiken, die auch für größere Probleme geeignet sind (vgl.
Domschke/Drexl 1995, Kap. 6.6, oder Neumann/Morlock 1993, Kap. 3.5).

Generell unterscheidet man zwei Arten von Lösungsverfahren:

- *Eröffnungsverfahren*, bei denen durch sukzessives Hinzufügen von neuen Orten die Rundreise vervollständigt wird. Zu den Eröffnungsverfahren gehören u.a. das *Verfahren des besten Nachfolgers* sowie das *Verfahren der sukzessiven Einbeziehung*.

- *Verbesserungsverfahren*, die von einer gegebenen Lösung ausgehen und versuchen, diese schrittweise zu verbessern. Das gebräuchlichste Verbesserungsverfahren ist das *2-opt-Verfahren*, bei dem durch Austauschen von jeweils zwei Kanten eine Verbesserung der Lösung angestrebt wird.

Bei dem betrachteten Beispiel handelt es sich um ein asymmetrisches Traveling-Salesman-Problem, da die Umrüstung von Produkt i auf j nicht dieselben Kosten verursacht wie von j auf i. Grundsätzlich sind die genannten Lösungsverfahren sowohl für symmetrische als auch für asymmetrische Traveling-Salesman-Probleme geeignet.

b) Wir beginnen mit dem Ausgangszustand der Produktionsanlage (Produkt 1) und suchen dasjenige Produkt (den besten Nachfolger), zu dem die Umrüstung am kostengünstigsten ist. Dies ist Produkt 4 mit Umrüstkosten von zwei Geldeinheiten. Von Produkt 4 ist die Umrüstung auf Produkt 2 mit drei Geldeinheiten am kostengünstigsten. In gleicher Weise fahren wir fort, bis wir die folgende Lösung mit den gesamten Umrüstkosten von 12 Geldeinheiten erhalten. Im Gegensatz zum klassischen Traveling-Salesman-Problem kann hier die Rückkehr zum Startort (Ausgangsrüstung mit Produkt 1) unterbleiben.

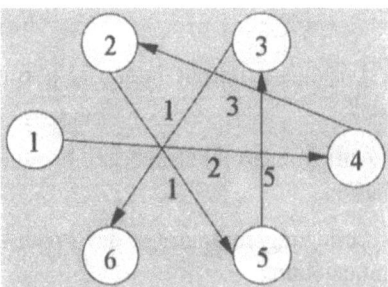

c) Bei dem Verfahren der sukzessiven Einbeziehung wird die Lösung schrittweise nach folgendem Schema aufgebaut.

- Man beginnt mit dem gegebenen Ausgangszustand (falls ein solcher nicht gegeben ist, mit einem beliebigen Ausgangsort).

- Ein zweiter Ort wird dem ersten hinzugefügt. Hier kann man nach dem Prinzip der "*Farthest Insertion*" vorgehen und denjenigen Ort wählen, der von dem ersten am weitesten entfernt liegt, oder aber nach dem Prinzip der

"*Closest Insertion*" denjenigen Ort hinzufügen, der zu dem ersten am nächsten liegt.

- Für alle noch nicht in der Rundreise enthaltenen Orte wird die kürzeste Entfernung von bzw. zu den bereits in der Rundreise enthaltenen Orten bestimmt. Man wählt nun, sofern man dem Prinzip der "*Farthest Insertion*" folgt, denjenigen Ort, der die *größte* dieser kürzesten Entfernungen aufweist. Das Prinzip der "Farthest Insertion" läßt sich dadurch begründen, daß zunächst das Grundgerüst einer Rundreise mit den eher abseits gelegenen Orten aufgebaut wird, während dann im weiteren Verlauf des Verfahrens die Orte in der unmittelbaren Nachbarschaft nach und nach eingefügt werden. Eine andere Form der sukzessiven Einbeziehung ("*Closest Insertion*") besteht darin, als nächsten Ort denjenigen mit der *geringsten* kürzesten Entfernung zu wählen.

- Es werden nun die Mehrkosten berechnet, die entstehen, wenn der ausgewählte Ort an unterschiedlichen Stellen in der Rundreise eingefügt wird. Endgültig wird der ausgewählte Ort an derjenigen Position in die Rundreise einbezogen, bei der die Mehrkosten am geringsten sind.

- Das Verfahren wird fortgesetzt, bis alle Orte in die Rundreise aufgenommen wurden.

Unter Verwendung der gegebenen Ausgangsdaten wird die Auflegungsreihenfolge der Produkte wie folgt bestimmt. Hierbei legen wir die Verfahrensvariante der "Farthest Insertion" zugrunde.

Schritt 1:

Produkt 1 bildet die Startlösung. Als am weitesten entfernter Ort (als das Nachfolgeprodukt mit den höchsten Umrüstkosten) wird Produkt 5 hinzugenommen. Man erhält die folgende Ausgangslösung.

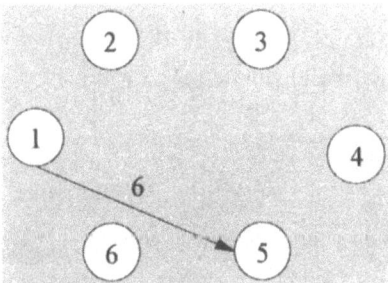

Schritt 2:

Es werden nun die kürzesten Entfernungen (geringsten Umrüstkosten) der noch nicht angeordneten Produkte 2, 3, 4 und 6 von und zu den bereits angeordneten Produkten 1 und 5 bestimmt. (Man beachte, daß Produkt 1 als Ausgangsrüstung stets am Beginn der Auflegungsreihenfolge stehen muß.) Die entsprechenden Umrüstkosten sind in der nachfolgenden Tabelle zusammengestellt, wobei in der Abschlußzeile der jeweils geringste Kostenwert eines einzufügenden Produktes festgehalten wurde. Beispielsweise entstehen Rüstkosten von drei bzw. vier Geldeinheiten für die Umrüstung von Produkt 1 bzw. 5 auf 2, während die Umrüstung von Produkt 2 auf 5 Rüstkosten von einer Geldeinheit verursacht. Der Minimalkostenwert für das einzufügende Produkt 2 beträgt somit eine Geldeinheit.

Produkt	nach 2	von 2	nach 3	von 3	nach 4	von 4	nach 6	von 6
1	3	-	5	-	2	-	4	-
5	4	1	5	2	2	4	6	3
min.	1		2		2		3	

Gemäß dem Prinzip der "Farthest Insertion" wird Produkt 6 gewählt, da es mit drei Geldeinheiten den größten Minimalkostenwert aufweist.

Schritt 3:

Das gewählte Produkt 6 läßt sich zwischen Produkt 1 und 5 einfügen oder an Produkt 5 anhängen. Im ersten Fall betragen die zusätzlichen Rüstkosten vier Geldeinheiten für die Rüstfolge 1-6 und drei Geldeinheiten für die Rüstfolge 6-5. Eingespart werden die Kosten für die Umrüstung von Produkt 1 auf 5 von sechs Geldeinheiten. Somit ergeben sich Mehrkosten von einer Geldeinheit, während im zweiten Fall zusätzliche Kosten für die Umrüstung von Produkt 5 auf 6 von sechs Geldeinheiten anfallen. Die Berechnung der jeweils entstehenden Mehrkosten lautet im Überblick:

```
Reihenfolge 1-6-5: 4 + 3 - 6 = 1
Reihenfolge 5-6:   6
```

Gewählt wird die Alternative 1-6-5, da sie die geringsten Mehrkosten verursacht. Man erhält daher die folgende neue Zwischenlösung.

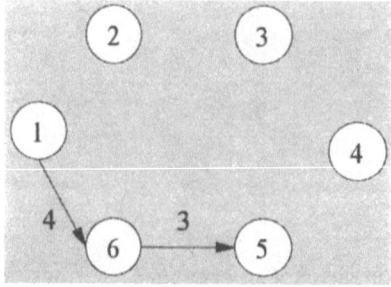

Schritt 4:

Betrachtet werden die noch nicht angeordneten Produkte 2, 3 und 4. Deren Umrüstkosten bei Auflegung vor bzw. nach den bereits angeordneten Produkten 1, 6 und 5 sind in der folgenden Tabelle angegeben. Produkt 4 wird als dasjenige mit den größten Minimalkosten gewählt.

Produkt	nach 2	von 2	nach 3	von 3	nach 4	von 4
1	3	-	5	-	2	-
6	5	3	7	1	3	4
5	4	1	5	2	2	4
min.	1		1		2	

Schritt 5:

Das gewählte Produkt 4 läßt sich an unterschiedlichen Stellen in die bisher erhaltene Auflegungsreihenfolge einfügen. Die entsprechenden Mehrkosten betragen:

```
Reihenfolge 1-4-6: 2 + 4 - 4 = 2
Reihenfolge 6-4-5: 3 + 4 - 3 = 4
Reihenfolge 5-4:   2
```

Der Kostenvergleich zeigt, daß zwei gleichwertige Alternativen existieren. Wir entscheiden uns willkürlich dafür, Produkt 4 nach 5 aufzulegen, und erhalten somit die folgende Zwischenlösung.

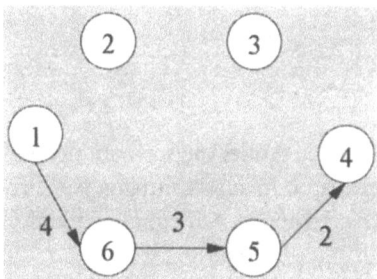

Schritt 6:

Noch einzufügen sind die Produkte 2 und 3. Die entsprechenden Umrüstkosten sind der folgenden Tabelle zu entnehmen. Bei gleichen Minimalkostenwerten entscheiden wir uns willkürlich für Produkt 3.

Produkt	nach 2	von 2	nach 3	von 3
1	3	-	5	-
6	5	3	7	1
5	4	1	5	2
4	3	5	6	3
min.		1		1

Schritt 7:

Die Mehrkosten für das Einfügen von Produkt 3 an unterschiedlichen Stellen der bisher erhaltenen Auflegungsreihenfolge lauten:

```
Reihenfolge 1-3-6: 5 + 1 - 4 = 2
Reihenfolge 6-3-5: 7 + 2 - 3 = 6
Reihenfolge 5-3-4: 5 + 3 - 2 = 6
Reihenfolge 4-3:    6
```

Somit ergibt sich die folgende Zwischenlösung.

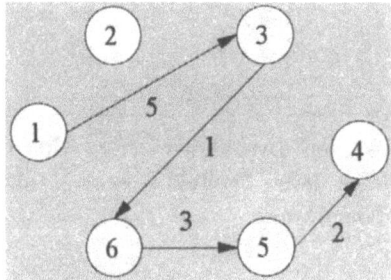

Schritt 8:

Als letztes ist Produkt 2 in die Auflegungsreihenfolge aufzunehmen. Wir ermitteln wiederum die Mehrkosten für das Einfügen von Produkt 2 an unterschiedlichen Stellen der bisher erhaltenen Auflegungsreihenfolge.

```
Reihenfolge 1-2-3: 3 + 7 - 5 = 5
Reihenfolge 3-2-6: 4 + 3 - 1 = 6
Reihenfolge 6-2-5: 5 + 1 - 3 = 3
Reihenfolge 5-2-4: 4 + 5 - 2 = 7
Reihenfolge 4-2:    3
```

Wir fügen Produkt 2 zwischen 6 und 5 ein und erhalten die folgende Abschlußlösung des Zahlenbeispiels, die auf Umrüstkosten von insgesamt 14 Geldeinheiten führt. Eine gleichwertige Lösung ergibt sich durch Auflegung von Produkt 2 im Anschluß an 4.

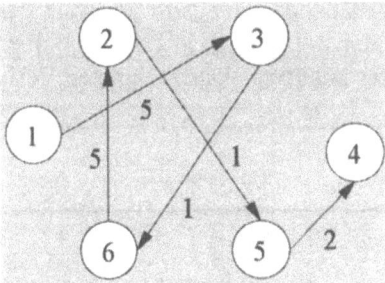

Eine Umrüstung zum Ausgangszustand (Produkt 1) ist hier nicht notwendig, da das nachfolgend aufzulegende Produkt noch nicht bekannt ist. In manchen Fällen ist bei der Reihenfolgeplanung auch der Ausgangszustand undefiniert. Dann kann das Lösungsverfahren mit alternativen Startprodukten wiederholt werden. Am Ende hält man die beste gefundene Lösung fest.

Es fällt auf, daß das Verfahren der sukzessiven Einbeziehung bei dem hier betrachteten Zahlenbeispiel eine deutlich schlechtere Lösung findet als das wesentlich einfachere Verfahren des besten Nachfolgers. Auch das 2-opt-Verfahren führt zu keiner weiteren Verbesserung der erhaltenen Lösung. Hätte man bei der auftretenden Kostengleichheit in Schritt 5 nicht die Auflegungsreihenfolge 5-4, sondern 1-4-6 gewählt, so hätte sich sogar eine noch schlechtere Abschlußlösung mit Gesamtkosten von 16 Geldeinheiten ergeben. Im allgemeinen gelten jedoch Verfahren, die auf das Prinzip der sukzessiven Einbeziehung zurückgreifen, als wesentlich leistungsfähiger als das Verfahren des besten Nachfolgers.

In der praktischen Anwendung sollte man daher mehrere Lösungen mit unterschiedlichen Heuristiken bestimmen bzw. die Rechnung mit unterschiedlichen Startwerten wiederholen. Beispielsweise führt die Closest-Insertion-Variante des Verfahrens der sukzessiven Einbeziehung ebenfalls zu einer Lösung mit gesamten Umrüstkosten von nur 12 Geldeinheiten. In jedem Fall sollte versucht werden, durch ein Verbesserungsverfahren (z.B. das 2-opt-Verfahren) die erhaltene Lösung weiter zu verbessern.

Aufgabe D15.16: Bohrkopfführung bei einem Bohrautomaten, Traveling-Salesman-Problem

Zur Aufnahme von bedrahteten elektronischen Bauteilen muß eine Leiterplatte zuvor an den entsprechenden Bestückungspositionen mit Bohrlöchern versehen werden. Hierzu wird ein Bohrautomat eingesetzt. Welche Wegezeiten des Bohrkopfes zwischen den einzelnen Positionen auf der Leiterplatte anfallen, ist der nachfolgenden Tabelle zu entnehmen. In den Wegezeiten sind sowohl die Entfernungen zwischen zwei anzusteuernden Positionen als auch die Beschleunigungs- und Verzögerungszeiten des Bohrkopfes sowie die für den Wechsel des Bohrwerkzeuges anfallenden Zeiten berücksichtigt. Bei jeder neuen Leiterplatte startet und endet der Bohrprozeß in Position 0. Bestimmen Sie die Wegeführung des Bohrkopfes mit Hilfe eines geeigneten Verfahrens.

Umrüst-kosten	nach 0	1	2	3	4	5	6	7	8
von 0	-	13	5	8	2	10	4	12	1
1	13	-	10	5	3	12	17	8	1
2	5	10	-	14	7	2	6	11	4
3	8	5	14	-	10	9	4	3	15
4	2	3	7	10	-	16	7	1	8
5	10	12	2	9	16	-	18	5	4
6	4	17	6	4	7	18	-	12	7
7	12	8	11	3	1	5	12	-	15
8	1	1	4	15	8	4	7	15	-

Lösung

Das *Verfahren des besten Nachfolgers* wurde bereits in der Aufgabe D15.15 erläutert. Wir erhalten hier die folgende Lösung mit einer Gesamtwegezeit von 31 Zeiteinheiten.

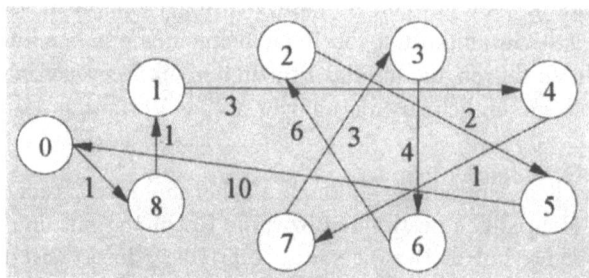

Zu Vergleichszwecken wird die Lösung mit Hilfe des *Verfahrens der sukzessiven Einbeziehung* bestimmt (siehe Aufgabe D15.15). Wir legen hier das Prinzip der "*Closest Insertion*" zugrunde. Der Rechengang erfordert die folgenden Schritte.

Schritt 1:

Die Wegeführung beginnt in Position 0. Als am nächsten gelegene Position wird 8 hinzugefügt. Man erhält die folgende Ausgangslösung.

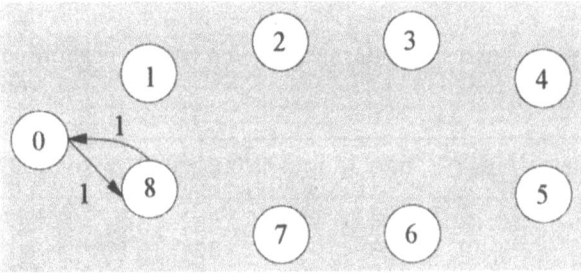

Schritt 2:

Wie die folgende Tabelle zeigt, weist Position 1 die kürzeste Entfernung zu den bereits angeordneten Positionen auf. Da es sich hier um ein symmetrisches Traveling-Salesman-Problem handelt, ist die Richtung der Wegeführung zwischen zwei Positionen für die Auswertung der Wegezeiten unerheblich.

Position	nach 1	nach 2	nach 3	nach 4	nach 5	nach 6	nach 7
0	13	5	8	2	10	4	12
8	1	4	15	8	4	7	15
min.	1	4	8	2	4	4	12

Schritt 3:

Erhöhung der Wegezeiten:

```
Reihenfolge 0-1-8: 13 + 1 - 1 = 13
Reihenfolge 8-1-0: 1 + 13 - 1 = 13
```

Wir entscheiden uns willkürlich für die Reihenfolge 0-1-8 und erhalten als neue Zwischenlösung:

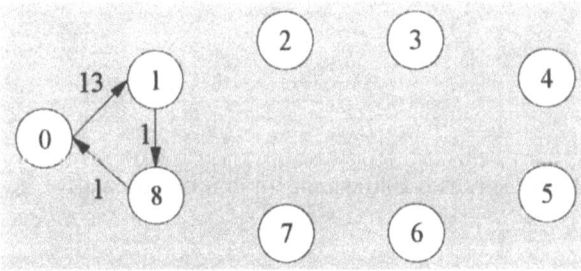

Schritt 4:

Position 4 weist die kürzeste Entfernung zu den bereits angeordneten Positionen auf.

Position	nach 2	nach 3	nach 4	nach 5	nach 6	nach 7
0	5	8	2	10	4	12
1	10	5	3	12	17	8
8	4	15	8	4	7	15
min.	4	5	2	4	4	8

Schritt 5:

Erhöhung der Wegezeiten:

```
Reihenfolge 0-4-1: 2 + 3 - 13 = -8
Reihenfolge 1-4-8: 3 + 8 - 1  = 10
Reihenfolge 8-4-0: 8 + 2 - 1  = 9
```

Position 4 wird zwischen 0 und 1 eingefügt. (*Anmerkung*: Bei reinen Wegeführungsproblemen kann sich die zurückgelegte Entfernung durch das Einfügen eines neuen Ortes niemals verringern, sondern nur gleichbleiben oder sich erhöhen. In dem hier betrachteten Anwendungsfall enthalten die Wegezeiten jedoch auch Umrüstzeiten des Bohrwerkzeugs. Daher kann durch das Einfügen neuer Positionen durchaus eine Zeitersparnis eintreten.)

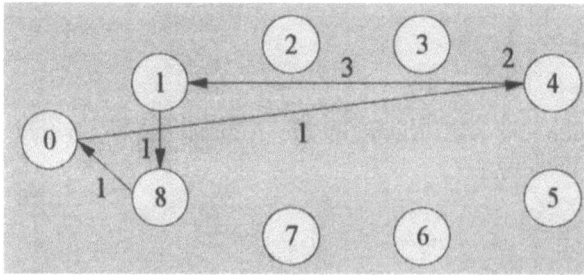

Schritt 6:

Position 7 weist die kürzeste Entfernung zu den bereits angeordneten Positionen auf.

Position	nach 2	nach 3	nach 5	nach 6	nach 7
0	5	8	10	4	12
4	7	10	16	7	1
1	10	5	12	17	8
8	4	15	4	7	15
min.	4	5	4	4	1

Schritt 7:

Erhöhung der Wegezeiten:

```
Reihenfolge 0-7-4: 12 + 1 - 2  = 11
Reihenfolge 4-7-1: 1 + 8 - 3   = 6
Reihenfolge 1-7-8: 8 + 15 - 1  = 22
Reihenfolge 8-7-0: 15 + 12 - 1 = 26
```

Position 7 wird zwischen 4 und 1 eingefügt.

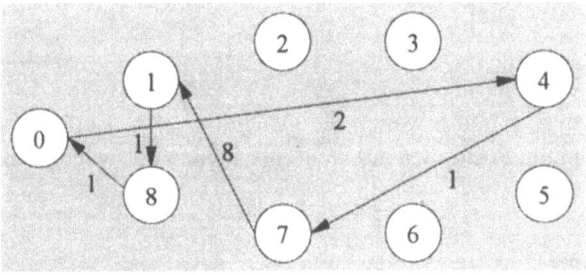

Schritt 8:

Position 3 weist die kürzeste Entfernung zu den bereits angeordneten Positionen auf.

Position	nach 2	nach 3	nach 5	nach 6
0	5	8	10	4
4	7	10	16	7
7	11	3	5	12
1	10	5	12	17
8	4	15	4	7
min.	4	3	4	4

Schritt 9:

Erhöhung der Wegezeiten:

```
Reihenfolge 0-3-4: 8 + 10 - 2 = 16
Reihenfolge 4-3-7: 10 + 3 - 1 = 12
Reihenfolge 7-3-1: 3 + 5 - 8  = 0
Reihenfolge 1-3-8: 5 + 15 - 1 = 19
Reihenfolge 8-3-0: 15 + 8 - 1 = 22
```

Position 3 wird zwischen 7 und 1 eingefügt.

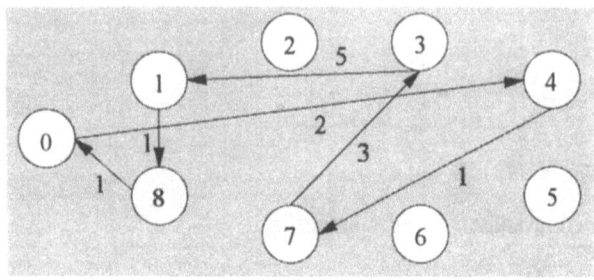

Schritt 10:

Die Positionen 2, 5 und 6 weisen die gleiche kürzeste Entfernung zu den bereits angeordneten Positionen auf. Wir entscheiden uns willkürlich für 5.

Position	nach 2	nach 5	nach 6
0	5	10	4
4	7	16	7
7	11	5	12
3	14	9	4
1	10	12	17
8	4	4	7
min.	4	4	4

Schritt 11:

Erhöhung der Wegezeiten:

```
Reihenfolge 0-5-4: 10 + 16 - 2 = 24
Reihenfolge 4-5-7: 16 + 5 - 1  = 20
Reihenfolge 7-5-3: 5 + 9 - 3   = 11
Reihenfolge 3-5-1: 9 + 12 - 5  = 16
Reihenfolge 1-5-8: 12 + 4 - 1  = 15
```

```
Reihenfolge 8-5-0: 4 + 10 - 1  = 13
```

Position 5 wird zwischen 7 und 3 eingefügt.

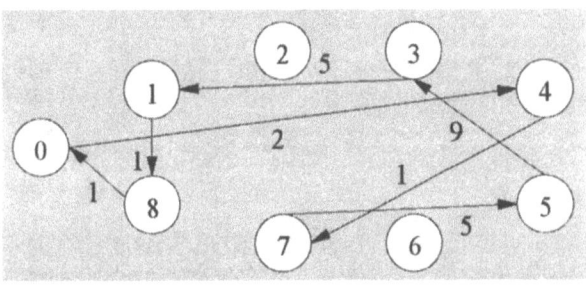

Schritt 12:

Position 2 weist die kürzeste Entfernung zu den bereits angeordneten Positionen auf.

Position	nach 2	nach 6
0	5	4
4	7	7
7	11	12
5	2	18
3	14	4
1	10	17
8	4	7
min.	2	4

Schritt 13:

Erhöhung der Wegezeiten:

```
Reihenfolge 0-2-4: 5 + 7 - 2   = 10
Reihenfolge 4-2-7: 7 + 11 - 1  = 17
Reihenfolge 7-2-5: 11 + 2 - 5  = 8
Reihenfolge 5-2-3: 2 + 14 - 9  = 7
Reihenfolge 3-2-1: 14 + 10 - 5 = 19
Reihenfolge 1-2-8: 10 + 4 - 1  = 13
Reihenfolge 8-2-0: 4 + 5 - 1   = 8
```

Position 2 wird zwischen 5 und 3 eingefügt.

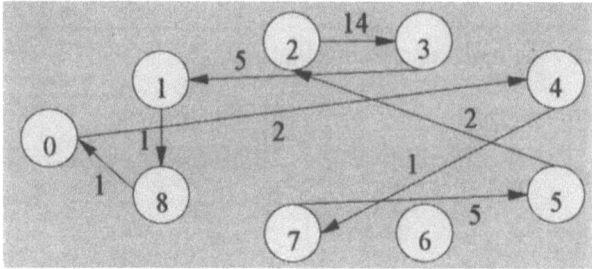

Schritt 14:

Als letzte ist Position 6 einzufügen. Die Wegezeiten erhöhen sich wie folgt:

```
Reihenfolge 0-6-4:  4 + 7 - 2   = 9
Reihenfolge 4-6-7:  7 + 12 - 1  = 18
Reihenfolge 7-6-5:  12 + 18 - 5 = 25
Reihenfolge 5-6-2:  18 + 6 - 2  = 22
Reihenfolge 2-6-3:  6 + 4 - 14  = -4
Reihenfolge 3-6-1:  4 + 17 - 5  = 16
Reihenfolge 1-6-8:  17 + 7 - 1  = 23
Reihenfolge 8-6-0:  7 + 4 - 1   = 10
```

Position 6 wird zwischen 2 und 3 eingefügt. Somit erhalten wir die folgende Abschlußlösung mit einer Gesamtwegezeit von 27 Zeiteinheiten, die auch das globale Optimum darstellt. Bei diesem Zahlenbeispiel erweist sich das Verfahren der sukzessiven Einbeziehung demjenigen des besten Nachfolgers als deutlich überlegen.

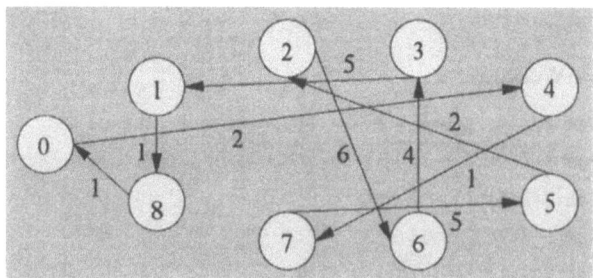

Aufgabe D15.17: Auftragsreihenfolge und Werkzeugrüstung

Das betrachtete Bearbeitungszentrum besteht aus einer NC-Maschine, die mit einem Werkzeugmagazin verbunden ist. Die Werkzeuge können automatisch aus dem Magazin entnommen und in den Bearbeitungskopf der Maschine eingespannt werden. Nennenswerte Rüstzeiten fallen nur dann an, wenn Werkzeuge im Magazin ausgewechselt werden müssen. Daher besteht eine wesentliche Zielsetzung der Ressourceneinsatzplanung darin, die Anzahl derartiger Werkzeugwechsel zu minimieren. Diese Problemstellung kann wie folgt konkretisiert werden:

- In dem betrachteten Bearbeitungszentrum sind mehrere Produktionsaufträge zu bearbeiten, von denen jeder eine bestimmte Menge von Werkzeugen benötigt. Alle Arbeitsgänge eines Auftrags sind nacheinander ohne Unterbrechung auszuführen.

- In der Regel wird ein bestimmtes Werkzeug für mehrere Produktionsaufträge benötigt.

- Die Kapazität des Werkzeugmagazins ist begrenzt. Die Gesamtanzahl der benötigten Werkzeuge ist größer als die Magazinkapazität. Daher sind Werkzeugwechsel unumgänglich. Allerdings ist die Magazinkapazität so groß, daß sämtliche von einem Auftrag benötigten Werkzeuge gleichzeitig im Magazin untergebracht werden können.

Die als nächstes zu bearbeitende Auftragsserie besteht aus zwölf Aufträgen, deren Werkzeugbedarf aus der nachfolgenden Tabelle ersichtlich ist. Der Auftrag 0 entspricht dem aktuellen Rüstzustand des Werkzeugmagazins. Wir nehmen an, daß das Werkzeugmagazin über eine Kapazität von sechs Magazinplätzen verfügt und daß jedes Werkzeug jeweils nur einen Magazinplatz belegt. Nach Abschluß der Auftragsserie kann das Magazin in einem beliebigen Rüstzustand übergeben werden.

Auftrag	Werkzeuge
0	a, c, d, f, h, i
1	d, h, i
2	a, f, h
3	c, f, i
4	d, e, g
5	a, c, f, h
6	b, d, h, i
7	b, d, e, g, h
8	b, d, g
9	a, c
10	a, c, f, i
11	a, b, h, i
12	b, e, i

a) In welcher Weise lassen sich die Aufträge zu Auftragsgruppen zusammenfassen?

b) Geben Sie eine optimistische und eine pessimistische Schätzung des Rüstaufwandes.

c) Wie sollte man zweckmäßigerweise bei der Lösung des betrachteten Problems der Ressourceneinsatzplanung vorgehen?

d) Bestimmen Sie die Auftragsreihenfolge.

e) Welche Werkzeugwechsel fallen für die in d) ermittelte Auftragsreihenfolge an?

Lösung

a) Existieren z.B. zwei Aufträge i und j, wobei die Menge der für j benötigten Werkzeuge eine Untermenge derjenigen von i ist, so fallen für die Auftragsfolge i-j keinerlei Umrüstungen des Werkzeugmagazins an. Beide Aufträge können daher zu einer Auftragsgruppe zusammengefaßt und gemeinsam eingeplant werden. Beispielsweise kann der Auftrag 8 (Werkzeugbedarf b, d und g) dem Auftrag 7 (Werkzeugbedarf b, d, e, g und h) zugeordnet werden. Der Auftrag 9 (Werkzeugbedarf a und c) könnte sowohl mit dem Auftrag 5 (Werkzeugbedarf a, c, f und h) als auch mit dem Auftrag 10 (Werkzeugbedarf a, c, f und i) zu einer Gruppe zusammengefaßt werden. Der Vorteil der Gruppenbildung besteht darin, daß die Komplexität des Planungsproblems verringert wird, ohne daß ein Optimalitätsverlust eintritt.

Im allgemeinen hat das Problem der Bildung von Auftragsgruppen keine eindeutige Lösung. Um die Gruppenbildung visuell zu unterstützen, bietet sich die aus der Konfigurierung von Produktionsinseln bekannte *binäre Sortierung* an (vgl. Aufgabe B82.5). Hierzu wird die folgende Werkzeug-Aufrags-Matrix aufgestellt.

	Auftrag 1	2	3	4	5	6	7	8	9	10	11	12
Werkzeug a	-	1	-	-	1	-	-	-	1	1	1	-
b	-	-	-	-	-	1	1	1	-	-	1	1
c	-	-	1	-	1	-	-	-	1	1	-	-
d	1	-	-	1	-	1	1	1	-	-	-	-
e	-	-	-	1	-	-	1	-	-	-	-	1
f	-	1	1	-	1	-	-	-	-	1	-	-
g	-	-	-	1	-	-	1	1	-	-	-	-
h	1	1	-	-	1	1	1	-	-	-	1	-
i	1	-	1	-	-	1	-	-	-	1	1	1

Gemäß dem binären Sortierungsalgorithmus werden zunächst die Zeilen und anschließend die Spalten der Matrix als Binärzahlen interpretiert und absteigend sortiert. Als Ergebnis erhält man die folgende Tabelle.

	Auftrag											
	6	1	11	7	5	2	10	3	12	4	8	9
Werkzeug h	1	1	1	1	1	1	-	-	-	-	-	-
i	1	1	1	-	-	-	1	1	1	-	-	-
d	1	1	-	1	-	-	-	-	-	1	1	-
f	-	-	-	-	1	1	1	1	-	-	-	-
a	-	-	1	-	1	1	1	-	-	-	-	1
c	-	-	-	-	1	-	1	1	-	-	-	1
g	-	-	-	1	-	-	-	-	-	1	1	-
e	-	-	-	1	-	-	-	-	1	1	-	-
b	1	-	1	1	-	-	-	-	1	-	1	-

Indem man die Spalten der Matrix von links beginnend vergleicht, stellt man zunächst fest, daß die Auftragspaare 6-1, 5-2 sowie 10-3 gebildet werden können. Als nächstes versucht man, von rechts beginnend die übriggebliebenen Aufträge mit anderen Aufträgen zu gruppieren. Die Aufträge 8 und 4 lassen sich mit Auftrag 7 zusammenfassen. Ebenso kann Auftrag 9 der Gruppe 5-2 zugeordnet werden. Die Zusammensetzung der einzelnen Auftragsgruppen sowie ihr jeweiliger Werkzeugbedarf sind der nachfolgenden Tabelle zu entnehmen. Ergänzend ist auch die Ausgangsrüstung des Werkzeugmagazins (Auftragsgruppe 0) angegeben. Es zeigt sich, daß für die Bestimmung der Auflegungsreihenfolge lediglich sechs Auftragsgruppen sowie der Anfangszustand betrachtet werden müssen.

Auftragsgruppe	Aufträge	Werkzeuge
0	-	a, c, d, f, h, i
I	1, 6	b, d, h, i
II	11	a, b, h, i
III	4, 7, 8	b, d, e, g, h
IV	2, 5, 9	a, c, f, h
V	3, 10	a, c, f, i
VI	12	b, e, i

b) In der Regel ist bei jedem Wechsel zu einer neuen Auftragsgruppe eine Umrüstung des Werkzeugmagazins erforderlich. Hinsichtlich der Anzahl der Werkzeugwechsel lassen sich durch einfache Vorüberlegungen eine optimistische sowie eine pessimistische Schätzung angeben. Da insgesamt neun Werkzeuge benötigt werden, das Werkzeugmagazin aber nur sechs Werkzeuge aufnehmen kann, sind zumindest drei Werkzeugwechsel erforderlich. Eine pessimistische Schätzung des Umrüstaufwands erhält man durch den Vergleich des Werkzeugbedarfs einer Auftragsgruppe mit der Ausgangsrüstung des Werkzeugmagazins. In der folgenden Tabelle ist angegeben, wie viele "Differenzwerkzeuge" eine Auftragsgruppe gegenüber der Ausgangsrüstung aufweist. (Für die Auftragsgruppe I mit den Aufträgen 1 und 6 wäre beispielsweise nur

das Werkzeug b nachzurüsten.) Pessimistisch geschätzt wären für alle Auftragsgruppen insgesamt sieben Werkzeuge auszuwechseln.

Anzahl Differenzwerkzeuge für Auftragsgruppe					
I	II	III	IV	V	VI
1	1	3	0	0	2

c) Da die Werkzeuge häufig von mehreren Aufträgen benötigt werden, hängt
die tatsächlich erforderliche Anzahl an Umrüstungen wesentlich von der Auflegungsreihenfolge der Aufträge ab. Aus dem Werkzeugbedarf des jeweils
nächsten Auftrags kann abgeleitet werden, welche Werkzeuge *aufzurüsten* sind.
Gleichzeitig muß darüber entschieden werden, welche anderen nicht benötigten Werkzeuge *abzurüsten* sind. Dies bedeutet, daß der Umrüstaufwand zwischen zwei Aufträgen von *allen* vorangegangenen Aufträgen bzw. den betreffenden Umrüstungen des Werkzeugmagazins abhängt.

Bei einer exakten Modellierung des Planungsproblems wären die Auflegungsreihenfolge der Aufträge und der Rüstungswechsel der Werkzeuge *simultan* zu
bestimmen. Dieses Entscheidungsproblem ist jedoch so komplex, daß eine optimale Lösung selbst für kleine Problemstellungen nicht mit vertretbarem Rechenaufwand möglich ist. Eine zweckmäßige Vorgehensweise besteht darin, in
einem ersten Schritt die *Auflegungsreihenfolge der Aufträge* zu bestimmen und
anschließend im zweiten Schritt die erforderlichen *Umrüstungen des Werkzeugmagazins* festzulegen. Für beide Teilprobleme stehen leistungsfähige Heuristiken zur Verfügung.

d) Die Bestimmung der Auftragsreihenfolge kann als *Traveling-Salesman-Problem* modelliert werden, wobei die Auftragsgruppen den Orten und die Anzahl
der Werkzeugwechsel den Entfernungen zwischen zwei Orten entsprechen. Allerdings ist nicht von vornherein bekannt, wie viele Werkzeuge beim Übergang
von einem Auftrag zu einem anderen ausgewechselt werden müssen, da einige
der benötigten Werkzeuge zumeist schon im Werkzeugmagazin vorhanden
sind. Daher muß der Umrüstaufwand für jedes Auftragspaar in geeigneter
Weise geschätzt werden. Als Schätzwert verwenden wir die Anzahl an Werkzeugen, die ein Auftrag zusätzlich gegenüber seinem Vorgänger benötigt,
wohlwissend, daß es sich hierbei um eine pessimistische Schätzung handelt.

Die folgende Werkzeugwechselmatrix enthält Angaben über die entsprechende
Anzahl an "Differenzwerkzeugen". Beispielsweise müßten zwei Werkzeuge,
nämlich e und g, zusätzlich bereitgestellt werden, falls die Auftragsgruppe III
im Anschluß an I bearbeitet wird, während bei der umgekehrten Auflegungsreihenfolge lediglich das Werkzeug i zusätzlich benötigt wird.

Differenz- werkzeuge	nach I	II	III	IV	V	VI
von 0	1	1	3	0	0	2
I	-	1	2	3	3	1
II	1	-	3	2	2	1
III	1	2	-	3	4	1
IV	3	2	4	-	1	3
V	3	2	5	1	-	2
VI	2	2	3	4	3	-

Gemäß dem Verfahren des besten Nachfolgers (siehe Aufgabe D15.15) erhält man die folgende Auflegungsreihenfolge der Auftragsgruppen.

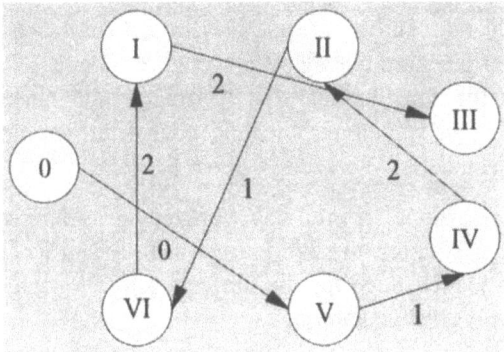

Diese Lösung weist insgesamt acht Nachrüstungen von Werkzeugen auf. Der tatsächlich erforderliche Umrüstaufwand ist jedoch erheblich geringer, da diejenigen Werkzeuge, die nach der Bearbeitung eines Auftrags nicht mehr benötigt werden, zumindest teilweise im Werkzeugmagazin verbleiben können.

e) Für eine gegebene Auflegungsreihenfolge der Aufträge läßt sich die minimale Anzahl von Umrüstungen des Werkzeugmagazins mit Hilfe der sogenannten "Keep tool needed soonest"-Regel (KTNS-Regel) unschwer bestimmen. Diese Regel besagt, daß diejenigen Werkzeuge, die am frühesten wieder benötigt werden, im Werkzeugmagazin verbleiben. M.a.W., es werden vorrangig solche Werkzeuge abgerüstet, die erst möglichst spät wieder nachgerüstet werden müssen. Die erforderlichen Umrüstvorgänge für die in d) ermittelte Auftragsreihenfolge sind in der folgenden Tabelle zusammengefaßt.

Auftrags- gruppe	Werkzeug- bedarf	aufgerüstete Werkzeuge	abgerüstete Werkzeuge	Werkzeugmaga- zinbelegung
0	-	-	-	a, c, d, f, h, i
V	a, c, f, i	-	-	a, c, d, f, h, i
IV	a, c, f, h	-	-	a, c, d, f, h, i
II	a, b, h, i	b	c	a, b, d, f, h, i
VI	b, e, i	e	a	b, d, e, f, h, i
I	b, d, h, i	-	-	b, d, e, f, h, i
III	b, d, e, g, h	g	f	b, d, e, g, h, i

Im einzelnen verläuft der Werkzeugwechsel wie folgt:

- Die ersten beiden Auftragsgruppen V und IV können mit den in der Ausgangsrüstung vorhandenen Werkzeugen vollständig bearbeitet werden.

- Die darauf folgende Auftragsgruppe II erfordert zusätzlich das Werkzeug b.
  Abgerüstet werden könnten die Werkzeuge c, d und f. Das Werkzeug d
  müßte jedoch für den übernächsten Auftrag wieder nachgerüstet werden,
  während c und f für keinen der nachfolgenden Aufträge mehr benötigt werden. Wir ersetzen daher Werkzeug c durch b.

- Für die Auftragsgruppe VI muß das Werkzeug e nachgerüstet werden. Abgerüstet werden könnten die Werkzeuge a, d, f, und h. Die Werkzeuge d
  und h werden jedoch noch für die übrigen Auftragsgruppen benötigt. Wir
  ersetzen daher Werkzeug a durch e.

- Anschließend kann die Auftragsgruppe I mit derselben Werkzeugrüstung
  bearbeitet werden.

- Für die letzte Auftragsgruppe III wird Werkzeug f durch g ersetzt.

Insgesamt sind drei Werkzeuge im Magazin auszuwechseln. Dies entspricht
der optimistischen Schätzung des Umrüstaufwands. Auch durch eine Umstellung der Auftragsreihenfolge könnten keine weiteren Umrüstungen eingespart
werden.

Aufgabe D15.18: Rüststrategien bei automatisierten Bearbeitungs- zentren

Bei der Ausführung eines Produktionsauftrags in einem automatisierten Bearbeitungszentrum werden zumeist alle erforderlichen Arbeitsgänge nacheinander ausgeführt, wobei die nicht im Werkzeugmagazin vorhandenen Werkzeuge
vor Bearbeitungsbeginn des Auftrags aufgerüstet werden. Für den jeweils
nächsten Auftrag müssen dann in der Regel weitere Werkzeuge nachgerüstet
bzw. eine entsprechende Anzahl nicht mehr benötigter Werkzeuge aus dem
Magazin entfernt werden.

Eine alternative Rüststrategie besteht darin, das Werkzeugmagazin fix aufzurüsten und nacheinander die einzelnen Arbeitsgänge der verschiedenen Produktionsaufträge so weit wie möglich unter Verwendung der geladenen Werkzeuge auszuführen. Anschließend wird das Werkzeugmagazin neu gerüstet, und die zuvor nicht ausgeführten Arbeitsgänge werden nachgeholt. Falls notwendig, wird das Werkzeugmagazin erneut umgerüstet, bis alle Arbeitsgänge ausgeführt und alle Produktionsaufträge vollständig bearbeitet sind.

Vergleichen Sie die Vor- und Nachteile beider Rüststrategien.

Aufgabe D15.19: Serienbildung in einem flexiblen Fertigungssystem

In einem flexiblen Fertigungssystem (FFS) sind insgesamt acht Aufträge zu bearbeiten, deren Werkzeugbedarf der folgenden Tabelle zu entnehmen ist. Die Einträge in der Tabelle geben gleichzeitig an, wie viele Magazinplätze ein Werkzeug belegt. Das FFS verfügt über eine gesamte Werkzeugmagazinkapazität von 12 Magazinplätzen.

| | Werkzeug | | | | | | | | | | | |
	a	b	c	d	e	f	g	h	i	j	k	l
Auftrag 1	2	1	-	-	1	-	-	3	-	-	1	-
2	-	-	1	1	-	-	-	3	-	-	-	-
3	2	1	-	-	-	-	-	-	-	-	1	-
4	2	-	1	-	-	2	1	-	-	1	-	-
5	-	1	-	-	1	-	-	-	1	-	1	1
6	-	-	1	1	-	2	-	3	-	-	-	-
7	2	-	-	-	1	-	-	-	1	-	-	1
8	-	-	-	-	-	2	-	-	1	1	-	1

a) Was versteht man im Zusammenhang mit flexiblen Fertigungssystemen unter einer Auftragsserie?

b) Bilden Sie die Auftragsserien nach dem Kriterium der maximalen Anzahl gemeinsamer Werkzeuge.

c) Bilden Sie die Auftragsserien nach dem Kriterium der minimalen Anzahl an Differenzwerkzeugen.

Lösung

a) Unter einer Auftragsserie versteht man eine Menge von Produktionsaufträgen, die gemeinsam von einem FFS bearbeitet werden (vgl. Tempelmeier/ Kuhn 1993, Kap. 5.2). Sämtliche Aufträge einer Serie werden mit einer einmal vorbereiteten Belegung der Werkzeugmagazine ausgeführt. Die Bildung von Arbeitsganglosen sowie die detaillierte Belegung der einzelnen maschinennahen Werkzeugmagazine erfolgt erst in der Systemrüstung als nachfolgender Planungsstufe.

Aus der beschränkten Kapazität der Werkzeugmagazine ergibt sich eine *technische* Begrenzung der Seriengröße. Darüber hinaus kann eine Serie auch *zeitlichen* Begrenzungen unterliegen, falls eine bestimmte Zykluszeit zur Bearbeitung der Auftragsserie vorgegeben wird. Von *statisch festen Serien* spricht man, wenn die Menge der insgesamt zum Planungszeitpunkt vorliegenden und vom übergeordneten PPS-System zur Bearbeitung freigegebenen Aufträge in voneinander unabhängige Serien aufgeteilt wird, die nacheinander in das FFS eingelastet werden. Bei *kontinuierlich veränderbaren Serien* hingegen wird eine neue Serienbildung durchgeführt, sobald sich der Auftragsbestand vor dem FFS durch das Eintreffen neuer oder die Fertigstellung bereits eingelasteter Aufträge verändert hat.

b) Bei der Bildung von Auftragsserien kann man grundsätzlich so vorgehen, daß ein bestimmter Auftrag als *Serienkern* gewählt wird und daß anschließend weitere Aufträge hinzugefügt werden, bis die Werkzeugmagazinkapazität erschöpft ist. Als jeweils nächster Auftrag wird derjenige gewählt, der im Vergleich zu den bisher in die Serie aufgenommenen Aufträgen die größte Anzahl an gemeinsamen Werkzeugen aufweist. Zusätzlich können die Werkzeuge mit ihrem jeweiligen Bedarf an Magazinplätzen gewichtet werden. Die Bildung der ersten Auftragsserie ist aus der folgenden Tabelle ersichtlich, wobei mit dem Symbol * die Verwendung eines bereits der Maschine zugeordneten Werkzeugs gekennzeichnet ist.

Serie	Auftrag	Werkzeugmagazinplätze								Differenz-werkzeuge
		1	2	3	4	5	6	7	8	
1	1	a	a	b	e	h	h	h	k	
	2					*	*	*		c, d
	3	*	*	*					*	-
	4	*	*							c, f, g, j
	5				*	*			*	i, l
	6						*	*	*	c, d, f
	7	*	*		*					i, l
	8									f, i, j, l

Als Kern der ersten Serie wird Auftrag 1 gewählt, da er die meisten Werkzeugmagazinplätze benötigt. Von den restlichen Aufträgen weist Auftrag 3 die größte gemeinsame Nutzung an Werkzeugmagazinplätzen mit Auftrag 1 auf. Im übrigen erfordert Auftrag 3 keine neuen Werkzeuge gegenüber Auftrag 1. Anschließend ließen sich die Aufträge 2, 5, 6 und 7 anschließen, die mit den beiden bereits zugeordneten Aufträgen jeweils drei Magazinplätze gemeinsam nutzen könnten. Wir entscheiden uns willkürlich für Auftrag 2. Als letzter wird Auftrag 6 in die Serie aufgenommen, der mit den zuvor zugeordneten Aufträgen fünf Magazinplätze (Werkzeuge c, d und h) gemeinsam nutzt. Die Werkzeugmagazinkapazität ist nunmehr erschöpft. Die erste Auftragsserie ist in der folgenden Tabelle zusammengefaßt.

Serie	Auftrag	Werkzeugmagazinplätze											
		1	2	3	4	5	6	7	8	9	10	11	12
1	1	a	a	b	e	h	h	h	k				
	3	*	*	*					*				
	2					*	*	*		c	d		
	6					*	*	*	*	*		f	f

In ähnlicher Weise ergibt sich die zweite Auftragsserie, die in der folgenden Tabelle zusammengefaßt ist.

Serie	Auftrag	Werkzeugmagazinplätze											
		1	2	3	4	5	6	7	8	9	10	11	12
2	4	a	a	c	f	f	g	j					
	8				*	*		*	i	l			
	7	*	*					*	*	e			
	5							*	*	*	b	k	

c) Das Grundprinzip der Serienbildung bleibt gegenüber Aufgabe b) unverändert. Als nächster wird jeweils derjenige Auftrag in die Serie einbezogen, der die geringste Anzahl zusätzlicher, d.h. noch nicht im Magazin enthaltener Werkzeuge erfordert. Die Bildung der ersten Auftragsserie ist aus der folgenden Tabelle ersichtlich.

Serie	Auftrag	Werkzeugmagazinplätze											
		1	2	3	4	5	6	7	8	9	10	11	12
1	1	a	a	b	e	h	h	h	k				
	3	*	*	*					*				
	2					*	*	*		c	d		
	5			*	*				*		i	l	

Den Kern der ersten Serie bildet wiederum Auftrag 1. Mit derselben Werkzeugmagazinbelegung läßt sich Auftrag 3 bearbeiten. Es könnten nun die Aufträge 2, 5 oder 7 in die Serie aufgenommen werden, die jeweils zwei Differenzwerkzeuge erfordern. Wir entscheiden uns willkürlich für Auftrag 2. Als nächste weisen die Aufträge 5, 6 und 7 jeweils die geringste Anzahl von zwei zusätzlich benötigten Magazinplätzen auf. Wir fügen Auftrag 5 als letzten der Serie hinzu.

Der weitere Rechengang zeigt, daß im Gegensatz zu Aufgabe b) eine dritte Auftragsserie erforderlich ist (siehe die folgende Tabelle). Im allgemeinen gilt das Kriterium der maximalen Anzahl gemeinsamer Werkzeuge als demjenigen der minimalen Anzahl an Differenzwerkzeugen überlegen.

Serie	Auftrag	Werkzeugmagazinplätze											
		1	2	3	4	5	6	7	8	9	10	11	12
2	4	a	a	c	f	f	g	j					
	8				*	*		*	i	l			
	7	*	*						*	*	e		
3	6	c	d	f	f	h	h	h					

Aufgabe D15.20: Systemrüstung in einem flexiblen Fertigungssystem

In ein flexibles Fertigungssystem (FFS) ist eine Serie mit einer bestimmten Anzahl von Aufträgen einzulasten. Jeder Auftrag umfaßt mehrere Arbeitsgänge, zu deren Ausführung ein oder mehrere Werkzeuge erforderlich sind. Es kann durchaus vorkommen, daß unterschiedliche Aufträge dieselben Arbeitsgänge enthalten. Daher können gleichartige Arbeitsgänge auftragsübergreifend zu *Arbeitsganglosen* zusammengefaßt werden. Das hier betrachtete FFS besteht aus zwei identischen Maschinen, deren Werkzeugmagazinkapazität auf jeweils 10 Magazinplätze beschränkt ist. Von jedem Werkzeug stehen mehrere Exemplare zur Verfügung. Jedes Arbeitsganglos muß auf einer der beiden Maschinen vollständig und ohne Unterbrechung ausgeführt werden.

Die einzulastende Auftragsserie umfaßt insgesamt sechs Arbeitsganglose, deren Werkzeugbedarf und Bearbeitungszeit in der folgenden Tabelle zusammengefaßt sind. Wir nehmen an, daß jedes Werkzeug nur einen einzigen Magazinplatz benötigt.

Arbeits- ganglos	benötigte Werkzeuge	Bearbei- tungszeit
1	a, c, g, h, i	10
2	b, d, e, h, j, l	18
3	c, d, e, i, j, k	22
4	a, c, f, h, i, l	12
5	d, g, j	20
6	a, h, i, k	8

a) Welche Aufgabe hat die Systemrüstung bei flexiblen Fertigungssystemen?

b) Welche Systemrüstung ergibt sich, wenn man das Kriterium der minimalen Anzahl von Differenzwerkzeugen zugrunde legt?

c) Welcher grundsätzliche Einwand läßt sich gegen die Planung der Systemrüstung mit Hilfe des Kriteriums der minimalen Anzahl von Differenzwerkzeugen erheben?

Lösung

a) Die zentrale Aufgabe der Systemrüstung besteht darin, die Werkzeugmagazine an den einzelnen Maschinen mit den benötigten Werkzeugen zu belegen (vgl. Tempelmeier/Kuhn 1993, Kap. 5.3). Besteht das FFS aus sog. ersetzenden Maschinen, die alternativ zur Durchführung eines Arbeitsgangs eingesetzt werden können, dann ist gleichzeitig die Zuordnung der einzelnen Arbeitsgänge zu den Maschinen zu bestimmen. Grundsätzlich besteht hierbei die Möglichkeit, mehrere Maschinen identisch zu rüsten, d.h. Maschinengruppen zu bilden, oder eine unterschiedliche Maschinenrüstung zu wählen. Der Vorteil der Maschinengruppierung besteht in einer erhöhten *Durchlaufflexibilität*, der häufig jedoch eine verminderte *Produktionsrate* gegenübersteht. Gegebenenfalls sind im Zuge der Systemrüstung auch werkstückspezifische Spannvorrichtungen den im System zirkulierenden Paletten zuzuordnen.

b) Zunächst wird jede Maschine mit einem beliebigen Arbeitsganglos belegt. Wir ordnen Arbeitsganglos 1 der Maschine 1 und Arbeitsganglos 2 der Maschine 2 zu. Anschließend werden für die noch nicht zugeordneten Arbeitsganglose 3, 4, 5 und 6 die benötigten Differenzwerkzeuge für alle Maschinen bestimmt. Nähere Angaben sind in den folgenden Tabellen enthalten, wobei mit dem Symbol * die Verwendung eines bereits der Maschine zugeordneten Werkzeugs gekennzeichnet ist.

Maschine 1

Arbeits- ganglos	Magazinbelegung										Differenz- werkzeuge
	1	2	3	4	5	6	7	8	9	10	
1	a	c	g	h	i	-	-	-	-	-	
3		*			*						d, e, j, k
4	*	*		*	*						f, l
5			*								d, j
6	*			*	*						k

Maschine 2

Arbeits-gang los	1	2	3	4	5	6	7	8	9	10	Differenz-werkzeuge
2	b	d	e	h	j	l	-	-	-	-	
3		*	*		*						c, i, k
4				*		*					a, c, f, i
5		*			*						g
6				*							a, i, k

Aufgrund der jeweils geringsten Anzahl an Differenzwerkzeugen wird Arbeitsganglos 6 der Maschine 1 und Arbeitsganglos 5 der Maschine 2 zugeordnet. Daraus ergibt sich die in den folgenden Tabellen dargestellte Zwischenlösung.

Maschine 1

Arbeits-ganglos	1	2	3	4	5	6	7	8	9	10	Differenz-werkzeuge
1	a	c	g	h	i	-	-	-	-	-	
6	*			*	*	k	-	-	-	-	
3		*		*	*						d, e, j
4	*	*		*	*						f, l

Maschine 2

Arbeits-ganglos	1	2	3	4	5	6	7	8	9	10	Differenz-werkzeuge
2	b	d	e	h	j	l	-	-	-	-	
5		*			*		g	-	-	-	
3		*	*		*						c, i, k
4				*		*					a, c, f, i

Die geringste Anzahl an Differenzwerkzeugen weisen Arbeitsganglos 4 auf Maschine 1 und Arbeitsganglos 3 auf Maschine 2 auf. Daher werden die entsprechenden Zuordnungen getroffen. Wir erhalten die in den nachfolgenden Tabellen dargestellte Abschlußlösung. Man erkennt, daß alle Arbeitsganglose sowie die benötigten Werkzeuge den einzelnen Maschinen unter Einhaltung der Werkzeugmagazinkapazität zugeordnet werden können.

Maschine 1

Arbeits- ganglos	Magazinbelegung									
	1	2	3	4	5	6	7	8	9	10
1	a	c	g	h	i	-	-	-	-	-
6	*	*		*	*	k	-	-	-	-
4	*	*		*	*		f	l	-	-

Maschine 2

Arbeits- ganglos	Magazinbelegung									
	1	2	3	4	5	6	7	8	9	10
2	b	d	e	h	j	l	-	-	-	-
5		*			*		g	-	-	-
3		*	*		*			c	i	k

Bei einer Magazinkapazität von neun Werkzeugen hätte sich bei dem gewählten Lösungsverfahren keine zulässige Lösung ergeben. In einem solchen Fall
müßte entweder eine zusätzliche Umrüstung des Werkzeugmagazins in Kauf
genommen oder die Auftragsserie modifiziert werden. Hier wird deutlich, daß
zwischen der vorgelagerten Entscheidung über die Bildung von Auftragsserien,
bei der von einem höheren Aggregationsgrad ausgegangen wird, und der Planung der Systemrüstung enge Interdependenzen bestehen.

c) Bei dem hier zugrunde gelegten Kriterium der minimalen Anzahl von Differenzwerkzeugen wird als möglicher Engpaß lediglich die Werkzeugmagazinkapazität der Maschinen betrachtet. Hingegen wird die Bearbeitungszeit der einzelnen Arbeitsganglose außer acht gelassen. Bei der in Aufgabe b) erhaltenen
Lösung erfordern die der ersten Maschine zugeordneten Arbeitsganglose eine
Gesamtbearbeitungszeit von $10+8+12=30$ Zeiteinheiten, die auf der zweiten
Maschine zu bearbeitenden Arbeitsganglose jedoch eine Gesamtbearbeitungszeit von $18+20+22=60$ Zeiteinheiten. Dies würde bedeuten, daß die Maschine
1 während der Ausführung der Auftragsserie nur zu 50% ausgelastet wäre.
Sinnvoll ist vielmehr eine Zuordnung von Arbeitsganglosen zu Maschinen, bei
der die zeitlichen Belastungen der einzelnen Maschinen ausgeglichen sind.

Aufgabe D15.21: Systemrüstung in einem flexiblen Fertigungssystem, Belastungsausgleich

Die in einem flexiblen Fertigungssystem (FFS) zu bearbeitende Auftragsserie
umfaßt 12 Arbeitsganglose, deren Werkzeugbedarf und Bearbeitungszeit in
der folgenden Tabelle zusammengefaßt sind.

Arbeits- ganglos	benötigte Werkzeuge	Bearbei- tungszeit
1	a, c, d	2
2	b, f, h	10
3	c, d, f	5
4	e, f, h	3
5	a, e, g	8
6	c, f	4
7	b, e, f	4
8	c, d, e, h	6
9	a, g	3
10	c	2
11	d, f, h	8
12	f	4

Von jedem Werkzeug stehen mehrere Exemplare zur Verfügung. In der folgenden Tabelle ist angegeben, wie viele Magazinplätze ein Werkzeug benötigt.

Werkzeug	a	b	c	d	e	f	g	h
Magazinplätze	1	2	1	1	2	3	1	2

Das FFS besteht aus zwei identischen Maschinen mit einer Werkzeugmagazin-kapazität von jeweils 11 Magazinplätzen. Vor Bearbeitungsbeginn der Auftragsserie werden die Magazine beider Maschinen mit Werkzeugen belegt. Falls ein Werkzeugmagazin vor Beendigung der Auftragsserie umgerüstet werden muß, entstehen Rüstzeiten von zwei Zeiteinheiten. Jedes Arbeitsganglos muß auf einer der beiden Maschinen vollständig und ohne Unterbrechung ausgeführt werden. Die Werkzeugmagazine sollen so gerüstet werden, daß ein Belastungsausgleich zwischen beiden Maschinen erfolgt.

a) Welche Systemrüstung ergibt sich, wenn man für die Zuordnung von Arbeitsganglosen zu Maschinen das Kriterium der maximalen Relation von Bearbeitungszeit und der Anzahl benötigter Werkzeugmagazinplätze zugrunde legt?

b) Bestimmen Sie die Systemrüstung mit Hilfe eines linearen Optimierungsmodells.

Lösung

a) Um einen Belastungsausgleich zwischen den einzelnen Maschinen eines FFS zu erzielen, kann man wie folgt vorgehen (vgl. Kim/Yano 1993):

- Jeder Maschine des FFS wird zunächst ein Arbeitsganglos zugeordnet, wobei als Auswahlkriterium das maximale Verhältnis von Bearbeitungszeit und der Anzahl der benötigten Werkzeugmagazinplätze zugrunde gelegt wird.

Bei diesem Auswahlkriterium werden *bei gleichem Magazinplatzbedarf* diejenigen Arbeitsganglose, die eine höhere Bearbeitungszeit aufweisen, vorrangig zugeordnet, während abschließend die Maschinenbelegung mit kleineren Arbeitsganglosen aufgefüllt wird. Andererseits werden *bei gleicher Bearbeitungszeit* diejenigen Arbeitsganglose bevorzugt, die eine geringere Anzahl an Werkzeugmagazinplätzen benötigen. Hierbei wird auch die gemeinsame Nutzung bereits gerüsteter Werkzeuge berücksichtigt. Auf diese Weise wird sowohl der zeitlichen Maschinenbelastung als auch der Werkzeugmagazinkapazität als potentiellen Engpaßfaktoren Rechnung getragen.

- Anschließend wird derjenigen Maschine, welche die geringste zeitliche Belastung aufweist, ein weiteres Arbeitsganglos zugeordnet, wobei wiederum das maximale Verhältnis von Bearbeitungszeit und Magazinplatzbedarf als Auswahlkriterium dient. Bei der Berechnung des Bedarfs an Werkzeugmagazinplätzen muß nunmehr berücksichtigt werden, daß einige der benötigten Werkzeuge möglicherweise bereits im Magazin vorhanden sind.

- Das Verfahren wird fortgesetzt, bis alle Arbeitsganglose zugeordnet sind.

Für das betrachtete Zahlenbeispiel werden bei diesem Lösungsverfahren die folgenden Schritte durchlaufen.

Schritt 1:

Die Ausgangsdaten sind in der folgenden Tabelle zusammengestellt.

Arbeits-ganglos	Bearbei-tungszeit	benötigte Magazinplätze	Bearbeitungszeit/Magazinplatz-Relation
1	2	3	0.67
2	10	7	1.43
3	5	5	1.00
4	3	7	0.43
5	8	4	2.00
6	4	4	1.00
7	4	7	0.57
8	6	6	1.00
9	3	2	1.50
10	2	1	2.00
11	8	6	1.33
12	4	3	1.33

Die Arbeitsganglose 5 und 10 weisen die höchste Bearbeitungszeit/Magazinplatz-Relation auf. Daher werden sie den Maschinen 1 bzw. 2 zugeordnet. Wir erhalten das in den folgenden Tabellen wiedergegebene Zwischenergebnis.

Maschine 1

Arbeits- ganglos	Magazinbelegung 1 2 3 4 5 6 7 8 9 10 11	Bearbeitung von bis
5	a e e g - - - - - - -	0 8

Maschine 2

Arbeits- ganglos	Magazinbelegung 1 2 3 4 5 6 7 8 9 10 11	Bearbeitung von bis
10	c - - - - - - - - - -	0 2

Schritt 2:

Die Maschine 2 weist mit zwei Zeiteinheiten die geringste zeitliche Belastung auf. Daher wird dieser Maschine nun ein weiteres Arbeitsganglos zugeordnet. Die Berechnung der Bearbeitungszeit/Magazinplatz-Relation für die verbleibenden Arbeitsganglose ist in der folgenden Tabelle zusammengestellt. Dabei wird berücksichtigt, daß das Werkzeug c bereits im Magazin vorhanden ist.

Maschine 2

Arbeits- ganglos	Bearbei- tungszeit	benötigte Magazinplätze	Bearbeitungszeit/ Magazinplatz-Relation
1	2	2	1.00
2	10	7	1.43
3	5	4	1.25
4	3	7	0.43
6	4	3	1.33
7	4	7	0.57
8	6	5	1.20
9	3	2	1.50
11	8	6	1.33
12	4	3	1.33

Aufgrund der höchsten Bearbeitungszeit/Magazinplatz-Relation wird Arbeitsganglos 9 gewählt. Wir erhalten somit die folgende Zwischenlösung:

Maschine 2

Arbeits- ganglos	Magazinbelegung 1 2 3 4 5 6 7 8 9 10 11	Bearbeitung von bis
10	c - - - - - - - - - -	0 2
9	a g - - - - - - - -	2 5

Schritt 3:

Die Maschine 2 weist nach wie vor die geringste zeitliche Belastung auf. Der Auswahl des nächsten Arbeitsgangloses liegen die Daten in der folgenden Tabelle zugrunde, wobei nun die gemeinsame Nutzung der bereits gerüsteten Werkzeuge c, a und g berücksichtigt werden muß.

Maschine 2

Arbeits-ganglos	Bearbei-tungszeit	benötigte Magazinplätze	Bearbeitungszeit/ Magazinplatz-Relation
1	2	1	2.00
2	10	7	1.43
3	5	4	1.25
4	3	7	0.43
6	4	3	1.33
7	4	7	0.57
8	6	5	1.20
11	8	6	1.33
12	4	3	1.33

Gewählt wird Arbeitsganglos 1. Die neue Zwischenlösung lautet:

Maschine 2

Arbeits-ganglos	Magazinbelegung											Bearbeitung von bis	
	1	2	3	4	5	6	7	8	9	10	11	von	bis
10	c	-	-	-	-	-	-	-	-	-	-	0	2
9		a	g	-	-	-	-	-	-	-	-	2	5
1	*	*	d	-	-	-	-	-	-			5	7

Schritt 4:

Mit sieben Zeiteinheiten ist die Maschine 2 immer noch am geringsten belastet. Die Auswahl des nächsten Arbeitsgangloses erfolgt aufgrund der in der folgenden Tabelle wiedergegebenen Daten.

Maschine 2

Arbeits-ganglos	Bearbei-tungszeit	benötigte Magazinplätze	Bearbeitungszeit/ Magazinplatz-Relation
2	10	7	1.43
3	5	3	1.67
4	3	7	0.43
6	4	3	1.33
7	4	7	0.57
8	6	4	1.50
11	8	5	1.60
12	4	3	1.33

Gewählt wird Arbeitsganglos 3. Die neue Zwischenlösung lautet:

Maschine 2

Arbeits-ganglos	1	2	3	4	5	6	7	8	9	10	11	von	bis
				Magazinbelegung								Bearbeitung	
10	c	-	-	-	-	-	-	-	-	-	-	0	2
9		a	g	-	-	-	-	-	-	-	-	2	5
1	*	*		d	-	-	-	-	-	-	-	5	7
3	*			*	f	f	f	-	-	-	-	7	12

Schritt 5:

Nunmehr ist die Maschine 1 am geringsten belastet. Für die Auswahl des nächsten Arbeitsgangloses sind die folgenden Daten relevant:

Maschine 1

Arbeits-ganglos	Bearbei-tungszeit	benötigte Magazinplätze	Bearbeitungszeit/ Magazinplatz-Relation
2	10	7	1.43
4	3	5	0.60
6	4	4	1.00
7	4	5	0.80
8	6	4	1.50
11	8	6	1.33
12	4	3	1.33

Gewählt wird Arbeitsganglos 8. Die neue Zwischenlösung lautet:

Maschine 1

Arbeits-ganglos	1	2	3	4	5	6	7	8	9	10	11	von	bis
				Magazinbelegung								Bearbeitung	
5	a	e	e	g	-	-	-	-	-	-	-	0	8
8		*	*		c	d	h	h	-	-	-	8	14

Schritt 6:

Das nächste Arbeitsganglos wird der Maschine 2 zugeordnet.

Maschine 2

Arbeits-ganglos	Bearbei-tungszeit	benötigte Magazinplätze	Bearbeitungszeit/ Magazinplatz-Relation
2	10	4	2.50
4	3	4	0.75
6	4	0	∞
7	4	4	1.00
11	8	2	4.00
12	4	0	∞

Wir entscheiden uns willkürlich für Arbeitsganglos 6. Die neue Zwischenlösung lautet:

Maschine 2

Arbeits-ganglos	Magazinbelegung 1	2	3	4	5	6	7	8	9	10	11	Bearbeitung von	bis
10	c	-	-	-	-	-	-	-	-	-	-	0	2
9		a	g	-	-	-	-	-	-	-	-	2	5
1	*	*		d	-	-	-	-	-	-	-	5	7
3	*			*	f	f	f	-	-	-	-	7	12
6	*				*	*	*	-	-	-	-	12	16

Schritt 7:

Das nächste Arbeitsganglos wird der Maschine 1 zugeordnet.

Maschine 1

Arbeits-ganglos	Bearbei-tungszeit	benötigte Magazinplätze	Bearbeitungszeit/ Magazinplatz-Relation
2	10	5	2.00
4	3	3	1.00
7	4	5	0.80
11	8	3	2.67
12	4	3	1.33

Gewählt wird Arbeitsganglos 11. Die neue Zwischenlösung lautet:

Maschine 1

Arbeits-ganglos	Magazinbelegung 1	2	3	4	5	6	7	8	9	10	11	Bearbeitung von	bis
5	a	e	e	g	-	-	-	-	-	-	-	0	8
8		*	*		c	d	h	h	-	-	-	8	14
11					*	*	*	f	f	f		14	22

Schritt 8:

Das nächste Arbeitsganglos wird der Maschine 2 zugeordnet.

Maschine 2

Arbeits- ganglos	Bearbei- tungszeit	benötigte Magazinplätze	Bearbeitungszeit/ Magazinplatz-Relation
2	10	4	2.50
4	3	4	0.75
7	4	4	1.00
12	4	0	∞

Gewählt wird Arbeitsganglos 12. Die neue Zwischenlösung lautet:

Maschine 2

Arbeits- ganglos	Magazinbelegung 1 2 3 4 5 6 7 8 9 10 11		Bearbeitung von bis
10	c - - - - - - - - - -	0 2
9	a g - - - - - - - -	2 5
1	* * d - - - - - - -	5 7
3	* * f f f - - - -	7 12
6	* * * * - - - -	12 16
12	* * * - - - -	16 20

Schritt 9:

Das nächste Arbeitsganglos wird der Maschine 2 zugeordnet.

Maschine 2

Arbeits- ganglos	Bearbei- tungszeit	benötigte Magazinplätze	Bearbeitungszeit/ Magazinplatz-Relation
2	10	4	2.50
4	3	4	0.75
7	4	4	1.00

Gewählt wird Arbeitsganglos 2. Die neue Zwischenlösung lautet:

Maschine 2

Arbeits-ganglos	Magazinbelegung											Bearbeitung	
	1	2	3	4	5	6	7	8	9	10	11	von	bis
10	c	-	-	-	-	-	-	-	-	-	-	0	2
9		a	g	-	-	-	-	-	-	-	-	2	5
1		*	*	d	-	-	-	-	-	-	-	5	7
3		*		*	f	f	f	-	-	-	-	7	12
6		*			*	*	*	-	-	-	-	12	16
12					*	*	*	-	-	-	-	16	20
2					*	*	*	b	b	h	h	20	30

Schritt 10:

Das nächste Arbeitsganglos wird der Maschine 1 zugeordnet.

Maschine 1

Arbeits-ganglos	Bearbei-tungszeit	benötigte Magazinplätze	Bearbeitungszeit/Magazinplatz-Relation
4	3	0	∞
7	4	2	2.00

Gewählt wird Arbeitsganglos 4. Die neue Zwischenlösung lautet:

Maschine 1

Arbeits-ganglos	Magazinbelegung											Bearbeitung	
	1	2	3	4	5	6	7	8	9	10	11	von	bis
5	a	e	e	g	-	-	-	-	-	-	-	0	8
8		*	*		c	d	h	h	-	-	-	8	14
11					*	*	*	f	f	f		14	22
4		*	*			*	*	*	*	*		22	25

Als letztes verbleibt Arbeitsganglos 7. Die Werkzeugmagazine beider Maschinen sind voll belegt. Da das Arbeitsganglos 7 zusätzliche Werkzeuge benötigt, ist eine Umrüstung erforderlich. Wir wählen die Maschine 1 als diejenige mit der geringeren zeitlichen Belastung und erhalten die folgende abschließende Lösung:

Maschine 1

Arbeits- ganglos	Magazinbelegung											Bearbeitung von bis	
	1	2	3	4	5	6	7	8	9	10	11	von	bis
5	a	e	e	g	-	-	-	-	-	-	-	0	8
8		*	*	c	d	h	h	-	-	-		8	14
11					*	*	*	f	f	f		14	22
4		*	*			*	*	*	*	*		22	25
Rüsten	-	-	-	-	-	-	-	-	-	-	-	25	27
7	b	b	e	e	f	f	f					27	31

Die zeitliche Belastung der beiden Maschinen des FFS beträgt 31 bzw. 30 Zeiteinheiten. Somit wird der angestrebte Belastungsausgleich erreicht. Allerdings
müßte das Werkzeugmagazin von Maschine 1 umgerüstet werden. Abgesehen
von dem durch die Umrüstzeit bedingten Produktivitätsverlust ist die Unterbrechung des Produktionsablaufs während der Bearbeitung einer Auftragsserie
im allgemeinen unerwünscht, da es sich bei flexiblen Fertigungssystemen um
hochautomatisierte Produktionseinrichtungen handelt, die für den bedienerlo-
sen Betrieb ausgelegt sind.

b) Zur Formulierung des linearen Optimierungsmodells verwenden wir die folgende Notation:

Daten:

a_j Magazinplatzbedarf von Werkzeug j
b_i Bearbeitungszeit von Arbeitsganglos i
$i \in I$ Arbeitsganglose
$j \in J$ Werkzeuge
$j \in J(i)$ für Arbeitsganglos i benötigte Werkzeuge
$k \in K$ Maschinen
W_k Werkzeugmagazinkapazität von Maschine k

Entscheidungsvariablen:

x_{ik} = 1, falls Arbeitsganglos i der Maschine k zugeordnet wird (= 0, sonst)
y_{jk} = 1, falls Werkzeug j der Maschine k zugeordnet wird (= 0, sonst)
z_k zeitliche Belastung von Maschine k
zmax   maximale zeitliche Belastung des FFS

Die Modellformulierung lautet:

Minimiere

zmax

unter den Nebenbedingungen:

Zeitliche Maschinenbelastung

$$\sum_{i \in I} b_i \cdot x_{ik} = z_k \qquad\qquad k \in K$$

Maximale zeitliche Maschinenbelastung

$$z_{max} \geq z_k \qquad\qquad k \in K$$

Werkzeugmagazinkapazität

$$\sum_{j \in J} a_j \cdot y_{jk} \leq w_k \qquad\qquad k \in K$$

Werkzeugrüstung

$$y_{jk} \geq x_{ik} \qquad\qquad i \in I,\ j \in J(i),\ k \in K$$

Arbeitsgangzuordnung

$$\sum_{k \in K} x_{ik} = 1 \qquad\qquad i \in I$$

Wertebereich

$$x_{ik} \in \{0,1\} \qquad\qquad i \in I,\ k \in K$$
$$y_{jk} \in \{0,1\} \qquad\qquad j \in J,\ k \in K$$
$$z_k \geq 0 \qquad\qquad k \in K$$
$$z_{max} \geq 0$$

Für das betrachtete Zahlenbeispiel läßt sich das Optimierungsmodell mit Hilfe von AMPL innerhalb weniger Sekunden am PC lösen. Im Gegensatz zu dem in Aufgabe a) verwendeten heuristischen Verfahren erzielt man eine Lösung, bei der ein Umrüsten der Werkzeugmagazine nicht erforderlich ist. Der einen Maschine werden die Arbeitsganglose 1, 3, 5, 6, 8, 9 und 10 sowie die Werkzeuge a, c, d, e, f, g und h zugeordnet. Die andere Maschine bearbeitet die Arbeitsganglose 2, 4, 7, 11 und 12, wobei das Werkzeugmagazin mit den Werkzeugen b, d, e, f, g und h gerüstet werden muß. Die beiden Maschinen sind 30 bzw. 29 Zeiteinheiten belastet.

Fallstudie: Bildung von Auftragsserien bei der Montage von Leiterplatten

In der folgenden Fallstudie wird die Kleinserienmontage von Leiterplatten in Anlehnung an einen konkreten Praxisfall betrachtet (vgl. Günther/Gronalt/ Piller 1994). Die Bearbeitung der Fallstudie erfordert die Aufbereitung des Datenmaterials (zweckmäßigerweise mit Hilfe eines Computerprogramms zur Tabellenkalkulation), die Aufstellung eines Planungsmodells sowie dessen PC-gestützte Implementierung und Lösung (z.B. mit Hilfe von AMPL).

Elektronische Steuerungen finden sich heute in fast allen Geräten des privaten und industriellen Bedarfs. Üblicherweise werden jedoch nicht einzelne elektronische Bauteile, sondern vollständige Funktionseinheiten (Leiterplatten) in die

Endgeräte montiert. Dabei dient die mit aufgedruckten Schaltbahnen versehene Leiterplatte als Träger für die verschiedenen elektronischen Komponenten, die überwiegend mit Hilfe numerisch gesteuerter Bestückungsautomaten an vorbestimmten Stellen auf der Leiterplatte montiert werden (vgl. Günther/ Gronalt 1994b).

Das bei der Kleinserienmontage von Leiterplatten auftretende Planungsproblem der Bildung von Auftragsserien läßt sich anschaulich an Hand von Abb. D15.26 erklären. Bei der Serienbildung werden aus der Menge aller vom übergeordneten Produktionsplanungs- und -steuerungssystem (PPS-System) freigegebenen Produktionsaufträge nach bestimmten Kriterien Auftragspakete (Serien) gebildet. Eine Serie umfaßt Aufträge, die zu Beginn einer Schicht in das aus zwei einzelnen Zellen bestehende Produktionssystem eingeschleust werden, wobei auf den aktuellen Systemzustand (Arbeitsinhalt vor den einzelnen Maschinen sowie die Verfügbarkeit der benötigten elektronischen Komponenten in den Magazinen der Bestückungsautomaten) Rücksicht zu nehmen ist. In dem betrachteten praktischen Anwendungsfall handelt es sich um ca. 100 Aufträge, aus denen eine Tageslast (Auftragsserie) von ca. 20 Produktionsaufträgen auszuwählen ist. Die genaue Einschleusungsreihenfolge der Aufträge wird noch nicht in der Serienbildung, sondern erst in einem anschließenden Planungsschritt festgelegt.

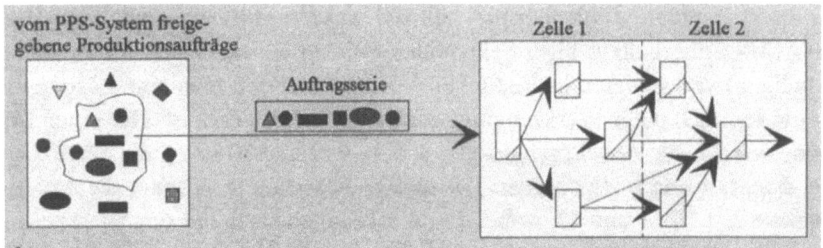

Abb. D15.26: Serienbildung

Da die innerhalb einer Zelle gruppierten Anlagen einen engen Produktionsverbund mit direkter Materialflußverkettung und begrenzten Pufferlägern bilden, ist die Einschleusung von Aufträgen in das Montagesystem sorgsam zu steuern. Eine zu hohe Auftragslast würde den Produktionsablauf an Engpaßstellen blockieren; eine zu gering bemessene Auftragsserie würde Leerzeiten vor allem an den besonders kapitalintensiven Bestückungsautomaten nach sich ziehen. Daher ist einerseits der Auftragsinput so heterogen zusammenzustellen, daß sämtliche Arbeitsstationen möglichst gleichmäßig ausgelastet sind, andererseits können Rüstzeiten eingespart werden, wenn technisch gleichartige Leiterplatten nacheinander produziert werden. Hinzu kommt die terminliche Dringlichkeit einzelner Aufträge. Die übergeordnete Zielsetzung besteht darin, die Produktionsleistung des gesamten Montagesystems zu maximieren.

Zur Vereinfachung der Problemstellung betrachten wir im folgenden lediglich 16 freigegebene Produktionsaufträge (siehe folgende Tabelle), aus denen eine Auftragsserie zu bilden ist. Jeder Auftrag bezieht sich auf einen ganz bestimmten Leiterplattentyp. Aus der Tabelle sind auch die Auftragsgröße sowie die Prioritätsklasse (A, B oder C), der ein Auftrag aufgrund seiner Dringlichkeit zugeordnet wurde, ersichtlich. Es wird verlangt, daß die zu bildende Auftragsserie mindestens je zwei Aufträge der Prioritätsklassen A bzw. B enthalten muß.

Leiterplattentyp	1	2	3	4	5	6	7	8	9	10	11	12	13	14	15	16
Auftragsgröße	270	180	160	100	100	100	90	80	30	25	25	15	15	11	8	8
Prioritätsklasse	A	B	A	C	C	A	B	B	C	A	C	B	B	C	A	A

Jeder Auftrag (Leiterplattentyp) erfordert die Montage bestimmter elektronischer Komponenten. Grundsätzlich sind zwei Arten von Komponenten zu unterscheiden, zum einen *Surface Mounted Devices (SMDs)*, die direkt auf die Oberfläche der Leiterplatte aufgesetzt und mit den Leiterbahnen verbunden werden, und zum anderen *bedrahtete Komponenten*, die mit ihren Anschlußdrähten durch die Leiterplatte durchgesteckt und auf der Unterseite verlötet werden. Wesentliche Vorteile von SMDs bestehen darin, daß sie erheblich kleiner sind als vergleichbare bedrahtete Komponenten und sich auf beiden Seiten der Leiterplatte montieren lassen. Daher werden in der industriellen Praxis bedrahtete Komponenten zunehmend durch SMDs verdrängt. Der Komponentenbedarf der einzelnen Leiterplattentypen ist in der nachfolgenden Tabelle angegeben.

Wir beschränken uns hier auf 24 Komponententypen, von denen SMDs mit 1 bis 18 und bedrahtete Komponenten mit 19 bis 24 bezeichnet werden. In der zugrundeliegenden industriellen Anwendung sind insgesamt mehr als 6000 verschiedene elektronische Bauteile zu verarbeiten, wobei ein Leiterplattentyp im allgemeinen mit mehr als 50 verschiedenen Bauteilen zu bestücken ist.

Die von den einzelnen Leiterplatten benötigten Komponenten werden unter Einsatz von drei *Bestückungsautomaten* montiert, die jeweils auf einen bestimmten Komponententyp ausgelegt sind. Maschine 1 ist für die SMD-Typen 1 bis 8 vorgesehen, die besondere Genauigkeit bei der Herstellung der Kontakte zwischen SMD und den Leiterbahnen erfordern. Der Maschine 2 sind die SMDs 9 bis 18 zugeteilt, die sich unter Verzicht auf große Plazierungsgenauigkeit mit großer Geschwindigkeit bestücken lassen. Auf Maschine 3 werden die bedrahteten Komponenten 19 bis 24 montiert, bei denen wegen des notwendigen Fügens der Anschlußdrähte nur geringe Bestückungsleistungen möglich sind.

Komponente	1	2	3	4	5	6	7	8	9	10	11	12	13	14	15	16
1				8				12	9				12			
2	12			14							8		20			
3				12					4							16
4	16				16						16					18
5					9									4		
6				8				16	12			24				
7	24			8					4							8
8	24				8			16		4						
9				4				12					16			
10		20		18			20		20				14	12		
11	24	12	9					18	10		26		20			
12				18					10		20		16			16
13	24	20					20		12		32		22		5	
14			10					18		12			26			
15				18												
16	20	10					12		12		18	6		9		16
17	18			12			24		20			6				20
18	18	10					8		12	20				4		
19					4		9							4		
20	4			8			16		10							4
21	12	10		6			12		4							
22				8		4	4						8	12		20
23						12			10		8		12	10		
24				4	20				12		8	14				

Die einzelnen Bauelemente werden zumeist in Gurten mit mehreren Tausend Einheiten bereitgestellt. Jeder Bestückungsautomat enthält ein Bauteilemagazin, das eine bestimmte Anzahl von Gurten aufnehmen kann. Bei der hier betrachteten Kleinserienmontage von Leiterplatten ist die Gesamtzahl der zu montierenden elektronischen Komponententypen wesentlich größer als die Magazinkapazität der eingesetzten Anlagen. Daher müssen die Bauteilemagazine in Abhängigkeit von der Reihenfolge der zu verarbeitenden Leiterplatten regelmäßig umgerüstet werden. Wegen der hohen Präzisionsanforderungen werden SMDs grundsätzlich automatisch bestückt, während bedrahtete Komponenten auch manuell montiert werden können.

In dem dieser Fallstudie zugrundeliegenden Praxisfall wird hinsichtlich der Komponentenrüstung wie folgt verfahren. Bei den SMD-Automaten (Maschinen 1 und 2) wird das Bauteilemagazin immer dann umgerüstet, wenn der nächste zu verarbeitende Leiterplattentyp eine Komponente erfordert, die noch nicht im Magazin vorhanden ist (*variable Rüstung*). Dabei muß gleichzeitig darüber entschieden werden, welche Komponente jeweils aus dem Magazin entfernt wird. Jedes Auswechseln eines Bauteilegurtes erfordert eine bestimmte Rüstzeit. Hingegen wird bei dem Bestückungsautomaten für bedrahtete Komponenten (Maschine 3) die einmal gewählte Magazinbelegung für längere

Zeit beibehalten (*Fixrüstung*). Die nicht im Magazin enthaltenen Komponenten werden in einer anschließenden Produktionsstufe, die in der vorliegenden Fallstudie nicht betrachtet wird, manuell nachbestückt. Auf allen Bestückungsautomaten werden zur Umstellung auf einen neuen Leiterplattentyp eine bestimmte Rüstzeit sowie zur Zuführung einer Leiterplatte und zu ihrer Justierung auf dem Bestückungstisch eine bestimmte Handlingzeit benötigt. Die folgende Tabelle faßt diese Kennzahlen der Bestückungsautomaten zusammen.

Ma-schine	Kompo-nenten-typ	Rüstzeit pro Kom-ponente (Min.)	Rüstzeit pro Auf-trag (Min.)	Handling-zeit pro Leiterplatte (Min.)	Betriebs-zeit pro Tag (Std.)	Bestückungs-leistung (Komponenten pro Stunde)
1	1...8 (SMD)	1	5	0.25	7	6000
2	9...18 (SMD)	1	5	0.25	7	9000
3	19...24 (bedrahtet)	-	4	0.50	7	3000

Zum Zeitpunkt der Planung, die jeweils kurz vor Schichtbeginn durchgeführt wird, befinden sich noch Aufträge in Bearbeitung bzw. im Eingangspuffer vor den einzelnen Maschinen. Die Montagezeit, die für die Abarbeitung dieser Aufträge benötigt wird, muß bei der Ermittlung der effektiv verfügbaren Tageskapazität (*Nettokapazität*) berücksichtigt werden. Angaben zu diesen Aufträgen sowie zur gegenwärtigen Komponentenrüstung der drei Bestückungsautomaten finden sich in der folgenden Tabelle.

Ma-schine	Eingangspuffer: Leiter-plattentyp (Auftragsgröße)	Komponenten-magazinkapazität	gegenwärtige Kom-ponentenrüstung
1	5(50), 14(100)	5 Gurte	1,2,4,6,8
2	7(120), 10(40), 15(20)	6 Gurte	10,11,12,15,16,17
3	2(100)	4 Gurte	20,21,22,24

Zum Weitertransport der Leiterplatten zwischen den einzelnen Bearbeitungsstationen werden *genormte Transportboxen* verwendet, die ein Fassungsvermögen von 42 Leiterplatten aufweisen. Da der Leiterplattentyp elektronisch aus einem auf der Transportbox aufgebrachten Barcodeetikett abgelesen wird, darf eine Box nur Leiterplatten eines einzigen Typs enthalten. Der Umlauf an Transportboxen dient gleichzeitig dazu, die gesamte Arbeitslast im Produktionssystem zu steuern. Gelegentlich kommt es auch vor, daß sich vor den einzelnen Produktionszellen ungeplante Zwischenlagerbestände bilden, so daß nicht genügend Transportboxen zur Verfügung stehen. Im Rahmen dieser Fallstudie soll angenommen werden, daß höchstens 15 Transportboxen in das Produktionssystem eingelastet werden dürfen.

Im Mittelpunkt der Bildung von Auftragsserien stehen die folgenden Fragen: Welche der in oben angegebenen 16 Produktionsaufträge sollen unter Beachtung der verfügbaren Produktionskapazitäten zu Schichtbeginn in die Produktion eingelastet werden? Welcher Umrüstaufwand fällt hierbei für das Auswechseln von Komponenten in den Magazinen der Bestückungsautomaten an? Die Zielsetzung bei dieser Aufgabenstellung besteht darin, die gesamte Produktionsleistung des Montagesystems zu maximieren.

Die Bearbeitung der Fallstudie erfordert die Lösung der folgenden Teilaufgaben:

a) Zunächst ist die betrachtete Problemstellung der Bildung von Auftragsserien formal als lineares Optimierungsmodell zu beschreiben (vgl. Günther/Gronalt/Piller 1995).

b) Die oben angegebenen Daten sind so aufzubereiten, daß sie als Parameter der modellgestützten Einlastungsplanung übernommen werden können. Durch die Verwendung eines Computerprogramms zur Tabellenkalkulation kann die Datenaufbereitung wesentlich erleichtert werden.

c) Das lineare Optimierungsmodell sowie die aufbereiteten Daten sind mit Hilfe einer gebräuchlichen Modellierungssprache (z.B. AMPL) am PC zu implementieren.

d) Das Modell ist am PC zu lösen. Man sollte sich auch über die der Modellformulierung zugrundeliegenden Prämissen und Vereinfachungen im klaren sein. Ergänzend sind Sensitivitätsanalysen bezüglich ausgewählter Modellparameter durchzuführen.

Literaturhinweise

Askin/Standridge (1993, Kap. 4 und 8)
Domschke/Scholl/Voß (1993, Kap. 5)
Glaser/Geiger/Rohde (1992, Kap. B.IV)
Hax/Candea (1984, Kap. 5)
Küpper/Helber (1995, Kap. 5)
Mertens (1993, Kap. 3.5)
Pesch (1994)
Scheer (1995, Kap. B.I.4)
Tempelmeier/Kuhn (1993)

Teil E

Integrierte Systeme der Produktionsplanung und -steuerung

Das Entscheidungsfeld der Produktionsplanung umfaßt eine Fülle von Einzelentscheidungen, zwischen denen enge wechselseitige Beziehungen bestehen. Angesichts der Datenfülle und des Problemumfangs ist die simultane Festlegung sämtlicher Entscheidungsvariablen der Produktionsplanung sowie angrenzender Gebiete in einem detaillierten Gesamtplan schlechthin unmöglich. Die Produktionsplanung muß sich daher als ein sinnvoll gestaltetes System von Teilplänen vollziehen, das der Aufteilung und Abstufung der Entscheidungs- und Verantwortungsbereiche in der Unternehmung, den Möglichkeiten und Grenzen der Computerunterstützung sowie der gegenseitigen Abhängigkeit der Entscheidungen Rechnung trägt. Innerhalb eines hierarchisch strukturierten Produktionsplanungssystems sind die Koordination und Integration der Teilplanungsaufgaben von besonderer Bedeutung. Darin kommt das Bestreben zum Ausdruck, die Einzelentscheidungen zu einem auf das betriebswirtschaftliche Gesamtziel der Produktionsplanung ausgerichteten Ganzen zusammenzufügen. Ein integratives Gesamtkonzept der Produktionsplanung ist in den meisten produktionswirtschaftlichen Schriften allenfalls ansatzweise erkennbar. Auch in den weit verbreiteten computergestützten Produktionsplanungs- und -steuerungssystemen (PPS-Systeme) ist ein solches integratives Konzept nur unvollkommen verwirklicht.

Übungsaufgaben

Aufgabe E16.1: Beiträge der Produktion zum Unternehmenserfolg

a) Welche Kennziffern könnte man verwenden, um langfristig die Produktivität von Industriebetrieben branchenübergreifend zu vergleichen?

b) Diskutieren Sie, inwieweit der Einsatz computergestützter Produktionsplanungs- und -steuerungssysteme (PPS-Systeme) zur Verwirklichung der strategischen Unternehmensziele beitragen kann, und welche Anforderungen aus der Sicht der strategischen Planung an PPS-Systeme gestellt werden.

c) Wie könnte man eine empirische Studie anlegen, in der die durch den Einsatz von computergestützten PPS-Systemen erzielten Wettbewerbsvorteile erfaßt und bewertet werden?

d) In Befragungen unter Managern wird immer wieder die qualitätsgerechte und kostengünstige Produktion als herausragender Wettbewerbsfaktor genannt. Wie könnte man vorgehen, um den Beitrag des Produktionsbereichs zum Unternehmenserfolg empirisch zu überprüfen?

e) Entwerfen Sie ein System des "productivity auditing", durch das Leistungen, Erfolgs- und Mißerfolgsbeiträge der Produktion innerhalb der Unternehmung systematisch erfaßt und ausgewertet werden könnten.

f) Welche Hilfestellung bieten die heutigen PPS-Systeme für die Planung, Erfassung und Auswertung der Kosten in der Produktion?

Aufgabe E16.2: PPS-Systeme und Produktionswirtschaft

Die Grundkonzepte heutiger PPS-Systeme wurden bereits Ende der 50er Jahre entwickelt. PPS-Systeme sind heute als Praxislösung der Produktionsplanung und -steuerung weit verbreitet.

a) Beschreiben Sie die wichtigsten Planungsebenen innerhalb eines PPS-Systems. Welche Interaktionen bestehen zwischen den einzelnen Ebenen?

b) Welche Beiträge hat die Betriebswirtschaftslehre zur Entwicklung der PPS-Systeme geleistet?

c) Verfolgen Sie die Behandlung der PPS-Systeme in der betriebswirtschaftlichen Literatur in den letzten 30 Jahren.

d) Welche Kritik läßt sich gegen die klassische PPS-Konzeption vorbringen?

e) Welche Entwicklungstendenzen sind im Bereich der PPS-Systeme in den letzten 10 Jahren zu beobachten?

f) Begründen Sie die These, daß die Produktionswirtschaft zu einer Integration von Ingenieurwissenschaften, Betriebswirtschaftslehre und Wirtschaftsinformatik beitragen muß.

Aufgabe E16.3: Anwendungsbereich von PPS-Systemen

a) Manchmal wird behauptet, bei PPS-Systemen handle es sich um reine Informationssysteme. Belegen Sie den entscheidungsunterstützenden Charakter moderner PPS-Systeme.

b) Stimmen Sie der Auffassung zu, daß die gängigen PPS-Systeme in erster Linie für die industrielle Serien- bzw. Wechselproduktion konzipiert sind?

c) Werden die gängigen PPS-Systeme den spezifischen Anforderungen gerecht, die sich bei der Planung und Steuerung flexibler Fertigungs- und Montagesysteme stellen?

Aufgabe E16.4: Planungsqualität von PPS-Systemen

Kommentieren Sie folgende Aussagen, die wörtlich aus praxisorientierten Fachzeitschriften entnommen worden sind:

a) "Ein wesentlicher Kritikpunkt, der seit langem vor allem aus fertigungsnahen Bereichen an zentralistischen Planungs- und -steuerungssystemen geäußert wird, ist die unbefriedigende Genauigkeit und Aktualität der Planungsergebnisse. Ursache hierfür ist sicherlich nicht die fehlende Funktionalität in den PPS-Systemen."

b) "Der klassische zentralistische Ansatz zur Lösung der Zielkonflikte (zwischen Termintreue, Auslastung und Beständen, Anm. d. Verf.) führte wegen des enormen Datenvolumens zu komplexen DV-Systemen mit langer Reaktionszeit und der Überbetonung des Optimierungsgedankens, z.B. in Form sogenannter wirtschaftlicher Losgrößen oder rüstzeitminimierender Abarbeitungsreihenfolgen."

c) "Im Anschluß an eine zentrale Störungsanalyse innerhalb der logistischen Kette veranlaßt und überwacht der Entstörleitstand nach der Festlegung des optimalen Eingriffsortes auf der Basis vordefinierter Entstörstrategien die Entstörmaßnahmen. Die Erhaltung der Ursprungsplanung hat dabei oberste Priorität."

Aufgabe E16.5: Weiterentwicklung von PPS-Systemen

a) Bewerten Sie die Beiträge, die Konzepte wie die belastungsorientierte Auftragsfreigabe (BORA), das OPT-Prinzip oder das Fortschrittszahlenkonzept zur Weiterentwicklung der PPS-Systeme leisten können.

b) Wie lassen sich Konzepte wie KANBAN oder TQC (Total Quality Control) in eine PPS- bzw. CIM-Umgebung einordnen?

c) Welche Auswirkungen gehen derzeit von der Wirtschaftsinformatik auf die Weiterentwicklung von PPS-Systemen aus?

d) Skizzieren Sie die Grundstruktur eines kapazitätsorientierten PPS-Systems, das bei Serien- bzw. Wechselproduktion eingesetzt werden kann (vgl. Drexl/Fleischmann/Günther/Stadtler/Tempelmeier 1994; Küpper/Helber 1995, Abschnitt 8.3).

Aufgabe E16.6: Just-in-Time Philosophie

a) Inwieweit hat die Ende der 70er Jahre aus Japan bekanntgewordene Just-in-Time Philosophie die industriellen Produktionsweisen sowie die Produktions- und Materialflußorganisation beeinflußt?

b) Just-in-Time wird häufig als eine Denkweise bezeichnet, die das gesamte industrielle Management betrifft. Zählen Sie die konkreten Ansätze auf, die unter den Begriff Just-in-Time subsumiert werden, und begründen Sie, daß mit dem Just-in-Time Gedanken funktionsübergreifende integrative Gesamtsysteme angestrebt werden.

c) Welche Auswirkungen haben Just-in-Time Konzepte auf die Ausgestaltung von PPS-Systemen?

Aufgabe E16.7: Produktionsplanung unter Unsicherheit

Die Produktionsplanung ist eine Planung unter Unsicherheit. Planvorgaben und Ergebnisse der Produktion stimmen daher oft nicht überein; die gewünschte Zielerreichung wird häufig verfehlt.

a) Systematisieren Sie die Unsicherheitsfaktoren, die auf die Produktionsplanung einwirken.

b) Welche negativen Folgen können aus dem Wirksamwerden der Unsicherheitsfaktoren resultieren?

c) Stellen Sie die Unsicherheitsfaktoren und ihre Auswirkungen in einem Ursache-Wirkungsdiagramm graphisch dar.

d) Welche Vorkehrungen gegen Unsicherheiten bieten sich generell in der Produktionsplanung an?

e) Durch welche Faktoren können Planrevisionen in PPS-Systemen ausgelöst werden? Welche Maßnahmen kommen speziell in PPS-Systemen in Betracht, um die Auswirkungen dieser Planrevisionen zu dämpfen (vgl. Tempelmeier 1995a, Kap. 5)?

Aufgabe E16.8: Änderung des Primärbedarfs

Nehmen Sie vereinfachend an, daß zur Herstellung eines Endproduktes jeweils eine Baugruppe benötigt wird, in die wiederum jeweils ein fremdbezogenes Bauteil eingeht. Die gegenwärtig verfügbaren Lagerbestände des Endproduktes decken gerade den Bedarf der ersten Woche ab. Weiterhin ist folgender Produktionsplan für das Endprodukt vorgesehen:

Woche	1	2	3	4	5	6	7	8
Produktion	-	50	-	70	-	80	-	60

Für die Herstellung der Baugruppe wird jeweils der Bedarf von vier aufeinanderfolgenden Wochen zu einem Produktionsauftrag zusammengefaßt. Der

Produktionsauftrag der Baugruppe wird mit einer Vorlaufzeit von einer Woche gegenüber dem Produktionsauftrag des Endproduktes eingeplant. Gegenwärtig sind 90 Einheiten der Baugruppe im Lager verfügbar.

Das fremdbezogene Bauteil hat eine Lieferzeit von vier Wochen. Das Lager ist gegenwärtig völlig erschöpft. Man wartet auf eine Lieferung von 160 Einheiten, die zu Beginn der dritten Woche eingehen soll.

a) Prüfen Sie, ob für den obigen Produktionsplan die Materialverfügbarkeit gesichert ist.

b) Nachträglich sollen die Produktionsaufträge des Endproduktes aus den Wochen sechs und acht zusammengelegt werden. Ist dies zulässig?

c) Zunächst ist der in der obigen Tabelle angegebene Produktionsplan vorgesehen. Es treffen jedoch zusätzliche Kundenanfragen ein, so daß die Produktion erhöht werden soll. Welche zusätzliche Menge des Endproduktes könnte höchstens in der zweiten Woche hergestellt werden, ohne daß Materialengpässe auftreten?

Lösung

a) Die Bedarfsrechnung für die Baugruppe lautet:

Woche	1	2	3	4	5	6	7	8
Bruttobedarf	-	50	-	70	-	80	-	60
Lagerbestand	90	90	40	40	-	-	-	-
Nettobedarf	-	-	-	30	-	80	-	60
Produktionsaufträge	-	-	110	-	-	-	60	-

Die Materialverfügbarkeit für die Baugruppe ist gegeben, da die erforderlichen Produktionsaufträge rechtzeitig ausgeführt werden können. Die Bedarfsrechnung für das fremdbezogene Bauteil lautet:

Woche	1	2	3	4	5	6	7	8
Bruttobedarf	-	-	110	-	-	-	60	-
Lagerbestand	-	-	160	50	50	50	50	-
Nettobedarf	-	-	-	-	-	-	10	-
Bestellung	-	-	10	-	-	-	-	-

Die Materialverfügbarkeit für das fremdbezogene Bauteil ist ebenfalls gegeben, da der auftretende Nettobedarf noch innerhalb der Lieferzeit gedeckt werden kann.

b) Werden die Produktionsaufträge des Endproduktes aus den Wochen sechs und acht zusammengelegt, so erhöht sich der für die dritte Woche vorgesehene Produktionsauftrag der Baugruppe von 110 auf 170 Einheiten. Der Produktionsauftrag der siebten Woche entfällt. Als Folge würde sich auch der Bruttobedarf des fremdbezogenen Bauteils in der dritten Woche von 110 auf 170 erhöhen. Die eingehende Bestellung von 160 Einheiten würde nicht ausreichen, um den Bedarf zu decken. Wegen der Lieferzeit von vier Wochen würde eine sofortige Neubestellung nicht mehr rechtzeitig eintreffen. Die Zusammenlegung der Produktionsaufträge aus den Wochen sechs und acht wäre daher nicht zulässig.

c) Wegen der Vorlaufzeit von einer Woche könnte die Baugruppe noch rechtzeitig gefertigt werden, es sei denn, daß Kapazitätsengpässe in der Produktion auftreten würden. Die offene Bestellung von 160 Einheiten des fremdbezogenen Bauteils deckt den bestehenden Produktionsbedarf des Endproduktes bis einschließlich der fünften Woche von insgesamt 120 Einheiten vollständig ab. In der zweiten Woche könnten daher noch zusätzliche Kundenaufträge des Endproduktes im Ausmaß von 40 Einheiten angenommen werden. Für den Bedarf ab der sechsten Woche könnten Bestellungen noch rechtzeitig getätigt werden.

Aufgabe E16.9: Nervöse Systemreaktionen in der Materialbedarfsplanung

In dem folgenden Zahlenbeispiel (entnommen aus Mather 1977, S. 66f) wird die Bedarfsverflechtung zwischen einem End- und einem Vorprodukt betrachtet. Es soll exemplarisch gezeigt werden, zu welchen Auswirkungen bereits eine geringfügige Änderung des Bedarfs führen kann. Zunächst ist für das Endprodukt der folgende vollständig zu befriedigende Primärbedarf vorgegeben:

Woche	1	2	3	4	5	6	7	8	9	10	11
Primärbedarf	4	2	5	2	6	4	8	3	6	9	7

Von dem Endprodukt sind anfangs 12 und von dem Vorprodukt 15 Einheiten im Lager vorhanden. Außerdem wird erwartet, daß von dem Vorprodukt zu Beginn der fünften Woche 20 Einheiten aufgrund eines bereits freigegebenen Produktionsauftrags eingehen. Die Losgröße entspricht bei dem Endprodukt stets dem Bedarf dreier aufeinanderfolgender Wochen; bei dem Vorprodukt beträgt sie konstant 20 Einheiten. Die Vorlaufzeit des Endproduktes beträgt zwei und diejenige des Vorproduktes fünf Wochen.

a) Welche Produktionsaufträge sind für das End- und das Vorprodukt einzuplanen?

b) Der Primärbedarf des Endproduktes in Woche vier wird von zwei auf eine Einheit reduziert. Wie ändern sich die Produktionsaufträge für End- und Vorprodukt?

Lösung

a) Die Bedarfsrechnungen sind in den folgenden beiden Tabellen enthalten.

Bedarfsrechnung (Endprodukt)

Woche	1	2	3	4	5	6	7	8	9	10	11
Primärbedarf	4	2	5	2	6	4	8	3	6	9	7
Lagerbestand	12	8	6	1	10	4	-	9	6	-	7
Nettobedarf	-	-	-	1	6	4	8	3	6	9	7
Losgrößen	-	-	-	11	-	-	17	-	-	16	-
Produktionsaufträge	-	11	-	-	17	-	-	16	-	-	-

Bedarfsrechnung (Vorprodukt)

Woche	1	2	3	4	5	6	7	8	9	10	11
Sekundärbedarf	-	11	-	-	17	-	-	16	-	-	-
Lagerbestand	15	15	4	4	4	7	7	7	11	11	11
Lagerzugang	-	-	-	-	20	-	-	-	-	-	-
Nettobedarf	-	-	-	-	-	-	-	9	-	-	-
Losgröße	-	-	-	-	-	-	-	20	-	-	-
Produktionsauftrag	-	-	20	-	-	-	-	-	-	-	-

b) Die geänderten Bedarfsrechnungen sind aus den folgenden Tabellen erichtlich.

Bedarfsrechnung (Endprodukt)

Woche	1	2	3	4	5	6	7	8	9	10	11
Primärbedarf	4	2	5	1	6	4	8	3	6	9	7
Lagerbestand	12	8	6	1	-	12	8	-	15	9	-
Nettobedarf	-	-	-	-	6	4	8	3	6	9	7
Losgrößen	-	-	-	-	18	-	-	18	-	-	7
Produktionsaufträge	-	-	18	-	-	18	-	-	7	-	-

Bedarfsrechnung (Vorprodukt)

Woche	1	2	3	4	5	6	7	8	9	10	11
Sekundärbedarf	-	-	18	-	-	18	-	-	7	-	-
Lagerbestand	15	15	15	17	17	37	19	19	19	12	12
Lagerzugang	-	-	-	-	20	-	-	-	-	-	-
Nettobedarf	-	-	3	-	-	-	-	-	-	-	-
Losgröße	-	-	20	-	-	-	-	-	-	-	-
Produktionsauftrag	(20)	-	-	-	-	-	-	-	-	-	-

Es zeigt sich, daß bei der zugrundegelegten Losgrößenpolitik Fehlmengen auftreten, obwohl der Primärbedarf des Endproduktes verringert wird. Der Losgrößenbedarf von 20 Einheiten in der dritten Woche kann nicht rechtzeitig bereitgestellt werden.

Aufgabe E16.10: Aggregationsebenen

Innerhalb der verschiedenen Ebenen der Produktionsplanung sind unterschiedliche Aggregationsgrade zur Erfassung der realen Sachverhalte erforderlich.

a) Hinsichtlich welcher Faktoren muß bei der Produktionsplanung eine Aggregation vorgenommen werden?

b) In manchen praktischen Anwendungen der Produktionsplanung lauten die Planungsebenen:

- 5-Jahres-Planung;

- 12-Monats-Planung;

- 4-Wochen-Planung;

- Tagesplanung;

- On-Line-Steuerung.

Wie könnte hier die Abstufung des der Produktionsplanung zugrundegelegten Aggregationsgrades aussehen?

Aufgabe E16.11: Hierarchisch integrierte Produktionsplanung

Die hierarchische Produktionsplanung zeichnet sich dadurch aus, daß man von den höheren Entscheidungsebenen stufenweise zu den niedrigeren vorgeht. Bei der Abstufung von Entscheidungsebenen nimmt man an, daß Entscheidungen um so früher getroffen werden müssen, je umfassender der durch sie bestimmte Sachverhalt ist. Die Entscheidungen auf den höheren Ebenen setzen dabei Rahmendaten, die als Vorgaben in die unteren Ebenen eingehen und dort als

Nebenbedingungen zu berücksichtigen sind (vgl. u.a. Günther 1989, Kap. 2 und 9, sowie Günther 1995a).

a) Warum ist es unmöglich, die Produktionsplanung als Simultanplanung durchzuführen?

b) Skizzieren Sie das klassische hierarchische Managementkonzept von Anthony.

c) Läßt sich eine klare Trennlinie zwischen der strategischen und der taktischen Planungsebene ohne weiteres ziehen?

d) Worin sehen Sie die Interdependenzen und die Schnittstellen zwischen dem strategischen und taktischen Planungsbereich einerseits und der operativen Planungsebene andererseits?

e) Inwieweit werden Entscheidungen der strategischen und taktischen Ebene durch die gängigen PPS-Systeme unterstützt?

Aufgabe E16.12: Hax/Meal-Ansatz

Der Ansatz von Hax und Meal vermittelt ein geschlossenes Gesamtkonzept für die hierarchisch integrierte Produktionsplanung bei ein- bzw. zweistufiger Produktion (vgl. u.a. Hax/Candea 1984, Kap. 6, Silver/Peterson 1985, Kap. 15, Zäpfel 1982, Kap. 2.1.2.2.2, sowie Steven 1994, Kap. 3).

a) Finden Sie praktische Anschauungsbeispiele für die von Hax und Meal zugrundegelegte Aggregationshierarchie der Produkte.

b) Stellen Sie in allgemeiner Form das Modell zur aggregierten Produktionsplanung der Produkttypen nach Hax und Meal auf.

c) Eine bestimmte Produktfamilie setzt sich aus zwei Produktvarianten zusammen. Es sind die folgenden Daten gegeben:

	Lageranfangs-bestand	Nachfrage in Woche 1	2	3	4
Produktvariante 1	90	30	50	40	20
Produktvariante 2	10	20	30	20	10
Produktfamilie	100	50	80	60	30

Wie lautet der effektive Nettobedarf für die Produktfamilie?

d) Für einen bestimmten Produkttyp wurde für die *nächste Periode* die Produktionsmenge $X_1^* = 300$ ermittelt. Diese Produktionsvorgabe ist nach dem Ansatz von Hax und Meal auf die verschiedenen Produktfamilien bzw. Produktvarianten zu verteilen. Dabei wird vereinfachend nur auf den prognostizierten Bedarf der Produktvarianten für die *nächste Periode* zurückgegriffen. Außerdem wird von einer vorgegebenen Standardlosgröße sowie einer vorgegebenen Obergrenze für den Lagerbestand ausgegangen. Die näheren Angaben sind der nachfolgenden Tabelle zu entnehmen.

Bestimmen Sie zunächst die Produktionsmengen der Produktfamilien und teilen Sie diese anschließend auf die Produktvarianten auf.

Produkt-familie j	Produkt-variante k	Lager-anfangs-bestand I_k	Sicher-heits-bestand SS_k	Bedarfs-pro-gnose d_k	Stan-dardlos-größe Q_k	Lager-ober-grenze L_k
1	1	80	10	35	100	150
	2	60	10	20	100	150
	3	40	10	20	100	150
	4	100	10	25	100	150
2	5	20	5	25	50	60
	6	15	5	20	40	60
	7	30	5	50	60	80
3	8	0	5	50	80	100
	9	25	5	20	80	100

Lösung

a) Hax und Meal verwenden die folgenden Produktebenen: *Produkttypen* (product types), *Produktfamilien* (product families) und *Produktvarianten* (items).

In einer Unternehmung, die Reinigungsmittel herstellt, bilden z.B. Waschpulver, Flüssigreiniger und Seifen die Produkttypen. Innerhalb des Produkttyps "Waschpulver" entsprechen die einzelnen Waschpulvermarken den Produktfamilien. Eine Produktfamilie (Waschpulvermarke) wird in verschiedenen Abpackformen vertrieben. Diese entsprechen den Produktvarianten. (Siehe auch die erste Fallstudie im Abschnitt 13.2.)

b) Das aggregierte Modell zur Produktionsplanung der Produkttypen lautet in vereinfachter Form:

Indizes, Indexmengen:

$i \in I$ Produkttypen
$t \in T$ Perioden

Daten:

a_i Arbeitszeitbedarf pro Einheit von Produkttyp i

c_{it} Produktionskosten pro Einheit von Produkttyp i in Periode t (ohne Lohnkosten)

d_{it} effektiver Nettobedarf des Produkttyps i in Periode t

h_{it} Lagerkosten pro Einheit von Produkttyp i in Periode t

O_{maxt} maximale Anzahl an Überstunden in Periode t

o_t Kosten einer Überstunde in Periode t

R_{maxt} maximale Anzahl an Normalarbeitsstunden in Periode t

r_t Kosten einer Normalarbeitsstunde in Periode t

Entscheidungsvariablen:

I_{it} Lagerbestand von Produkttyp i am Ende von Periode t

O_t Überstunden in Periode t

R_t Normalarbeitsstunden in Periode t

X_{it} Produktionsmenge von Produkttyp i in Periode t

Minimiere

$$\sum_{i \in I} \sum_{t \in T} (X_{it} \cdot c_{it} + I_{it} \cdot h_{it}) + \sum_{t \in T} (R_t \cdot r_t + O_t \cdot o_t)$$

unter den Nebenbedingungen:

Lagerbilanzen

$$I_{it} = I_{i,t-1} + X_{it} - d_{it} \qquad i \in I, \; t \in T \;\; \text{mit} \; I_{i0} = \text{gegeben}$$

Kapazitätsrestriktionen

$$\sum_{i \in I} a_i \cdot X_{it} \leq R_t + O_t \qquad t \in T$$

$$R_t \leq R_{maxt} \qquad t \in T$$

$$O_t \leq O_{maxt} \qquad t \in T$$

Nichtnegativität

$$X_{it}, \; I_{it}, \; R_t, \; O_t \geq 0 \qquad i \in I, \; t \in T$$

c) Würde man den aggregierten Lageranfangsbestand von 100 Einheiten der Produktfamilie gegen den Gesamtbedarf von 50, 80, 60 und 30 Einheiten der Produktfamilie aufrechnen, so käme man zu einem Nettobedarf von

0, 30, 60, 30

Hierbei wäre die Bedarfsbefriedigung für die Produktvariante 2 in der ersten Periode nicht sichergestellt. Bei der Ermittlung des *effektiven* Nettobedarfs wird die Nettobedarfsrechnung zunächst auf der Ebene der Produktvarianten durchgeführt. Anschließend werden die Nettobedarfe der Produktvarianten zum effektiven Nettobedarf der Produktfamilie aggregiert (siehe die nachfolgende Tabelle).

	Lageranfangs- bestand	effektiver Nettobedarf in Woche			
		1	2	3	4
Produktvariante 1	90	-	-	30	20
Produktvariante 2	10	10	30	20	10
Produktfamilie	100	10	30	50	30

In dem betrachteten Beispiel müssen zumindest über drei Perioden detaillierte Bedarfsprognosen auf der Ebene der Produktvarianten vorliegen; ab der vierten Periode könnte auf aggregierte Bedarfsprognosen der Produktfamilie zurückgegriffen werden.

d) Zunächst ist festzustellen, welche Produktfamilien j aufgelegt werden müssen, weil der Bedarf irgendwelcher zu dieser Produktfamilie gehörigen Produktvarianten $k \epsilon K(j)$ in der anstehenden Periode nicht gedeckt ist. Dazu ermittelt man die Lagerreichweiten:

$$R_j = \min_{k \epsilon K(j)} \left\{ \frac{I_k - SS_k}{d_k} \right\}$$

Ein Wert $R_j < 1$ zeigt an, daß diese Produktfamilie aufgelegt werden muß. Für die Produktfamilien mit $R_j \geq 1$ kann die Produktion noch bis zur nächsten Periode aufgeschoben werden. Im einzelnen erhält man die folgenden Werte:

$$R_1 = \min \{(80-10)/35; \ (60-10)/20; \ (40-10)/20; \ (100-10)/25\} = 1.5$$

$$R_2 = \min \{(20-5)/25; \ (15-5)/20; \ (30-5)/50\} = 0.5$$

$$R_3 = \min \{(0-5)/50; \ (25-5)/20\} = -0.1$$

Nach Hax und Meal werden die vorläufigen Produktionsmengen der Produktfamilien $j = 2$ und 3 nun nach der folgenden Formel bestimmt:

$$Y_j = \sum_{k \epsilon K(j)} \min \{Q_k; \ L_k - I_k\}$$

Man erhält:

$$Y_2 = 40 + 40 + 50 = 130$$

$$Y_3 = 80 + 75 = 155$$

Da die Gesamtproduktionsmenge beider Produktfamilien $Y_2 + Y_3 = 285$ unterhalb der Produktionsvorgabe von $X^*_1 = 300$ liegt, sind nach Hax und Meal die endgültigen Produktionsmengen der Produktfamilien nach folgender Formel zu bestimmen:

$$Y^*_j = \min \{L_j; \ Y_j + (X^*_1 - Y) \cdot f_j\}$$

wobei

$$Y = \sum_{j \in J} Y_j$$

$$f_j = L_j / L$$

$$L_j = \sum_{k \in K(j)} (L_k - I_k)$$

$$L = \sum_{j \in J} L_j$$

Man erhält:

$$Y_1^* = \min \{135;\ 130 + (300-285) \cdot (135/310)\} = 135$$

$$Y_2^* = \min \{175;\ 155 + (300-285) \cdot (175/310)\} = 163.47$$

Es zeigt sich, daß die Produktionsvorgabe von 300 Einheiten nach diesem Disaggregationsschema nicht exakt getroffen wird (vgl. Silver/Peterson 1985, S. 583f). Daher ist Y_3^* nachträglich auf den Wert 165 zu erhöhen.

Nehmen wir an, die Produktionsvorgabe hätte $X_1^* = 250$ gelautet. In diesem Fall läge die Gesamtproduktionsmenge beider Produktfamilien $Y_2 + Y_3 = 285$ oberhalb der Produktionsvorgabe. Nach Hax und Meal werden dann die endgültigen Produktionsmengen der Produktfamilien wie folgt bestimmt:

$$Y_j^* = X_j^* \cdot \frac{Y_j}{Y}$$

Man hätte erhalten:

$$Y_2^* = 250 \cdot (130/285) = 114.04$$

$$Y_3^* = 250 \cdot (155/285) = 135.96$$

Anschließend sind die Produktionsmengen Y_j^* der Produktfamilien j auf die jeweiligen Produktvarianten $k \in K(j)$ aufzuteilen. Man erhält hieraus die Produktionsmengen Z_k der Produktvarianten, wobei gilt:

$$Y_j^* = \sum_{k \in K(j)} Z_k$$

Hierbei folgen Hax und Meal der Vorstellung, daß die Lagerreichweite für alle Produktvarianten innerhalb der jeweiligen Produktfamilie zu egalisieren ist, damit eine erneute Produktion der Produktfamilie möglichst weit hinausgezögert wird und die Rüstkosten minimiert werden. Aus der Gleichsetzung der Lagerreichweite für die Produktfamilie j und derjenigen für eine Produktvariante $k \in K(j)$:

$$\frac{Y_j^* + N_j}{D_j} = \frac{Z_k + N_k}{d_k}$$

wobei

$$D_j = \sum_{k \in K(j)} d_k$$

$$N_k = I_k - SS_k$$

$$N_j = \sum_{k \in K(j)} N_k$$

leiten Hax und Meal die folgende Disaggregationsregel ab:

$$Z_k = (Y_j^* + N_j) \cdot \frac{d_k}{D_j} - N_k \qquad\qquad k \in K(j)$$

Man erhält für die Produktfamilie 2:

$$Z_5 = (135+50) \cdot (25/95) - 15 = 33.68$$

$$Z_6 = (135+50) \cdot (20/95) - 10 = 28.95$$

$$Z_7 = (135+50) \cdot (50/95) - 25 = 72.37$$

und für die Produktfamilie 3:

$$Z_8 = (165+15) \cdot (50/70) + 5 = 133.57$$

$$Z_9 = (165+15) \cdot (20/70) - 20 = 31.43$$

Man kann leicht nachprüfen, daß die Lagerreichweite für alle Produktvarianten der Produktfamilie 2 einheitlich 1.95 Perioden und diejenige für alle Produktvarianten der Produktfamilie 3 einheitlich 2.57 Perioden beträgt.

Literaturhinweise

Drexl/Fleischmann/Günther/Stadtler/Tempelmeier (1994)
Fandel/François/Gubitz (1995)
Günther (1989, Kap. 2 und 9)
Günther/Tempelmeier (1995), Kap. 12
Hax/Candea (1984, Kap. 6)
Hildebrand/Mertens (1992)
Kurbel (1995)
Silver/Peterson (1985, Kap. 15 und 16)
Steven (1994)
Vollmann/Berry/Whybark (1992, Kap. 3 und 9)

Literaturverzeichnis

Adam, E.Jr. und R.J. Ebert, Production and Operations Management: Concepts, Models, and Behavior, 5. Aufl., Englewood Cliffs (Prentice Hall) 1992

Albach, H., Investitionspolitik erfolgreicher Unternehmen, in: Zeitschrift für Betriebswirtschaft 57(1987), S. 636-661

Arnolds, H., Heege, F. und W. Tussing, Materialwirtschaft und Einkauf, 8. Aufl., Wiesbaden (Gabler) 1993

Askin, R.G. und C.R. Standridge, Modeling and Analysis of Manufacturing Systems, New York (Wiley) 1993

Baker, K.R., An Experimental Study of the Effectiveness of Rolling Schedules in Production Planning, in: Decision Sciences 8(1977), S. 19-27

Baker, K.R., Powell, S.G. und D.F. Pyke, A Predictive Model for the Throughput of Unbalanced, Unbuffered Three-Station Serial Lines, in: IIE Transactions 26(1994)4, S. 62-71

Ballakur, A. und H.J. Steudel, A within-cell utilization based heuristic for designing cellular manufacturing systems, in: International Journal of Production Research 25(1987), S. 639-665

Bedworth, D.D., Henderson M.R. und P.M. Wolfe, Computer Integrated Design and Manufacturing, New York (McGraw-Hill) 1991

Bhatnagar R. und P. Chandra, Variability in Assembly and Competing Systems: Effect on Performance and Recovery, in: IIE Transactions 26(1994)5, S. 18-31

Bitran, G.R. und D. Tirupati, Multiproduct Queueing Networks with Deterministic Routing: Decomposition Approach and the Notion of Interference, in: Management Science 34(1988), S. 75-100

Bloech, J., Bogaschewsky, R. und U. Götze und F. Roland, Einführung in die Produktion, 2. Aufl., Heidelberg (Physica) 1993

Bowman, E.H. und R.B. Fetter, Analysis for Production and Operations Management, 3. Aufl., Homewood (Irwin) 1967

Brans, J.P. und P.A. Vincke, Preference Ranking Organization Method (The Promethee Method for Multiple Criteria Decision-Making), in: Management Science 31(1985), S. 647-656

Brockhoff, K., Produktpolitik, 2. Aufl., Stuttgart (Fischer) 1988

Bullinger, H.-J., Einführung in das Technologie-Management, Stuttgart (Teubner) 1994

Buzacott, J.A. und J.G. Shanthikumar, Stochastic Models of Manufacturing Systems, Englewood Cliffs (Prentice Hall) 1993

Buzzell, R.D. und B.T. Gale, Das PIMS-Programm: Strategien und Unternehmenserfolg, Wiesbaden (Gabler) 1989

Chase R.B. und N.J. Aquilano, Production and Operations Management: A Life Cycle Approach, 6. Aufl., Homewood (Irwin) 1992

Chow, W.-M., Assembly Line Design: Methodology and Applications, New York (Dekker) 1990

Clark, K.B. und St.C. Wheelwright, Managing New Product and Process Development, New York (The Free Press) 1993

Conway, R., Maxwell, W., McClain, J.O. und L.J. Thomas, The Role of Work-in-Process Inventory in Serial Production Lines, in: Operations Research 36(1988), S. 229-241

Corsten, H., Produktionswirtschaft, 5. Aufl., München (Oldenbourg) 1995

Derstroff, M.C., Mehrstufige Losgrößenplanung mit Kapazitätsbeschränkungen, Heidelberg (Springer) 1995

Dolan, R.J., Managing the New Product Development Process, Reading (Addison-Wesley) 1993

Domschke W. und A. Drexl, Einführung in Operations Research, 3. Aufl., Berlin (Springer) 1995

Domschke, W., Scholl, A. und S. Voß, Produktionsplanung - Ablauforganisatorische Aspekte, Berlin (Springer) 1993

Drexl, A., Fleischmann, B., Günther, H.-O., Stadtler, H. und H. Tempelmeier, Konzeptionelle Grundlagen kapazitätsorientierter PPS-Systeme, in: Zeitschrift für betriebswirtschaftliche Forschung 46(1994), S. 1022-1045

Dumond, J. und V.A. Mabert, Evaluating Project Scheduling and Due Date Assignment Procedures: An Experimental Analysis, in: Management Science 34(1988), S. 101-118

Dyckhoff, H., Betriebliche Produktion: Theoretische Grundlagen einer umweltorientierten Produktionswirtschaft, 2. Aufl., Berlin (Springer) 1994

Dyson, R.G., Strategic Planning: Models and Analytical Techniques, Chichester (Wiley) 1990

Fandel, G., François, P. und K.-M. Gubitz, PPS-Systeme, Berlin (Springer) 1995

Fandel, G. und J. Reese, "Just-in-Time"-Logistik am Beispiel eines Zulieferbetriebs in der Automobilindustrie, in: Zeitschrift für Betriebswirtschaft 59(1989), S. 55-69

Farkas, A., Koltai, T. und A. Szendrovits, Linear programming optimization of a network for an aluminium plant: A case study, in: International Journal of Production Economics 32(1993), S. 155-168

Fleischmann, B. und T. Henneberg, A Decision Support System for Determining the Flexibility and Service Level of a JIT Production, in: Pappas, I.A. und I.P Tatsiopoulos (Hrsg.), Advances in Production Managements Systems, Amsterdam (North-Holland) 1993, S. 349-356

Fogarty, D.W., Blackstone, J.H. und T.R. Hoffmann, Production and Inventory Management, 2. Aufl., Cincinatti (South-Western Publishing) 1991

Fourer, R., Gay, D.M. und B.W. Kernighan, AMPL - A Modeling Language For Mathematical Programming, South San Francisco (Scientific Press) 1993 (enthält Disketten mit Studentenversion einschließlich CPLEX und MINOS)

Gaither, N., Production and Operations Management, 5. Aufl., Fort Worth (The Dryden Press) 1992

Glaser, H., Geiger, W. und V. Rohde, PPS: Produktionsplanung und -steuerung, 2. Aufl., Wiesbaden (Gabler) 1992

Günther, H.-O., Integrierte Produktions- und Distributionsplanung in einem Unternehmen der Waschmittelindustrie, in: Wirtschaftswissenschaftliches Studium 14(1985b), S. 207-213

Günther, H.-O., Planning Lot Sizes and Capacity Requirements in a Single Stage Production System, in: European Journal of Operational Research 31(1987), S. 223-231

Günther, H.-O., Numerical Evaluation of Heuristics for the Multi-item Single-level Capacitated Lotsize Problem, in: Engineering Costs and Production Economics 14(1988), S. 233-243

Günther, H.-O., Produktionsplanung bei flexibler Personalkapazität, Stuttgart (Poeschel) 1989

Günther, H.-O., Bestellmengenplanung aus logistischer Sicht, in: Zeitschrift für Betriebswirtschaft 61(1991), S. 641-666

Günther, H.-O., Beschaffungsorganisation, in: Wittmann, W., Kern, W., Köhler, R. und H.-U. Küpper (Hrsg.), Handwörterbuch der Betriebswirtschaftslehre, 5. Aufl., Stuttgart (Poeschel) 1992a

Günther, H.-O., Netzplanorientierte Auftragsterminierung bei offener Fertigung, in: OR-Spektrum 14(1992b), S. 229-240

Günther, H.-O., Dimensionierung der Produktionskapazität bei Unsicherheit der Nachfrage, in: Wirtschaftswissenschaftliches Studium 23(1994), S. 598-603

Günther, H.-O., Hierarchische Produktionsplanung, in: Corsten H. (Hrsg.), Lexikon der Betriebswirtschaftslehre, 3. Aufl., München (Oldenbourg) 1995a, S. 335-339

Günther, H.-O., Mehrfunktionsarbeit, in: W. Kern, H.-H. Schröder und J. Weber (Hrsg.), Handwörterbuch der Produktionswirtschaft, 2. Auflage, Stuttgart (Poeschel), erscheint 1995b

Günther, H.-O. und M. Gronalt, Computergestützte Entscheidungsanalyse eines Kapazitätserweiterungsprojektes, in: Wirtschaftswissenschaftliches Studium 23(1994a), S. 643-648

Günther, H.-O. und M. Gronalt, Montageplanung in der Elektonikfertigung, in: Corsten, H. (Hrsg.), Handbuch Produktionsmanagement, Gabler (Wiesbaden) 1994b, S. 853-869

Günther, H.-O., Gronalt, M. und F. Piller, Computergestützte Simulation eines hochautomatisierten Montagesystems, in: Management und Computer 2(1994)1, S. 25-32

Günther, H.-O., Gronalt, M. und F. Piller, A Linear Programming Model for Workload Planning in Printed Circuit Board Assembly, in: Derigs, U., Bachem, A. und A. Drexl (Hrsg.), Operations Research Proceedings 1994, Berlin (Springer) 1995, S. 312-317

Günther, H.-O. und Ch. Schneeweiß, Kapazitative Wirkungen von Arbeitszeitflexibilisierungen, in: Zeitschrift für betriebswirtschaftliche Forschung 40(1988), S. 915-929

Günther, H.-O., Schneeweiß, Ch. und B. Webersinn, Abstimmung von Vertriebs- und Produktionsprogramm in einem Unternehmen der Fahrzeugindustrie, in: Marketing-ZFP 11(1989), S. 51-58

Günther, H.-O. und Ch. Strauß, Flexible Schicht- und Personaleinsatzplanung, in: Corsten, H. (Hrsg.), Handbuch Produktionsmanagement, Gabler (Wiesbaden) 1994, S. 943-962

Günther, H.-O. und H. Tempelmeier, Produktion und Logistik, 2. Aufl., Berlin (Springer) 1995

Gutenberg, E., Grundlagen der Betriebswirtschaftslehre, Erster Band: Die Produktion, 24. Aufl., Berlin (Springer) 1983

Hahn, D. und G. Laßmann, Produktionswirtschaft - Controlling industrieller Produktion, Band 1, 2. Aufl., Heidelberg (Physica) 1990

Hahn, D. und G. Laßmann, Produktionswirtschaft - Controlling industrieller Produktion, Band 2, Heidelberg (Physica) 1989

Hahn, D. und G. Laßmann, Produktionswirtschaft - Controlling industrieller Produktion, Band 3, Heidelberg (Physica) 1993

Hahn, D. und B. Taylor (Hrsg.), Strategische Unternehmungsplanung - Strategische Unternehmungsführung, 6. Aufl., Heidelberg (Physica) 1992

Hansmann, K.-W., Industriebetriebslehre, 4. Aufl., München (Oldenbourg) 1994

Hax, A.C. und D. Candea, Production and Inventory Management, Englewood Cliffs (Prentice Hall) 1984

Hax, A.C. und N.S. Majluf, Strategisches Management, 2. Aufl., Frankfurt (Campus) 1991

Hayes R.H. und S.C. Wheelwright, Restoring our Competitive Edge: Competing through Manufacturing, New York (Wiley) 1984

Hayes R.H. und Wheelwright, S.C. und K.B. Clark, Dynamic Manufacturing. New York (The Free Press) 1988

Heady, R.B. und Z. Zhu, An Improved Implementation of the Wagner-Within-Algorithm, in: Production and Operations Management 3(1994)1, S. 55-63

Heinen, E., Industriebetriebslehre: Entscheidungen im Industriebetrieb, 9. Aufl., Wiesbaden (Gabler) 1991

Heinrich, C.E., Mehrstufige Losgrößenplanung in hierarchisch strukturierten Produktionsplanungssystemen, Berlin (Springer) 1987

Heizer, J. und B. Render, Production and Operations Management: Strategies and Tactics, 3. Aufl., Boston (Allyn and Bacon) 1993

Helber, S., Kapazitätsorientierte Losgrößenplanung in PPS-Systemen, Stuttgart (M&P Verlag) 1994

Hildebrand, R. und P. Mertens, PPS-Controlling mit Kennzahlen und Checklisten, Berlin (Springer) 1992

Hill, T., Manufacturing Strategy: Text and Cases, 2. Aufl., Basingstoke (MacMillan) 1993

Hinterhuber, H.H., Strategische Unternehmungsführung, Erster Band: Strategisches Denken, Zweiter Band: Strategisches Handeln, 5. Aufl., Berlin (de Gruyter) 1992

Hoffmann T.R., Eureka: A Hybrid System for Assembly Line Balancing, in: Management Science 38(1992), S. 39-47

Hoitsch, H.-J., Produktionswirtschaft, 2. Aufl., München (Vahlen) 1993

Homburg, Ch., Modellgestützte Unternehmensplanung, Wiesbaden (Gabler) 1991

Höter, J.W., Effiziente Algorithmen zur Bestimmung optimaler Losgrößen, in: Dyckhoff, H., Derigs, U., Salomon, M. und H.C. Tijms (Hrsg.), Operations Research Proceeding 1993, Berlin (Springer) 1994

Inderfurth, K., Lagerhaltungsmodelle, in: W. Kern, H.-H. Schröder und J. Weber (Hrsg.), Handwörterbuch der Produktionswirtschaft, 2. Auflage, Stuttgart (Poeschel), erscheint 1995

Inwood, D. und J. Hammond, Product Development: An Integrated Approach, London (Kogan Page) 1993

Jaspersen, T., Produkt-Controlling, München (Oldenbourg) 1992

Kandiller, L., A comparative study of cell formation in cellular manufacturing systems, in: International Journal of Production Research 32(1994), S. 2395-2429

Karmarkar, U.S., Lot sizes, Lead times and In-Process Inventories, in: Management Science 33(1987), S. 409-418

Karmarkar, U.S., Kekre, S. und S. Kekre, Lotsizing in Multi-Item Multi-Machine Job Shops, in: IIE Transactions 17(1985), S. 290-298

Kern, W., Industrielle Produktionswirtschaft, 5. Aufl., Stuttgart (Poeschel) 1992

Kim, Y.-D. and C.A. Yano, Heuristic Approaches for Loading Problems in Flexible Manufacturing Systems, in: IIE Transactions 25 (1993), S. 26-39

Kistner K.P. und M. Steven, Produktionsplanung, 2. Aufl., Heidelberg (Physica) 1993

Kistner, K.P. und M. Switalski, Dynamische Losgrößenmodelle, in: Wirtschaftswissenschaftliches Studium 17(1988), S. 335-341

Kloock, J., Sabel, H. und W. Schuhmann, Die Erfahrungskurve in der Unternehmenspolitik, in: ZfB-Ergänzungsheft 2/1987, S. 3-51

Krajewski L.J. und L.P. Ritzman, Operations Management: Strategy and Analysis, 2. Aufl., Reading (Addison-Wesley) 1990

Kreikebaum, H., Strategische Unternehmensplanung, 5. Aufl., Stuttgart (Kohlhammer) 1993

Kruschwitz, L., Investitionsrechnung, 6. Aufl., Berlin (DeGruyter) 1995

Küpper, H.-U. und S. Helber, Ablauforganisation in Produktion und Logistik, 2. Aufl., Stuttgart (Poeschel) 1995

Kuik, R., Salomon, M. und L.N. Van Wasenhove, Batching decisions: structure and models, in: European Journal of Operational Research 75(1994), S. 243-263

Kurbel, K., Produktionsplanung und -steuerung, 2. Aufl., München (Oldenbourg) 1995

Lee, H.L. und S. Nahmias, Single-Product, Single-Location Models, in: Graves, S.G., Rinnooy Kan, A.H.G. und P.H. Zipkin (Hrsg.), Logistics of Production and Inventory, Amsterdam (North-Holland) 1993, S. 3-55

Lock, D., Project Management Techniques, 5. Aufl., Aldershot (Gower) 1992

Lockyer, K., und J. Gordon, Critical Path Analysis and other Project Network Techniques, 5. Aufl., London (Pitman) 1991

Madauss, B.J., Handbuch Projektmanagement, 3. Aufl., Stuttgart (Poeschel) (1990)

Makridakis, S. und S.C. Wheelwright, Forecasting Methods for Management, New York (Wiley) 1989

Mather, H., Reschedule the reschedules you just rescheduled - Way of life for MRP? in: Production and Inventory Management 18(1977)1, S. 60-79

McClain, J.O., Thomas, L.J. und J.B. Mazzola, Operations Management: Production of Goods and Services, 3. Aufl., Englewood Cliffs (Prentice Hall) 1992

McNamee, P.B., Tools and Techniques for Strategic Management, Oxford (Pergamon Press) 1990

McNamee, P. und J. Celona, Decision Analysis with Supertree, 2. Aufl., South San Francisco (Scientific Press) 1990

Meredith, J.R. und S.J. Mantel Jr., Project Management: A Managerial Approach, 3. Aufl., New York (Wiley) 1989

Mertens, P., Integrierte Informationsverarbeitung, Band 1: Administrations- und Dispositionssysteme in der Industrie, 9. Aufl., Wiesbaden (Gabler) 1993

Mertens, P. (Hrsg.), Prognoserechnung, 5. Aufl., Heidelberg (Physica) 1994

Miltenburg, G.J. und J. Wijngaard, The U-line Line Balancing Problem, in: Management Science 40(1994), S. 1378-1388

Moder, J.J., Phillips, C.R. und E.A. Davis, Project Management with CPM, PERT and Precedence Diagramming, 3. Aufl., New York (Van Nostrand Reinhold) 1983

Monden, Y., Toyota Production System, 2. Aufl., Norcross (Institute of Industrial Engineers) 1993

Nahmias, S., Production and Operations Analysis, 2. Aufl., Homewood (Irwin) 1993

Nawaz, M., Enscore, E.E.Jr. und I. Ham, A Heuristic Algorithm for the m-Machine, n-Job Flow-Shop Sequencing Problem, in: Omega 11(1983), S. 91-95

Neumann, K. und M. Morlock, Operations Research, München (Hanser) 1993

Papadopoulos, H.T., Heavey, C. und J. Browne, Queueing Theory in Manufacturing Systems Analysis and Design, London (Chapman&Hall) 1993

Pegden, C.D., Shannon, R.E. und R.P. Sadowski, Introduction to Simulation Using SIMAN, 2. Aufl., New York (McGraw-Hill) 1995

Pesch, E., Learning in Automated Manufacturing, Heidelberg (Physica) 1994

Pfeiffer, W., Metze, G., Schneider, W. und R. Amler, Technologie-Portfolio zum Management strategischer Zukunftsgeschäftsfelder, 5. Aufl., Göttingen (Vandenhoeck&Rupprecht) 1989

Pfohl, H.-Ch., Logistik-Management: Funktionen und Instrumente, Berlin (Springer) 1994

Porter, M.E., Wettbewerbsstrategie, 7. Aufl., Frankfurt (Campus) 1992

Rinne, H. und H.-J. Mittag, Statistische Methoden der Qualitätssicherung, 2. Aufl., München (Hanser) 1991

Robrade, A.D., Dynamische Einprodukt-Lagerhaltungsmodelle bei periodischer Bestandsüberwachung, Heidelberg (Physica) 1991

Saydam C. und M. McKnew, A Fast Microcomputer Program for Ordering Using the Wagner-Whitin Algorithm, in: Production and Inventory Management (1987)4, S. 15-19

Scheer, A.W., CIM: Computer Integrated Manufacturing: Der computergesteuerte Industriebetrieb, 4. Aufl., Berlin (Springer) 1990

Scheer, A.W., Wirtschaftsinformatik: Informationssysteme im Industriebetrieb, 6. Aufl., Berlin (Springer) 1995

Schneeweiß, Ch., Planung, Band 2, Berlin (Springer) 1992

Schneeweiß, Ch., Einführung in die Produktionswirtschaft, 5. Aufl., Berlin (Springer) 1993

Schonberger, R.J. und E.M. Knod, Jr., Operations Management: Continuous Improvement, 5. Aufl., Burr Bridge (Irwin) 1994

Schulte, Ch., Konzepte der Materialbereitstellung, in: Corsten, H. (Hrsg.), Handbuch Produktionsmanagement, Wiesbaden (Gabler) 1994, S. 189-205

Schweitzer M. (Hrsg.), Industriebetriebslehre: Das Wirtschaften in Industrieunternehmungen, 2. Aufl., München (Vahlen) 1994

Shapiro,J.F., Mathematical Programming Models and Methods for Production Planning and Scheduling, in: Graves, S.G., Rinnooy Kan, A.H.G. und P.H. Zipkin (Hrsg.), Logistics of Production and Inventory, Amsterdam (North-Holland) 1993, S. 371-443

Silver, E.A. und R. Peterson, Decision Systems for Inventory Management and Production Planning, 2. Aufl., New York (Wiley) 1985

Simon, H., Management strategischer Wettbewerbsvorteile, in: Zeitschrift für Betriebswirtschaft 58(1988), S. 461-480

Steven, M., Hierarchische Produktionsplanung, 2. Aufl., Heidelberg (Physica) 1994

Taha, H.A., Operations Research, 5. Aufl., New York (MacMillan) 1992

Taillard, E., Some efficient heuristic methods for the flow shop sequencing problem, in: European Journal of Operational Research 47(1990), S. 65-74

Tempelmeier, H., Quantitative Marketing-Logistik, Berlin (Springer) 1983

Tempelmeier, H., Inventory control using a service constraint on the expected customer order waiting time, in: European Journal of Operational Research 19(1985), S. 313-323

Tempelmeier, H., Simulation mit SIMAN, Heidelberg (Physica) 1991

Tempelmeier, H., Anwendung der Simulation bei der Auslegung von Fließproduktionssystemen, in: Isermann, H. (Hrsg.), Logistik: Beschaffung, Produktion, Distribution, München (Moderne Industrie) 1994, S. 297-308

Tempelmeier, H., Material-Logistik: Grundlagen der Bedarfs- und Losgrößenplanung in PPS-Systemen, 3. Aufl., Berlin (Springer) 1995a

Tempelmeier, H., Flexible Fertigungstechniken, in: Kern, W., Schröder, H.-H. und J. Weber (Hrsg.), Handwörterbuch der Produktionswirtschaft, 2. Aufl., Stuttgart (Poeschel), erscheint 1995b

Tempelmeier H. und H. Kuhn, Flexible Fertigungssysteme, Berlin (Springer) 1993

Tersine R.J., Principles of Inventory and Materials Management, 4. Aufl., New York (North-Holland) 1994

Thompson A.A. und A.J. Strickland, Strategic Management: Concepts and Cases, 5. Aufl., Homewood (Irwin) 1993

Tijms, H., Stochastic Models: An Algorithmic Approach, New York (Wiley) 1994

Vahrenkamp, R., Produktions- und Logistikmanagement, München (Oldenbourg) 1994

Venohr B., "Marktgesetze" und strategische Unternehmensführung: Eine kritische Analyse des PIMS-Programms, Wiesbaden (Gabler) 1988

Viswanadham, N. und Y. Narahari, Performance Modeling of Automated Manufacturing Systems, Englewood Cliffs (Prentice Hall) 1992

Vollmann T.E., Berry, W.L. und D.C. Whybark, Manufacturing Planning and Control Systems, 3. Aufl., Homewood (Irwin) 1992

von Reibnitz, U., Szenario-Technik, 2. Aufl., Wiesbaden (Gabler) 1992

Weihrich, H. und H. Koontz, Management: A Global Perspective, 10. Aufl., New York (Irwin) 1993

Weiss H.J. und M.E. Gershon, Production and Operations Management, 2., Aufl., Boston (Allyn and Bacon) 1993

Whitt, W., The Queueing Network Analyzer, in: The Bell System Technical Journal 62(1983)2, S. 2779-2815

Wildemann, H., Das Just-In-Time-Konzept: Produktion und Zulieferung auf Abruf, 4. Aufl., München (TCW) 1995

Williams, H.P., Model Building in Mathematical Programming, 3. Aufl., Chichester (Wiley) 1990

Zäpfel, G., Produktionswirtschaft: Operatives Produktionsmanagement, Berlin (DeGruyter) 1982

Zäpfel, G., Strategisches Produktionsmanagement, Berlin (DeGruyter) 1989a

Zäpfel, G., Taktisches Produktionsmanagement, Berlin (DeGruyter) 1989b

W. Dinkelbach, O. Rosenberg

Erfolgs- und umweltorientierte Produktionstheorie

1994. X, 198 S. 39 Abb., 14 Tab. (Heidelberger Lehrtexte Wirtschaftswissenschaften) Brosch. DM 36,-; öS 280,80; sFr 36,- ISBN 3-540-57869-2

H. Dyckhoff

Betriebliche Produktion

Theoretische Grundlagen einer umwelt-orientierten Produktionswirtschaft

2., verb. Aufl. 1994. XIX, 379 S. 110 Abb., 14 Tab. Brosch. DM 39,80; öS 310,50; sFr 39,80 ISBN 3-540-57552-9

Aus der Besprechung der Vorauflage:
„An Dyckhoff's innovativen, präzise und systematisch ausgearbeiteten Überlegungen zur Fortentwicklung der Produktionstheorie führt wohl kein Weg vorbei."
ZfB Zeitschrift für Betriebswirtschaft

G. Fandel

Produktion

Band 1: Produktions- und Kostentheorie

4. Aufl. 1994. XV, 327 S. 139 Abb., 23 Tab. Brosch. DM 49,80; öS 388,50; sFr 49,80 ISBN 3-540-57556-1

Dieses Buch ist innerhalb kurzer Zeit zum Standardwerk der Produktions- und Kostentheorie geworden. Nach einer einführenden Stoffübersicht und -einordnung werden aus der Aktivitätsanalyse heraus die verschiedenen Produktionsfunktionen entwickelt.

G. Fandel, H. Dyckhoff, J. Reese

Industrielle Produktionsentwicklung

Eine empirisch-deskriptive Analyse ausgewählter Branchen

2. Aufl. 1994. XVIII, 317 S. 81 Abb., 44 Tab. Brosch. **DM 49,80**; öS 388,50; sFr 49,80 ISBN 3-540-57847-1

H.-O. Günther, H. Tempelmeier

Produktion und Logistik

2., überarb. u. erw. Aufl. 1995. X, 314 S. 111 Abb. Brosch. **DM 36,-**; öS 280,80; sFr 36,- ISBN 3-540-59194-X

Dieses Lehrbuch vermittelt eine anwendungsorientierte Einführung in die industrielle Produktion und Logistik. Es behandelt die wichtigsten produktionswirtschaftlichen und logistischen Planungsprobleme und stellt die zu ihrer Lösung verfügbaren grundlegenden Methoden im Überblick dar.

H.-O. Günther, H. Tempelmeier

Übungsbuch Produktion und Logistik

1995. XVI, 215 S. 67 Abb. Brosch. **DM 28,-** öS 218,40; sFr 28,- ISBN 3-540-58954-6

H. Tempelmeier

Material-Logistik

Grundlagen der Bedarfs- und Losgrößenplanung in PPS-Systemen

3., vollst. überarb. u. erw. Aufl. 1995. XII, 418 S. 132 Abb., 112 Tab. Brosch. **DM 55,-**; öS 429,- sFr 53,- ISBN 3-540-58928-7

Das Buch vermittelt einen aktuellen und umfassenden Überblick über den gegenwärtigen Stand der Ansätze zur Unterstützung von Entscheidungen im Bereich der Bedarfs- und Losgrößenplanung in PPS-Systemen.
Es vermittelt Anregungen zur kapazitätsorientierten Modifikation bestehender PPS-Systeme unter besonderer Berücksichtigung der Probleme, die in der betrieblichen Praxis in mehrstufigen Produktionssystemen und unter Unsicherheit auftreten.

Springer

Preisänderungen vorbehalten.

Springer-Verlag, Postfach 31 13 40, D-10643 Berlin, Fax 0 30 / 82 07 - 3 01 / 4 48   e-mail: orders@springer.de   tmBA95.07.14e

H. J. Drumm

Personalwirtschaftslehre

3., neubearb. u. erw. Aufl. 1995. XXVI, 741 S.
62 Abb. Brosch. DM 69,-; öS 538,20; sFr 66,50
ISBN 3-540-59100-1

Dieses moderne Standardwerk wendet sich an
Wissenschaftler, Studenten und Praktiker. Es be-
schäftigt sich mit theoretischen und praktischen
Fragen der Personalwirtschaft.

R. Berndt

Marketing 1

**Käuferverhalten, Marktforschung
und Marketing-Prognosen**

2., verb. Aufl. 1992. XIV, 261 S. 120 Abb.
Brosch. DM 25,-; öS 195,-; sFr 25,-
ISBN 3-540-55136-0

Marketing 2

Marketing-Politik

3. Aufl. 1995. Etwa 450 S. 295 Abb.
Brosch. DM 39,80; öS 310,50; sFr 39,80
ISBN 3-540-60182-1

Inhalt dieses Bandes sind die verschiedenen Teilbereiche der Marketing-Politik: Produkt-, Sorti-
ments- und Service-Politik, Kontrahierungspolitik,
Kommunikationspolitik und Distributionspolitik.
Dabei wird durchgehend eine entscheidungsori-
entierte Betrachtungsweise angestellt.

Marketing 3

Marketing-Management

2. Aufl. 1995. XVI, 253 S. 100 Abb.
Brosch. DM 29,80; öS 232,50; sFr 29,80
ISBN 3-540-58748-9

Inhalte dieses Bandes sind die verschiedenen
Teilbereiche des Marketing-Management: die
Marketing-Planung, die Marketing-Kontrolle,
die Marketing-Organisation und die Führung
im Marketing.

R. Ewert, A. Wagenhofer

Interne Unternehmensrechnung

2., überarb. Aufl. 1995. XXI, 658 S. 40 Abb.
Brosch. DM 65,-; öS 507,-; sFr 62,50
ISBN 3-540-58947-3

Die interne Unternehmensrechnung befaßt sich
mit der konzeptionellen Gestaltung und den
Einsatzbedingungen von Rechnungssystemen,
insbesondere der Kosten- und Leistungsrechnung,
im Unternehmen.

G. Franke, H. Hax

Finanzwirtschaft des Unter-nehmens und Kapitalmarkt

3., neu bearb. Aufl. 1994. XVII, 576 S. 72 Abb.
Brosch. DM 55,-; öS 429,-; sFr 53,-
ISBN 3-540-58280-0

Das Buch vermittelt einen Überblick über die
moderne Kapitalmarkttheorie und verdeutlicht
deren Bedeutung für unternehmerische Entscheidungen im Investitions- und Finanzierungsbe-
reich.

F. Eisenführ, M. Weber

Rationales Entscheiden

2., verb. Aufl. 1994. XIII, 370 S. 92 Abb., 52 Tab.
Brosch. DM 39,80; öS 310,50; sFr 39,80
ISBN 3-540-58302-5

Dieses Lehrbuch vermittelt die Methoden, die
geeignet sind, Entscheidungen in verschiedenen
Lebensbereichen, wie Wirtschaft, Politik, Medizin
oder Privatsphäre, mit einem höheren Grad an
Rationalität zu treffen.

■ ■ ■ ■ ■ ■ ■ ■ ■ ■

Springer

Preisänderungen vorbehalten.

Springer-Verlag, Postfach 31 13 40, D-10643 Berlin, Fax 0 30 / 82 07 - 3 01 / 4 48   e-mail: orders@springer.de   tmBA95.07.14e

MIX
Papier aus verantwortungsvollen Quellen
Paper from responsible sources
FSC® C105338

If you have any concerns about our products,
you can contact us on
ProductSafety@springernature.com

In case Publisher is established outside the EU,
the EU authorized representative is:
**Springer Nature Customer Service Center GmbH
Europaplatz 3, 69115 Heidelberg, Germany**

Printed by Libri Plureos GmbH
in Hamburg, Germany